LES ORIGINES

DE

L'ANCIENNE FRANCE

LES ORIGINES DE L'ANCIENNE FRANCE.

DIXIÈME ET ONZIÈME SIÈCLES.

Tome I.

Le Régime seigneurial, in-8°, broché................ **10** fr.

Tome II.

Les Origines communales, la Féodalité et la Chevalerie, in-8°, broché.. **10** fr.

Tome III.

La Royauté, la Noblesse et l'Église. Les mœurs et les institutions. (En préparation.)

Volume complémentaire.

Études critiques sur l'histoire du droit romain au moyen âge, avec textes inédits, in-8°, broché.......... **8** fr.

DU MEME AUTEUR.

Étude historique sur la minorité, 1870.
La bonorum possessio sous les empereurs romains, 1870.
La subrogation réelle, 1870.
La table de bronze d'Ajustrel, 1879.
Cujas, les Glossateurs et les Bartolistes, 1883.
Considérations sur l'histoire politique de l'Irlande, 1885.
Jonathan Swift, son action politique en Irlande, 1886.
Le Gouvernement local de l'Irlande, 1889.
Madame de Krudener et les origines de la Sainte-Alliance, 1889.
Le vrai dans l'histoire et dans l'art, 1889.
Mirabeau, 1891.

LES ORIGINES

DE

L'ANCIENNE FRANCE

PAR

JACQUES FLACH

PROFESSEUR D'HISTOIRE DES LÉGISLATIONS COMPARÉES AU COLLÈGE DE FRANCE
PROFESSEUR A L'ÉCOLE DES SCIENCES POLITIQUES

X^e ET XIe SIÈCLES

II

LES ORIGINES COMMUNALES
LA FÉODALITÉ ET LA CHEVALERIE

PARIS

LIBRAIRIE
DU RECUEIL GÉNÉRAL DES LOIS ET DES ARRÊTS
ET DU JOURNAL DU PALAIS

L. LAROSE & FORCEL, ÉDITEURS
22, RUE SOUFFLOT, 22

1893

IMPRIMERIE
CONTANT-LAGUERRE
LVX VITAM
BAR LE DUC

AVANT-PROPOS.

I. J'ai donné à ce volume, qui traite comme le précédent du dixième et du onzième siècle, un titre un peu différent, afin de rendre plus intelligible et plus claire la distinction que j'ai faite entre la seigneurie et la féodalité, entre le système féodal et le régime seigneurial.

Le système féodal, système politique à la base duquel se trouve le contrat de fief, n'est, à l'époque que nous étudions, qu'une dépendance du régime seigneurial. Celui-ci embrasse, comme je l'ai dit, à la fois les rapports de suzerain à vassal et les rapports de seigneur à sujet, à tenancier et à serf. Plus tard seulement, au douzième, au treizième siècle, les rôles s'intervertiront. La féodalité primera et absorbera le régime seigneurial, jusqu'au jour où elle sera primée et absorbée à son tour par la royauté.

II. Dans le régime seigneurial pris d'ensemble, ce qui domine, c'est l'individualisme. Dans le système féodal, c'est le principe d'ordre et de cohésion.

La fonction essentielle du régime seigneurial est une fonction dissolvante, celle de la féodalité une fonction rénovatrice.

Toutefois, cette dernière fonction, la féodalité n'est pas seule à la remplir. Elle la partage avec la communauté populaire et l'Église, avec la chevalerie et la royauté.

Si la dissolution de la société que j'ai décrite dans le premier volume s'incarne dans le régime seigneurial, la féodalité n'est qu'un des éléments de la reconstitution sociale que je vais décrire dans celui-ci. De là les deux titres donnés à ces deux volumes.

III. Il apparaît, à première vue, qu'orientés de la sorte, nous marchons hors des sentiers battus.

La féodalité a toujours été considérée comme un tout organique, comme une forme de gouvernement qui aurait succédé à la monarchie carlovingienne et régi alors la France pendant de longs siècles.

Les historiens se sont efforcés de décrire les rouages essentiels de ce gouvernement, puis de les montrer en jeu. Pour le faire, ils ont pris leurs documents de toutes mains, de toutes époques, depuis le neuvième siècle jusqu'au quinzième. Finalement, ils ont abouti à un système juridique fort complet, fort bien ordonné, qui n'a qu'un seul défaut : celui de n'avoir jamais vécu.

Mon objectif est autre. Je n'essaie pas de concevoir une organisation théorique et abstraite : j'essaie de dépeindre une société concrète et vivante; la société qui habitait la France au dixième et au onzième siècle. Or, il y a une telle diversité à cette époque dans les rapports d'homme à homme, une telle confusion, une telle fluctuation dans les notions juridiques qu'on ferait fausse route à coup sûr si on voulait *systématiser*. Le devoir de l'historien est donc d'*exposer*, en groupant de son mieux les faits précis que les textes originaux lui révèlent. C'est là ce que j'ai tenté, sans parti pris d'aucune sorte.

Chercher au premier moyen-âge un système absolu, un système juridique, c'est chercher la quadrature du cercle. Les seuls principes généraux qui se dégagent sont des principes d'ordre naturel, tels, notamment, que le besoin de protection avec ses ramifications infinies, tels encore que l'instinct de sociabilité qui se fait jour dans l'organisation féodale et communale, tels enfin que les aspirations religieuses qui feront de l'Église un centre si puissant de renaissance.

IV. La méthode que j'ai adoptée d'étudier des périodes de l'histoire des institutions suffisamment larges pour se prêter à des vues générales, suffisamment étroites pour permettre d'atteindre à une grande netteté et à une grande précision de détail, me paraît la seule conforme aux exigences de la science moderne.

Grâce à elle, est rompu le cercle fatidique des controverses interminables et stériles. Ce que Montaigne disait si vivement, il y a trois siècles, cesse-t-il en effet d'être vrai de nos jours?

« Il y a plus affaire à interpréter les interpretations qu'à interpreter les choses; et plus de livres sur les livres que sur aultre subject : nous ne faisons que nous entregloser. Tout formille de commentaires : d'aucteurs, il en est grand'cherté. Le principal et plus fameux sçavoir de nos siecles, est ce pas sçavoir entendre les sçavants? est ce pas la fin commune et derniere de touts estudes? Nos opinions s'entent les unes sur les aultres; la premiere sert de tige à la seconde, la seconde à la tierce : nous eschellons ainsi de degré en degré; et advient de là que le plus hault monté a souvent plus d'honneur que de mérite, car il n'est monté que d'un grain sur les espaules du penultime [1]. »

V. Certes l'historien d'une époque strictement délimitée ne doit négliger aucune source d'information, directe ou indirecte. Mais pourquoi discuterait-il des conceptions générales qui débordent de toute part sur son cadre, où l'hypothèse grandit à proportion de l'étendue de l'horizon et de l'immensité des documents qui restent ignorés?

Sans doute encore il ne saurait nourrir l'espoir d'accomplir, à lui seul, une œuvre définitive. Du moins est-il certain de laisser derrière lui mieux qu'une théorie qu'il faudra adopter ou combattre, un tableau dont les sources ont fourni tous les éléments et dont il sera loisible en tout temps de rectifier les tons, de recouvrir les trous, de redresser les lignes. Telle est mon ambition. Si elle est trop modeste, j'atteindrai le but; si elle est trop haute, d'autres l'atteindront.

(1) Montaigne, *Essais*, livre III, chap. 13.

ADDITIONS

AUX

SOURCES MANUSCRITES ET IMPRIMÉES.

La nomenclature des sources que j'ai placée en tête du premier volume de cet ouvrage appelle quelque complément et quelques rectifications.

Il est d'abord un certain nombre de manuscrits qui ne m'avaient pas été accessibles et que j'ai pu consulter depuis [1], un certain nombre de collections qui m'avaient échappé et dont j'ai pu tirer parti.

D'autre part, des recueils de documents, des cartulaires surtout ont été publiés, les uns connus déjà, les autres récemment découverts.

Enfin j'ai cherché des informations nouvelles dans les chansons de geste, et je me vois amené, par là, à dresser une bibliographie raisonnée de ces documents, aussi précieux pour l'historien de nos institutions qu'ils ont été jusqu'ici peu explorés par lui.

[1] J'ai visité les archives de Toulouse, Montauban, Pau, Bordeaux, Besançon, et je remercie ici MM. les archivistes Baudouin, Dumat, Flourac, Brutails, Gauthier, de l'extrême obligeance qu'ils ont mise à m'y faciliter le travail.

1° CARTULAIRES ET POLYPTYQUES.

I. Manuscrits.

Alsace-Lorraine. Extraits de cartulaires. Bibl. nat. MS. latin 12887 (Chartes xe-xie siècle).

Aubazine, abbaye, diocèse de Limoges. Cartulaire xiie siècle, 338 fol., plus 13 fol. supplém. Bibl. nat. MS., nouv. acq. lat. 1560 (Chartes du xiie siècle).

Bayonne (Livre d'or de). Cartulaire xive siècle. Archives des Basses-Pyrénées (Chartes du xie et xiie siècle).

Beauvais. Fragments de Cartulaire. Bibl. nat. MS., nouv. acq. lat. 1656.

Chezal-Benoit, abbaye, diocèse de Bourges. Bibl. nat. MS. lat. 12744 (Charte xi-xiie siècle).

Laon. Fragments de Cartul. Bibl. nat. MS., nouv. acq. lat. 1646.

Mas d'Azil, comté de Foix, rouleau du xiie siècle. Archives des Basses-Pyrénées (42 chartes ou notices de 807 à 1181.)

Moissac, abbaye, diocèse de Cahors. Deux cartulaires xiie siècle. Archives de Tarn-et-Garonne. (Chartes viie-xiie siècle).

Saint-Jean de Jérusalem (Fonds de). Archives de la Haute-Garonne. Fonds très considérable, contenant de nombreuses chartes du xiie siècle, et quelques cartulaires, notamment deux cartulaires de Douzens (xiie siècle), un cartulaire de Villemartin, etc.

II. Imprimés.

Blésois (Cartulaire) de l'abbaye de Marmoutier, formé et publié par l'abbé Ch. Métais, Blois, 1891 (100 chartes du xie et 100 chartes du xiie siècle).

Charité-sur-Loire, prieuré, diocèse d'Auxerre. Cartulaire publié par René de Lespinasse, Nevers et Paris, 1887 (Chartes xie-xiie siècle).

Cysoing, abbaye, diocèse de Tournai. Cartulaire publié par J. de Coussemaker. Lille, 1887 (quelques chartes antérieures au xiie siècle).

LANDEVENNEC, abbaye, diocèse de Quimper. Cartulaire publié par Le Men et Ernault, T. V, des *Mélanges historiques* de la Collection des documents inédits. — Autre édition par A. de la Borderie. Rennes, 1888.

LÉRINS (SAINT-HONORAT de), abbaye, diocèse de Grasse. Autre édition du Cartulaire publiée par E. de Flammare, Nice, 1885.

LYONNAIS (Cartulaire). Documents inédits pour servir à l'histoire des anciennes provinces de Beaujolais, Dombes, Bresse et Bugey, publiés par Guigue pour l'Académie de Lyon, T. I. Lyon, 1885 (Chartes VI-XIIIe siècle).

MONESTIER-EN-VELAY (SAINT-CHAFFRE de). Cartulaire publié par le chanoine Ulysse Chevalier. Puy, 1888 (Chartes du VIIe au XIIe siècle).

MONTIERAMEY, abbaye, diocèse de Troyes. Cartulaire publié par l'abbé Ch. Lalore, Paris, 1890 (T. VII des *Principaux cartulaires du diocèse de Troyes*) (452 chartes de 837 à 1393).

MONTPELLIER (Cartulaire des GUILLEMS de). *Liber instrumentorum memoralium* publié par A. Germain pour la Société archéologique de Montpellier. Montpellier, 1884-1886 (Chartes du Xe, XIe, XIIe siècle).

NOTRE-DAME DE BONNEVAUX, abbaye, diocèse de Vienne. Cartulaire publié par le chanoine Ulysse Chevalier. Grenoble, 1889 (Chartes du XIIe siècle).

NICE (ancienne cathédrale de). Cartulaire publié par Cais de Pierlas, Turin, 1888 (Chartes du XI^c et XIIe siècle).

ORLÉANS (SAINT-AVIT d'), chapitre. Cartulaire publié par Vignat, Orléans, 1886 (Chartes XIe-XIIe siècle).

PARIS. Cartulaire général publié par R. de Lasteyrie, T. I, Paris, 1888 (585 chartes de 528 à 1180).

ROMAINMOTIER, prieuré, diocèse de Lausanne. Cartulaire publié par F. de Gingins-La-Sarra, Lausanne, 1845 (Chartes du Xe-XIIe siècle, dont un bon nombre concerne la Franche-Comté [1]).

ROUSSILLONNAIS (Cartulaire) publié par B. Alart, Perpignan, 1880 (Chartes du IXe-XIe siècle) [2].

[1] Mon attention a été appelée sur ce cartulaire par M. Jules Gauthier, archiviste du Doubs.

[2] M. Brutails, archiviste de la Gironde, m'a, en 1889, signalé ce cartulaire que peu de personnes, je crois, connaissaient alors.

SAINT-AMAND, prieuré de l'abbaye de Saint-Martin de Tournai, situé sur le territoire de Marchemont (Oise) (diocèse de Noyon). *Le prieuré suivi de son cartulaire*, par l'abbé Gordière. Compiègne, 1886.

SAINT-CALAIS, abbaye, diocèse du Mans. Cartulaire publié par l'abbé L. Froger. Mamers et le Mans, 1888 (Chartes du VIIe-XIe siècle).

SAINT-ÉTIENNE DE VIGNORY, prieuré, diocèse de Langres. Cartulaire publié par J. d'Arbaumont. Langres, 1882 (Chartes du XIe-XIIe siècle).

SAINT-SERNIN DE TOULOUSE, abbaye. Cartulaire retrouvé et publié par l'abbé C. Douais. Toulouse, 1887 (701 chartes de 844 à 1200, plus un appendice).

SAINT-MICHEL EN THIÉRACHE, abbaye, diocèse de Laon. Cartulaire publié par A. Piette. Vervins, 1889 (Chartes XIe-XIIe siècle).

2° COLLECTIONS DE DOCUMENTS IMPRIMÉS.

BALASQUE. Étude historique sur la ville de Bayonne. 2 vol. Bayonne, 1862-1869 (T. I, chartes du XIe-XIIe siècle).

BENOÎT. Histoire de l'abbaye et de la terre de Saint-Claude, t. I. Montreuil-sur-Mer, 1890 (Chartes IX-Xe siècle).

BRUCKER. L'Alsace et l'Église au temps du pape Léon IX (1002-1054). Strasbourg, 1890 (Chartes XIe-XIIe siècle).

CARLIER (l'abbé). Histoire du duché de Valois. Paris, 1764, 3 vol. (T. III, chartes XIe siècle).

CIROT-LA-VILLE. Histoire de l'abbaye de la Grande-Sauve. Paris, 1844 (Chartes du XIe siècle tirées des Cartulaires de l'abbaye) [1].

COLLIETTE. Mémoires pour servir à l'histoire ecclésiastique civile et militaire de la province de Vermandois. Cambrai, 1771-1772. 3 vol. (Textes du Xe-XIe siècle).

DUCHESNE (André). Histoire généalogique de la maison de Dreux. Paris, 1631 (Chartes X^e-XIIe siècle).

— Histoire généal. de la maison de Montmorency et de Laval. Paris, 1642 (Chartes IXe-XIIe siècle).

[1] Ces cartulaires existaient alors à la Bibliothèque de Bordeaux Ils ont été détruits depuis par un incendie.

Duchesne (André). Histoire généal. de la maison de Vergy. Paris, 1625 (Chartes IXe-XIIe siècle).

Gariel (P.). Series præsulum Magelonensium et Monspeliensium, ab anno 451.... ad ann. 1665. Ed. 2 . Toulouse, 1665.

Lex (Léonce). Documents originaux antérieurs à l'an mille. Châlon-sur-Saône, 1888.

Moulencq. Documents historiques sur Tarn-et-Garonne, 2 vol. in-8°. Montauban, 1877-1879.

Nicaise. Epernay et l'abbaye de Saint-Martin de cette ville. Châlons, 1869 (T. II, quelques chartes du XIe et XIIe siècle).

Pi (Honoré). Biographies carlovingiennes. Perpignan, 1870 (Chartes du Xe au XIIe siècle).

Pierlas (Cais de). Le XIe siècle dans les Alpes-Maritimes. Turin, 1889. (Chartes IXe-XIe siècle).

Ruffi (A. de). Histoire des comtes de Provence. Aix, 1655, fol.

Roman (J.). Deux chartes dauphinoises inédites du XIe siècle. Grenoble, 1886.

Toussaints-Duplessis (Dom). Histoire de l'Église de Meaux. Paris, 1731, 2 vol. in-4° (T. II, nombreux extraits de cartulaires des XIe et XIIe siècle).

3° CHANSONS DE GESTE.

La date des chansons de geste a une importance capitale. Je ne mentionne, sauf exception notable, que les plus anciennes, celles dont la rédaction se place entre la fin du onzième et le commencement du treizième siècle. Ce sont presque les seules que nous puissions utiliser.

A partir du treizième siècle, en effet, la tradition se perd, la formule l'emporte, le moule épique s'installe[1].

Par contre, la date des chansons anciennes n'est qu'un terme *ad quem*. Beaucoup d'entre elles, quoique rédigées au douzième siècle, reflètent les mœurs et l'état social des deux, parfois même des trois siècles précédents. Leur texte est une cristallisation de traditions lointaines ou le remaniement de versions archaïques.

Les trois principaux guides que j'ai eus pour m'orienter au

[1] Voyez notamment, L. Gautier, *Les épopées françaises*, T. I (2e édition), p. 154, p. 352 suiv., p. 384 suiv., p. 394 suiv.

milieu de cette littérature parfois si enchevêtré sont les ouvrages suivants : Gaston Paris, *La littérature française au moyen-âge* (2e édition, Paris, 1890). — Léon Gautier, *Les épopées françaises* (2e édition, Paris, 1878, suiv.). — C. Nyrop. *Storia dell' epopea francese nel medio evo* (traduzione dell' originale danese). Florence, 1886. — J'ai trouvé aussi quelques directions utiles dans l'*Essai de classification des romans de chevalerie* de M. A. F. Didot (Paris, 1870).

Ai-je besoin d'ajouter que je relate uniquement les éditions ou les manuscrits dont je me suis servi et auxquels j'aurai à renvoyer.

Aymeri de Narbonne (1er quart du XIIIe siècle). Edit. Louis Demaison. Paris, 1888 (*Société des anciens textes français*).

Aiol (milieu du XIIe siècle). La moitié environ de cette chanson (la partie qui commence au vers 5367) a été remaniée de 1205 à 1215. Edit. Jacques Normand et Gaston Raynaud. Paris, 1877 (*idem*).

Aliscans (version primitive perdue, texte actuel datant de la seconde moitié du XIIe siècle). Edit. F. Guessard et A. de Montaiglon. Paris, 1870 (*Anciens poètes de la France*).

Amis et Amiles (milieu du XIIe siècle). Edit. Konrad Hoffmann (Erlangen, 1882).

Antioche (chanson d') (1re rédaction, de 1098, perdue; texte actuel de la fin du XIIe siècle). Ed. Paulin Paris. Paris, 1848 (*Romans des douze Pairs de France*).

Aspremont (dernier tiers du XIIe siècle). MSS., Bibl. nat. fr. 2495 et fr. 25529. — Les 1800 premiers vers du MS. fr. 2495 ont été publiés en 1855 par MM. Guessard et Gautier (22 pp. gr. in-8o à 2 col., sans lieu ni date).

Auberi le Bourgoing (XIIe siècle). Edit. partielle, d'après le MS. de Paris. Bibl. nat. fr. 24368, par P. Tarbé. *Le roman d'Aubery le Bourgoing*. Reims, 1849. — Autre édition partielle, d'après le MS. de la Vaticane (Christ. 144), par Adolf Tobler (*Mittheilungen aus altfranzös. Handschriften. I. Aus der Chanson de Geste von Auberi*. Leipzig, 1870). Sur les 384 feuillets du MS. M. Tobler ne reproduit intégralement que les fos 22 à 96, 156 à 176, 183 à 192, 195 à 199. Les 21 premiers feuillets ont été publiés par Adelbert Keller dans sa *Romvart*. Mannheim et Paris, 1844, p. 203-243.

Aye d'Avignon (dernier tiers du XIIe siècle). Edit. Guessard et P. Meyer. Paris, 1861 (*Anciens poètes de la France*).

Bataille Loquifer (*circa* 1170). MS. Bibl. nat. fr. 1448.

Charroi de Nîmes (1er tiers du XIIe siècle). Edit. Jonckbloet (*Guillaume d'Orange*, I, p. 73-111. La Haye, 1854).

Chevalerie Ogier de Danemarche (XIIe siècle). Edit. J. Barrois, in-4°. Paris, 1842. — Cette édition n'a été tirée qu'à 99 exemplaires; aussi citerai-je par n° de vers, pour que le lecteur puisse se reporter à l'édition en 2 volumes in-12 (sans date), qui fait partie des *Romans des douze Pairs de France*.

Chevalier de la Charrette (*circa* 1170). Edit. P. Tarbé. Reims, 1849.

Couronnement de Louis (1100-1130). Edit. E. Langlois. Paris, 1888 (*Société des anciens textes français*).

Covenant Vivien (*circa* 1150). Edit. Jonckbloet, *Guillaume d'Orange*, t. I, p. 163-213.

Daurel et Beton (fin du XIIe siècle). Edit. P. Meyer. Paris, 1880 (*Société des anciens textes français*).

Destruction de Rome (XII-XIIIe siècle). Edit. Grœber dans *Romania*, II, p. 1-48 (1873).

Doon de Maience (XIIIe siècle). Edit. A. Pey. Paris, 1859 (*Anciens poètes de la France*).

Doon de Nanteuil (dernier tiers du XIIe siècle). Fragments publiés par P. Meyer, *Romania,* XIII, p. 1-26 (1884).

Elie de Saint-Gille (dernier tiers du XIIe siècle). Edit. Gaston Raynaud. Paris, 1879 (*Société des anciens textes français*).

Enfances Godefroi (1re version, *circa* 1160). MS. Bibl. nat. fr. 12558.

Enfances Guillaume (XIIe-XIIIe siècle). MS. Bibl. nat. fr. 1448.

Fierabras (*circa* 1170). Edit Krœber et Servois. Paris, 1860 (*Anciens poètes de la France*).

Floovant (XIIe siècle). Edit. Michelant et Guessard. Paris, 1858 (*Anciens poètes de la France*).

Foulque de Candie (fin du XIIe siècle). Edit. P. Tarbé. Reims, 1860.

Garin le Loherain (XIIe siècle). Edit. Paulin Paris. Paris, 1833 (*Romans des douze Pairs de France*).

Gaydon (XIIIe siècle). Edit. Guessard et S. Luce. Paris, 1862 (*Anciens poètes de la France*).

Girard de Roussillon (provençal) (version du xie siècle perdue, chanson renouvelée au xiie siècle). Edit. Fr. Michel, Paris, 1856 (*Bibl. elzévirienne*). Traduction excellente d'après les MSS. par Paul Meyer. Paris, 1884.

Girard de Viane (xiie-xiiie siècle). Edit. P. Tarbé. Reims, 1850.

Gormont et Isembart (Voyez, *infrà*, Roi Louis).

Gui de Bourgogne (1er tiers du xiiie siècle). Edit. Guessard et Michelant. Paris, 1858 (*Anciens poètes de la France*).

Gui de Nanteuil (xiiie siècle). Edit. P. Meyer. Paris, 1861 (*Anc. poètes de la France*).

Huon de Bordeaux (dernier tiers du xiie siècle). Edit. Guessard et Grandmaison (*idem*).

Jourdain de Blaives (dernier tiers du xiie siècle). Edit. Konrad Hofmann. Erlangen, 1882.

Macaire (fin du xiie siècle). Edit. F. Guessard. Paris, 1866 (*Anciens poètes de la France*).

Mainet (dernier tiers du xiie siècle). Fragments publiés par Gaston Paris. Paris, 1875 (Extrait de la *Romania*, IV, p. 304 suiv.).

Moniage Guillaume (1re moitié du xiie siècle). Edit. C. Hofmann. *Ueber ein Fragment des Guillaume d'Orenge*. (Abh. der Bayer, Akad. Philos. philol. Classe. VI, p. 565 suiv. Munich, 1852).

Mort (la) Aymeri de Narbonne (fin du xiie siècle). Edit. Couraye du Parc. Paris, 1884 (*Société des anciens textes français*).

Mort (la) Garin le Loherain (fin du xiie siècle). Edit. Edélestand du Méril. Paris, 1846.

Parise-la-Duchesse (xiiie siècle). Edit. Guessard et L. Larchey. Paris, 1860 (*Anciens poètes de la France*).

Pèlerinage de Charlemagne (2e moitié du xie siècle). Edit. E. Koschwitz. *Karl's des Grossen Reise nach Jerusalem und Constantinopel*, 2e édition. Heilbronn, 1883.

Prise d'Orange (*circa* 1150). Edit. Jonckbloet. *Guillaume d'Orange*, I, p. 113-162. La Haye, 1854.

Rainoart (2e partie d'*Aliscans*) *circa* 1170. Edit. Guessard et Montaiglon, *suprà*.

Raoul de Cambrai (xie-xiie siècle. Edit. P. Meyer et A. Longnon. Paris, 1882, (*Société des anciens textes français*).

Renaud de Montauban (Les quatre fils Aymon) (xiie siècle). Edit. H. Michelant. Stuttgart, 1862.

Roi Louis (Gormont et Isembart) (2e moitié du xie siècle). Version primitive perdue. Fragment de 600 vers, dans une forme du commencement du xiie siècle, édité en dernier lieu par Heiligbrodt, *Fragment de Gormond et Isembart*. (Romanische Studien de Böhmer, T. III, p. 501 suiv., Strasbourg, 1878-1879.) Une version allemande d'un renouvellement du xiiie siècle forme le 3e livre de *Loher und Maller*. Ritterroman. Edit. K. Simrock. Stuttgart, 1868.

Roland (*circa* 1080). Edit. Léon Gautier. 5e édition, 1875 (Edition classique).

Saisnes (les) (chanson des Saxons) (dernier tiers du xiie siècle) Edit. Francisque Michel. Paris, 1839 (*Romans des douze Pairs de France*).

Siège de Barbastre (xiie siècle). MS. Bibl. nat. fr. 1448.

LIVRE TROISIÈME

LA RECONSTITUTION DE LA SOCIÉTÉ

LES ORIGINES

DE

L'ANCIENNE FRANCE.

LIVRE TROISIÈME.

LA RECONSTITUTION DE LA SOCIÉTÉ.

Vue d'ensemble.

J'ai retracé dans le livre précédent la dissolution de la société en France au dixième et au onzième siècle. Je me propose de montrer dans celui-ci sa reconstitution sur des bases nouvelles.

Les mots de dissolution, reconstitution de la société, ne doivent pas être pris dans un sens absolu.

Par société, j'entends un organisme humain parlant une même langue, obéissant aux mêmes instincts, uni par la solidarité des traditions, des intérêts, des aspirations spirituelles. Je n'entends ni une de ces ébauches où la nature s'essaie et qu'elle brise avant de les avoir achevées, ni une de ces formations artificielles que la politique ou l'esprit de conquête créent et détruisent tour à tour.

Ainsi comprise, on ne saurait dire qu'une société se dissolve jamais. Elle ne disparaît pas, elle ne meurt pas; elle se transforme.

Tantôt, gardant son unité, elle se borne à recevoir du dehors des éléments hétérogènes qui la modifient à la surface ou dans ses profondeurs; tantôt perdant toute cohésion, ses cadres se brisent, ses assises s'effondrent. Il nous semble bien, au dernier cas, que rien ne subsiste de la société ancienne, et qu'une société nouvelle va prendre sa place. Mais non. Il ne s'est produit qu'une dispersion, un émiettement. Il subsiste vivaces un certain nombre de molécules organiques autour desquelles les atomes humains finiront par se rapprocher et se rejoindre.

Telle fut la transformation qui s'opéra en France à partir du dixième siècle. Jusque-là la continuité s'était maintenue dans l'ordre social. Les invasions germaniques, la royauté mérovingienne, le gouvernement centralisateur de Charlemagne avaient remanié, bouleversé par endroits la société; au fond ils ne l'avaient pas abolie : ils l'avaient continuée. Désormais cette société est mise en pièces; elle s'éparpille. Les hommes abandonnés à eux-mêmes sont le jouet de toutes les passions, de toutes les violences déchaînées, *ludibria ventis*. Malheur au faible, il succombe; malheur à l'homme isolé, il est ruiné, subjugué, asservi. C'est la dislocation sociale, c'est l'anarchie. Je l'ai dépeinte à l'aide des documents contemporains.

Mais, au milieu de ce débordement des passions égoïstes et brutales, un frein moral résiste; dans ce naufrage des institutions, il surnage des épaves.

De même qu'au début des sociétés l'individu trouve un refuge, un asile, dans le groupe naturel de la parenté, et que les familles juxtaposées constituent les cellules génératrices d'un État futur[1], de même, quand le corps politique se désagrège, l'individu cherche son salut dans des

[1] Voyez les premiers chapitres du livre I.

groupes protecteurs et la vie sociale s'y réfugie avec lui. La différence est celle-ci. Dans les sociétés naissantes la famille naturelle ou fictive est seule à remplir la fonction protectrice; dans les sociétés défaillantes, s'élaborent, à l'approche même de la ruine, ou bien survivent à la désorganisation, des éléments sociaux qui serviront de liens entre les hommes et tiendront lieu de l'État. Ce seront au dixième et au onzième siècle : le groupement populaire, les formes romaines et germaniques d'engagement des personnes et des terres, la noblesse, l'Église, la royauté.

En même temps donc que la force de dissolution et de dispersion, une force centripète et régénératrice fait son œuvre. Il importe seulement de ne pas se méprendre sur leur intensité relative. Elle varie suivant les époques. C'est pour avoir attribué à la force de rénovation une action démesurée que tant d'historiens ont cru à l'existence d'une féodalité parfaite dès le neuvième siècle, d'une monarchie féodale dès le dixième. C'est en ne tenant pas un compte suffisant de l'intervention de cette même force qu'on n'a vu souvent dans l'onzième siècle qu'une époque de barbarie et de chaos. A vrai dire, les deux forces ont agi simultanément; l'une a été prédominante au début, l'autre a fini par l'emporter[1]. L'une tendait à l'individualisme, l'autre a conduit à la royauté.

Individualisme et royauté, tels sont en effet les deux termes, les deux pôles entre lesquels l'ancienne France a longtemps oscillé. Ils commandent son histoire, ils président à sa formation en corps de nation. Observez cette formation. Si la royauté l'a achevée, c'est l'individualisme du premier moyen-âge qui l'a rendue possible. Grâce à lui les hommes ont pu se grouper suivant leurs besoins et

[1] L'observation des sociétés humaines laisse discerner l'action continue de ces deux forces. Tantôt elles se font équilibre, tantôt l'une d'elles est en excès. Dans le premier cas, l'harmonie naît d'une conciliation des droits de l'individu avec les intérêts collectifs; dans le second, le peuple est ballotté du despotisme à l'anarchie.

leurs instincts, leurs sentiments et leurs idées, suivant les affinités de race et de culture, sans qu'une unité factice entravât le libre jeu de la personnalité humaine.

Lente élaboration d'un peuple, latente et mystérieuse dans ses débuts, difficile à suivre en sa complexité extrême, mais belle à contempler, puisque chacun de ses progrès est une victoire de la justice sur l'arbitraire, de la solidarité morale sur la puissance matérielle.

PREMIÈRE PARTIE.

LE PEUPLE.

---

§ 1. LES GROUPES PRIMORDIAUX.

L'action des forces dissolvantes dont nous avons étudié le jeu a été sans doute d'une rare profondeur; elle a bouleversé les divisions politiques; elle a rompu les liens qui rattachaient les unes aux autres les parties constitutives de la France ou qui donnaient à chacune sa cohésion propre. Toutefois, à la bien scruter, vous vous apercevez qu'elle n'a pas anéanti les groupes naturels, les agrégats qui naissent de la communauté de race et de l'absorption par la race dominante des éléments disparates. Il aurait fallu pour un tel résultat une submersion totale de la France, il aurait fallu une vague humaine laissant loin derrière elle et les flots d'envahisseurs qu'avaient déversés jadis la conquête romaine, la conquête germanique, et l'afflux qu'apportèrent les incursions des pirates normands, les expéditions magyares et sarrazines.

Quels sont ces groupes naturels? Leurs lignes principales n'ont pas varié. On les retrouve sous les agitations les plus violentes de la surface, sous la division ancienne de la France en provinces, jusque sous la division en départements qui en est sortie.

Quand César conquit la Gaule, elle comprenait quatre grands groupes de population : les Celtes dans le bassin de la Loire et de la Seine, les Belges dans le bassin du

Rhin et de la Moselle, les Aquitains et Gascons dans le bassin de la Garonne, enfin une population mixte d'indigènes, Celtes, Ibères, et Ligures, mêlée aux Italiens et aux Grecs de la province romaine. Le pays était morcelé en une centaine de territoires de tribus.

Les Romains respectèrent ces divisions. Ils distinguèrent trois Gaules et la province romaine; ils érigèrent en *civitates* les territoires de tribus; ils tinrent compte de l'affinité des peuples et de leur répartition ancienne sur le sol pour partager les *civitates* en *pagi*[1] et pour les réunir plus tard en provinces. En réalité les groupes naturels étaient maintenus, et c'est au sein de ces groupes que se développa la civilisation gallo-romaine par la création de villes, de villages et de domaines.

L'établissement des Germains va-t-il bouleverser les *civitates* et les *pagi?* Nullement. A peine s'il y touche là où la population indigène, compacte et dense, reçoit un simple mélange d'envahisseurs. Ailleurs, où le nombre de ceux-ci prévaut, dans l'Est et le Nord, par exemple, la *civitas* est partagée en un plus grand nombre de *pagi*. — Ce sont des groupes naturels aussi que ces nouveaux *pagi* : ils sont créés eu égard aux tribus germaniques établies sur le territoire d'une même *civitas*. — Le *pagus* devient ainsi, avec ses subdivisions, centaine ou vicairie, une base essentielle du système territorial de la période franque. Non fractionnée, l'ancienne *civitas* s'appellera elle-même *pagus*.

De leur côté, les grands cadres résistent aux remaniements opérés par les partages politiques. Ils se rétrécissent seulement ou se dédoublent sous la poussée de la conquête ou de l'immigration. Les Francs, les Normands, les Bretons au Nord et à l'Ouest, à l'Est et au Sud les Burgondes et les Wisigoths, ces derniers refoulés plus

[1] Sur les *pagi* gallo-romains, voir *infrà*, première Partie, § 2, I, chapitre II.

tard dans la Septimanie, s'intercalent, font des pointes dans chacune des régions primitives. Les Francs acquièrent la suprématie dans une partie de la vaste zone jadis occupée par les Celtes et par les Belges, les Normands finissent par détenir en maîtres une fraction importante du territoire des anciens Celtes; les Burgondes dominent dans le bassin du Rhône, les Wisigoths dans l'ancienne Narbonnaise. Une partie de la Gaule belgique garde son unité sous des noms multiples : Flandre, Lorraine, Alsace.

En résumé, l'élément ethnique qui l'emporte par le nombre et par la force dans une même région continue à lui imprimer son caractère distinctif, à en faire une division naturelle. Ces divisions se montreront indélébiles, elles traverseront toutes les phases de notre histoire, en s'appelant l'Ile de France, la Normandie et la Bretagne, la Flandre, la Lorraine et l'Alsace, l'Aquitaine et la Gascogne, la Bourgogne, le Languedoc et la Provence.

A l'époque où se produit la dislocation sociale que j'ai dépeinte, ce groupement se manifeste par l'existence de ducs des Francs, des Bretons, des Normands, des Aquitains, des Wisigoths[1], il sert à de puissantes familles, en possession de ces dignités, il sert même à leurs fidèles ou à leurs rivaux, de marche-pied pour asseoir une domination durable sur des ensembles de sujets. Notons-le : c'est moins la force oppressive que le besoin de sécurité qui fonde les dynasties princières. Se faisant jour de bas en haut, il porte les chefs (*principes*) au sommet d'une hiérarchie traditionnelle et, dans les grands dangers communs, fait tourner tous les regards vers eux comme vers les protecteurs attitrés. Ils arrivent ainsi à dominer d'une grande hauteur le monde féodal : ils représentent dans cette société basée sur l'individualisme l'intérêt public. Hommes libres

[1] *Dux Francorum, Nortmannorum, Britannorum, Aquitanorum, Gothorum*, etc. (Richert *Histor.* passim).

et terres libres leur doivent des services pour les aider à défendre la commune patrie. Là cesse le privilège de l'immuniste [1], là s'arrête et s'incline l'indépendance de l'alleutier [2].

[1] « ... Si dissipatio inter nos et nostros vicinos et turbatio crescat, quod absit, homines Sancte Crucis non commoneantur neque moveantur ut eant homines occidere, vel terras christianorum predare atque devastare, neque castellum neque vallum facere... Si tamen inimici nostri in honorem nostrum supervenerint, tunc omnes eant ut defendant sua ab inimicis propria » (Charte de fondation de l'abbaye de Talmont, par Guillaume le Chauve, seigneur de Talmont, vers 1049. *Cartul.*, p. 68).

« Ego Helias de Didonia... concessimus, atque de nostra potestate in liberam atque propriam potestatem monachorum in ecclesia St Stephani... quiquid possidebamus in prefata villa... Hoc tantum retinuimus, quod si aliquis inimicus terras nostras vastandi causa invaderet, burgenses istius ecclesie, quemadmodum ceteri, mecum expugnare adjuvarent » (*Cartul. de Saint-Etienne de Vaux*, 1075-1108, ch. 54; *Cartul. de la Saintonge*, I, p. 42).

« Guido Aquitanorum dux... dimisit ne amplius (coloni Scte Marie) unquam in exercitum ducerentur extra Sanctoniam, nisi amissione sue terre, si quis violentia eam sibi vellet auferre » (*Cartul. de Notre-Dame de Saintes*, 1079, ch. 53 ; *Cartul. de la Saintonge*, II, p. 54).

[2] Voici une charte du *Cartul. de Saint-Jean d'Angély* qui l'exprime avec une rare précision : « Ego Wuillelmus dux Aquitanorum cum adhuc junior essem... abstuli quemdam burgum qui vocatur alaudium... postmodum... reddidi Deo et Sancto Joanni... Volo neminem ignorare *prædictum alaudium* ab omni consuetudine mea liberum et absolutum esse nisi forte *quando populus undecunque vocatus etiam de alaudiis militum ad nominatum bellum pro patria pugnaturus processerit* » (Cartul. de Saint-Jean d'Angély, MS. fos 184 vo-185 ro).

Il est à noter que ce service public dû par l'alleu faisait parfois l'objet d'une sorte de cantonnement. Le chef de la région avait des droits sur une partie de l'alleu pour le faire concourir à la défense commune. C'est ce que nous voyons dans le Hainaut : « Ego comes Balduinus portiunculam unam silve ad illam partem allodii pertinentes que vulgo haia dicitur, *que pro defensione patrie et rei publice solet fieri*, et jus advocatie hujus terre pro tuitione allodii ad pacem ecclesie, nutu et assensu prescripte Mainsendis hanc elemo-

Toutefois il faut pénétrer plus bas pour atteindre une association plus étroite.

Voici d'abord l'ancien *pagus*. Il devient comté féodal, sauf à se morceller et à se subdiviser[1] par des inféodations volontaires ou des partages forcés. Non seulement le comte carolingien profite de l'existence d'un groupe naturel pour y implanter solidement son pouvoir, mais l'aventurier, le comte par la grâce de Dieu, ne fait pas autrement. Tous deux ils s'efforcent de maintenir ou de reconstituer le *pagus* dans ses antiques limites et de s'en faire une seigneurie. Ils y parviennent à l'aide du lien de fidélité[2], et ainsi le régime seigneurial, tout en reposant sur une hiérarchie personnelle, travaille à reconstituer une unité territoriale, factice en apparence, naturelle au fond.

A mesure que vous descendez, le groupe prend plus de réalité encore et plus de consistance. Si le comte n'avait eu que des vassaux proprement dits et ceux-ci à leur tour que des tenanciers et des sujets éparpillés au hasard, la cohésion aurait mis un temps infini à triompher. Mais le rapprochement, l'habitation en commun, était une nécessité. La difficulté des communications, le genre de vie, la production économique rendaient le rapprochement désirable : le besoin de protection l'imposait. Quand, au neuvième siècle, le désordre éclate, quand il gagne en étendue et en intensité jusqu'à aboutir au règne de la force et de l'arbitraire individuels, comment les hommes ne se serre-

sinam conferentis, et domni Clarembaldis abbatis S. Petri, *in manu mea michi retinui* » (*Cartul. de Saint-Pierre d'Haumont*, MS. f° 16 v°, 1178).

[1] Par morcellement, j'entends la formation de nouveaux comtés, par subdivision, les vicomtés, vigueries, châtellenies, etc. Les premiers appartiennent à l'histoire générale; quant aux autres, j'aurai à les considérer, au cours de cet ouvrage, comme divisions politiques et administratives, notamment dans la description des diverses régions de la France.

[2] Voyez la deuxième Partie du présent Livre.

raient-ils pas les uns contre les autres? Comment ne chercheraient-ils pas un asile dans la zone de protection des châteaux, des églises et des couvents?

Ainsi surgissent des agglomérations nouvelles, tandis que les anciennes, villages et villes, demandent à une union plus étroite et à une ceinture de remparts les moyens d'échapper aux violences et aux spoliations.

Châteaux et couvents, villes et villages sont les noyaux vivaces d'un monde renaissant. Par eux et en eux la charpente osseuse de la société se reforme. Ils servent de points de solidification, en attendant qu'ils recréent la chair et le sang de la patrie, en attendant qu'ils engendrent les communes françaises.

---

§ 2. LA COMMUNE RURALE.

I. *Les premiers germes de la Commune rurale.*

CHAPITRE PREMIER.

LE PROBLÈME DES ORIGINES.

La commune rurale était à la fin de notre ancien régime une personne morale, pourvue d'une administration propre, représentée par des officiers spéciaux, en possession d'un patrimoine ou capable d'en posséder un. Mais depuis quel moment précis? A quelle époque les agrégats ruraux se sont-ils formés? Par quelle marche progressive l'état corporatif a-t-il succédé à l'état d'isolement des individus ou des familles? Cet état d'isolement a-t-il même jamais existé?

Le problème est aussi important que complexe. Pourtant il n'a guère été abordé de front ou quand il l'a été, c'est plus à l'aide d'ingénieuses hypothèses qu'avec le secours des textes qu'on a tenté de le résoudre. J'excepte un historien de premier ordre, le rare et pénétrant esprit dont nous pleurions récemment la disparition prématurée[1].

[1] Je ne veux pas passer non plus sous silence les savants et volumineux mémoires rédigés de 1826 à 1836 par deux jurisconsultes-historiens, Raspieler et Ignace Chauffour, dans un procès célèbre de la ville de Strasbourg contre cinq communes rurales. Ce sont des travaux de solide érudition; malheureusement, ils portent trop la marque de la controverse judiciaire.

M. Fustel de Coulanges a donné au problème tout son champ et il a voulu le maîtriser à force de documents [1]. Mais n'a-t-il pas dévié ici comme en tant d'autres matières vers des conclusions absolues et tranchantes?

Aux yeux de M. Fustel l'organisation des campagnes, avant et après les invasions germaniques, fut entièrement calquée sur l'organisation romaine. Les Romains, dit-il, ne connaissaient pas ou presque pas le village; ils ne connaissaient que la villa, la grande ferme avec ses dépendances, centre d'un grand domaine. La villa introduite par eux en Gaule s'y développa, y prospéra. Les Barbares l'y trouvèrent et l'adoptèrent si bien que toute la population rurale, à peu d'exceptions près, se vit répartie entre des villas. De villages point ou presque point : des *villæ* innombrables auxquelles les habitants des villages, quand il en existe, se rattachent en règle à titre de serfs ou de colons.

La mort a interrompu l'œuvre de M. Fustel de Coulanges avant qu'il ait pu traiter de la période que nous étudions. Force lui eût été sans cela d'expliquer le bouleversement de fond en comble que le régime rural, tel qu'il se le représente à l'époque mérovingienne et jusqu'au neuvième siècle, aurait subi aux siècles suivants, car le tableau qu'il trace des campagnes ne correspond plus en rien à l'aspect qu'elles nous offrent deux cents ans plus tard [2].

A nous de voir si véritablement il existe une telle dissemblance entre les deux époques, de combler l'intervalle

[1] Dans son livre : *L'Alleu et le domaine rural pendant l'époque mérovingienne*, Paris, 1890.

[2] M. Fustel de Coulanges paraît avoir senti lui-même qu'il ne faisait que reculer la difficulté. Voici ce qu'il dit à propos de la *marca :* « Nous nous arrêtons au milieu du neuvième siècle. A partir de là, le mot *marca* change d'acception..... Bientôt l'idée de *biens communaux* s'attachera au mot *marca*..... C'est dans les faits de l'histoire sociale du onzième siècle qu'il faut chercher l'explication de ce changement » (*L'Alleu et le domaine rural*, p. 272).

qui les sépare, de chercher leurs points de soudure, de déterminer, en un mot, quelle est la nature, l'étendue, l'intensité des modifications qui se sont produites au sein des classes rurales de l'un à l'autre temps.

Ainsi énoncé le problème appelle un coup d'œil rétrospectif. Il soulève cette question préjudicielle : que fut le groupement rural dans la Gaule avant et après la conquête romaine, chez les Germains avant et après leur établissement sur le sol de la France?

CHAPITRE II.

LES VILLAGES DE LA GAULE CELTIQUE ET DE LA GAULE ROMAINE.

Nous savons par César que les Gaulois au temps de leur indépendance habitaient des villes, *oppida, urbes*, des bourgs fortifiés, *castella*, des villages, *vici*, des maisons isolées, *ædificia*[1]. Les villages étaient nombreux, ils étaient en prédominance. Les Helvètes n'en comptaient pas moins de quatre cents contre douze *oppida*, soit une proportion de trente-trois villages pour une ville[2].

La population de ces villages se composait, selon toute vraisemblance, de clients ou de tenanciers des chefs, chevaliers et druides[3].

Les *ædificia* apparaissent fréquemment dans le récit de César, mais si quelques-uns d'entre eux pouvaient correspondre assez exactement à la villa romaine[4], être tout à la fois une demeure pour le chef et un ensemble de bâtiments agricoles[5], la plupart semblent de petites fermes éparses dans la campagne, habitation du paysan avec

[1] Pour le détail, voyez la substantielle étude de M. d'Arbois de Jubainville, *La Gaule au moment de la conquête romaine*, insérée dans la *Revue celtique*, t. VIII, p. 201 et suiv.

[2] Cæsar, *De bello gallico*, I, 5 : « Oppida sua omnia, numero ad duodecim, vicos ad quadringentos, reliqua privata ædificia incendunt. »

[3] Je renvoie aux développements que j'ai donnés sur la clientèle gauloise dans le t. I de cet ouvrage, p. 55 et suiv.

[4] M. Fustel voudrait leur prêter à tous ce caractère. Voyez *L'alleu et le domaine rural*, p. 31, et surtout *Le problème des origines de la propriété foncière*, 1889, p. 91-92.

[5] Cf. d'Arbois de Jubainville, *op. cit.*, p. 217, et *Recherches sur l'origine de la propriété foncière*, 1890, p. 90 et suiv.

granges, écuries ou étables[1]. Leur réunion forme le village disséminé dont le type se retrouve de nos jours en Bretagne et en Suisse.

Après la conquête romaine, les villages disparurent-ils? Loin de là. Leur existence nous est attestée par les inscriptions[2] et les itinéraires[3]. Ne mesurez pas même leur chiffre à la fréquence de ces mentions. Les plus obscurs étaient les plus nombreux. Comme l'humble travailleur qui l'habite, le village est un acteur anonyme de l'histoire. Il faut des conjonctures exceptionnelles, d'heu-

[1] Cæsar, *De bello gallico*, VIII, 10 : « Accidebat autem quotidianis pabulationibus, id quod accidere erat necesse, quum *raris disjectisque ex ædificiis* pabulum conquireretur, ut impeditis locis dispersi pabulatores circumvenirentur. » *Adde*, *ibid.*, VI, 6; VII, 14; VIII, 3, etc.

[2] M. Fustel en cite un certain nombre (*L'alleu et le domaine rural*, p. 41, note 1), mais il est loin d'en épuiser la liste.

[3] Dans l'itinéraire de Reims à Cologne, utilisé par le compilateur de l'Itinéraire dit d'Antonin, les stations itinéraires sont des *vici*.

« *A Durocortoro* (Reims) *Treveros usque :*

Vungo vicus.	Voncq (Ardennes).
Epoisso vicus.	Ivoy, auj. Carignan (Ardennes).
Orolauno vicus.	Arlon (Luxembourg belge).
Andethannale vicus.	
Treveros civitas.	Trèves.

« *A Treveris Agrippinam :*

Beda vicus.	Bittburg (Prusse rhénane).
Ausava vicus.	Oos (Prusse rhénane).
Egorigio vicus.	
Marcomago vicus.	Marmagen (Prusse rhénane).
Belgica vicus.	
Tolbiaco vicus Supenorum.	Zülpich (Prusse rhénane).
Agrippina civitas.	Cologne. »

(*Itinerarium Antonini Augusti*, ed. G. Parthey et M. Pinder, Berlin, 1848, p. 174 et 177. — *Itinéraires de la Gaule* publiés par Léon Renier, *Annuaire de la Société des antiquaires*, 1850, p. 203 et 206). — Mon savant confrère, M. Longnon, a bien voulu me rendre attentif à ce texte.

reuses rencontres, une transformation imprévue, un rôle inopiné à jouer, pour qu'il sorte de l'ombre, pour qu'il prenne figure[1]. Nous connaissons le nom de simples hameaux absorbés plus tard par des communes voisines[2], alors que des villages ou des bourgs ne révèlent l'antiquité de leur existence par aucune trace écrite.

Les textes législatifs concordent avec les inscriptions. En glanant à travers les constitutions impériales, il nous est loisible d'entrevoir la physionomie des campagnes gallo-romaines et de marquer la place qu'y tient la commune rurale. Ces lois, il est vrai, ne sont pas spéciales à la Gaule, mais elles y furent en vigueur, et, après tout, c'est sur l'extension à la Gaule de l'organisation romaine que M. Fustel de Coulanges se base pour affirmer la prépondérance presque exclusive du système des *villæ*.

Voici un premier point que j'accorde. Le rapide et mer-

[1] Voilà ce que M. Fustel oublie quand il formule cette antithèse : « Nous connaissons par leurs noms des milliers de domaines; nous ne connaissons qu'une soixantaine de villages » (*op. cit.*, p. 41). L'opposition entre les deux termes, dont l'un est vague et dont l'autre affecte la précision, est toute factice.

Les *villæ* nous sont connus par suite de l'importance sociale de leurs possesseurs et des mutations dont elles étaient l'objet en bloc : les raisons inverses, la chétiveté de ses habitants, la division de son territoire, ont jeté un voile sur le corps du village. Il y a plus. M. Fustel compare deux époques différentes. Les *milliers de domaines* auxquels il fait allusion sont des domaines gallo-romains; ce sont eux qu'il vient de passer en revue, c'est dans le chapitre intitulé : *La villa gallo-romaine* que se trouve la phrase citée. Pour justifier au contraire le chiffre d'une *soixantaine de villages*, il invoque les récits de Grégoire de Tours (*op. cit.*, p. 41, note 3).

[2] J'en cite deux exemples notables empruntés à la Narbonnaise.

Sur le territoire de la commune actuelle de Saint-Geniès (Basses-Alpes), un rocher a été percé au commencement du ve siècle, pour livrer passage à un chemin. Voici l'inscription qu'il porte : « Cl(audius) Postumus Dardanus... ex præf(ecto) pr(a)et(orio) Gall(iarum) et Nevia Galla... *loco cui nomen Theopoli* est viarum usum cæsis utrimque montium laterib(us) præstiterunt, muros et portas dederunt, quod in agro proprio constitutum tuetioni omnium voluerunt esse com-

veilleux essor des villes gauloises romanisées y attire l'aristocratie du pays. Elle s'y fixe, et ne réside plus que par intermittence sur ses domaines, dans ses *ædificia* transformés en *villæ*, ou dans les *villæ* nouvelles qu'elle a créées. C'est elle qui compose l'ordre sénatorial, le très splendide ordre des décurions qui président à l'administration de la cité, en d'autres termes, de la ville proprement dite et du territoire étendu dont elle est tout à la fois le chef-lieu et le centre.

Mais au-dessous de ces grands seigneurs fonciers, il y a de petits et de moyens propriétaires. Ils sont même si nombreux qu'ils forment une classe distincte et importante au sein de la plèbe, la classe des *possessores*[1]. A première vue, il est invraisemblable que tous les *possessores*, ou même la plupart d'entre eux, habitassent la ville. Celle-ci était le domicile naturel des artisans et des marchands, des *negotiatores;* le leur était les villages ou les bourgs à

mune..... » (*Corpus inscript. lat. Inscript. Gall. Narbon.*, éd. Hirschfeld, Berlin, 1888, n° 1524).

Le locus Theopoli est devenu le hameau de Théoux dépendant de Saint-Geniès.

L'existence d'un autre hameau, le hameau actuel de Saint-Jean-de-Garguiès, dépendance de la commune de Gemenos (Bouches-du-Rhône), nous est révélée par les témoignages officiels de la reconnaissance de ses habitants envers ceux qui avaient pris généreusement la défense de leurs intérêts communs :

« (P)agani pagi Lucreti qui sunt finibus Arelatensium *loco Gargario* Q. Cor(nelio) Marcelli lib(erto) Zosimo sexvir(o) Aug(ustali) col(onia) Jul(ia) Paterna Arelate ob honorem ejus, qui notum fecit injuriam nostram omnium sæculorum sacratissimo principi T. Aelio Antonino (Aug. Pio. patiente)r Romæ m(an)sit per multos annos, ad præsides pr(ovinci)æ persecutus est injuriam nostram suis in(pensis e)t ob hoc donavit nobis inpendia quæ fecit, ut omnium sæculorum sacr. principis imp. Cæs. Antonini Aug(usti) Pii beneficia durarent permanerentque quibus frueremur... et balineo gratuito quod ablatum erat paganis (pagi Lucreti?) quod usi fuerant amplius annis XXXX » (*Inscript. Gall. Narbon.*, n° 594).

[1] Cf. Klippfel, *Étude sur le régime municipal gallo-romain*, 1879, p. 31.

proximité de leurs terres. C'est là, en effet, que les inscriptions nous les montrent établis[1], c'est là que les lois nous les montrent se transportant s'ils avaient commencé par habiter la ville.

Ils n'y demeurent pas seuls. Dès le IIIe siècle, les citadins recherchent le séjour des campagnes, se mêlent aux paysans, « *ad colonos prædiorum se transtulerunt,* » pour échapper aux charges plus onéreuses qui pèsent sur la population urbaine[2]. Quand les honneurs mêmes (la dignité de décurion) devinrent un intolérable fardeau, quand ils durent être imposés à tout propriétaire de vingt-cinq jugera[3] résidant dans la ville, l'exode vers les villages devint tel qu'on édicta des peines draconiennes, — la confiscation des biens, — pour les retenir de force[4]. Rien n'est plus probant. Chaque fois que dans le Bas-Empire nous rencontrons de pareilles mesures nous pouvons en prendre le contre-pied matériel, nous pouvons tenir pour général et invincible en fait ce que les lois proscrivent en droit.

[1] Par exemple, *Inscript. Gall. Narbon.*, éd. Hirschfeld, nos 2459, 2460, 5874 : « Possessores Aquenses. » — *Adde,* Cod. Theod., C. 5, *De patrociniis vicorum* (11, 24) : « Si quis *agricolis vel vicanis propria possidentibus* patrocinium repertus fuerit ministrare... » ; C. 3, *ibid.* : « Quicunque... *vicos* in suum detecti fuerint patrocinium suscepisse... *Possessores* autem competenter coerciti... »

[2] Ulpien, L. 1, § 2, *De vacatione et excusatione munerum* (50, 5) : « Qui in fraudem ordinis in honoribus gerendis, cum inter eos ad primos honores creari possint, qui in civitate munerabantur, evitandorum majorum onerum gratia ad colonos prædios se transtulerunt, ut minoribus subjiciantur... »

[3] C. 33, C. Theod., *De decurionibus* (12, 1).

[4] « Curiales omnes jubemus interminatione moneri, ne civitates fugiant aut deserant, rus habitandi caussa; fundum, quem civitati prætulerint, scientes fisco esse sociandum, eoque rure esse carituros, cujus caussa impios se, vitando patriam, demonstrarint » (an. 396). Cod. Theod., C. 2, *Si curialis relicta civitate* (12, 18). *Adde,* C. 1, *ibid.* : « *Judiciario omnes vigore constringes* ne vacuatis urbibus ad agros magis, quod frequenti lege prohibetur, larem curiales transferant familiarem. »

Côte à côte avec les petits et les moyens propriétaires fixés dans les bourgs, dans les villages et les hameaux, habitent les fermiers des propriétaires terriens qui résident dans les villes et dans les *villæ,* — fermiers à temps (*conductores*) ou emphytéotes perpétuels, — puis les colons du fisc ou des cités, les paysans qui ont pris en location les fonds patrimoniaux de l'empereur ou les terres communales. Ils sous-louent une partie des terres qu'ils détiennent à des gens venus du dehors, *advenæ*[1], et sans nul doute aussi à de pauvres cultivateurs indigènes. Ces tenanciers inférieurs seront enchaînés au sol par les lois fiscales de Constantin et de ses successeurs, ils deviendront les colons proprement dits, les *originales,* les *adscriptitii.* Leur condition ne différera plus guère alors de la condition des esclaves rustiques auxquels le maître donne des terres à cultiver, au lieu de les employer directement comme ouvriers agricoles.

J'ai passé en revue les éléments qui composent, à mes yeux, les *vici* gallo-romains. Que ces éléments fussent réellement groupés dans des villages et non point répartis entre des *villæ,* et que ces villages eux-mêmes eussent une véritable organisation corporative, il me reste à le justifier.

Les *vici,* c'est une proposition incontestée, participent au régime municipal de la cité sur le territoire de laquelle ils sont assis : ils sont soumis à la juridiction de ses magistrats, ils contribuent à ses dépenses publiques. Mais, au-dessous de cette administration générale, il y avait pour les villages comme pour la ville proprement dite une administration locale; pour la ville elle est représentée

[1] Voir la définition des colons que nous a conservée Isidore de Séville : « Coloni sunt cultores *advenæ* dicti a cultura agri. Sunt enim aliunde venientes, atque alienum agrum locatum colentes, ac debentes conditionem genitali solo propter agriculturam sub dominio possessoris, pro eo quod iis locatus est fundus » (*Etymolog.*, IX, 4, n° 36. Ed. Migne, t. 82, col. 352).

par les divers *munera* incombant aux seuls habitants qui y résident[1], pour les villages elle l'est par des *munera* attachés de même à la résidence mais moins importants, les services auxquels il faut pourvoir étant moindres.

Cela ressort déjà du texte d'Ulpien que j'ai allégué plus haut. Le citadin, au dire du jurisconsulte, gagne la campagne, se confond dans les rangs des paysans, afin d'échapper aux charges qui l'attendent et de n'être tenu qu'aux offices les plus humbles : « ... qui in civitate *munerabantur*, evitandorum *majorum onerum* gratia ad colonos prædiorum se transtulerunt, *ut minoribus subjiciantur*. »

Il y avait donc des *munera* dans les villages, il y avait par suite une organisation propre. Si Rome était la commune patrie[2], si la cité la patrie sans épithète[3], le *vicus* était la petite patrie.

Les *vici* sont des personnes morales, capables de posséder des biens, capables de recevoir des donations ou des legs[4]. Ils possèdent, ils reçoivent, ils dépensent, ils administrent; on les voit exécuter des travaux publics[5]. Ils ont leurs assemblées populaires, leurs comices[6], où

[1] Cf. Lex coloniæ Juliæ Genetivæ (Tables d'Osuna) cap. XCI : « Quicumque decurio, augur, pontifex hujusque col(oniæ) *domicilium in ea col(onia) oppido propiusve it oppidum p(assus) M.* non habebit annis V proxumis, unde pignus ejus quot satis sit capi possit, is in ea col(onia) augur pontif(ex) decurio ne esto. »

[2] « Roma communis nostra patria est » (Dig., L. 33, *Ad municipalem*, 50, 1).

[3] « Qui ex vico ortus est, eam patriam intelligitur habere, cui reipublicæ vicus ille respondet » (*ibid.*, L, 30).

[4] « Vicis legata perinde licere capere, atque civitatibus, rescripto Imperatoris nostri significatur » (L. 73, § 1, Dig., *De legatis*, 30, 1).

[5] Orelli, *Inscript. latin. ampliss. collectio*, Zurich, 1828, n° 119 (Alby), n° 252 (Genève).

[6] Cf. Klippfel, *op. cit.*, p. 58.

ils élisent des magistrats locaux, édiles ou questeurs[1]; ils ont une sorte de conseil qui correspond, à certains égards, à la curie, au Sénat de la cité[2]. Ils ont leurs patrons, leurs bienfaiteurs, et leur décernent des honneurs; ils ont leurs temples et leurs prêtres à l'époque païenne, puis, quand le christianisme pénètre dans les campagnes, leur église qui deviendra l'église paroissiale[3].

Je me suis attaché de préférence jusqu'ici au terme de *vicus*. Il est le plus fréquent, parce qu'il correspond aux villages et aux bourgs les plus considérables. Mais il n'est pas le seul. D'autres termes, tels que *locus*[4] ou *rus*, se rencontrent pour désigner des agglomérations moindres. Est-ce à dire que ces agglomérations eussent toutes une organisation complète? Assurément non. Toutes, du moins, en avaient une embryonnaire et bornée, produite par la communauté des intérêts les plus immédiats[5], une autre plus large et plus parfaite, nécessitée par les intérêts généraux qui ne se confondaient pas avec ceux de la cité.

[1] *Inscript. Gall. Narb.*, éd. Hirschfeld : « Marciano optimo juveni et pientissimo, officio inter convicanos suos functo ædil(itatis) » (Genève), nº 2611. — *Adde*, nº 4190 (Sextantio). — Cf. Orelli, *Inscript. lat. vol. tert.*, éd. Henzen, Zurich, 1856, nº 5238.

[2] Klippfel, *op. et loc. cit.*

[3] « Ecclesiis quæ in possessionibus, ut assolet, diversorum, vicis etiam vel quibuslibet locis sunt constitutæ, clerici non ex alia possessione vel vico, sed ex eo ubi ecclesiam esse constiterit, eatenus ordinentur, ut propriæ capitationis onus ac sarcinam recognoscant. » Code Theod., C. 33, *De episcopis*, 16, 2. — On voit que l'église du village est nettement distinguée de l'église établie sur un grand domaine.

[4] Quand le *locus* est fortifié, comme l'a été au cinquième siècle le hameau de Theopoli (*suprà*, p. 33, note 2), il devient un *castellum*.

[5] De là est né le *consortium* dont je vais parler. — Voyez aussi (*suprà*, p. 33, note 2), la distinction de la propriété privée et de l'intérêt public : « Loco... Theopoli... viarum usum præstiterunt... quod in agro proprio constitutum tuetioni omnium voluerunt esse commune. »

A ce dernier point de vue, leurs habitants étaient des *pagani*[1], des habitants du *pagus*, par opposition aux *oppidani*, aux habitants de la ville. Le *pagus* est comme une grande commune rurale (aussi le voit-on assimilé sans cesse au *vicus*) dont les petits villages et les hameaux seraient les sections[2]. Il a ses magistrats (*magistri, ædiles*)[3], tantôt élus par lui, tantôt désignés par la cité (*præfecti*)[4]; il a ses comices et son conseil[5].

Vici et *pagi* sont donc vraiment de petites républiques subordonnées à la *civitas*[6].

Les chefs des villages sont appelés *primates*[7], et ils sont comme les curiales, responsables envers l'État. Leur responsabilité porte sur l'exécution des lois : ils doivent surtout à leurs risques et périls maintenir la cohésion du groupe rural[8].

Les empereurs, en effet, après avoir tenté en vain de retenir les propriétaires de biens ruraux dans les villes, s'efforcent plus tard de river à une même chaîne tous les habitants des villages. Ce n'est pas seulement en un corps

[1] Le mot a survécu dans la langue usuelle, sous la forme de *paysan*, et dans le parler des campagnes sous la forme de *pays*, signifiant *village*.

[2] Je rappelle l'inscription du *locus Gargarius* (*suprà*, p. 34, note 2) : « Pagani pagi Lucreti qui sunt ... loco Gargario, etc. »

[3] Boissieu, *Inscriptions antiques de Lyon* (Lyon, 1846), p. 19. — Bimard, *Dissertatio prima*, en tête de *Muratori Novus Thesaurus veterum Inscript.* I (Milan, 1739), p. 20-21.

[4] Klippfel, *op. cit.*, p. 57.

[5] Klippfel, *op. cit.*, p. 58.

[6] Orelli, *Inscript. lat. vol. tert.*, éd. Henzen, n° 5215 : « Respublica secundi pagi » (Auxerre). — Sur les *pagi*, voir une note étendue de M. Barry, dans la nouvelle édition de l'*Histoire du Languedoc*, II, p. 412. — Cette note m'avait échappé jusqu'ici, et elle concorde de tout point avec l'opinion que j'ai développée au texte.

[7] « Quod ad notitiam *primatium* urbium, vicorum castellorumque deveniat..... » C. Theod., C. 13, *De desertor.*, 7, 18.

[8] Cf. Code Justin., C. 2, *Ut nemo ad suum patroc.*, 11, 53.

politique qu'ils veulent les réunir, c'est un *consortium* [1], une société à la fois politique et civile, une communauté dans toute la force du terme, qu'ils veulent créer. De même que le colon a été attaché au sol et assujetti par là indéfiniment au propriétaire foncier, de même les divers détenteurs du sol sont enchaînés les uns aux autres et par là assujettis, asservis à la corporation villageoise dont ils font partie. Ils sont *adscripti vico* [2], comme le colon est *adscriptus solo*. Tous sont solidaires de l'impôt au regard du fisc [3]. Comme cette solidarité embrasse et l'impôt direct et la capitation du colon dont le propriétaire est déclaré responsable, voici un *consortium* qui enveloppe collectivement les hommes libres et les serfs de la glèbe, les propriétaires, les fermiers et les colons d'un même village [4].

Loin donc que le village ne formât pas une sorte de commune rurale répandue sur tout le territoire, ce régime a été poussé à l'excès. Le Bas-Empire a serré dans un but fiscal le lien corporatif au point d'en faire un lien servile.

Voilà ce qui a compromis l'existence des communautés villageoises, fait déserter bien des villages, transformé

[1] « Universos itaque quos tantum sibi claruerit temeritatis assumere ut praebeant latebram, et defensione repromissa aditum implendae devotionis occlaudant, jubemus urgeri ut debita, quæcunque vicani, *quorum consortio recesserunt*, e propriis facultatibus fisci docebuntur commodis intulisse, iidem cogantur expendere. » C. Theod., C. 1, *De patrociniis vicorum*, 11, 24.

[2] « Hi sane, qui *vicis*, *quibus adscripti sunt*, derelictis... » C. Theod., C. 6, § 3, *loc. cit.* Cbn. C. Just., C. un., *Non licere habit.*, 11, 55 : « Habitatorem adscriptum. »

[3] Cette solidarité n'a été abolie que par une constitution de Zénon qui ne fut plus introduite en Gaule. — C. Just., C. un., *Ut nullus ex vicaneis*, 11, 56.

[4] « Ut vicani, si servi sunt, dominis castigati redduntur : si liberi, 20 libris multentur, et verberati una cum decem prioribus vici in perpetuum relegentur. » C. 2, *Ut nemo.*, 11, 53.

leurs habitants en nomades, en rôdeurs, en Bagaudes, préparé de loin le régime seigneurial par la nécessité où se virent réduits les petits propriétaires pour échapper aux exécutions du fisc, les colons à celles de leurs maîtres, de se placer en masse ou individuellement sous la protection de quelque puissant, duc, comte, dignitaire, possesseur de villas[1].

En vain les Empereurs résistent-ils, en vain défendent-ils ces patronages[2] et cherchent-ils à arrêter la désorganisation des villages qui en est la suite[3]; leurs constitutions sont emportées par le besoin irrésistible de la sécurité personnelle. Elles émergent comme les piliers d'une digue rompue; témoins impuissants de la violence des flots et de la direction victorieuse du courant.

[1] Voyez le chapitre V du livre I, t. I, p. 70 et suiv.

[2] Code Theod., *De patrociniis vicorum*, 11, 24.

[3] Par exemple, en défendant de vendre les propriétés à d'autres qu'à des habitants du *vicus*. — C. Theod., C. 6, § 1, *loc. cit.*, et C. Just. C. un. *Non licere habit.*, 11, 55.

CHAPITRE III.

LES VILLAGES DES GERMAINS AVANT L'INVASION.

Quand les Germains s'infiltrent dans la Gaule, puis la conquièrent, quelles sont les mœurs, les habitudes qu'ils apportent? Connaissent-ils la commune rurale? pratiquent-ils seulement la propriété foncière? Problème qui ne fut jamais si débattu que de nos jours, champ de bataille où se rencontrent, sans chercher à s'éviter, les partisans et les adversaires de la théorie qui place l'origine de la propriété dans une indivision primitive du sol. Les deux camps me paraissent mal engagés. Au lieu d'entrer en lice pour ou contre la propriété collective n'eût-il pas fallu s'informer au préalable si la propriété collective et la propriété individuelle ne manquaient pas également?

Selon moi, il est interdit de séparer les deux textes célèbres de César et de Tacite[1], et ils conduisent tous les deux à une conclusion presque identique. Toute la différence tient à la différence des époques.

La peuplade, au temps de César, occupe un vaste espace séparé du monde par des forêts impénétrables ou des landes[2], zone frontière où je reconnais ce qui, par excellence, sera plus tard la *marke*. A l'intérieur de ce territoire, les chefs ou principaux de la peuplade assignent chaque année à chaque clan (*gens*) (ensemble de familles que je ne puis mieux comparer qu'à la *Farka* des Arabes)[3]

[1] Cæsar, *De bello gallico*, VI, 22-23. — Tacite, *Germania*, 26.

[2] « Civitatibus maxima laus est, quam latissime circum se vastatis finibus solitudines habere. » Cæsar, *De bello gall.*, VI, 23.

[3] *Exposé* (rédigé par la direction des affaires arabes et approuvé par le gouverneur général, duc d'Isly) *de l'état actuel de la société*

un territoire plus petit que les chefs du clan répartiront, à leur tour, entre les diverses familles (*cognationes*) (le *Douar* des Arabes)[1] qui le composent. Les terres ainsi assignées sont en friches. Elles seront essartées, écobuées, et après la récolte annuelle, abandonnées de nouveau à elles-mêmes pour longtemps. Il s'opère de la sorte un déplacement des cultures, accompagné, sans aucun doute, d'un déplacement des demeures[2]. S'il y a rotation, elle ne se produit qu'après un très long cycle d'années.

Au temps de Tacite, les habitations sont devenues plus fixes. On n'en saurait douter en lisant les descriptions de l'auteur latin[3] et ses allusions fréquentes à des villages (*vici*)[4]. Si nous passons au texte, objet de débats si passionnés, son sens doit ressortir de ce qui précède. Les clans s'étant fixés davantage sur le sol, leur territoire leur a été assigné d'ordinaire une fois pour toutes. Dans les limites de cet espace restreint, le partage annuel et la longue rotation continuent à s'effectuer entre les familles du clan[5], sauf que, le rayon étant de moindre étendue, la rotation devait être de moindre durée.

arabe (Alger, 1844) : « Divers *Douar* réunis forment un centre de population qui reçoit le nom de *Farka*, etc. Cette réunion a principalement lieu, lorsque les chefs de *Douar* reconnaissent une parenté entre eux; elle prend souvent un nom propre sous lequel sont désignés tous les individus qui la composent... » (p. 7).

[1] Le *douar* (rond de tentes) est la famille groupée autour de son chef. Elle comprend les enfants, les proches parents ou alliés et les fermiers (Cf. *Exposé*, p. 7).

[2] « Anno post alio transire cogunt... ne accuratius ad frigora atque æstus vitandos ædificent. » — Cæsar, VI, 22.

[3] *Germania*, cap. 16.

[4] *Ibid.* et cap. 12 : « Per pagos vicosque. » — Cap. 19 : « Per omnem vicum, » etc.

[5] On a observé un état analogue chez les Arabes du *Tell* : « Le territoire occupé par un groupe de *Douar* constitue ordinairement une circonscription distincte dans la tribu, tandis que dans une même *Farka*, les propriétés des *Douar* sont mêlées. La *Farka* constitue encore, comme on le voit, une famille assez unie dont les terres

Je me représente le *pagus* comme le territoire du clan (*gens*), la famille (*cognatio*) comme formant un village (*vicus*)[1] quand elle est considérable, comme occupant un petit groupe isolé de maisons[2] quand elle est réduite aux parents les plus proches et à un nombre limité de serviteurs. C'est entre ces groupes, villages ou fermes éparses, que le partage annuel des terres a lieu *secundum dignationem,* « suivant leur importance sociale[3], » suivant leur effectif et leur fortune en esclaves ou en bétail propres à la culture[4]. Je vois clairement le groupement familial et les germes d'une commune rurale, mais je cherche en vain la propriété soit collective soit individuelle de la terre arable. Ce serait un abus de mots de dire que la tribu ou

sont partagées, comme au hasard, entre les *Douar*. Ces derniers ne restent guère sur leur terrain qu'à l'époque où les travaux des champs les y retiennent; pendant le reste de l'année ils campent à proximité les uns des autres et se déplacent simultanément » (*Exposé de l'état de la société arabe*, p. 7-8). — « Les Arabes du *Tell*, selon qu'ils sont plus ou moins fixes sur le sol, c'est-à-dire selon qu'ils habitent des villages de gourbis, des fermes ou qu'ils vivent seulement sous la tente, sont désignés par les appellations de Ehel-el-Graba (pluriel de gourbi), Ehel-el-Haouach (pluriel de haouch) et Ehel-bit-el-Chaar » (*ibid.*, p. 20).

1 « Vicos locant » *Germania*, cap. 16.

2 « Colunt discreti ac diversi, ut fons, ut campus, ut nemus placuit. » *Germania*, cap. 16. — Cf. l'avant-dernière note.

3 Je suis d'accord ici avec l'interprétation donnée du même terme par M. Fustel (*Recherches sur quelques problèmes d'histoire*, p. 280-281) et j'en trouve une confirmation dans le fait relevé *infrà*, p. 46, note 1. Je partage égalementl'avis de M. Fustel sur le sens à attribuer aux expressions : « *agri occupantur,* » « *arva mutant;* » comme lui je traduis la première par « *défricher,* » la seconde par « *déplacer les cultures.* »

4 La circonstance que les esclaves cultivaient une partie du lot attribué à leur maître (Cf. Tacite, *Germania*, cap. 25) ne modifiait en rien le droit tout à fait précaire et passager que le maître avait sur son lot. Au lieu d'esclaves, supposez même des fermiers libres, la conclusion juridique sera toujours pareille (Cf. note suivante *in fine*). — M. Fustel s'est totalement mépris sur ce point (*op. cit.*,

que le clan sont propriétaires. La tribu (*civitas*) a la souveraineté du territoire, les clans et leurs subdivisions ont l'usage des parts qui leur sont assignées[1]. La conception même de la propriété est exclue par la nature des terres : étendue de friches toujours renaissantes et en surabondance toujours : *superest ager*.

p. 250-251), comme en général sur la nature du droit attribué par lui aux chefs de famille. Il s'en fait la conception la plus singulière et la plus hétéroclite. Ce serait un droit de propriété individuelle et ce n'en serait pas un : « Telle est, dit-il, l'explication que nous proposons du chapitre XXVI de la Germanie. Il ne signifie ni que les Germains aient ignoré la propriété ni qu'ils l'aient connue » (p. 289) et plus haut : « Ces hommes peuvent être, tout en changeant de place, *de véritables propriétaires*. Si leur droit n'est pas implanté à toujours dans un même champ, ils portent ce droit *en eux-mêmes* et l'appliquent à des champs différents ! » (p. 283).

[1] Je reprends le terme de comparaison dont je me suis servi déjà. Rien ne me semble plus frappant que la concordance entre le texte de Tacite et la relation faite par un observateur moderne des droits dont le sol était l'objet en Algérie, au moment de la conquête française :

« Chez les tribus, le droit privatif du sol n'existait pas, la propriété était un *attribut de la souveraineté*... Le dey (d'Alger) fixait l'emplacement de la tribu, le scheik (chef de la *Farka*) assignait le périmètre du douar, et le chef du douar faisait le partage des terres entre les familles; le lot de chaque chef de tente était proportionné à sa fortune. Le partage avait lieu tous les ans... Les Arabes pauvres cultivaient pour d'autres; on leur fournissait les semences, les ustensiles et les bestiaux. Ils travaillaient et avaient droit au cinquième de la récolte. » (Robe, *Essai sur l'histoire de la propriété en Algérie*, Bone, 1848, p. 9).

CHAPITRE IV.

LES VILLAGES DE LA GAULE FRANQUE.

Si nous en croyions M. Fustel de Coulanges, dans son livre sur *L'Alleu et le domaine rural,* le nombre des villages sous la domination franque aurait été d'une rare exiguïté. Il ne faudrait pas le presser beaucoup pour lui faire dire qu'il n'en existait pas : « On arrive, dit-il, à cette conclusion, que les vrais villages d'hommes libres sont fort peu nombreux dans nos textes. Je n'ai réussi à en trouver qu'*une cinquantaine au plus,* contre *plus de douze cents villæ.* Telle était, semble-t-il, la proportion entre les villages et les domaines[1]. » C'est trop encore : il accumule les réserves et les doutes au point de réduire presque à néant cette apparente concession.

La méthode de M. Fustel, pour élucider les points ténébreux de l'histoire, est presque toujours la même. Il s'en tient à la lettre. L'institution s'incarne en un mot sacramentel[2]. Ici le mot sacramentel est *vicus.* Est-il absent des textes, le village est absent des institutions.

Lisez, nous dit-on, la loi des Burgundes, lisez la loi Salique, lisez la loi Ripuaire, elles « ne contiennent pas une seule fois le mot qui signifie village : *vicus* n'y est pas. » Donc, point de villages chez les Ripuaires, les Saliens, les Burgundes. Dans les formules, les chartes, chez les écrivains du temps, force est bien de convenir

[1] *L'Alleu et le domaine rural,* p. 219.

[2] Mon savant ami, M. Glasson, a pu faire une remarque analogue à propos des communautés agraires dont M. Fustel nie l'existence : « Tout le système de M. Fustel repose sur un mot » (le mot *marca*) (*Histoire du droit et des institutions de la France,* t. III, p. 70).

que *vicus* y est[1]. Mais — bizarre inconséquence! — le mot, dès qu'il apparaît, perd sa valeur magique. Il cesse d'être le mot propre, le terme technique. Il peut signifier *autre chose*. Quoi? demandez-vous. Ceci ou cela répond M. Fustel[2]. Dans le plus grand nombre des cas, il serait synonyme de *villa*, — et la raison? C'est que certains *vici* sont propriétés de particuliers et font l'objet de transactions.

M. Fustel en arrive ainsi jusqu'à mettre en doute la réalité des villages qu'on avait toujours vus dans les *vici* de Grégoire de Tours[3] et il propose finalement un criterium pour séparer l'ivraie et le bon grain, les vrais *vici* des faux. Tenez pour faux, dit-il, ceux dont les noms sont dérivés de noms d'hommes, tels : Silviacus, Celciacus, Gaudiacus, etc.; pour vrais ceux-là seuls qui portent des noms comme Ambasia, Brivate, Crovium, etc. Et voilà par quelle série de déductions nous aboutissons à ce chiffre extraordinaire de cinquante villages contre douze cents *villæ*.

Une pensée domine tout le système et aveugle son au-

[1] M. Fustel déclare qu'il n'a rencontré que *dix-sept fois* le mot *vicus* dans les chartes de l'époque mérovingienne (*op. cit.*, p. 214). Était-il sûr d'avoir bien compté?

[2] Une seule fois, selon lui, le mot *vicus* aurait le sens de village dans les formules! (p. 203). — « On trouve aussi, ajoute-t-il, *mais dans une autre acception* (laquelle?) l'expression *per civitates, vicos et castella*. Dans la *Bituricensis*, 5, *vicus* a le sens de paroisse, ainsi que dans la *Merkeliana*, 63. Le mot se rencontre ensuite cinq ou six fois (avec quel sens?) dans les formules carlovingiennes » (*ibid.*, note 3).

[3] « Grégoire de Tours nomme un assez grand nombre de *vici* sans dire quelle en est la nature; mais *trois fois* il laisse échapper un détail explicatif qui montre qu'ils étaient des domaines. Il mentionne, par exemple, le *vicus* Sexciacensis, et six lignes plus bas, il dit qu'il était la propriété de Severus. » (Fustel, *op. cit.*, p. 216). Plus haut (p. 41, note 3), M. Fustel a fixé à une *cinquantaine* le nombre des *vici* cités par Grégoire de Tours. Ce n'est pas une cinquantaine, c'est exactement soixante-cinq qu'il fallait dire. M. Lon-

teur : la distinction abstraite et catégorique entre les villages d'hommes libres et les domaines habités par des serfs ou des colons, administrés suivant le type de la *villa* romaine. Point de milieu, les uns ou les autres.

Posé en ces termes le problème est mal posé. Si vous cherchez à cette époque des villages composés entièrement d'hommes libres, vous aurez, je n'en doute pas, peu de chances d'en trouver, mais en conclurez-vous que tous les habitants des campagnes fussent des serfs et des colons groupés dans des *villæ?*

Les éléments les plus divers entraient dans la formation des villages; à côté des hommes libres il y avait des recommandés, des hommes de toute nationalité et de toute condition, des serfs. — De là ces *portiones* dont M. Fustel de Coulanges a donné une explication si surprenante[1], traduisant *portio in villa* non, comme le sens l'exige, par propriété dans un village, mais par quote-part d'une *villa;* ce qui supposerait dans les textes : *portio villæ*[2]. — Arrivait-il exceptionnellement que les habitants d'un village fussent tous libres, il ne s'ensuivait pas qu'ils

gnon en a dressé la liste dans sa *Géographie de la Gaule*, au vi^e siècle (Paris, 1878, p. 17), et suivant lui trente-six au moins étaient déjà dotés d'églises à cette époque. Ils se répartissent comme suit entre les dix-sept provinces de la Gaule :

1re Lyonnaise....	2 *vici*.
3e Lyonnaise....	37, dont 31 pour la seule cité de Tours.
4e Lyonnaise....	4.
1re Aquitaine....	14.
2e Aquitaine....	4.
Novempopulanie.	3.
2e Belgique.....	1.

Si le récit de Grégoire de Tours avait porté sur les autres cités comme il a porté sur celle de Tours, on voit à quel chiffre de *vici* on arriverait.

[1] *L'Alleu et le domaine rural*, p. 238 suiv.

[2] Cf. Glasson, *Les communaux et le domaine rural*, Paris, 1890, p. 162 suiv.

fussent tous propriétaires. Ils pouvaient être de simples tenanciers, et ils l'étaient tous quand le sol du village appartenait à un puissant laïque ou à un corps religieux.

Que reste-t-il alors du criterium proposé par M. Fustel pour distinguer les villages des domaines?

Au regard de la géographie historique, il ne supporte pas davantage l'épreuve. On peut citer d'assez nombreux villages qui, tout en portant des noms d'hommes avec le suffixe-*acus*, n'en sont pas moins de véritables villages, de véritables *vici*, depuis l'époque gallo-romaine[1].

Il ne fait pas doute que le village tout entier ou une partie du village pussent être rattachés à une *villa*, en dépendre. Tantôt la villa comprendra plusieurs villages, parmi lesquels il peut s'en trouver de tenanciers libres, tantôt un village sera divisé, quant aux redevances dues, entre plusieurs *villæ*. Ces diverses combinaisons ne faisaient pas obstacle à la constitution du groupe villageois, elles n'empêchaient pas, pas plus à l'époque franque qu'à l'époque gallo-romaine, que ce groupe pût avoir des intérêts communs, une réglementation commune de la culture, des terres, des pâturages, des forêts soumis à un usage commun, une administration religieuse commune, etc.[2]. Ainsi la villa n'est plus l'ancienne *villa* romaine centra-

[1] Tel *Gessoriacum*, qui est devenu Boulogne-sur-Mer, tel le *vicus Solimariacus*, dans la cité de Toul, que nous font connaître des inscriptions romaines; tel aussi *Tolbiacus*, *vicus Supenorum*, qui figure dans l'itinéraire de Reims à Cologne.

[2] Il est singulier qu'à diverses reprises (par exemple, p. 203, note 3, p. 219-220), M. Fustel dénie au *vicus* le caractère de village sous prétexte qu'il était une paroisse. Il oublie ou méconnaît que l'église paroissiale a été, du sixième au neuvième siècle, l'église du centre le plus important, par opposition aux simples oratoires ou chapelles établis dans les *villæ* et placés sous l'autorité du prêtre desservant l'église paroissiale (Voyez Lœning, *Das Kirchenrecht im Reiche der Merowinger*, Strasbourg, 1878, II, p. 347-349, surtout les textes cités p. 347 note 1, et p. 349, note 1 *in fine*). Il oublie ou méconnaît que la paroisse a été une des pièces principales du moule d'où la commune, soit urbaine, soit rurale, est sortie.

lisée, administrée uniformément, sans autonomie possible pour les groupes qui y rentrent, et par contre le *vicus* ne cesse pas d'être un village encore qu'il soit, en tout ou en partie, propriété d'un particulier ou d'une corporation.

La terminologie subit l'influence nécessaire de cette transformation. *Vicus* et *villa* devinrent synonymes. Seul, je crois, de tous les auteurs qui ont écrit sur le moyen-âge, M. Fustel n'a pas voulu apercevoir cette synonymie, ou quand il l'a aperçue, l'accepter sans arrière-pensée. Il admet bien que le mot *vicus* peut désigner une *villa*, mais il n'admet pas un instant que l'inverse soit possible, il n'admet pas, par exemple (ce serait pourtant logique), que le criterium proposé par lui pour les *vici* puisse s'appliquer aux *villæ*.

A quoi tiennent toutes ces inconséquences? Au préjugé invincible que la villa romaine a persisté avec ses cadres rigides et qu'il n'est resté en dehors d'elle que quelques rares villages d'hommes libres.

Observez, pour vous en convaincre, à quel point ce préjugé commande toute la discussion que M. Fustel a engagée à diverses reprises sur le titre *De migrantibus* de la loi Salique [1]. Si vous lisez le texte sans parti pris, sans idée préconçue, vous ne pouvez pas ne pas comprendre sous la désignation de *villa* une agglomération villageoise, un village. Est-ce à dire que ce village soit nécessairement une communauté de propriétaires libres? Nullement, et sur ce point je donnerais volontiers raison à M. Fustel contre ceux de ses adversaires qui font des habitants de la villa des copropriétaires. Ils ne paraissent pas l'être. L'expression *villa aliena* qui se rencontre dans plusieurs MSS [2], qui se retrouve dans la *Lex Emen-*

[1] Étude sur le titre *De migrantibus* de la loi Salique, Paris, 1886; *L'Alleu et le domaine rural*, p. 187 suiv.

[2] Cod. 4, 5 et 6, 7, 8 et 9, 10, éd. Hessels. M. Fustel me paraît, en outre, avoir démontré que l'expression *super alterum* a précisément le sens de *in villa aliena*.

data[1], donne à entendre que la loi a en vue des tenanciers. Mais ces tenanciers n'en forment pas moins un village et à certains égards une communauté, puisqu'ils ont un droit collectif à la tenure et à ses dépendances, droit dont nous retrouvons encore l'analogue au onzième et au douzième siècle[2]. Ce droit est consacré par la loi Salique; le droit des propriétaires des villages libres n'avait pas besoin de l'être. Tout au plus dut-il être protégé plus tard, par le capitulaire de 819, contre l'interprétation abusive qu'on semble avoir faite du titre *De migrantibus*[3].

En résumé, *vici, villæ, curtes, loci,* etc., tous ces mots que M. Fustel voudrait plier à son système, ne peuvent servir par eux-mêmes à caractériser la nature des agglomérations qu'ils désignent. Ils veulent être interprétés d'après les textes où ils figurent, ils demandent surtout à

[1] *Lex Emendata*, tit. 47, cap. 3.

[2] Charte de Meinhard II, abbé de Marmoutiers en Alsace (1127-1146) : « Hoc quoque antiquitus statutum, et hactenus est observatum, ne quis hereditatem suam, ex fundo inquam hujus monasterii, aliorsum quocunque pacto offerre queat..... Cui tamen voluerit compari suo infra marcham venundare poterit, qui justicias censuum, redituum atque serviciorum exinde solvat » (Schœpflin, *Alsatia diplom.*, ch. 275, I, p. 226). — Charte d'Anselme, abbé du même monastère (1146-1154) : « Si quis autem necessitate compulsus hereditatem suam de fundo ecclesie venumdare voluerit, primo *curie* notificabit, que si emptioni cesserit, *contribuli* seu *compari* suo prebebit. Illis fortasse nolentibus, denuo *curialibus* significabit et, ipsis eodem modo dissimulantibus, non jam *contribuli*, non *compari* vel *consocio*, sed cujuscunque gentis homini voluerit, dabit; hac tamen cautione servata, ut a curia investiatur, omniumque justiciarum, reddituum atque servitiorum obnoxium se profiteatur » (Hanauer, *Les constitutions des campagnes de l'Alsace*, Strasbourg, 1864, p. 52).

[3] On avait dû considérer à tort comme *propriétaire* au bout d'un an celui qui s'était établi sans opposition sur la terre d'autrui, alors que la loi Salique ne lui reconnaissait au bout de ce laps de temps qu'un droit à la *tenure*. De là la disposition interprétative qui redresse cette erreur (*Capitula legi Salicæ addita*, 819, cap. 9. Boretius, I, p. 293).

l'être d'après les données que fournissent la géographie historique et l'histoire du droit.

La première permet de vérifier que le mot *vicus* n'est employé que dans des cas exceptionnels pour désigner une *villa*, un *fundus*, tandis que le mot *villa* désigne fréquemment des villages. Ainsi sur les soixante-cinq *vici* de Grégoire de Tours, mon savant confrère, M. Longnon, auquel j'ai eu recours pour m'éclairer, comme à l'homme le plus compétent dans cette partie de la science, n'en voit guère que deux à suspecter[1], et il admet que « les localités dont le nom moderne représente le latin *vicus*, *novus vicus*, *vetus vicus*, *longus vicus*, etc., » étaient de véritables villages, soit dès l'époque romaine, soit tout au moins dès l'époque franque[2]. Il suit de là que le nombre des villages proprement dits était considérable. Grégoire de Tours ne cite-t-il pas trente et un *vici* pour la seule cité de Tours[3], un territoire d'une superficie à peu près égale à celle d'un département actuel? La même conclusion ressort de l'étude des *Acta Sanctorum* que M. Fustel ne semble pas avoir explorés et où les *vici* apparaissent nombreux[4].

[1] *Vibriacus* dans la première Aquitaine, et *Sexciacus* dans la Novempopulanie.

[2] Voici des exemples que je dois à l'obligeance de M. Longnon :

De *vicus* procèdent Vy, Vic, Vicq, quelquefois Viel ou Vieu;
De *novus vicus*, Neufvy, Neuvy, Neuvic, Neuvicq;
De *vicus novus*, Vinneuf (Yonne) et Vigneux (Seine-et-Oise).
De *vetus vicus*, Viévy, Vieuvy, Vieuxvy, Vieuvicq et Vivy;
De *longus vicus*, Longvic et Longwy.

De *vicus* combiné avec un nom de rivière, Vienne-la-Ville (Marne), autrefois Viaisne (*Vicus Axonæ*), Vibraye (Sarthe) (*Vicus Brigiæ*), Visseiche (Ille-et-Vilaine) (*Vicus Sipiæ*), Vivonne (Vienne) (*Vicus Vedonæ*), Blévy (Eure-et-Loir) (*Blevæ vicus*), Dennevy (Saône-et-Loire) (*Duinæ vicus*), Meuvy (Haute-Marne) (*Mosæ vicus*), etc.

[3] *Suprà*, p. 49.

[4] Le lecteur peut ajouter les nombreuses localités qui figurent avec la qualification de *vici* sur les monnaies franques. Dans la *Liste*

Tout autorise en outre à penser que les *villæ* dont M. Fustel de Coulanges fait avec tant de soin le dénombrement dans les chartes sont pour une bonne part de vrais villages. Si Grégoire de Tours se sert encore de préférence du mot *vicus*, c'est qu'il se tient plus près de la terminologie romaine; mais dans l'usage journalier, le mot *villa* prenait de plus en plus la place de *vicus*. Le mot *villa* n'a-t-il pas parcouru, en effet, une sorte d'échelle ascendante pour aboutir finalement au sens de *ville?* Or, que l'échelon intermédiaire, la signification « *village* », fût déjà gravi à l'époque franque, cela ressort et de l'emploi du mot avec cette acception par les écrivains du temps, notamment par les hagiographes[1], et de l'enchevêtrement que j'ai signalé plus haut des villages et des *fundi*[2].

Avec ces résultats concordent les témoignages de l'histoire du droit. Nous pouvons nous en convaincre en suivant les destinées de la *villa* et du village à travers la période franque jusqu'à l'époque qui doit arrêter nos regards, jusqu'au dixième et au onzième siècle. Ce n'est pas un tableau que je veux faire, c'est une esquisse à très larges traits.

des noms de lieux où l'on a battu monnaie depuis l'invasion des Francs jusqu'à la mort de Charles-le-Chauve, dressée par Adrien de Longpérier et insérée dans l'*Annuaire de la Société de l'histoire de France*, 1841, p. 211 et suiv., il ne se rencontre pas moins de quarante-sept *vici*. — J'en compte vingt-six pour la seule époque mérovingienne dans une liste très précieuse que M. Anatole de Barthélemy vient de publier (*Numismatique de la France, Instructions du comité des travaux historiques*, Paris, 1891, p. 31 et suiv.); sur ce nombre, quatre seulement font partie des *vici* que nous connaissions par Grégoire de Tours.

[1] Dès les premières années du cinquième siècle, le poëte gaulois Rutilius Numatianus a employé le mot *villa* dans le sens de *vicus*, comme l'a remarqué justement le dernier éditeur de Ducange (Gloss., éd. Henschel, v° *Villa*).

[2] Qu'on essaie, par exemple, de distinguer les domaines et les villages dans le Polyptyque d'Irminon; on verra à quelles impossibilités on se heurte.

L'invasion germanique s'est accomplie. Des peuples plus guerriers qu'agriculteurs se sont répandus dans un pays où, à côté de cultures perfectionnées, s'étendent d'immenses solitudes de forêts et de landes, les unes fort anciennes, les autres nées de la misère progressive des campagnes et des ravages de la guerre. Quelle est la forme que revêt leur établissement sur le sol? Elle varie suivant les rangs.

Les rois et les principaux chefs s'emparent de *villæ,* soit en pleine exploitation, soit abandonnées, et ils en créent ou en laissent créer de nouvelles. Ils les créent à l'aide des gallo-romains habiles à l'agriculture et versés dans l'économie rurale, ils en laissent créer par les églises et les corporations monastiques sur les vastes territoires forestiers ou incultes soumis à leur puissance, sur les territoires frontières, notamment, sur les *marches* dont les rois semblent avoir eu la libre disposition.

Les simples guerriers et leurs familles prennent, eux aussi, possession du sol. Rien ne permet d'induire des textes qu'ils se réduisirent de gré ou furent réduits de nécessité à n'être que des tenanciers des *villæ* royales ou seigneuriales. Au contraire nous leur voyons distribuer par les rois des champs avec des esclaves [1], nous les voyons s'installer, comme garnisaires permanents, dans les villages habités par les tenanciers et les *possessores* gallo-romains, puis entrer en partage avec eux, obtenir, par exemple, dans la Burgondie, les deux tiers des terres, le tiers des esclaves, la moitié de la maison [2], la moitié des essarts [3],

[1] « Quicunque agrum cum mancipiis, seu parentum nostrorum sive nostra largitate perceperat, nec mancipiorum tertiam, nec duas terrarum partes ex eo loco, in quo ei hospitalitas fuerat delegata, requireret » (*Lex Burgund.*, tit. 54, cap. 1, éd. Bluhme, *Monum. germ. Leges* III, p. 557).

[2] « Simili *de curte et pomariis* circa faramannos conditione servata, id est, ut de medietate Romani nihil existiment præsumendum » (*Lex Burg.*, tit. 54, cap. 3).

[3] *Lex Burg.*, tit. 13, éd. Bluhme, p. 538.

la jouissance indivise des pâturages et des forêts[1]. Il s'opère ainsi une infusion de sangnouveau ; les groupes ruraux, *pagi* et *vici*, acquièrent une nouvelle vitalité : leur force de résistance et de cohésion se restaure.

Je n'ai montré qu'un des aspects; voici l'autre. Dans les régions où l'établissement des Germains fut le plus compacte, dans le Nord, l'Est, le Nord-Est de la France, les clans restèrent unis et s'assirent sur les territoires inoccupés, (qui n'étaient que trop abondants,) comme ils avaient été groupés en Germanie.

Des frontières naturelles bornent la région dont ils prennent possession durable; c'étaient souvent celles-là mêmes qui, du temps des Romains, servaient à circonscrire les *pagi* ou les *vici*[2]. Au sein de ce district d'autres plus petits, ayant de même leurs limites précises, correspondaient aux subdivisions du clan, aux *cognationes* plus ou moins étendues. Ces territoires, petits ou grands, s'appelèrent *marches*, par extension du nom de la frontière, et il y eut de la sorte la marche du *pagus*, de la centaine, du *vicus*, de la *villa*. Plus tard le nom resta attaché plus spécialement aux terres livrées à l'usage commun des *pagenses* ou des *vicani*, et cela avec d'autant plus de raison que ces terres se trouvaient d'ordinaire sur les confins. Ainsi, la marche du clan devint la *Gemeinmark* des régions alémanniques. La marche du village y fut appelée *Dorfmark* ou *Allmend*.

Une expression plus caractéristique encore sert à désigner les cantons occupés par les groupes familiaux et ces groupes eux-mêmes. C'est le mot *genealogia* ou *fara*.

[1] « Silvarum, montium et pascui jus, ut unicuique pro rata possessionis subpetit, esse commune » (*Lex Romana Burgundionum*, tit. 17, éd. Bluhme, *Leges* III, p. 607).

[2] Voyez Mone, *Ueber die Almenden vom 12ten bis 16ten Jahrhundert*, dans *Zeitschrift für die Geschichte des Ober-Rheins*, Carlsruhe, 1850, t. I, p. 385 suiv., et Chauffour, *Quelques mots sur les cours colongères d'Alsace*, dans *Revue d'Alsace*, février 1866, p. 69, note 2.

Dans la loi des Alamans deux *généalogies*, c'est-à-dire deux clans ou deux centaines (fractions de clan), sont en conflit sur les limites de leurs territoires respectifs[1]. Ces territoires donc leur appartiennent. Le procès que la loi suppose est l'*actio finium regundorum* d'une société barbare.

Dans une formule, *genealogia* est juxtaposé à *vicus* comme division territoriale[2].

Le mot *fara* a le même sens[3], et il est remarquable qu'il est porté aujourd'hui encore par des villages et des villes du nord de la France qui semblent bien, en effet, avoir été fondés par les Francs[4].

Les diverses agglomérations ainsi constituées, le *pagus*,

1 *Leges Alamannorum*, tit. 81 (*Monum. Germ.*, éd. Lehmann, p. 145-147) : « Si quis contentio orta fuerit inter duas genealogias de termino terræ eorum... qualis de ipsis vicerit, ipse possedeat illa contentione, et illi alii præsumptione quare *proprietate* contradixerunt, cum 12 solidis conponant. »

2 Collectio Patav. 5 (*Formulæ*, éd. Zeumer, p. 459) : « Ad suum proprium ad habendum in vico et genealogia quæ dicuntur... »

3 Paul Diacre, *De gestis Langob.*, lib. 2, cap. 9 : « Gisulfus non prius se regimen ejusdem civitatis, et populi suscepturum edixit, nisi ei quas ipse eligere voluisset Langobardorum *Faras, hoc est generationes vel lineas*, tribueret » (Muratori, *Scriptor. rer. italic.*, I, p. 429, col. 1).

4 La Fère, en Picardie (Aisne), Fère-en-Tardenois (prov. de Champagne, dép. de l'Aisne), peut-être Fère-Champenoise (prov. de Champagne, dép. de la Marne). — Adrien de Valois avait déjà été frappé de ce fait curieux. Il s'en explique clairement au sujet de la Fère, en Picardie : « Haud dubie uti observo colonia Francica est, cum nomen Germanicum habeat, a Francis gente germanica sibi impositum : id quod et de ceteris Faris (multa enim sunt ejus nominis loca in Gallia) dicendum atque credendum est. *Faram* autem dixere Franci, Langobardi et ceteri Germaniæ populi cunctos unius ejusdemque generis ac familiæ homines, ut Paulus Langob. docet : qui si in aliquem locum simul omnes, non admissis alienis, commigrassent, ibique structis ac conjunctis casulis *vicatim* habitare cœpissent, locus ab habitatoribus *Fara* appellabatur » (Hadr. Valesii *Notitia Galliarum*, Paris, 1675, p. 193).

la centaine, le *vicus*, forment des communautés à l'état de rudiment ou d'ébauche, comme le *pagus* et le *vicus* en constituaient à l'époque gallo-romaine, la centaine chez les Germains. Formules et lois nous montrent les *pagenses* et les *vicini*[1] investis de la jouissance commune des forêts, des pacages et des eaux[2]. Ils composent même, semble-t-il, un tribunal procédant à des actes préparatoires ou d'instruction, — tels par exemple que l'estimation d'un dommage[3] et la constatation d'un délit[4], — ou rendant de véritables sentences[5]. Le nom de *conventus publicus* leur est donné[6].

Peut-être au début les terres arables furent-elles réparties annuellement, suivant l'antique coutume germaine, mais d'*extensive* la culture, en contact avec l'agronomie perfectionnée de la Gaule, ne tarda pas à devenir *intensive* et à amener une répartition définitive du sol. Seules, certaines parties du territoire, les bois et les pa-

[1] *Vicini* paraît correspondre surtout aux désignations *vicani* ou *villani*, habitants du *vicus* ou de la *villa*. C'est *vicini* que sont appelés les habitants du village (*villa*), dont s'occupe le titre *De migrantibus* de la loi Salique.

[2] Voyez, notamment, la formule bien connue de Saint-Gall (Coll. Sangall, form. 10, Zeumer, p. 403).

[3] *Lex Wisigoth.*, VIII, tit. 3, cap. 15.

[4] Waitz, *Deustche Verfassungsgeschichte*, II, 1, p. 391 et suiv.

[5] La question, je le reconnais, est douteuse quant aux villages (Voyez Waitz, *Deutsche Verfassungsgesch.*, I, p. 138, note 2; II, 2, p. 137). Toutefois, deux textes paraissent bien établir le droit de juridiction des *vicini* : l'édit de Chilpéric (561-584), cap. 10 (Boretius, p. 10, cf. le commentaire de Sohm, dans *Process der Lex Salica* (1867), p. 206-207), et le Capitulare Saxonicum (797), cap. 4 (Boretius, p. 71-72). — V. aussi la note suivante.

[6] *Lex Wisigoth.*, VIII, tit. 5, cap. 6 : « Denuntiet aut Episcopo, aut comiti, aut judici, aut senioribus loci, aut etiam in conventu publico vicinorum. » — *Conventus publicus* a ordinairement le sens de *mallum*. — Il est à remarquer, dans le même ordre d'idées, que le mot *mallum* est entré dans la formation de noms de villages, en Belgique surtout (Ducange, v° *Mallum*).

cages, restèrent indivises, dans l'intérêt même des copartageants et de leurs successeurs. Chacun eut droit d'en jouir à proportion de son lot de propriété, de son unité de culture (*hoba, curtilis, mansus*[1]).

Je me suis attaché, dans ce qui précède, aux seules invasions germaniques. Les immigrations plus restreintes seront étudiées avec plus de fruit quand nous envisagerons en particulier l'histoire de chacune des régions où elles se sont produites. A cette place, il suffira d'observer que si leur portée a été moindre, leur action s'est exercée dans le même sens. Prenons comme exemple la presqu'île armoricaine.

L'invasion des Bretons insulaires au cinquième et au sixième siècle y a certainement fait prédominer le système du village sur le système de la *villa* gallo-romaine. Les Bretons se sont établis sous la conduite de leurs chefs de clan comme les Germains sous la conduite de leurs *faramannen*. A la *fara* ou *genealogia* répond assez exactement le *plou*, la *plebs*.

Dans le début, les nouveaux venus se répandent dans les forêts et dans les friches[2], ou bien ils sont accueillis

[1] Je renvoie aux textes cités par M. Thévenin, *Les Communia* (Paris, 1886), p. 128 et suiv. J'ajoute celui-ci : « Nobilis Gozpertus ... tradidit... hobam I, cum omnibus utilitatibus ad eandem hobam rite attinentibus, id est, curtilibus, piscationibus, marca silvæ, sagina, aquis aquarumve decursibus, pascuis, exitibus et reditibus... » (Codex Tradit. Sanct. Emmeranensium (Ratisponnæ), Pez *Thesaurus anecdot. novissimus* (Augsbourg, 1727), I, 3, p. 92, adde variante, *ibid.*, p. 100).

[2] Un de ces établissements est décrit, en termes pittoresques, par l'abbé Gurdestin (*Vie de saint Gwennolé*, par Gurdestin (IXe siècle). — *Cart. de Landévennec*, publié par A. de la Borderie, Rennes, 1888, Cap. 2, p. 9-10) : « Fuit vir quidam illustris... nomine Fracanus, Catovii regis Britannici... consobrinus... iste igitur... tandem Armoricam, ubi tunc opacum adhuc sine clade audiebatur siluisse terræ spatium rate conscensa aggreditur, enatato cum paucis ponto Britannico, tellurem, Circio leniter flante, delatus in portum qui Brahecus (Brahec, comm. de Lanloup, arr. de Saint-Brieuc) dici-

comme censitaires sur les cultures des Gallo-romains[1]. Mais quand leur nombre grossit par d'incessants afflux[2], ils supplantent les indigènes, ils s'emparent de leurs terres par la force; de colons ils deviennent maîtres[3].

Le *plou* ou *ploi* s'érige ainsi en une grande commune rurale de laquelle des hameaux (*trèv*) dépendent, et à ces hameaux eux-mêmes se rattachent de petits groupes d'habitations disséminées (*villæ*)[4]. Si le grand domaine, la *villa* proprement dite, se reconstitua plus tard, par les usurpations des chefs (*machtiern*) et les acquisitions des corps religieux, ce ne fut que pour un temps limité[5].

Comme pour les *possessores*, à l'époque gallo-romaine, l'existence des petits propriétaires ruraux, à l'époque franque, nous est révélée par les charges publiques. N'est-ce pas le *manse* qui devient, sous Charlemagne, la base du

tur. In quo, statim proxima quæque perlustrans... fundum quendam reperiens non parvum, sed *quasi unius plebis modulum*, silvis dumisque undique circumseptum, modo jam ab inventore nuncupatum (*Plou Fragan;* aujourd'hui bourg de l'arr. de Saint-Brieuc), inundatione cujusdam fluvii qui proprie Sanguis dicitur, locupletem, fretus *cum suis inhabitare cœpit...* »

[1] C'est à ce double mode d'établissement que me semble se référer le vers d'Ermoldus Nigellus :

« Mox spatiare licet, et colere arva simul. »

Je ne saurais y voir, comme mon savant ami M. Viollet, dans son excellente *Histoire des institutions politiques* (I, p. 179-180), une *mise en commun* des terres entre les immigrants et les indigènes.

[2] « Gens magis atque magis crevit, et arva replet. »
(Ermoldus Nigellus, *Monum. Germ. Scriptores*, II, p. 490).

[3] « Ut requies sibi cessa, movent horrida bella,
Et custode novo rura replere parant,
Lancea pro censu, munus pro rure duelli
Redditur hospitibus, pro pietate tumor. »
(Ermoldus Nigellus, *loc. cit.*).

[4] Cf. Loth, *L'émigration bretonne en Armorique*, Paris, 1883, p. 228; de Courson, *Cartul. de Redon*, Prolégomènes, p. LXXXIX.

[5] Voir *infrà*, p. 73.

service militaire[1]? et cela ne prouve-t-il pas d'irréfragable façon que le système des *villæ*, loin d'avoir tout envahi, a passé au second plan? Mais de nouveau aussi l'impôt va détruire au moment où il constate; il va anéantir, pour une large part, cette petite propriété dont il certifie l'existence.

Pour se soustraire à des charges accablantes, les petits propriétaires se réduisent à la condition de tenanciers de l'Église, des grands, des possesseurs de *villæ*. L'immunité que ceux-ci s'assurent et qu'ils font consacrer par le souverain[2], le cercle infranchissable dont ils savent entourer leurs domaines, en font un lieu d'asile qui s'étend à mesure que la protection de l'État disparaît sous les derniers Carlovingiens. Des villages ou des parties de villages se rattachent, comme jadis, à des *villæ* ecclésiastiques et laïques, ou bien des hommes libres quittent leur foyer et leur terre pour s'établir sur de lointains domaines. Une

[1] *Memoratorium de exercitu in Gallia occident. præparando*, 807 (Boretius, p. 134-135).

[2] Voir le t. I, p. 99-100. — Qu'il me soit permis de dire ici que M. Fustel de Coulanges a fait sien le système que j'ai été le premier à soutenir sur la nature de l'immunité considérée comme une simple consécration de droits préexistants aux mains du grand propriétaire. Suivant son habitude, il s'est gardé de prévenir à qui il l'empruntait. Pourtant le changement de front était trop manifeste pour ne pas appeler quelque explication.

Dans son *Etude sur l'immunité*, parue avant mon premier volume, il s'exprimait ainsi (p. 69) : « Le grand propriétaire (par l'effet de l'immunité) *devient le juge* de tous les hommes qui sont sur ses terres, et la justice publique se change, dans l'intérieur des domaines privilégiés, en justice privée..... Ainsi l'immunité a *modifié* les rapports des hommes entre eux, aussi bien ceux des propriétaires vis-à-vis du roi que ceux des classes inférieures vis-à-vis des propriétaires. » Dans le livre *L'alleu et le domaine rural* (1890), il dit, au contraire : « Ces concessions d'immunité ne sont pas l'origine de la justice domaniale : *elles en sont seulement la consécration* » (p. 456). — Un auteur qui attaque si violemment ses contradicteurs devrait au moins reconnaître ce qu'il doit à autrui.

désorganisation analogue a produit jadis d'analogues résultats. Mais cette fois ce n'est pas une invasion du dehors qui viendra amalgamer et pétrir, en les vivifiant, les éléments en présence. Livrés à eux-mêmes, ces éléments obéiront à leurs forces propres, aux forces de répulsion et d'affinité, de concentration et de dispersion, à ces forces dont le déchaînement et le jeu simultané constituent le régime seigneurial.

II. *La genèse de la Commune rurale au dixième et au onzième siècle.*

CHAPITRE PREMIER.

LES DESTINÉES DE LA VILLA ET DU VILLAGE.

Le besoin de protection du peuple, l'usurpation des grands, les largesses des rois avaient produit une extension des villas, une formation de grands domaines qui comprenaient à la fois des *villæ* proprement dites et des villages, des fermes et des hameaux rattachés par groupes à des centres plus importants : les *villæ* à des palais ou cours supérieures [1], les fermes seigneuriales de moindre importance (*mansioniles*) [2] et les villages ou centaines d'hommes libres [3] aux *villæ* principales (*villæ capitaneæ* [4], chefs-*villæ*); enfin, les petites métairies disséminées (*mansi, curtes, curtiles*, etc.), aux *mansioniles*, résidences d'un maire [5].

1 Voir surtout le *Cap. de Villis*, Boretius, p. 80 et suiv., le commentaire magistral de Guérard (*Explication du Cap. de Villis*, Paris, 1853) et le *Brevium exempla ad describendas res ecclesiasticas et fiscales*, circa 810, Boretius, p. 250 et suiv.

2 *Cap. de Villis*, cap. 19. Guérard , *op. cit.*, p. 31. *Brevium*, cap. 25, p. 254.

3 « De liberis hominibus et centenis qui partibus fisci nostri deserviunt. » *Cap. de Villis*, cap. 62. Guérard, p. 79-80.

4 *Cap. de Villis*, cap. 19.

5 Cette organisation a été bien exposée par Inama-Sternegg, *Deutsche Wirthschaftsgeschichte* (Leipzig, 1879), p. 321 suiv.

Ce ne furent pas seulement les grands laïques, les fonctionnaires et les chefs militaires, qui profitant de leur prépondérance et se couvrant de la faveur réelle ou fictive du roi [1], s'emparèrent de *villæ* proprement dites et de villages, ce furent les couvents aussi et les évêques. Ils accrurent leurs possessions par la nécessité où se voyaient réduitsles hommes libres, isolés ou agglomérés, de chercher sous leur dépendance les avantages de l'immunité et de l'asile [2].

Mais ce mouvement de concentration de la propriété sera suivi presque aussitôt d'un mouvement inverse, d'un mouvement de dispersion. Ce qui se disperse — qu'on m'entende bien — c'est la propriété, ce n'est pas l'habitation. Les hommes sont poussés, au contraire, à se rapprocher matériellement, et de nouveaux venus ne cessent

[1] J'en prendrai des exemples aux deux extrémités opposées de la France, l'Artois et le Roussillon. — *Cartul. de S.-Vaast d'Arras* (p. 318-319) : « Principantibus in regno Francorum Pippino et Carlomanno.... comes Theobaldus predictam villam ab ecclesia detruncare, suoque comitatui sociare attemptavit. Qui cum regem adiisset, *u super hoc Rex ei patrocinaretur*, monachi ad suum Regem dominum suumque patronum Vedastum cum multa precum instantia currentes... » — *Cartul. roussillonnais*, ch. 1 (865), p. 2-3 : « Venit iste Saroardus (comes) et tulit nobis ipsum villarem Mata absque juditio... Interrogavimus jamdicto Saroardo quid ad hec responderet, ut ille in suo responso dixit; ipsum villare qui dicitur Mata ego eum prendidi de potestate de Andedate abbate vel de suos monacos et nunquam debet esse proprius ipse villare Mata de monasterio Sancte Marie set *partibus regis eum retineo*..... Saroardum qui eam retinebat per partibus Salamonis comiti *per causa regis et per beneficium* et contra lege contendit ipsa villa Saroardus... »

[2] Voyez *infrà* le § 3 de la présente Partie. Je me contente de citer ici un exemple d'asile dans une *villa*. — *Cartul. de Beaulieu*, ch. 39 (an. 1100), p. 75. Hugues de Castelnau déclare : « si quispiam nostrorum seu etiam cujuslibet alterius servitutis vinculo nexus, vel quovis alio crimine nefandissimo a patria segregatus, postquam infra metas vel infra villam festinanter pervenerit, liber semper et immunis permanserit. »

d'affluer sur les terres à coloniser[1]. Le rapprochement matériel continuera et ira croissant; l'unité domaniale se rompra de plus en plus et finira par tomber en poussière.

[1] « Elias abbas adtraxit ibidem omines ad abitandum per beneficium suum in locum ubi dicitur Mata, his nominibus... aut ceteros pares illorum... Et sic edificamus ipsam villam Mata et fecimus ibidem domos ortos cum suos arbores molendinos per beneficium jamdicto abbate Eliane, cum suo adjutorio » (865, *Cartul. Roussill.*, p. 3).

CHAPITRE II.

LA VILLA DU NEUVIÈME SIÈCLE.

Représentons-nous la villa seigneuriale telle qu'elle se présente au neuvième siècle [1] et telle que plus tard encore on pourra l'observer quand des circonstances propices auront sauvé son intégrité.

Voici la maison d'habitation du maître. Elle est entourée, dans le même enclos (*curtis*), des bâtiments d'exploitation rurale et d'industrie domestique : écuries, étables, granges, ateliers, four, pressoir ou brasserie, puis des demeures du *villicus* et de ceux des serfs placés sous ses ordres, artisans ou agriculteurs, qui ne sont pas répartis, comme il arrive pour la plupart, dans les bâtiments mêmes d'exploitation. Voici le jardin et le verger ; plus loin l'église du domaine; sur un cours d'eau, le moulin ; voici, enfin, les terres mises en culture pour l'entretien du maître et de ses gens.

Tout cet ensemble constitue la partie proprement seigneuriale, l'*indominicatum*, le *mansus dominicatus*.

Au delà et tout autour s'étend la terre occupée par les tenanciers de toute condition. Ils doivent soit des corvées sur les terres exploitées pour le compte du maître, des charrois, des labours, des travaux de fenaison ou de moisson, soit des services de toute sorte (*servitium*), message à porter, guet, main-forte à prêter, offices divers [2], soit

[1] M. Fustel de Coulanges en a tracé un tableau généralement exact dans le ch. 18 de son livre l'*Alleu et le domaine rural.*

[2] En voici des exemples tirés de la description des *villæ* de l'abbaye de S.-Bertin (*Breviatio villarum monachorum victus*) faite de 844 à 859 par ordre de l'abbé Adalard. « Habet in Vuidengaham mansum cum castitiis... *Servit unaquaque die fratribus ad condimentumcibi in coquina.* Item habet inter M. et H. bunaria XXX. *Servit unaquaque*

des redevances en nature ou en argent, casuels ou fixes. Les uns habitent sur le champ même qu'ils exploitent, la plupart se groupent en villages ou en hameaux, à proximité de la ferme seigneuriale [1].

J'aperçois enfin, aux extrémités du domaine et dans son pourtour, des terres vaines et vagues, des bois ou des forêts, des pâturages ou des marais, qui servent à l'usage commun de l'*indominicatum,* d'une part, des tenures, de l'autre.

Ces *villæ,* nous le savons par tous les témoignages des chroniques et des histoires, servaient de séjour à leur propriétaire, qu'il fût roi, évêque ou comte, ou bien homme privé. Il se transportait de l'une à l'autre, il s'y refaisait de ses expéditions ou de ses voyages [2], il en tirait grâce à l'administration assez savamment organisée dont le capitulaire *De villis* nous offre le modèle, sa subsistance et les objets nécessaires à l'entretien de sa maison. Les couvents y faisaient résider les moines à qui ils confiaient la haute main sur la gestion du domaine, les *decani, procuratores, præpositi, provisores villarum.*

die ad pistrinum et ad bracitorium in adducendis lignis. Item habet in B. mansa IIII per bunaria XII. *Nichil aliud faciunt per totum annum nisi emendant tecta monasterii.* Item habet ad portam mansum unum per bunaria XIIII. *Servit unaquaque die ad portam* » (Cartul. de Saint-Bertin, p. 107).

[1] Sur ce point, M. Fustel de Coulanges est d'accord avec nous, *op. cit.*, p. 445 : « Il ne semble pas que les tenanciers eussent l'habitude de vivre épars, chacun sur un manse. Ils se rapprochaient plutôt les uns des autres pour former un *vicus*, c'est-à-dire un village. Ce village s'établissait ordinairement à peu de distance de la maison du maître et un peu au-dessous d'elle. » Voilà précisément les villages de tenanciers dont il a eu le tort, dans d'autres chapitres, de méconnaître l'existence.

[2] Charles le Chauve dans l'édit de Pistes, de 862, emploie une comparaison qui fait tableau : « Sicut quando solemus de istis frequentibus itineribus reverti ad mansiones nostras detonsi et delavati cum drappis et calciamentis depannatis, et tunc nos reficimus et reparamus, ita.... »

CHAPITRE III.

L'EFFET DES GUERRES PRIVÉES ET DES INVASIONS SARRAZINES, NORMANDES ET HONGROISES.

Pour se maintenir, l'organisation de la *villa* supposait l'ordre relatif qui régnait sous Charlemagne. Quand l'intérieur du pays fut livré aux luttes des grands avec les rois et entre eux, quand les invasions du dehors étendirent leurs ravages, elle vola en éclats.

Les guerres dévastent et morcellent : chefs et soldats pillent, saccagent, s'emparent de lambeaux de domaines [1].

[1] Le pillage et la conquête étaient l'objet principal des guerres féodales, la dévastation le moyen classique de réduire l'adversaire à merci. Le premier point est trop connu et trop démontré pour qu'il soit utile de le justifier à nouveau par des exemples. Quant au second, les chansons de geste mieux encore que les chartes, — grâce à la vivacité de l'image, — en font ressortir toute l'étendue. Il suffira de leur emprunter quelques traits :

... n'i fu esparniez ne li frans ne li ser ;
Très par mi Loheraine s'en vont tot à travers.
Si com la rote dure est li païs desers
Le regne ardent et proent, qi de bien est covers,
Les vilains font foïr esgarez come cers.

(*Chanson des Saisnes*, I, p. 61).

En Biauvisis entrèrent li forrier,
Bialvais brisèrent dusqu'as murs du terrier,
Dusqu'à Bialmont fisent tot graellier.

(Ogier, v. 3364 suiv.).

Tot environ ot la terre gastie...
Les gens s'enfuient : n'osent demorer mie
Lor maisons laissent et lor grant guaignerie,
Molt est la terre d'environ apovrie.

(Girard de Viane, p. 82).

Il a ton raigne gasté et confondu.
X. lues puet coure .I. destrier crenu,

Les champs sont délaissés [1], la population se réfugie et se concentre dans les villages, défendus par des retranchements de terre, dans les enceintes des villes et des châteaux que protègent, à défaut d'obstacles naturels, des fossés et des remparts couronnés de palissades, flanqués de tours de pierre ou de tours en bois [2].

Mais ce sont surtout les invasions étrangères du neuvième et du dixième siècle qui font table rase dans les campagnes, provoquent l'afflux vers les lieux fortifiés [3], entraînent à leur suite une nouvelle répartition des terres. Leur importance, sous ce point de vue multiple, ne me semble pas avoir été prisée à sa juste valeur. Embrassez-les d'un regard, voyez pendant deux siècles la France envahie coup sur coup par les Normands, les Sarrazins, les Hongrois, observez surtout avec quelle tenacité, avec quel acharnement ces hordes vont, viennent, reviennent, se répandent, et demandez-vous finalement quelle région, si petite qu'elle soit, a échappé à leur action destructive [4].

Qui tant de blef n'i troveroit creu,
Dont .I. chevals fust .I. jor repeu.

(Girard de Viane, p. 160).

En la terre al cunte Huun,
Ne laisserrent charue arant,
Maisun entiere, coc chantant.

(*Roman de Rou*, ed. Andresen, Heilbronn, 1877-1879, II, p. 117).

[1] Cf. Renaus de Montauban, p. 92, v. 27 suiv. :

Jusk'à .I. liues pou aler errant,
Jà n'i troveroit home borgois ne païsant,
Fors ceus qui ès chastiaus se vont eschergaitant.

[2] D'anciens *oppida* celtiques, des *castra* et des *castella* de l'époque gallo-romaine se prêtèrent tout naturellement à cette mise en défense.

[3] Peut-être même vers des demeures souterraines. En divers lieux de France se rencontrent des cavernes avec corridors, chambres, magasins, ayant servi de refuges et remontant soit au neuvième siècle soit plus haut encore. Telle la caverne de Fauroux (canton de Targon, arrond. de La Réole) décrite par M. Léo Drouyn dans la *Guienne militaire* (Bordeaux, 1865), I, p. X-XI.

[4] J'aurai dans les livres suivants à entrer dans plus de détails sur

Toutes les artères naturelles qui circulent à travers la France sont successivement parcourues par les Normands. Ils pénètrent par l'Escaut, la Seine, la Loire, la Garonne. Ce n'est pas le Nord seulement qu'ils ravagent et occupent, c'est l'Ouest et c'est le Centre, c'est le Midi et c'est l'Est. Non contents de dévaster les côtes, la Bretagne, le Poitou, la Saintonge, ne s'enfoncent-ils pas dans la Gascogne jusqu'aux Pyrénées, dans le Languedoc jusqu'à Toulouse et Nîmes, jusqu'à Arles en Provence, jusqu'à Valence en Dauphiné, jusqu'à Clermont en Auvergne? A l'Est, ne les voyons-nous pas, à travers la Champagne et la Bourgogne, pousser jusqu'au Rhin? Une fois même que la Normandie a été cédée au plus puissant de leurs chefs, leurs invasions ne s'arrêtent pas. La Bretagne devient leur proie de par le traité de Saint-Clair-sur-Epte. Enfin, pendant plusieurs années (924-926), les rives de la Loire jusqu'en Bourgogne sont pour les bandes commandées par Ragnold ou Regnault comme un pays conquis[1].

Dans le même temps, les Sarrazins sont fixement implantés en Provence. Ils s'y sont établis à demeure vers 889; ils y ont construit, dans une position formidable, le château de Fraxinet ou Fressinet (*Fraxinetum,* sur le territoire

ces invasions. Comme ouvrages généraux on peut toujours encore consulter avec fruit : sur les invasions normandes : Depping, *Histoire des expéditions maritimes des Normands* (Paris, 1843) (ajoutez surtout Steenstrup, *Études préliminaires pour servir à l'histoire des Normands et de leurs invasions*, Caen, 1880, et pour le Midi la note des nouveaux éditeurs de l'*Histoire du Languedoc,* II, p. 363-364); sur les invasions arabes : Reinaud, *Invasions des Sarrazins en France* (Paris, 1836) (pour le Midi, nouv. édit. de l'*Hist. du Languedoc,* II, p. 549 suiv.); sur les invasions hongroises : Dussieux, *Essai historique sur les invasions des Hongrois en Europe et spécialement en France*, Paris, 1839, 2 parties; Sayous, *Les origines et l'époque païenne de l'histoire des Hongrois* (Paris, 1874), p. 93 suiv.; Dom Vaissette, *Hist. du Languedoc*, nouv. édit., III, p. 98 suiv.

[1] Le pays nantais leur fut cédé en 927 pour obtenir la paix. « Concesso sibi pago Namnetico, pacem pepigere Francis. » (Frodoard, *Chron.*, D. Bouquet, VIII, p. 184).

de la commune actuelle de la Garde-Freinet, Var, arr. de Draguignan). De ce repaire, ils subjuguent et la Provence et le Dauphiné, et la Savoie et la Suisse. Et cela dure près d'un siècle entier. Ce n'est qu'en l'an 975 que le château de Fraxinet tombe aux mains de Guillaume, comte de Provence, et que tombe avec lui la domination sarrazine.

Les Hongrois, enfin, coopèrent, cinquante années durant (910-955), à ce dépiècement de la France. Du Midi au Nord, de l'Est au Centre, ils amoncellent ruine sur ruine. L'Alsace et la Lorraine, la Flandre et le Hainaut, la Provence et le Languedoc, la Bourgogne, la Champagne, l'Orléanais, la Franche-Comté et le royaume d'Arles sont bouleversés, ravagés, incendiés par eux.

Voulons-nous connaître dans son vif l'état où le pays se trouvait partout réduit, consultons chroniques et chartes, nous verrons à quel point leurs témoignages s'accordent en un lugubre concert.

Voici d'abord Dudon de Saint-Quentin qui, par la bouche des Normands eux-mêmes et de leur chef Rollon, nous apprend que la terre où ils vont s'établir à demeure et qui prendra leur nom est abandonnée, déserte, sans habitants, sans culture et sans troupeaux [1].

Même tableau dans toutes les parties de la France. Le ton seul du narrateur diffère, car ce ne sont plus les vainqueurs, ce sont les victimes qui parlent. — Prenons des exemples aux quatre points cardinaux, la Flandre et l'Artois, la Bretagne, la Guyenne, la Provence.

Pour la Flandre, l'Artois et la région circonvoisine, le tableau se déroule d'un bout à l'autre des annales de

[1] « Terra hæc penitus desolata, militibus privata, aratro non exercita... si fuerit frequentia hominum usitata, valde erit fertilis et uberrima, nobisque ad habitandum sufficiens et congrua. » — « ... inculta est vomere, pecudum et pecorum grege omnino privata hominum que præsentia frustrata. Non habetur in ea unde possit vivere, nisi rapina et prædatione. » (Dudo, *De moribus et actis prim. Normanniæ ducum*, II, cap. 26, cap. 28. Ed. Lair, p. 166-168).

Saint-Bertin et de Saint-Vaast. J'en détache un seul trait sur mille. En 880, les Normands brûlent la ville et le monastère de Saint-Vaast avec le *vicus* qui y était attenant; ils brûlent toutes les *villæ* dans le pays d'alentour, ils tuent les habitants[1].

La Bretagne a été transformée, dans le premier tiers du dixième siècle, par l'action simultanée des invasions et des guerres privées, en une vaste solitude, en un vaste désert. Villes, châteaux, églises, monastères, maisons ont été livrés aux flammes[2]. Plus d'habitation humaine, plus d'hommes[3]. C'est la *destruction* de tout un pays[4].

[1] « Nortmanni cum infinita multitudine monasterium nostrum ingressi 7 kal. januarii, ipsum monasterium et civitatem, exceptis ecclesiis, et vicum monasterii et omnes villas in circuitu 5 kal. jan., interfectis omnibus quos invenire poterant, igne cremaverunt, omnem que terram usque Summam pervagati sunt » (*Annales Vedastini*, éd. Dehaisnes, 1871, p. 306-307). — Les environs de Marchiennes eurent le même sort : « Ecclesiis circumquaque destructis, villulis et aliis civitatibus non pepercerunt... Marchianense cœnobium ... accolis terræ fugatis vel interfectis, deletum est » (*Miracula sanctæ Rictrudis*, D. Bouquet, IX, p. 152).

[2] « Dissentibus inter seipsos Britannis, bellaque intestina gerentibus; aforis autem piratis Danorum universam Britanniam longè latèque depopulantibus... Itaque Britannia... eo tempore tam a suis quam ab extraneis, crudeli modo vastabatur. Civitates, castella, ecclesiæ, domus, monasteria virorum atque sanctimonialium igni tradebantur, donec in solitudinem et vastum eremum omnino regio tota Dei judicio redigeretur » (*Vie de saint Gildas* publiée par Mabillon, *Acta Ord. S. Bened.*, Sæc. I, p. 147-148). — Cette vie a été écrite par un moine de Ruis vers l'an 1030, d'après des traditions encore vivantes et des documents puisés dans les archives de son couvent, lequel fut, lui aussi, victime des Normands (Voyez A. de la Borderie, *Études historiques bretonnes*, Paris, 1884, p. 355-356).

[3] « Nulla ibi tunc habitationis domus erat, nulla hominis conversatio » (*Ibid.*, p. 149).

[4] « Vir Deo plenus Catvallonus... perrexit ad quendam probum virum Gurki nomine, qui in insula quæ vocatur insula S. Gutuali morabatur, quam ipse, *post destructionem Britanniæ*, edificaverat, *quæ a Normannis destructa fuerat* » (Charte de 1037, Cart. de Redon, ch. 373, p. 326).

Agion, abbé de Vabres en Rouergue (895-922), plus tard évêque de Narbonne, nous dépeint l'état de la Guyenne de 860 à 906. Dans presque tous les *pagi*, le long de l'Océan, les églises et les villes sont dévastées, les monastères détruits. Les habitants émigrent vers l'Est, abandonnant leurs domaines, les terres paternelles. Ceux qui ne peuvent s'y résigner n'échappent à la mort qu'en se mêlant aux barbares, qu'en rivalisant de cruauté avec eux. Des bois épais recouvrent jusqu'au faîte les églises abandonnées. La terre reste inculte; il est rare de rencontrer un homme ailleurs que dans les châteaux les plus sûrs et les mieux fortifiés. Les uns se sont enfuis au loin, les autres sont morts ou font cause commune avec les barbares; ceux qui ont échappé à ces cruelles alternatives se sont enfermés dans des lieux de refuge[1].

Une nation barbare, nous dit en 1005 Ponce, évêque de Marseille, avait fait irruption dans le royaume de Provence. Elle s'était répandue partout, elle avait dominé

[1] « Per omnes pene pagos juxta Gallicum Oceanum dispersæ sunt ecclesiæ urbesque depopulatæ atque monasteria abjecta... Nonnulli equidem christianorum torvissimam experti persecutionem, relinquentes prædia et paternos abjicientes fundos, partes Orientis se incolatus dedere. Multi denique elegerant magis cuspidibus occumbere potius quam incolumes paternos linquere lares. Alii nempe plures... paganorum latebrosas diligentes astutias, illorum se fœdari... truculentis manibus proximorum gaudebant fundere cruorem...

Tamdiu persisterat sevissima atque truculentissima Marcomaniorum atrocitas quatenus ecclesiæ quæ nobili fuerant constructione editæ in heremum redigerentur et summa cacumina parietis lucus densissimus cooperiret.

Sed maxime vero juxta mare tellus inculta manebat accessusque hominum illo rarus inerat, nisi in tutissimis ac munitissimis castellis, quia sicuti suprataxavimus incolæ et clade ingruente aut aliis regionibus transvexi sunt aut qui remanserant pene omnes interfecti aut videlicet barbaris sunt commixti. Ceteri qui evaserant in variis degebant præsidiis » (*Hist. du Languedoc*, nouv. édit., t. II, *Preuves*, col. 323-324).

violemment. Occupant les postes les plus formidables, elle avait tout ravagé, détruit les églises et la plupart des monastères. Les lieux les plus enchanteurs n'étaient plus qu'un désert; les hommes avaient disparu, les bêtes sauvages avaient pris leur place [1].

La conclusion qui découle de ce faisceau de témoignages [2], d'une concordance si parfaite, est claire. Le système des *villæ* était brisé, les fermes étaient brûlées [3], les limites perdues [4], les tenanciers ou tués ou réfugiés dans les villes et les villages fortifiés.

Quand le mal fut arrivé à son comble, mais aussi à son terme, quand les invasions furent refoulées ou triomphèrent, il s'opéra une nouvelle prise de possession du sol, il s'introduisit dans les campagnes un régime nouveau.

[1] « Gens barbarica in regno Provinciæ irruens, circumquaque diffusa, vehementer invaluit, ac munitissima queque loca optinens et inhabitans cuncta vastavit, ecclesias ac monasteria plurima destruxit; et loca quæ prius desiderabilia videbantur, in solitudine redacta sunt, et quæ dudum habitatio fuerat hominum, habitatio postmodum cepit esse ferarum. » (Charte de 1005, *Cart. de Saint-Victor de Marseille,* ch. 15, I, p. 19).

[2] Ajoutez-y comme témoignage général pour les états de Charles le Chauve l'édit de Pistes de 862 : « Terra nostra deserta est... habitatores terræ occisi et fugati sunt... ecclesiæ et villæ incensæ sunt » et comme description hyperbolique, ce passage de la chanson d'Ogier le Danois qui peut s'appliquer à l'ensemble des invasions :

D'Arle le blanche dusc' à Ais au perron,
Dès Loheraine desi à Besenchon,
Dès Normandie à Saint Michel en Mont
N'i a remeis ne castiel ne doignon,
Borc ne recet, cité ne fort maison,
Mostier n'abie, gent de relegion,
Que tot ne metent en fu et en carbon,
En France entra la maisnie Mahon;
Des crestiens font grant confusion,
Ocient femes, maint petit enfanchon;
Et uns et autres ochient habandon.

(Ogier, v. 9834-9844.)

[3] Les détails sur ce point abondent.

[4] L'évêque de Fréjus, Riculphe, déclare après l'expulsion des Sarrazins (975-990), qu'il ne lui reste que son titre nu d'évêque,

En Normandie, Rollon partage la terre au cordeau ou au sort[1] entre ses compagnons, et il y attire des étrangers pour la repeupler et la remettre en culture[2]. C'est la colonisation d'un sol redevenu vierge. Les avantages offerts aux cultivateurs appelés du dehors, l'indépendance farouche et l'esprit de guerre et d'aventure des nouveaux maîtres du pays lui donnent sa structure et ses traits distinctifs. Une classe rurale plus libre dans son groupement et son exploitation agricole, si libre même que dès le commencement du onzième siècle elle prétend vivre à son gré et jouir sans restriction des forêts et des eaux[3]; au-dessus d'elle des seigneurs qui sont bien moins des administrateurs et des propriétaires fonciers que des chefs militaires. Des châteaux forts où des tours leur servent de demeure,

qu'il ne lui est plus possible de reconnaître les limites de ses domaines, ni de justifier de ses droits de propriété :

« Civitas Forojuliensis... acerbitate Sarracenorum destructa, atque in solitudinem fuit redacta, habitatoresque ejus interfecti, seu timore longius fuerunt effugati; non superest aliquis qui sciat, vel prædia, vel possessiones quæ præfatæ ecclesiæ succedere debeant; non sunt cartarum paginæ, desunt regalia præcepta, privilegia quoque, seu alia testimonia, aut vetustate consumpta, aut igne perierunt, nihil aliud nisi tantum solo Episcopatus nomine permanente » (Ruffi, *Hist. des comtes de Provence*, p. 52; *Gallia Christiana*, I, *Instrum.*, p. 82).

[1] Suivant M. Steenstrup (p. 157 suiv.), l'expression « *funiculo divisit* » employée par Dudon n'aurait pas d'autre sens que celle de « *sorte dedi* » dont il se sert au livre suivant (Cap. 38, p. 182).

[2] « Securitatem omnibus gentibus in sua terra manere cupientibus fecit. Illam terram suis fidelibus funiculo divisit, universamque diu desertam reædificavit, atque de suis militibus advenisque gentibus refertam restruxit » (Dudon, *De moribus et actis Norm. Ducum*, liv. II, cap. 31, p. 171).

[3] « Nam rustici unanimes per diversos totius Northmannicæ patriæ comitatus plurima agentes conventicula, *juxta suos libitus vivere* decernebant quatenus *tam in silvarum compendiis quam in aquarum commerciis, nullo obsistente ante statuti juris obice legibus uterentur suis* » (Willelmi Gemmet. *Hist. Northm.*,V, 2. Migne, t. 149, col. 823).

les guerres de champ d'activité, les impôts et les tributs, le butin et la solde de ressources permanentes. Ce régime s'étend même aux anciens domaines, aux anciennes *villæ* qui ont échappé au naufrage. Les seigneurs normands s'en emparent et s'en font un point d'appui de leur domination guerrière[1].

En Bretagne, les grands domaines qui, du septième au neuvième siècle, avaient pu se constituer aux mains des *machtiern* (chefs de clan héréditaires) et des corps religieux furent disloqués. Machtiern et moines prirent la fuite[2] et furent remplacés par des Normands[3]. Tous ne revinrent pas quand la Bretagne eut été reconquise[4]; et ceux qui revinrent durent, pour repeupler les terres et les mettre en valeur, se plier aux exigences du régime seigneurial triomphant.

[1] En voici un exemple tiré de la Chronique de Saint-Bertin rédigée par Jean d'Ypres : « Post hoc bellum cruentissimum et Normannorum conversionem, miles quidam de Danorum reliquiis, qui hoc monasterium et patriam cum Danorum exercitibus frequenter affligendo destruxerat, nomine Sifridus Dacus, cum sua turma huc rediit, et Ghisnas villam et patriam occupans, a nobis abstulit, sibimet usurpavit, sedem suam in ea posuit, tuitionem et castrum in ea construxit, et se Ghisnarum dominum appellavit... Cumque a domno abbate nostro comes Arnulfus frater suus fuisset requisitus, ut rem suam sic violenter ablatam, eo juvante, recuperare posset, A. comes non solum non reddi fecit; sed ipsum Sifridum in facto suo penitus sustinuit, et eum ad fidelitatem et homagium de terra Ghisnensi recepit » (*Ex Chronico Sithiensi*, D. Bouquet, IX, p. 76).

[2] « Fugientesque inde præ timore Normannorum territi Comites ac Mathiberni dispersi sunt per Franciam, Burgundiam et Aquitaniam » (*Ex Chron. Namnetensi*, D. Bouquet, VIII, p. 276 *a*).

[3] « Pauperes vero Britanni terram colentes, sub potestate Normannorum remanserunt absque rectore et defensore » (*Ex Chron. Namn.*, D. Bouquet, VIII, p. 276 b).

[4] « Comites, Vicecomites et Mathiberni fugitivi, et *adhuc tunc temporis superstites*... fugatis Normannis, occurrerunt... valde lætificati » (*loc. cit.*, p. 276 e). — Adde Loth, *L'émigration bretonne*, p. 194-195.

Si du Nord-Est nous passons au Sud-Est, nous assistons à un spectacle analogue.

En Dauphiné, l'évêque Isarn (vers 976) introduit de toute pièce le régime seigneurial dans ses domaines dépeuplés. Aux nobles qu'il attire des contrées lointaines il donne des châteaux à charge de foi et d'hommage, aux bourgeois et aux paysans des terres à charge de services et d'impôts[1].

En Provence, enfin, quand les Sarrazins sont chassés, la terre est, en quelque sorte, à la merci du plus fort et du premier occupant. Il faut que le comte de Provence, Guillaume Ier, procède à une nouvelle répartition du sol et assure à chacun ses limites[2]. Le même comte, après sa victoire, avait distribué de vastes étendues à ses vassaux militaires, à ses compagnons d'armes[3].

[1] « Post destructionem paganorum, Isarnus, episcopus... quia paucos invenit habitatores in predicto episcopatu, collegit nobiles, mediocres et pauperes, ex longinquis terris..., deditque predictus episcopus illis hominibus castra ad habitandum et terras ad laborandum, in quorum castra sive in terras episcopus jamdictus retinuit dominationem et servitia, sicut utriusque partibus placuit » (*Cart. de Saint-Hugues de Grenoble*, ch. 16, p. 93). — Sur cette charte voyez T. I, p. 398-399.

[2] « Cum gens pagana fuisset e finibus suis, videlicet de Fraxeneto, expulsa, et terra Tolonensis cœpisset vestiri et a cultoribus coli, *unusquisque secundum propriam virtutem rapiebat terram,* transgrediens terminos, ad suam possessionem. Quapropter, *illi qui potentiores videbantur esse,* altercatione facta, *inpingebant se ad invicem, rapientes terram ad posse,* videlicet Wilelmus vicecomes et Pontius de Fossis. Qui Pontius pergens ad comitem, dixit ei : « Domine comes, ecce terra, soluta de vinculo paganæ gentis, tradita est in manu tua, donatione regis. Ideo rogamus ut pergas illuc, et mittas terminos inter oppida et castra et terram sanctuariam, nam tuæ potestatis est *eam terminare et unicuique distribuere quantum tibi placitum fuerit.* » Quod ille ut audivit, concessit, et continuo ascendens in suis equis perrexit. Cumque fuisset infra fines Catedre villæ, cœpit inquirere nomina montium et concava vallium et aquarum et foncium » (v. 993, *Cart. de Saint-Victor de Marseille*, ch. 77, I, p. 104-105).

[3] Voyez, par exemple, la donation des côtes de Saint-Tropez,

Ainsi, de quelque part qu'on dirige les yeux, le régime foncier a subi une refonte. Il sort du creuset adapté aux conditions nouvelles de la société renaissante.

Toutes les *villæ* furent-elles donc décomposées ou détruites par l'effet direct des invasions étrangères et des guerres privées? Assurément non; mais toutes en ressentirent le contre-coup irrésistible. Déchoir ou se transformer devint leur lot. C'est ailleurs, en effet, que la vie sociale se concentre, c'est dans les villes et les villages dont l'importance corporative grandit et s'étend chaque jour, c'est dans les châteaux (*castella*), les maisons fortes (*firmitates*), les couvents fortifiés, qui prennent la place de la *villa* comme centre de gravité de l'organisation domaniale.

faite à Gibalin de Grimault : « Cum itaque Giballinus de Grimaldis... nostris in omnibus contra Agarenos et Mauros sive Sarracenos assistens agressionibus, invasionibus, fugationibus et periculis, sinum maris Gambracium, qui communiter rivus Scti Torpetis appellatur, propria virtute, ab eisdem... abstulerit, ejusque tale facinus peculiari principis munificentia recognosci debuerit. Nos Guillelmus comes... præfato G. de G. præfatum sinum maris... cum toto tractu et circuitu damus, donamus et ad possidendum integrum et deffendendum contra Aragenos et Mauros, sive Sarracenos tradimus... » (980. Ruffi, *Hist. des comtes de Provence,* p. 51).

CHAPITRE IV.

LE CHATEAU FORT REMPLACE LA VILLA COMME RÉSIDENCE DU MAÎTRE.

Le propriétaire, au lieu de résider alternativement dans ses *villæ,* s'assure une demeure fixe qui lui serve de boulevard contre les invasions du dehors, de place de guerre pour braver ses ennemis personnels, de bastille pour maintenir dans l'obéissance et le devoir tous ceux qu'il astreint à des redevances ou des services, de repaire après les expéditions aventureuses, les coups de main et les razzias [1]. Il commence par transformer quelqu'une de ses villas en place forte, puis il construit de préférence soit au cœur même d'une villa ou d'un village, soit à la crête d'un coteau escarpé ou sur le versant abrupte d'une montagne, un château, *castellum, castrum, munitio, turris,* etc., qui, derrière une double ou triple ceinture de défense, englobe les logements, les magasins, les ateliers, les écuries ou étables les plus indispensables de l'ancienne *villa.*

L'architecture est loin d'être indifférente ici. Elle est peut-

[1] J'ai mis assez longuement le premier mobile en lumière pour n'avoir pas à y insister. Quant aux autres ils sont fort bien résumés, en ces termes, par l'hagiographe du XIIe siècle que je cite plus loin : « *Ut ab hostibus eo modo maneant tutiores, et potentia majore vel vincant pares, vel premant inferiores.* » — Voyez du reste t. I, p. 318 suiv., p. 445 suiv., et ajoutez ce passage de la Chronique de Bèze (Dachery, *Spicilegium*, II, p. 420) : « Ipso eodem tempore quo rex Rotbertus monarchiam regni tenebat, cum audisset in partibus istis quosdam existere, qui circumquaque res alienas violenter diripientes, *ut liberius impuneque retinerent, firmitates et castella nova sibi construxerant...* »

être même le miroir le plus fidèle où se reflète la supplantation de la *villa* par le château ou par la demeure fortifiée.

Le château est-il construit dans la plaine, trois éléments essentiels le composent : l'enceinte extérieure, la motte, le donjon.

Dans l'enceinte extérieure, défendue par des palissades et des fossés, se groupent toutes les bâtisses, en bois et en pisé, nécessaires à l'entretien du seigneur, de sa famille, de ses compagnons, de ses hommes d'armes : boulangerie, pressoir, forge, ateliers de toute sorte; souvent un moulin, quand le fossé d'enceinte est un cours d'eau; les huttes pour les gens de service, artisans, valets ou serfs[1]. Parfois, cette agglomération préexiste. Elle peut être alors plus considérable et donner rapidement naissance soit à un bourg, soit à une ville. Il suffit de supposer que le château est construit dans un village ou sur l'emplacement d'un ancien *castellum*.

Au centre ou à l'une des extrémités de la première enceinte, la motte (*motta*) s'élève[2]. C'est une colline factice,

[1] Je cite comme exemple l'enceinte extérieure de La Tusque, à Sainte-Eulalie-d'Ambarès, canton du Carbon-Blanc (Gironde), telle qu'elle a été reconstituée par Viollet-le-Duc (*Dictionnaire d'architecture*, v° *Château*, III, p. 63. *Adde*, L. Drouyn, *La Guienne militaire*, I, p. XII).

[2] La description la plus complète et la plus précise que nous ayons d'une motte de cette époque me paraît fournie par Jean de Colmieu (sous son vrai nom, Gautier de Térouanne) (XIe-XIIe s.). Dans la vie de l'évêque Jean de Commines cet hagiographe nous offre, à propos du château de Merchem (Merckerghem, dép. du Nord, arrond. de Dunkerque, canton de Wormhoudt), le type des châteaux forts élevés dans le nord de la France à une époque déjà lointaine du moment où il écrivait (*a multis retro annis*).

Voici sa description : « Erat autem secus atrium ecclesiæ munitio quædam (quam castrum vel municipium dicere possumus) valde excelsa, juxta morem terræ illius, a domino villæ ipsius a multis retro annis extructa. Mos namque est ditioribus quibusque regionis hujus hominibus et nobilioribus, eò quod maximè inimicitiis vacare soleant exercendis et cædibus, ut ab hostibus eo modo maneant

née de l'amoncellement des terres qu'a fournies le creusage du large et profond fossé qui l'entoure[1]. Elle est garnie de palissades, flanquée de tours en bois[2]; elle est reliée à

tutiores, et potentià maiore vel vincant pares vel premant inferiores, terræ aggerem quantæ prævalent celsitudinis congerere, eique fossam quam late patentem, multamque profunditatis altitudinem habentem, circumfodere, et supremam ejusdem aggeris crepidinem vallo ex lignis tabulatis firmissimè compacto undique vice muri circummunire; turribusque, secundum quod possibile fuerit, per gyrum dispositis, intra vallum domum, vel quæ omnia despiciat, arcem, in medio ædificare, ita videlicet ut porta introitus ipsius villæ nonnisi per pontem valeat adiri, qui ab exteriori labro fossæ primum exoriens est in processu paulatim elevatus, columnisque binis et binis, vel etiam trinis altrinsecus per congrua spatia suffixis innixus, eo ascendendi moderamine per transversum fossæ consurgit, ut supremam aggeris superficiem coæquando oram extremi marginis ejus, et in ea parte limen primâ fronte contingat.... Unde illo, ut propositum perficeret opus, iterum descendente et circa medium pontis, triginta quinque vel eo amplius pedum altitudinem habentis.... » (*Acta Sanctorum Bolland.*, 27 janvier, p. 799, reproduit partiell. dans D. Bouquet, XIV, p. 239-240).

[1] Viollet-le-Duc compte dix à quinze mètres de large pour le fossé de La Tusque, Gautier de Térouanne indique trente-cinq pieds de profondeur pour le fossé de Merchem.

[2] C'est en bois que furent bâtis la plupart des châteaux jusque vers la fin du xe siècle. Voici ce que dit très justement, à ce sujet, un auteur compétent, M. A. de Dion : « Les Francs comme les autres peuples barbares, étaient de pauvres maçons mais de bons charpentiers... La maçonnerie succéda à la charpente. Quoique cette transformation n'ait pu s'opérer que progressivement, je crois que l'usage des mottes (avec tour de bois au centre d'une enceinte de pieux défendue par un fossé) a dû être abandonné dès le règne du roi Robert... Seulement on les utilisa souvent au xie siècle, lorsque de longues années leur eurent donné la consistance indispensable, en remplaçant par des donjons de pierre les tours de bois » (Lettre à M. de Caumont sur quelques châteaux du xie siècle, *Bulletin monumental*, t. 32, p. 685 suiv.).

L'emploi presque exclusif du bois explique que, malgré leur grand nombre, les châteaux du neuvième et du dixième siècle aient laissé si peu de traces. Si Foulque Nerra, d'autre part, a mérité l'épithète de *grand bâtisseur* ce fut surtout, semble-t-il, pour avoir renoué la

la première enceinte par un pont en plan incliné, que supportent des piliers accouplés[1]. La motte ou cour (*curia*) renferme les logements des hommes d'armes, des écuries pour les chevaux, un puits, des magasins souterrains; quelquefois une boulangerie, d'ordinaire une chapelle, s'il n'en existe pas dans la première enceinte.

Une tour plus haute et plus forte, pouvant être isolée du reste de la motte, la domine[2]. C'est le donjon. Dans l'intérieur de la France, elle sert de demeure au seigneur; dans les régions de l'Est où prévaut l'architecture alémannique, elle est une simple tour de défense[3]. L'habitation du seigneur est alors dans le château proprement dit.

Si le château est construit sur une hauteur, un plateau escarpé ou un promontoire de montagne tient lieu de la motte. Le donjon et des fossés le protègent sur les côtés accessibles. L'enceinte extérieure s'étend en contre-bas. On l'appelle *basse-cour*[4]. C'est là que le seigneur convoque en temps de guerre ses tenanciers et ses vassaux, c'est là que se réfugient les habitants de la plaine qui jouissent de sa protection. Ils y amènent bœufs, vaches, troupeaux, ils y sauvent leur avoir mobilier, ils s'abritent dans des baraquements ajoutés à la hâte aux constructions qui servent en temps normal à l'entretien du seigneur et de la garnison. La basse-cour devient un bourg quand la population réfugiée y devient sédentaire.

Tous les propriétaires de domaine n'étaient pas en état

tradition romaine et élevé des murailles qui défièrent les ravages et du feu et du temps (Cf. B. Ledain, *Essai de classification chronologique des châteaux féodaux de Poitou du XIe au XIIIe siècle*, Bulletin archéol. du Comité des trav. hist., 1890, n° 3, p. 360 suiv.).

[1] « Columnisque binis et binis, vel etiam trinis. »

[2] « Quæ omnia despiciat arcem. »

[3] Naeher, *Die Burgen in Elsass-Lothringen. Ein Beitrag zur Kenntniss der Militär-Architectur des Mittelalters* (Strasbourg, 1886), p. 7.

[4] Dans les régions alémanniques : « *Untere Burg.* » (Naeher, *op. cit.*, p. 5 et *passim*).

de se construire des châteaux forts. Ils se construisaient alors des tours de bois capables de résister aux simples assaillants. La partie supérieure leur servait de demeure (solier); la partie inférieure de magasins (cellier)[1].

A l'exemple des seigneurs laïques, les seigneurs ecclésiastiques durent renoncer de vivre au milieu de leurs paysans. Les *celles* devinrent plus rares; le moine administrateur se borna à faire des tournées, il habita le couvent ou le prieuré transformés l'un et l'autre en forteresses[2].

[1] Raoul Tortaire dans le huitième livre des *Miracles de S. Benoît*, nous dépeint une de ces tours. C'est la demeure de Seguin, de la famille des seigneurs de Châtillon-sur-Loing. Son frère Albéric, l'un des maîtres de Châtillon, avait dévasté les domaines des moines de Fleury. Seguin se livre à des déprédations analogues. Il vient d'en commettre une en razziant un troupeau de porcs, puis il s'est retiré dans sa tour où des émissaires des moines vont le trouver. Entrons avec eux : « Erat autem ipsa domus lignea turris, quippe vir potens erat... Turris ergo illa in superioribus suis solarium habebat, ubi idem Seguinus cum sua manebat familia, colloquebatur, convivabatur et noctibus quiescebat. Porro in ejus inferioribus habebatur cellarium, diversi generis retinens apothecas, ad recipienda et conservanda humani victus necessaria idoneas. Solarii vero pavimentum, ut moris est, compactum erat dolatilibus trabeculis, quæ parum quidem habebant spissitudinis, sed aliquantum latitudinis, plurimum autem longitudinis » (*Miracles de S. Benoît*, éd. E. de Certain, p. 299).

[2] L'histoire d'un domaine ecclésiastique dont les diverses phases nous sont racontées successivement par des contemporains, nous présente en raccourci l'image de ce changement des mœurs et du régime.

L'abbaye de Fleury-sur-Loire possédait dans le Berry un domaine (*possessio, prædium, villa*) dont elle faisait remonter l'acquisition au temps de Clotaire III. Dans la seconde moitié du neuvième siècle, le moine Adrevald nous apprend qu'une *celle* y fut établie pour veiller à la conservation des biens et que deux à trois moines l'habitèrent. Cent ans plus tard, au témoignage d'Aimoin, la celle a dû être abandonnée et la résidence des moines transférée de Saceirges, lieu ouvert, à Saint-Benoît-du-Sault, enceinte fortifiée. C'est une forteresse imposante où les tenanciers des moines comme les moines eux-mêmes mettront leurs personnes et leurs biens en sûreté.

Miracula Sancti Benedicti, l. I, cap. 38, p. 80-81 (850-878) : « Consilium necessarie repertum est, ut *habitatione congrua monachis quoquo modo inibi constructa*, assidue *monachi duo vel tres* ibidem persisterent, quousque faciles Aquitanorum animi ad nova quæque leviter molienda, instantia fratrum ab hac potiendarum rerum quiescerent fiducia. Mittitur ad id enitendum Raganarius monachus, magnæ religionis vir, qui olim ab imperatore Ludovico cum aliis Hierosolimam missus fuerat, atque cum eo Segevertus, presbyter ac monachus. Qui *cellulam* in prædicto compingentes loco (Caput Cervium, Sacierges) omnem Aquitanicæ genti abstulere harum repetendarum rerum fiduciam. »

Liv. II, cap. 15, p. 117 (fin du xe à commenc. du xie siècle) : « Caput Cervium possessio quædam est Sancti Benedicti, de qua... narraturi sumus ... quomodo inde habitatio monachorum ad Salense castrum mutata sit. »

Au livre III, cap. 5, p. 136 (fin du xe siècle-commenc. du xie siècle), le *Salense castrum* est appelé *municipium patris Benedicti*. Aimoin décrit ainsi son aspect, en l'an mille : « Mons est non multæ altitudinis, in cujus declivio castrum constitutum est, quod quidem, ab orientali australive parte, difficilem ad se venientibus præstat accessum. Ab aquilonali sane latere, devexus montis machinamentorum omnium inhibet evectionem; at occidentem versus, ubi hostium facilis formidabatur progressus, *domus erat lapidibus firmissime constructa, ad austrum in longum porrecta, ad repellendos inimicos satis idonea* » (p. 139). Adémar, fils du vicomte de Limoges Guy Ier s'efforça d'y pénétrer « ut copiis frumenti ac vini, quæ a circumjacentibus incolis inibi ob tutamen sanctorum locorum aggregata erant, pervasæ Brucciæ inopiam sublevaret » (p. 136-137).

CHAPITRE V.

LA VILLA SE DÉMEMBRE AU PROFIT DU VILLAGE.

L'éloignement du maître entraîne à sa suite le morcellement par inféodation du domaine, le morcellement du droit de propriété par la constitution de droits seigneuriaux au profit de tiers[1]. L'exploitation directe devient irréalisable; il faut traiter à forfait. Au risque de tout perdre, le seigneur doit se contenter de quotes-parts souvent minimes.

Des terres, des maisons, une portion des redevances et des services sont donnés en fief aux maires, aux *villici,* à charge de gérer le surplus. Pour se concilier des amitiés et des alliances, pour prévenir des hostilités, pour s'assurer mainforte, à l'occasion, contre des usurpateurs ou des rebelles, pour se procurer des auxiliaires en vue des besoins les plus multiples, voici que des parts indivises, des morceaux du domaine sont concédés, des droits seigneuriaux, des droits lucratifs sont distribués à titre de fief. De la sorte, l'*indominicatum* parfois tout entier et la majeure partie des tenures sont inféodés à des seigneurs d'épée ou de robe, à des chevaliers, à des hommes

[1] L'éloignement du maître est souvent allégué dans les chartes comme raison déterminante de ce double mode de morcellement. Je me borne à un exemple : « Me matrem G. de Prulliaco Amelinam dudum habuisse terram apud B. ac illam tenuisse *quasi patrimonium liberum.* Sed quia contigua cetero meo non erat casamento, *et ab illâ longe manebam* ideo ad Odonem comitem accessi, qui me valentior erat eam tueri..... Misit Amelina ... in commendasiam Odoni comiti talem videlicet, ut unusquique qui in eâ terrâ bordam vel domum haberet... minam avenæ reddent illi ob tutamentum, etc. » (*Cartul. de Vendôme*, 1083, D. Housseau, III, n°s 856 et 857).

d'armes, à des serviteurs de toute condition [1]; lesquels les sous-inféodent à leur tour.

L'unité d'administration et de propriété est rompue. Les droits réunis précédemment dans une seule main passent dans les mains d'une multitude d'intermédiaires; le droit de propriété se fractionne en une série de droits à redevances, à rachats, à services (mobiles et sous-inféodables); il tombe en poussière : des droits seigneuriaux et féodaux naissent de ses débris.

Nous possédons un document très précieux où se reflètent avec une netteté merveilleuse les transformations que je viens d'esquisser. C'est l'œuvre d'un moine de Saint-Vaast d'Arras, Guimann, qui, dans la seconde moitié du douzième siècle, a dressé l'inventaire des possessions de son abbaye, en les comparant avec ce qu'elles étaient en l'année 866, en les suivant même dans leurs vicissitudes à travers ce laps de trois siècles. Ouvrez le livre, vous verrez la villa se désorganiser sous vos yeux, par la dévastation, l'usurpation, l'inféodation.

Des *villæ* sont dépeuplées. L'abbaye les abandonne au comte de Flandre, ne retenant dans chacune d'elles qu'un manse pour y engranger les dîmes [2].

[1] La prise de possession dut souvent même avoir lieu sans contrat préalable et par acte purement arbitraire. Ainsi me paraissent s'expliquer des mentions de cartulaires comme celles-ci : « R. de A. tenet de abbatissa boscum de Repentir et terram deforis boscum sed *nescitur quomodo* » (*Cart. Trinité de Caen*, MS. f° 65 v°). — R. M. occupavit circa IIII acras de dominico et adhuc tenet sed nesciunt quomodo nec finem inde audierunt (*ibid.*, f°s 79 v°, 80 r°). — De dominicis terris quantum habet et quid valeant inquirendum est » (*Ibid.*, f° 70 v°).

[2] « Tres villas habebat sanctus Vedastus, Boinviler, Basilica, Fontanas, ... quas insectatione predonum assidua a cultoribus destitutas et in solitudinem redactas penitus amiseramus. Robertus autem junior comes Flandrie et uxor ejus Clementia nos convenerunt, ut eis easdem villas tres sub digno concambio concederemus petierunt. Berquariam in Flandriis que nobis quotannis XX libras sol-

L'usurpation — par suite notamment de l'éloignement des moines[1] — s'exerce avec une telle intensité, qu'au dire de Guimann, l'abbaye a perdu les neuf dixièmes de ses possessions de 866 à 1170[2].

Enfin, l'inféodation a lacéré, déchiqueté les domaines. C'est à peine souvent si quelques lambeaux d'une terre restent aux mains des religieux. Presque partout le droit de propriété est émietté et dispersé.

Dans beaucoup de *villæ,* l'abbaye a pour tout bien, ici, quelques courtils, quelques hôtes; là, un *mansus dominicatus;* plus loin, quelques redevances, une partie des dîmes, ou des parcelles de terres, ou quelques feudataires (*vavassores, legii,* etc.)[3].

Dans d'autres, elle a retenu des quotes-parts : un tiers

veret obtulerunt et in singulis villis mansum unum ubi constructis horreis decimas altaris et navis ecclesiarum que nobis remanerent poneremus concesserunt. » — L'accord est conclu en l'an 1106 (*Cartul. de S.-Vaast d'Arras*, p. 297).

[1] Guimann engage ses frères à ne plus s'en remettre à la foi des *villici*, ou en général des laïques, mais à charger un moine de faire des tournées incessantes : « Illud precipue monemus ut nequaquam fidei vel potius perfidie villicorum seu laicorum res committatur, *quia non mediocre dampnum eos nobis intulisse experti sumus*. Quamobrem monachus fidelis et boni testimonii constituatur qui universam civitatem et terras, de quibus hostagia debentur, sollerter circumeat et non tantum que vel quanta vel a quibus debentur, sed precipue et super omnia de quibus terris debeantur intentissime denotet... » (*Cart. de S.-Vaast*, préface de Guimann, p. 7).

[2] « ... Cum majorum neglectus eisdem possessionibus tantum pepererit detrimentum, ut ipsarum vix ad nos pauce reliquie pertigerint. Quod ex descriptione illa que penes nos habetur, que anno Verbi incarnati D. CCC. LXVI, jubente serenissimo rege Karolo, ... facta est, probare perfacile est; in qua cum universa Ecclesie nostre ita ad unguem sint exarata, ut et villarum numerositas et mancipiorum diversitas et servitiorum qualitas quantitasve, ubi lucide et expresse denotetur, *vix nos omnium decimam habere* non jam ex libro conjicimus, sed experientia sentimus » (*ibid.*, p. 5).

[3] Cartul. de Guimann, *passim*.

des produits[1], un sixième de la justice, du tonlieu, etc.[2].

Ailleurs, la *villa* tout entière a été donnée en fief par fractions d'un sixième, un tiers, une moitié[3].

Parfois, la suzeraineté même semble avoir péri. L'abbaye n'a qu'une autorité indirecte sur le seigneur d'une *villa, dominus villæ*. Pour se l'attacher en qualité de vassal, elle a dû lui donner en fief soit de l'argent[4], soit la justice d'un autre territoire[5], soit des terres ou des vavasseurs.

Voici, d'autre part, la *villa* de Neuville, dont l'unité apparente s'est conservée et qui continue à appartenir à l'abbaye. J'y relève trente-sept hôtes contre vingt-huit tenanciers de courtils. Les trente-sept hôtes sont tous inféodés à des vassaux, qui les sous-inféodent à des vavasseurs, et ceux-ci à d'autres. L'homme puissant de la *villa* est le *villicus* Wichard. Son fief consiste, outre la *villicatio*, dans le tiers du produit de la justice et des afforages, dans un manse, vingt-deux mencaudées de terre, dix-sept hôtes,

[1] « In Tylloyt... habet tertiam partem reddituum ville (*ibid.*, p. 282). — In Rincurt... habet tertiam partem in terragiis, in relevationibus, in hostagiis... Robertus homo legius Sancti Vedasti : feodus ejus est villicatio et tertia pars redituum ejusdem ville. Petrus homo legius Sancti Vedasti : feodus ejus est tertia pars reddituum ville » (*ibid.*, p. 282).

[2] « In hac (villa) habet Sanctus Vedastus sextam partem districti, furni, theloneique, terram ad IX modios et duas partes decime ejusdem terræ quam tenet in feodo et in societate Adam » (*ibid.*, p. 262).

[3] « Villam de Bayri tenent in feodum legium de Sancto Vedasto III vavassores quorum hec sunt nomina : Hugo legius homo Sancti Vedasti, feodus ejus est sexta pars ville de Bayri; Balduinus... feodus ejus est due partes medietatis ville de Bayri ; Petrus... feodus ejus est medietas ville de Bayri » (*ibid.*, p. 287).

[4] « Dominus ejusdem ville homo Sancti Vedasti est habens de feodo singulis annis C. sol. » (*ibid.*, p. 263).

[5] « In Cruciculis... habet (S. Vedastus) decimam in sartis Alardi ejusdem ville domini qui A. homo est S[i] V[i], tenens de eo districtum et justitiam territorii de Louemes » (*ibid.*, p. 272).

neuf vavasseurs. L'un de ces vavasseurs, Eustache, a un sous-feudataire, Nicolas, qui tient de lui trois hôtes[1].

Notre point de départ a été la *villa*. Considérons-la à notre point d'arrivée. Son sort final est marqué par les vicissitudes qu'elle vient de subir et auxquelles s'ajoutent incessamment, pour achever l'œuvre désorganisatrice[2], et les partages égaux des biens par succession[3], et les achats,

[1] *Ibid.*, p. 391-394 : « Wichardus homo legius Sancti Vedasti, sub relevatione X. librarum, feodus ejus mansus, villicatio, tertia pars forisfactorum et foragiorum contra Sanctum Vedastum, XXII manc. terre, XVII hospites IX vavassores; et hec nomina eorum...

Eustachius de Squavia homo legius Wichardi, feodus ejus vavassor .I. legius Nicolaus qui tenet de eo II. hospites et quadraginta manc. terre. »

[2] La répartition en des mains innombrables de domaines primitivement possédés par un seul se laisse suivre dans beaucoup de cartulaires. Parfois elle s'opère si lentement et avec tant d'obscurité que les droits individuels se superposent, s'enchevêtrent et donnent lieu à la plus désastreuse indivision.

En 1097, le prieuré de Chamaillières acquiert la propriété d'une ancienne *villa*, la villa de Combres (commune de Chamaillières). C'est une terre fertile, mais les friches l'ont envahie et la recouvrent, par suite du grand nombre de participants qui se la disputent : « Nam cum vicenorum aut eo amplius sub dominorum dicione positum sit... silvam non modicam in eo adolevisse intuemur. Hoc tamen licet ita desertum, licet tanta *dominorum numerositate et altercationibus sic dixerimus destitutum...* » Le prieur Jarenton, pour recueillir le consentement des intéressés, dut parcourir tout le pays d'alentour : « *Per singulos loci dominos singulis in oppidis vel villulis degentes strenue peragrans.* » Il n'y avait pas moins de *neuf catégories* d'ayants-droit dont les confirmations sont rapportées par la charte et qui touchèrent ensemble, pour prix de leur consentement, plus de douze cents solidi (*Cartul. de Chamaillières*, p. 5-10).

[3] Les privilèges de masculinité et d'aînesse ne triomphèrent qu'au cours des siècles postérieurs. A l'époque objet de nos études, le partage égal est la règle. Il l'est, du reste, dans tous les temps et tous les lieux où domine l'individualisme. Je traiterai le sujet dans le livre suivant.

ventes, engagements[1], et enfin les libéralités en terres, si nombreuses, faites aux corps religieux par les petits et par les grands, par l'opulent propriétaire foncier comme par le plus humble laboureur[2].

[1] Au xe et au xie siècle, l'engagement, nous le verrons au livre IV, équivaut presque toujours à une aliénation.

[2] Sur ces libéralités, comme aussi sur les nombreuses acquisitions à titre onéreux faites par le clergé, voir la cinquième Partie du présent Livre.

CHAPITRE VI.

LES DÉBRIS DE LA VILLA.

Partout où le démembrement a atteint son maximum d'effet, l'ancienne *villa*, l'ancienne *curtis*, ne survit que dans la tradition populaire. Elle n'est plus un domaine, elle est un territoire[1], une *potestas*[2], ou bien une circonscription rurale, un *locus*, un *vicus*[3] : division seigneuriale, ressort de justice[4], banlieue de village, elle est tout cela, suivant les circonstances et suivant les régions[5]. Elle est en

[1] L'expression « *in territorio ville...* » est fréquente pour désigner la situation topographique de champs appartenant à d'autres que le seigneur de la villa (*Cart. de S.-Vaast*, p. 271, 272, etc.). Quand un nouveau pas est franchi, la *villa* n'est plus qu'une circonscription rurale. Par exemple, *Cart. Roussillonnais* : « *infra terminos de villa F.* » (1036, p. 55), « in villa A. *vel in ejus termines* » (1046, p. 61), « in pago L. *intra fines de villa A.* » (1063, p. 68), etc.

[2] *Cartul. de Romainmotier*, p. 23 : « Concedimus donamusque omnes servos nostros in ancillas, qui in *ipsa villa vel potestate* manent » (Charte de Rodolphe III, 1011); p. 54 : « Placuit nobis deprecatio domini Odilonis, abbatis Rom. monasterii, ut servitium ei concedere debeamus de quibusdam homines, *in potestate* sua degentes, *in villa* quæ dicitur Bannens... » — Dans le cartulaire de Guimann, le territoire de deux *villæ* (celui de Biach et de Pelve), devenues des villages, est appelé de même *potestas* (*Cart.*, p. 363).

[3] C'est, au XIe siècle, le sens usuel du mot *villa*.

[4] La *villa* devient une subdivision de la *vicaria* ou centaine. Dans la Saintonge, notamment, *pagus*, *vicaria*, *villa* sont les divisions normales (Voyez, par exemple, *Cart. de S.-Jean-d'Angély*, ms. lat. 5451, f° 108 v°. *Cartul. de S.-Étienne de Baigne*, p. 46-47, p. 71, etc.).

[5] En Alsace, le territoire d'un village s'appelle encore de nos jours *bann*. C'est l'étendue de terre sur laquelle s'exerçait jadis le droit de police (*bannum*) du propriétaire de la villa. Cf. pour la Lor-

même temps le champ d'application d'une coutume locale, d'une *lex terræ*. Fut-elle jadis une *chef-villa* (*villa principalis, villa capitanea*), elle garde une sorte de prééminence, elle joue le rôle de chef-lieu.

Ouvrez les cartulaires, pénétrez dans cette forêt de textes si luxuriante et si touffue, vous retrouverez, malgré l'épaisseur du feuillage et l'entrecroisement des routes, la direction et les traces de cette transformation. Une charte nous servira de modèle et de guide.

Uncbald, seigneur du château de Vierzon, possédait des domaines dans le pays chartrain. La *chef-villa* était *Vetus Vicus*, Vieuvicq. Uncbald commence par détacher quatre petits domaines (*mansionilia*) qui en dépendent, et les donne à la cathédrale de Chartres. Son fils, deuxième du nom, distribue en fief une partie des terres à ses hommes, à ses fidèles. A la génération suivante, le démembrement s'accentue et s'aggrave. Trois fils d'Uncbald II se partagent ses domaines. Ils en prennent un morceau pour constituer une dot à leur sœur, ils découpent dans le surplus des fiefs à leurs vassaux. Voilà donc à l'œuvre l'inféodation et le régime successoral, la volonté et la loi : voici maintenant comme causes efficientes les autres conditions sociales que j'ai décrites. Les seigneurs résident au loin. Dès lors, les domaines sont dépiécés par des usurpations incessantes, dévastés par les guerres privées et les razzias. De toutes les possessions originaires, il ne reste aux trois petits-fils d'Uncbald que des terres désertes et un unique colon. Est-ce même un colon? Non. C'est un homme des bois, un nomade, un vagabond. Son nom le dit, Gauthier *Malœuvre*, son genre de vie le démontre. Il ne laboure pas le sol, il vit du miel sauvage qu'il récolte, des oiseaux et du gibier qu'il tue.

raine : « dedi... villam B... cum omnibus appendiciis suis in campis, pratis, silvis, aquis et quicquid procul vel prope *ad bannum pertinet ejusdem ville* » (Charte de Thierry, évêque de Verdun, 1082; Bibl. nat., MS. lat. 12867, f° 23 r°).

Une libéralité fait passer cette épave domaniale aux mains de l'abbaye de Marmoutier. L'abbaye ne peut songer à reconstituer le domaine primitif. Elle réussit seulement, l'argent aidant, à rentrer en possession d'une partie des terres usurpées, et elle conserve à l'ancienne *chef-villa* sa qualité de chef-lieu, en y créant un prieuré où sera centralisée l'administration des intérêts temporels et spirituels qu'elle a dans cette région [1].

Si de l'ensemble nous passons aux parties constitutives, nous observons des phénomènes analogues.

L'ancienne partie seigneuriale, le *mansus dominicatus*, — ou ce qui en subsiste après les démembrements qu'il a éprouvés, — retient une supériorité nominale et effective : nominale, elle s'appelle *chef manse, caput mansus* [2], *cap-*

[1] « Uncbaldus olim quidam honoratus ac nobilis Virsonensis castri possessor in pago Biturigensi, inter cætera quæ in Carnotensi pago possedit, alodia ibi obtinuit quædam, *quorum caput*, hoc est *villa principalis*, Vetus Vicus appellatur, et his undique finibus omnia limitantur...; e quibus scilicet alodiis quatuor tantum *mansionilia*, pater Uncbaldi illius, nomine et ipse Uncbaldus, dederat olim Carnotensi ecclesiæ Sanctæ Mariæ... Cætera ille Uncbaldus, Uncbaldi filius... partim in proprium tenuit dominium, *partim suis hominibus de se tenenda donavit*.

Post obitum quoque suum hereditario tenenda jure suis eadem dimisit heredibus; qui fuerunt Uncbaldus, Gaufridus atque Rodbertus, qui propriam postmodum sororem honorato cuidam nomine G. tradentes uxorem, *partem simul aliquantam illorum tradidere alodiorum*, reliqua etiam suis, ut sibi visum est, hominibus de se tenenda distribuerunt, qui tamen non solis contenti concessis, *longe manentibus principalibus dominis* extra sibi debitum quantum visum est cuique occupavit impune. Interea *bellis sæpius in hisce regionibus frequentatis* in inviam suprascripta terra redacta solitudinem annis nullo minus VII et cultore omni caruit et incola, uno tantum, nec ubi veritas offendatur, inhabitante excepto, non tamen aliquo terræ cultu, sed mellis quæstu silvestris volucrumque atque ferarum vivente venatu. Fuit hic nomine Gualterius Mala Opera cognominatus » (1048-1061, *Cartul. de Marmoutier*, pour le Dunois, ch. 111, p. 102-103).

[2] Voici la description d'un *caput mansus* dans le Rouergue. « Cedo caput mansum meum qui michi per conquistum obvenit... hoc est

mansus, capmasus, etc.; effective, certaines terres lui doivent des redevances ou des prestations.

Les tenures deviennent des unités d'exploitation rurale, sous les qualifications et les formes les plus diverses, suivant que le commandent le plus ou moins de fertilité du sol, la moindre ou plus grande densité de la population, les modes d'assolement, la variété des cultures : manse, demi et quart de manse, appentis, courtil, borderie, casal, condamine, tels sont les principaux types qu'elles affectent[1]. Ces unités foncières sont rattachées isolément ou par petits groupes à des châteaux[2], à des couvents et à

caput mansus meus, cum mansiones, cum ipso torculario, cum casa dominicaria, cum curte et orto, cum exeo et regresso, cum vineas et vinealis, cum terras cultas et incultas; et sunt aripendi de vineas inter totos locos XVII; et est ipse alodus in vicaria Serniacense, in aro de villa quæ dicitur Serra, in loco quæ vocatur Roqueta, ubi A. visus est manere; et est ipse caput mansus cum pratis, pascuis, silvis, garricis, aquis aquarumve decursibus et cum ipso farinario » (Janvier 966, *Cart. de Conques*, ch. 132).

La composition du chef manse variait naturellement suivant les régions : le nom pour le désigner variait de même. Il s'appelait ici *capmansus* ou *capmasus*, là *mansus major* ou *mansus maximus; Cart. de Nîmes*, p. 164 : « *Mansum majorem,* ubi ego G. maneo, cum duas condaminas » (1007). — *Petit cartul. de S.-Vincent de Soissons,* MS. Dom Grenier, n° 233, f° 102 r°-v° : « *Mansus maximus* cum capella et edificiis indominicatis... cum clauso indominicato, centum vini modiorum, etc. »

Le chef manse subit le sort que la villa avait subi. Il se désagrégea à son tour par partage, vente, inféodation, etc. Dans le cartulaire de Nîmes, par exemple, il est frappant de voir à quel point les *capmansi,* abondants au dixième siècle, deviennent rares au onzième. À la fin de ce siècle on n'en parle plus même qu'au passé. « *Terra ubi fuit caput mansi,* » lisons-nous dans une charte de 1080-1096 (*Cart. de Nîmes*, p. 284).

[1] Ces divisions de la propriété sont étudiées en détail et sur place dans le VIe livre où je décris séparément les diverses régions de la France.

[2] C'est une des origines de la châtellenie, considérée comme circonscription territoriale. Les fermes, les terres, les vigueries, les paroisses deviennent des dépendances du château. Il en est le noyau,

des prieurés, ou bien elles sont aux mains de paysans qui, tantôt détenteurs individuels du sol, tantôt étagés les uns au-dessus des autres ou exploitant à plusieurs en commun, doivent des redevances et des services à une multiplicité d'ayants-droit.

Enfin, les landes, les pâturages et les forêts soumis jadis à l'usage commun des tenanciers de la *villa* demeurent terres communes. Chaque possesseur d'une ancienne tenure ou de sa subdivision y conserve une part de

le centre, le point culminant. Il les unit en districts : *territorium* ou *terminus castri*, *castellania*.

Cart. de Cluny, ch. 2779, III, p. 803 : « Dimidiam partem (castri) ... *cum silvis et vineis*, *villis etiam atque pratis*, aquis aquarumque decursibus, omniaque *quæ ad medietatem ipsius castri cultà et inculta pertinere videntur* » (1023).

Cart. de S.-Victor de Marseille, ch. 58, I, p. 86 : « Duas partes de castro quod vocant Auriol, cum sala dominica et duabus partibus totius territorii ejusdem castelli vel villæ, cum terris cultis et incultis, etc... In omnibus itaque et per omnia de supradicto castro Auriolis et de appendiciis ejus, hoc est castelli O. et villæ S. sive L. et castri vel villæ Sancti Saturnini... » (1040).

Cartul. du château de Foix (*Hist. du Languedoc*, V, ch. 162, col. 345) : « Ipso castello quem dicunt Sexago cum *ipsa castlania* et *cum ipsas vigarias quæ ad ipsum castellum pertinent*, et *cum ipsos alodes* sicut Arnaldus pater meus ibi tenebat *per ipsum castellum*... Et ipsa mea parte de castello Minerba... cum ipsa terra quæ ad ipso castello pertinet... » (vers 1002).

Cartul. de Savigny, ch. 430, p. 233 : « Venerabilis abbas Hugo... propter inimicitias hostium locum istum inquietantium, castellum quoddam in parrochia Sancti Martini de Periculis construxit, ad munimentum monasterii nostri, *ad quod videlicet castellum duodecim ecclesiæ parrochiales pertinent*, quarum hæc sunt nomina... et decima tertia ecclesia Sancti Martini de Periculis, in cujus parrochia consistit » (vers 1000).

Cart. de Grenoble, ch. 1, p. 2 : « Salmoriacensi pagi talis est facta divisio ut *undecim castella*, *cum ecclesiis et parrochiis et totis mandamentis suis*, Viennensi ecclesiæ; item undecim castella, cum ecclesiis et parrochiis et totis mandamentis suis, Gratianopolitanæ ecclesiæ dederentur » (2 août 1107).

Cart. de S.-Aubin d'Angers, MS. fol. 96 (D. Housseau, III, n° 816) :

jouissance proportionnelle[1], sauf à payer le cens ou à s'acquitter des corvées dont cette jouissance est restée grevée. Il existe ainsi une corrélation étroite entre le droit aux communaux et l'étendue territoriale de la *villa* disparue[2].

En résumé, là où avait prévalu le système de la *villa*, il fit place au système de la petite ferme. Le nom même passa souvent à celle-ci, pour la plus grande confusion de la terminologie. Il n'est pas rare de rencontrer des

« Comes Gaufridus... affirmavit *ex antiquo esse consuetudinem* in Andecavensi regione ut si comes Andecavensis fecerit castellum in medio quarumlibet parrochiarum terræ suæ, ecclesia ipsius castelli tantum de circumjacentibus parrochiis optineat quantum palus vel fossatum aut alia firmitas illius castelli in circuitu occupaverit... » Ainsi fut jugé (avant 1081).

Cart. de Cluny, ch. 2771, III, p. 793 : « In comitatu G., in *territorio castri* quod appellatur Bellumjocum... in comitatu D., in *territorium castelli* quod nominantur Lunis... » (1022-1023).

Cart. des Guillems, ch. 507, p. 689 : « Castellum de Popiano, et ejus villam, totum scilicet alodium quod habeo in ipso castello et in ejus villa, et *in toto terminio ejus castelli* » (1112). — Cf. Charte de Louis VII, en faveur de l'église de Narbonne (1165), publiée par Dachery, *Spicilegium*, t. III, p. 539 : « In alodio suo et in *castellaria*, id est, *termino ejusdem castri*. »

[1] « Ego Lambertus... dono... *unum curtilum* quem conquisivimus, ego et frater meus J., de Guilibertum cum vinea et bosco et *omni usuario quod ad ipsum curtilum* pertinet » (1028-1029, *Cart. de Cluny*, ch. 2809, IV, p. 12).

« Ego Aimo et uxor mea... dono... *unum mansum*... cum omnibus ad se pertinentibus et *consuetudinario usu* quem habet in silvis et pratis et aquis » (*Cart. de Cluny*, MS. XIe s., f° 26 r°).

« Ego Aymo... dono... unum curtilum in villa quæ dicitur Sarerias, *et omnia quæ ad ipsum pertinent, videlicet ut usuarium in aquis, in silva, in pratis* (*habeat*) *homo qui super ipsum manserit* » (*Cart. de Cluny*, 1049-1109, ch. 3261, IV, p. 373).

[2] *Cartul. de Marmoutier*, pour le Vendômois (MS. f° 25 v°, col. 2) : « Est et alia... *terre totius descripte superius antiqua consuetudo* quam simili modo ego quoque concessi, id est ut eam inhabitantes omnes tam dominantes videlicet quam subditi, ad universas proprias usus edificationis scilicet constructionisve cujuscumque vel foci ex

expressions comme la suivante : « villa.... in villa[1]. »

Les détenteurs des petites fermes n'ayant plus de centre commun, tout en conservant une communauté d'intérêts, de relations, d'usages, de traditions, cherchèrent un point d'appui en eux-mêmes. Le lien religieux se substitua au lien domanial. L'ancienne église de la *villa* devint l'église de la paroisse[2]. La défense en justice des droits collec-

sepedicta silva (une forêt contiguë, la forêt de Gastine) sumere non vetentur » (1069, Charte de Geofroi, comte d'Anjou).

Même cartulaire (f° 30 r°, col. 1) : « Est adhuc et aliud quod habent *omnes incole* ejus generis privilegii. Assumunt enim de silva proxima quam vulgo Champeis nominant, non alicujus expectata jussione, quantum in usus proprios opus est. Sed si extra terminos alodii aliquid ex ea voluerint edificare aut construere aut inibi commanentes in usus proprios assumere, jam non nisi prius expectata et impetrata forestarii jussione aliquid eis licebit contingere. »

Cf. « T. et R... predium quod habebant apud Asprey, vobis partiti sunt, quicquid scilicet comprehenditur tribus fontibus... eâ integritate, eâ libertate quâ ipsi in omnibus usibus possidebant... *adjicientes extra hos terminos in omni terrâ suâ quæ ad idem spectat prædium*, omnem in omnibus liberum vobis *usum*, pabulum scilicet pecoribus, armentis, equis vestris, pasnagium porcis, vobis autem et vestris piscationem, venationem, alvearia, si forte repererint apium, ædificiis sylvam... » (vers 1122, *Archives du Jura*, prieuré de Marast, titres non classés).

[1] *Cartul. de Beaulieu*, ch. 132, p. 185 : « Hoc est *villam meam* quæ de Odolrico conquistavi, qui est in orbe Limovicino, in pago Torinense, in vicaria Asnacense, *in villa quæ dicitur A Monte Bruallo*, quantumcumque ad ipsam villam aspicit ... tam terras quam vineas, nec non etiam et silvas... » (927-932). — Voir dans le même cartulaire les chartes 144, p. 199 (an. 930) et 152, p. 210 (an. 891).

[2] Dès l'onzième siècle on voit les habitants d'un lieu s'obliger par des contrats collectifs à l'entretien de l'église et fixer les droits dus au desservant. Voici un de ces contrats :

« Convencionem fecit domnus Alboinus, decanus Sancti Hylarii ... cum hominibus rusticis de Sancto Hylario cui vocabulum est super Altizia (Saint-Hilaire-sur-l'Autize, aujourd'hui Saint-Hilaire-des-Loges, Vendée), ut unusquisque rusticus qui quatuor boves habuerit,

tifs[1], la disposition de biens communs[2], l'accord pour se placer sous la protection d'un même seigneur, la formation de sociétés perpétuelles pour exploiter en commun des terres concédées[3], d'autres, pour résister à d'intolérables

V solidos dimittat ad suam sepulturam, et qui duos boves habuerit, II solidos et dimidium ... et nulla alia persona per vim in æternum plus requirat. Et illi omnes rustici convencionem pro eo habent ut ecclesiam ædificacionis adjuvent, et cooperient eam omni tempore illi et ipsi qui post eos fuerint. » — Suivent les noms d'une cinquantaine de signataires, parmi lesquels deux marchands, deux cordonniers, un tisserand (vers 1070, *Cart. de Saint-Hilaire de Poitiers*, ch. 85, p. 92).

[1] Un procès de cette nature nous est raconté par la charte suivante. « In terrâ communi quæ est in confinio Altæ Villæ et Aquæductus, quæ est villa Sancti Stephani Divionensis, *homines de Aquæductu pasturam et nemus per usuarium habent*. Domini vero Altævillæ istud usuarium calumniati sunt. Homines autem de Aquæductu pro hoc usuario *duellum firmaverunt* et ad hoc diffiniendum Divionem in curiam Ducis devenerunt, ibique supradicti calumniatores ... calumniam prorsus dimiserunt, pasturam et mortuum nemus et retortam de qualibet arbore *hominibus de Aquæductu in perpetuum concesserunt* » (*Cart. de Saint-Etienne de Dijon*, MS. f° 68) (1128). — Cf. *Cartul. de Foigny* (MS. f° 48 v°, 49 r°) : « In terrâ quæ est juxta Tewengi sub villa quæ dicitur Ploiarth concesserunt fratribus ut pratum facerent et eis *contra ejusdem ruris rusticos qui inibi communia pascua se habere debere calumpniabantur* indeficientem warandiam se prebituros esse professi sunt » (1153).

[2] Une curieuse charte du cartulaire de Saint-Vanne de Verdun montre tous les habitants d'un village, hommes, femmes et enfants intervenant dans un contrat de cession d'une propriété commune et y donnant leur consentement : « Anno incarn. MCXVIII ... dederunt homines de Blezei curte ecclesiæ nostræ sedem molendini in confinio ipsius villæ, cum omnibus necessariis molendino, scilicet aquæ exitu et decursu, pascuis quoque et omnibus usibus, laudantibus omnibus hæredibus, hominibus et mulieribus, pueris et juvenibus, quod pariter omnes laudaverunt et guerpiverunt ad opus Dei et ecclesiæ B. Witoni. Testes hujus traditionis fuerunt... » (*Cart. de Saint-Vanne de Verdun*. MS. f° 62 r°-v°).

[3] Les associations de tenanciers ont pu jouer, dans les campagnes, un rôle à certains égards analogue au rôle joué par les guildes d'artisans dans les villes. Elles sont encore fort peu connues. J'ai trouvé

vexations, engendrèrent un groupement rudimentaire dont la croissance, lente ici, rapide là, aboutit, dans les siècles suivants, à la commune rurale.

dans le cartulaire de Hesdin le pacte constitutif d'une de ces associations. Il jette sur elles un jour inattendu. Je le donne donc tout entier.

« Noverint omnes Christi fideles tam futuri quam presentes quod domnus Bernardus prior ecclesiæ Sancti Georgii Hesdiniensis, annuente capitulo, *quibusdam hominibus de Aria eorumque heredibus* quandam terram in eodem castro ad jus ejusdem ecclesiæ pertinentem tamdiu jure hereditario possidendam tradidit quamdiu in festivitate S. Remigii quæ est in kalendis Octobris pro respectu ipsius terre, scilicet pro unoquoque diurnali unum lot argenti *sicut inter eos statutum est,* monachis ecclesiæ S. G. H. quotannis persolverint. Si vero predictum censum usque in crastinum persolvere distulerint, secundum consuetudinem legum secularium solvent. Nomina gitur virorum cum quibus hæc pactio facta est et censum pactionis quantum quisque persolvere debeat subtitulamus. A. I fertonem J. de S. A. I fert. W. S. I fert. R. I fert. et tres los et XV denarios. S. M. III los argenti. E. C. III fert. et dimidium R. de B. I fert. R. de H. I fert. et dimidium G. de B. XVIII den. W. de B. VIIII den (*Cart. de Hesdin*, MS. f° 73) (XIIe s.).

Cf. même *Cartul.*, f° 35 : « Eodem ... tempore participes supradicti Raineri, scilicet Amolricus Hugo atque Achardus tria curtilia cum appendiciis suis et unam mansionem quam juxta atrium *communiter possidebant*, et quicquid in atrio juri suo mancipabant... donabant. »

Dans d'autres cartulaires ces *participes* sont appelés *socii.* Par exemple, *Cartul. Saint-Symphorien d'Autun*, MS. f° 39 r° : « De manso Aletini et *sociorum* ejus statutum est... Pro mansis duobus quos Stephanus et *socii* ejus tenent... »

CHAPITRE VII.

LES VILLAS QUI SURVIVENT.

Le démembrement de la villa ne s'opéra ni partout de même ni partout en même temps. Il s'espace, il s'échelonne sur de longues périodes[1]. Il n'est ni absolu ni exclusif. S'il peut être considéré comme accompli dans l'ensemble au douzième siècle, on rencontrera même alors, survivants des âges disparus, des domaines qui ont gardé leur unité plus ou moins parfaite.

J'en décrirai deux, à l'aide du précieux inventaire de Guimann. Elles serviront de types et, en les disséquant, nous constaterons la présence dans leur sein des parasites qui devaient finir par les ronger et en épuiser la substance : le maire et l'avoué.

Villa appelée Vinea[2].

L'abbaye de Saint-Vaast y possède la justice, mais elle en a inféodé la moitié, de même que la moitié des redevances, le vivier et le moulin, à l'avoué de Béthune.

Justice et redevances sont administrées par des *villici* assistés d'échevins. Les échevins siègent en un lieu déterminé, *in media villa*[3] (je doute que ce soit un nom propre), près d'une pierre ou d'un orme[4].

[1] Voyez par exemple, les vicissitudes d'un domaine dans le midi, du dixième au douzième siècle, dans *Albias et son territoire*, par M. Devals (*Mémoires du Congrès des sociétés savantes*, 1868, p. 61-63).

[2] *Cart. de St.-Vaast d'Arras*, p. 243-247.

[3] « Habent ibi abbas et advocatus villicos suos et scabinos qui in loco ad hoc deputato in Media villa et non alibi de rebus et justitia ejusdem Vinee tractant et judicant. » (P. 243).

[4] « Inter molendinum de Puniel et Omundi pratum *et lapidem seu ulmum ubi ad placitandum hujus ville incole conveniunt* » (p. 246).

La *villa* comprend cent seize courtils dont quatre-vingt-onze et demi font partie des paroisses de Sainte-Marie et de Saint-Vaast d'Arras, vingt-quatre et demi de la paroisse de Hadis, encore bien qu'ils soient enclavés dans celle de Sainte-Marie. Les premiers paient la dîme à l'*hospitarius*, les autres en paient deux tiers au prévôt, un tiers au desservant de Hadis.

Chacun des courtils doit douze deniers et deux chapons par an, savoir six deniers et deux chapons à Noël, dix deniers à la Saint-Remi. Cela ferait un total de cent seize solidi et de deux cent trente-deux chapons; mais deux courtils sont réservés à l'avoué pour y avoir un four. Comme compensation, l'abbaye perçoit l'intégralité des revenus de deux autres courtils.

Outre les redevances annuelles, chaque courtil supporte un droit de mutation de quatre deniers d'entrée et de quatre deniers de sortie [1].

Les cent quatorze courtils mis en culture sont occupés par cinquante-trois tenanciers titulaires, dont trente-huit hommes, quatorze femmes et une corporation charitable (celle des lépreux de Saint-Lazare).

Voici comment les courtils sont répartis :

2 tenanciers (dont une femme) détiennent chacun 11 courtils.

1	tenancier	(la corporation) détient. . . .	7 courtils.
1	—	. . . .	6 1/2
1	—	(qualifié *scabinus*).	5
3	—	chacun	4
1	—	. . . .	3 1/2
4	—	chacun	3
1	—	. . . .	2 1/2
7	—	chacun	2
24	—	chacun	1
1	—	. . . .	1/2

[1] « IIII^{or} den. de introitu et IIII^{or} de exitu » (P. 246).

6 tenanciers sont groupés deux par deux :

Un groupe occupe un courtil 1/2.

Deux autres groupes chacun un courtil.

1 tenancier possède avec des associés non nommés (*socii*) un courtil 1/2.

En résumé, quatorze tenanciers ont de 2 1/2 à 11 courtils, sept en ont deux, vingt-quatre en ont un, huit moins qu'un.

La *villa* était entourée d'une clôture et d'un fossé [1].

Il n'est pas fait mention de *domus dominicata*. Cela s'explique. L'administration semble avoir été rattachée à la villa de Hadis que nous allons décrire.

Villa de Hadis [2].

Cette *villa* appartient intégralement à l'abbaye de Saint-Vaast.

Elle comprend une église et une chapelle avec leurs produits (*altare*). Voilà pour le côté religieux.

Comme seigneur foncier, l'abbaye y a une maison seigneuriale (*domum dominicatam*), le droit de police et de justice, un vivier, un moulin, droit à trois corvées par an, trois cultures réservées, des tenures de diverses sortes, des maisons, des terres en friche, des hôtes, des feudataires [3].

Reprenons ces divers éléments constitutifs.

[1] Il est dit plus loin que la paroisse de Hadis s'étend « usque alebare (probablement faut-il lire *a le bare*) sive fossatum Vinee et ab eadem Bara usque ad... » (p. 249).

[2] *Cart. de Saint-Vaast d'Arras*, p. 248-252.

[3] Dans d'autres *villæ* il est fait mention d'ouvriers agricoles, indigènes ou étrangers, de moissonneurs notamment, qui paient une redevance à l'abbaye pour le droit de faucher, *pro facillagio* : « De denariis qui pro facillagio dantur a messoribus tam indigenis quam advenis masculini sexus » (p. 299) (*Adde*, p. 275, 304, 343, 348).

Ils étaient évidemment employés comme auxiliaires par les tenanciers.

I. *Administration religieuse.*

L'église est située dans la villa, qui devient ainsi le centre d'une paroisse, mais la circonscription paroissiale s'étend au delà des limites de la *villa*. Des contestations ayant surgi avec les chanoines de Sainte-Marie d'Arras, la paroisse fut délimitée d'après les témoignages des habitants du lieu[1]. Elle englobe outre la *villa* de Hadis, le *vicus* de Baylon et vingt-quatre courtils 1/2 de la *villa* de Vinea. Par contre, une culture (*cultura S. Michaelis*), quoique rattachée à la *villa*, ne fait pas partie de la *paroisse* ou *district* de Hadis.

Le desservant a une prébende d'un muid de blé et de deux muids d'avoine; il a, en outre, une part variable de la grosse dîme et un tiers de la menue dîme, des offrandes et des messes. Le surplus constitue pour l'abbaye le revenu ecclésiastique (*altare*). Les deux tiers de la grosse dîme sont, du reste, inféodés par elle.

II. *Administration rurale.*

On peut facilement discerner encore les deux parties de la *villa*, celle qui est réservée, celle qui est concédée.

1° *Partie réservée ou seigneuriale.*

L'ensemble est celui-ci : église, chapelle, maison seigneuriale (habitation et bâtiments de ferme), un vivier, un moulin, trois cultures.

Dans la *domus dominicata*, la maison seigneuriale, sont logés des serviteurs héréditaires qui reçoivent du blé, de la viande, des chaussures et des deniers[2]. On les em-

[1] « *Inquisita a circummanentibus veritate*, terminos parrochie Hadensis... extenderunt... (p. 249).

[2] « Fuit etiam in curia Hadis famulus quidam nomine Andreas qui hereditario jure fossata ante segetes relevabat et custodiebat, et pro hoc prebendam, in annona, in carne, in calceamentis, in denariis, *sicut unus hereditariorum servientium* habebat... » (p. 252).

ploie aux travaux des champs sur les trois cultures et aux travaux domestiques.

Les trois cultures sont l'une de huit muids, l'autre de sept, la dernière de six. On y a rattaché une culture de onze muids d'une autre paroisse. Ces cultures sont exploitées en partie à l'aide des tenanciers, qui doivent trois corvées par an.

2° *Partie concédée.*

1° Terres en métayage : « *ad societatem,* » « *societates.* » Leur étendue est de trois muids.

2° Terres concédées à charge de terrage et un *droit* annuel de 2 deniers par mencaudée de terre[1]. Il en existe un grand nombre, *plurime,* sans qu'il nous soit dit combien. — Le terrage est inféodé à une femme lige du nom de Fereia.

3° *Courtils.* — Les courtils proprement dits de la villa sont au nombre de vingt-six, possédés par vingt-cinq tenanciers, dont cinq femmes. Huit tenanciers sont groupés deux par deux sur quatre courtils, quatorze ont chacun un courtil, un tenancier détient un courtil et demi, un autre trois courtils, un autre trois et demi.

Les cens sont variables. Le minimum par courtil est de neuf deniers, le maximum de vingt-huit. Ils sont payables à la Nativité de la Vierge. Les tenures sont grevées d'un droit de mutation arbitraire, *revelatio ad misericordiam.*

A la villa se rattachent en outre des courtils situés en dehors. Pour un certain nombre d'entre eux, il est spécifié que l'abbaye se réserve le droit de pêche dans les fossés qui les entourent[2]. Le cens de ceux de ces courtils

[1] « Quarum terragium quamvis in feodum teneatur, tamen Sti Vedasti sunt et relevatio earum et (est?) duo denarii, quibus singulis annis singule mancaldate redimuntur » (p. 249).

[2] « Hec curtilia sunt inter Hadis et Fontem Sancti Vedasti super vivarium et in Harcicurt, debet que ecclesia Sancti Vedasti piscari in fossatis quo ipsa curtilia cinguntur, in illis videlicet que infra villicationem Hadis continentur » (p. 251).

qui se trouvent dans des *villæ* n'appartenant pas à l'abbaye est élevé. Il est, en règle, de quatre solidi par courtil, plus la *revelatio ad misericordiam*.

4° *Maisons et prés*.

Quelques maisons sont données en fief moyennant un cens minime. Des prés sont donnés à cens.

5° *Hôtes*.

Il y a des hôtes (hommes qui peuvent librement, s'ils le veulent, quitter la tenure)[1], établis, selon toute vraisemblance, sur des terres nouvellement mises en culture. On n'indique ni leur nombre ni leurs obligations. C'est qu'ils sont donnés en fief à un homme lige.

6° *Terres en friche*. — Il devait exister des terres en friche sur le domaine, car l'inventaire prévoit la création de courtils nouveaux : « *In curtiliis si que plura... de eodem territorio inciduntur*[2]. » — C'est probablement sur ces terres que les frères du Temple établirent ensuite, du consentement de l'abbaye, une *cour* et une chapelle[3], s'efforçant habilement d'y joindre, par des acquisitions, à titre onéreux ou à titre gratuit, les possessions des tenanciers de l'abbaye[4], et contribuant de la sorte à briser les cadres de la *villa*[5].

[1] Voyez p. 398 : « In Juvencel habet sanctus Vedastus... curtilia VII singula VI den., II panes, II cap. debentia, si hospitata fuerint, *si vero hospites recesserint* terre que est ad societatem ipsa curtilia sociantur, donec hospites redeant, et de curtiliis supra scriptum censum solvant. »

[2] P. 252.

[3] « Fratres milites (templi Jerosolim.) cum in fundo terre nostre scilicet ville Hadensis curtem unam constituere disponerent, id etiam a nobis expetierunt, ut capellam sibi liceret inibi constituere... Hoc igitur... concessimus » (p. 253-254).

[4] Cum predicti fratres templi... juxta civitatem in parrochia nostra habitare et multiplicari favoremque civium habere cepissent, *in possessiones Sancti Vedasti, seu invadiatione, seu emptione, sive eleemosina intrare moliti sunt* » (p. 254).

[5] Un envahissement analogue est pratiqué, aux dépens de l'abbaye de Saint-Vaast, par le monastère d'Estrun, et ne s'arrête pas même

III. *Officiers et vassaux.*

La villa est placée sous l'autorité de deux maires ou *villici*, Sawalo et Henri. Chacun d'eux tient la moitié de la mairie (*villicatio*) en fief lige. Ni les droits lucratifs qu'on leur abandonne ni les obligations qui leur incombent ne sont précisés. A la moitié de *villicatio* s'ajoute pour chacun d'eux la concession à titre de fief d'une terre mesurant une demi-charruée.

Henri n'est pas mentionné parmi les tenanciers ; au contraire, Sawalo est le plus important d'entre eux. Il détient des courtils et un pré devant un cens total de dix-huit sous, un denier et quatre chapons.

Les autres feudataires, hommes ou femmes liges, dont les services ne sont pas spécifiés, mais devaient consister, soit en protection ou assistance militaire, soit en fonctions bénévoles ou éventuelles, sont : Guarrenus, qui a en fief les hôtes et une demi-charruée de terre; Feria, femme lige, qui a les terrages en fief; Camelo, auquel sont inféodés les deux tiers des dîmes revenant à l'abbaye.

Dans le budget de cette villa viennent se confondre la

en l'an 1161 devant l'intervention du pape Alexandre III. Le préambule est trop curieux pour être omis :

« Ecclesia Sancte Marie de Strumensi Atrebatensi civitati vicina est sita in loco ubi quondam Romani principante Julio Cæsare contra Atrebatenses obsidione diuturna dimicantes castra fixerunt, sicut vallorum et aggerum vestigia hodieque contestari videntur. Illuç igitur plerique civium tam primorum civitatis quam et popularium, propter bonam loci famam et operis Dei assiduitatem, filias suas in monasterium virginum contradentes, cum eisdem filiabus vel etiam matribus seu uxoribus suis, ibi ad succurrendum morientibus, *predia, mansos, possessiones quarum fundus Sancti Vedasti erat, ob remedium anime sue offerebant.* Et intantum hec consuetudo invaluit, quod ecclesia Strumensis, per hujusmodi irrationabiles offerendas, *possessiones que de jure Sancti Vedasti erant ad suum dominicatum traxit* » (p. 307-308).

moitié des cens de la villa Vinea et vingt-sept solidi deux oboles provenant du village d'Hayrunval.

Ces exemples sont loin d'être isolés. Je pourrais en relever dans les diverses parties de la France. Il serait par suite exagéré de prétendre que le type gallo-romain ou carolingien de la villa avait disparu; mais il ne le serait pas moins de méconnaître sa rareté relative, les profondes modifications qu'il avait subies et enfin les germes de destruction qu'il recélait dans son sein.

CHAPITRE VIII.

L'ACTION DISSOLVANTE DES MAIRES ET DES AVOUÉS.

L'administration domaniale qui survit, on l'a vu par les deux exemples que j'ai donnés au chapitre précédent, a perdu sa cohésion; surtout, l'ennemi est fortement installé dans la place. L'avoué possède la moitié de l'une des *villæ,* les maires sont de puissants feudataires dans l'autre.

Leur influence, leur autorité, leur richesse n'ont cessé et ne cesseront de s'agrandir, leur condition sociale de s'élever aux dépens du véritable propriétaire du domaine, qui essaie en vain d'arrêter leurs empiètements et leurs usurpations. C'est qu'il est loin et qu'ils sont près, c'est que le recours à la justice est illusoire et l'autorité spirituelle souvent impuissante contre la force brutale, c'est que le temps se charge promptement, en pareil cas, de légitimer la spoliation.

Les cartulaires et les chroniques offrent à chaque instant le spectacle des luttes qui s'agitent entre les maires et leurs seigneurs. On assiste du même coup à la marche ascendante de ces officiers.

Simples agents serviles au onzième siècle, chargés de percevoir pour le compte du maître les redevances foncières, de veiller à la culture des terres, aux travaux de ferme, au maintien du bon ordre, ils deviennent des vassaux quand l'inféodation s'impose au seigneur terrien comme mode d'exploitation de ses domaines [1]. Ils s'effor-

[1] « Ego W... abbas... Gaufrido de Arro majoratum terre de Bosco Rufini... concessi, eumque, secundum pacta que subscripta sunt, de eodem majoratu in capitulo nostro investivi... ipse vero michi *hominium*... et toti capitulo nostro *fidelitatem* legitimam fecit » (1101-

cent alors de rendre leurs charges héréditaires et de réduire au strict minimum leurs obligations et leurs services. Ils se heurtent naturellement à des résistances, et parfois sont obligés de céder[1], mais d'ordinaire ils l'emportent[2].

1129, *Cart. Saint-Père de Chartres*, II, p. 484-485). — Voyez, du reste, *suprà*, p. 87, ce que j'ai dit de la nécessité de l'inféodation.

[1] « Ugo de Corma preposituram de Corma tenebat ex gratia et beneplacito Agnetis ven. abbatisse ecclesie S. Marie. Quam cum in jus proprium juste transferre non posset, id ipsum injuria quavis voluit machinari. *Confinxit* itaque preposituram illam, quam sub conditione depositi tenebat, *jure sibi hereditario provenire*... Convocatis itaque ad diem et locum obtimatibus et discretioribus terre clericis ac laicis, ... processit sententia in hunc modum : ut omni scilicet deinceps submota reclamatione, preposituram de Corma ecclesia B. Marie liberam et quietam in pace perpetua possideret... Et statim abbatissa edicto communi per totam villam de Corma prohibuit, ne amplius de jure preposture Ugoni responderetur... Cum post aliquot annos idem Ugo gravi laboraret infirmitate ... publica confessione cognovit se injuste vexasse ecclesiam, et preposituram predictam esse de libero jure ecclesie B. Marie... » (comm. du XIIe s., *Cartul. de Notre-Dame de Saintes*, Cart. de la Saintonge, II, p. 92).

La sentence et l'acquiescement n'empêchèrent pas les parents du maire défunt de relever ses prétentions et d'obtenir de l'abbaye une forte indemnité (huit livres et une vigne) pour s'en désister (Voir les deux chartes suivantes du même cartulaire).

Cf. *Cartul. de Quimperlé*, MS. f° 27 r°-v°.

[2] « Gualterius Aletrudis, qui monachorum Relliaci prepositus steterat, eandem prefecturam *jure hereditario sibi reclamabat*. Quod cum monachi ejusdem loci audissent, cum eo inde ad placitum in curia monachorum ipsorum, coram vavasoribus ipsius castri id est Relliaci, venerunt; ibique prior W. cum ceteris monachis qui aderant, veris rationibus predictum G. nichil in ea juris habere evidenter probaverunt. Sed ad ultimum monachi idem, precibus virorum qui aderunt annuentes, eam judicio sibi ablatam reddiderunt » (*Chartes de Rillé*, v. 1100. *Archives d'Anjou*, II, p. 39-40).

« Rivallonus et *ejus successores post eum* debent singulo anno ad nativ. Domini de preconio Kemperelegii tres solidos monachis ejusdem loci » (*Cart. de Quimperlé*, MS. f° 35 v°).

« G. de Pomeria ..... ville preerat major, licet cuidam nepoti suo eadem majoria justius jure competeret *hereditario* » (*Cart. Saint-Père de Chartres*, 1109-1129, II, p. 500, ch. 44).

Les voici donc investis, à perpétuité, du droit de rendre la justice foncière, d'exercer la police, de percevoir les redevances des tenanciers et de retenir par devers eux une notable partie tant des amendes que des prestations ou des rentes. Ils ne s'en contentent pas. Soit directement, soit par des subordonnés, leurs propres vassaux [1], ils empiètent sur les droits du seigneur, ils restreignent sa quote-part, ils occupent comme leur appartenant une partie des terres [2], ils les vendent à leur

[1] Le cartulaire de Saint-Bertin nous raconte en détail de pareils empiètements. Ni objurgations ni menaces ne les arrêtent. L'insolence semble au contraire s'en accroître. Au moine qui lui reproche d'avoir employé les bœufs du domaine à des corvées indues l'usurpateur répond : « Si votre saint Bertin était un bœuf je le mettrais sous le joug et vous vous plaignez que j'y mette vos bœufs ! »

« Quidam, Bodora nomine, *subministerialem agebat causam cujusdam majoris,* prediti potestate advocationeque, sibi vindicantis ville (villam) proprii juris Sancti Bertini, Calmont nomine. Hic, quia una et timeri et placere desiderabat, nimium nimiumque vicicolas labore usque impense acto premebat... Nam apprehendit boves illius (monachi) in agro pascentes, et *servitio domini sui* subdidit, eosque per totum triduum tenuit... Inde adeo motus siquidem monachus, nequam hunc verbis aggreditur : « Usque ad id tempus *libera extitit nostra curtis ab omni servitio, fuitque sue potestatis;* nec quis priorum ausus fuit in ea sibi vendicare aliquod jus sive vim invasionis. Quamobrem ergo nostras boves abegisti, et *in servitium alterius vendicasti?* » Non mirum quidem si nequam prava ore profert... « Si tuus, inquit, sanctus Bertinus bos esset, jugo meo jungeretur, subque labore ingemeret, qui tuos quereris meo labori insudasse... » (XIe siècle, *Cart. de S.-Bertin*, p. 190-191.)

[2] « Hec est commemoratio placiti quod fecit dompnus Iterius abbas... cum Rotberto Seguini de villicatione P. Placitum habuit suprad. abbas cum suo preposito multis vicibus de hoc quod non erat fidelis beato Stephano et *accipiebat quodcumque poterat ad suam partem hoc quod non procedebat ad suum fevum* et inquisivit abbas hoc quod male agebat et per rectum dedit vadimonia ejus. » (1075-1080, *Cart. de Saint-Étienne de Baigne*, p. 173, ch. 429.)

« A. de Trahento, prepositus de Vix, faciebat injuriam Sancte Marie de furno ville, et de medietaria ansterii (asterii), et de receptu vi-

profit [1]. En même temps ils aggravent le plus qu'ils peuvent les charges des paysans.

Leur résiste-t-on, ils insultent, ils dévastent, ils pillent, ils ruinent le domaine [2].

Il est vrai que, légalement, ils sont toujours serfs. Mais il est impossible de les traiter comme tels. Quand une abbaye veut punir un de ses maires en l'emprisonnant, elle est obligée de s'assurer le concours de nombreuses cautions qui la garantissent contre toute rébellion du coupable [3].

nearum... Et hec querela protracta usque ad tempus domne abbatisse Florentie... » (1100-1107, *Cart. de Notre-Dame de Saintes*, ch. 228.)

Guérard résume en ces termes les renseignements fournis par le cartulaire de Saint-Père de Chartres : « Il ne s'agit plus, comme jadis, d'humbles tenanciers, soumis envers l'abbaye à des redevances onéreuses ainsi qu'à des services pénibles et de tous les jours; ce sont *maintenant des propriétaires et des personnages*, établis comme de petits seigneurs dans les terres de leur office, *qu'ils se sont en grande partie appropriées*, ou dont ils ont rendu la possession héréditaire dans leur famille. » (Prolégomènes, p. LXXIV-LXXV.) — Cf. les indications fournies pour la Belgique par M. Brants, *Essai historique sur la condition des classes rurales en Belgique* (Louvain et Paris, 1880), p. 194 suiv.

[1] « Ob multimodas contumelias quas nobis ingerebat, Mascelinum de Reconvillari, nostrum famulum (majorem Reconis Villaris), cum fratre suo Teidardo in carcerem trusimus, et tali modo de predictis injuriis ad congruam satisfactionem revocantes correximus. Ligavimus ergo eum juramenti vinculo, quod, sine jussu monachi res illas procurantis, *nec boscum nostrum nec terram nostram alicui venderet nec daret.* » (1101-1129, *Cart. Saint-Père de Chartres*, II, ch. 160, p. 372.)

[2] « ... Domnus Joscerannus prior culpavit Unbertum prepositum de injuriis quas faciebat B° Petro... id est de terris quas ultra feodum suum occupaverat, et de terris quas emerat sine laude D[i] abbatis de servis B[i] Petri, et de terris quas Pontius frater suus B° Petro donavit, quas injuste auferebat et de terra burgi que juris erat S[i] P[i] in qua domum suam construxerat et de *contumeliosis verbis et inhonestis responsis* que contra fratres nostros dominos suos habuerat. » (*Cart. Cluny*, f° 177 r°-v°.) — « Discordia quedam oborta est, unde factum est *ut villam eandem totam pene* Germundus (major) *destrueret.* » (*Cart. Saint-Père de Chartres*, II, p. 500.)

[3] Treize personnes s'engagent sous une clause pénale de près de

Loin qu'ils puissent être assimilés aux serfs, ils se rapprochent chaque jour davantage de la condition des nobles, et ils finiront, comme les *ministeriales* allemands, par entrer dans leurs rangs.

Les corps religieux discernent le péril et cherchent à le conjurer. Ne voit-on pas, dès la fin du dixième siècle, l'abbaye de Beaulieu en Limousin défendre à ses maires de devenir chevalier (*nullus ex eis efficiatur miles*), de porter bouclier ni épée, ni vêtement fendu derrière et devant. Une lance, un seul éperon, un habit sans taillades, tel est l'unique équipement qu'elle tolère[1].

De pareils règlements étaient aussi peu efficaces que les transactions et les traités de paix sans cesse renouvelés et sans cesse rompus. Le courant était trop fort pour être arrêté par d'aussi étroites et de si fragiles digues. Il débordait de toute part.

Raoul Tortaire a tracé, au onzième siècle, le portrait d'un maire de l'abbaye de Fleury-sur-Loire[2]. C'est un seigneur au petit pied. Ses mœurs sont grossières, son aspect farouche. Il cultive des champs fertiles, il est riche en biens de toute nature, riche en troupeaux surtout;

cinq cents sols à livrer dans les huit jours le maire de Reconvilliers à l'abbaye de Saint-Père de Chartres si, après avoir manqué à ses devoirs, il refusait de se constituer prisonnier. (*Cart. Saint-Père de Chartres*, 1101-1129, II, p. 372-373.)

[1] « Per omnes curtes sive villas imponimus judices servos, in tali convenientia, ut nullus ex illis neque de posteris eorum efficiatur miles, neque ullus portet scutum, neque spadam, neque ulla arma, nisi tantum lanceam et unum speronum; non habeant vestem scissam de antea et de retro, sed tantum clausæ fiant. » (vers 971, *Cart. de Beaulieu*, ch. 50, p. 92-93.)

[2] « Exstitit ejusdem prædii villicus, nomine Vivianus, vir moribus barbarus, aspectu torvus... Erat autem Vivianus cultor fertilis agri, abundans opibus, dives pecoris, et quoniam erat assiduus venator, alebat canum gregem, ad capiendas modicas seu magnas diversarum specierum feras sagacem. » (*Miracles de Saint-Benoît*, liv. VIII, cap. 2, p. 278-279.)

ses porcs seuls atteignent le chiffre de quatre-vingts[1]; il s'adonne sans relâche à la chasse, poursuivant la grosse bête comme le menu gibier et entretenant de véritables meutes de levriers[2] et d'autres chiens.

Au douzième siècle, le chroniqueur de Saint-Gall en est réduit à de violentes invectives contre l'insolence et l'audace des maires. Il leur reproche de s'arroger leurs charges comme des fiefs héréditaires, et de porter l'épée comme des nobles (*more nobilium*)[3].

Dans le but de contenir les maires, de se défendre contre des voisins redoutables ou de s'en faire des amis, on recourut tout aussi inutilement à des protecteurs attitrés, des *avoués*[4]. Au lieu de guérir le mal on l'aggrava. Pour un adversaire, on s'en donna deux.

J'ai parlé d'un point de vue général dans le livre précédent[5] des exactions que commettaient les avoués. Je relève ici le fait que beaucoup de ces exactions s'exerçaient au sein de domaines dont la garde spéciale leur avait

[1] « Cum haberet multitudinem porcorum (erant enim fere quater viceni) » (*ibid.*, cap. 3, p. 280).

[2] « Canum genere, qui lepores assequuntur velocitate pedum » (cap. 2, p. 279).

[3] « ... Fideles hujus ecclesiæ inter se possessiones nostras dividebant, ministeriales optimos mansus curiarum nostrarum eligebant, cellerarii ecclesiæ jura villicationis in modum beneficiorum habere contendebant, et contra consuetudinem quidam ex ipsis more nobilium gladium cingebant. » (*Casuum S. Galli Cont.*, II, cap. 8. Pertz, *Scriptores*, II, p. 161.)

[4] Voyez les chartes citées t. I, p. 403 suiv., p. 437 suiv.

Quand on le pouvait, on invoquait l'aide du roi. C'est ce que fit avec succès vers 1109 l'abbaye de Fleury (Saint-Benoît-sur-Loire) : « Conquesti sunt super majore ejusdem villæ, qui malas consuetudines eis immittebat, servientes eorum et majores ceterarum villarum *sibi fide et hominio* subjugabat, asinos etiam, qui annonas a molendinis monachorum distraherent, et suis inferrent, per totam villam dirigebat. » (Choix de textes inédits publiés par M. Luchaire, *Louis VI le Gros* (1890), p. 332.)

[5] T. I, livre II, chap. xxv.

été confiée. C'est l'avoué de telle *villa,* ce n'est pas l'avoué de tel monastère qui s'érige en usurpateur et en tyran.

Voulons-nous éprouver la lourdeur de la main qui s'appesantit sur le domaine et mesurer la grosseur de la part qu'elle s'y taille, méditons des chartes comme celle-ci.

Un certain Gérard se donnait pour l'avoué d'une villa appartenant à l'abbaye bénédictine de Saint-Éloi de Noyon. Tels étaient les maux qu'il faisait subir aux habitants de ce domaine que tous voulaient s'enfuir. A la sollicitation des moines, l'évêque de Noyon, Beaudouin Ier, et l'évêque d'Amiens, Foulque II, le frappent d'excommunication et d'anathème. Les moines eux-mêmes renouvellent l'anathème journellement et déposent à terre les reliques des saints.

La frayeur finit par s'emparer du coupable; la paix est faite; mais il semble vraiment que ce soit lui qui triomphe. Non seulement l'excommunication est levée, non seulement on le dispense de restituer cinq porcs, quatre ânes, trois livres et dix sols que les moines lui réclamaient, mais son droit d'avouerie, que le début de la charte présentait comme douteux, est reconnu, et l'on fixe très haut les profits et les prérogatives qui en découlent. Deux manses de terre lui sont assignés dans la villa même, un autre dans une de ses dépendances. Chaque manant du domaine est tenu de lui fournir annuellement deux pains, deux setiers de vin, deux deniers, deux setiers d'avoine, une corvée au printemps. Il exerce sur eux la justice censuelle, il peut exercer en outre la justice ordinaire, si les moines ne font pas droit aux plaintes dont ils sont saisis[1].

Un dernier point mérite d'être relevé. L'abbaye cherche à se prémunir contre une sorte d'alliance de l'avoué et

[1] « Ego Balduinus in Dei nomine Noviomorum Episcopus cunctis Sanctæ Æcclesiæ filiis presentibus et futuris, notum esse volumus ante nostram venisse præsentiam domnum Remigium abbatem cenobii Sancti Eligii, clamorem facientem de quodam Gerardo manente in Roia *qui dicebat se esse advocatum unius ville Sancti Eligii qui*

des habitants dirigée contre elle[1]. Il est permis d'en conclure qu'une telle alliance n'était pas rare.

dicitur Verleius. Etenim ipsius advocationis occasione quam tenebat injuria magis quam jure *incolis ejusdem ville tanta inferebat mala ut omnes fugere vellent.*

Quorum calamitati succurrere volendo precatus sum domnum Fulconem episcopum Ambianensem cujus erat parrochianus ut eum anathemate feriret nobisque licentiam ad ipsum faciendi daret, quod et fecit, et ego ejus consensu. Monachi vero cotidianum anathema adjecerunt, immo etiam corpora Sanctorum de sedibus suis ad terram deposuerunt.

His ille perterritus et ab amicis suis sapienter consultus presentiam nostram adiit paratus dimittere que invaserat injuste. Facta est ergo subnotata diffinitio eo tenore ut si ulterius post hoc in hac culpa contra abbatem et monachos inciderit, quod tunc super eum clamabant, v videlicet porcos, iiij asinos, iij libros et x solidos denariorum, in capite repetant et ego hujus excommunicationis emendationem quod ita ad presens perdonatur si conventio facta nunquam permutetur. Ea siquidem est talis.

In eadem villa Verleio habeat prefatus advocatus pro advocatione et deffensione ville duos mansos terre, et in villa Matherei curte quæ est membrum præfatæ villæ Verleii unum mansum et in eadem villa Verleio a modo in posterum de unoquoque mansionario singulis annis non plus accipiet nisi tantum ij panes ij sextarios vini, ij denarios pro carne, ij sextarios avenæ et unam corvadam apud Matherei curtem in mense Martio per VIII dies sue monitionis in ecclesia in die festo.

Homines Sancti Eligii neque sibi neque alii justificabit, nisi de ea re quam sibi debent et hoc infra villam. Famulos servientes in dominicâ curte abbatis nullomodo justificabit preter illos qui mansos tenent, et illos non justificabit nisi de præfata consuetudine. Neque mandabit hominem vel feminam de Verleio vel ad Verleium pertinentem ad suam domum vel in ipsa villa ut exigat a quoquam manducare vel bibere vel pretium unius denari.....

Quod si super homines Sancti Eligii qui in eadem villa manent aut extra aliquis clamorem fecerit, non recipiet illum clamorem nisi prius delatus fuerit clamor ipse ad abbatem aut prepositum aut monachum ville et justitia fuerit prohibita... » (1046, MS., Arch. de Saint-Éloi de Noyon, Dom Grenier, n° 233, f° 161 r°-v°).

[1] « Quicquid vero agat abbas aut monachus in eadem villa sive justum sit sive videat injustum *nullomodo quemquam contra eos sustinebit* » (*ibid.*).

Population rurale et officiers du seigneur poursuivaient ainsi d'un commun accord l'œuvre désorganisatrice du domaine, les uns pour accroître leurs revenus, les autres pour diminuer leurs charges. En réunissant leurs efforts pour refouler le seigneur foncier, ils préparaient les voies à la commune rurale de l'avenir.

CHAPITRE IX.

LE VILLAGE SUPPLANTE LA VILLA.

De quelque côté que nous abordions l'étude des campagnes, c'est la même conclusion qui nous attend. Je la formulerai ainsi : *L'unité de domaine fait place à l'unité de village.*

La France, à ce point de vue, présente un tout autre aspect que l'Allemagne de la même époque. En Allemagne, c'est le domaine qui, sous forme de cour colongère (*curia dominicalis, Dinghof*), a, et aura longtemps encore, le pas sur le village.

La différence tient à une double cause : à la disparition plus rapide et plus complète en France du pouvoir central, la plus libre et plus pleine expansion du régime seigneurial et de la féodalité[1]; à l'existence dans notre pays de nombreux villages datant de l'époque gallo-romaine et de l'époque franque. Ce dernier point n'est pas moins important que le premier. C'est une des raisons qui m'ont fait entrer plus haut dans d'amples développements sur les villages antiques.

Ceux d'entre eux, en effet, qui furent rattachés à des *villæ* ou englobés par elles n'en survécurent pas moins, et contribuèrent pour leur part à fragmenter le domaine en rompant son équilibre. Une sorte de communauté villageoise se maintient, couve et grandit à l'ombre de la villa jusqu'au jour où elle finira par se substituer à elle. Cette forme intermédiaire, que j'appellerais volontiers un *vil-*

[1] Je renvoie le lecteur à la deuxième partie du présent livre.

lage mixte, s'offre à nous dans le même cartulaire auquel nous avons déjà emprunté plusieurs types caractéristiques et auquel un peu plus loin nous en emprunterons un dernier.

Le village s'appelle *Bigartium*[1] (Biache-Saint-Vaast, canton de Vitry, Pas-de-Calais). Il figure déjà dans un privilège du pape Étienne II, donné de 752 à 757[2]. Au douzième siècle, il est composé d'une population très mélangée.

L'abbaye de Saint-Vaast y possède le droit de justice, de police, le droit de lever des impôts (afforage, tonlieu, droit de travers), une cour, une église, des moulins, des terres réservées, mais la justice est rendue par des échevins dont la compétence s'étend même sur un grand nombre de *villæ* voisines, et il y a manifestement des propriétaires libres placés dans un rapport de dépendance fort lâche au regard de l'abbaye.

Voici, en effet, les diverses catégories de personnes que nous apercevons :

1° *Tenanciers*. J'en relève quatre-vingt-seize, hommes ou femmes, détenant cent sept courtils, à des conditions de cens assez modiques ou moyennant des corvées fixes[3]. Les droits de mutation (*relevatio*) sont arbitraires (*ad misericordiam*)[4].

2° *Censitaires*. Ce sont des hommes ou des femmes qui paient une capitation, des droits de mariage et un mortuaire. Ils sont cinquante à soixante. Quelques-uns ne doivent que deux deniers par an, les autres douze. Les droits casuels sont minimes. Toutes ces personnes sont évidemment libres et très probablement propriétaires. L'im-

[1] *Cartul. de Saint-Vaast d'Arras*, p. 358 suiv.

[2] *Cartul. de Saint-Vaast d'Arras*, p. 23.

[3] « I. die sarclare in frumentis et I. die in avenis et I. minaturas de fimo vel marla spargere. » *Ibid.*, p. 359.

[4] *Ibid.*, p. 361.

pôt qu'elles paient leur assure la protection de l'abbaye [1].

3° *Métayers* (*societarii*). Ils ont la moitié du produit et ne fournissent, en général, que le tiers de la semence. Ils doivent, comme services, trois corvées par an.

4° *Feudataires libres*. J'en compte dix-neuf, mais ils ont des sous-vassaux (*vavassores* ou hôtes). Deux d'entre eux se partagent la mairie (*villicatio*), et l'un est un personnage de marque, seigneur lui-même d'un village [2]. Les fiefs consistent en terres et en courtils pour lesquels il n'est dû que la foi et le rachat.

Une partie de ces feudataires sont d'anciens pleins propriétaires qui ont transformé, à prix d'argent, leurs alleux en fiefs [3].

Les divers habitants semblent avoir formé une commu-

[1] Une charte du même cartulaire donne de curieux détails sur l'ensemble des censitaires du couvent et le mode de perception de leurs redevances : « Nonnulli sicut in vicinia curiarum sancti Vedasti commorantur ad easdem curias suos census deferunt, aliquando ad aliquem potentum qui in vicinia est, quem abbas sui census principem et advocatum, vel per censum, vel per hominium fecerit, caput faciunt. Innumerabiles quia ignoti sunt, se occultant et abscondunt et in tempore quidem securitatis censum diffugiunt, in tempore vero tribulationis et oppressionis divitum ad patrocinium sancti Vedasti et advocaturam abbatis recurrunt.....

In die festo Sancti Remigii ad valvas ecclesie cum monacho cedens (miles qui censum in feodum tenet) et censum recipiens, in gremium monachi reponit et ipsa die pro conrodio suo quinque solidos accipit. Si ipsa die totus census non venerit, in crastinum cum monacho et uno suo famulo equite ascendens castella et villas in quibus debetur census circuit miles cum monacho, accipiens victum qualis ad diem pertinuerit. Ad hoc iter peragendum abbas ei equum non dabit, nec si suus mortuus fuerit, restaurabit. Si ad aliquam villam ire, vel non voluerit, vel non potuerit, et ipsius ville seu vicine censum alicui militi vel rustico ibi commanenti adcensare cupit, nequaquam ignaro abbate id facere potest... » (*Cartul. de Saint-Vaast*, p. 177-178).

[2] « Theodoricus (Movillae) ville dominus, homo sancti Vedasti, feodus ejus annuales redemptiones terre quam tenet de Biarce » (*ibid.*, p. 370).

[3] Voyez la charte reproduite p. 365 du même cartulaire.

nauté rurale. Leur village est un lieu de franchise[1], ils ont leurs magistrats, les échevins; l'abbaye leur reconnaît des droits propres, *jus suum*, et les leur garantit[2].

[1] « Villa de Biarce habet hanc libertatem quod si quis alicujus advocatie in ea manere voluerit liber erit ab advocatia quamdiu ibi manserit, cujus libet advocatie sit » (p. 362).

[2] « Si vero in supradictis quatuor mancoldis maresci (villæ Pabulæ) homines de Biach tourbas aut herbam *de jure suo clamaverint*, hoc ei debemus guarandire » (p. 356).

CHAPITRE X.

LES VILLAGES INDÉPENDANTS.

Beaucoup de villages étaient restés distincts des *villæ*. Ce n'est pas à dire qu'ils eussent conservé leur pure indépendance et leur franche autonomie. J'ai montré, au contraire, dans le livre précédent, quelle nécessité inéluctable entraînait les hommes libres à aliéner tout ou partie de leur liberté, les propriétaires à sacrifier tout ou partie de leur fortune[1]. Mais l'agglomération rurale n'en conservait pas moins sa vie collective. Quand des villages se plaçaient en bloc sous la protection d'un seigneur laïque ou d'un corps religieux[2], leur unité restait sauve en attendant que leurs habitants parvinssent à rentrer dans leurs droits perdus; quand des individus se donnaient à des maîtres différents, comme vassaux, comme protégés, comme précaristes, comme tenanciers, même comme serfs, le lien commun né du sang, de l'habitation, de la tradition, des

[1] Voir notamment les chapitres XXII à XXVIII du Livre précédent (t. I, p. 389 suiv.).

[2] J'en ai donné plusieurs exemples dans le t. I de cet ouvrage. J'en rappelle un : « Ego Tetbaldus comes *hominibus de villâ que ad Quartas* dicitur *qui loco Sancte Trinitate se et sua tradiderunt...* » (*Carl. Trinité de Vendôme*, MS., f° 58), (T. I, p. 403, note 1), et j'ajoute celui-ci : « *Liberi homines* predicte ville (de Ogneyo) Huo, Stephanus du Cray, Wido du Cray, Maigno, Wichardus, Hubertus, Odilo Bordel, Aluz, Henricus, Fulco, Humbertus, Brafort, Stephanus de Valnoyse, Paganus li Pelez, postremo *ceteri liberi*, preter milites, *communi consilio et consensu* dederunt eidem domui (l'abbaye d'Acey) in elemosina *omnia alodia sua* et hoc super altare B[i] Petri et rursus de *domo predicta retinuerunt ea* et *in custodia ejusdem seipsos et sua constituerunt* » (1141. Original, *Archives du Jura*, Fonds de l'abbaye d'Acey, XXXV, 2. — Copie défectueuse dans Cartul. d'Acey, f° 5, r°-v°.)

intérêts, ne disparaissaient pas davantage. Bien plus, il était le seul, à vrai dire, qui subsistât pour eux.

Tous, du reste, n'avaient pas vu périr leur propriété et leur liberté, comme nous le prouve de nouveau d'une façon saisissante une précieuse description de village contenue au cartulaire de Saint-Vaast[1].

Cette fois, le nom même de *villa* n'est pas employé; c'est le territoire d'une paroisse (*territorium parrochie*), la paroisse de Saint-Sauveur, qui est décrit. C'est lui qui forme la circonscription rurale. L'abbaye ne possède comme véritable propriété que six mencaudées de terre. Les habitants sont ou des feudataires ou des alleutiers.

Les feudataires, médiats et immédiats, qualifiés *ligii, vavassores*, l'un appelé *miles*, sont au nombre de dix. Leurs fiefs se composent de terres ou de dîmes, et une partie des terres sont situées hors du territoire de la paroisse. Le feudataire Étienne de Courcelles, par exemple, tout en habitant la paroisse de Saint-Sauveur, a son fief dans la villa et le territoire de Courcelles[2]. Les fiefs rapportent à l'abbaye des droits de relief (*relevatio*) considérables. L'un des vassaux doit un cens annuel d'un demi-muid de blé. Tous devaient évidemment la foi, avec ses conséquences, service de cour et de guerre.

A côté de ces feudataires sont mentionnés les alleutiers, les possesseurs d'alleux. Ces alleux ne sont plus des terres entièrement libres aux mains de leurs possesseurs, mais ils n'en constituent pas moins de vraies propriétés, et la condition de ceux qui les détiennent peut être réputée fort voisine de la liberté. Elle date de loin, car un acte de l'an

[1] Cartul. de Saint-Vaast d'Arras, p. 255 suiv. — A l'autre extrémité de la France, nous voyons en l'an 1030 un village d'alleutiers (*homines alodem habentes in villa Olceia*) traiter avec le comte de Cerdagne au sujet de propriétés communales. (Alart, *Privilèges et titres de Roussillon et de Cerdagne*, p. 30-31.)

[2] « Stephanus de Curcellis, feodus ejus jacet in villa et territorio de Curcellis » (p. 256).

1020 réglait déjà, comme suit, les rapports des habitants et de l'abbaye[1].

Les habitants sont dénommés *homines de generali placito,* leurs terres *alodia placiti.* Ils sont tenus d'assister à trois plaids annuels (*placita generalia*).

Dans ces plaids, présidés par l'abbé ou par le prévôt, siègent les échevins[2]. Leur indépendance est rigoureusement sauvegardée[3]. Un *major placiti* est mentionné à deux reprises. Il a une part des amendes et des droits casuels; il semble le chef des échevins et peut-être du village.

Les contestations des habitants entre eux ou les réclamations qui leur sont faites soit par des tiers, soit par l'abbaye, sont portées exclusivement devant ces plaids. Par exception, l'abbé ou le prévôt peuvent citer les habitants par devant eux et les juger en matière mobilière (*de catelo suo*)[4].

Les habitants ne doivent pas de capitation; ils ne paient pas non plus de cens pour leurs terres; mais ils ont à acquitter un droit de mariage et un autre de mainmorte, chacun de cinq sols (un tiers est pour le *villicus*). Le droit de mariage se proportionne à la fortune (*quantum depre-*

[1] *Loc. cit.*, p. 256 suiv.

[2] «In hoc itaque generali placito, presidente abbate seu preposito, circunsedentibus etiam scabinionibus, si quis adversus alterum habet querelam stabit, et clamorem suum faciet legitime super illum, audieturque clamor ejus et diligenter discutietur, ac secundum legem placiti, res inter utrumque juste dijudicabitur. »

[3] « Nulla extranea potestas debet venire, neque presidere ad judicandum, neque comes, neque advocatus ullus... Quod si quis eminentioris potentie, vel qui non sit de lege hujus generalis placiti, habuerit causam, volueritque clamare in placito, licet ei venire et clamare, et secundum legem placiti causa illius judicabitur recte, sicque egredietur *remanente placito in sua libertate.* »

[4] « Abba vel prepositus si est unde velit clamare potest omni tempore hominem de placito in camera sua mandare et de catelo suo super eum clamare, et legem facere, ipsaque lex que in camera abbatis fiet, consuetudinem placiti debet tenere. »

cari poterit) quand le conjoint est d'une autre condition. Par contre, la femme qui laisse des enfants échappe au droit de mainmorte.

L'abbaye jouit d'un droit de préemption et de prépignoration sur les alleux. Si elle n'en use pas, l'alleutier est autorisé à vendre soit à son plus proche parent, soit à un autre alleutier [1].

En résumé, la liberté et la propriété sont assurées.

La justice, source principale de l'oppression et de la spoliation, est aux mains des habitants eux-mêmes. Les droits de juridiction de l'abbaye se restreignent à une présidence souvent nominale des plaids et à un droit de citation directe qui dut difficilement s'exercer. Dès le douzième siècle Guimann se plaint que les prérogatives de l'abbé soient tombées en désuétude [2].

La personne n'est assujettie qu'à deux impôts dont le taux est fixe. Les biens ne sont grevés que d'un privilège de préemption. Impôts et privilège ont été établis au profit de l'abbaye en échange de la protection qu'elle accorde, ou parce qu'elle fut considérée comme le successeur des officiers qui, à l'époque carolingienne, convoquaient aux plaids.

L'habitant est propriétaire. Sa terre est son alleu. Il est, en outre, membre d'une communauté rurale, très ancienne dans ses origines [3], et qui s'est maintenue, en somme, avec une indépendance très étendue. C'est elle

[1] Voyez *infrà*, note 1, p. 129.

[2] « Legem generalis placiti alodiorum, que quidem lex licet adhuc in camera abbatis ipsa alodia judicentur ad comparationem tamen antique consuetudinis et dignitatis *tota pene deperiit*, huic operi inserere dignum duximus, ut eam sciat quisquis eam restituere voluerit futuris temporibus » (p. 256).

[3] Les délais sont comptés par nuits : « Qui sacramentum accepit, viginti *noctes* de interstitio habebit » (p. 257). — L'amende (*lex*) est distinguée du *fredum*. « Qui vadem dederit v sol. de lege dabit xxx den. de *fredo*... » (*ibid.*).

qui juge et qui a une sorte de domaine éminent ou de copropriété, puisque l'alleu ne peut être vendu à un étranger[1].

[1] « Si quà necessitate compulsus vendere aut in vadimonium mittere illud (alodium placiti) voluerit, veniet et offeret abbati. Si placuerit illi ut redimat, levius habere debet quam quilibet alius. Si noluerit vel non potuerit redimere, dabit ei licentiam vendendi, *non alicui extraneo*, sed proximo generis sui aut alicui ejusdem legis, *ne alodium placiti videatur exhereditari.* » (p. 258).

Dans d'autres régions, au contraire, les paysans ont la faculté de vendre leurs tenures à des étrangers quand le seigneur ni les cotenanciers ne veulent pas l'acheter : « Si quis necessitate compulsus hereditatem suam de fundo ecclesie venumdare voluerit, primo curie notificabit ; que si emptione cesserit, contribuli seu compari suo prebebit. Illis fortasse nolentibus, denuo curialibus significabit et ipsis eodem modo dissimulantibus, non jam contribuli, non compari, vel consocio, *sed cujuscunque gentis homini voluerit dabit.* » (Charte d'Anselme, abbé de Marmoutier en Alsace (1146-1154) (Hanauer, *Constitutions des campagnes de l'Alsace*, p. 52).

CHAPITRE XI.

LES PROPRIÉTAIRES LIBRES DES VILLAGES ET L'AVÈNEMENT DE LA COMMUNE RURALE.

Les alleutiers ne se rencontrent pas seulement dans le Nord. Ils existent, et beaucoup plus nombreux, dans le Midi[1]. Nous les y voyons au onzième siècle lutter avec énergie contre les envahissements des seigneurs féodaux et des propriétaires ecclésiastiques qui, en les enveloppant, s'efforcent de les absorber[2].

Les clercs, rédacteurs des chartes, ne manquent évi-

[1] Je l'établirai en détail quand j'étudierai cette région dans le volume suivant.

[2] Parfois la lutte s'engageait entre les villages d'alleutiers et les villages de tenanciers, ceux-ci s'appuyant sur leurs seigneurs. En voici un exemple :

« Notum sit... qualiter habitantes homines in villa Palierolis superiori et inferiori depascebant hac *pro alode proprio* sibi vendicabant prata sive pascua Sancte Rivipollensis Marie pertinentes ad villam Aginis... Supradictorum autem villarium habitatores, aquam sequentes, non solum pascua sibi vendicabant, sed eciam aliquam culturam agri in ibi exercebantur. Et ideo semper habitatores Aginis, cum sibi prepositis Sancte Marie monachis, ne facerent prohibentes, et multis eos aliquando coutumeliis et aliquando verberibus afficientes, repellebant a supradictis...

Quadam autem die accedens Guitardus Miro... episcopi (Oliba, évêque de Vich, abbé de Ripoll) mandatarius, petivit in placito jamdictos (homines) qui habitabant in supradictis villaribus. (Suivent vingt-neuf noms d'habitants de ces deux villages, groupés en général deux par deux)...

Nos supradicti homines *qui aliquid possidere videmur in villis Palierolis*... evacuamus nos de his hominibus que supradicti pediculaverunt, in quibus et cruces sunt qui in salicibus antiquissimis fecerunt ac XX. et amplius petras ibi fixerunt, ut ab hodierno die et

demment pas de dire que leur monastère a été victime d'usurpations commises par les alleutiers dans des âges reculés, et de les montrer succombant devant l'éclatante manifestation du bon droit : mais leur partialité rend leurs récits suspects. Leur silence ne l'est pas moins. Ils se sont bien gardés de nous transmettre les résistances légitimes et victorieuses[1]. Nous pouvons seulement conclure de leurs relations que la lutte existait, qu'elle revêtait sou-

tempore nec nos nec ulla posteritas nostra hoc per alodem vel fevum requirat...

Ac igitur evacuatione facta, rogavit prefatus comes ac S. vicecomes... et omnes circum adstantes jamdictum episcopum ut misericorditer tractaret eosdem homines *ne omnia perderent*. Rogatu autem orum annuit hoc jamdictus episcopus ut judicio eorum terminaretur census Sancte Marie in antea faciendus. Quod et factum est. Nam predictus comes indixit eis ut si eadem pascua usque quaque uterentur, preter prata defensa et plantata, daret unusquisque pro duobus bubus quartam an. (annonæ?) pro uno vero sextarios duos, similiter et de equabus et facerent jovam... » (1027, *Cartul. Roussillonnais*, ch. 32, p. 49-51).

[1] A moins qu'elles se fussent produites à l'encontre de tiers et que le couvent eût un intérêt ultérieur à s'en prévaloir. C'est à de telles circonstances que nous devons, sans aucun doute, la conservation dans les archives de l'abbaye d'Arles, de la charte suivante : « ... Ex ordinatione Sonifredi judici, sive in presentia A... et aliorum multorum bonorum hominum... venit Stephanus vicarius cum suos homines dominicos, que tenet pro feo in Monte-Canudo, qui ibidem manent in ipsa dominicaria, et apetivit sive mallavit Sendredo et Guadamio de petias duas de terra, cum vinea qui ibidem est... quod a domnico debet servire suprascriptas terras cum jamdicta vinea... Primus profert suprascriptus vicarius S. sua testimonia separatim, sicut mos est... Denique in ibidem loco profert suprascriptus Sendret sua testimonia... Nos... testes juramus... quod nos... triginta annos et amplius vidimus predictas terras tenere *pro illorum proprio alode*.. per legitimum alodem, sine ullum censum regalem, et sine ullo adjutorio, quod exinde fecissent ad ipsos homines de Monte-Canudo, qui in ipsa domnicheria steterunt... Et ego Stephanus petitor, istos sacramentos fideliter recepi, et de suprascripta peticione et *de jamdicto alode me evacuavi*, quod in nullo modo pro feo hoc probare non potui » (24 février 1018, coll. Moreau, t. 19, f° 125, *Hist. du Languedoc*, V, col. 366-368).

vent un caractère de grande âpreté et de violence extrême, et que les couvents l'emportaient sur leurs adversaires grâce à des *jugements de Dieu* d'où l'intimidation ni, sans doute, les fraudes pieuses[1] n'étaient absentes. Je prends à témoin cet épisode raconté tout au long dans une charte dont le scribe s'est complu à rimer la prose.

L'abbaye de Saint-Victor de Marseille se prétendait propriétaire du village de Caravaillan. Suivant elle, les terres de ce village avaient été occupées injustement par les hommes qui s'en disaient alleutiers. Longtemps avait duré l'usurpation : elle ne fut dévoilée que par une circonstance fortuite. Un jour de carême, voulant profiter de la présence des deux vicomtes de Marseille et de leurs femmes, les moines se mirent à rechercher dans leurs

[1] Une de ces fraudes est racontée dans le cartulaire de Saint-Victor de. Marseille. Une donatrice de l'abbaye, mise en demeure par un adversaire des moines de produire les chartes qu'elle avait souscrites, cache les plus importantes dans son gant et place les autres en évidence sur l'autel. Après quoi elle jure qu'il n'existe pas dans tout Marseille d'autres chartes relatives au débat que celles qui se trouvent sur l'autel qu'elle touche de sa main gantée : « *Pro bono studio et pro bono ingenio* in sua manica ipsa Adaltrudes absconsas habuit, quando ipsas alias cartas super altario ipso misit, et ibi sacramentum dedit. Et sic juravit, quod amplius exinde, in tota Massilia, cartæ non adessent de illa ratione Sancti Victoris, *nisi quantum super ipso altario continebat* » (23 février 780, *Cartul. de Saint-Victor de Marseille*, I, p. 44).

Cet épisode me rappelle une vieille légende alsacienne où un abbé, revendiquant un domaine contre des paysans, se transporte sur les lieux avec la partie adverse et là jure qu'il est sur la *terre propre* de son couvent :

Ich steh' auf meines Klosters
Rechteig'nem Grunde hier

Je le crois bien : il avait eu la précaution de remplir de terre ses chaussures, en la prenant à un endroit incontesté, dans le jardin même de l'abbaye :

Er füllte sich die Schuhe
Mit Klostergartengrund

(Stœber, *Elsässisches Sagenbuch*, p. 364 suiv., Strasbourg, 1842).

archives s'ils ne découvriraient pas quelque charte pouvant donner matière à une requête ou à une plainte. Ils eurent la main heureuse : une donation antique du village de Caravaillan apparut au jour. Aussitôt ils exposent leurs griefs aux vicomtes, ils y intéressent leurs femmes, ils obtiennent la promesse d'une prompte justice, si prompte qu'on n'attendra même pas la rentrée de la moisson[1].

Deux jugements de Dieu condamnent les adversaires de l'abbaye. Dans le second, une femme qu'ils ont produite comme témoin est convaincue d'imposture par l'épreuve du feu[2].

[1] « Villa que Carbillianus dicitur... longo post tempore, destructo monasterio, *ab eodem loco sancto subtracta, et a quibusdam hominibus injuste diu possessa*, modernis temporibus, qualiter, Deo auxiliante... eidem sancto loco sit restituta, his scriptis indere statuimus. Quadam itaque die, tempore Quadragesime..... presentibus hujusce causa religionis supradictis principibus, altero juxta sedem Massiliensem, altero in monasterio sancti Victoris; quidam fratres ceperunt mutuo loqui, quod licentiam a Deo nobis collatam loquendi apud principes neglegimus, presertim cum reliquo totius anni tempore non suppetat facultas.

Requirantur ergo cartæ quæ continentur in sacrariis, et videamus *si forte quid repperiatur in eis* de terris sanctuariis, quod diu substractum a jure altaris possideatur ab hominibus vitæ secularis, quodque, cum adjutorio Dei omnipotentis, et eorum prudentibus consiliis, possit restitui juri altaris. Quod ita, favente Deo, factum est. Nam *quedam antiqua inventa est carta* in qua continebatur quod ... vir nobilissimus S. et uxor ejus E. predictam villam... dederant monasterio Sancti Victoris, tempore Hlotarii imperatoris. — (Ne semble-t-il pas que depuis Lothaire la prescription avait eu le temps de s'accomplir au profit des possesseurs?) — Qua perlecta, in auribus principum et eorum karissimarum conjugum laudaverunt virum, qui tantum monasterio contulerat donum. Et promiserunt se, pro amore Dei et sancti Victoris, ipsos homines *prius justitiaturos quam inde colligerent fructus venturos*.

Tercio namque die ante festivitatem J. Babtistae, idem homines, *qui se dicebant alodarios*, ante potestates fidejussores dederunt, ut, transacta sancti apostoli festivitate Petri, redderent aut defenderent. »

[2] « Dei judicium contra se videntes, recesserunt dolentes. » — « Quia « illa juratio non fuerit justa, mox probavit manus mulieris exusta. »

Les alleutiers ayant demandé à vider le débat sur les lieux litigieux, les moines y transportent la châsse de Saint-Victor; mais aucune des parties ne consent à céder.

Une nouvelle instance s'engage à Marseille. Les deux vicomtes et l'évêque, fils de l'un d'eux, mandent les alleutiers dans la ville et les interpellent durement. Quelques-uns alors fléchissent, et abandonnent leurs droits; les autres se retirent en promettant de revenir le lendemain[1].

Ce jour-là tout se conjure contre eux : les moines qui les attendent devant la ville, au milieu d'un pré; le saint dont la châsse a été apportée en grande pompe; deux avoués munis de la charte de donation et prêts à la défendre; une foule énorme accourue autour de la châsse et témoignant sa vénération pour le saint par des génuflexions répétées; le vicomte de Marseille, sa femme et sa belle-sœur, dont les objurgations deviennent de plus en plus menaçantes. Si irrités, si *furieux* qu'ils fussent, presque tous les alleutiers jugent désormais la résistance inutile et folle. Ils s'approchent en tremblant de la châsse et humblement renoncent à leur propriété.

Pourtant, deux d'entre eux continuent à se buter. Ils étaient plus *rustiques*, dit le scribe, sans doute plus entêtés de leurs droits, plus récalcitrants aux moyens d'intimidation mis en œuvre pour les faire capituler. Ils en appellent à un nouveau jugement de Dieu. Un enfant pris dans la foule est ficelé et plongé dans un petit étang; il remonte à la surface; l'eau le rejette. Dieu a pro-

[1] « Qui (principes) hominibus vocatis, loquuti sunt ad eos *dure satis :* « Inimici veritatis, quousque servos Dei fatigatis? Si vera est vestra possessio hereditatis, precipimus ut statim defendatis. Quod si ita non esse putatis, jam reddite in manu abbatis. » Quidam autem eorum, per judicium veritatis cognoscentes se injuste eam possedisse satis, continuo dereliquerunt in manu abbatis. Sed alii, in obstinatione perdurantes, abierunt, fidem dantes in crastino se non defuturos defensantes. »

noncé et la foule ameutée hue. Les moines triomphent[1].

Dans une autre charte du même cartulaire, on voit des alleutiers commettre de graves violences, probablement par dépit contre les moines auxquels leurs ancêtres avaient abandonné une partie de leurs biens[2]. Ces violences entraînent pour eux, après un jugement de Dieu par l'eau froide, la confiscation d'une partie de leurs alleux[3].

[1] « Monachi vero, altera die, matutinis celebratis, mox tulerunt archam Victoris beati, et venerunt ante civitatem, in medium prati, duoque secum advocati, *cartam ipsius alodis defendere parati*, cum ecce plurima multitudo ipsius urbis, utriusque sexus, mixtis turbis, venerunt ad martiris archam poplitibus curvis. Tunc ita dominus V. vicecomes loquutus est ad illos alodarios omnes..... Cumque *homines furibundi* viderent se a potestatibus retundi, timerentque virtute martiris confundi, accedentes ad archam sancti Victoris tremebundi, *reddiderunt ipsum alodem verecundi.*

Sed duo adhuc obsistebant pestilentes, *qui videbantur plus agrestes.* Hii itaque, contra Dei juditium nitentes conquirere sibi adminiculum, quod eis magis fuit in periculum, cunctisque audientibus *ingens exstitit ridiculum.* Tulerunt sibi de plateis unum parvulum, quem resticula vincientes projecerunt in stagnulum. At, ubi eum viderunt aquam non receptum, cognovit se uterque deceptum. *Ac mox reddiderunt ipsum alodem retentum, quod diu tenuerant per contemptum* » (Vers 1020, *Cartul. de Saint-Victor de Marseille*, ch. 27, I, p. 35 suiv.).

[2] Voyez la charte 741 (1021-1048) du *Cartul. de Saint-Victor de Marseille,* II, p. 89.

[3] « Petrus, abba Sancti Victoris, et monachi ejus et *alodarii villæ,* cui nomen est antiquitus Caladii, fecerunt et diffinierunt placitum inter se, de magnis injuriis et rapinis et offensionibus. Nomina autem eorum alodiorum sunt hæc... Hii omnes multas rapinas diversarum terrarum, maximasque offensiones et injurias et obpropria fecerunt monachis... in cimiterio Sancti Petri et Sancti Martini *frangentes molendinum et duos paratorios* sine ulla ratione. Quod audientes monachi ejusdem loci, cum suo presbitero obstupefacti, dein pro justi injuria cœperunt conquerere quomodo illis fuisset illata. Illi vero, ut erant mente capti, protinus *injecerunt manus in eos, scindentes vestimenta eorum* et *flagellantes eos, diversisque ignominiis injuriantes eos vix permiserunt abiri...* Ventum est, judicante potestate, ad Dei judicium (aquæ frigidæ). Quo peracto atque diligenter cœlebrato, primo perdiderunt terram et locum ipsi omnes predicti alodarii, in

Quand les alleutiers vivaient sur de petits domaines disséminés, où leur demeure d'ordinaire était flanquée d'une tour et constituait une sorte de petit manoir[1], ils durent se liguer, se coaliser. De pareilles associations nous sont connues pour des personnages plus considérables[2], et il n'y a aucune raison de croire qu'elles n'existaient pas entre de simples alleutiers. Peut-être même, les *societates* plus importantes s'étaient-elles modelées sur des associations de petits propriétaires d'un même district. Le fait s'est produit en Alsace et en Allemagne. Les *Ganerben, Ganerbi*, sociétés de défense mutuelle et de mise en commun de biens, conclues entre des possesseurs de domaines[3], sont sorties des associations antiques du clan et de la marche qui unissaient par des droits et des devoirs collectifs les habitants d'un village ou d'un territoire plus étendu[4].

quo fregerant molendinos et paratorios; deinde (suit une énumération des terres confisquées)... (25 octobre 1055, *Cartul. de Saint-Victor de Marseille*, ch. 739, II, p. 85).

[1] « Stephanus domum quamdam quam pater suus ad subtectanda pecora sua... ædificaverat, munitionem fecit, vallo et fossa clausit, turribus ligneis et propugnaculis firmavit » (*Cartul de Savigny*, ch. 904, p. 480, comm. du XIIe s.). Cf. *Cartul. de Beaulieu :* » Mansum ubi T. manet *cum ipso castello*, et cum ipsa plantada prope adhærente » (923-935, p. 102). — *Cartul. de Conques :* « Uno caput manso ubi G. visus est manere, cum vineas... *cum ipso castlare* » (XIe siècle, ch. 165, p. 144). De même, ch. 166, ch. 167, etc.

[2] M. Gustave Saige en a fait connaître une du douzième siècle, contractée par le chapitre de Saint-Etienne de Toulouse avec un sieur Pierre Urset et son fils pour la défense en commun de leurs propriétés (*Une alliance défensive entre propriétaires allodiaux au XIIe siècle*, Biblioth. de l'Ecole des chartes, 5e série, t. II, 1861). Un traité d'alliance (*societas*), plus ancien (vers 1050) est reproduit dans le *Cartul. Roussillonnais*, ch. 42, p. 63-64.

[3] Sur les Ganerbies, voyez Ducange, v° *Ganerbii*, Grimm, *Deutsche Rechtsalterthümer*, p. 481-482, Schœpflin, *Alsatia illustrata*, trad. Ravenez, III, p. 304, V, p. 734.

[4] Cf. *suprà*, p. 56 suiv., et Schrœder, *Lehrbuch der deutschen Rechtsgeschichte*, p. 263.

Ces ligues, ces associations, comme les associations de tenanciers dont j'ai parlé, complètent, renforcent l'unité du village ou concourent à sa formation. A l'abri de ces institutions traditionnelles, les détenteurs de biens ruraux parviennent à opposer quelque digue aux exactions seigneuriales et à la toute-puissance ecclésiastique, à faire prévaloir la coutume du lieu, *lex loci, lex terræ,* sur l'arbitraire insatiable du maître, à marcher ainsi vers la fixation des obligations qui leur sont imposées, comme serfs, comme tenanciers et comme sujets, et en attendant, à former un pécule qui les aide à atteindre ce but.

Le but, ils l'atteindront successivement, par les affranchissements en masse, par les traités passés avec leurs seigneurs, par la participation à cette grande poussée du progrès qui s'appelle le mouvement communal. S'expliquerait-on de tels résultats, comprendrait-on l'apparition, dès le XIIe siècle, de confédérations de villages voisins poursuivant, comme les bourgeois conjurés d'une ville, l'octroi d'une charte de franchise collective[1], si la commune rurale n'avait eu dans un passé lointain les profondes et multiples racines que je viens d'essayer de mettre à nu, et si elle n'avait puisé une sève toute jeune et nouvelle dans les fondations de villages qu'il nous reste à observer et à décrire?

[1] Ces confédérations de villages, ces *communes collectives* ont été très bien étudiées par M. Luchaire dans son livre : « *Les communes françaises à l'époque des Capétiens directs* » (Paris, 1890), p. 77 suiv. Ajoutez les fédérations de cinq, quatorze, vingt communes que M. Déy a signalées en Bourgogne (*Étude historique sur la condition du peuple au comté de Bourgogne pendant le moyen-âge*, Vesoul, 1869, p. 25) et la curieuse cité de Munster en Alsace formée de neuf villages dispersés dans la vallée (Schœpflin, *Alsace illustrée*, §755, trad. Ravenez, V, p. 278 suiv.).

CHAPITRE XII.

LES VILLAGES CRÉÉS DANS LES FORÊTS ET SUR LES TERRES DÉSERTES.

Le sol fertile de la France a été conquis presque tout entier sur les forêts. On peut aller plus loin et dire qu'il en a été de même pour l'emplacement de beaucoup de nos villes et de la plupart de nos villages.

Quand les Romains pénétrèrent en Gaule, ils y trouvèrent ces immenses forêts au fond desquelles les druides célébraient leurs mystères sanglants. *Amœna lucis immanibus*, belle par l'horreur de ses grands bois, dit en parlant de la Gaule Pomponius Mela[1].

Les trois siècles de prospérité qui suivirent la conquête romaine firent de larges et lumineuses trouées dans cette épaisse masse de verdure. Derrière l'agriculture qui défriche, le commerce fonde des villes et la forêt de toute part s'entame ou se morcelle.

Mais qu'étaient ces efforts au regard des espaces infinis que recouvraient les bois? Ne furent-ils pas interrompus, du reste, et stérilisés trop tôt par l'anarchie impériale, par les invasions barbares? Les campagnes de nouveau se dépeuplent, leurs habitants en révolte et en fuite ne songent plus à s'attaquer aux bois; ils leur demandent un asile. Les invasions germaniques et sarrazines, normandes et hongroises, puis les guerres privées, en détruisant la culture, font renaître les halliers qu'elle avait extirpés.

Si l'extension prodigieuse des forêts au dixième et au

[1] Pomponius Mela, *De situ orbis*, III, 2.

onzième siècle ne saurait nous surprendre[1], nous étonnerons-nous davantage que leur appropriation privée fût encore à ses débuts?

Chez les nations primitives dont la population peu dense, et plus nomade que fixe, trouve dans les bois ce qui est nécessaire à ses besoins premiers, l'abri, le fruit sauvage, le gibier, l'on ne conçoit pas que la forêt puisse ne pas être à tous. Comment lui assigner des limites, puisqu'elle s'étend plus loin que l'homme ne peut régulièrement pénétrer, et comment en détacher des parcelles puisque l'aménagement et la culture forestière sont également ignorés?

Et puis un respect religieux protège l'intégrité des grands bois. Il s'éveille dans l'âme humaine, en face de ces profondeurs aussi insondables que la voûte céleste ou les abîmes de l'Océan, un sentiment de vénération et d'horreur sacrée. Les religions primitives en sont comme imprégnées, et les légendes poétiques en ont jusqu'à nous transmis les lointaines vibrations.

La forêt reste donc hors du commerce comme l'air que l'homme respire, comme l'eau où chacun peut puiser, comme le temple où il adore ses dieux.

Telle nous apparaît encore à beaucoup d'égards la conception des Germains alors qu'ils viennent s'établir en Gaule, et cette conception elle n'avait pas entièrement disparu au onzième siècle.

Les seigneurs, dans le début, ne prétendaient pas à la propriété des forêts, mais à l'imposition de certaines redevances sur tous ceux qui par la paisson, le pacage, la coupe de bois, le défrichement, en tiraient parti, de père en fils, depuis un temps immémorial. C'était au nom de leur droit de souveraineté, légitime ou usurpé, qu'ils levaient ces redevances, ce n'était pas à titre de propriétaire.

[1] J'aurai à revenir sur ce sujet dans le cours de mon ouvrage. Un tableau d'ensemble de nos anciennes forêts a été tracé par M. Maury, *Les forêts de la Gaule et de l'ancienne France* (Paris, 1867).

La propriété de la forêt ne sortit pour eux qu'indirectement, et par une marche graduelle, de leur souveraineté.

La principale étape fut franchie quand les seigneurs mirent, en vertu de leur ban, les forêts en défens, les soustrayèrent à la jouissance commune, non seulement pour s'assurer le droit de chasse, — seul but qu'à ma connaissance les historiens ont assigné aux garennes; — mais aussi pour monopoliser les droits d'usage à leur profit ou au profit des vassaux et des corps religieux qu'ils voulaient avantager[1]. Paisson, parcours, coupe, défriche-

[1] Cette filiation historique ressort pour moi avec une pleine évidence des deux chartes suivantes. Je les juge très précieuses, la seconde surtout, et je les publie dès lors presque *in extenso*.

« Ego Jacobus dominus Gusie et Leschiarum tam presentibus quam futuris. Generalis constitutio quam roboravit usus et protelavit antiquitas sine salubri consideratione non debet temere commutari. Verum quotiens ad honorem Dei et ad servorum ejus commoditatem pacem salutemque animarum transfertur in aliquo vel mutatur minus debet habere scandali plus favoris, quia nunquam consuetudo vel usus prejudicant veritati. *Licet autem terrarum principibus pro personarum locorum ac temporum qualitate juxta equum et bonum formare consuetudines et mutare.* Ecclesiastica vero et civili censura jure firmatur pro Deo facta dispositio et liberioris status obtinet dignitatem cum ei dedicata cognoscitur a quo bona cuncta procedunt.

Ea propter, hominum meorum benivolentia et consilio confortatus, assensu et favore uxoris mee Adelaidis, Fusniacensi cœnobio... silvam ipsam monasterio adjacentem et silvam de Sparsiaco, *ab omnium aliorum hominum usu et aisentia absolutam et liberam esse concedo.* Et sicut in eis jus fundi possident, sic *exclusis omnibus*, omnes aisentias predictorum nemorum pacifice et quiete possideant sine omni retentione consuetudinis... » (*Cartulaire de Foigny*, MS., f° 86 r° v°, 1174).

« Ego Balduinus comes Hainoensis... Altimontensis abbas Clarenbaldus... penuriam nemorum futuram precogitans me expetiit et pro animabus patris mei... elaboravit precibus a me obtinere elemosinam que hujusmodi est.

Inter municipium Melboldium et Altimontense territorium, in territorio de Louroeles, de quo certum est quod Altim. monasterii fratres teneant illud de ecclesia Nivellensi censualiter, adjacet nemus *assiduis succissionibus circamanentium et maxime Melbodiensium*

ment, etc., tout était interdit alors aux anciens usagers; la forêt était retirée du domaine public; elle entrait dans le domaine privé.

Le droit de défricher surtout nous intéresse ici. C'est grâce à lui que des villages purent être créés en grand nombre.

Un chroniqueur du onzième siècle déclare que deux éléments sont indispensables à la fondation d'un monastère :

jam fere depopulatum et redactum ac nichilum. Ut hoc ad *usus sue ecclesie custodirem, defensarem*, sub nomine et titulo elemosine, abbas predictus expetiit, et ut securior esset quod in custodia fidelius ageretur et diligentius, decrevit michi et successoribus meis in eadem custodia sollicitudinem exhibituris persolvere singulis annis censualiter XX solidos valenceniensis monete in nostris elemosinis distribuendos. Sic abbas petiit, cujus petitioni adquievi... de *predicta elemosina* abbatem *investiendo* et nemus predictum *ad usus ecclesie in nostra suscipiendo custodia.*

Ex auctoritate igitur officii nostri precipio ut nulli mortalium liceat ulterius ingredi totum nemus de Louroeles, causa succidendi vel tollendi aliquid, neque vivum, neque mortuum, neque viridem, neque siccum, nichil prorsus omnino. Nullum animal inducatur ad pastum.

Abbas Altim. et sui ad omnes usus ecclesie sue *nemore utantur ut suo proprio*, nunc quando voluerint succidendo, quando voluerint propria animalia ad pastum inducendo.

Abbas providebit forestarium et quotienscunque voluerit muttare, succedentem forestarium michi presentabit et ego *imponam illi curam custodiendi nemoris* sub reclamatione nostri nominis ad voluntatem Altim. abbatis. Cui si quis pro causa nemoris se reum fecerit violenter aut injuriose resistendo et nostrum decretum negligendo pro certo noverit se nostram incurrisse iram et quod ipse in nostra manu erit et quicquid habebit...

Dispono etiam ut successores mei istius carte continentiam teneant et elemosinam cognoscant et in custodia nemoris pro salute anime mee fideliter et sollicite agant... » (*Cartulaire de Saint-Pierre d'Haumont*, MS., f° 9 v°, 10 v°, 1181).

Les mêmes principes se dégagent de documents du XIe siècle. Ainsi, en l'an 1074, le duc de Normandie, Guillaume le Conquérant, accorde à l'abbaye de St-Vandrille, *de sa propre autorité et largesse*, des droits d'usage dans deux forêts du duc d'Evreux : « Ut fratres sufficienter de his duabus forestibus haberent et hoc *non ex dono*

l'eau et la forêt[1]. Ils ne l'étaient pas moins à la fondation des villages.

Un village, sans doute, pouvait s'établir ou se former sur les terres désertes, si abondantes encore au onzième siècle[2] et qui, elles aussi, dans beaucoup de régions, étaient des *res nullius* accessibles au premier occupant[3], sauf les règlements que pouvait faire le seigneur territorial[4].

alterius sed *ex mea auctoritate et largitione* cognoscerent. Hoc autem tale erit. Quando monachi ad suum ardere et ad edificia monasterii, etc... (Moreau, t. 31, f° 34, *Neustria pia*, p. 168).

[1] Orderic Vital, *Histor.* III, 2 (T. II, p. 16-17). « Videtis quia locus iste, ubi cœpistis ædificare, habitationi monachorum aptus non est, quia ibidem aqua deest et nemus longe est. *Certum est quod absque his duobus elementis monachi esse non possunt.* »

[2] Nous aurons souvent l'occasion de le constater.

[3] *Cartul. de Saint-Etienne de Dijon* MS. f° 77, XIIe s.) : « Ego Stephanus de Maresc... non minorem eis libertatem in tota Ormenciaci potestate indulsimus ut ubicumque terram vacantem repperrerint ad nutum suum excolant eam et exerceant eam, ita quod nec de culturâ, nec de pastura neque de inventis sive quibuslibet necessariis alicui respondeant. *Quod si etiam terra occata et culta fuerit et cultor eis suum laborem vendere voluerit, facto de labore convenienti placito ipsam terram deinceps possidebunt pro alodio...* »

Même Cartul. f° 87 : « Otho Dominus de Mirebello concessit... terram quolibet modo ab eorum hominibus et animalibus *excultam* ita ut terciis redditis, *pro alodio eam haberent*, et nec pro se nec pro eis unquam tolleretur. »

Cartul. de Moutier en Argonne, (MS. f° 18 v°, XIIe s.) : « Vermundum Crassum... concessisse pred. fratribus libera prata que in communi terra excoluerunt. »

[4] Ces règlements, comme pour les forêts, conduisaient à l'appropriation des terres vaines et vagues. Les chartes suivantes peuvent servir de preuve :

« Ego Oliba dei gratia Comes Bisuldun. dono et concedo monasterio Sancti Johannis..., in perpetuum, portum quod dicitur Coma de Vacca et Coma de Freder... vobis et successoribus vestris *per franchum alodium, quod nullus mittat ibi peccora vel jumenta, sive cujuscumque generis sint animalia ad pascendum, contra vestram voluntatem,* sed vos habeatis... dictas comas (*combes*) montes et colles serras et planos... *ad peccora vestra pascenda* et quibus volueritis, et *ad omnes vestras voluntates perpetuo faciendas* sine omni contra-

Mais l'événement semble avoir été rare[1]. — Aussi quelle différence dans les avantages offerts !

En rase campagne, le paysan était exposé presque sans merci à l'inclémence des saisons et aux déprédations des gens de guerre, il était privé d'une infinité de ressources et de moyens de subsistance que la forêt procurait à ses hôtes. Elle les protégeait contre le froid, le vent et l'ennemi, elle leur livrait un sol rapidement fertilisable par l'écobuage, la combustion des taillis et des souches. L'abondance des sources et la fraîcheur des futaies faisaient naître des prairies naturelles excellentes. Le bois de charpente nécessaire à la construction des maisons était fourni par le défrichement; le bois de chauffage et la feuil-

dimento tocius persone. » (966, *Cartul. Roussillonnais*, ch. xi, p. 23).

« Idem... eidem ecclesie *emancipavit* partem quandam terre que erat in marisco, ut ejusdem ecclesie fratres pratum sibi necessarium possent ibi facere, *ubi prius communia pascua* esse dicebantur » 1113-1151, *Cartul de Foigny*, MS. f° 19 v°).

« ... in terra que est juxta T. sub villa que dicitur P. concesserunt fratribus ut pratum facerent et eis contra ejusdem ruris rusticos qui inibi communia pascua se habere debere calumpniabantur indeficientem warandiam se prebituros esse professi sunt. » (1153, *ibid.*, f° 48 v°, 49 r°).

[1] On en trouve cependant des traces remontant jusqu'au neuvième siècle : « ipso villare quod ipsi monachi Edo Tresulfus *traxerunt de heremi vastitate* et ipsas Vjnnales ipsi hedificaverunt ..... omnibus apprehensionibus quas ipsi monachi propriis manibus de *heremo traxerunt*, aut quorumlibet attracto... » (881, *Cartul. Roussill.*, ch. 2, p. 8-9).

Je note ensuite au xie siècle cette remarquable concession faite par le comte de Poitiers, duc d'Aquitaine, Guillaume IX, au prieuré de Sainte-Gemme, près de Saintes : « Comes Willelmus sanctam Gemmam veniens, domnum Theodardum amplexatus, Arnaldum *ut ædificaret domos* ammonuit... Terram de Falto cum eis daret, dixit : « Hæc terra quam vobis dono, sterilis sine cultoribus parum vobis proderit. » — « Nos, inquiunt, Domine, nolumus homines habere. Præpositi namque vestri et Forestarii eos assidue vexarent, et nos sic inquietarent. » — « Et ego, inquit, do huic loco, ut quicumque de omni terra mea ad vos et ad successores vestros, venire voluerit, *tantum ignis domus patris non extinguatur*, sine ulla contradictione suscipiatis. Et si homines vestri, vel etiam vos in aliquibus nostri

lée, le miel, le fruit sauvage et le gibier, enfin la glandée pour les porcs (ressource fondamentale du paysan), par la forêt restée debout.

Attirées par ces avantages, des colonies de nomades, *hospites,* se fixaient librement dans les forêts non mises en défens, ou s'établissaient dans les autres, avec le consentement des seigneurs locaux, à charge de redevances et de services convenus. Le village se créait alors de lui-même; il était vraiment fondé par l'initiative de ses habitants.

Je n'en ai guère rencontré d'exemple détaillé dans les chartes[1], et je n'en suis pas surpris. Si, en un tel cas, une convention était faite, elle l'était bien rarement par écrit.

juris rebus excesseritis, ante nullum alium, nisi ante me et successores meos emendare, vel rectum facere ab ullo cogamini » (*Cartul. de Sainte-Gemme*, Besly, *Histoire des comtes de Poitou*, p. 411).

Comme d'autre part les forêts renaissaient avec l'abandon des cultures, il y avait, la tranquillité revenue, double attrait pour l'immigrant. Voici ce qu'un chroniqueur raconte de l'Anjou au temps de Foulque le Bon (938-958) : « Pacis quiete divinitus concessa, comes... inopiam præteritorum temporum, quam hostilitates diutinæ invexerant, abundanti opulentia bonorum terræ recompensare studuit. Tunc vero multi ex extraneis diversisque regionibus circumpositis incolæ in pagum istum commigrarunt, tam clementi bonitate principis quam ubertate glebæ huc evocati. Namque terra ista, per diutinam solitudinem et cessationem culturæ pinguefacta mirabili tunc fertilitate fructuum et bonorum omnium resplendebat et respondebat; silvarum incrementis pleraque sui parte vestita, eas incidentibus et concidibus colonis ipsis locis viventibus facili labore satisfaciebat » (*Chroniques des comtes d'Anjou*, p. 74-75).

[1] En voici un pourtant : « Erat Scto Maxentio quedam ecclesia (in) honore Scte Radegundis cum parochiâ suâ. Sed oriente permixtione terre fugati sunt omnes habitatores ecclesiæ. *Rustici enim relinquentes ecclesiam venerunt habitare in silvâ Volvensis*, nolentes illuc amplius redire; quod cernens Archimbaldus archiepiscopus qui ejusdem monasterii (St-Maixent) regimen tenebat peciit comitem (Gui Geoffroi, duc d'Aquitaine, comte de Poitou) dari sibi ex eadem silva ubi fabricaretur ecclesia... et ecclesia illic fabricata est in honore Scti Maxencii » (Avril 1059, *Archives de l'abb. de Saint-Maixent*, Moreau, 26 f° 39).

Par contre, quand un corps religieux était intéressé dans la création, il ne manquait pas de faire rédiger une charte, et nous avons des chances d'en retrouver des traces.

Si fréquente que fût cette intervention, elle n'enlève pas, remarquons-le, toute spontanéité à la fondation du village par ses habitants mêmes. L'élément religieux en est souvent la cause occasionnelle plus que l'artisan voulu et réfléchi.

Un solitaire s'est établi au plus profond d'un bois. Il a construit sa hutte de branches entrelacées et de feuilles; il vit dans le recueillement et la prière. Que sa présence soit signalée un jour par un chasseur[1], elle attire des paysans. La forêt s'éclaircit; des jardins et des vergers, des champs et des vignes sont conquis sur elle, un hameau naît autour de l'ermitage qui lui sert de sauvegarde[2]. C'est cette sauvegarde qu'avec l'assistance religieuse les paysans sont venus plus spécialement chercher.

Ils pourront profiter, en outre, des développements que prendra l'ermitage, et de l'intervention en leur faveur de quelque monastère proche ou lointain.

Par là les obstacles que le droit de défricher rencontre dans l'autorité arbitraire et mal éclairée des seigneurs de la région, et dans leur passion de la chasse, sont levés[3].

[1] C'est une aventure fréquente dans les chansons de geste qu'une telle rencontre.

[2] Il est un *asile* même pour les bêtes sauvages :

> Par la forest parfonde, qui moult avoit de lé,
> S'en va le cherf fuiant, tant que il a trouvé
> L'ostel I. saint hermite, qui moult i ot esté.
> Le cherf entre en la court, *pour estre à sauveté.*
> Quant li hermite l'ot.....
> Et voit le conte après, qui l'avoit amené :
> — « Sire, fet-il, merchi pour Dieu de majesté!
> Quand Damedieu du chiel là devant m'a guié,
> Lessiez lei pour s'amour et pour sa déité. »
>
> (*Doon de Maience,* v. 68 suiv., p. 3.)

[3] « Est autem hæc capella sita in suburbio Cabilonis, in parrochia quæ vocatur Cidanis. Locus autem in quo ipsa capella sedet dicit a la Carmeda, *cincta undique silva densissima, quam passim inci-*

Par là le village est plus facilement érigé en paroisse. Les forêts, en effet, par l'immensité de leur étendue ne rentraient pas dans les circonscriptions paroissiales[1], et il fallait le consentement de l'évêque pour l'érection d'une paroisse nouvelle. D'autre part, les portions de la forêt limitrophes des circonscriptions existantes pouvaient être revendiquées au profit de celles-ci, à tort ou à droit. A ce double point de vue la communauté religieuse qui contribuait à la création du village faisait l'affaire sienne. Elle y était directement et pécuniairement intéressée. Il lui importait de bénéficier, à l'exclusion de tous autres, des droits paroissiaux, notamment des dîmes et des novales. Aussi la voyons-nous déployer un grand zèle, tant auprès des évêques, qu'à l'encontre des paroisses voisines pour procurer au village sa vie propre, son autonomie religieuse[2].

sam, aliqui homines undecumque advenantes habitacula sibi commoda præpararunt in circuitu prædicti oratorii. Constituit itaque jamdictus episcopus cum consensu clericorum, ut omnes convenæ qui de aliis locis ibi advenerint causa habitandi, vel quoquomodo demorandi, ut ipsi capellæ præbeant certam offerendam et baptisterium, quando etiam defuncti fuerint debitam in ipso cimiterio ab ipso presule sacrato excipiant sepulturam, sine alicujus personæ contradictione... Tethbaldus, comes Cabilonensis, requirebat in silva quæ vocatur Prestaria capturam cervorum, aprorum, caprearum cæterorumve animalium silvestrium *et ob hoc prohibebat culturam agrorum in ipsa silva fieri.* Acceptis autem a domno Hugone abbate centum solidis, werpivit quod injuste requirebat in ipsa silva, non solum semel set etiam bis » (*Cartul. de Cluny*, 3 décembre 1064, t. IV, p. 506-507).

[1] « Sciant posteri quod terra ista nulli parrochiæ subjacet, sed J. de Dol forestis dominica erat » (1085, *Recueil des actes inédits des ducs de Bretagne*, p. 47). M. de la Borderie remarque très justement à propos de cette charte : « Dans l'origine et assez longtemps pendant le moyen-âge les forêts étant entièrement désertes, ne faisaient partie d'aucune paroisse » (*ibid.*, p. 48). M. L. Delisle a montré qu'au XIIIe et au XIVe siècle il en était encore ainsi en Normandie (*Études sur la classe agricole en Normandie*, p. 392 et suiv.).

[2] L'histoire de la paroisse de Saint-Nicolas d'Auriol racontée dans les deux chartes suivantes a été celle de beaucoup de villages :

« Ego Umbaldus Lemovicanæ Ecclesiæ episcopus concessi in per-

Grâce à elle enfin, des privilèges, des exemptions, des immunités sont obtenus qui assurent aux villageois, avec la sécurité matérielle, les premiers éléments d'une organisation communale.

Lisons une charte contemporaine. Nous pourrons nous pencher sur le berceau de l'enfant, assister à ses premiers pas, nous pourrons le voir doter par ses parrains, mettre en tutelle par eux. L'âge adulte viendra plus tard.

Un homme de Dieu, un pèlerin du nom d'Hubert, obéissant à une vocation céleste, a quitté sa patrie, l'Allemagne, et cherché une retraite au fond d'une forêt de la Gascogne. Séparé du monde entier il y sert Dieu en pleine liberté. Mais

petuum Gauzberto Abbati Tutelensi et monachis Tutel..... terram illam quam Tutelensi monasterio dederat Boso vicecomes et uxor... quendam montem qui Auriolus appellatur, cum omnibus adjacentiis suis, qui etiam situs est in sylva quæ Roia nominatur. Montem vero prædictum Boso et uxor..... dederunt ut ibi Ecclesiam in honorem S. Nicolai ædificarent... Statuimus etiam ut nova Ecclesia Sancti Nicolai haberet annexum montem suprad. cum omnibus adjacentiis suis... in sylva quæ Roia dicitur, quod tamen determinatè non esset de mansis sive bordariis quæ sunt in parrochia Lantoliensis Ecclesiæ, quæ affinis est huic sylvæ, ita ut incolæ qui in illo monte sive in sylva habitarent et ibi terras excolerent decimas primitias et oblationes et sepulturas et proferentia et alia sibi annexa jura Ecclesiæ Sancti Nicolai persolverent semper et redderent » (1091, *Cart. de Tulle*, Baluze, ***Historia Tutelensis***, 1717, In-4°, col. 433-434).

« Ego Ermengaudus abbas Clusensis... pro querela quam adversus Tutelensem Abbatem... habebam de Ecclesia Sancti Nicolai de Auriolo, quam in parrochia Lantoliensis Ecclesiæ, quæ nostra est, ædificatam esse dicebam, ante præsentiam D. Gerardi Engolismensis Episcopi et Sanctae Romanæ Ecclesiæ Legati... una cum Tutelensi abbate convenimus... Talem convenientiam fecimus ut quicquid in monte Auriolo vel in tota sylva quæ Roya dicitur jure parrochiali requirebamus... in his quæ monachi Tutelenses ibi adquisierant vel adquisituri erant totum ex integro monasterio Tutelensi dimisimus... Hoc tamen retento ut monachus Tutelensis qui Ecclesiam Sancti Nicolai de Auriolo teneret singulis annis unum modium frumenti Lantoliensi et Albinianensi Ecclesiæ et monacho nostro qui prædictas teneret Ecclesias redderet et ad domum suam apud Albiniacum deferret... » (1117, *Cart. de Tulle*, Baluze, ***Hist. Tutel.***, col. 441-442).

le monde apprend sa présence et sa vie sainte; des habitants accourent, des masures s'élèvent. Eudes, vicomte de la Lomagne, seigneur de la forêt, concède à l'ermite le lieu qu'il occupe. L'affluence augmente. Deux ans sont écoulés et près de cent maisons entourent déjà l'ermitage. Le moment est venu de rendre la fondation définitive et stable. Sur les conseils du vicomte et de son consentement, Hubert s'affilie, avec tout ce qu'il possède, à la puissante abbaye de Saint-Victor de Marseille. Le territoire du village, accru par une libéralité d'Eudes d'une partie de la forêt circonvoisine, sera considéré comme un libre alleu de l'abbaye. Elle seule y aura droit de justice, droit de marché, droit de tonlieu. Les habitants, présents et futurs, qu'ils restent, qu'ils s'en aillent ou qu'ils viennent, seront placés pour leurs personnes et pour leurs biens sous la protection, sous la sauvegarde, du vicomte de la Lomagne[1].

[1] « Ego Oto vicecomes Leomanie et uxor mea A. commitissa donatores sumus... aliquid de nostro honore... Est autem supradictus honor infra terminos Leomanie, in territorio del Feumarco, in quodam saltu, in loco scilicet quem vocant La Romeu; quem locum nos jam dederamus cuidam Dei servo, nomine Arberto, perregrino, qui, dominice jussioni obediens, et patriam propter ejus amorem relinquens, ad nos ex Alemannie partibus venit, et, sicut a divina voce sibi imperatum fuerat, a nobis predictum locum expeciit; ibique, separatus a cunctis mortalibus, libere Deo servire disposuit. Sed, Dei ordinante misericordia, infra biennium, ob meritum hominis Dei, ad tantam populacionem idem locus devenit, ut jam fere centum mansiones continere videbatur.

Quod cernens Dei servus, divino tactus consilio et nostro persuasus imperio, providens in futurum ut sibi et nobis melius posset esse consultum, obtulit semetipsum Deo et Sancto Victori, ejusque monasterio Massiliensi... et dedit totum jamdictum honorem, quem nos dederamus, et tradideramus ei, cum illis omnibus que ab Ainardo et a Gasialez et ab aliis hominibus impetraverat, et insuper mobile et immobile, et quicquid ipse, aut aliquis per eum, adquisierat ibi. Quem videlicet honorem nos jamdicti donatores, cum sua voluntate, ad proprium alodem Deo et Sancto Victori... donamus, concedimus,

Les seigneurs laïques, qui avaient résisté d'abord au défrichement[1], finirent par se convaincre qu'il était infiniment plus avantageux et plus lucratif que la perception de droits seigneuriaux sur les usagers. Leur intérêt prévalut même sur leur passion désordonnée de la chasse. Ils concédèrent des terres à mettre en culture, à peupler de tenanciers, *ad excolendum, ad hospitandum.*

Les moines, qui leur en avaient donné l'exemple, devinrent dans cette œuvre de progrès leurs plus précieux auxiliaires.

C'était pour les religieux une œuvre pie que de défricher[2]; c'était en même temps une opération avantageuse

laudamus et confirmamus... Insuper etiam donamus eis partem de silva nostra, in qua idem locus fundatus est...

Donamus etiam eisdem monachis et monasterio seped. mercatum totum, simul et teloneum et mineganciam totam et justiciam totam, ab integro... Volumus preterea et laudamus, simulque *donamus salvitatem seu salvacionem huic ville* que vocatur La Romeus, omnibus ibi manentibus et ex quacumque parte advenientibus, necnon et ab eadem villa dicedentibus, ut omnes salvi sint, et quidquid ibi habuerint vel adduxerint... » (28 mai 1082, *Cart. de Saint-Victor de Marseille*, ch. 150, I, p. 173-175).

[1] Une charte de Guillaume le Conquérant au profit de l'abbaye de Saint-Étienne de Caen impose à l'abbaye la condition de ne pas défricher les bois qu'il lui donne : « Hac conditione servata ut monachi ipsius cenobii ipsas silvas nullo tempore destruant vel destrui jubeant propter ipsam terram colendam sive inhabitandam, retentis in meo dominio cervis, capreolis, et apris silvestribus » (*Gallia Christiana*, XI, instr. col. 67. — Voyez encore au XIIe siècle *Cart. de Foigny*, MS. f° 32 : « partem... silve concessit eis ad omnes proprios usus suos hoc tantum excepto quod non faciant ibi illud quod vulgo dicitur *essart* » (1113-1151).

Une autorisation du comte d'Anjou est nécessaire aux moines de Pontlevoy pour défricher leurs propres terres : « ut *terras nostras quibus lucus increverat extirpando* et faciendo in eis quidquid animo esset prosequeremur jussit » (1064, *Arch. de Pontlevoy*, MS. D. Housseau, II *bis*, n° 626).

[2] « Ego Rodulfus abbas Sancti Petri (Stabulensis)... de terra quam ecclesia ejusdem Sancti Petri... habet in villa de Sclacyns partem montis secundum quod limites ibidem positi disterminant, in hæreditatem concessi Ryciero canonico Sancti Dionisii (collegiatæ ecclesiæ

par l'accroissement des revenus ecclésiastiques et des redevances foncières qui en résultait.

S'agissait-il de parties de forêts sur lesquelles nul ne réclamait ou ne se réservait de droits, tout le bénéfice était pour eux[1].

Ils y établissaient des fermes ou des granges, les exploitant par le travail de leurs mains et avec l'aide de leurs serviteurs; ils y annexaient une chapelle pour le culte; et autour de ce noyau, à la fois agricole et religieux, ils s'efforçaient d'attirer des cultivateurs, des pionniers. Ils leur offraient dans la clairière un emplacement pour leurs maisons[2], et dans la futaie des lots à défricher aux conditions les plus séduisantes : perpétuité de la possession, paisson et affouage, moyennant un cens fixe et des redevances légères; liberté de la personne, pas de capitation pas de droits seigneuriaux vexatoires[3]. Ils leur assuraient, en vertu d'un droit propre ou de concessions obtenues des

in civitate Leodiensi). Mons autem ille asper et incultus, nulla quidem utilitate proficuus, quem ibidem Richerus considerans habilem ad excolendum, *speransque saluti suæ profuturum, si quod omnibus erat infructuosum, in usum converteret multorum*, tam ipsius ecclesiæ, cui locus appendet, quam suorum quoque posterorum... » (1090, Martene et Durand *Ampliss. Collectio*, II, col. 77 E-78 A).

[1] Voyez la charte du comte Etienne Henri, *infrà*, p. 152, note 1.

[2] En Normandie la construction du village est décrite dans les termes suivants par M. L. Delisle :

« On assignait aux colons des boels (portions égales, qui ont ensuite donné leur nom à la cour ou masure) ordinairement plus longs que larges : d'où le nom si répandu de *Longs boels*. A l'une des extrémités du boel, chacun élevait sa chaumière. Toutes les portes s'ouvraient du même côté sur le chemin, qui devenait la rue du village. Cette disposition peut encore s'observer dans bien des localités, quoique, par la suite, on ne l'ait guère respectée » (*Études sur la classe agricole en Normandie*, p. 396-397).

[3] L'abbé de Marmoutier, en Alsace, Anselme I (1146-1154), rapporte en ces termes la création d'un village par son prédécesseur Meynhard (1127-1146) et les conditions auxquelles la colonisation se fit :

« Beate vero memorie predecessor noster Meynhardus,... nemore quod Hydolphi seu Landolphi cognominantur, quodque ipsi duo

seigneurs qui abandonnaient une portion délimitée d'une forêt dans le but de la peupler, le libre usage de la forêt circonvoisine[1]. Une agglomération naissait. Quand elle

quondam capitanei fratres B. Martino pro remedio anime sue spontanea donatione optulisse feruntur, villulam in honore dominice ac vivifice crucis (Sainte-Croix) statuit, partemque ipsius sylve villanis indicto censu excolendam tradidit, ea conditione, eo pacto, ut quicunque medietatem illic millia quadrantem inibi suscepisset, ipse tantum et uxor ejus capitalis census soli immunes existerent. Qui vero medietatem quartalis illic possedisset, vir solus identidem liber existeret...

Considerati ergo jussu nostro et inventi sunt apud memoratam villulam, de vocabulo Sancti Crucis intitulatam, aratorie terre mansi XIX, in censu IV solid. quisque reddentes; insuper jurnales XLIII, residuum sylve...

Proinde quia eadem capellula (une chapelle fondée par l'abbé Meynhard et consacrée par l'évêque Theodewin en 1143) plebanum superioris ecclesie in nullo attinet, sed omni divino officio a nobis est procuranda, levigato seu partito onere, mansum unum pro conducendo clerico villanis segregavimus, et omni jure indulsimus.

Omni quinta feria paschalis ebdomade placitum illic celebrabitur, census representabitur...

Ad investituram heres medietatem tributi persolvet... villicus sextarium vini accipiet.

In natali autem Domini oblationes seu visitationes ceterorum idem villicus prosequetur » (Hanauer, *Constitutions des campagnes de l'Alsace*, p. 53-54).

[1] Telle est la concession que fit à l'abbaye de Marmoutier, en Touraine, le comte de Blois Etienne-Henri, prêt à partir pour le première croisade. Une partie de la forêt *Silva Lonnia* est cédée en franc alleu, libre de toute redevance, droit et justice; le surplus est réservé quant au fonds mais livré à l'usage des moines et des colons qu'ils attireront : « dedi... quamdam partem cujusdam alodii nostri, id est bosci, qui Silva Lonnia dicitur, ab omni prorsus consuetudine solutissimam atque liberrimam... Præcepi quoque conjugi meæ... ut ipsam partem faceret determinari ac metiri... limites poni undique faceret et sic eam monachis traderet.

Infra terminos illos ac limites... omnium rerum quæ inibi quocumque modo fuerint, consuetudines, reddibitiones, foris facturæ, justitiæ, vicariæ, districturæ, exactiones, emendationes, leges, sint in æternum beati Martini Majoris-Monasterii... Sic liberum ac solidum habeat ipsum locum, sicut antecessores nostri et nos...

Rogavimus deinde sæped. monachos *ut locum ipsum faciant ædi-*

était parvenue à un suffisant degré de croissance et de maturité, la chapelle devenait église paroissiale, le hameau devenait paroisse.

Dans les forêts seigneuriales les moines servaient d'intermédiaires intéressés entre la population rurale et les seigneurs. Ils faisaient vraiment office d'entrepreneurs de défrichement.

Tantôt l'opération se traitait de compte à demi. Au seigneur laïque la moitié du terrage que rapporteront les champs, du cens que paieront les prés, du produit de la justice, aux moines, recruteurs de pionniers, l'autre moitié[1];

ficari, quamquam non videatur admodum competens atque uber, sive utilis. Quod ut libentius faciant, damus eis et concedimus, tam ad opus fratrum suorum... quam ad opus omnium hospitum suorum, inter præfatos terminos habitaturorum, et de alia foreste quam nobis retinemus, quantumcumque semper inde voluerint, et ad ardendum et ad ædificandum, et ad omnes cæteros usus suos, excepto quod nihil inde vendant, etc... » (1096, d'Arbois de Jubainville, *Histoire des ducs et comtes de Champagne*, I, Pièces justif., p. 512-513).

[1] « Domnus Urso... ecclesie nostre in elemosinam dedit dominium totius ejus terre que Boscus Rufini appellatur, cum omni bosco... ita libere et quiete... ut et dominatus et justicia ejusdem terre et omnes hospites, quotquot nobis in ea mittere placuerit, cum hospiciis et curtillis, censu quoque ad eadem hospicia et curtillos pertinente... nostra propria... perpetuo existant. Unam nichilominus mansionem, qualem et ubi delegerimus, cum terra ad unam carrucam et pratis sufficientibus, ab omni consuetudine liberrimam, nobis in eadem terra... concessit, *alia sibi mansione sequestrata lege consimili...*

His ita determinatis, solummodo *in eis que secuntur medietatem sibi domnus Urso retinuit :* hoc est in terragio, in censu pratorum, et, quandiu ibi boscus fuerit, in pasnagio porcorum. De quibus scilicet, si quando hospites forisfecerint... non nisi in curia judicioque nostro... ventilabitur, satisfactura V solidos nunquam excedente quantalibet forisfactura sit; de quibus tamen monachus noster quantum voluerit remittere poterit, et *quod remanserit cum domno Ursone equaliter partiendum habebit.* Servientem quoque suum in his que, sicut dictum est, nobiscum sibi communia retinuit, domnus U. si voluerit, sicut et nos nostrum, habebit; et tam suus nobis, si voluerimus, quam noster illi, si ipse voluerit, serviens fidelitatem jurabit » (1113-1129, *Cartul. Saint-Père de Chartres*, II, p. 481-482).

ou bien partage entre les deux associés du territoire à mettre en valeur[1].

Tantôt l'entreprise avait lieu à forfait. Les moines s'obligeaient envers le seigneur à acquitter directement ou à faire acquitter par les futurs colons des redevances déterminées[2], en stipulant pour le surplus la franchise de la terre et de ses habitants[3].

[1] « Adam, filius Urvoii donavit Deo et Scto Florentio terram de *Landa Hugonis*... ita quidem ut monachi *medietatem ejus quietam haberent, mediatem vero aliam ipse teneret a monachis*. Quod si monachi vellent ecclesiam aut burgum in terra illa ædificare, ubicumque eam facerent, eorum propria essent omnia... Reliquorum vero extra burgum habitantium consuetudines... partem suam haberet præd. Adam... Qui cum forte delinquerent... emendationis, cum sumeretur, medietatem haberet » (5 mai 1085, *Recueil d'actes inédits des ducs de Bretagne*, publié par A. de la Borderie, p. 46).

[2] Rainerus de Guisia totam terram quam habebat intra territoria que hic numerata sunt... que terra tota nemus erat cum omnibus aasentiis terre sue, Fusniacensi ecclesie perpetuo possidendam donavit ad terragium tercie decime garbe, post exceptam garbam messoris, et garbas istas ducet ecclesia usque ad villam que dicitur Sainz et de viciis (spicis?) viridibus terragium non habebit, sed de siccis tantum que ad grangiam ducentur.

Concessit etiam... terram omnino liberam, ad curtem construendam, ad mensuram et quantitatem curtis de Fulcoriis et exitus curtis omnino liberos.

Preterea quoque omnem familiam curtis et operarios omnes intra territorium ejusdem curtis ab omni justicia sua liberos esse concessit. Concessum etiam est ab eodem R. quod tempore messis singulis annis ecclesia ei vel familie ejus si eum non invenerit ad Sainz mandabit quod servientem suum pro colligendo terragio mittat. Si autem servientem non miserit ecclesia messem suam non ideo minus colliget...

Eustachius autem major prefate terre et omnes fratres sui, assensu sepedicti R., majoriam suam et quicquid in terra illa juris habebant quittum clamarunt ecclesie F. *Ecclesia vero XIII modiatas predicte terre singulis annis se extirpaturam promisit...* » (*Cartul. de Foigny*, 1161, MS. f° 57 v°-58).

[3] « W. Gœtus boscum R. qui de feodo ejus erat, nobis monachis... concessit ad possidendum, ad excolendum, ad hospitandum. Nos vero monachi, *pro defensione et protectione hospitum ipsius terre*,

Les combinaisons pouvaient varier, le résultat général ne variait guère. Il se traduisait par la formation de groupes ruraux dont les droits et les devoirs étaient fixes, connus, garantis par des traités en bonne et due forme. L'intérêt qu'avaient les principaux contractants à l'extension des défrichements et à l'accroissement de la population sédentaire assurait le respect du contrat. Les paysans ne risquaient plus de retomber dans le servage; ils s'acheminaient au contraire vers l'autonomie villageoise. En ce sens, il peut être vrai de dire que la liberté est sortie du fond des bois.

concessimus ei ut quicunque hospitum terram illam inhabitaverit, et terram illam cum carruca et bobus excoluerit, solvet ei, per singulos annos... sextarium avene et caponem et nummum; alii, tantum minam avene et caponem et nummum. Hoc vero facient per submonitionem et justiciam monachi...

Concessimus et domno W. quod, si ipse filiam suam, quam tamen de uxore sua habuerit, maritare voluerit, vel si castrum emerit, talliam in hospitibus terre illius facere ei licebit, per manum tamen prioris S. Romani; simili modo et pro redemptione sua, si ipse captus fuerit. Item, si ipse in expeditione regis vel comitis, cum omni gente sua, ire voluerit, homines terre illius, pro custodia corporis sui, ducere poterit... *A ceteris autem consuetudinibus*, quas in terra sua vel hominum suorum ipse capere solet, *omnino liberos et absolutos*, sicut et cetera homines S. Petri, eos esse concessit... » (*Cart. de Saint-Père de Chartres*, p. 483-484).

« R. C... in villa que vulgo Govillum appellatur ad sinistram partem ecclesiæ dedit S. Mart. de Campis *terram ad hospitationem monachorum et ad hospitandos hospites quinquaginta domibus atque ortis sufficientem*, et *ab omni consuetudine solutam atque quietam*. Subsequente igitur tempore ad dexteram partem ecclesiæ dedit eccl. S. Mart. hospites jam antea hospitatos et deinde quantoscumque monachi ejusdem ecclesiæ *in occupatione ville* retinere possent, extra occupationem autem ville absque ejus licentia nullos ad hospitandum retinerent.

Dedit etiam furnum ipsius ville, retenta sibi solummodo in hoc subsequenti dono vicaria atque banneria, eo videlicet tenore ut rustici ejusdem ville quamdiu de illius terra satis haberent nullam aliam excolerent... Campi autem partem suam rustici usque Carnotum sibi deferent » (*Cartul. de Saint-Martin des Champs*, f° 20).

Le mode de colonisation que je viens de décrire entre à ce point dans les mœurs que nous voyons les seigneurs finir par créer tout d'une pièce des villages dans leurs forêts domaniales.

Raynaud, évêque de Paris (992-1020), comte de Vendôme, fils de Bouchard le Vieux, fait défricher une partie de la forêt de Gastine, y fait construire une église et un village, y établit un marché[1]. Le village s'appellera d'abord *Ville l'Évêque,* il s'appelle aujourd'hui Prunay, et compte plus d'un millier d'habitants[2]. D'autres groupes villageois naquirent autour de lui, Monthodon, Houssay, Villedieu[3].

En Champagne, une forêt est extirpée et brûlée dans la seconde moitié de l'onzième siècle sur le domaine et par ordre du comte de Champagne Eudes II et de son oncle Thibaut. Le sol rendu fertile, un village, *Villa Caroli,* est bâti avec son église et ses dépendances. L'église fut cédée en l'an 1063 à l'abbaye de Chézy, le village prospéra, il est devenu le village actuel de Charleville (Marne, canton de Montmirail)[4].

[1] « Rainaldus episcopus Parisiacensis, filius Burchardi vetuli, *extirpare fecit de foreste quæ dicitur Wastina, in qua ecclesiam edificavit, villamque construxit, quam Villam Episcopi nuncupavit, mercatumque instituit,* tenuit que eam totam quamdiu vixit dominicam... Post cujus mortem Fulco Andecavorum comes honorem Vindocini in manum custodiendum recepit, deditque villam Episcopi totam sicut tenebat Hamelino... » (XIe s., *Cart. de Vendôme,* MS. D. Housseau, II, n° 305).

[2] Prunay, Loir-et-Cher, arrondissement de Vendôme, canton de Saint-Amand.

[3] Cf. *Art de vérifier les dates*, II, 810.

[4] « Tedbaldus comes et Odo, nepos ejus, quadam *silva exstirpata igneque cremata, terram prius squalentem et incultam frugiferam reddiderunt et fertilem, villamque inibi construentes que villa Caroli modo vocatur, ecclesia aliisque utilibus amplificaverunt.* Porro... ecclesiam... cum decimis et omnibus sibi pertinentibus... ecclesie Caziacensi in usibus monachorum... condonaverunt » (1063, Moreau, 28, f° 12 r° et v°. Publié par M. d'Arbois de Jubainville, *Hist. des comtes de Champagne*, I, p. 487, d'après le *Gallia Christiana*).

On verra de même au douzième siècle Suger fonder un village sur des terres désertes, à proximité de forêts, y installer soixante hôtes et en solliciter d'autres par l'appât des franchises dont il dote le lieu[1]. Il le qualifiera de *ville neuve, villa nova.* C'en est une en effet.

L'expression est générique. Elle correspond dès le siècle précédent à une catégorie importante de villages, pépinière de villes futures. Elle appelle, à ce titre, un examen attentif.

[1] « Apud Vallem Crisonis (Vaucresson) villam ædificavimus, ecclesiam et domum constituimus, et carruca terram incultam dirumpi fecimus. Quæ quanti debeat constare, potius cognoscent qui eam ædificare innitentur; cum jam ibidem sint fere sexaginta hospites, et adhuc multi venire eligant, si sit qui provideat. Erat enim locus ille quasi spelunca latronum, habens ultra duo miliaria deserti, omnino ecclesiæ nostræ infructuosus, raptoribus et satellitibus propter affinitatem nemorum aptus. Eapropter ibidem fratres nostros Deo deservire disposuimus, ut in cubilibus, in quibus prius dracones habitabant oriatur viror calami et junci » (Suger, *De rebus in administratione sua gestis*, éd. Lecoy de la Marche, p. 164-165).

— ... Ut quicumque in quadam *villa nova* quam ædificavimus quæ Val Cresson appellatur, manere voluerint, mensuram terræ, arpennum unum videlicet et quartam arpenti partem pro duodecim denariis census habeant, et *ab omni tallia et exactoria consuetudine immunes existant.* Ita ut ne de villa sua alicujus seu regis, seu principis, seu servientis B. Dionysii submonitione, nisi propria abbatis jussione in exercitum aut expeditionem et cum persona ipsius vel cum priore si abbates defuerint, proficiant aut exeant, nec extra villam suam pro quolibet nisi pro abbate placitent. Et de arpenno terræ B. D. ubicumque illud acceperint, *quatuor nummos* census et decimam nobis persolvant : nec quisquam terram eidem villæ adjacentem, nisi in ea mansionarius fuerit excolendam suscipiat. Leges autem vulgales, quas plenas dicunt inter se, decem nummorum constituimus » (Charte de 1145, Suger, même édit., p. 360-361).

§ 3. LES FORMES TRANSITOIRES.

VILLES NEUVES, BOURGS NEUFS ET SAUVETÉS.

Des villages sont nés autour d'un ermitage, d'une chapelle ou en pleine solitude. Ils se sont développés rapidement, ils ont prospéré grâce à la protection spéciale dont jouissent leurs habitants, à la sauvegarde dont ils sont pourvus, ou à l'indépendance qu'ils doivent à leur isolement. L'expérience était trop concluante pour n'être pas profitable. Provoquer directement ce qui ailleurs n'avait été que le résultat de circonstances fortuites, appeler en un lieu déterminé, que ce fût une forêt ou un territoire inculte, des colons, des agriculteurs, des artisans, par l'appât des franchises et des privilèges qu'on leur offrirait, n'était-ce pas l'idée que l'expérience suggérait et que l'intérêt du seigneur le poussait à mettre en pratique?

Ainsi se fondèrent, espacés sur tout le sol de la France des villes neuves, des sauvetés. Leurs noms varièrent suivant les régions. Ici elles s'appelèrent villes neuves[1], bourgs neufs, sauvetés, ailleurs villes franches ou sauveterres, en Bretagne *menehi*, dans le midi salvetats, et plus tard, à partir du XIIIe siècle, bastides, etc. La variété des conditions qu'elles présentent n'est pas moindre que

[1] *Ville* a ici le sens littéral de *villa*, village. Avec le développement grandissant de ces nouvelles *villæ*, le mot *villa* a pris la place du mot *urbs*, comme il avait pris jadis celle du mot *vicus* (Cf. *suprà*, p. 54).

la variété des termes qui les désignent. Il n'existe pas de type uniforme. Néanmoins j'aperçois deux groupes distincts : les fondations qui procèdent de l'immunité, celles qui se rattachent à l'asile.

CHAPITRE I.

L'IMMUNITÉ ET L'ASILE.

L'immunité et l'asile sont des institutions offrant des points de contact nombreux et étroits, mais qui ne se superposent ni se confondent. Les divergences augmentent ou diminuent suivant que l'on met l'immunité en regard de l'asile religieux ou de l'asile laïque.

L'immunité laïque, ai-je dit dans le premier livre de cet ouvrage[1], consacrait des droits antérieurs, elle n'en conférait pas de nouveaux. Le propriétaire germain était maître chez lui. Sa terre était franche comme sa personne. Mais sur cette terre il y avait des parties plus inaccessibles, plus impénétrables que d'autres. C'était la maison, c'était l'enclos, c'était quelque pierre ou quelque arbre qu'une tradition superstitieuse faisait regarder comme sacrés. Elles constituaient un lieu d'asile que nul ne pouvait violer impunément. Elles gardèrent même ce privilège quand l'extension de la puissance royale eut pour les petits propriétaires réduit à néant la franchise originelle de leur terre[2].

[1] T. I, p. 101.

[2] « Homo faidosus pacem habeat in ecclesia, *in domo sua*, ad ecclesiam eundo, de ecclesia redeundo, ad placitum eundo, de placito

Sur les grands domaines où cette franchise survécut grâce à l'immunité, l'asile ne s'identifia pas avec elle. Si le territoire tout entier était fermé aux officiers du roi, plus tard aux officiers du justicier, il ne l'était pas également : telles places étaient privilégiées en vertu d'une antique tradition qui les réputait plus inviolables que d'autres. Ainsi la maison dans le Midi[1], ou dans les cours colongères de l'Est la cour proprement dite, une route, un champ ou un moulin[2].

Toutefois, la sanction pénale manquait. La peine en cas d'infraction était la même pour tout le territoire de l'immunité laïque : une amende de 600 solidi[3], dont le taux au moyen-âge ne tarda pas à fléchir.

En droit donc, l'asile et l'immunité produisent un seul et même effet sur les domaines laïques. L'asile ne tire sa vertu juridique que de l'immunité, et loin qu'il l'emporte sur elle il aura besoin, au contraire, d'être garanti par des conventions particulières, passées avec les seigneurs dont les hommes pourront chercher un refuge sur le terri-

redeundo. Qui hanc pacem effregerit et hominem occiderit *novies 30 solidos* componat » (*Lex Frision.* Add. I, 1).

« Qui hominem propter faidam in propria domo occiderit, capite puniatur » (*Lex Saxonum*, 27, *Mon. Germ. Leges*, v, p. 64). — Adde *Lex Alamann.*, tit. 44, cap. 1-2. (éd. Lehmann, p. 104-105, etc.).

[1] Cf. l'art. 304 du for de Sobrarbe de Tudèle (Lagrèze, *La Navarre française*, 1882, II, p. 236 : « Que nul meurtrier qui entre dans l'église ou dans la maison d'un habitant de Tudèle (*casa de vecino de Tudela*) ne puisse être saisi, et si la justice veut le garder, qu'elle le garde, mais du dehors » (*si la justicia lo quisiere curiar que le curie de fuera*).—C. de Bigorre, art. 35 (Giraud, *Essai sur l'histoire du droit français*, I, Pièces justific., p. 24) : « Domus militis semper sit secura per pacem. »

[2] Voyez les *Weisthümer* de Grimm *passim* et Hanauer, *Les paysans de l'Alsace au moyen-âge*, p. 164 suiv.

[3] Je renvoie aux textes réunis par Waitz, *Deutsche Verfassungsgeschichte*, t. IV, p. 303-304. Les 600 solidi sont d'or jusque sous Charlemagne, plus tard d'argent.

toire réputé inaccessible à la poursuite, par les conventions d'*entrecours* notamment.

L'inverse se produisit sur les domaines ecclésiastiques. L'immunité leur avait été octroyée comme une extension de la franchise dont jouissait le propriétaire germain[1]. Mais cette extension n'était nécessaire, n'était utile que pour le domaine proprement dit. Les édifices consacrés au culte, les églises, les chapelles, les monastères se trouvaient dotés depuis longtemps d'une inviolabilité meilleure.

Les Empereurs romains la leur avaient assurée, les rois francs l'avaient confirmée, les décisions des conseils la sanctionnèrent par les peines ecclésiastiques les plus rigoureuses, l'excommunication de plein droit, l'anathème[2]. Plus tard les associations de la paix de Dieu vinrent donner un surcroît de force et de vigueur à ces mesures protectrices[3].

Comment s'étonner que les abbayes et les églises fissent de grands efforts pour étendre à tout ou partie de leur territoire immune la sauvegarde plus énergique dont les

[1] Voyez le t. I, p. 105 suiv.

[2] L'asile religieux considéré en soi sera étudié dans la cinquième partie du présent livre.

[3] « Hæc est pax confirmata ab episcopis et abbatibus et comitibus, nec non vicecomitibus et cæteris magnatibus... ut ab ista die et deinceps nullus homo ecclesiam non infringat, neque spatium, neque cæmeterium, nec mansiones quæ in circuitu ecclesiæ sunt aut erunt, usque ad XXX ecclesiasticos passus.

Ecclesias autem illas in hac deffensione non ponimus, in quibus castella facta sunt aut erunt : eas vero ecclesias in quibus raptores vel fures prædam vel furta congregaverunt, vel malefaciendo inde exierunt, aut illuc redierunt, tamen salvas esse jubemus, donec querimonia malefacti ad episcopum illius aut ad sedem et conventum canonicorum ejusdem sedis prius perveniat... Ille autem homo qui... ecclesiam invaserit,... aut ea quæ in circuitu ipsius ecclesiæ sunt usque ad XXX ecclesiasticos passus irruperit, sacrilegii compositionem emendæ præfati et querelanti malefacta in duplo restituat » (Concile de Tulujes, 1041, D. Vaissette, *Hist. du Languedoc*, V, col. 442).

édifices religieux étaient pourvus? Sur beaucoup de points leurs efforts réussirent. L'immunité alors fut absorbée dans l'asile, comme dans les domaines laïques, l'asile avait été absorbé par l'immunité.

Reprenons les deux aspects que je viens d'esquisser.

CHAPITRE II.

LA VILLE NEUVE ET LE BOURG NEUF.

Des seigneurs veulent fonder des villages sur leurs terres pour en tirer meilleur parti, ou des bourgs importants dans le périmètre de leurs châteaux forts. Ils créent alors des lieux francs. Ils déclarent libres de tout service arbitraire, de toute exaction, dispensés d'impôts pour une période de temps plus ou moins longue, soustraits à toute justice autre que celle du lieu les hommes qui s'y établiront[1]. C'est la *ville neuve* proprement dite ou le *bourg*

[1] Cartul. du Ronceray, 3e roul. (ch. 58, D. Housseau, IIb, no 623, après 1060) : « donavit (le comte d'Anjou)... ut viculus... liber et quietus et absolutus foret in perpetuum ab omnibus servitiis et exactionibus, et si qua alia pertinebant ad comitem secundum consuetudinem regionis illius... omnibus utique scientibus quod aliter non posset quibuslibet pauperibus locum illum incolere. » — Il s'agissait d'un village à créer *in loco inculto et aspero.*

Cartul. de Lérins, fo 35 (Ed. de Flammare, p. 119) : « Ego Berengarius Raimundi comes Merguriensis et Marchio Provincie in manu domni Fulconis abbatis... laudo et confirmo castellum qui olim dicebatur Marcellinum liberum et immune esse ab omni invasione comitis et ut nullus ibi ospitetur, vel aliquam redemptionem querat... Propter quam libertatem volo ut deinceps appellatur *Franc...* » (1131).

Renaus de Montauban, p. 110-111. Fondation par Renaud du château et du bourg de Montauban : — (Montauban doit, en effet, son origine à une *ville-neuve*. Celle-ci fut fondée en 1144 par le comte de Toulouse Alfonse I à proximité et aux dépens du village de Montauriol qui appartenait à l'abbaye de Saint-Théodard. Voyez *Histoire du Languedoc*, nouv. éd. III, p. 731 suiv., p. 774 suiv.). —

« Le palais et la sale fisent premièrement,
A cambres et à votes et à rice ciment,
Et li mur de la vile à rice fondement.
IIII. portes i ot faites avenaument.

neuf, le *bourg franc* seigneurial ou la *ville franche*, la liberté (*libertas*) ou franchise (*francitas*)[1]. C'est un territoire auquel les principaux avantages de l'immunité sont garantis et par là une sorte d'asile relatif[2].

Des privilèges analogues étaient accordés par les seigneurs aux établissements religieux pour leur permettre de créer des bourgs, ou de développer ceux qui s'étaient spontanément formés[3].

. . . . .
Sus en la maistre roce ki contreval descent,
Iluec furent fait le plus haut casement.
. . . . .
Il le fisent savoir au pule et à la gent,
Que au noviel castiel prengent herbergement;
Ses cens et ses costumes li paient bonement;
Entresci à VII. ans ne prendera noiant.
V. c. borgois i vinrent de grant aaisement
Et puplent le castiel maitre communaument.
. . . . .
Li cent sont tavernier et li. c. sont pestror,
Et li cent sont bouchier et li. c. pesceor
Et li. c. marceant duske Inde major
Et. III. c. en i ot ki sunt d'autre labor;
Gardins, vignes, commencent à force et à valor. »

— Cf. aussi plus loin le for d'Oloron et les chartes de peuplement de l'Aragon et de la Catalogne et au § 4 celle de Villefranche-de-Conflent (1095). Dans la charte d'Asin (*infrà*, chap. VII) je relève, comme dans la chanson de Renaud, une dispense de service pour une période de sept ans.

[1] Cf. la charte de Raymond Bérenger (1025) en faveur de Barcelone (*Marca hispanica*, App. col. 1038-1039).

[2] Voyez, à la note suivante, la charte des seigneurs du château de Bazoches.

[3] « Ego... de Puteacio... addo quod liceat eis (monachis Sancti Martini) edificare burgum in terra quam donavit eis Gilduinus filius Raimbaldi et consuetudines ejusdem burgi ita absolute eis concedo ut sicut ego habeo burgum meum et burgenses meos quietos ita habeant suos excepto quod in dominio meo retinui. » (*Cartul. de Saint-Martin des Champs*, MS. f° 25 v°).

« Ego... Willelmus Anglorum rex, Nomannorum et Cenomannorum princeps, trado ecclesiæ Sanctæ Trinitatis de Cadomo.... partem de

Je dirai plus loin[1] dans quelles conditions ces *villes neuves* et ces *bourgs neufs* ont pu devenir des villes ; dès à présent, j'observe qu'ils tiennent une bien moindre place au onzième siècle que les sauvetés dont je vais parler[2]. Leur nombre et leur importance ne s'accroîtront qu'au cours des deux siècles suivants, à mesure que l'élément

burgo meo omnino quiete sicut in dominio meo habebam in confinio territorii Calinii et Cadomi extra murum. Do etiam licentiam augendi ipsum burgum intra divisas quas... determinavi... Retineo autem tres ultimas domos super aquam sitas in dominio meo, rivagium quoque totum et totam aquam juxta ipsum burgum et ut in ipso burgo nullus meus recipiatur burgensis absque mea licentia » (*Cartul. de la Sainte-Trinité de Caen*, MS. f° 15 r°-v°, juillet 1083).

« Ego Vido de Vallibus..vendidi eis (Sancti-Vincentii monachis) quandam mansuram terre juxta Pilimilium sitam et duos agripennos terre ante ipsum castellum existentes et intra castelli ambitum partem ejusdem castelli ad burgum faciendum et omnes consuetudines ejusdem burgi, bannum scilicet et theloneum et quicquid in eo habebam... » (*Cartul. de Saint-Vincent du Mans*, MS. f° 150, XIe-XIIe s.).

« Manasses Basiliensium dominus... Hugo particeps castri (Basilica, château de Bazoches (Aisne)... concedit (au prieuré de Saint-Thibaut)... intra divisiones que prefatam villam terminant *Basilicensis justitia non curreret*, nullus vicecomes violenter ibi quicquam caperet sed omnis injuria et omnia placita coram ejusdem ruris judice discuterentur. Interque decreta hoc etiam sancitum est quatenus nullus certus manens in predicto pago neque aliquis cujuscunque loci sit, ad predictum Sctum veniens *de ullo crimine objecto Basilicis nullatenus judicaretur, nisi in presentiarum foret accusator*, qui de visu illum reum accusaret et si accusatus de reatu objecto se defendere vellet *nisi statim esset qui bello eum convinceret, liber et immunis objecti criminis deinceps existeret...* quod mercator seu quilibet homo vinum aut annonam vel rem quamlibet ferens et ad prenotat. Sctum veniens in itinere vel reditu comitatus et justicie predicti castri pro nullo mercato stipendia vel aliquem ritum solveret sed expeditus abire permitteretur, quocunque vellet » (1040, *Cartul. de Marmoutier*, Moreau, t. 31, f° 181 suiv.)

[1] *Infrà* § 4 *La commune urbaine.*

[2] Deux principes essentiels : l'exclusion de toute autre justice que la justice locale, et la dispense d'impôts, sont communs aux *villes neuves* du XIe siècle, et à celles des époques postérieures. Je croirais

religieux cédera le pas à l'élément laïque[1]. A l'époque que nous étudions c'est encore à une marche en sens inverse que nous assistons.

Un degré intermédiaire entre l'immunité laïque et l'asile religieux s'offre à nous quand le village ou le bourg fondé par un seigneur est placé par lui sous la dépendance immédiate d'une abbaye. Le comte d'Anjou, Foulque Nerra,

volontiers en outre que les fondations de *bastides*, si nombreuses dans le midi au XIIIe siècle, s'opéraient suivant un monde ancien devenu traditionnel. A ce titre la description suivante qu'en a tracée l'auteur d'une monographie récente a son intérêt pour nous :

« Quand un seigneur voulait construire une bastide, il faisait connaître à tous les habitants de la contrée le jour de cette fondation. Ce jour-là le *pal*, longue perche surmontée de son écusson, était planté au milieu de l'emplacement de la future ville, dont l'enceinte était marquée par un fossé creusé dans le sol. Sur ce terrain, ainsi limité, étaient tracés des sillons se croisant régulièrement et formant comme les cases d'un vaste échiquier. C'étaient les rues, les places et les emplacements de maisons de la future ville. Chaque homme voulant y fixer sa résidence recevait du seigneur un de ces emplacements où il devait construire dans un délai fixé son habitation et dont les dimensions étaient égales entre elles et déterminées proportionnellement à celles de la ville elle-même. Elles étaient à Marestang de 4 *canes* de long sur 8 de large, à Plagnes de 5 *périons* de long sur 12 de large; à Saint-Gauzens de 4 *brassées* de long sur 10 de large; à Ornessan de 12 coudées de long sur 35 de large... Outre la place de leur maison les habitants recevaient en général des terrains plus ou moins vastes, soit pour leurs jardins soit pour leur culture. Ces terrains concédés à titre de propriétés irrévocables, moyennant une certaine redevance, étaient distribués également, dans le principe, entre les habitants.

« Presque toutes les chartes renferment la suppression des questes, albergues, tailles et emprunts forcés (à perpétuité ou temporairement) » (A. du Bourg, *Étude sur les coutumes communales du S.-O. de la France*, Paris, 1882, p. 23 suiv.) (Adde : E. Boutarie, *Saint Louis et Alfonse de Poitiers*, Paris, 1870, p. 512 suiv. Ad. Baudouin, *Charte de fondation du bourg de Saint-Gauzens*, Mémoires de l'Acad. des sciences de Toulouse, 1860, p. 285 suiv.). — La *bastide* comme la *ville neuve* n'était pas une *ville* dans le sens moderne du mot, mais un village ou un bourg.

[1] *Infrà*, chap. VII *in fine*.

en instituant un bourg franc autour de l'abbaye de Beaulieu, qu'il a bâtie près de Loches, le proclame aussi inviolable qu'une église et défend de porter la main sur la personne ou sur les biens de ses habitants. Toutefois il ajoute « aussi longtemps qu'ils seront disposés à faire droit », et toute l'économie de la charte repose sur l'autorité exclusive du comte qui l'a souscrite. C'est en vertu de cette autorité qu'il déclare affranchis de toute servitude les hommes qui se fixeront dans le bourg, qu'il défend à l'abbé de les soumettre à la taille annuelle, qu'il autorise l'*entrecours*, qu'il fixe les amendes qu'encourront les bourgeois s'ils s'insurgent[1].

[1] « Ego Fulco Andegavorum comes... in proprio alodo qui vocatur Bellilocus monasterium quoddam libera satis exequutione construxi quem rebus propriis annuente domino dotare disposui... obsecrans successores meos quicunque futuri sunt ut pro Dei amore et animarum suarum redemptione hoc quod pie incepi ipsi perficiant et omnes possessiones prefati monasterii *quasi ea que Dei sunt sua defensione et custodia muniant* nec ipsi minuant nec ab aliis minui paciantur...

... Trado autem huic monasterio et omnibus habitantibus in eo burgum totum et omnes costumas ejusdem burgi et dominium atque justiciam sine aliquo retinaculo, in quo quicunque habitabit nusquam poterit de crimine servitutis infamari *sed pro libertate alodi omnes ejus habitatores erunt liberi.* Ipsos vero habitatores in molendinis, furnis, vendis et tabernagio habebunt consuetudinarios. Consuetudinarios autem suos ubicunque vina sua posuerint sequentur et tabernagium habebunt...

Dono autem et concedo ut mercatum perenniter habeant omni die Sabbati. Addo preterea eis ut habeant et faciant in ipso alodo monetam meam de Lochis. Ipsum autem alodum *tante libertati donamus ut nullus sit qui hunc aliter quam ecclesiam dei violare aut infringere presumat* nec habitatoribus ejus aliquam violentiam inferre vel pro aliquo forifacto in rebus eorum manum mittere quamdiu ipsi ante abbatem rectum facere voluerint...

Addo preterea eis emptiones meas quas in pago Turonico feci... ita libere et quiete quod nullus homo potest in eis aliquam costumam reclamare, habitatores autem predictorum locorum et alios homines quos seped. ecclesie dedi *non talliabit abbas singulis annis,* sed tunc tantummodo quando electus fuerit vel terram emerit aut pro aliqua causa magna et evidenti. *Si homo monachorum feminam meam duxerit, vel homo meus ipsorum feminam utrumque libere habeant.* Quicumque autem infra predictum alodum aliquid vendiderit, cujuscunque ordinis aut dignitatis sit, vendas vel costumas persolvet secundum consuetudinem loci.

Et si in aliquo loco terre mee abbas loci illius pro qualicunque re bellum fecerit si homo suus victus fuerit liberum eum reducat nec aliquam forfacturam preposito vel vicario emendet. Bellum quod ante abbatum vel preposito loci aramitum fuerit ibi perficietur vel ubi abbas illud ducere voluerit. Si vero cum homine meo aut alicujus mei militis aramitum fuerit, Lucas bellum fiet.

Si contra monachos burgenses insurrexerint et in eos vel famulos aut res eorum manum miserint, unusquisque sexaginta libras et qui ad hoc arma produxerint decem libras persolvent. Si orta sedicione inter eos aliquis alium vulneraverit decem libras et qui arma produxerint sexaginta libras persolvent. Quod vero pro aliis forfaturis judicatum fuerit habebunt et districtum (lacune). Hæc ut perhenniter teneantur... » (1007, *Ex autographo*, D. Housseau, II, n° 337).

CHAPITRE III.

ASILE ET SAUVETÉ.

Le caractère religieux s'accentue et finit par prédominer. Une église est construite, un monastère est créé[1]. Les bâtiments qui servent au culte, l'espace de trente à soixante pas[2] qui l'entoure, l'aître ou cimetière, ne sont pas seulement fermés à toute poursuite et soustraits à toute violence par les capitulaires, les décisions des conciles et des papes, ils le sont encore par la crainte habilement entretenue de

[1] « Isembertus, sanctæ Pictavensis ecclesiæ episcopus, construxit ecclesiam... in convalle castri sui Calviniaci, deditque eidem ecclesiæ aqueductum... omnemque terram in circuitu ecclesiae... ut edificarentur in aqueductu molendina, in terra vero burgum, quem ita statuit liberum ut neque preposituram neque rapinam, neque aliquam prehensionem vel consuetudinem nec episcopus nec clericus neque prepositus vel aliqua persona inibi unquam auderet requirere... » (*Cartul. de Saint-Cyprien de Poitiers*, p. 136-137 (1019-1027)).

[2] « De confiniis cœmeteriorum, sicut antiquitus a sanctis Patribus statutum est, statuimus ita : ut major Ecclesia per circuitum 60. passus habeat; cappellæ vero, sive minores Ecclesiæ 30. Qui autem confinium eorum infringere tentaverit vel personam hominis, aut bona ejus inde abstraxerit, nisi publicus latro fuerit, quousque emendet et quod rapuerit reddat, excommunicetur » (*Epistola Nicolai II ad episcopos Galliæ, Aquitaniæ, Vasconiæ* (1059). Migne, t. 143, col. 1314-1315).

« Gotafredus Magalonensis Episcopus et Berengarius Agatensis Episcopus... constituerunt et laudaverunt, et dederunt ad Ecclesiam S. Vincentii sexaginta passus pedum versus omnes partes, et fecerunt salvacionem et posuerunt terminos et cruces, et totum quantum erat intra crucem dederunt Deo et Scto Vincentio... Ipsi vero predicti excommunicaverunt eos et eas qui præfatum cimiterium vel salvacionem irrumpere aut inquietare temptàverint, et responderunt omnes Amen... » (1098, *Collection Dom Estiennot*, MS. lat. 12745, p. 363-4).

l'intervention surnaturelle du saint auquel l'église ou le couvent sont consacrés.

Voyez comme le livre des miracles de Saint Benoît prend soin de raconter les punitions célestes dont furent frappés les violateurs de l'asile. L'abbaye possédait sur l'un de ses domaines une église dont l'aître délimité par des croix inspirait une vénération singulière, et passait pour le plus sûr refuge[1]. Des chasseurs ont l'audace d'y prendre un setier de blé pour nourrir leur meute. Ils la trouvent morte le lendemain[2]. Un écuyer sur l'ordre de son maître se permet de fourrager dans un pré compris dans l'atrium, son cheval, qui avait mangé de l'herbe défendue, tombe et se tue en lui brisant la cuisse[3].

[1] « Est quoddam prædiolum in Leomansi pago, quod vocatur Alsonia, patri Benedicto a Leotberto, viro probo, olim attributum... *Cruces aliquantum excelsas per gyrum cœmeterii posuerunt*, *quas nemo suum persequens inimicum*, *quamvis exitiali ejus odio detentus, transgredi audeat*, si ad ecclesiam in eodem loco constructam confugium fecerit. *Fugitivi denique, homicidæ et quicunque, aliqua alia reatus sui anxietate cogente, ad eumdem confugerint locum, immunes existunt, quandiu infra cœmeterii terminos sese continuerint.* Nemo aliquid furari, seu aliquam fraudem de qualibet re alicui facere in eodem audet atrio. »

[2] « Contigit ergo die quadam, venatores Adelardi cujusdam, nobilis viri, advocati videlicet illius prædii, venatu redeuntes, fessos ibidem cum suis resedisse canibus... Annonæ quantum sibi videbatur auferunt, attritu molarum in farinam redigunt, suis exinde pastum belluis conficiunt... Diliculo autem de suis cubilibus exsurgunt, solitam venationi operam dare cupientes, adeuntesque cubiculum in quo suos recluserant canes, januam eis patefaciunt; et introspicientes, vident eos vita defecisse... Diu ergo stupidæ admirationi vocibus questuosis immorati, tandem recedunt, domino suo infortunium quod sibi acciderat, et *quam severus ultor pater Benedictus in eos exstiterat* relaturi. »

[3] « Alio quoque tempore, dum milites propter eumdem viculum hora jentandi iter carperent, diverterunt illuc... Unus eorum suo inquit armigero... « Vade in pratum S. Benedicti, quod huic adjacet villæ, et collecto herbæ fasce, quem solus valeas collo equi imponere, defer, et tuis appone animalibus »... Interea dum ille illicito instaret

Mais l'espace occupé par l'aître n'est pas toujours suffisant pour créer un vrai centre de population[1]. Il faut que les privilèges dont il jouit soient étendus à un territoire plus vaste.

Ils le sont par l'autorité religieuse. Des prélats réunis en concile, l'archevêque ou les évêques du diocèse consacrent le lieu, posent solennellement des croix pour l'aborner, prononcent l'anathème contre tous les téméraires qui oseront l'enfreindre, que ce soit pour mettre la main

operi, vidit eum quidam de pagensibus, et accurrens ocius, nuntiavit Isaac, villæ præposito : erat enim pratum illud contiguum domui ejus. Intuitus autem Isaac armigerum falce gramen prati præcidentem, a longe excelsiori inclamat voce : « Quisnam es, o homo nefarie, qui contra fas temerator ingressus es sancti pratum Benedicti? egredere, pestifer, velocius, *ne divina ultio celerius te disperdat.* » Ille autem voces contemnens monentis, in hæc ludicra prorupit verba : « Sanctus, ait, Benedictus hac vice hoc modicum mihi indulgebit facinus »...

Contemptor autem Benedicti patris... ut suis conjungeretur sociis, qui longiuscule jam aberant, equo calcaribus admisso, eos insequi conatur ; sed antequam de villa exiret, equus præceps in terram cadens, collisa cervice, mortuus ruit. Eques, qui ei insidebat, et ipse labitur ; confractoque femore, ab humo, nisi aliorum ulnis sublevatus, surgere nequivit. *Concurrente turba ad tam subitam divini examinis vindictam*, et ipse Isaac adfuit, increpans miserum his verbis : « Nonne tibi dixeram, miserabilis, *B. Benedictum suas injurias nequaquam diu dimittere inultas?* Sed, quia mihi credere renuisti, ecce contritis membris jaces inutilis » (Raoul Tortaire, fin du XIe siècle, *Miracles de Saint Benoît*, livr. VIII, chap. 17-18, p. 300-303).

[1] Parfois il l'est, puisqu'on autorise les moines à y établir un bourg :

« Ego Avesgaudus filius Fulcaudi quicquid in ecclesia Sancti Simphoriani et Sancte Marie de Conedrario habebam ; medietatem... primitiarum... totumque cimeterium... *In eodem autem cimiterio eisdem monachis licentiam faciendi burgum permisi*, unde omnes redditus... libere habebunt, preter teloneum tantummodo quod in vigilia festivitatis Sancti Simphoriani et in die crastina in foro meo reddetur... furnum quoque *in ipso cimiterio*, si voluerint facere faciant, de quo quicquid inde exierit habeant » (*Cart. de Saint-Vincent du Mans*, MS. f° 66, 1100).

sur les fugitifs qui s'y seront abrités, ou pour faire tort et nuisance aux hommes qui l'habiteront.

Ils le sont ensuite par les autorités séculières : princes et seigneurs renoncent à leurs droits de justice ou de souveraineté sur le lieu privilégié[1], sanctionnent par des

[1] La renonciation en règle rigoureuse devait être préalable, comme le montre notamment la charte suivante :

« Hanc concordiam prolocutus est domnus Ildebertus episcopus qui tunc ad dedicationem ecclesie de Frumentariis perrexerat, quemque ab ipsâ dedicatione revertentem rogaverunt monachi ut sibi cymiterium in quadam olca extra castrum de Basagers posita dedicaret. *Qui respondit hoc fieri non posse nisi eadem olca ab omnibus consuetudinibus et ab omni vicaria libera fieret.* Quod monachi a Galebruno petentes impetraverunt. Predictam si quidem olcam ab omni consuetudine et vicaria liberam fore in perpetuum Galebrunus concessit, sicque prefatus episcopus inibi cymiterium consecravit » (*Cart. de Saint-Vincent du Mans,* MS. f° 184, 1097-1112).

Un principe général est formulé dans les coutumes de Bigorre, art. 7 : « Monasteria quibus salvitas *consilio comitis et procerum terræ jurata* fuerit, capiatur; aliter minime, si a rectore monasterii judicio proponatur. » Des exemples caractéristiques de son application nous sont fournis par les deux chartes que voici :

« Ego Bernardus comes... cognomento Tumapalerius notum fieri volens hoc cunctis fidelibus nostris..... monasterium S. Montis..... liberum esse cupiens a potestate cunctorum principum laicorum et omnium hominum iniquorum, et nisi Deo et apostolis Petro et Paulo et loco domini non esse subjectum, adstantibus his nobilibus, videlicet Austindo archiepiscopo ac nepote nostro Centullo... qui cum aliis ex pluribus vassallis feci ut daretur ei et juraretur *salvatio talis quam nullus deinceps mortalium sine magno detrimento auderet infringi vel violari. Juraverunt* ergo monasterii *salvationem* cum omni honore suo acquisito vel acquirendo in circuitu et ubique, sive ecclesiis, sive terris, villis, silvis, aquis, pascuis majoris nostri. Ita in primis Ego Bernardus comes deinceps G. et A. B. filii nostri G... et omnes quam plurimi *Arminiaci meliores*, ad ultimum vero juraverunt vicecomes Adhemarus Polesteomi cum filiis suis... Isti juraverunt nominatim splectum et peradventiam silvæ quæ nominatur Barde ad omne opus Sancti Johannis monasterii S. Montis, intus et foris ædifficandi, sive domibus seu ponti seu clausuris igneis focis, seu in omnibus necessariis rebus ad præf. monast. pertinentibus.

Hoc sacramentum et hoc placitum laudaverunt et obnixe affirmave-

peines exceptionnelles, et par la menace de leur intervention vengeresse, l'inviolable franchise du territoire et de ses habitants, font jurer par leurs vassaux qu'ils la respecteront et s'en constitueront les défenseurs[1].

Telle est la *sauveté*. Ce n'est pas une immunité, c'est un asile, garanti à la fois par des peines ecclésiastiques et des peines séculières[2]. Le taux même de celles-ci suffi-

runt postea dux et comes Aquitanorum et Guasconum Guilhelmus Centullus nepos meus, W. Astenove, Raymundus vicecomes Marciani, P. Rogerus vicecomes Gavared tali tenore ut si quis ex hac hora in antea hanc suprad. *salvationem* qualicunque modo infregerit vel violaverit *coactus judicio novies centum solidos solvat et insuper bannum comitis Gasconiæ et damnum quod fecit quadruplicatum reddat cui fori fecit.* » (*Cartul. de Saint-Jean-du-Mont*, MS. f° 3 v°, mercredi 3 mars 1036).

« Ego Sancius... totius Gasconiæ Princeps et Dux... constituo... cœnobium... atque hunc locum et villam et possessiones ad eam in circuitu pertinentes absolvo, et absolutas esse pronuncio, ab omni censu alicujus dominationis, ab amica inquisitione ullius potestatis... « Scitis, inquit, strenuissimi viri, non esse conveniens Apostolorum Principem in suis honoribus, *quasi super habere sibi seculares principes*, ideoque hunc honorem ejus, ab impedimentis contingentibus penitus absolvendum esse sensimus. Si igitur Abbas hujus loci, propter honorem, vel propter aliquam rem S. Petri, causam vel querimoniam aliquam habuerit, justiciam inde recipiat. Et si eundem abbatem vel quem pro se miserit, victum de causa esse contigerit, non... donationem alicui inde persolvat, nec aliquis ab eis inquirat, sed expectet pro merito retributionem a Domino.

Quapropter inprimis procedat mecum ad jurandum Garciâs Arnaldi comes Vigorensis... Et veniant alii comites et vicecomites, ac totius Gasconiæ optimates quos omnes esse deprecor hujus cœnobii adjutores et sicut pridem est, juremus et jurando *salvitatem hujus loci* confirmemus; quam si quis unquam temerarius, quod absit, infregerit... facta inde justitia coram abbate et completa pro malefacto digna emendatione, quingentas auri libras pro *infractura* abbati persolvat, vel quantum pro his recipere voluerit abbas... » (Charte de fondation du monastère de Saint-Pé, 1032. Marca, *Hist. du Béarn*, Paris, 1640, p. 247-248).

[1] Voyez la note qui précède.

[2] Parfois un privilège du pape ou de son légat vient encore renforcer cette double sanction. — L'abbaye de Saint-Jean-du-Mont

rait presque à le prouver. Tandis que la violation de l'immunité entraîne une amende de six cents *solidi*, l'amende encourue pour la violation de la sauveté atteint le chiffre de neuf cents[1].

obtint un pareil privilège, en 1073, du légat Gérard, cardinal d'Ostie : « Salvamentum quod infra limites constitutos ad securitatem eorum et immunitatem qui inhabitant vel ad id confugerint sub banno B. Petri firmamus et corroboramus, ut quicunque temere et audacter terminos illos id est cruces infringere aut violare præsumpserit aut invadere, B. Petri banni reum et authoritate apostolica nisi resipuerit excommunicatum se cognoscat. Insuper si quid damni intulit infra XV dies plene réstituat et componat, tum etiam satisfactiones et leges quæ ecclesiasticæ præcipiunt sanctiones, id est nongentos solidos persolvat » (*Cartul. de Saint-Jean-du-Mont*, f° 4 v°).

[1] « Quisquis aliquà temeritate violaverit, nongintos solidos ipsi ecclesiæ emendabit. Insuper excommunicatus est ab omnibus... » (*Petit cartul. de la Grande-Sauve*, ch. 13. Cirot de la Ville, I, p. 283, note 2). — Voyez aussi aux notes précédentes les chartes tirées du Cartulaire de Saint-Jean-du-Mont, et *infrà* l'article 25 du For-d'Oloron, etc.

CHAPITRE IV.

HISTOIRE D'UNE SAUVETÉ.

Les divers traits de la sauveté se dessinent clairement, tantôt réunis, tantôt séparés, dans un assez grand nombre de chartes. Nulle part, je crois, leur réunion n'est plus complète que dans les relations qui nous restent de la fondation du monastère de la Grande-Sauve (*Major-Silva*), du bourg (Sauve-Majeure) et des villages qui en sont issus[1].

Saint Gérard arrive à Poitiers en l'an 1079. Quelques compagnons le suivent, trois moines qui lui sont restés fidèles et cinq chevaliers qui veulent renoncer au monde après y avoir brillé par leur bravoure. Tous, ils sont à la recherche d'un lieu solitaire et sauvage où ils puissent, loin des humains[2], vivre dans la contemplation et la prière.

[1] Nous ne possédons plus malheureusement les beaux cartulaires de la Grande-Sauve. Ils ont été détruits dans l'incendie de la Bibliothèque de Bordeaux. Nous en sommes réduits aux chartes publiées dans diverses collections anciennes, et aux extraits faits par Cirot de la Ville dans son *Histoire de l'abbaye de la Grande-Sauve* (Paris et Bordeaux, 1844).

[2] Il faut entendre qu'il voulait fonder sur un sol vierge une société nouvelle. La suite l'a bien prouvé, et saint Gérard, dans le préambule narratif d'une charte, rappelle à mots couverts le relâchement de l'abbaye de Saint-Vincent-de-Laon dont il avait dû abandonner le bâton abbatial. Voici son récit :

« Ego Geraldus... diu optaveram eripi de mundanis fluctibus. Cæterum subjecti mihi minus obediebant, nec eorum ferrea moliri pectora quiverant, quos quidem sæcularia plus nimio negotia induraverant. ... Denique, monstrante Divina clementia portum salutis, placuit animo antra petere solitudinis, ubi nulla esset sæcularis habitatio hominis... egressus sum de monasterio comitantibus paucis... Domino

Leur arrivée coïncide avec une entrée solennelle à Poitiers du duc d'Aquitaine Guillaume VIII, plus connu sous le nom de Guy-Geoffroi. Comme le duc, protecteur infatigable de l'Église, veut les retenir sur ses terres en promettant de leur abandonner le lieu qu'ils choisiront pour retraite, l'un de ses officiers, Raoul, entrant dans ses vues, fait l'éloge d'une forêt dont la mystérieuse solitude est merveilleusement propre, dit-il, à abriter des ermites : il s'offre à y guider saint Gérard et les siens.

Le lieu où Raoul mène les pèlerins est situé dans l'*Entre-deux-mers,* au Sud-Est de Bordeaux. Telle est l'épaisseur du bois qui le recouvre qu'on ne peut se frayer un passage que le fer à la main[1]. Les vœux de saint Gérard se trouvent comblés. Ils le sont d'autant mieux qu'un oratoire en terre, dédié à la sainte Vierge et abandonné par le solitaire qui l'avait édifié, est resté debout au plus profond de la forêt. C'est là qu'il s'arrête avec ses compagnons, là qu'ils se construisent des huttes.

Pour que leur tranquillité ne soit pas troublée, il importe qu'ils soient maîtres chez eux, que tous les seigneurs possédant des droits sur l'emplacement qu'ils occupent, l'en affranchissent à leur profit. Obtenir cette renonciation est le premier souci de saint Gérard. Il l'obtient. Auger de Rions notamment abandonne le *droit de justice* auquel il pouvait prétendre[2]. Cela fait, un acte

ducente... pervenimus ad domnum Willelmum Pictavensem comitem ... qui locum attribuit nobis congruum, Silva Major nuncupatum. Quod allodium ita nobis ab illo absolutum redditur, ut a nullo ibi quidquam juris requiratur... Cum ergo ibi vellem incipere monasterium, perrexi ad domnum Goscelinum Burdegal. archiepiscopum... » (1080, *Gallia Christiana,* II, Instrum., col. 315).

[1] « Silva autem in circuitu tam densa vepribus et sentibus creverat, quod nullus ad ecclesiam appropinquare poterat nisi gladio aut alio aliquo ferramento prius iter fecisset. » (1re vie de saint Gérard, *Acta SS. Bened. Sæcul. VI,* 2e partie, p. 886).

[2] « Cum ego Geraldus... primum in Sylvam-Majorem venissem cum commilitonibus meis, et in loco qui antiquitus appellatus est Al-

solennel du duc d'Aquitaine ratifie les concessions partielles et dote le territoire acquis à saint Gérard d'une pleine immunité[1]. Aussi, dès le mois de mai 1080, un monastère commence-t-il à sortir de terre.

Toutefois la *sauveté* proprement dite n'existe pas encore. Elle ne naîtra que de l'intervention simultanée, combinée, de l'autorité religieuse et de l'autorité laïque.

Un concile se réunit à Bordeaux en l'année 1080. Saint Gérard y assiste. Le duc d'Aquitaine et les principaux seigneurs du pays renouvellent solennellement la franchise qu'ils ont, l'année précédente, accordée, les légats du pape, les évêques, les abbés présents la consacrent en déclarant *assimiler à une église*, ériger en asile religieux inviolable tout le territoire cédé à saint Gérard « *sit quasi una ecclesia, unum miseris asylum, oppressis refugium*[2]. » Seigneurs et prélats édictent contre les in-

tus-villaris, nobis remanere placuisset, quæsivimus possessores loci ipsius, ut ipsorum concessione ibi habitare possemus.

Erat quidam vir, nomine Autgerius de Rions, cujus erat ipsius allodii medietas, nam alterius medietatis multi participes erant; *sed ad ipsum Autgerium justicia et decima totius allodii pertinebant*. Hic itaque A. divina inspiratione præventus quidquid in ipso allodio habebat nobis donavit. Similiter Olivarius de Turre et fratres ejus G. G. et A., Ostendus quoque et Bonæfusus de sancto Severino et alii plurimi, qui partem clamabant in ipso allodio, quidquid ibi habebant libere nobis donaverunt. » (*Petit cartul. de la Grande-Sauve*, f° 1, Cirot de la Ville, I, p. 492).

[1] « Congregatâ itaque ibi nobilium conventione, non modicâ, eorum deprecatione quidquid juris habebat (comes) in terrâ quam Augerius eis dederat concessit. » (*Petit cartul.*, f° 2, Cirot de la Ville, I, p. 270-271). Voir *infrà* la charte de juin 1079.

[2] *Petit cartul.*, ch. 13, Cirot de la Ville, I, p. 282, note 1. — Il est regrettable que cette charte ne nous ait pas été intégralement conservée. Toutefois une grande partie de son contexte a dû passer dans la charte 15 qui nous présente un tableau d'ensemble de l'établissement de la sauveté :

« Omnes filii sanctæ Ecclesiæ matrem suam debent honorificare, et quanto potuerint exaltare. Bene igitur fecerunt qui ecclesiam quæ

fracteurs les pénalités propres à l'asile : le duc et les grands d'Aquitaine une amende de neuf cents solidi[1], le concile l'excommunication perpétuelle[2].

La sanction religieuse est désormais inséparable de la sanction civile. Aussi un record authentique, revêtu de la signature des principaux dignitaires du concile, deux légats du pape, les archevêques de Bordeaux et de Tours, les évêques d'Auch, de Saintes, d'Angoulême, de Périgueux, de Bazas, est-il ajouté à la charte qu'avait fait

incepta est in Sylvâ-Majore Domno Geraldo abbate, libertate donaverunt, ut terrenis imperiis absoluta soli Deo serviret secura.

Hoc fecit domnus Willelmus, qui et Wido dictus, Pictavensium comes egregius, totiusque Aquitaniæ dux, concedentibus et testantibus cunctis militiæ suæ militibus; hoc egit concilium in Burdegalensi civitate congregatum, ubi a Romanis Legatis et ab omnibus qui affuerunt Episcopis est sancitum ut perpetuâ excommunicatione damnatus sit quicumque hoc violare tentaverit, nisi congruâ satisfactione se expiaverit. Hoc etiam fecit P. vicecomes de Gavarreto cum omni suo exercitus collegio. Hoc quoque ego Willelmus Amanei facio, laudantibus omnibus nostræ regionis nobilibus.

Sed necesse est ut breviter dicamus *quæ sit illa libertas, quodve salvamentum*, quod ipsi ecclesiæ a præfatis viris est traditum. Ut scilicet nemo præter abbatem et monachos ipsius loci, in toto allodio ad eamdem ecclesiam pertinente quidquam potestatis vel dominationis sive advocationis in ullâ prorsus re habeat; nullus ibi quemquam insectari, non cedere, non aliquid tollere, nullamve injuriam omnino inferre præsumat, sed *totum hoc allodium sit quasi una ecclesia, unum miseris asilum, oppressis refugium, ut quicumque in eo fuerit ab omni carnali inimico securus sit.* Præterea, si quis ad hanc ecclesiam, aut peregrinus aut mercator, aut legatus, aut aliquis ab abbate vel monacho ejusdem ecclesiæ rogatus venerit, in totâ viâ eundo vel redeundo securus sit... » (*Petit cartul.*, ch. 15, Cirot de la Ville, I, p. 494-495).

[1] *Petit cartul.*, ch. 13, *ibid.*, I, p. 283, note 2.

[2] Voir les chartes des deux notes précédentes et de la note suivante. *Adde*, ch. 2 du *Petit cartul.* (Cirot de la Ville, I, p. 281, note 2) : « præsentibus Romanis Legatis H. atque A. multoque aliorum episcoporum collegio. Hoc quoque definitum est ut si quis hoc decretum violare tentaverit, se sciat excommunicatum, donec satisfecerit, tam ab archiepiscopo quam ab omnibus qui fuerunt in concilio. »

dresser au mois de juin 1079 le duc Guy-Geoffroi[1].

Ce n'est pas tout encore. Dix chevaliers se groupent autour d'un neveu du duc, et contractent avec lui une association chargée de défendre et de garantir la sauveté. Ils s'engagent par serment à réprimer toute atteinte qui y serait portée et sont admis en échange dans la confraternité du couvent[2].

[1] « Postquam igitur egregius Pictavensium comes Duxque totius Aquitaniæ Vuillelmus, domnum Geraldum... velle in Silva-Majori permanere, ecclesiamque in honore Sanctæ Dei genitricis Mariæ ædificare cognovit; multa loco isto beneficia contulit...

Donatum itaque ipsum ab omnibus possessoribus allodium, ac coram principibus regionis Sanctæ Mariæ et præfato abbati traditum, et undique disterminatum, ita sua omniumque potestate absolvit, ut nemo ibi, non comes, non vicecomes, non præpositus, non vicarius, non miles, nullaque prorsus persona aliqua ratione quidquam jure vel advocationis, sive dominationis, audeat exhibere : non violentiam cuilibet inferre, non telonium aut vadimonium capere, non judicium sive justitiam juste vel injuste exercere, nullamqu eomnino calumniam agere... Et quandoque forsitan inhabitans populus omnium, præter monachorum, sit jugo solutus : sed si quid fuerit corrigendum ad eos vel ad quos voluerint sit referendum. Quicumque autem illuc fugiens pervenerit, nemo intra terminos ipsius allodii præsumat illum insectari.

Hanc etiam libertatem et (ut vulgariter loquar) *salvamentum* concessit præfatus comes territorio quod dicitur Trajectum, quod ab eodem et ceteris possessoribus præfato abbati et S. M. ecclesiæ fuerat donatum...

Isti sunt nodatores et præfatæ donationis firmatores : S. Goscelinus, venerab. Burdegal. archiepiscopus, S. etAchelmus archidiaconus... S. Centulfus de Bierno, etc. (12 des kalendes de juillet 1079).

Sequenti etiam anno congregato Burdegalensi civitate Concilio, confirmata sunt iterum hæc a comite ipso, decretumque est ab omni Episcoporum, abbatum et sacerdotum collegio, ut quicumque aliqua temeritate violare temptaverit, perpetuæ excommunicationis damnatione reus sit, nisi ad congruam satisfactionem venerit. »

+ Ego Amatus Sanctæ Sedis Apostolicæ legatus confirmo.

+ Ego Hugo (*Idem*).

Signat. de l'arch. de Bordeaux, des évêques de Tours, Auch, Saintes, Angoulême, Périgueux, Bazas (Mabillon, *De re diplomatica*, Paris, 1681, p. 586-587).

[2] « B. de Bovilla vicecomes, et A. de Blanquoforte, et W. Heliæ,

La sauveté établie, les habitants affluèrent. Bientôt une église paroissiale s'éleva, l'église Saint-Pierre, bientôt se forma un bourg. L'abbaye institua un prévôt qui de concert avec un moine rendait la justice[1]. Elle obtint du duc d'Aquitaine la création d'une foire annuelle et d'un marché hebdomadaire[2], la dispense pour ses sujets du service de guerre et des impôts seigneuriaux[3].

A la sauveté centrale d'autres moins importantes s'ajoutèrent, auprès ou au loin, celle de Trajectum[4], celles de Corbélac et de Saint-Sidoine[5]. Des voies de communication les relièrent et l'intervalle qui les séparait ne tarda pas à se couvrir de maisons et de villageois. Tant l'attrait était grand de la proximité d'un asile et des avantages qu'il faisait rayonner autour de lui!

Les sauvetés furent ainsi les nœuds de résistance d'un vaste réseau de fermes et de hameaux, de villages et de bourgs.

Quelques traits seulement manquent à l'histoire de la

aliique multi nobiles qui tunc aderant milites, spoponderunt, et ut aptius dicamus, pliviverunt sese futuros Ecclesiæ S. M. Sylvæ Majoris defensores et advocatos, contra omnes homines tam amicos quam inimicos res ecclesiæ diripientes injuste... Si quis aliquam injuriam monachis seu clientibus suis intuterit, aut calumniam rebus eorum fecerit, et ab illis defensoribus inquisitus justa quod proceres judicaverunt facere noluerit, statim ultionem expetent et ut vindictam in illum pervasorem facient, qui, vel peregrinos expoliaverit, vel aliam aliquam injuriam facere præsumpserit. » (*Petit Cartul.*, ch. 16; Cirot de la Ville. 1, p. 497-498).

[1] Cirot de la Ville, I, p. 324.

[2] « Ego Willelm. Pictavensis comes cum quadam die ad ecclesiam S. M. Sylvæ Majoris venissem, rogatus a domno Geraldo primo ejusdem loci abbate, concessi eidem ecclesiæ ut annuale mercatum quod *feriam* vocant... » — « Concessit etiam egregius dux *septimanale mercatum*... ac per totam terram suam dedit securitatem mercatoribus illuc venientibus. » (Cirot de la Ville, I, p. 324, note 5).

[3] *Grand Cartul.*, f° 9, *Ibid.*

[4] Voyez la charte de juin 1079, *suprà*.

[5] Cirot de la Ville, I, p. 326-327, et le plan à la fin du volume, d'après les cartulaires *passim*.

Sauve-Majeure pour faire revivre l'image parfaite d'une sauveté proprement dite. A quels signes extérieurs se reconnaissait la sauveté? Qui leur attribuaient un caractère officiel? Qui en assurait le respect? Nous ne recevons pas de réponse précise à ces questions. La lacune tient, sans doute, à la destruction des cartulaires plutôt qu'à leur silence. Elle est, du reste, facile à combler avec des documents puisés à d'autres sources.

Nous savons par un grand nombre de chartes que les limites de la sauveté étaient rendues apparentes par des croix, d'ordinaire par quatre croix dressées aux quatre points cardinaux. « *Infra IV cruces* », « *infra cruces* » sont des locutions courantes. Les croix étaient posées et consacrées en grande pompe par l'autorité religieuse.

En l'an 1106 l'évêque de Toulouse cède une montagne à l'abbaye de Conques, y institue une sauveté (*salvaterram*) et dans ce but procède de ses propres mains à la pose de croix[1].

[1] « Ego A. Tolosane urbis episcopus, cum consilio dominis castri Mauronis scilicet B. et J. fratris ejus et V. et G. et P., nos omnes insimul damus domino Deo et Sancti Salvatori de Conchis... illum montem in quo hedificatur Ecclesia in honore Deo et S. Fidis, sicut fontes decurrunt per circuitum per concava loci et sicut mons *dividitur per cruces quas manibus nostris posuimus. Et ibi constituimus salvaterram* in honore Dei et b. Fidis, tali pactu ut nullus miles, neque cliens, neque joculator habeat ibi domum ad habitandum, omnisque census et omnes fiducie et omnes redditus et leide macellorum et salis et omnes donationes sint monachis in perpetuum, sicut monachi melius habuerunt in villa de Cassagalater.

Et si aliquis homo vel femina habuerit feodum in villa illa de monachis et voluerit vendere, vel dare vel inpignorare alicui homini, faciat cum consilio prioris; et si voluerit facere sine consilio prioris, revertentur ecclesie. Et si aliquis homo est in villa illa qui haberet possessiones terrarum vel vinearum vel ortorum, vel domorum et in morte sua non haberet filios vel filias legitimos ex uxore sua, vel recesserit a villa illa, omnes possessiones supradicte revertentur in dominio ecclesie de salvateria illa. » (1106, *Cartul. de Conques*, ch. 547, p. 386).

Une cérémonie plus solennelle nous est décrite quelques années plus tard. L'archevêque de Narbonne, légat du pape, les évêques de Béziers, de Carcassonne, de Nîmes, en dédiant l'église de Saint-Martin de Creissan, fixent les limites de la sauveté qui s'étendra autour d'elle. A cet effet ils font le tour du terrain qu'elle doit comprendre, l'abornent par des croix et prononcent l'anathème et l'excommunication contre tous ceux qui l'enfreindront[1].

Parfois le côté religieux de la sauveté rentre davantage dans l'ombre. Mais si voilé qu'il soit, il n'en est pas moins substantiel. Quand des donations sont faites ou des autorisations accordées à des moines pour *créer des sauvetés « ad salvitatem faciendam, construendam* [2], » quand des seigneurs s'obligent à respecter la sauveté d'un couvent

[1] « ... Factus est conventus apud villam Creissanum in territorio Narbonensi quæ juris est Ecclesiæ Sanctorum Justiet Pastoris, conventus in quam episcoporum clericorum quoque et laicorum non minimæ multitudinis nobilium ac ignobilium sub potestate domni Arnaldi Narbonæ archiepiscopi... ad celebrandam ejusdem loci ecclesiæ dedicationem in honore Beati Martini, *ad construendam quoque ibidem, ad munimentum tam futurorum, quam præsentium salvitatem*, qua communi omnium qui aderant consilio instituta et firmata, qui præsentes erant *episcopi locum ad eandem salvitatem circumeundo designaverunt et ejus continenciam crucibus infixis terminaverunt.* Quæcumque igitur persona quicquid infra easdem cruces continetur invaserit, prædatus fuerit aut temerariis vexationibus fatigaverit, vel ad hæc consilium sive auxilium suum ministraverit, ita ut vel incolam, vel peregrinum, sive omnino aliquem in præfata salvitate læserit aut quicquam violenter abstraxerit, ex auctoritate Patris et Filii et Spiritus Scti hunc anathematisaverunt et a corpore sacratissimo Dei ac Domini nostri J.-C. secluserunt.

Reliquum vero ejusdem villæ terminium hoc tenore eidem salvitati addicaverunt ut infra præfatum terminium quæcumque persona aliquid parrochianorum vel clericorum Sctorum Justi et Pastoris invaserit eidem subjaceat anathemati.

Ego Arnaldus Narbonæ archipresul et apostolicæ sedis Legatus hujus prædictæ Salvitatis invasores præfato anathemate ferio... » (5 décembre 1132, Doat, 55 f° 191, suiv.).

[2] Voyez *infrà*, chap. V.

et du village qui y attient [1] ou qui doit naître à son ombre [2], quand enfin ils confirment, par foi et par serment, avec des restrictions qui elles aussi sont probantes,

[1] Souvent, il est vrai, les seigneurs turbulents de la région commencent par violer la sauveté; ils s'en repentent ensuite, la confirment, et renoncent aux droits qu'ils s'étaient arrogés. La charte suivante en fait foi :

« Ego Bernardus de Durban una cum sponsa mea nec non cum filiis meis... recognosco injuriam quam pater meus fecit in onore Sti Stephani Asiliensis, et malignos usus quos super imposui ego dimitto domino Deo et Sancto S. et abbati Petro et omnibus monachis Asili Deo servientibus tam pres. quam futuris, ac conventione ut nec ego nec aliquis ex heredibus meis in monasterio non capiam ospicium per mandatum nec aliquam vim in omni honore faciam... Insuper justicias tocius salvetatis (Asili) et leddas mercati dimitto ut de omnibus forifactibus abbas faciat justiciam aut cui ipse jusserit. Et promitto et affirmo, juro super quatuor evangelia et omnes reliquas suprad. ecclesie ut hec emendacio omnium malorum usuum salva sit et firma absque omni diminutione et vexatione tam per me quam per omnes eredes nostri generis in eternum... »

Les formules d'imprécation contre les violateurs de cette charte sont d'une énergie singulière : « Maledicti fiant de vertice capitis usque ad plantam pedis et fiant filii eorum orphani et uxores eorum vidue, et in memoria apud Deum nunquam fiant et maledicti fiant ambulantes et stantes vel sedentes, manducantes vel bibentes, dormientes et vigilantes. » (1067, *Cartul. du Mas d'Azil*, MS. 4e charte).

[2] Le respect de la sauveté est comme le centre des autres avantages concédés par le seigneur en vue de la ville neuve à créer. J'en prends un exemple dans l'un des cartulaires de Moissac :

« Ego Artmannus et frater meus vicecomes Ademarus nec non et Poncius, donamus omnipotenti Deo et Sanctis ejus apostolis Petro et Paulo monasterio Moysiaco... ecclesiam Sancti Saturnini sitam in pago Caturcino in loco vulgo Siurag denominato quæ nobis evenit jure hereditario successione parentum nostrorum.

Damus quoque eidem ecclesie cimiterium ab integro totum simul cum babtisterio nec non et fevum presbiterale et tantum ex decimo quantum pertinet ad sacristaniam illam et in circuitu ecclesie illius *tantum terre foris cimiterium quantum sufficiat ad construendam villam* amplam in longitudine et latitudine sicuti mo(n)stratum est a nobis determatis finibus coram plurimis testibus. Donamus etiam in bosco nostro juxta posito qui dicitur Fornales tantum quantum ad

le droit d'asile d'un espace délimité par des croix [1], n'est-ce pas toujours la crainte révérentielle des choses saintes et le respect du pouvoir religieux qui sont à la base de l'institution [2]?

usum monachorum omniumque hominum ibi degentium in calefactione et in domorum suarum edificatione seu *tocius ville constructione* sufficere possit.

... Promittentes Deo et Sancto Petro nunquam deinceps per nos nec per ullam nobis suffectam personam... in hac nostra cessione, in ecclesia scilicet sive in villa Siurag *infra terminos salvationis constitutos* quicquam per vim accepturos, nec in mercato quem similiter Sancto Petro damus aliquid quacunque occasione rapturos, nec ullas personas ibi advenientes sive manentes ullo modo in exitu vel ingressu absque audientia abbatis seu proclamatione fratris ejus loco ibi manentis pro qualicunque culpa distringere, sed *fideliter omni tuicione servare et custodire omnia que nunc ad jus ecclesie illius videntur pertinere* vel in futuro Deo volente et bonis viris largientibus poterit acquirere... » (1074, 1er *Cartul. de Moissac*, MS. f° 5 r°-v°. — Cette charte a été publiée d'après une copie défectueuse de Doat dans *H. du Languedoc*, V, col. 604-605).

[1] « ... Omnibus tam laicis quam clericis ad eundem locum (Mont Saint-Jean, lieu où une église devait être construite) confugientibus et habitationem in eodem loco sibi preparantibus aut mansionem ibi habentibus *infra terminos crucum*, ego Willelmus et ego Aymericus pacem salvationem et securitatem in omnibus rebus et corporibus suis promisimus, fide ac sacramento confirmavimus, tam nos quam milites nostri et clientes. Si quis autem pro aliquo timore, offensione, vel forifacto, de alio loco ad istum locum pro salvatione rerum et corporum suorum confugerint, illis fide et sacramento confirmavimus quatinus ibi pacem et salvationem hac ratione habeant ut ejusdem loci monachi super illos clamantibus et justitiam requirentibus justitiam faciant. Si vero non potuerint, illos et res eorum a se expellant. Illi autem recedentes et res eorum per triduum pacem ab omnibus hominibus habeant... » (1119, *Cartul. de Cluny*, Cart. B, MS. f° 284 v°).

[2] En Bretagne, les immunités ou sauvetés (*menehi*, *minihi*) qui se rencontrent du IXe au XIIe siècle dans le cartulaire de Redon (ch. 107, 108, 140, 142, 150, 252), et qui se retrouvent dans le cartulaire de Landévennec (16.21) semblent synonymes de *monachia* (d'Arbois de Jubainville, *Cartul. de Landévennec*, p. 592).

CHAPITRE V.

ASPECTS DIVERS DE LA SAUVETÉ.

Les deux cartulaires les plus riches en concessions de sauvetés sont, à mon escient, les cartulaires de Lezat et de Conques. Il me semble instructif, pour compléter l'exposé qui précède, d'analyser sommairement et de grouper par localités et par dates les principales d'entre elles :

Bérat (Biragum, Belad), *Lissac*, etc., vers 1040. — Pour contribuer au rétablissement de l'abbaye de Lezat divers laïques lui donnent des biens situés à Lissac (Ariège), à Quintinianum, à Bérat (Haute-Garonne) et destinés à devenir des sauvetés : « *ut ibi res salve fierent,* » « *ad salvitatem faciendam,* » « *ad salvitatem tenendam.* » (*Cartul. de Lezat*, MS. f° 15 v°. — *Hist. du Languedoc*, V, 441).

Cog-Morta, vers 1072. — Le lieu (*locus*) de Cog-Morta est donné à l'abbaye de Lezat pour construire une église et établir une sauveté dans des limites précises[1] : « *faciant ipse abbas vel ipsi monachi salvetatem.* » — Les habitants actuels devront chaque année un cens de deux deniers, les habitants futurs un cens à fixer par les moines[2]. La justice sur les domiciliés et sur les violateurs de la

[1] « Unde monstratum habemus per ipsos terminos de ipso perario usque ad fontem et de ipsa fonte usque ad strata puplica. »

[2] « Et de ipsos homines qui intra istos terminos stant et mansiones habent, faciant et donent censum per unumquemque annum II^{os} denarios, et de alios qui venturi sunt vel hedificaturi mansiones vel cellarios in providentia abbatis vel monachis sit quale censum reddere debeant. »

sauveté est attribuée à l'abbaye[1]. (*Cartul. de Lezat*, f° 47 r°. — *Hist. du Languedoc*, V, col. 593).

Bérat et Cog-Morta. — Au mois de mars 1084 les deux localités sont réunies pour former une seule paroisse et une même sauveté abornée par quatre croix : « Firmam et corroboratam cunctis habitantibus ibi et confugientibus intra cruces a IIII^{or} partibus determinatas tuicionem esse et perhennem salvitatem. »

La condition des habitants est réglée ainsi : En principe, tous ceux qui viennent s'établir dans la sauveté et y obtiennent des casales (terrain à bâtir avec ses dépendances) deviennent les hommes des moines. Exception est faite pour les sujets des divers seigneurs qui ont contribué à créer et qui garantissent la sauveté. Ceux-là ne devront à l'abbaye que le cens annuel, la justice foncière et les droits paroissiaux; pour le surplus ils continueront à relever de leurs anciens maîtres. Le cens du casale et l'amende du plaid sont tarifés à deux deniers pour tous les habitants[2]. (*Cartul. de Lezat*, f° 47 v°. — *Hist. du Languedoc*, V, col. 684-685).

Licairac, vers 1055. — Par une convention passée avec Pons Bernard et son frère et avec les trois frères Roger, Sicfred et Amelius, le moine Pons assure à l'abbaye de Conques la propriété d'une montagne et d'une église entourées de croix[3], dépendant du village de Licai-

[1] « Et justicia similiter sit de ipsos homines qui infra istos terminos steterint vel ipsam salvetatem fregerint... ad abbatem et ad monachos. »

[2] « Habitantibus in eadem salvetatem de B. si placitum acciderit in presentia monachi II^{os} solummodo dent pro justicia denarios, tantundem videlicet quantum pro unoquoque casale dederint censum. Homines vero si qui de honore et de genere predict. donatorum in eadem salvetate casalati fuerint, censu et justicia casalis sui et ea que ad jus ecclesie pertinent reddito, eorum erunt de quorum successione processerunt. Si qui vero de alia terra et de alio senioratu a monacho casalati fuerint, sui erunt et loci illius. »

[3] « Ipsum montem et ipsum locum in quo ipsa æcclesia fundata est, quantum ipse cruces que in circuitu ipsius montis fixe sunt concludunt. »

rac (Aude). A l'intérieur de cette sauveté[1] chacun des deux groupes de frères qui ont traité avec le moine obtient un emplacement suffisant pour construire une maison de six brassées en tout sens, à charge d'une livre de cire par an. (*Cartul. de Conques*, p. 71-72).

Lavaur. — De 1060 à 1065 des seigneurs laïques donnent à l'abbaye de Conques l'église de Lavaur avec l'alleu qui s'y rattache. Ils promettent de n'accorder à nul autre corps religieux l'autorisation d'établir une sauveté dans l'alleu du château de Lavaur : « Facimus convenientiam abbati ... ut in alodio de castello de Vauro alicui Sancto non donemus *licentiam faciendi salvetatem* nisi predicto abbati et monachis de C. » La donation est faite du consentement du comte et de l'évêque de Toulouse, et avec l'approbation des vassaux des donateurs. (*Cartul. de Conques*, p. 381).

Coueilles, 1073-1087. — Donation en alleu, par des laïques, de la moitié de l'église et du village (*villa*) de Coueilles, tel qu'il est délimité par des croix, de la moitié des cens, services, et droit de justice, pour que les moines y fondent une sauveté « *ut monachi S. F. ibi constituant salvetatem.* » C'est une charge qui leur est imposée, car on stipule que la violation de la sauveté par un tiers n'entraînera pas la révocation de la libéralité « si aliquis homo eandem salvetatem fregerit, non perdant per hoc monachi S. F. istum donum et acaptamentum, » et qu'en cas d'acquisition d'une autre terre sous la condition d'y établir une sauveté « *per convenientiam de salvedad* », elle sera englobée dans la première et les moines ne manqueront pas d'y poser des croix. (*Cartul. de Conques*, p. 70-71.)

Tauriac, vers 1087. — Donation en alleu d'une église et de toute une sauveté, telle que le moine Arnulf et P. Raino

[1] « In ipsa autem salvetate, infra ipsas cruces, dono ego Poncius monachus tibi P. B. et fratri tuo y locum ad faciendam mansionem de sex brachiatis longitudinis et latitudinis ex omnibus partibus inter domum et inter ipsam autem cum exitu et reditu..... »

l'ont délimitée en présence des donateurs[1]. L'un de ceux-ci reçoit deux maisons ayant chacune huit brassées de long sur quatre de large, à l'intérieur de la sauveté. (*Cartul. de Conques,* p. 60.)

Castelmaurou, 1106, *et Cassagnes*, 1061-1065. — L'évêque de Toulouse et les seigneurs du château de Maurou donnent, pour y construire une église, une montagne entourée de croix qu'ils ont posées de leurs propres mains. Ils en font une *sauveterre,* défendant à tout chevalier, vassal ou jongleur d'y habiter, attribuant à perpétuité à l'abbaye tous les cens, les gages et amendes, les redevances, la leude des étaux et du sel, les droits sur les donations, comme elle les possède au mieux dans le village de Cassagnes, lui adjugeant en outre par déshérence les biens immeubles des personnes qui meurent sans enfants légitimes, et par confiscation les biens vendus sans son autorisation. (*Cartul. de Conques,* p. 386)[2]. C'était sans aucun doute une sauveté aussi que le village de Cassagnes, pris pour terme de comparaison. Une église y avait été transférée, des croix posées, et le tout donné en alleu à l'abbaye, avec dîme, viguerie et justice, quart des fruits (1061-1065)[3].

Marestang, 1107. — Gaucelme de Lesparre et ses frères, en présence des chefs (*principes*) de leur château, abandonnent au monastère de Conques le lieu de Mansirot qui désormais doit s'appeler Marestang, pour y établir, dans une enceinte délimitée par des croix, une sauveté, un couvent et une garenne « ad salvetatem et monasterium ... ibi construendum et ad cunillos etiam per forestem nutriendos, sicuti cruces inposite designant per circuitum. » — L'archevêque de Bordeaux et le duc d'A-

[1] « Et totam salvetatem sicut Arnulfus monachus et Poncius Raino nobis præsentibus determinaverunt. »

[2] Voyez le texte *suprà,* p. 183, note 1.

[3] *Cartul. de Conques,* p. 61-62.

quitaine interviennent pour confirmer la donation et sanctionner la sauveté. Le premier reconnaît en pleine franchise (*ingenue*) à l'abbaye l'autorité et les revenus ecclésiastiques de la sauveté, sous réserve de la suprématie spirituelle de l'archevêché[1]; le duc approuve la franche transmission à l'abbaye de tous les biens qui seront ajoutés à la sauveté et, au vu des principaux seigneurs de la région, il accorde sécurité et franchise dans ses États à tous les biens qui s'y rattachent[2]. (*Cartul. de Conques*, p. 349).

Je signale, en terminant ce chapitre, deux importantes chartes de sauveté du XIe siècle dans le cartulaire de Saint-Sernin, l'une où la concession d'un marché et de la justice précède l'établissement de la sauveté, l'autre où nous trouvons un tarif des droits de justice et la concession de droits d'usage. Comme quelques-unes des précédentes elles nous laissent entrevoir déjà la condition des habitants de la sauveté, condition que des documents plus explicites vont nous permettre d'observer de plus près[3].

[1] « In quantum pertinet ad ipsam beatæ Fidis salvetatem, salva reverentia nostræ sedis, concedo ingenue omne jus et debitum ecclesiasticum perpetuo inibi conservandum. »

[2] « Hanc cartam donationis laudo et confirmo et quicquid deinceps ab aliquo in terra mea ad ipsam beatæ Fidis salvetatem datum fuerit ingenue concedo, dono securitatem semper et ingenuitatem per totam terram meam, coram principibus patriæ, rebus omnibus que ad ipsam salvetatem pertinent. »

[3] *Sauveté de Landarror* (Angoumois) vers 1040 : « Ego Arnaldus Willelmi vicecomes et ego A. donatores sumus... Donamus Sancto Saturnino alodium... æclesia quam vocant a Sancta Maria de Landarore cum ipso æclesiastico, et quinquaginta VI dinairatas de vineas; et pro isto honore donent illi clerici qui istum honorem tenent II sol. et VI den. a Sancti Petri de Roma... et in ipso loco donamus duas masos et duas masadas et *mercato et justitia;* et de ipso mercato habeat A. medietatem excepto justitia.. Unde quia jam præf. martiri a nobis donatum simul et traditum est, *cum ipsius martiris Sat. patrocinio et subter scriptorum episcoporum adjutorio, ibi salvitatem facimus, et securitatem stabilimus.* Quod si aliquis ipsam

salvitatem frangerit... excommunicationi superpositorum episcoporum et clericorum totius ordinis subjacebit... Et ipsa salvitate habet plivita Arn. vicecomes, et A. et R. etc., etc. (*Cartul. de Saint-Sernin*, p. 163-164).

Sauveté de Matepezoul (N.-E. de Toulouse) : « Hec est carta cognitionis quomodo salvitas de Mata Pediculo fuit ædificata et constructa... Petrus P. prior æclesiæ S. Saturnini et Bernardus Arnaldus et filii sui... *fecerunt concordiam ut facerent ibi salvitatem; et cum fuit totum concordatum et stabilitum, venerunt ad episcopum Tolosanum Isarnum et ad comitem Willelmum;* dixerunt eis quomodo volebant salvitatem ad opus pauperum facere. Quæ causa valde placuit episcopo et comiti; et laudaverunt et firmaverunt modis omnibus hanc salvitatem... Et retinuit ibi comes, ut quicumque eam infringeret *quingentos solidos* comiti daret. *Sicut cruces fuerunt positæ, ita est salvitas* usque in Erz per totum; et omnes homines et feminæ qui ibi steterint debent habere splectam de boscis ad focum et ad omnem bastimentum; et similiter debent habere pascua in omnibus locis, et introitum et exitum sine constrictione... *Et posuerunt legem* ut omnes qui ibi habitarent darent fidantias et justitam elemosinario : *pro levibus culpis IIII*[or] *den.; pro sanguinis effusione, VII sol.* » (1080-1098. *Cartul. de Saint-Sernin*, p. 382).

CHAPITRE VI.

L'ORGANISATION DE LA SAUVETÉ ET LA CONDITION DE SES HABITANTS.

Par l'établissement de la sauveté les habitants qu'elle attire échappent à l'action du dehors. La vengeance privée ne peut plus les atteindre; les poursuites d'un maître tyrannique se brisent contre une barrière victorieuse; l'impunité même est assurée aux criminels.

Si cette dernière conséquence nous choque et nous révolte, elle ne choquait ni ne révoltait les hommes du moyen-âge. Délit et peine, concepts absolus pour nos esprits, étaient pour les leurs des notions toutes relatives. Le délit, au point de vue temporel, n'existait que par rapport aux personnes directement lésées ou aux seigneurs justiciers intéressés à en tirer réparation[1].

Une protection si entière vers le dehors n'excluait pas, tant s'en faut, une subordination étroite au maître de la sauveté. N'était-ce pas pour lui, dans son intérêt, qu'elle

[1] Sans souscrire entièrement aux lignes qui suivent, elles me paraissent contenir une bonne part de vérité : « Le droit d'asile... n'était pas un effet de l'esprit de miséricorde des hommes du moyen-âge. Il était le résultat logique de deux principes : Le crime appartenait à la juridiction du territoire où il avait été commis, il n'était considéré que comme une infraction à la paix locale, et il n'ouvrait droit à la *Fehde*, c'est-à-dire à la poursuite qu'au lésé ou à sa famille. D'un autre côté, le domaine dans lequel le délinquant s'était réfugié, était clos à cette poursuite; de là la *Freyung*, la franchise; le maître du lieu de refuge dont la paix n'avait pas été enfreinte, n'ayant aucun droit ni aucun intérêt à participer à la *Fehde* encourue ailleurs. » (Chauffour, *Quelques mots sur les cours colongères*, dans la *Revue d'Alsace*, Janvier 1866, p. 38).

avait été créée? Il fallait donc que les nouveaux arrivants subissent la contre-partie des avantages qu'ils recherchaient, qu'ils s'acquittassent d'obligations corrélatives. En échange de l'asile, de la sécurité, de la franchise, ils doivent des cens et des services, ils deviennent les sujets du propriétaire qui les accueille sur son territoire privilégié.

Néanmoins, dans l'ensemble, le progrès est manifeste. Nous touchons aux racines des premières chartes communales.

Une série de documents surtout méritent d'être étudiés. Au milieu de l'onzième siècle, de 1058 à 1060, un seigneur du Berry, Jean de Saint-Caprais, fit don à l'abbaye de Saint-Denis de terres et de redevances qu'il tenait en fief d'Archambaud de Bourbon[1]. La grande abbaye avait possédé jadis de vastes domaines dans le Berry; mais victime, comme tant d'autres, des invasions magyares, elle les avait perdus[2]. C'était une occasion excellente qui s'offrait à elle de reprendre pied dans la région et de récupérer peut-être ses possessions anciennes.

Sitôt que le suzerain eut ratifié la donation de son vas-

[1] Cartulaire de la Chapelle Aude, nº 12, p. 21-22 : « Omnem possessionem meam quam habebam in fiscum de domino meo A. Burbunensi, sive in casatis sive in meo dominio, et mansos de Monte Juliano et omnes hæredes utriusque sexus cujuscumque conditionis sint cum hæreditatibus suis, terram, prata, sylvas, vineas; et sicut de terra et hominibus faciebam velle meum, ita monachi S. Dionysii et de terra et de hominibus faciant velle suum... Volo autem scire omnes homines hæc omnia... me hereditario jure non possedisse, sed patrem meum Geraldum probitate sua a domino A. acquisisse. »

[2] « Post mortem Karoli magni, Humgris divina permissione Francorum fines invadentibus, multa vel diruta vel amissa esse injuste referuntur; inter que multa monasteria vastaverunt, incenderunt, et res Sancti Dionisii aliquantulum destruxerunt, quas habebat in Bituricensi provincia, aliisque diversis provinciis. » (Charte de Richard, archevêque de Bourges, vers 1088, *Cart. de la Chapelle Aude*, ch. 20, p. 43).

sal, elle s'empressa d'envoyer des moines et de fonder un prieuré et une église. Mais les terres étaient presque vierges d'habitants; comment en appeler? La sauveté y pourvut.

Quatre croix de bois furent plantées, englobant, outre le prieuré et l'église, un territoire propre à bâtir, qui devait servir de berceau à un bourg, au futur bourg de Chapelaude. Emplacement consacré, lieu d'asile défendu par l'autorité ecclésiastique, ce territoire, l'autorité séculière le prit à son tour sous sa protection et en garantit les privilèges.

Sur la demande des principaux seigneurs de la région, Archambaud de Bourbon, Humbaud d'Huriel, le roi de France, Philippe Ier, proclama dans une charte solennelle, contresignée à la fois par l'archevêque de Bourges, de nombreux évêques et abbés, et par de puissants laïques, que le lieu compris entre les quatre croix serait un asile inviolable et jouirait de l'immunité de justice, de tonlieu, de service de guerre[1]. Archambaud de Bourbon reçut mission de faire respecter l'immunité et la sauveté[2],

[1] « Quod petebant in tanta libertate concessi, ut in presentia multorum constituissent quatinus juxta suprad. Capellam *loca quatuor terminarentur in quibus singulis crux lignea poneretur*. Quod si forte fur vel alicujus criminis reus infra constituta loca deprehenderetur, liber omnino esset, quamdiu infra metam quatuor locorum moraretur, reddita pecunia, si apud se inveniretur, unde criminis furto accusabatur. Si autem suprad. Capelle aliquis incola vicino suo vel extraneo injusticiam fecisset, nullius hominis nisi solius prioris vel aliorum fratrum justicie subjacuisset...

Ad ultimum vero regalis sublimitas tantam incolis Capelle libertatem concéssit, ut nullus in ea habitans bannum aut teloneum aut vicariam aliquam nisi Sancto Dyonisio persolvisset, nec alicujus hominis precepto contra adversarios in expeditionem perrexisset, nisi cum communione archipresulis, vel ad defendendam Sancti Dyonisii terram pro utilitate monachorum. » (1065, *Cart. de la Chapelle Aude*, ch. 13, p. 23-24).

[2] « Et cuicunque de genere suo castrum Burbunense possidere contigerit, precipue super æcclesia et rebus monachorum curam ge-

et l'un de ses fils, en acceptant la même mission, reconnut qu'elle devait s'exercer sous le contrôle et la haute discipline de l'archevêque de Bourges[1]. Enfin, le lieu fut doté de trois foires annuelles dont les franchises sanctionnées par l'archevêque de Bourges et le sire d'Huriel devaient accélérer l'accroissement de la population sédentaire[2].

Peu de traits s'ajoutent, dans ce rapide aperçu, à ceux que l'étude de la sauveté nous a rendu familiers. Mais une précieuse charte nous laisse pénétrer plus avant. Elle nous retrace la condition faite aux habitants de la sauveté, telle que, dès l'an 1073, elle a été fixée par le prieur Hugues, de l'assentiment de l'archevêque de Bourges, en présence et de l'aveu des seigneurs circonvoisins[3].

La puissance publique appartient au prieur. Il s'en sert pour faire respecter la sauveté à l'intérieur, j'entends

rat, eosque magnopere defendat, et ad eum res et villa respiciat, ita tamen quod nullam ibi possit exercere potestatem, nisi amor prioris ceterorumque monachorum ei permiserit. » (*Ibid.*, p. 24-25).

[1] « Deprecor itaque paternitatem tuam, domine Ricarde, ut si aliquis de genere meo vel alia quelibet persona hanc immunitatem... violare presumpserit,... tu et omnes successores tui presidentes Biturice sedi Deo et sancto Dyonisio et domino Burbunensi defensores existatis, et monachis de injusticia plenariam justiciam faciatis. » (23 juin 1077, *Cart. de la Chapelle Aude,* chap. 14, p. 28).

[2] « Ricardus Bituricensis archiepiscopus volens augmentare... Capellam in monte Julano fundatam... sicuti Aymo... predecessor suus decreverat et preceperat fieri nundinam, que vocatur feria, apud Capellam consuetudinarie prima ebdomada quadragesime, ita et domnus Richardus jussit et decrevit fieri nundinam, que vulgo vocatur feria, apud Capellam consuetudinarie die ascencionis dominice et in festivitate sancti Dyonisii. » (mai 1065, *Cart. de la Chapelle Aude,* ch. 16, p. 32).

[3] « Cum... villa... ab omnium potestate hominum, nisi solius prioris et monachorum Scti Dionisii, esset inmunis et libera effecta, quasdam consuetudines priori ejusdem loci Ugoni nomine, consensu Richardi archiepiscopi Biturigensis... tociusque sui capituli consilio, quin etiam Umbaldi Uriacensis aliquorumque illius regionis optimatum asstante presencia et concedenti, constituere placuit. » (1073, *Cart. de la Chapelle Aude*, ch. 19, p. 40-41).

pour y maintenir l'ordre. Tous ceux qui le troublent, soit qu'ils apportent des armes, se livrent à des violences, se rendent coupables de vol ou commettent quelque autre délit, soit qu'ils tentent de faire acte d'autorité privée dans les transactions civiles, notamment en s'emparant d'un gage, sont justiciables de son tribunal.

L'exercice de cette juridiction est lucratif. Non seulement le prieur touche intégralement le *bannum,* l'amende encourue pour infraction aux règlements qui défendent de violer la paix en faisant tort à autrui ou en se faisant justice soi-même — *pro transgressis bannis, pro infractione ville,* — amende qui est fixée a soixante solidi, mais il prend le tiers des compositions, *leges,* que le coupable doit payer à la partie lésée et qui varient suivant la gravité de son acte et sa propre condition[1].

Vers le dehors, l'asile reste sauf. Le voleur étranger, nanti encore du fruit de son larcin, est tenu de le restituer si la plainte est immédiate, l'homme d'autrui est invité à suivre son maître qui le réclame; mais on s'en tient là. Voleur et serf fugitif sont, eux et leurs biens, en parfaite sûreté dans l'enceinte des quatre croix[2].

Le droit de police et de contrainte (*bannum*) n'est pas moins avantageux au prieur que son droit de juridiction. Il déborde de beaucoup sur l'intérêt général. S'il importait à tous que l'ordre et la paix fussent assurés par des règle-

[1] « Emendabit tantum catallum et *talem legem qua vixerit,* sive sit liber, sive servus, sive colibertus. » (1065, ch. 16, p. 35).

[2] « Si intra cruces injuria illata non fuerit, prior non ei rectum faciet, ille tamen injuriator et tota substancia sua infra villam secura permanebunt, nisi sit aliquod furtum vel insublatum quod sibi illico reddetur, salvo tamen fure vel raptore, quamdiu intra cruces demorabitur... Quod si aliquis modo homo in villa moretur, domino suo servire nolens, si dominus ejus priori sive preposito super eo querimoniam fecerit, eum ut serviat domino amonebunt, si noluerit, intra cruces ipse et sua tuta erunt, extra vero minime. » (*Ibid.,* ch. 19, p. 44).

ments et des édits, une monnaie loyale mise en cours, les poids et les mesures vérifiés et contrôlés, des tarifs obligatoires dressés pour la vente des denrées usuelles, le pain, le vin, la viande, c'était par contre l'intérêt seul de l'abbaye qui faisait proclamer le ban du vin jusqu'à ce que ses récoltes fussent écoulées, qui obligeait les habitants à porter leur pain au four banal, au moulin banal leurs grains [1]. Nous entrons ici dans le domaine de l'impôt seigneurial, pur et simple, indirect sous forme de monopole, direct sous forme de charges sur les immeubles ou de prélèvements faits sur les valeurs mobilières.

L'objectif manifeste des moines était de concentrer toutes les redevances foncières dans leurs mains, de s'en réserver le bénéfice exclusif. Dans une charte qu'ils font souscrire à Humbaud d'Huriel, ce seigneur défend à riche et à pauvre possédant terre dans l'enceinte des quatre croix d'y asseoir une charge préjudiciable aux moines [2]. Le prieur interdit à tout vendeur de maison ou de terre censuelle d'y réserver un cens [3]. Enfin les chevaliers, dont on craint la puissance dominatrice [4], ne sont admis qu'en vertu d'une autorisation toute spéciale du prieur à acquérir des maisons dans le bourg.

Néanmoins il devait y avoir, à côté des maisons, à côté

[1] Charte 19, p. 42-43.

[2] « Affirmo et concedo ut si aliquis prepotens persona vel pauper habet aliquam terram intra IIII^{or} terminos denominatos, non habeat licentiam aliquam consuetudinem in illa terra mittere, unde possit oriri aliquot dampnum Sancti Dionisii. » (1068, ch. 15, p. 31).

[3] « Si quisquam in domo vendita, vel in aliqua censuali terra Sancti Dionisii, censum proprium retinere velit, nullatenus licebit. » (ch. 19, p. 41).

[4] « Excepto milite, quem ideo excipimus, ne aliquem (ou aliquis) in ville habitatores dominatum exercere velit » (ch. 19, p. 41). — On peut rapprocher de cette prohibition cette autre qui est écrite dans une charte de sauveté du monastère de Conques (*suprà*, p. 183, note 1) : « constituimus salvaterram... tali pactu ut nullus miles, neque cliens, neque joculator habeat ibi domum ab habitandum. »

des jardins et des vignes possédés par les tenanciers proprement dits du prieur, des immeubles appartenant à des propriétaires qui les habitaient et les exploitaient eux-mêmes ou à des seigneurs qui les avaient concédés à leurs tenanciers héréditaires. Les efforts de l'abbaye tendaient alors à faire rentrer ces deux catégories d'immeubles dans la première, afin de devenir par là propriétaire foncier unique.

Le noyau primitif de ses tenanciers était formé par les tenanciers héréditaires établis sur les terres qui lui avaient été données par Jean de Saint-Caprais, Archambaud de Bourbon et Humbaud d'Huriel [1]. Il s'accrut par les libéralités de même nature qu'elle put obtenir dans la suite, et par les conditions imposées aux nouveaux habitants. Toute personne qui voulait construire une maison dans le bourg devait payer un droit de premier établissement (*mercatio*) et se soumettre à un cens annuel, droit et cens débattus à l'amiable. L'établissement pouvait aussi bien se faire sur les jardins (les vignes étaient exceptées) jusque-là occupés par d'autres tenanciers de l'abbaye que sur des emplacements libres [2].

En tout cela la préoccupation dominante était d'augmenter le nombre des maisons, dont le cens l'emportait sur celui des terres, et d'élever le chiffre de la population imposable [3]. L'abbaye, du reste, est loin de se désintéres-

[1] « ... Hominibus et mulieribus terram hereditariam, que fuit data Sancto Dionisio, tenentibus » (ch. 19, p. 41).

[2] « Si quisquam hortum aut aliquam terram censualem, preter vineas, infra cruces que extra villam sunt, et Sancto possederit, si alius ibi domum ædificare voluerit, prior, accepta mercatione et majori censu, licentiam inde dare poterit » (ch. 19, p. 41).

[3] Je ne saurai croire pourtant que cette préoccupation soit allée jusqu'à enchaîner au sol ceux qui s'y étaient une fois établis. L'abbaye aurait réduit à néant une grande partie des avantages de l'asile. C'est par suite d'une méprise que l'éditeur du cartulaire, M. Chazaud, a écrit : « Une fois domicilié à la Chapelle Aude, on n'en peut

ser du recrutement de cette population; elle le surveille; elle y préside; elle fait venir de l'Ile de France des serves qu'elle marie à des serfs fugitifs pour retenir ceux-ci à son service [1]; son autorisation est nécessaire, à peine de confiscation, chaque fois qu'un habitant veut vendre sa maison ou sa terre [2].

Tous les habitants, qu'ils soient ou non tenanciers des moines, sont astreints au droit de gîte, quand arrive dans le bourg un personnage de marque. Tous aussi doivent, en pareille occurrence, faire un crédit de quinze jours pour le paiement du pain, de la viande et de toutes autres denrées marchandes.

Enfin un impôt est levé sur les bœufs, les porcs, le vin vendu, un denier par porc, deux par bœuf, un setier de vin par tonneau débité sur place, une obole par ânée, quatre deniers par chariot à quatre roues du vin exporté [3].

plus sortir pour se fixer ailleurs, si ce n'est sur la terre de Saint-Denis, c'est-à-dire du prieuré de la Chapelle Aude; on est à perpétuité le bourgeois, l'homme du prieur » (p. XIV-XV). — Le texte ne vise pas la translation du domicile, mais le déplacement, la vente ou l'impignoration de la bâtisse : « Si quis de villa domum removere voluerit, non liceat, nisi in terra Sancti Dionisii eam collocaverit; si vero vendere aut pignorare placuerit, si prior aut quisquam Sancti Dionisii homo eam retinere voluerit, vilius ei quam alii tradatur » (ch. 19, p. 41). La plupart des maisons à cette époque étaient, en effet, de bois; elles pouvaient se démonter et se transporter ailleurs.

[1] « Noscant tam presentes quam futuri Giraldum Carpentarium suum nativum solum dimisisse, et hospitatum fuisse Capelle, in terra Sancti Dyonisii, et concessisse se ipsum serviturum Sancto Dyonisio et monachis Capelle sicut suum proprium hominem. Postea vero dominus Ugo prior et monachi dederunt ipsi Giraldo uxorem quamdam nomine Aldeardim, que venerat de Francia, et erat juris Sancti Dyonisii... » (1098-1108, ch. 33, p. 71).

[2] « Si quis etiam de habitatoribus Capelle domum suam aut vineam aut quamlibet possessionem vendiderit aut pigneraverit, nesciente priore, postquam ad noticiam prioris venerit... prior res venditas integre accipiet, sine aliqua restauracione » (ch. 19, p. 41).

[3] Ch. 19, p. 42-43.

Tout compte fait, les charges ne balançaient pas les avantages. Les bourgeois de la Chapelle-Aude ne payaient pas trop cher la sécurité que l'asile procurait au faible contre la vengeance privée, au serf contre les poursuites de son maître, à tous contre les spoliations de seigneurs pillards, et que rendaient plus précieuses les franchises découlant de l'immunité, la dispense notamment du service de guerre. L'ordre et la paix étaient maintenus à l'intérieur, et pris en soi les charges et les impôts prenaient un caractère normal et régulier du fait qu'ils étaient fixes, soustraits à l'arbitraire, et en quelque manière conventionnels[1].

La charte que j'ai analysée peut donc à juste titre être considérée comme un prototype, comme un type précurseur des chartes communales. Elle peut l'être d'autant plus que nous y discernons déjà l'embryon d'une milice communale et d'une caisse commune. Les bourgeois doivent prêter main-forte en commun au prieur contre tout envahissement des biens du prieuré[2], ils doivent en commun pourvoir aux frais de séjour des hauts et puissants personnages qui viennent à la Chapelle-Aude dans l'intérêt de sa défense ou dans un autre but d'utilité commune[3].

Et qu'on ne croie pas que nous ayons affaire à un document isolé. Isolé il l'est, sans doute, en l'état présent de nos sources, mais il était fort éloigné de l'être en son

[1] On réserve seulement pour l'avenir le droit de les augmenter à proportion du développement que prendra la nouvelle ville : « Has prescriptas placuit ad presens disponere consuetudines, verum, si villa adolebit, monachi redditus suos consuetudinesque, prout villa augmentabitur, augere poterint » (ch. 19, p. 46).

[2] « Si aliquis in res Sancti Dionisii tirannidem suam injuste exercere voluerit, et prior ei velit aliquomodo, pro defendendis rebus suis, contraire, burgenses ei pro posse suo auxilium ferent » (ch. 19, p. 44).

[3] « Si archiepiscopus vel aliqua potens persona, pro defensione ville, vel *pro communi utilitate burgensium*, in villam venerit, eum *communiter* burgenses procurabunt » (ch. 19, p. 45).

temps puisqu'il ne cesse de se référer à l'*usage constant des autres villes*[1].

La sauveté ne saurait donc s'offrir plus clairement à nous comme un trait d'union historique entre l'agglomération villageoise et la commune urbaine.

[1] « Sicut faciunt aliarum villarum dominis subjecti sui » (ch. 19, p. 44). — « Ut mos est villarum dominis » (p. 45). — « Secundum consuetudinem que de bannis dominorum transgressis habetur » (*ibid.*). — « Exceptis bannis que habent domini in villis » (*ibid.*) — « Vicariam habebit prior in villa, et omnes alias consuetudines, quas habent domini in villis suis » (p. 46).

CHAPITRE VII.

LES TRANSFORMATIONS DE LA SAUVETÉ. — LES CHARTES DE PEUPLEMENT ET LES PARIAGES.

Les seigneurs laïques ne purent regarder d'un œil impassible et désintéressé le succès des sauvetés et le profit matériel qu'en retiraient les corps religieux. Ils en convoitèrent leur part. De là ces abandons de possessions foncières à charge de créer des sauvetés, de là surtout ces conventions qui assurent au cédant une portion des bénéfices à réaliser. Ce sont de vraies associations en participation, des *pariages*. Le seigneur laïque fait l'apport d'une terre, le moine l'apport de tous les avantages, de tous les privilèges que la consécration religieuse assurera au lieu et à la population qui viendra s'y fixer[1].

La puissance séculière ne s'en tint pas là. Des seigneurs ouvrirent directement et sans le concours de l'Église des asiles proprement dits, ils traitèrent les habitants qui y

[1] « Ego... Poncius et frater meus R. et mater nostra et soror nostra, G. A. et S. filius meus et A... cedimus et damus aliquid de proprietate nostra, que nobis advenit per atractum parentorum nostrorum, Domino Deo et Sancto Petro apostolo Lesatensis cenobii et Sancto Antonio et reliquiis qui ibi venerantur : hoc est in comitatu Tholosano, in territorio vel terminio B. de ipso monte, qui dicitur Mons-Sabaoth ipsam nostram partem... damus et affirmamus ad alodem... In tali conventu vel ratione, ut hedificent ecclesiam... Et de ipsa villa que hedificata fuerit in ipsa nostra parte que nos damus Deo et Sancto Petro, de *ipsas oblias et de receptos et de censu qui per usum exierit, due partes sint Domino Deo et Sancto Petro, terciam vero partem reddat nobis ipse abbas vel monachus qui hobedientiam tenuerit*. Et si propter istum censum placitum evenerit, de justicia quam acceperit similiter terciam partem nobis reddat interdum vivimus... » (vers 1073, *Cartul. de Lezat.*, MS. f° 38 r°, *Hist. du Languedoc*, V, col. 597-598).

accouraient comme étaient traités ceux des sauvetés ecclésiastiques, ils leur garantirent la même sécurité en frappant la violation de l'asile de peines aussi élevées, en y étendant la paix de Dieu[1], en les vouant, en les consacrant à Dieu et aux saints patrons d'un monastère pour leur procurer le respect des choses saintes[2], en appliquant au

[1] Cf. *Constitutiones pacis et treugæ, editæ ab Ildefonso Rege Aragonum* (1173). — « XVI. Salvitates quoque totius terræ nostræ tam novas quam antiquitus constitutas et in futurum constituendas consilio episcopi et vicarii regis sub prædicta pace et securitate ponimus et constituimus. » (*Marca Hispan.*, col. 1365-1366).

[2] C'est ainsi que je comprends la charte suivante du vicomte de Béarn, Gaston IV, concernant la ville de Morlaas : « Ego Guastonus, peccator, Viarnensis vicecomes, pro salute anime fratris et matris mee et pro salute anime mee et uxoris et filiorum ac filiarum mearum... *ingenuo Villam Morlensem Deo et Sancto Petro Cluniacensi et Sancte Fidei hujus loci.* Ita duntaxat ut nullus homo audeat inde tollere neque vaccam, neque porcum, neque multonem, neque omnino ullam rem, neque hospitari, *sed omnia sint salva*, ad salutem anime et corporis mee et uxoris mee et omnium parentum meorum... Si quis homo vel femina *hanc ingenuitatem* quam ego facio contradixerit vel calumpniatus fuerit, de libro viventium deleatur et cum Dathan et Abiron in inférno perpetualiter crucietur. Amen, Amen, Amen. Fiat. Fiat. Fiat. » (*Cartul. de Sainte-Foi de Morlaas*, ch. 3, p. 9).

L'expression *ingenuere alicui* n'avait, en effet, que deux sens possibles à cette époque : *céder ses droits à autrui*, ou bien *affranchir en plaçant sous la protection d'autrui.*

Pour adopter le premier sens, comme le fait M. Brutails (*De la prétendue charte d'affranchissement de Morlaas*, Revue de Béarn (*Partie historique de la Revue des Basses-Pyrénées*), I (1883), p. 192 suiv.), il faudrait que Gaston IV eût renoncé au profit de l'abbaye soit à tous ses droits sur Morlaas, soit à certains d'entre eux nommément désignés dans la charte; or il est certain — le cartulaire même de Sainte-Foi suffirait à le prouver — que le vicomte de Béarn a conservé la seigneurie de la ville avec la plupart des droits lucratifs, et d'un autre côté, la charte ne spécifie pas la moindre redevance dont l'abandon serait consenti à l'abbaye. Apercevoir un pareil abandon dans la formule « ut nullus homo audeat inde tollere neque vaccam, neque porcum, etc. » est un pur contre-sens, car elle vise manifestement l'exaction violente et la razzia.

Reste donc la deuxième signification. Elle est très fréquente; elle

territoire le nom de sauveté, en l'assimilant enfin à leurs palais[1] comme l'espace compris entre quatre croix était assimilé à une église.

se rencontre sans cesse quand un serf est affranchi au profit d'un couvent qui devient par là son patron. Elle est employée ici par une extension toute naturelle pour marquer que la ville et ses habitants sont libres de toute immixtion étrangère, garantis contre les déprédations et les abus de la force, *affranchis*, *saufs*, parce qu'ils sont placés sous la protection, sous le patronat de Dieu, de Saint-Pierre de Cluny et de Sainte-Foi de Morlaas. Pratiquement il pouvait résulter de là un certain avantage matériel pour le couvent, qui était en droit, comme patron, de se faire payer sa protection par des services ou des redevances, mais il en résultait surtout pour l'ensemble de la ville une sauveté précieuse, sans que pour cela elle cessât d'appartenir aux vicomtes de Béarn.

En dehors de cette interprétation je n'en verrais qu'une seule possible; ce serait d'entendre *villa Morlensis* dans le sens de bourg de l'abbaye de Morlaas. La sauveté aurait été limitée alors au territoire propre de l'abbaye; les autres groupes de maisons n'y auraient pas participé.

[1] Cf. *Sancii regis rescriptum* (circa ann. 1088) : « Ad præsens ex autoritate Dei et nostra confirmamus... quatinus omnia dona quæ dedi vobis, quæ daturus sum ego vel posteri nostri, ita libera sint ubicumque, quod neque ecclesiastica persona neque secularis audeat inquietare *sicut nostra propria palatia.* » (*Cart. de la Gr. Sauve*, Martene et Durand, *Thesaurus Anecdot.*, I, col. 247).

Sur l'asile des palais voyez déjà le capitul. 806, cap. 7 (Boretius, p. 128) : « Volumus ut quilibet homo peccans et intercessione indigens intra regnum domini sui, vel ad loca sancta, vel ad honoratos homines confugiat et inde justam intercessionem mereatur » et le capit. de Carloman, 883, III, cap. 1-2 : « Volumus ut palatium nostrum, more predecessorum nostrorum ... pacis ordine stabiliatur ... Decernimus igitur ut omnes in palatio nostro commanentes, et illud undique adeuntes pacifice vivant. » — Dans la chanson de geste d'Ogier le Danois le duc Naismes s'exprime en ces termes sur le meurtre commis par le fils de Charlemagne en plein palais de son père :

« Je jugeroie certes par sairemant
Qu'il a la mort déservi par itant
Qu'*en pais* l'ocist, maint chevalier véant,
Et en vo cort là où justice apent;
Là où cascuns doit estre salvemant. »

v. 10812 suiv., p. 449-450.

Ce sont surtout les chartes de peuplement, *cartas pueblas*, de l'Aragon et de la Catalogne, chartes dont l'influence sur le midi de la France est hors de doute[1], et les fors accordés dès l'onzième siècle aux villes du Béarn qui nous font assister à cette évolution nouvelle de la sauveté.

Dans les chartes de peuplement, le droit d'asile, les dispenses d'impôts, le for privilégié de justice, enfin la concession de droits communaux de pacage, défrichement, etc., sont les principaux appâts présentés par le seigneur aux nouveaux arrivants[2].

Le même principe se retrouve en Allemagne. C'est de lui que M. Sohm a fait récemment une des bases de son système sur l'origine des villes, en admettant, comme une fiction constante, l'assimilation des villes aux palais impériaux qu'elles renferment. (Voyez *infrà*, § 4).

[1] Voyez *infrà*, § 4, chap. VI, la *carta populationis* de Villefranche-de-Conflent en Cerdagne (1095).

[2] « Ego Adefonsus Dei gratia imperator facio hanc cartam firmationis et liberationis ad totos homines qui sunt in Belgit et in tota illa honore de Galin Sangic populati et in antea ibi populaverint. Mando et affirmo ad totos homines de tota mea terra *homicieros latrones et malefactores* postquam ad Belgit vel in illa honore ... venerint populare et ibi populaverint *ut non habeant reguardo de nullo homine per nulla malefacta sed sedeant ibi ingenui et liberi* sine ullo cisso malo : et mando ut illos populatores habeant tales foros intus eorum causas sicut habent illos de super Çaragoça.

Et mando atque affirmo ut sedeant ingenuos et franchos ipsi et filii eorum et domos eorum atque hereditates eorum ut faciant inde tota eorum voluntate, salva mea fidelitate et de omni mea posteritate et de tibi Galinçangiç similiter et de posteritas tua que possedis illa honore per me per secula cuncta. » (*Carta-puebla de Belchite*, 12 décembre 1119. — P. de Bofarull y Mascaro, *Coleccion de documentos ineditos del archivo general de la corona de Aragon*, t. VIII, 7 (Barcelone, 1851), p. 1 et 2).

« Ego Alfonsus Dei gratia rex facio hanc cartam donacionis et confirmacionis vobis populatores qui estis populatos in Asine et qui in antea populaveritis... Dono vobis et concedo Asine cum suo terminato... et insuper dono vobis que abeatis termino tantum quantum in uno die potueritis ire ad vestras laborantas et tornar ad vestras casas por fer vestros estalios et pascant vestros ganatos oves et boves per meos eremos et teneatis vestras metipsas capanas per jaczer de

Ils se retrouvent dans les fors du Béarn avec une plus grande précision de détail et un effort visible de serrer de plus près la sauveté ecclésiastique.

Le for d'Oloron surtout doit attirer, à ce point de vue, les regards de l'historien. Octroyé par Centulle IV avant 1088, il serait si nous le possédions sous sa forme originale un document du plus haut prix. Tel qu'il est, malgré

noche et de dia et tallen in illos meos montes fusta per fer lures casas metipsas.

Et insuper dono vobis quod habeatis *vestros fueros tales quales donavi ad illo burgo novo de Sangossa*, quod non exeatis de vestra populatione si vos non vultis per nullo judicio nec per ullas testimonias dare neque accipere inde non exeatis et non habeatis et non habeat ulla torna per ferro neque per batella et salva se cum sua jur plena et cuncta que venerit per vendere... et non vadatis in nulla hoste usque VII annos conpletos ... et quod facietis vestra metipsa ecclesia vicinale sine mea capella ubi occurratis et detis ibi totas vestras decimas et illo quarto ad episcopo et teneatis ibi vestros clericos filios de villa et faciatis ibi vestros molinos... Insuperque exampletis per heremos et per meos peças proprias quomodo melior examplare potueritis et nullus homo qui vos tragerit vel forciaverit nec dirumpere voluerit hoc mandamentum meum... *millos solidos* pectabit vos illos medios et ego illos medios. » (*Carta puebla de Asin*, 4 mars 1132, p. 24 et suiv.).

« Ego Adefonsus Dei gratia rex hanc cartam donationis vobis totos populatores de Artasona qui ibi estis vel in antea veneritis populare, ad cavalleros et pedones. Placuit michi libenti animo et pro amore de illas terras populare. Dono et concedo vobis ad illos cavalleros ut *sint ibi francos et liberos sicut sunt in lures terras* et totos illos alios populatores quod sedeant ibi similiter francos et ingenuos sicut sunt illos populatores de Borovia et quod habeatis tales foros in totas vestras causas et in vestras facendas et in vestros judicios sive in vestras colonias et omicidios quomodo habent...

Et quantum potueritis populare vel examplare per eremum caballeros et pedones quod illum habeatis salvum et francum sine ullo malo fuero et sive ullo malo censu. Et ullo peito non peitetis nisi sola decima ad Deum et suis sanctis et non detis licentia nec portatico in tota mea terra et de nullo judicio non respondeatis ad nullo homine nisi ad vestra porta de Artasona ad vestro foro... Et si nullo homine vobis pignoraverit vel nulla contraria fecerit quod pectet *millem metecals de auro...* » (*Carta puebla de Artasona*, février 1134, IV, p. 27-28).

le rajeunissement qu'il a subi au XIIIe siècle, il n'en laisse pas moins entrevoir sa physionomie primitive et il nous conserve, enchâssés dans son texte, des fragments de son ancienne rédaction.

Le but : repeupler, les moyens : accorder les plus larges franchises, sont développés avec insistance[1].

La principale franchise, celle qui comprend toutes les autres, c'est la sauveté, la protection contre les entreprises venant du dehors. Les limites en sont posées, la violation en est punie par l'amende de 900 sols[2], le bénéfice en est assuré aux hommes appartenant à des seigneurs étrangers dès qu'ils sont demeurés an et jour sur le territoire[3]. Pour

[1] « En ce temps-là, quand le comte Sentolh (Centulle) était seigneur de Béarn et de Bigorre, il lui plut par la divine sagesse avec le conseil et le secours de ses barons de Béarn et de ceux qui avaient les terres et les bois aux environs, que cette cité qui était dépeuplée fut repeuplée; mais ledit comte reconnut qu'il ne pouvait y avoir des habitants s'il ne leur donnait et octroyait de meilleurs fors et de plus grandes franchises qu'à nuls autres de la seigneurie. C'est pourquoi il fit faire tels mandements par toutes les terres (du pays) qu'à tous ceux qui viendraient à ce repeuplement, il donnerait et octroyerait plus grandes franchises et meilleurs fors qu'à nuls autres hommes de sa seigneurie. Laquelle chose entendue, sept hommes de Camfranc vinrent premièrement s'établir en ce lieu, et ensuite il en vint de beaucoup d'autres endroits. » (*For d'Oloron*, art. 1; trad. Mazure et Hatoulet, *Fors de Béarn*, p. 209-210). *Adde*, art. 3, 15 et 16.

[2] « J'établis (c'est Centulle IV qui parle) et donne sauveté à cette ville, et telle convention que nul homme étranger ne fasse à personne envahissement dans les limites de la sauveté; à savoir de la maison des Ladres jusqu'à Mondegorat; et si par hasard quelqu'un l'a fait, qu'il me donne 900 sous de Morlaas et médaille d'or; et pour que cela soit tenu fermement, ainsi le jurèrent cent Aspois et cent Ossalois (art. 25, *loc. cit.*, p. 218).

[3] « Si un homme, de quelque lieu qu'il soit, vient s'établir dans cette ville, sans licence de son seigneur, et y réside an et jour, et qu'après son seigneur le réclame, le vicomte le défendra comme étant son bourgeois » (art. 5). — Ce délai d'an et jour se retrouve au XIIe siècle dans les chartes de coutume, par exemple, dans l'article 18 de la charte de Lorris. Voyez Prou, *Les coutumes de Lorris, Rev. histor. de droit,* 1884, p. 162-164.

le surplus, justice du vicomte de Béarn, droit de libre migration[1], service militaire restreint, droit de banvin limité, impôts modérés et fixes, autant de privilèges qui s'accordent avec ceux que la charte de la Chapelaude nous a permis d'étudier dans une sauveté ecclésiastique.

La sauveté, dans cette phase de son histoire, s'est laïcisée si je puis dire, et les corps religieux n'ont pas été en reste d'y contribuer. Du moment qu'elle leur sert à créer de simples possessions franches, des terres en défens, jusqu'à des garennes de lapins, l'intérêt pécuniaire prévaut avec trop d'évidence pour que le caractère sacré ne s'oblitère et ne finisse par se perdre. A mesure alors que le pouvoir séculier s'organise, que la paix de Dieu, source vive des sauvetés[2], est reléguée à l'arrière plan, que la crainte révérentielle des choses saintes cède au respect de l'autorité publique, qu'on se prend à avoir plus de confiance dans de bons et solides remparts que dans la protection des saints[3], les rôles s'intervertissent. Ce ne sont

[1] « Il leur octroya que si quelqu'un des voisins voulait vendre sa maison ou ses terres, il pût les vendre franchement à qui que ce fût; et si d'aventure il lui plaisait de changer de seigneur, que le vicomte le fasse conduire au delà des limites de sa seigneurie, son corps et ses biens saufs » (art. 4).

[2] Cf. Cart. Saint-Victor de Marseille (I, p. 558) : « Voluit interficere Marcellinum monachum *infra treuga Dei* et *infra cimiterio* » (circa 1055).

[3] Au XIe siècle je vois des monastères résister aux seigneurs qui veulent les contraindre à fortifier leurs bourgs, au siècle suivant, s'en remettre complètement sur ce point à leur associé laïque et lui céder le terrain nécessaire. Qu'il me suffise de placer en regard de la charte de Foigny (fin du XIIe siècle), reproduite à la note suivante, la charte que voici (XIe siècle) tirée du cartulaire de Saint-Vincent du Mans :

« ... Hamelinus de Altanosia quandam conventionem requirebat a monachis Sancti Vincentii qui Basageriis morabantur, videlicet ut burgum suum clauderent de bono fossato sicut clauserat suum. Monachi vero hoc contradicentes et nolentes hoc facere, dicentes non esse rectum ut castellum facerent, *quia ad eorum ordinem non pertinebat*, omnino negaverunt.

« Quadam autem die dominica mandavit eis supradictus H. per R.

plus les seigneurs laïques qui pour fonder des villes neuves empruntent à l'Église sa sauveté, c'est l'Église qui a recours au bras séculier pour en fonder. Quand des partages désormais sont conclus, le corps religieux n'est plus le chef de l'entreprise, ce rôle passe au seigneur laïque; c'est lui qui fonde la ville neuve et la protège, c'est l'Église qui fait l'apport en terres.

Cette transformation appartient à l'époque postérieure, elle s'accomplit au douzième et au treizième siècle. Je n'ai donc pas à l'exposer, mais j'observerai pourtant qu'on peut la suivre à la trace, et je signalerai comme échelon intermédiaire, au douzième siècle, une juxtaposition de l'élément sacré et de l'élément profane : une partie du territoire reste asile religieux, réservé au monastère qui stipule, le surplus est exploité en commun et profite de franchises et d'avantages d'ordre purement séculier[1].

de P. et per R. C. vicarium suum, ut aut ibi fossata facerent aut caballum Danielis de Valeta illi darent, aut secum de hoc placitarent. B. vero et A. monachi nolentes secum placitare neque ad iracundiam eum provocare, venerunt ad eum in quandam domum, ubi equi sui erant. Illo autem sedente super caput cujusdem lembi, cum suis militibus, dederunt que ei caballum emptum 60 solidis a D. de V. qui ibi presens erat, tali pacto ut omnes querelas et causas eis dimitteret » (*Cartul. Saint-Vincent du Mans*, MS. f° 187).

[1] ... « Radulfus (dominus Marle)... expostulavit a nobis (abbate Fusniacense) et conventu et obtinuit quandam silvam in territorio de Esparsi *pro villa construenda*, prout distincta est certis metis et haia, ita quod ipsa haia et quicquid infra continetur, *scilicet dominium, advocatia, justicia, districtum, bannum, forisfactum, assisia, census, redditus, universique proventus communia erunt ecclesie nostre et domino de Marla* et equa portione inter eos distribuentur *exceptâ decima tam magna quam minuta et libertate atrii que propria remanent Fusn. ecclesie.* In quo tamen atrio nemo potest habere masuram censualem... In quo territorio si justitia secularis necessaria fuerit et ecclesiastica justitia ad plenum prodesse non potuerit nullius exigetur justitia nisi a domino de Marla, si tamen illa suffitiens fuerit.

« Quod si molendina et viviaria edificanda fuerint infra haiam predicte ville communi sumptu edificabuntur, et quæ inde provenient equaliter inter eos dividendur. Quod si alter eorum noluerit vel non

J'ai dit les origines de la sauveté, les fluctuations qu'elle a éprouvées, les vicissitudes dont témoigne son histoire. Si maintenant j'élève le regard je vois planer au-dessus de ces formations rudimentaires un grand fait historique : la naissance au sein d'une société ballottée sans merci, au gré des passions individuelles, de points fixes où la sécurité réside. Ce sont des îlots que la foi religieuse fait émerger et qu'elle défend contre l'envahissement des vagues humaines qui les battent. Dans cette œuvre de progrès les princes séculiers soutiennent l'Église, puis ils l'imitent, s'associent ou rivalisent avec elle. Les îlots se multiplient; ils gagnent des alluvions de proche en proche, ils finissent par se rejoindre, quelques-uns par s'accroître jusqu'à devenir de grandes cités. Les flots tumultueux s'endiguent, la terre ferme réapparaît, l'homme se sent reprendre pied, la société retrouve ses assises. Suivant un de ces *ricorsi*, une de ces spirales, entrevus par Vico, une phase que l'antiquité, au temps de ses asiles célèbres, avait déjà traversée est franchie à nouveau. Saluons-la comme le retour d'une aurore, comme l'étape nécessaire des progrès futurs.

potuerit ad istas impensas ponere, alter qui impensas posuerit molendinum et stagnum tamdiu tenebit quoadusque capitaliter expensas suos rehabuerit et tunc in communitatem redibunt.

« Major utriusque assensu in ea villa constituetur, in quo si domini dissenserint juratorum et probatorum consilio ad majorem constituendum consentient, qui utrique fidelitatem faciet in commune. Et domino Marle si placuerit habere haiam ad tuitionem ville ex parte territorii de Landozies dabitur ei ab ecclesia Fusn. de ipso territorio... haia communis et lata quantum arcus bis sagittam unam jacere poterit... Domum suam propriam dominus Marle in ea villa faciet et abbas similiter suam propriam si voluerit... » (1168, *Cart. de Foigny*, MS. f°s 71 r°-72 v°).

§ 4. LA COMMUNE URBAINE.

Les historiens du moyen-âge ont passé trop rapidement sur la condition primitive des villes. Il semble, à les lire, que les villes se soient créées comme par enchantement. Les uns s'en sont tenus au système séduisant et commode de la continuité, de la persistance du régime municipal romain; les autres n'ont pas fait, suivant moi, assez d'efforts pour découvrir l'origine des villes, retracer les phases qu'elles ont traversées, leur régime politique, la condition de leurs habitants, les points d'attache innombrables que les chartes communales ont dans le passé.

Je répondrai d'abord aux premiers; j'essaierai ensuite de porter quelque lumière dans cette période restée jusqu'ici si obscure de la formation des villes, du neuvième au douzième siècle.

CHAPITRE PREMIER.

LES THÉORIES GÉNÉRALES.

Augustin Thierry, Guizot, Raynouard en France, Savigny en Allemagne, ont repris, de notre temps, le système de l'abbé Dubos sur la persistance du régime municipal après les invasions franques et l'ont étendu jusqu'au douzième siècle, sans tenir compte de la réfutation victorieuse que Mably et Mlle de Lezardière en avaient déjà faite.

Le premier en date est Savigny. Il exposa son système — qui, du reste, n'est pas spécial à la France, — dans le premier volume de l'*Histoire du droit romain au moyen-âge*, volume paru dès 1815; l'année même où Eichhorn de son côté affirmait pour l'Allemagne la persistance partielle du régime municipal romain [1].

En France, c'est Augustin Thierry qui ouvre la marche avec la deuxième partie de ses *Lettres sur l'histoire de France*. Nous sommes en 1827 [2]. Viennent ensuite presque simultanément Raynouard, Leber, Guizot [3]. L'engouement fut général; il fut entretenu par les ouvrages qu'Augustin Thierry ne cessa de faire paraître sur le

[1] Voyez *infrà*, p. 219.

[2] Les dix premières lettres avaient paru en 1820; les quinze dernières parurent de 1827 à 1828.

[3] Raynouard, *Histoire du droit municipal en France*, Paris, 1829. — Leber, *Histoire critique du pouvoir municipal, de la condition des villes et bourgs, depuis l'origine de la monarchie*, Paris, 1828-1829. — Guizot, *Histoire de la civilisation en France* (leçons 16 à 19), 1828-1830.

même sujet[1] et par les monographies qu'ils provoquèrent[2]. Depuis lors et lentement la réaction s'est faite, en détail plus qu'en bloc, par des études locales plus que par des travaux d'ensemble. Chaque jour l'idée d'une survie des institutions municipales romaines a perdu plus de terrain. Pourtant elle végète, si je puis dire, à l'état latent, et tout récemment un auteur considérable lui donnait comme un renouveau d'existence[3]. Cela tient à ce qu'elle n'a pas été attaquée de front, cela tient surtout à

[1] *Considérations sur l'histoire de France* (1840); *Essai sur l'histoire de la formation et des progrès du Tiers-État* (1858); *Recueil des monuments inédits de l'histoire du Tiers-État* (1850-1870), qui contient notamment, t. I (1850) : la *Monographie de la constitution communale d'Amiens;* et t. II (1853), le *Tableau de l'ancienne France municipale*.

[2] L'application fut faite au Midi par un mémoire de M. Léon Clos couronné par l'Académie des Inscriptions et Belles-Lettres : *Recherches sur le régime municipal dans le midi de la France au Moyen âge*, et inséré dans les *Mémoires présentés par divers savants*, 2e série, t. III (Paris, 1854), p. 229 à 473.

[3] Glasson, *Histoire du droit et des institutions de la France*, t. II, *époque franque* (1888), p. 385-386 : « En Gaule, la persistance du régime municipal romain ne saurait être sérieusement contestée pour les territoires occupés par les Visigoths et par les Burgondes... Mais même au centre et au nord de la Gaule, la cité romaine apparaît encore avec son sénat, ses assemblées des habitants, ses élections, ses magistrats municipaux. Sans doute ses pouvoirs ont été réduits; tout ce que la monarchie considérait comme relevant de la royauté a été, en général, enlevé aux villes ou à leurs représentants; mais conclure de là à la disparition complète du régime municipal, c'est commettre une erreur manifeste (en note, éloge de Raynouard). — Des documents spéciaux et nombreux fournissent la preuve du maintien de la curie municipale dans un grand nombre de villes : à Vienne, à Clermont, à Angers, dès le VIe siècle; au Mans, à Orléans, à Bourges, au VIIe siècle; à Arles, au IXe siècle; à Nîmes, au Xe (en note : voyez les textes dans Raynouard, t. I, p. 316-337). » Plus loin, parlant du gouvernement sous les Carolingiens, M. Glasson s'exprime ainsi (p. 486-487) : « Dans le Midi, l'ancienne organisation municipale se maintint avec moins d'altération. On a dit à tort que le régime de ces villes s'était constitué sous l'influence des républiques italiennes. Il

ce qu'une idée générale ne peut être chassée que par une autre. Comme l'a dit Joseph de Maistre : « On ne détruit réellement que ce qu'on remplace. » Or, jusqu'à présent, les érudits ont bien critiqué, miné, désagrégé le système d'Augustin Thierry; ils ne l'ont remplacé par rien. On a laissé l'esprit déconcerté, anxieux et flottant[1] devant un vide que les monographies locales, si excellentes qu'elles fûssent[2], étaient impuissantes à combler. C'est sur ce vide que je voudrais essayer de jeter un pont.

est possible que ce mouvement ait contribué à consolider les institutions municipales du midi de la France, mais il ne les a certainement pas formées. Quelques noms nouveaux seuls, comme celui de *consul*, ont été empruntés à l'Italie. *C'était bien toujours, sauf des modifications plus ou moins importantes dans les détails, l'ancienne vie municipale qui subsistait;* elle avait passé du droit romain dans le Bréviaire d'Alaric et ne s'était jamais éteinte. »

[1] Cette impression on la ressent même à la lecture de livres pleins d'érudition et de faits comme celui de M. Wauters (*Les libertés communales. Essai sur leur origine et leurs premiers développements, en Belgique dans le nord de la France et sur les bords du Rhin.* Bruxelles et Paris 1878). Le fil conducteur manque.

[2] Ma pensée se reporte surtout aux belles et savantes monographies de M. Giry, à son *Histoire de la ville de Saint-Omer et de ses institutions jusqu'au* XIV*e siècle* (Paris, 1877), à son *Étude sur les origines de la commune de Saint-Quentin* (Saint-Quentin, 1877). Son livre plus général sur les *Établissements de Rouen* (Paris, 1883) n'appartient pas à la période de formation, mais à la période de propagation des communes. J'en dirai autant de l'ouvrage si remarquable, du reste, de M. Luchaire, *Les communes françaises à l'époque des Capétiens directs* (Paris, 1890). L'auteur passe d'autant plus légèrement sur toute l'époque antérieure au XIIe siècle qu'il écrit dans un but de vulgarisation et que la question des origines lui paraît insoluble : « Il faut se résigner, dit-il, à constater un fait, contre lequel on ne peut rien, l'absence de documents relatifs à la constitution municipale des cités et des bourgs pendant quatre cents ans, du VIIe siècle au XIe. Selon toute apparence, cet énorme hiatus ne sera jamais comblé » (p. 11). C'est à mon sens se résigner un peu vite. L'absence de chartes communales proprement dites peut-elle passer pour une absence de documents sur le régime politique des villes et des bourgs, et la connaissance de ce régime n'est-elle pas le prélimi-

Le succès de la doctrine *romaniste* a été moins vif et de moindre durée à l'étranger, précisément parce qu'elle y fut de bonne heure attaquée corps à corps.

Dès 1820, Léo la combattait pour les cités lombardes[1] et sa démonstration était reprise, élargie et achevée avec un plein succès par Hegel en 1847[2], par le belge P. de Haulleville dix ans plus tard[3]. L'Allemagne savante a agité depuis lors avec la plus féconde ardeur le problème de la formation du régime communal, et à mesure que de nouvelles théories naissaient, elles refoulaient, elles pour-

naire indispensable de l'histoire des communes françaises du XIIe siècle?

Je ne puis souscrire davantage à cette déclaration faite par les nouveaux éditeurs de l'*Histoire du Languedoc* : « Il est presque impossible de connaître exactement la condition des villes pendant les règnes des derniers Carolingiens et les premiers temps de la féodalité; la rareté des documents diplomatiques, l'absence des chroniqueurs originaux ou leur sécheresse ne permettent de rien affirmer sur ce sujet; tout ce qu'on peut dire, c'est que les villes sous les rois barbares ne conservaient plus que de faibles traces de l'organisation romaine, et que ces traces se perdirent de plus en plus, à mesure qu'on approche du neuvième siècle » (*Hist. du Languedoc,* nouv. éd., I, p. 1131, note 2).

Depuis que ces pages ont été écrites a paru un ouvrage du respectable savant qui retraçait, il y a plus de quarante ans, l'histoire des cités lombardes, Karl Hegel (*Städte und Gilden der germanischen Völker im Mittelalter,* Leipzig, 1891). Hegel constate pour la France la lacune que je signale, en déclarant qu'il faut encore s'en tenir, pour les vues générales, aux *Recherches sur les communes de Bréquigny* publiées au t. XI des *Ordonnances des rois de France* (Hegel, II, p. 28).

[1] H. Leo, *Ueber die Verfassung der freien Lombardischen Städte im Mittelalter,* Rudolstadt, 1820. — *Entwickelung der Verfassung der Lombardischen Städte bis zur Ankunft Kaiser Friedrich I in Italien,* Hambourg, 1824.

[2] C. Hegel, *Geschichte der Städteverfassung von Italien seit der Zeit der römischen Herrschaft bis zum Ausgang des zwölften Jahrhunderts*, Leipzig, 1847.

[3] P. de Haulleville, *Histoire des communes lombardes depuis leur origine jusqu'à la fin du XIIIe siècle*, Paris, 1857.

suivaient jusque dans ses derniers retranchements le système de Savigny.

Il ne peut venir à ma pensée d'exposer ici ces théories successives; mais tant sont nombreux les points de comparaison et de contact, dans l'Est surtout, entre le développement du régime municipal de l'Allemagne et celui de la France que je ne puis davantage les passer sous silence. J'en retiendrai les traits saillants, pour les montrer s'engendrant l'une l'autre.

I. *Eichhorn* (1815)[1]. — La théorie d'Eichhorn a été en faveur pendant près d'un demi-siècle et beaucoup des théories modernes naquirent de son démembrement. Eichhorn n'accorde qu'une place secondaire à la persistance du régime municipal romain; il ne l'admet même que dans un nombre restreint de villes. C'est au régime des *villæ*, au régime domanial (*Hofrecht*) avec son indépendance garantie par l'immunité, avec ses agents, le *villicus*, le *major*, les *ministeriales*, etc., qu'était dès l'abord soumise, suivant lui, une grande partie de la population urbaine. Le surplus, composé d'hommes libres, obéissait aux autorités publiques, aux fonctionnaires royaux. Or, au dixième siècle, les seigneurs domaniaux, les grands immunistes surtout, obtinrent des empereurs ottoniens la concession du *comitatus*. Ils eurent désormais autorité et puissance sur l'ensemble d'une ville, sur les hommes libres comme sur les membres de la *familia*, et leur tendance naturelle fut d'assimiler les uns aux autres; leurs nouveaux sujets à leurs anciens serviteurs. Assujettis au *Hofrecht*, les hommes libres ne le furent pourtant qu'à un *Hofrecht* mitigé. Leur condition resta suffisamment distincte de celle de la *familia* pour qu'ils pussent s'unir, au onzième et au douzième siècle, aux *ministeriales* et

[1] Eichhorn, *Ueber den Ursprung der städtischen Verfassung in Deutschland* (*Zeitschrift für gesch. Rechtswissenschaft*, I, p. 148 suiv., II, p. 165 suiv., 1815).

reconstituer, par l'établissement d'un conseil élu, *Rath*, une organisation communale.

II. *Arnold* (1854) et *Heusler* (1872)[1]. — Comme Eichhorn, Arnold admet la coexistence jusqu'au dixième siècle du *Hofrecht* et du droit public, d'une *familia* vivant sur le territoire d'immunité, et d'une population libre subordonnée aux officiers royaux. Il admet de même qu'une fusion s'est opérée à cette époque par les privilèges ottoniens, mais il lui assigne un effet diamétralement opposé. Ce n'est pas le droit domanial qui fait tache d'huile et s'étend à l'ensemble de la population urbaine, c'est le droit public, le seigneur de la *familia* s'étant substitué aux officiers du roi. La population libre ne change donc pas de condition, mais les fonctionnaires qui la jugent et lui commandent sont désormais nommés par le seigneur : de son côté la *familia*, tout en gardant son droit personnel, est dans une mesure variable placée sous les mêmes autorités. Il s'opère ainsi un rapprochement d'où naîtront des institutions communes.

M. Heusler a repris cette thèse en 1872[2], en opposition à celle de Maurer. Il a insisté avec une grande force sur les privilèges judiciaires de l'élément libre, sur l'*échevinage* notamment qui, à ses yeux, est la vraie source du magistrat, du conseil communal (*Rath*).

III. *Nitzsch* (1859)[3]. — Le dualisme qui est à la base du système d'Eichhorn est rejeté par Nitzsch : il n'accepte qu'un des termes. A ses yeux, le régime municipal du moyen-âge se confond, pour la période antérieure au douzième siècle, avec le droit domanial, avec le *Hofrecht*,

[1] Arnold, *Verfassungsgeschichte der deutschen Freistädte im Anschluss an die Verfassung d. Stadt Worms*, Hambourg et Gotha, 1854.

[2] A. Heusler, *Der Ursprung der deutschen Stadtverfassung*, Weimar, 1872.

[3] Nitzsch, *Ministerialität und Bürgerthum im 11 und 12 Jahrhundert*, Leipzig, 1859.

et c'est dans une transformation de ce droit qu'il faut chercher l'origine du magistrat. Dans chaque ville un ou plusieurs seigneurs (roi, évêque, immunistes) avaient leur *familia* et à la tête de celle-ci des *ministeriales* de rangs différents. Au premier rang se trouvaient les *milites,* puis les officiers de la cour (*officiales curiæ,* officiers attachés à la personne), enfin les agents (*officiales*) chargés de maintenir dans l'ordre et d'astreindre aux services et aux redevances les diverses catégories de personnes (censitaires, hommes de corps, etc.) composant la *familia.* Les *ministeriales* de chaque seigneur constituaient une commune urbaine dont le palais (*Pfalz*) était le centre; mais à un moment donné une scission inévitable se produisit : les *milites* et les *officiales curiæ* étant investis de fonctions d'une portée beaucoup plus générale et plus large que les intérêts immédiats de la ville, les *officiales* inférieurs formèrent un conseil spécial qui eut la gestion de ces intérêts et qui devint le conseil communal.

IV. *Maurer* (1869) *et M. de Below* (1888)[1]. — La commune urbaine, d'après Maurer, n'est que la commune rurale transformée; et la commune rurale, à son tour, est sortie de l'organisation primitive des marches. La marche populaire a donné naissance à des *Dorfmarken,* lesquelles, quand elles eurent été encloses de murs, pourvues de services particuliers, de marchés, etc., se trouvèrent des communes urbaines (*Stadtmarken*). Leurs fonctionnaires étaient les successeurs directs des anciens fonctionnaires de la marche rurale.

Cette doctrine attaquée, nous l'avons vu, par M. Heusler, tombait en ruines quand tout récemment (1888-1889) elle a été restaurée avec éclat par *M. de Below*[2]. La thèse

[1] Maurer, *Geschichte der Städteverfassung in Deutschland,* 4 vol., Stuttgart, 1869-1871.

[2] G. v. Below, *Zur Entstehung der deutschen Stadtverfassung* (*Historische Zeitschrift de Sybel*, nouv. série, t. 22, et 23 (1887-1888). *Die Entstehung der deutschen Stadtgemeinde*, Dusseldorf,

fondamentale est la même : la commune urbaine est sortie de la commune rurale, les fonctionnaires de l'une ont passé à l'autre. Mais M. de Below présente cette transformation sous un autre aspect et il reconnaît que la commune rurale, transportée dans la ville, n'a pu s'y conserver intacte et sauve, qu'elle a été dominée par le seigneur, que ses fonctionnaires ont été d'ordinaire nommés par lui. Beaucoup d'habitants sont même devenus des serfs; mais il se maintint assez d'hommes libres (c'est d'un autre point de vue la *freie Gemeinde* d'Arnold) pour que ceux-ci aient pu, au XIIe siècle, rétablir dans son indépendance l'ancienne commune.

V. *M. Richard Schrœder* (1889)[1]. — Nous voici en présence d'un système composite, dominé par une idée comme une vue de cimes par un pic qui émerge. Le point culminant est que le droit urbain dérive de la concession d'un marché permanent. Cette concession émane du roi; elle a un double effet. Elle attire dans la ville une population nombreuse de négociants et l'oblige à se garantir par des murailles, à s'assurer la frappe d'une monnaie de bon aloi, l'étalonnage des poids et mesures, etc.; d'autre part, elle attribue au seigneur du marché (*Marktherr*) une juridiction étendue qui se substitue à la justice ordinaire. La ville devient ainsi une centaine privilégiée dont la justice est rendue par un écoutète assisté d'échevins marchands. Le seigneur de la ville est ou le roi, ou l'évêque ou un puissant laïque (villes royales, épiscopales, seigneuriales).

1889. — Un nouvel ouvrage de M. de Below me parvient (*Der Ursprung der deutschen Stadtverfassung* Düsseldorf, 1892) qui défend le système de l'auteur contre les théories plus récentes de MM. Schröder et Sohm.

[1] R. Schröder, *Lehrbuch der deutschen Rechtsgeschichte*, Leipzig, 1889, p. 590 suiv. — Dès 1886, dans un travail intitulé *Weichbild*, qui fait partie des *Historische Aufsätze zum Andenken an Georg Waitz* (p. 306 suiv.), M. Schröder avait tracé les premiers linéaments de cette thèse.

La population est formée d'éléments très divers. Ceux-là seuls sont bourgeois qui sont propriétaires (le domaine utile suffit). Les hôtes, les recommandés, les hommes d'avouerie ne sont pas bourgeois; ils restent soumis à la juridiction personnelle de leur seigneur, sauf que la résidence d'an et jour peut les en affranchir. Des droits seigneuriaux sont dûs par l'ensemble de la ville (droit de gîte, service militaire, etc.).

Cette population n'a pas d'organe commun, d'administration commune avant le XIIe siècle. Jusque-là elle se groupe de façon fort variée pour la gestion de ses intérêts particuliers : les négociants forment des gildes, les bourgeois des institutions de paix, les cultivateurs venus du dehors demeurent répartis en petites paroisses. L'administration commune, représentée par le *Rath*, sortira tantôt de l'un tantôt de l'autre de ces groupements, quelquefois de leur action simultanée; elle s'établira souvent d'accord avec les seigneurs de la ville, intéressés à ce que les droits qui leur sont dûs par l'ensemble des habitants soient réglés par un conseil commun.

VI. *M. Sohm* (1890)[1]. — M. Sohm a adopté, en l'exagérant et en la systématisant, l'idée maîtresse de M. Schrœder[2]. Marché et ville deviennent synonymes pour lui. Dès qu'il y a marché permanent il y a ville, et la ville n'existe qu'alors. La conclusion dernière est que le régime municipal allemand tire tout entier son origine de la concession

[1] Rud. Sohm, *Die Entstehung des deutschen Städtewesens*, Leipzig, 1890.

[2] L'idée avait été appuyée entre temps d'un document nouveau et mise dans un nouveau jour par M. Aloys Schulte, *Ueber Reichenauer Städtegründungen im 10. und 11. Jahrhundert mit einem ungedruckten Stadtrecht von 1100* (*Zeitschrift für die Geschichte des Oberrheins*, nouv. série, t. 5, 2e livr., p. 137-169 (1890). — Cet article a produit en Allemagne une sensation que ne justifie nullement, à mes yeux, la portée restreinte du texte sur lequel il repose. Ce serait à croire qu'une seule charte a suffi pour déchirer tous les voiles.

royale. Voici la série des propositions et leur enchaînement.

L'octroi du droit de marché est constaté par le *Weichbild,* la croix du marché, emblème de l'autorité royale. Cette croix est-elle dressée, le roi est censé présent, la ville est assimilée à son palais ; comme le palais, elle jouit de l'asile. Or, l'asile suppose un for privilégié ; il entraîne pour les bourgeois une juridiction distincte de la juridiction ordinaire, tout au moins en matière de contestations et de délits se rattachant au marché. Les conditions de plus s'égalisent, puisque tous sont égaux devant le droit de marché.

Tant que la ville n'a pas pris un grand essor, le juge urbain (juge royal naturellement, mais juge investi d'une mission spéciale) peut faire face à tout, avec l'assistance des bourgeois propriétaires fonciers (détenteurs, à ce titre, du territoire de l'asile) ; plus tard, il devient nécessaire de créer une organisation plus compliquée, un corps administratif qui se substitue au juge royal. Ce sera le conseil, le *Rath*.

VII. *M. Kuntze* (1891)[1]. — La théorie de la persistance du régime municipal romain, que l'on croyait définitivement abandonnée, a été reprise par un romaniste, M. Kuntze, en réponse au livre de M. Sohm. L'exagération, l'outrance du système de ce dernier devait produire une telle réaction, mais si M. Kuntze a montré les vices de la théorie qu'il combat, il n'a su apporter ni un argument de poids, ni un document de prix, propre à relever la thèse qu'il soutient d'une condamnation qui semble bien sans appel. C'est, en tout cas, une manifestation curieuse que ce brusque retour en arrière.

Le cycle des théories générales semble désormais clos en Allemagne. La part de vérité que chacune d'elles recèle

[1] Kuntze, *Die deutschen Städtegründungen, oder Römerstädte und deutsche Städte im Mittelalter,* Leipzig, 1891.

est suffisamment dégagée pour que l'histoire spéciale des villes puisse être écrite à leur lumière et préparer les éléments d'une synthèse définitive. Elle pourra éclairer aussi de reflets obliques la route infrayée et ténébreuse que nous allons tenter de parcourir.

CHAPITRE II.

DE LA PRÉTENDUE PERSISTANCE DES INSTITUTIONS MUNICIPALES DES ROMAINS.

Revenons tout d'abord aux auteurs qui ont soutenu pour la France la persistance du régime municipal romain. Leur système de preuve ressemble, par certains côtés, aux procédés à l'aide desquels on a soutenu plus récemment la survie, à travers tout le moyen-âge, d'une science du droit romain [1]. Ils ont glané de ci de là des textes clairsemés où il est question de *civitas,* de *curia* et de *curiales,* de *gesta,* de sénateurs et de sénat; ils les ont échelonnés chronologiquement et ils se sont donné par ce moyen facile l'illusion d'une chaîne continue reliant le régime municipal gallo-romain aux communes du moyen-âge.

C'est un pur mirage qui se dissipe dès que vous envisagez la rareté extrême des documents produits, le peu de confiance qu'ils méritent [2], le caractère tout extérieur,

[1] Voir *Études critiques sur l'histoire du droit romain au moyen-âge* (1890).

[2] Raynouard invoque, par exemple, à tout propos les divers ouvrages de Guesnay. Il cite pour Marseille (II, p. 192) comme un texte décisif et comme s'il était du XIe siècle, un morceau des *Annales* écrites par ce père jésuite : « Gaufredus Irat... pluresque id genus alias toparchias *civium Massiliensium universitati* pecuniis præsentibus ac numerato pretio divendiderunt. » (Guesnay, *Provinciæ Massiliensis Annales* (Lyon, 1657, p. 310). Or, qui donc ignore le peu de crédit que mérite cet auteur? Le père Lelong n'a-t-il pas pu porter sur lui ce sévère jugement : « Les connaisseurs font fort peu de cas des *Annales* de Guesnay, qui sont en effet très pitoyables... Jamais homme n'a avancé des faits avec moins de preuves ni avec plus de hardiesse. » — Et Anibert ne s'excuse-t-il pas en ces termes de le

tout artificiel de la terminologie invoquée, l'absence de tout signe de vie d'une administration ayant quelque rapport avec les institutions municipales du Bas-Empire, si vous faites abstraction de l'enregistrement des actes par des fonctionnaires publics en présence de témoins. Lisez les textes sur lesquels s'appuyait Dubos ou sur lesquels de nos jours, s'est appuyé Raynouard, vous n'en trouverez pas un seul qui se réfère à un acte administratif autre qu'un tel enregistrement, et vous verrez en même temps que les fonctionnaires et les témoins qui y procèdent n'appartiennent plus à un corps municipal [1].

Quant à conclure de la rencontre des mots *curia, curiales, senatus, senatores, gesta,* à la persistance du régime municipal, cela est exactement aussi logique qu'il le serait de prétendre que le consulat, la préture, l'édilité, la questure des Romains se sont maintenus à travers le moyen-âge, parce que les mots qui les désignent y sont demeurés en usage. Dans les deux cas l'enveloppe s'est conservée, mais elle est vide de son contenu primitif [2]; elle en recouvre un autre.

citer : « Ce Guesnay est un de ces historiens qu'on ne peut citer qu'en tremblant. Il défigure tous les passages des auteurs qu'il rapporte. » (Anibert, *Mémoires historiques et critiques sur l'ancienne République d'Arles*, 1779, t. I, p. 113, note).

Anibert avait bien raison de se méfier, car le texte de l'an 1055 relatif à Arles (« Consortes a parte orientis et a parte aquilonis vineas de *feaudo communali*... hæ vineæ sunt in *communitate arelatensi*) à propos duquel il fait ces sages réserves, et que Raynouard s'est empressé néanmoins de prendre de ses mains en le présentant comme un témoignage indiscutable (II, p. 196) est entièrement corrompu. Il se trouve rétabli dans le Cartulaire de Saint-Victor de Marseille (ch. 153, I, p. 180). Ce n'est pas *communitas arelatensis* qu'il porte, mais *comitatus arelatensis!* — On peut juger par ces deux exemples de ce que vaut la méthode de preuve dont Raynouard s'est servi.

[1] *Infrà*, p. 233-234.

[2] Ce que je dis ici de la terminologie doit s'entendre aussi de la formule juridique qui s'est transmise et conservée alors qu'elle ne répondait plus à aucune institution vivante. Qu'invoque-t-on pour-

L'expression *municipia* désigne les châteaux-forts; *municipes*, les hommes d'armes qui les défendent; *curiales*, les fidèles et les officiers de l'entourage ou de la cour du seigneur; *curia*, cette cour même; *senatores*, les nobles ou les hommes libres, tout comme *consulatus* désigne le comté; *consul*, un comte ou un haut seigneur; *proconsul*, un vicomte; *prætor*, un prévôt; *quæstores*, des officiers seigneuriaux[1].

S'est-on fait, au surplus, une idée nette et précise du régime municipal qui aurait persisté? Quel est-il? Si c'est celui de l'époque classique qui hante vos esprits, la réponse est vraiment trop aisée. Si c'est le régime du IVe et du Ve siècle, dites-nous ce qu'il a de commun avec des franchises locales, avec une administration urbaine, expliquez-nous comment il peut être question d'institutions municipales alors que les seuls pouvoirs effectifs émanent de l'autorité impériale et dépassent de beaucoup le ressort de la ville proprement dite. Quel abus de langage de parler à la fin du Ve siècle du régime municipal comme d'une administration locale et autonome des villes? Qu'étaient

tant comme preuve de persistance de la curie et des curiales? des textes qui ne sont que la transcription littérale, stéréotypée, quasi-superstitieuse de pareilles formules. (Voyez *infrà*, p. 233). Curie, curiales, gestes municipales, y ont tout juste autant de réalité objective que de nos jours le sénatus-consulte Velléien dans les formules surannées d'un notaire de campagne.

[1] Le titre de consul est appliqué trop couramment aux comtes par les écrivains du Xe et du XIe siècle, pour qu'il soit nécessaire d'en fournir des preuves. Voyez du reste les auteurs cités par Ducange, v° *Consul*, 2. et v° *Proconsul*. — *Quæstores*, dans le sens d'officiers d'un évêque se trouve, par exemple dans un diplôme d'immunité de Conrad le Pacifique, roi de Bourgogne (971, D. Bouquet, IX, p. 703 B) et *Prætor*, pour désigner un prévôt, dans la Chronique des seigneurs d'Amboise (D. Bouquet, XI, p. 259 A, XII, p. 504 B-C). — Quant au sens que j'attribue aux mots *municipia*, *municipes*, etc., aucun historien familier avec les textes du moyen-âge ne le révoquera en doute. Là aussi je recule devant la multiplicité des citations qu'il faudrait accumuler.

alors les *curiales?* qu'était la magistrature? qu'était le peuple? qu'était la ville elle-même?

Reportons-nous un instant à la veille des invasions. Si la curie existe toujours, le Sénat, en tant que corps délibérant, n'existe plus. Tout ce qui reste d'administration aux mains des *curiales,* soit comme délibération, soit comme exécution, est réservé aux dix premiers d'entre eux, aux *decemprimi,* et au *principalis.* Mais ce qui reste est peu de chose. Les attributions des duumvirs, des édiles, des questeurs, de même que la plupart des pouvoirs du Sénat ont passé à des fonctionnaires impériaux, au curateur, au comte, au *defensor* de la cité, au président de la province. Le principal office des magistrats fournis par la curie et de la curie elle-même est de payer des impôts exceptionnels, de prendre à leur charge des dépenses publiques, de nommer des percepteurs d'impôts et d'être responsables de leur gestion. Aussi le titre de curiale et l'*honor* du magistrat ne sont-ils plus des dignités, mais des fardeaux intolérables; on n'accepte plus, on recherche moins encore d'être curiale ou magistrat, on l'est obligatoirement, par naissance, par fortune, par résidence, par condamnation pénale.

Le bas peuple qui échappe à la curie n'est guère mieux partagé. Il n'a relativement ni plus de droits, ni moins de charges. Il doit s'acquitter des *munera,* prestations d'autant plus multipliées et plus onéreuses que le plus clair produit des impôts qu'ils représentent profite au seul fisc impérial. Il est vrai qu'il a un *défenseur* et qu'il intervient dans son choix; mais le *défenseur,* lui aussi, est un fonctionnaire de l'État. C'est le président de la province qui le nomme et, pour l'ordinaire, au lieu de protéger, il pressure[1]. L'unique refuge qui reste ouvert au peuple, refuge où il se précipite et se cramponne, ce sont les collèges, les corporations. Là il a gardé son adminis-

[1] Voir t. I, p. 78.

tration autonome, ses représentants, ses traditions; là il réussit à échapper même à la curie, même aux *munera*.

En résumé, quel est l'aspect que présentent les cités? En haut, non pas les curiales, mais les dignitaires de l'empire, ceux qui jouissent du titre de sénateur romain, d'*illustris*, de *spectabilis*, et qui se dérobent par là aux impôts et à la curie. En bas, la plèbe groupée dans des collèges et parvenant là seulement à mener une existence supportable. Entre deux, les magistrats et les curiales qui ne sont que des contribuables plus chargés que les autres, et dont l'unique raison d'être est l'intérêt du Trésor impérial. L'administration est aux mains des fonctionnaires de l'État : un seul, le *defensor*, a en partie une origine élective. Et remarquez encore que cette administration n'est pas celle de la *ville* proprement dite, mais de la *civitas*, de toute la région dont la ville est le chef-lieu.

Fallait-il être prophète pour prévoir ce qui adviendrait dans une crise politique comme celle que les invasions germaniques provoquèrent? Les hautes classes devaient chercher à pénétrer dans l'administration nouvelle, à attirer surtout à elles les fonctions de comte et de défenseur des cités. De leur côté, les nouveaux maîtres n'auraient garde de supprimer ces fonctions puisqu'elles n'étaient que des rouages de l'administration générale. Enfin, la plèbe devait se retrancher le plus possible dans son organisation corporative; la curie et les magistratures devaient disparaître rejetées comme un odieux fardeau par ceux qui y étaient rivés, maintenues parfois théoriquement (dans le Bréviaire d'Alaric, par exemple), mais pratiquement abandonnées à l'infaillible désuétude, comme une cause de gêne et une entrave inutile, par l'administration même des conquérants. Les fonctionnaires de l'État et l'aristocratie cosmopolite qui, sous l'ancien régime, avaient hérité successivement des attributions des anciens magistrats municipaux, y compris l'enregistrement des actes dans des registres publics [1], hériteront de plus, sous le nouveau, de leurs titres honorifiques (*honorati, senatores, senatus, ordo*).

Tel fut le cours des choses.

La *civitas* devient le *pagus*. Le comte qui y commande est un agent du roi, nommé par lui, sans intervention des habitants, ni de la ville, ni du plat pays, nommé à temps, révocable à volonté. Il administre, il exerce la police, il rend la justice avec le concours d'assesseurs pris parmi le peuple; les rachimbourgs d'abord, plus tard les échevins. Il perçoit les impôts et veille à l'exécution des travaux publics par voie de corvées, comme il procède au recrutement régional de l'armée. Sous ses ordres agissent des vicaires et des centeniers, qui relèvent de lui, qu'il nomme et délègue. L'ensemble des attributions qui lui sont dévolues et qu'il exerce en personne ou par ses délégués s'appelle *comitatus*. Il se substitue en fait et en droit aux fonctionnaires impériaux, au président de province, au curateur, aux *exactores*. Son autorité rend inutile l'ancienne et odieuse levée des impôts par les curiales, seule fonction effective qui leur restât. Son seul rival en puissance est l'évêque; le seul magistrat de la *civitas* qui subsiste à côté de lui, c'est le *defensor*. Si celui-ci a survécu, il le doit en partie à l'intervention du peuple dans son choix, mais surtout à sa situation personnelle.

Personnage considérable, évêque très souvent, on devait compter avec le *defensor*. A une certaine compétence judiciaire, qui s'exerce avec le concours d'assesseurs populaires, il joignait peut-être quelques attributions

[1] Dès l'an 316, le curateur partageait cette attribution avec les duumvirs (Cod. Théod., C. 3, *De donationibus*, 8, 12). S'il en fut privé plus tard, c'est qu'on la jugea au-dessous de sa dignité. Le défenseur, que dès 409 on voit procéder à l'insinuation, prit alors à la fois sa place et celle des duumvirs défaillants (415, C. 8, *eod. tit.*). Il était assisté, suivant une règle plus ancienne, d'un greffier et de trois curiales. (396, Cod. Théod., C. 151, *De decurion.*, 12, 1).

administratives purement locales et il continuait à présider à l'insinuation des actes. Toutefois, là encore, le titre souvent est trompeur. Titre et fonctions ont passé aux subordonnés du comte.

Nous en avons de frappants exemples dans deux chartes invoquées bien à tort par Raynouard [1], et acceptées avec trop de confiance par les écrivains qui l'ont suivi.

La première est le testament d'Harvich d'Angers. Il aurait été insinué en l'an 804, en présence du défenseur Wifredus et de toute la curie de la cité d'Angers. Or, qu'est ce défenseur? qu'est cette curie? Il aurait suffi à Raynouard, pour le savoir exactement, de prendre garde aux signatures apposées au bas du procès-verbal d'enregistrement. Le *defensor,* c'est le vicaire du comte; la *curia,* c'est la cour du comte, formée du comte lui-même, d'un *curator* (intendant ou *villicus*), du vicaire Wifredus, de huit assesseurs dont deux sont des centeniers [2].

La deuxième charte est une charte d'*apennis*. Elle représente, semble-t-il, en pleine activité le défenseur et les curiales, à Nîmes, au xe siècle! En réalité, elle n'est que la reproduction stéréotypée d'une vieille formule [3]. Le *defensator* Fredelus est de nouveau un vicaire du comte, les prétendus curiales de simples vassaux ou des *boni*

[1] Raynouard, *op. cit.*, t. I, p. 327 suiv., p. 334 suiv.

[2] *Début de la charte :* Adstante vir laudabile *Wlfredo defensore,* vel cuncta *curia* Andec. civitate, adsistantium Aganbertus dixit : Rogo te laudabilis vir defensor, vosque officia publica, ut mihi codicis publicis patere jubeatis...

Signatures : Sign. Nonono *comite*, S. Riscleno *curatore*, S. *Wifredo vicedomo*, S. Hermedrano, S. Gendrado, S. Letbandus *centenario...*, S. Stabulo *centenario.* (Martène et Durand, *Amplissima collectio,* t. I, p. 58-59. *Adde*, Beyer, *Urkundenbuch der mittelrheinischen Territorien,* t. I, n° 42, p. 49).

[3] Cf. Zeumer, *Ueber den Ersatz verlorener Urkunden* (*Zeitschr. der Savigny-Stiftung. Germ. Abth.*, t. I, 1880, p. 90-91). Blumenstock, *De la réfection des titres perdus chez les Francs*, *Nouv. Rev. hist. de dr.*, t. XV, 1891, p. 332-333.

homines. Les mêmes personnages reparaissent, en effet, avec leurs vraies qualités, dans une charte du même jour relative au même objet [1].

L'aristocratie de naissance et de fortune conserve sa situation prépondérante; elle se trouve accrue de nouveaux arrivants. C'est dans ses rangs que comtes et évêques se recrutent. De son côté, le peuple est bien appelé à juger, à combattre, à élire les évêques, mais il n'a pas d'autres institutions autonomes que les anciennes corporations et les nouvelles paroisses. D'institutions municipales proprement dites il n'est question nulle part. Le comte même n'est pas plus le comte d'une ville que l'évêque n'est l'évêque d'une ville. Je veux bien que, résidant au chef-lieu, ils s'occupent plus spécialement de ses intérêts; mais de là à les regarder comme des magistrats municipaux, il y a un abîme.

Chacun sait la prédilection qu'avait M. Fustel de Coulanges pour l'idée d'une persistance des institutions romaines après les invasions germaniques, pourtant il est obligé ici de se rendre à l'évidence : « Au VIIe siècle, dit-il, les évêques apparaissent comme de véritables chefs politiques, sans concurrents dans la cité... Partout les évêques ont réduit à l'impuissance les anciennes magistra-

[1] *1re charte :* « ... precamur vos, domne *Fredolo, actor vel defensator*, cum judices vestros vel ceterasque personas... Tunc ipse Fredolo vel alii homines dixerunt... Unde laudamus te, vir laudabilis, *defensor Fredelo*, nec non et vos, *honorati, que curas publicas agitis assidue*, ut istam palncturiam firmare faciatis... S. *Fredelone*, S. *Almerados*, S. *Ebrardo*, S. *Audgario*, S. *Altejerno*, S. *Gauzfredo*, S. *Radone*, S. *Radoino*, S. *Odilone*, S. alio *Hebrardo*.

2e charte : « ... in presentia *Fredelone, misso Raimundo comite;* Altemiro, preposito, *Almerado vasso;* Raimondo *comite;* nec non et *judices :* Ermenardo, Blicario, *Ebrardo misso Fredelone;* et *alios homines*, id est : *Autgario*, *Altejerno*, *Gautfredo*, *Radone*, *Radoino*, *Odilone*, item *Ebrardo*, Wanilone, Bernone; vel aliorum *bonorum hominum...* » (*Cartulaire de Nîmes*, ch. 32-33, p. 56-58. Publiées précédemment par Ménard, *Hist. de Nîmes*, t. I, *Preuves*, p. 19-20).

tures municipales *dont on ne parle même plus*. Les rois francs ne les ont ni supprimées ni affaiblies, mais tout ce qu'elles avaient d'attributions et de forces s'en est allé du côté de l'évêque. Partout aussi les évêques se sont fait une place à côté des comtes; ils ont réduit le nombre de leurs justiciables et le terrain de leur action. Ils partagent l'autorité publique avec les fonctionnaires du roi[1]. »

Quand, après Charlemagne, le *pagus* donne naissance au comté féodal, le comte domine au même titre les campagnes et les villes. Mais l'inféodation, le partage, l'aliénation accomplissent leur œuvre dissolvante. Les villes sont détachées, cédées, disputées, inféodées. Elles ont désormais leurs seigneurs particuliers. L'inféodation est totale ou partielle : ses modalités varient à l'infini. Ici le comte se borne à créer une châtellenie dans une ville et à la donner en fief; là il se trouve réduit à n'avoir plus que le *comitatus* de la ville même, le plat pays lui ayant échappé; comme réciproquement des comtes deviennent comtes *ruraux* quand les villes leur échappent.

L'adversaire le plus redoutable que le comte rencontra dans les villes fut le clergé. Ses domaines, protégés par l'immunité et l'asile, sont le noyau vivace de l'agglomération urbaine; ses chefs, évêques et abbés, s'érigent de protecteurs en maîtres. Si, en France, ils ne parviennent que rarement à s'assurer le *comitatus* intégral d'une ville, du moins les voit-on, — grâce à leur autorité spirituelle, à leurs richesses, à la foule de leurs auxiliaires et de leurs serviteurs, par la crainte qu'ils inspirent comme par les services qu'ils rendent dans les calamités publiques, les famines, les guerres, les invasions normandes, sarrazines et magyares, — tenir en échec les plus puissants laïques, et entrer en partage d'autorité avec eux.

Que le pouvoir (*comitatus*) dans la ville restât au roi, au comte, au vicomte, fût inféodé, passât à l'évêque ou à

[1] Fustel de Coulanges, *La monarchie franque* (1888), p. 597-598.

l'abbé, fût partagé entre eux et des seigneurs laïques, son caractère était toujours le même. C'était un pouvoir de domination, ce n'était, à aucun titre, une autorité représentative. L'élection des évêques était tombée en désuétude; elle avait passé au roi ou aux seigneurs féodaux, quand l'évêché n'était pas devenu un simple patrimoine de famille. Le comte, le vicomte, le seigneur laïque avaient un pouvoir basé sur l'hérédité et la tradition, ou sur une force matérielle contre laquelle toute résistance du peuple eût été folie.

Quelle place, dès lors, pouvait-il rester aux institutions municipales proprement dites? Sans doute, le seigneur de la ville continuait, pour assurer le fonctionnement de la justice, à y appeler des assesseurs, échevins dans le nord, juges dans le midi, et ces mêmes hommes durent être consultés par lui dans des affaires d'intérêt commun; sans doute encore, l'ensemble des habitants libres pouvait avoir des propriétés communes, et en disposer sous l'autorité de son seigneur, mais tout cela ne ressemble en rien au régime municipal romain, et ne constitue pas encore le régime communal. Comme à l'époque précédente, le groupement le plus solide c'est dans l'organisation des métiers et des paroisses qu'il réside. Aussi sera-ce là, avec l'échevinat, la principale pierre d'attente des communes futures. S'il me fallait chercher une autre image, je ne dirais pas que l'embryon est formé; mais la graine est déposée dans le sol; elle germera, elle éclora sous la poussée vivifiante des circonstances propices. Essayons de sonder du regard ce mystérieux travail.

[1] Voyez plus haut, p. 69 suiv.

CHAPITRE III.

VILLES ANTIQUES ET VILLES DU MOYEN-AGE.

Il n'est pas de plus grande erreur que de se représenter les villes de l'époque gallo-romaine traversant le moyen-âge par la seule vertu de leur antique origine et n'éprouvant que de lentes et successives transformations. A vrai dire, de beaucoup d'entre elles le nom seul, quelques tours, quelques pans de muraille, quelques ruines restaient debout quand la féodalité s'installa et toutes subirent alors une rénovation radicale. Dès le IVe siècle, Julien trouvait dans les Gaules plus de quarante-cinq villes importantes ruinées par les Barbares, et ce chiffre grossit démesurément au cours des siècles par les invasions et par les guerres. L'œuvre de destruction des Normands, des Sarrazins et des Hongrois ne fit pas moindre rage contre les villes que contre les *villæ;* ce qui lui échappa fut la proie des incendies du Xe et du XIe siècle [1].

[1] Ces incendies, ne fussent-ils allumés que par un accident, détruisaient presque toujours de fond en comble, car la plupart des maisons étaient en bois. On pourra prendre une idée du grand nombre de villes qui furent à cette époque réduites en cendres, par la liste que voici. Je l'ai dressée à l'aide des documents publiés dans les *Historiens de la France* et il serait facile de la grossir :

Angers :	brûlé en l'an 1000, *D. Bouquet*, X, p. 175 E.
	— 1032, X, p. 177, p. 233 B.
Auxerre :	brûlé deux fois en 1025, X, p. 172 B.
	brûlé en 1065, XII, p. 289 C.
Beauvais :	— 1018, X, p. 271.
Cambrai :	— 923, VIII, p. 180 D.
	— 1027, X, p. 197 E.

Pour sauver quelques parcelles de leur existence, pour en ressaisir quelqu'une en se relevant de leurs ruines, les villes durent se replier sur elles-mêmes. Les quartiers ouverts furent abandonnés, la population se concentra soit dans la citadelle (*castellum, burgus*) de l'ancienne cité, soit dans une cité plus restreinte (*castrum, civitas*) construite à la hâte avec les débris dont le sol était jonché.

Considérez, par exemple, les destinées d'Autun. La ville romaine d'*Augustodunum* s'étendait sur un vaste espace, sa superficie était de deux cents hectares, et son mur d'enceinte avait un développement de près de six kilomètres. Soixante-deux tours commandaient les remparts. Dévastée par Tétricus en l'an 269, elle n'était plus en état de défense à l'époque des grandes invasions. Aussi les habitants se retranchèrent-ils dans un *castrum* élevé en toute hâte à l'une des extrémités de l'ancienne enceinte, utilisant pierre et marbre des monuments détruits. Le nouveau *castrum* n'occupe que le vingtième (10 hectares) de la superficie de la ville antique. Un des quartiers qui restent en dehors

Châlons-sur-Marne : brûlé en 931, VIII, p. 187 B.
— 963, VIII, p. 213 B-C.
Chartres : — 962, VIII, p. 268 C.
— 1019 (ou 1020), X, p. 271 et p. 463, note.
Commercy : — 1024-1037, XI, p. 458 C.
Corbeil : — 1019, X, p. 271.
Le Mans : — 1099, Orderic Vit. Ed. Leprevost, IV, p. 56.
Orléans : — 989, X, p. 17 B.
Paris : — 1034, X, p. 216 B, p. 222 A.
— 1059, XI, p. 393 D.
Pithiviers : — 1037-1044, XI, p. 457 C.
Poitiers : — 1018, XI, p. 158 C
Rouen : — 1019, X, p. 271.
Saintes : — 1026, X, p. 161 D.
Saumur : brûlé vers 1020, XI, p. 276 A.
Strasbourg : brûlé en 1002, XI, p. 319 D, p. 125 C.
Tours : — 1027, X, p. 177, A.
Verdun brûlé trois fois sous l'épiscopat de Thierry (1047-1088), XI, p. 249-250 et p. 251 B-C.

est l'ancien *Forum Marciale*. Il sera, à son tour, fortifié plus tard[1].

La plupart des villes se resserrèrent de même en un *castrum*. Le plan était traditionnel; il dérivait des *castra stativa* romains : une enceinte carrée ou rectangulaire, plus exiguë par le malheur des temps, flanquée de tours, percée de quatre portes orientées vers les points cardinaux et communiquant par des rues qui se coupaient à angle droit[2]. Postée à l'intérieur sur un point culminant ou adossée à l'enceinte, une citadelle (*castellum, burgus*) domine la ville comme le donjon un château, et réserve aux habitants un suprême refuge. Des tours transformées en forteresses, des couvents et des églises fortifiées concourent à la défense.

[1] Voyez de Fontenay et Charmasse, *Autun et ses monuments* (1889), p. 24, 29, 252 suiv.

[2] Les *castra stativa* avaient, en moyenne, 650 mètres environ de côté (soit 2,600 mètres de pourtour et 42 hectares de superficie), et leur disposition était celle que j'indique au texte. (Cf. Daremberg et Saglio, *Dictionnaire des antiquités*, v° *Castra*). — La même disposition se conserva pour le noyau fortifié des villes, mais les dimensions de l'enceinte se restreignirent dans un but de plus prompte et de plus facile défense.

Dijon, tel qu'il nous est décrit par Grégoire de Tours, peut être pris pour type d'un *castrum* du Moyen âge : « Quattuor portæ a quattuor plagis mundi sunt positæ, totumque ædificium triginta tres torres exornant, murus vero illius de quadris lapidibus usque in viginti pedes desuper a minuto lapide ædificatum habetur, habens in altum pedes triginta, in lato pedes quindecim. » (*Historia Francorum*, III, 19, *Monum. Germ.*, éd. in-4° (1885), p. 129). — Courtépée a complété cette description par des détails locaux : « L'ancien Dijon, décrit par Grégoire de Tours, et qui a subsisté sous les deux premières races de nos rois, étoit une ville forte, de forme quarrée, de onze à douze cents pas en longueur et en largeur, ayant quatre portes correspondantes aux quatre points cardinaux. Elle étoit entourée de murs élevés et flanquée de trente-trois tours. Cette partie étoit proprement la ville, et portoit le nom de *castrum;* elle n'avoit d'étendue que celle qu'a aujourd'hui la paroisse de Saint-Médard, et l'église de Saint-Étienne était la seule, avec le baptistaire de Saint-

Quand fut close, au XIe siècle, l'ère des invasions, la population déborda de nouveau hors de l'enceinte. Il se forma des bourgs analogues à ceux des châteaux-forts. C'était une extension du *burgus* proprement dit, un lieu qui participait de sa protection, — un bourg du dehors (*forbourg*)[1], — et qui renforçait sa sécurité soit par une enceinte de pieux ou de palis (*falburgus*)[2], soit par un fossé[3], soit surtout par l'immunité et l'asile d'une église ou d'un couvent établis à proximité de la ville[4].

Il n'est point difficile de voir à quel point l'unité de la ville antique est rompue et avec elle toute continuité véritable. La ville moderne ne sera pas la descendante naturelle de la ville antique. Elle ne naîtra que le jour où s'opérera une unification nouvelle, le jour où, englobés

Vincent, qui fût dans son enceinte. Au dehors étoit le *Bourg Saint-Bénigne*, situé à droite du cours du Suzon; il comprenoit le territoire de cette abbaye, et celui des paroisses de Saint-Jean et de Saint-Philibert; le *Fauxbourg* composé des paroisses de Notre-Dame, Saint-Michel et Saint-Nicolas, enfin, le quartier de la vicomté qui étoit dans l'étendue de la paroisse Saint-Pierre furent bâtis successivement. » (*Description historique du duché de Bourgogne*, t. II (Dijon, 1777), p. 96-97).

[1] *Burgus forensis*, *Forsbourg* (Cf. Ducange, v° *Burgus*, p. 816, col. 2), par opposition au bourg compris dans l'enceinte, et qui, lui-même, se décomposait en divers quartiers appelés *bourgs*. — Cartul. de Nîmes, ch. 143, p. 230 (1043-1060) : « Infra ipsa civitate Nemauso, prope ipso *burgo* quem vocant Foro. »

[2] Cf. Scherz, *Glossarium German. medii ævi* (Strasbourg, 1784), v° *Phalburger*.

[3] Charte de Raoul, seigneur de Déols, en faveur des chanoines de Levroux, dont l'église avait été fondée près du vieux *castrum* gallo-romain de *Gabatum* : « Et quia eos amplitudinem qua claustra, claustrorum officinas seu alias domos construere possint habere dignum erat, ipsius burgi partem ecclesie propiorem fossâ circumdare feci, eisque circumdatam prorsus etiam ab omni impedimento solutam dedi. » (1012, *Cartul. de Levroux*, MS. Arch. de Châteauroux; Raynal, *Hist. du Berry*, I, p. 429-430).

[4] Les faubourgs tiennent donc d'ordinaire à la fois du bourg féodal et du bourg religieux. Ils sont le résultat de leur combinaison.

dans une même enceinte, seront fondus et assimilés les groupes disparates de population jusque-là juxtaposés.

Pour mettre cette vérité en meilleure lumière, jetons un coup d'œil sur l'état matériel des villes du XIe siècle, en les prenant dans les diverses régions de la France.

CHAPITRE IV.

ASPECT DES VILLES.

Dans toutes les villes importantes, nous apercevons une cité ou *castrum* et des bourgs extérieurs. Au sein de la cité, un château, véritable forteresse, *castrum*, dans le sens restreint, *castellum*, *arx*, *maxima turris*, *motta*, *capitolium*, etc. [1], qui représente au regard de la ville le château-fort au regard de la plaine; des châteaux plus petits, des tours, des cours ou maisons fortifiées, qui correspondent aux tours de bois, aux *villæ* fortifiées, aux fermetés du pays ouvert; enfin des églises et des couvents, des palais épiscopaux ou abbatiaux avec leurs ouvrages de défense, avec les maisons qui se pressent autour d'eux, qui s'y accrochent, qui s'y cramponnent, à l'ombre de leur protection. Les bourgs extérieurs sont espacés, semés autour de la ville. Ils ont chacun son existence propre et son système de défense militaire ou religieuse.

Partons de la Normandie et descendons en spirale à travers le cœur de la France, de Rouen à Carcassonne.

[1] « *Castrum* quod superominet civitati » (Vienne). (D. Bouquet, XI, p. 549 C).

Castellum : c'est l'expression usuelle.

Arx, du vicomte de Tours. (D. Bouquet, XII, p. 507 D).

Maxima turris, construite à Sens par le comte Bernard le Vieux en 999 (*ibid.*, X, p. 222 C).

Motta, dominant la ville de Ballon (Orderic Vital, IV, p. 47).

Capitolium, à Saintes. (Adémar de Chabannes, D. Bouquet, X, p. 161 D).

On rencontre aussi l'expression *prætorium*, qui rappelle le *castrum* romain (Alençon, Le Mans) (Orderic Vital, III, p. 262, IV, p. 100), celle de donjon (*dangio*) (Évreux) (Orderic Vital, III, p. 262, IV, p. 279).

Dans la tentative qui fut faite en l'an 1090 pour enlever Rouen au duc de Normandie, Robert Courteheuse, l'aspect extérieur de la ville nous est clairement décrit par Orderic Vital. Quatre portes donnent accès à la cité; chacune d'elles regarde un des points cardinaux. Près de la porte orientale se dresse la citadelle, *arx, turris,* où se tiennent le duc et ses fidèles, et d'où ils fondent sur les insurgés. En franchissant ces portes, on arrive dans les bourgs suburbains, les faubourgs qui, plus tard, seront réunis à la ville, le *vicus,* dit Malpalu, le hameau d'Emendreville [1], les habitations groupées autour de l'abbaye de Saint-Ouen [2].

Deux villes ont été réunies au milieu du XIVe siècle pour former la ville actuelle de Tours :

1° L'ancienne cité romaine. Ses murailles avaient été réparées hâtivement au temps de Charles le Chauve (869) [3]. Une des principales tours de son enceinte, reconstruite ou restaurée, transformée en château par le comte d'Anjou et de Touraine, Hugues l'abbé (867-886), devint, sous le nom de *tour feu Hugon,* le siège de l'autorité comtale [4].

2° Un bourg franc né à proximité de la ville (à moins d'un kilomètre de distance), autour de l'antique abbaye

[1] « Per orientalem portam egressus est, et mox a suburbanis vici, qui mala Palus dicitur, fideliter ut specialis herus susceptus est. Deinde cymba parata, Sequanam intravit, et relicto post terga conflictu, trepidus ad Ementrudis villam navigavit. » (Orderic Vital, III, p. 354).

[2] « Cœnobium Sancti Petri principis apostolorum in suburbio Rotomagensi fere LX annis rexit, miræque magnitudinis et elegantiæ basilicam cœpit, in qua corpus Sancti Audoeni ejusdem urbis archiepiscopi cum multis aliis sanctorum reliquiis requiescit. » (Orderic Vital, II, p. 247. *Adde,* II, p. 365).

[3] « Karolus civitates Transsequanas, ab incolis firmari rogavit, Cinomannis scilicet ac Turonis, ut præsidio contra Nortmannos populis esse possent. » (*Annales de Saint-Bertin,* éd. Dehaisnes, p. 199).

[4] Cf. Giry, *Les établissements de Rouen* (Paris, 1883), I, p. 207.

de Saint-Martin. Dès le IXe siècle, il participe aux immunités de l'abbaye [1] et, dès les premières années du siècle suivant (904-918), à la sécurité que leur assure à tous deux une commune enceinte fortifiée. Désormais le bourg sera un *castrum*, il s'appellera *castrum novum*, Château-neuf. Des maisons de bois et de pierre s'y presseront [2], les changeurs y dresseront leurs tables, les marchands leurs étaux [3].

Ville et bourg auront leurs destinées distinctes, comme ils ont leurs seigneurs différents, — celle-là le comte d'Anjou, celui-ci l'abbaye de Saint-Martin, — jusqu'au jour où grossis par les faubourgs qui s'accrochent à leurs flancs, ils finiront par se rejoindre et, pour résister aux Anglais, devront se donner une même enceinte et une administration commune (1357-1359).

La grande ville gallo-romaine de Bourges s'était lors, des invasions du cinquième siècle [4], rétrécie en un périmètre étriqué, derrière des remparts formés d'entassements hâtifs de débris d'architecture : chapiteaux et colonnes, pierres équarries ou sculptées [5]. Elle devint un *castrum,* avec ses quatre portes, et ses tours symétriques, avec sa maîtresse tour qui servira de château à l'époque féodale et dont Suger, au douzième siècle, attestera encore l'im-

[1] Voir les textes dans Giry, *op. cit.*, I, p. 185-186.

[2] Voyez la note suivante.

[3] « Ego Andreas sacerdos S. Martini canonicus... dono Sancto Martino et canonicis ejus in præsenti capitulo, medietatem *domorum mearum tam petrinarum quam lignearum* quas juxta murum castelli Sancti Martini extra et intra in vicinia portæ in dextra parte egressus castelli ejusdem possideo, et *unum stallum meliorem* videlicet de duobus quos apud draparios habeo. » (1098, *Armoires de Baluze*, 76 f° 149 r° et v°. — Dom Housseau, t. III, n° 1024).

« Guillelmus de Mirebello calumniabatur canonicis Sancti Martini *domum lapideam* quam habent in area Sancti ejusdem *ante stallos cambitorum.* » (1070-1086, dom Housseau, t. II², f° 164, n° 746).

[4] Voir H. Boyer, *Les enceintes de Bourges* (1889), p. 103.

[5] Raynal, *Histoire du Berry*, I, p. 115.

portance politique[1]. Au dedans et autour du *castrum*, la population se cantonne dans des bourgs ou des faubourgs. Elle y trouve, à des degrés variables, la sécurité pour la personne et pour les biens[2]. Le nombre des faubourgs (bourgs extérieurs) était considérable si, comme il semble acquis, le premier agrandissement de la cité n'a eu lieu que vers l'an 1150[3].

Au témoignage d'un chroniqueur du XIIe siècle, Hugues de Poitiers, moine de Vezelay, la *cité* de Nevers n'était dans le principe qu'un *castrum* d'une dimension si exiguë qu'il la compare à un petit village[4]. Un gros bourg se construisit en dehors de la cité (*in suburbio*), dans la zône de protection de l'abbaye bénédictine de Saint-Étienne; bourg franc, doté de privilèges, en 1090, par le comte de Nevers, en même temps que l'abbaye qui lui servait de sauvegarde était munie de remparts et de tours[5].

[1] « De W. vero de H. quem ad muniendam et custodiendam turrim Bituricensem miseramus, dilectioni vestræ significamus præpositos Bituricenses et Cadurcum ei turrem negasse... Quod per præsentem nuncium vos ipsis præcipere scribendo volumus. » (Lettre à Raoul, comte de Vermandois, *Œuvres compl. de Suger,* éd. Lecoy de la Marche, p. 262).

[2] Raynal, *Histoire du Berry,* I, p. 218, 392, 428. Le bourg de Saint-Ursin, par exemple, est déclaré franc, en ces termes, par le vicomte de Bourges, Geoffroi (peu après 1012) : « Ita liberum facio ipsum vicum ut nemo ex meis hominibus, neque præpositus neque vicarius ullus neque aliquis serviens aliquid ibi accipiat... Et si aliquis homo ad ipsam (ecclesiam) fugerit, nemo præsumat eum persequi neque judicare, nec vi ab ipso burgo abstrahere. » (*Op. cit.,* p. 428, note 2).

[3] H. Boyer, *Les enceintes de Bourges, loc. cit.*

[4] « Castrum Nivedunum, quod nunc dicitur Nivernis... castrum illud antiquissimum quidem, sed *instar viculi exiguum.* » (*Origo et Historia Nivern. comitum*, Crouzet, *Droits et privilèges de la commune de Nevers* (Nevers, 1858), 2e part., p. 143).

[5] « Ego Willelmus, Dei gratiâ Nivernensis comes, ... monasterium ... in honore ... protomartyris Stephani ... in suburbio Nivernensi, propriis sumptibus reædificavi... Primum quidem ipsum locum alti

Quand une enceinte commencée à la fin du XIIe siècle et achevée au début du XIIIe réunit la ville et le bourg, tous deux n'en gardèrent pas moins leur régime séparé. Le bourg, je le dirai plus loin, demeura régi par la charte de 1090, alors que la ville le fut par des privilèges octroyés de 1194 à 1231.

La ville gallo-romaine de Vesone, *Augusta Vesuna*, s'étendait sur un vaste espace entouré par la rivière l'Ille et bordé de coteaux[1]. Sur cet emplacement, n'en occupant même qu'une faible portion, deux villes se bâtirent dont la réunion donna naissance à Périgueux : la cité (*Petrocorica civitas, Petrocoriorum urbs*), appuyée à la citadelle romaine qui lui fournit son principal château (*castrum Petragoricum*) et défendue en outre par trois châteaux de moindre importance (les châteaux de Bourdeilles, de Limeuil et de Barrière); un bourg groupé autour du monastère de Saint-Front, qui lui donna son nom (*Podium, villa Sancti Frontonis*)[2]. La cité dépendait de l'évêque, le bourg de l'abbaye, sauf encore les droits des seigneurs particuliers, des châtelains surtout. Leur développement, leur condition, leurs intérêts restèrent séparés et s'entrechoquèrent jusqu'à ce qu'en l'an 1240 un traité en fit une même ville, la *ville et cité* de Périgueux.

fortisque muri clausura per circuitum ambivi : deinde nobile monasterium cum tribus turribus satis pulchro venustoque opere... construxi. Dono et concedo... totum Burgum sicuti modo pro Burgo habetur, aut unquam melius habebitur, qui jam ex re nomen habens, Burgus Sancti Stephani appellatur, cum terra et hominibus inibi hospitatis seu hospitaturis, omnibusque consuetudinibus quas inibi habebam, nihil mihi penitus in ea (eo?) retinens. » (1090, Crouzet, *op. cit.*, p. 147, 149).

[1] Ne pouvant m'attarder à des détails topographiques, je me borne à renvoyer au plan placé en tête des *Antiquités de Vésone*, par W. de Taillefer (T. I, Périgueux, 1821).

[2] Cf. le *Dictionnaire topographique de la Dordogne*, par le Vte de Gourgues. (Paris, 1873).

En 1037, le comte de Toulouse, Pons, donne à sa fiancée Majore, à titre de *sponsalitium*, l'évêché, la cité, la monnaie, le marché d'Albi, « *episcopatum Albiense*, et *civitatem*, et *moneta* et *mercatum*[1]. »

A côté de la cité existaient un ou plusieurs bourgs que le vicomte d'Albi tenait sans doute, comme la cité elle-même et l'évêché[2], en fief total ou partiel, du comte de Toulouse. Dans un acte contemporain du précédent et relatif à la construction du pont d'Albi, le vicomte Bernard Aton est appelé proconsul de Nîmes, *prince* d'Albi, et l'on mentionne la présence des citadins et des bourgeois (*cives* et *burgenses*) auxquels sont venus se joindre les habitants des châteaux et des villages voisins[3]. L'entreprise intéressait en effet la ville (*villa*) dans son ensemble (cité et bourg) et toute la région albigeoise[4]. — Par *cives*,

[1] « Ego in Dei nomen Poncius dono tibi, dilecte sponse mee Maiore, episcopatum Albiense, et civitatem et moneta, et mercatum, et vineas in dominio et villa Magniloci... » (Albi, 14 septembre 1037, *Hist. du Languedoc*, nouv. éd., V, col. 428). — De pareilles libéralités faites à des femmes ne sont pas rares et elles mettent en pleine lumière l'état de dépendance domaniale des villes. En 990, Guillaume, vicomte de Béziers et d'Agde, lègue à sa fille Garsinde la cité de Béziers et à sa femme Arsinde la cité d'Agde. (*Hist. du Languedoc*, nouv. éd., V, col. 318). — En 1095, Bertrand, fils du comte de Toulouse, Raimond Saint-Gilles, constitue en *sponsalitium* à sa fiancée, Hélène de Bourgogne, les cités de Rodez, de Cahors, de Viviers, d'Avignon, de Digne, le tout selon la loi romaine qui est sa loi, « *sicut lex mea Romana est.* » (*Hist. du Languedoc*, V, col. 738-739).

[2] Vers 1038 l'évêché est vendu par le vicomte d'Albi et son frère au prix de 10,000 sols dont moitié pour les vendeurs et moitié pour leur suzerain, le comte de Toulouse. (*Hist. du Languedoc*, V, col. 432-433).

[3] « Communi petitione supplicique rogatu omnium tam civium quam burgensium Albensium, multorumque aliorum, quos supradicti episcopi ad postulandum secum quod ipsi postulare decreverant, ex vicinis castellis et vicis advocaverant. » (vers 1035, *Hist. du Languedoc*, V, col. 414-415).

[4] « Voluerunt pontem fieri super Tarnum, in alodio beati Salvii,

il faut certainement entendre les habitants de la cité; par *burgenses*, à la fois ceux des faubourgs (*suburbium, burgus*) et ceux d'un château-fort considérable qui, adossé extérieurement à l'enceinte de la ville, commandait le Tarn : le *castrum vetus*, Castelviel.

Son antiquité n'est pas douteuse, car, dès l'an 1143, il est question d'un *castellum novum* [1]. Que, d'autre part, le Castelviel fût distinct et de la cité et du bourg d'Albi, qu'il eût sa population propre et ses châtelains [2] relevant directement du comte de Toulouse, cela ressort d'un acte du douzième siècle, par lequel ce comte engage au vicomte Raymond Trencavel le château et le fief (châtellenie) de Castelviel avec toutes ses dépendances en chevaliers, manants et biens. Il y ajoute expressément les droits qu'il possède sur la *cité* et sur le *bourg* d'Albi, à l'exception de la *paix* ou *pezade* [3].

Bien que nos renseignements sur l'histoire interne de

ad communem villæ meliorationem et totius Albegeis utilitatem... Testis est maxima multitudo tam incolarum quam eorum, qui ad conferenda suffragia in tam utilissimo opere convenerant. » (*ibid.*, col. 415).

[1] « Solvo castellum novum de Albia. » (*Hist. du Languedoc*, V, col. 1071).

[2] Dom Vaissette conjecture qu'ils descendaient d'un vicomte d'Albi, ayant porté le nom de Frotaire ou Frotier, nom traditionnel dans la famille de ces vicomtes. (*Hist. du Languedoc*, III, p. 341).

[3] « Ego Raymundus comes Tolosanus... obligo et jure pignoris trado... omne jus et dominationem quam habeo et habere debeo et comes Tolosanus habere debet vel aliquis homo vel fœmina per me habet et possidet in Castroveteri et in omni honore ad ipsum castrum pertinente... in militibus prædicti honoris, in hominibus et fœminabus, in feudis et fedalibus... in exitibus et redditibus, in censibus et usaticis, in dominicaturis et albergis, in firmantiis et justiciis, in heremo et condirecto. Adhuc etiam cum præscripto Castroveteri... obligo vobis omne jus et dominationem quam habeo in civitate et burgo de Albia vel aliquis homo aut fœmina a me et per me habet et possidet in prædicta civitate et burgo, excepta pace quam mihi retineo... » (1163, *Hist. gén. du Languedoc*, V, col. 1269-1270).

Toulouse soient pauvres pour le XIe siècle, la distinction entre la cité, le bourg et le château apparaît clairement. La cité est enclose de murs, le bourg s'appelle alors *bourg de Saint-Sernin*[1], car c'est autour de cette église, protégée également par des remparts[2], qu'il s'est formé; le château est une citadelle qui sert en même temps de palais aux comtes de Toulouse et que, plus tard, la Chanson des Albigeois qualifiera encore de château merveilleux[3].

Des seigneurs féodaux, comte, vicomte et châtelain commandent dans la cité et le château. Dans le bourg, l'autorité passe graduellement au chapitre de Saint-Sernin[4], et quand, au siècle suivant, une administration municipale se constituera, elle ne sera pas la même pour la cité et pour le bourg. Dès le XIe siècle, ou les premières années du XIIe, l'Église de Saint-Sernin perçoit des droits de tonlieu dans le bourg[5]; elle y a des artisans qui ne

[1] Charte de Guillaume IV, comte de Toulouse, au profit de la cathédrale de Saint-Étienne (vers 1077) : « Dono... salis mei medietatem quod accipio et habere videor de Sancto Saturnini burgo. » (*Hist. du Languedoc*, V, col. 629). — Dom Vaissette remarque au sujet de ce bourg « qu'il n'est pas différent de ce qu'on appela dans la suite le bourg de Toulouse, et qui fut gouverné par des magistrats municipaux particuliers. » (*Hist. du Languedoc*, III, p. 391). — Le *Cartulaire de Saint-Sernin*, récemment publié, fournit une autre mention contemporaine de la précédente : « Quicquid habeo in parrochia Sancti Saturnini sive in Burgo, vel extra burgum. » (vers 1080, ch. 133, p. 98).

[2] « Quod si non faceret, tamdiu staret captus *in burgo Sancti Saturnini infra vallos...* » (vers 1106, *Cartul. de Saint-Sernin*, ch. 131, p. 97).

[3] « *Castel mirable.* » (Chanson de la Croisade contre les Albigeois, éd. Paul Meyer, I, v. 8675, II, p. 429).

[4] Le chapitre fut transformé en abbaye l'an 1117.

[5] Ce tonlieu est perçu sur le grain qu'apportent, pour le vendre, les personnes étrangères à la cité et au bourg, et nullement, comme le traduit par erreur Dom Vaissette (III, p. 507) « sur celui que les habitants de la ville et des faubourgs mettront en vente. » Le texte porte : « Ut quicumque *præter inhabitantes in suburbio vel in civitate* allatam annonam a modo vendiderint, de unoquoque cestario

doivent d'impôt qu'à elle seule[1]; elle y jouit du droit d'établir un four seigneurial[2]; elle lève sur les Juifs l'odieux impôt que les chartes latines nomment le *coup de poing des Juifs* (*colafus Judeorum*), sorte de prime d'assurance contre un déchaînement de violences traditionnelles dont certaines époques de l'année amènent le retour, comme d'une fête périodique[3].

Vers le même temps, d'autres faubourgs naîtront soit

Sctus Saturninus et canonici unam junctatam suscipiant. » (1098, *Hist. du Languedoc*, V, col. 755, *Cartul. de Saint-Sernin*, ch. 291, p. 206).

[1] « Ego Philippia Tolosana atque Pictavensis Comitissa... concedo et dono... ecclesiæ B. Saturnini tam presentibus quam futuris libertatem, quod habeant in burgo unum sutorem et unum pellificem qui consuant eis vestimenta sua, sine omni questu, sine omni censu, sine omni usu, excepta justicia nostra, si in eis evenerit. » (1098, d'après l'*Hist. du Languedoc*, vers 1112, d'après l'éditeur du Cartul. de Saint-Sernin; *Hist. du Lang.*, V, col. 756. *Cartul.*, p. 207-208).

[2] « Concedo et dono eis liberam facultatem, quod si quis honores eorum vastaverit, vel bona eorum rapuerit et admonitus corrigi vel rapta restituere noluerit, quod in burgo vel in civitate eum distringant et capient, donec eis satisfaciat et res eorum restituat. » (Même Charte, *ibid.*).

« Concedo et dono eis facultatem liberam quod ubicumque voluerint in burgo faciant unum furnum et in dominio suo possideant et teneant et habeant. » (*Ibid.*).

[3] « Ego Amelius, Dei gratia Tolosanus episcopus... leddam quam a festivitate Omnium Sanctorum usque ad festum B. Saturnini episcopus *in burgo pro colafo Judeorum datam*, injuste canonicis et decano auferebat, absolvo, reddo et dimitto clericis B. Saturnini presentibus et futuris. » (vers 1106, *Cartul. de Saint-Sernin*, ch. 286, p. 201).

Adémar de Chabannes rapporte un tragique épisode bien propre à définir ce droit *du coup de poing ou du soufflet* des Juifs. Vers l'an 1020 le chapelain d'Aimeri, vicomte de Rochechouart, vint à Toulouse avec son seigneur, aux jours de Pâques. Suivant l'usage, il donna dans la cathédrale de Saint-Étienne un soufflet (*colaphum*) à un Juif, et avec une telle violence qu'il fit jaillir par terre la cervelle et les yeux de l'infortuné : « Hugo capellanus Almerici vicecomitis Rocacardensis, cum eodem seniore suo Tholosæ in pascha adfuit, et colaphum Judeo, *sicut illic omni pascha semper moris est*,

aux dépens des campagnes environnantes, soit aux dépens de la *cité* et du bourg ancien, grâce aux franchises spéciales dont ils seront dotés. Guillaume, comte de Poitiers et de Toulouse, ne donne-t-il pas, l'an 1115, à l'abbaye de Lezat tout le terrain nu qui s'étend devant la porte du château narbonnais, en pleine immunité et seigneurie? Les habitants de la cité et de la ville (*cives* et *urbani*[1]) pourront s'y établir librement, à la seule charge de s'ac-

imposuit, et cerebrum illico et oculos ex capite perfido ad terram effudit, et statim mortuus, a sinagoga Judeorum de basilica S. Stephani elatus, sepulturæ datus est. » (Adémar de Chabannes, *Chronique*, livre III, cap. 52. Migne, t. 141, fol. 64).

Au témoignage d'une charte du XIIe siècle les violences étaient légalement déchaînées contre les Juifs, à Béziers, tous les ans pendant dix jours (jour et nuit), depuis la première heure de la veille des Rameaux jusqu'à la dernière heure du lundi de Pâques. Ils payèrent en l'an 1160 une somme d'argent à l'évêque Guillaume et s'engagèrent à remettre annuellement, le jour des Rameaux, quatre livres, monnaie de Melgueil, à l'église de Saint-Nazaire, en échange de la promesse que tout clerc ou tout serviteur de clerc qui les assaillirait durant cette période de l'année serait passible d'excommunication, et que l'évêque ne garantirait pas les bourgeois des représailles auxquelles leurs attaques pourraient les exposer : « Remitto... vobis Judeis præsentibus et futuris commorantibus in civitate Bitterris per me et per omnes successores meos illum *impetum* et *insultum et lapidationis bellum,* quod jure vel injuria more solito solebant Christiani adversus Judeos hujus villæ facere a prima hora diei sabbati ante Ramos Palmarum usque ad extremam horam secundæ feriæ post Pascha, die vel nocte. Et si forte contigerit quod *aliquis meorum clericorum vel familiæ eorum* projecerit lapidem adversus Judeos vel infra septa suarum domuum his diebus prohibitis vel noctibus... in excommunicationis examine eum ponimus. Et si aliquis laicorum hujus villæ adversus prædictam prohibitionem fecerit, nec ego, nec aliquis meorum successorum vel clericorum eum in hoc manutenebimus neque defensionem præstabimus. » (*Hist. gén. du Languedoc,* V, col. 1235).

[1] *Urbani* doit avoir ici le sens de *suburbani,* comme *oppidum* a souvent le sens de *suburbium* (voyez sur ce dernier point Ducange, v° *Oppidum*). Peut-être même y a-t-il eu une erreur de copiste. Le cartulaire MS. porte, en tout cas, *Urbani.*

quitter envers lui, des services et des cens qu'ils lui devaient dans le passé, et sans qu'ils puissent y être saisis de force par ses officiers[1].

A Béziers se retrouvent château, cité et bourgs. Le château, au xe siècle, comprend une église, l'église de Saint-Sauveur[2]. La cité est léguée alors — avec tout le domaine qui s'y rattache et avec son évêché — par le vicomte Guillaume à sa fille Garsinde[3]. Des bourgs nombreux s'offrent à nous, à partir du xie siècle, appartenant les uns à des seigneurs laïques, les autres dépendant des églises ou du siège épiscopal. En l'an 1105, le vicomte de Béziers acquiert un bourg suburbain qui avait eu jusque-là ses seigneurs particuliers[4]. Dès 1096, l'évêque était en conflit avec les vicomtes au sujet de son bourg de Saint-Nazaire[5]. Le conflit renaît et s'étend à d'autres bourgs

[1] « Ego Guillelmus comes... damus et firmamus jure perpetuo illam plateam et totum illum locum quod videtur esse ante portam castri Narbonensis, sicut melius tenemus vel dare possumus ; tali convenientia ut super ipsos qui ex alienis regionibus ad eundem locum causa manendi devenerint seu habitaverint ullus princeps vel ullus vicarius seu aliquis ex nostra familia principatum vel dominationem seu justicias non requirant sed secure et libere sanctissimo serviant confessori Antonio atque ejusdem loci dominis. Si qui vero ex civibus atque urbanis ad istum transtiolaverint locum inibi ut habitarent, volumus... ut illud fidele servicium atque illud censum quod illorum predecessores nostris curaverunt legaliter persolvere antecessoribus fideliter nobis persolvendo inpendant. » (1115, *Cartul. Lezat.* MS. latin 9189 f° 218 r°, col. 2. — *Hist. du Languedoc*, V, col. 849).

[2] « Ordinavit a Sancto Salvatore quod est fundatus in castello Bitterris civitate. » (990, *Hist. du Languedoc*, V, col. 317).

[3] « Et ordinavit G. vicecomes a filia sua Garsindis civitate quod Biterris (lacune) cum ipso episcopatu et cum ipsa honore quod ad ipsa civitate pertinet et cum ipsos fiscos. » (*Ibid.*, col. 318).

[4] « Ego Agnes et ego G... diffinimus tibi Bernardo-Atoni... totum ipsum burgum de Biterri qui fuit de Gaucelino-Arnaldi et ipsam leddam de ipsis trosellis. » (1105, *Hist. du Languedoc*, V, col. 794).

[5] « Manfred... l'année... 1096, fit une plainte qui se void dans les Archives de l'Évesché contre Menguarde, vicomtesse de Béziers, sur ce qu'elle luy prenoit les droicts féodaux du bourg de S.-Nazaire,

épiscopaux, dans le courant du XIIe siècle. Nous pouvons, grâce à la sentence du comte de Toulouse qui y met fin (1131), non seulement constater la multiplicité des bourgs ecclésiastiques, mais aussi entrevoir par les différences qui subsistent encore celles que présentait anciennement la condition de leurs bourgeois par rapport aux habitants de la cité et du bourg vicomtal.

Si les uns et les autres doivent le service militaire à l'évêque[1], les premiers sont sous sa dépendance arbitraire, supportent queste, cens, banvin, redevances de toute nature[2], tandis que leurs voisins sont régis déjà par des consuls[3] et ont obtenu, sans aucun doute, des réductions partielles[4] et une fixation de leurs devoirs. Il me semble même ressortir de la charte que le serment que l'évêque reproche à ses bourgeois d'avoir prêté au vicomte de Bé-

ensemble le poivre, le sucre et les peaux d'agneau que les Juifs payoient aux Évesques le jour de Noel. » (Andoque, *Catalogue des Évesques de Béziers*, Béziers, 1650, p. 59).

... En l'année 1095... il unit à la sacristie moindre de S.-Nazaire, les Églises de S.-Fœlix, de la Magdalene, de Sainct-Saturnin, de S.-André et de S.-Julien. (*Ibid.*, p. 58).

[1] « Quod omnes burgenses totius villæ Bitterrensis, sui scilicet et vicecomitis, in expeditione eum sequantur ad admonitionem episcopi per se vel per suum nuncium factam. » (*Hist. du Languedoc,* V, col. 976).

[2] « Quod episcopus in *burgos Scti Jacobi* et in *alio burgo episcopali, quod dividitur a burgo eorum via publica quæ recto itinere discurrit a majori porta civitatis ad ecclesiam Scti Saturnini* et in aliis mansionibus quæ ad Bitterrensem ecclesiam pertinent in villa Bitterrensi, quistam et firmantias, placita et justicias et *manlents* et vetum vini, ... et censum de vino et de calcheriis et mortuorum lectos et cereos usaticos in villa Bit. habeat. » (*Ibid.*, col. 976).

[3] Je ne connais pas d'acte plus ancien qui mentionne des consuls dans le Languedoc.

[4] C'est ainsi que Bernard Aton, le père des deux vicomtes de Béziers qui figurent dans notre charte, avait renoncé vers 1125, moyennant la somme de mille sols melgoriens, aux *questes et toltes* dûs jusque-là par les habitants de Nîmes. (*Hist. du Languedoc*, III, p. 671).

ziers et à *ses hommes*, et dont le comte de Toulouse ordonne qu'ils soient déliés par ce vicomte et par les *consuls*, était une sorte de serment de commune devant soustraire les bourgeois de l'évêque et à sa justice et à ses exactions seigneuriales[1].

Le grand amphithéâtre romain de Nîmes avait été transformé en forteresse par les Wisigoths et le resta durant tout le haut moyen-âge. C'était le château des Arènes, *castrum, castellum de Arenis*[2]. Les vicomtes de Nîmes attachèrent le plus grand prix à sa possession[3]; ils en firent le centre d'une châtellenie[4]. Quatre portes correspondant aux quatre points cardinaux y donnaient accès, deux églises y furent fondées[5]. Il formait une petite cité dans la grande. Sa population, composée en majeure partie de chevaliers[6] ou d'hommes d'armes, vivait sous un régime indépendant de celui de la cité. Cette indépendance se

[1] « Conquerebatur... de *juramento* quod fecerant sui burgenses qui stabant in suis burgis *ipsis prædictis* fratribus et matri eorum et *hominibus eorum* et de veto vini, et de quista, etc... » — « Ut prædicti fratres *absolvant* a *sacramento et absolvere faciant a consulibus Bitterrensibus* omnes homines qui morantur in burgis ad ecclesias Biterrenses pertinentibus. » (*Ibid.*, V., col. 975-976). — Cf. pour le surplus sur cette charte mon t. I, p. 172-173.

[2] « In Nemauso civitate, ante castrum Arenæ. » (876, *Cartul. de Nîmes*, p. 3). — « In castro Arene. » (898, *ibid.*, p. 18). — « Infra civitatem Nemauso, in loco ubi vorant Campo-Marcio. Confrontat de oriente in via que discurrit ad castrum Arena. » (1108, *ibid.*, p. 308). — « MCXXX obsessum est castrum Arenarum. » (Chronique de Nîmes, *Hist. du Languedoc*, V, col. 29).

[3] Voyez les serments que le vicomte Bernard Aton se fait prêter au sujet de ce château. (vers 1100, *Hist. du Languedoc*, V, col. 764).

[4] « Et caslaniam Arenarum et fevum quod homines tenent per caslaniam castri Arenarum. » (1146, *Hist. du Languedoc*, V, col. 1082).

[5] « Capellas S. Martini et S. Petri quæ sunt in castello quod dicitur Arenas. » (1100, *Hist. du Languedoc*, V, col. 762).— « Infra muros ipsius civitatis in ecclesiam S. Martini de Arenis. » (1156, *Cart. de Nîmes*, p. 336).

[6] Cf. *Hist. du Languedoc*, V, col. 763-764.

manifesta encore quand l'administration consulaire fut instituée à Nîmes[1] et même quand un conseil commun régit la cité et le château : les *chevaliers des Arènes* furent représentés par des consuls spéciaux.

La ville de Montpellier tire son origine de la réunion de deux bourgs voisins, réunion bien postérieure au XIe siècle : le bourg de Montpellier groupé au pied d'une colline, à proximité de la ville gallo-romaine de Substantion[2] dont le *suburbium* paraît avoir été très étendu[3] et près de laquelle nous trouvons plus tard un vaste château neuf, *castellum novum*[4]; en second lieu, le bourg de Montpellieret né sur le flanc opposé de la même colline et peuplé peut-être des fugitifs de Maguelone quand cette ville fut détruite en 737 par Charles Martel[5] et son évêché transféré pour trois siècles à Substantion.

D'après la tradition, les deux bourgs, compris dans le patrimoine des comtes de Melgueil et de Substantion, auraient été cédés vers la fin du Xe siècle par deux descendants de cette maison à l'évêque de Maguelone. C'est dans ses mains, en effet, qu'ils sont au siècle suivant; mais ils n'y restent guère. Aussi bien que la jonction matérielle, l'unification politique est loin d'être accomplie.

L'évêque commence par retenir devers lui le bourg de Montpellieret, et donne Montpellier en fief à une famille, destinée à grandir, dont l'un des ancêtres avait, dès l'an

[1] Les consuls de Nîmes n'apparaissent dans les chartes qu'à partir de 1144. (*Hist. du Languedoc*, V, col. 1073-1074).

[2] Voyez la note suivante.

[3] « In suburbio castri Substantionensi, in villa quæ vocatur villa Vitis. » (980, *Hist. du Languedoc*, V. col. 258). — « In suburbio castro Sustancionense, infra terminium de villa quæ vocant Ternantis. » (982, *ibid.*, col. 295).

[4] « Et Castrum-Novum cum suo terminio, et Substantionem et quidquid habeo in tota parochia S. Felicis de Substantione. » (1120, *ibid.*, col. 888). Cf. *ibid.*, col. 954 (1129).

[5] Cf. Germain, *Histoire de la commune de Montpellier*, I, p. VIII.

985, obtenu du comte de Melgueil une concession foncière dans ce bourg[1], la famille des Guillems.

De son côté, le comte de Melgueil n'a pas abdiqué tous ses droits. Nous le voyons ne renoncer que vers 1080, au profit de Guillem IV, son futur gendre, à des prétentions de haute justice et de seigneurie sur les habitants de Montpellier[2].

Quelques années plus tard, la pluralité des pouvoirs et le morcellement seigneurial s'introduisent ou s'accentuent dans chacun des deux bourgs.

Guillem V avait essayé de se rendre indépendant de l'évêque de Maguelone. Il encourut de ce chef la commise de son fief, mais — ainsi qu'il arrivait d'ordinaire pour des vassaux redoutables — il lui fut rendu augmenté. Par l'accord qui intervint, l'an 1090, l'évêque y ajouta le tiers du bourg de Montpellieret. Un autre tiers devait être attribué à un seigneur du nom de Bernard Adalfredi, et le troisième tiers retenu en propre par l'évêque[3]. Des chartes

[1] « Ego Bernardus comes... donatores sumus Guillelmo, pro suo servitio vel benevolentia, aliquid de alodem de nostrum proprium, qui est in territorio civitatis Magalonensis in suburbio castri Substantionensis, in terminio de villa Candianicus, donamus tibi mansum unum, et in terminio de Monte-Pestellario, donamus tibi mansum unum... » (985, *Hist. du Languedoc*, V, col. 300).

[2] « Petrus comes interpellavit et rancuravit de hominibus de Montepessulano,... de ipsas cogocias et de ipsos rautus, et de ipsis homicidiis et de ipsis arquintars, et de ipsa moneta de ipso auro, et de ipsa espleta, et de ipsos boscos, et de ipsas aquas, et de ipsa herba, et de ipsa petra, et de ipsas estradas... Postea venerunt ad finem et ad concordiam... Et laudavit ad Guillelmum et hominibus suis totos suos honores et totas suas expletas, sicut umquam melius habuerunt parentes sui et homines de Montepessulano. » (vers 1080, *Cartulaire des Guillems de Montpellier*, p. 99-100; publié antérieurement dans *Hist. du Languedoc*, V, col. 666-667).

[3] « Tunc episcopus dedit ipsi Guillelmo in integrum omne fevum antecessorum ipsius G[i], quod habuerunt de sancto Petro, preter... ecclesias et preter decimas et clericos omnes et justiciam eorum. » (1090-1093, *Cartul. des Guillems*, p. 73). — « Fecit insuper G. epis-

postérieures nous prouvent que la partie de Montpellier ainsi concédée à Guillem comprenait les paroisses de Saint-Firmin et de Saint-Denis [1].

A Montpellier, le morcellement eut d'autres causes; il sortit de pactes de famille provoqués peut-être par le départ de Guillem V pour la première croisade.

La branche aînée inféoda à une branche cadette la viguerie de Montpellier, avec un château et une sorte de bourg intérieur formé de maisons construites dans ses alentours [2]. Deux actes de l'année 1103 régularisèrent cette cession, mais elle était plus ancienne [3]. Elle a dû être

copus convenientiam Guillelmo de Muntpesler, et Guillelmus episcopo, ut quandocumque Bernardi Adalfredi voluerit convenire cum episcopo de fevo de Mont peslairet, G. episcopus donet B. A. totam terciam partem de omni edificio, facto, vel faciendo in Monte peslaireto... et quartam de mansis et apennariis qualem habuit A. pater suus. . Dabit episcopus Guillelmo de Mont pesler aliam terciam totam partem de toto edificio facto vel faciendo, in toto terminio de Monte pesilareto .. tali convenientia ut G^us^ fidelis sit G° episcopo de sua parte, et ut G. Montempeslairetum edificandum non disturbet, sed pocius edificet et edificare adjuvet... Retinet autem episcopus... tertiam partem... et vicarium suum in sua parte de toto edificio de toto Monpeslaireto retinet. » (1090, *Cartul. des Guillems*, p. 71-72).

1 Voyez la charte 106 du *Cartul. des Guillems*, p. 228 (5 septembre 1113).

2 « Castellum quod est situm juxta portam Sancti Nicholai in Montepessulano, sicut est clausum cum turribus et muris, cum ingressu et regressu, et illud spatium terre quod est sub ecclesia Sancti Nicholai ab utraque parte vie publice, a porta Guillelmi de Burgoria usque ad portam que dicitur S. Nicholai, preter viam, que sufficienter ampla remaneat. » (24 janvier 1103 (1104), *Cartul. des Guillems*, p. 209).

3 L'un d'eux a été publié et traduit, mais de la façon la plus défectueuse par Brussel, *Nouvel examen de l'usage des fiefs*, II, p. 726 et suiv.; l'autre fait partie des preuves de l'*Hist. du Languedoc*, V, col. 781 et suiv. Un texte plus correct de tous les deux figure dans le *Cartul. des Guillems*, ch. 100-101, p. 207 et suiv. — La seconde de ces chartes prouve l'ancienneté de la vicairie, car elle a tous les caractères d'une transaction.

faite, dès le XIe siècle, au profit de Guillaume Aimoin que nous voyons stipuler, vers 1080, à côté de Guillem IV, dans l'intérêt de Montpellier[1], et qui fut certainement le père de l'évêque de Nîmes, Raimond Guillem, et de Bernard Guillem[2], les viguiers de nos deux chartes. C'étaient de dangereux rivaux que les seigneurs de Montpellier se donnaient. Dès avant 1103, ils avaient tenté de se faire rendre hommage par les habitants du bourg[3] et, quarante ans plus tard, ils les soulèveront contre leurs seigneurs.

Les documents dont je viens de parler commandent l'attention. Ils ne nous renseignent pas uniquement sur les diversités introduites dans le régime politique des bourgs[4], ils nous éclairent en outre sur la condition diverse de leurs habitants.

A Montpellier, voici les classes de personnes que nous pouvons discerner :

1° Les chevaliers (*milites*). — Leurs procès et les procès de leurs femmes, les gages et les amendes, les saisies qui les concernent sont réservés au seigneur[5]. Ceux des

[1] *Cartul. des Guillems*, ch. 58, p. 99.

[2] Une charte des premières années du XIIe siècle le déclare en termes exprès (*Cartul. des Guillems*, ch. 50, p. 90), et les deux chartes de 1103 présentent, à diverses reprises, les deux viguiers comme tenant leurs droits de Guillaume-Aimoin (Voyez *Cartul. des Guillems*, p. 209, p. 211). — C'est donc à tort que dom Vaissette en fait les fils d'un Guillem IV qui aurait été un cousin de Guillem III (*Hist. du Languedoc*, III, p. 390 et IV, p. 182, col. 1).

[3] « Et vicarius prendebat hommaticum de hominibus Montispessulani; et in antea non faciet hoc. » (*Cartul. des Guillems*, ch. 101, p. 213).

[4] L'évêque inféoda à Bernard Guillem la viguerie de sa part de Montpellier et ratifia l'inféodation que Bernard Aranfredus lui avait faite de la sienne : « Donavit ad Bernardum Guillelmum... in digito suo et ad infantes suos, ad fevum, vicariam de Monte peslaireto quam pred. episcopus habebat ibi; et laudavit et consiliavit ei aliam partem vicarie quam habebat B. G. de Bernardo Aranfredo. » (*Ibid.*, ch. 50, p. 90).

[5] « Hec omnia vobis dono, *preter districta et firmantias militum Montispessulani et uxorum illorum.* » (*Ibid.*, ch. 100, p. 207).

autres habitants et des forains relèvent du viguier, sauf le droit pour le seigneur de se faire représenter aux plaids et d'y faire prévaloir sa volonté. — Les chevaliers doivent des albergues [1] et, sans nul doute, des droits de mutation et d'impignoration d'immeubles [2]. — D'autres chartes nous apprennent que, d'après les droits traditionnels (*secundum consuetudinem*) des seigneurs de Montpellier, les chevaliers ne peuvent acheter les biens des bourgeois de ces seigneurs, ni les acquérir en épousant leurs filles [3].

2° Les *Clercs*. — Comme les chevaliers, ils ne peuvent acheter les biens des bourgeois [4]. La juridiction sur eux est réservée à l'évêque [5] et la même réserve est faite ex-

[1] « Et vicarius... mandabit alberguos in toto Montepessulano preter *albergos militum*. » (*Ibid.*, p. 208).

[2] A en juger d'après les termes généraux dont se sert la charte : « Pertinent etiam vicarie omnes donationes et omnia consilia omnium honorum et omnium pignorum tocius Montispessulani... excepta drudaria uxoris domini Montisp. et excepta drudaria Poncii Raimundi. » (*Ibid.*, p. 208).

[3] Témoin la curieuse charte que voici : « Ego Guillelmus Montispessulani talem consuetudinem habuimus in villa Mont. *quod alicui burgensi non liceat honorem suum aliqua occasione dare vel vendere nec impignorare militi vel sancto vel clerico, nec filiam suam liceat in uxorem dare militi cum honore Montispessulani* nec totius parochiæ S. Firmini. Contingit autem quod Faiditus burgensis meus dedit filiam suam in uxorem Guillelmo Aymonio, filio Bernardi Guillelmi vicarii, et dedit in hæreditatem filiæ in villa Mont. illum furnum... Huic itaque rei, quoniam *contra consuetudinem villæ Montispessulani* facta erat, nolui assentire donec B. G. mihi convenientiam fecit, quod ipse mibi talem haberet G. A. et uxorem suam A. ... ut ipsi sine dubio solverent et guerpirent... » (1115, *Hist. du Languedoc*, V, col. 839). — La charte de renonciation de Guillaume Aimoin et de sa femme Adalmude, fille du bourgeois Faidit, se trouve au *Cartul. des Guillems*, ch. 106, p. 228-229.

[4] Voyez la note qui précède.

[5] « Guirpivit Guil. de Muntpesler ad G. episcopum ecclesiam S. Marie... et clericos, ut libere in potestate sua et in ordinatione sua sint et successorum ejus, secundum clerum et secundum canones; similiter et alias ecclesias et clericos, et justicias eorum. » (1090, *Cartul. des Guillems*, p. 69-70).

pressément pour les laïques qui habitent dans les dépendances des églises, à Montpellieret[1].

3° Les propriétaires de maisons, domiciliés à Montpellier. — Ils sont dispensés du droit de *mesurage*[2], et paraissent bien l'être du droit de marché (*leuda*)[3]; mais ils sont passibles des lods et ventes, au profit du viguier[4]. Ceux d'entre eux qui exercent le commerce ont à acquitter des redevances spéciales. L'une de nos chartes mentionne le droit de quintal[5] et l'abandon de la longe de tout porc destiné à la vente[6].

Il est probable qu'ils devaient un cens (impôt personnel ou foncier)[7].

C'étaient les bourgeois proprement dits (*burgenses*). Beaucoup d'entre eux pouvaient s'être élevés à des situations considérables, soit par le commerce déjà florissant

[1] « Placitis de hominibus laicis... exceptis de hominibus qui habitaverint in apenditiis ecclesie. » (*Ibid.*, p. 71).

[2] « Dono vobis ... totum sestairaliticum omni die et omni nocte, in toto Montepessulano, de omnibus hominibus et omnibus feminis, exceptis hominibus et feminis qui domos habent in M., vel qui habent logalem pro domo facienda. » (*Ibid.*, ch. 100, p. 210).

[3] Cf. *infrà*, p. 262, note 8.

[4] *Suprà*, p. 260, note 2.

[5] Dono etiam vobis... bailiaticum arquintalis (la baillie du droit de quintal) et tercium denarium in arquintali et medallias (mailles) quas donant homines Montispessulani et Longobardi pro arquintal » (ch. 100, p. 210).

[6] « Omnes lumbos de omnibus porcis qui occisi erunt in toto M. pro vendere. » (*Ibid.*).

[7] Pour le commerce sur place on peut en juger par le prix considérable (500 sols melgoriens) auquel fut vendu à la fin du XIe siècle une table ou étal de marchand à Montpellier. (*Cartul. des Guillems*, ch. 131, p. 266-267). — Quant au commerce extérieur Guillaume de Malmesbury rapporte la présence en Syrie de nombreux marchands de Montpellier, dès avant les croisades. (Germain, *Histoire du commerce de Montpellier*, 1861, II, p. 2, note 1; *Hist. du Languedoc*, III, p. 537).

à Montpellier au XIe siècle[1], soit par les fonctions (*ministeria*)[2], soit par la ferme de monopoles[3]; nous avons, en tout cas, l'exemple de ce bourgeois, du nom de Faidit, dont la fille épousa le propre fils du viguier, futur viguier lui-même[4]. Ils doivent des albergues comme les chevaliers[5], et il n'est guère admissible que le pouvoir discrétionnaire affirmé par le seigneur de Montpellier sur les tenanciers de maisons[6] se soit étendu sur eux.

4° Les propriétaires de maisons, qui ne sont pas domiciliés dans le bourg, qui n'y *tiennent pas étage*[7]. — Ils ne jouissent pas de toutes les franchises des autres. Quand, paysans du comte de Substantion, ils viennent au marché pour vendre leurs denrées, le seigneur de Montpellier peut exiger d'eux la *leude*, et le vicaire le droit de mesurage sur le blé, les légumes, la farine, le lin, le chanvre et les châtaignes de Lombardie[8].

1 Voyez par exemple : « Domum Hugonis *letdarii.* » (*Cartul. des Guillems*, ch. 100, p. 209 et p. 210).

2 L'exploitation notamment des fours : « F. burgensis... dedit... illum furnum quem tenebat per manum Bernardi Guillelmi (vicarii) et unde faciebat ei hominium et albergam... » (1115, *Hist. du Languedoc*, V, col. 839).

3 V. *Hist. du Languedoc*, V, col. 839-840.

4 P. 260, note 3.

5 « Alberguos in toto M. preter albergos militum. » (*Cartul. des Guillems*, p. 208). Ajoutez la note 10 *suprà*.

6 Voyez *infrà*, p. 263, note 4.

7 « *Non starent per estaggam.* » (*Cartul.*, p. 210). — Brussel a traduit bien inexactement : « possédant des maisons à Montpellier et *n'y fesans point garde.* » (II, p. 724). — Le véritable sens nous est fourni par les Établissements de Jérusalem où la même expression se rencontre : « Il le peut faire semondre... en son ostel, et ce il n'a ostel en la ville, en l'ostel où il a usé de demorrer; ... ou *se il n'a maneir* en la vile où il deit *son estage tenir,* il le deit semondre en l'ostel où il fu derainement manant en celle ville, ou en son fié où que il soit. » (*Assises de la Haute Cour*, ch. 223, éd. Beugnot, I, p. 354).

8 « Sestairaliticum ... de omni blado et de omni legumine, et de

5° Les tenanciers de maisons. — Le seigneur de Montpellier cède au viguier une trentaine de maisons. Elles sont de nature différente; les plus nombreuses sont des maisonnettes (*estres*), deux des soliers (maisons à un étage), les autres des maisons proprement dites (*domus*) dont l'une a une cour étendue [1]. Elles sont occupées par des tenanciers parmi lesquels figurent pour deux d'entre elles (deux maisonnettes) des artisans, des pelletiers [2].

Les tenanciers paient des cens, des lods et ventes, des droits d'impignoration à leur seigneur immédiat [3], comme les propriétaires de maisons en paient au seigneur du lieu. Ils sont soumis en outre à des services arbitraires, spécialement les femmes veuves, services qui, dans le cas particulier, ne sont pas compris dans la cession des maisons, mais retenus par le concédant [4].

6° Les habitants de la banlieue qui occupent des *manses surbâtis*, dépendant de maisons de Montpellier. — Le viguier a autorité sur eux; ils lui doivent une charge de bois par an et, au temps des vendanges, la corvée d'un âne et de son conducteur pendant une journée [5].

Pour Montpellieret, nous avons moins de détails; nous

farina, et de linoso, et de cannaboso, et de castaneis Longobardorum, si mensurantur cum sestairale, vel eminale. » (*Cartul. des Guillems*, p. 210).

[1] *Cartul.*, p. 209 : « *estare... solarium... domum.* »

[2] « Totum estare Cauzberti pelliciarii ... et estare Petri Guillelmi pelliciarii. » (*Ibid.*, p. 209).

[3] « In omnibus suprascriptis domibus dono vobis totum censum et totas vendedas et consilia impignorandi. » (p. 210).

[4] « Et retineo omnes homines et feminas stantes in domibus illis, *ad faciendum quecumque voluero*; et nominatim retineo omnes viduas feminas similiter. » (p. 210).

[5] « Omnes firmantie et omnia districta omnium hominum et omnium feminarum... habitantium in omnibus *mansis, vel terris pertinentibus ad mansos Montispessulani* : et in unoquoque manso amasato de terra unam saumatam de lignis in Nativitate Domini, per singulos annos; et uno die in vindemiis, in unoquoque anno, asinum unum, cum minatore ejus. » (*Ibid.*, p. 207).

apprenons seulement que les droits seigneuriaux consistent en leudes, en tonlieu et en plaids [1].

La cité de Narbonne était séparée du bourg de Saint-Paul, appelé aussi *le bourg*, sans autre désignation, par la rivière l'Aude, qui contournait son enceinte et la mettait en communication avec la mer [2]. Cette enceinte n'englobait qu'une faible partie de la grande ville gallo-romaine, plusieurs fois saccagée et ruinée, dont les débris avaient servi à construire ses remparts et ses tours [3].

Le bourg s'était massé autour de l'abbaye de Saint-Paul, fondée, vers l'an 800, en un lieu dit *Albolæ* où se conservaient les reliques de saint Paul, premier archevêque de Narbonne [4].

Au XIe siècle, la cité de Narbonne se trouvait partagée entre les comtes de Rouergue, marquis de Gothie, et les archevêques qui prétendaient tenir leurs droits du roi Pepin et de ses successeurs. La moitié nord appartenait à

[1] « Tertiam partem in ipso toto ædificio de Montepeslaireto... de omni lesda et de teloneo et placitis de hominibus laicis qui habitaverint in toto terminio de M. » (1090, *Hist. du Languedoc*, V, col. 717).

[2] « N'a en cest mont si riche fermeté :
Plus de XX. toises ont li fosé de lé,
Et autretant sont en parfont chevé.
Li floz de mer cort parmi le fossé ;
Aude la grant, sachiez de vérité,
A tot entor le mur avironné.
Par ilec vienent li grant dromont ferré
Et les galies plaines de richeté,
Dont cil sont riche de la bone cité. »
(*Aymeri de Narbonne*, v. 263 et suiv., II, p. 12.)

[3] Voyez la savante note de M. Edm. Barry dans la nouvelle édition de l'*Hist. du Languedoc*, I, p. 120 et suiv.

[4] « Dono ad ecclesiam S. Pauli... cujus ecclesia sita vel fundata est in loco, ubi vocabulum est ad Albolas trans pontem prope Narbonæ civitatem. » (15 juin 911, *Hist. du Languedoc*, V, col. 130). — « Sacrosanctæ basilicæ S. Pauli... Narbonensis antistitis, cujus corpus sub urbe Narbonæ, qui trans ponte in locum quæ antiquitas Albolas nuncupantur et hodie requiescit. » (23 mars 1032, *ibid.*, col. 399-400).

l'archevêque, l'autre moitié au comte, de qui le vicomte de Narbonne la tenait en fief. Les droits sur l'entrée et la sortie des marchandises (péages, leudes, etc.) étaient partagés également entre les deux seigneurs [1].

La même division s'étendait au bourg. Dans l'acte de partage de la succession du vicomte Béranger (mort vers 1068) figure à l'actif la *moitié du bourg* [2], et dans un règlement fait en l'année 1066 entre le vicomte et l'archevêque celui-ci revendique ses droits sur les maisons (*bordariæ*) situées sur la rive opposée de l'Aude, au nord du Pont [3], dans la paroisse Saint-Paul [4]. Le bourg ainsi partagé n'était lui-même qu'une fraction du bourg Saint-Paul, un bourg dans le bourg (*burgus in burgo*) [5], d'autres fractions appartenaient à l'abbaye ou à des seigneurs particuliers [6].

[1] « Conqueritur G. Narbonensis archiepiscopus super Bern. Berengarium vicecomitem, quod aufert ei ipsam sedem Sctorum Justi et Pastoris, et terras quæ ibidem est, *et medietatem civitatis Narbonæ ex parte Circii,* et turres quæ in eadem parte sunt, et ipsum Capitolium quod ibidem est... et medietatem omnium liddarum quæ veniunt in Narbona civitate sive per terram sive per aquam... et medietatem cordæ (droit de mesurage). (6 octobre 1066, *Hist. du Languedoc,* V, col. 540).

[2] « Je Bernard Berenguier cede à toy Raymond mon frere et à ton fils Bernard Pelet la moitie de la cité de Narbonne, des places et chasteaux, tours, murailles et de toutes leurs appartenances, comme sont usages, censives, leudes, peages, justices, et la moitie des Juifs *comme aussi du bourg* et des censives et autres droits dûs en iceluy bourg. » (Catel, *Mémoires de l'histoire du Languedoc,* Toulouse, 1633, p. 582. Cf. Charte du 2 octobre 1035, *Hist. du Languedoc*, V, col. 417).

[3] C'est le pont romain qui se prolongeait sur l'autre rive par un long viaduc. Il reliait la cité et le bourg (*Hist. du Languedoc,* nouv. éd., I, p. 126).

[4] « Quod aufert ei ipsas bordarias quæ sunt ultra pontem in parrochia Sancti Pauli. » (1066, *Hist. du Languedoc*, V, col. 540).

[5] « Raymundus Udalgarii mandavit... ut *ipsum suum burgum quem habebat in burgo Narbonæ* misissemus in pignus... » (14 mai 1060, *Hist. du Languedoc*, V, col. 512). — Cf. Charte de 1032. (*Ibid.*, col. 399-400).

[6] Voyez la note précédente.

Si nous rentrons dans la cité, nous apercevons de toute part châteaux, portes et tours qui ont leurs seigneurs, vassaux soit de l'archevêque, soit du vicomte[1]. Il nous suffira de fixer nos regards sur la région dont l'évêque est le maître.

Elle comprend notamment le palais épiscopal, imposante forteresse dominée par une maîtresse tour qui a survécu au temps[2], des tours, des châteaux, des castillons ou châtelets[3], le Capitole transformé, lui aussi, en forteresse[4], la moitié des châteaux bâtis au-dessus de la Porte Royale[5] et de la Porte Aiguière.

Elle s'étend depuis la tour carrée (*turris quadrata*) qui était près de la Porte Royale, jusqu'à la tour mauresque[6] (*turris maurisca*) qui devait être près de la porte Aiguière. Ces tours et ces châteaux sont tenus par des seigneurs dont les noms en partie nous ont été transmis. La tour

[1] Il suffit de parcourir, pour s'en convaincre, la série des chartes insérées au T. V de l'*Histoire du Languedoc*, sous les nos 273 et suiv.

[2] « Neque de ipsa sede Sanctorum Justi et Pastoris, neque de ipsa turre que ibidem est. » (1066, *ibid.*, col. 541).

[3] « Et ipsos muros, et ipsos turres et ipsas fortezias quæ sunt in Narbona civitate de ipsa turre Quadrata, quæ est juxta portam Regiam, usque ad turrem quæ appellatur Maurisca. » (*ibid.*, col. 535). « Et turres quæ in eadem parte sunt » (col. 540). « Castros aud castellos » (col. 541). — Cf. *Aymeri de Narbonne*, v. 501-502 :

« Tote la cit et la grant tor pleniere
« Tandroiz de moi de ci a Porte Aigiere. »

[4] Cf. *Hist. du Languedoc*, I, p. 123-124.

[5] « Medietatem castri de Porta Regia et medietatem castri de Porta Aquaria. » (*Ibid.*, V, col. 540).

[6] Voici ce que dit à ce sujet M. E. Barry : « Une de ces portes qui a traversé le moyen-âge sous le nom de *Porta Aquaria* était située dans la partie basse de la ville, au bord de la rivière d'Aude, en face du *Pons-Vetus*... Ce sont probablement les deux tours de cette porte monumentale qui auront servi plus tard de base ou de point de départ à l'ancien palais de la vicomté dont la tour Mauresque faisait partie. » (*Hist. du Languedoc*, nouv. éd., I, p. 121, note 9).

mauresque est occupée par Ermengaud de Casouls[1], suzerain, semble-t-il, du vicomte, puisque celui-ci dans la foi qu'il engage à l'archevêque excepte Raymond de Saint-Gilles et Ermengaud[2]; Guiffrey, l'archidiacre, possède une tour reliée à la précédente par des fortifications dont on ne nomme pas les châtelains[3], Raimond, fils de Guillaume, une autre encore[4].

A voir cet appareil guerrier, à se souvenir aussi du rôle de la cité de Narbonne dans l'histoire et de la figure qu'elle revêt dans la tradition épique comme d'un merveilleux assemblage de châteaux féodaux inexpugnables[5], il est difficile d'imaginer qu'il y ait eu place dans ses murs pour une bourgeoisie, moins encore pour une bourgeoisie organisée en corps politique. Quelques bourgeois, sans doute, grâce à leurs richesses, pouvaient s'établir dans

[1] « Turrem Maurescam, quam tenet Ermengaus de Casulos de Guifredo. » (*Ibid.*, V, col. 537. *Adde* col. 538, col. 542).

[2] *Hist. du Languedoc*, III, p. 354.

[3] « De ipsas turres que sunt inter turrem Maurescam... et turrem Guifredi archidiaconi, neque de ipsa turre que tenet ipse G., neque de ipso muro, neque de ipsa fortidia que ibidem est. » (*Ibid.*, V, col. 542).

[4] « De ipsa turre qui fuit Raimundo Guillelmi, neque de ipso muro, etc. » (*Ibid.*).

[5] *Aymeri de Narbonne*, v. 162 et suiv. :

« Molt bien fu close de mur et de piler;
Onques plus fort ne vit hom conpasser.
xx. tors i ot fetes de liois cler,
Et une en mi qui molt fist a loer.
Les creniax firent tout a plon seeler:
« Qui est tel vile qui tant fet à loer?
Cil qui la tient se puet tres bien venter
Qu'an tot le mont, ce cuit je, n'a sa per,
... Ne crient voisin qui le puise grever.
Qu'il n'a si fort jusqu'au val de Martroi
Ne crient assaut, perriere ne berfroi. »

— Le nom de château Narbonnais donné aux châteaux les plus forts de Toulouse et de Carcassonne ne viendrait-il pas de ce que Narbonne passait pour le type des forteresses féodales?

la cité, mais la noblesse n'étant pas, en ce temps-là, une caste fermée, leurs fils ne tardaient pas, par le métier des armes, à entrer dans les rangs des chevaliers. Ceux-ci étaient les vrais, les seuls citoyens de Narbonne; leurs chefs, — les commandants, dirai-je par anachonisme, des châteaux et des forts, — en étaient les magistrats. Il est aisé de reconnaître les premiers sous la qualification de *cives ac milites* et les seconds sous le titre de *centuriones, seniores,* dans une charte de l'an 1080 qui nous les montre ratifiant une do nation faite par le vicomte de Narbonne à la cathédrale de Saint-Juste[1]. Quant aux autres habitants de la cité et quant aux habitants du bourg, ils étaient confondus dans la *multitude provinciale*[2].

Comme habitants de la cité, à côté des hommes d'armes, je ne puis apercevoir que des serviteurs attachés à la personne et de petits artisans vivant dans des échoppes collées contre les remparts et les murs. Ils doivent ces cens et ces droits seigneuriaux dont il est mention dans le partage de la succession du vicomte de Narbonne[3].

Les négociants, les changeurs, les banquiers, les armateurs habitent près du port dans le bourg, tout autour de la Porte Aiguière et dans les maisons construites, suivant l'usage du moyen-âge, sur le pont qui la reliait à l'autre rive. Ils ne peuvent évidemment rien entreprendre contre la formidable citadelle qui les domine, ils n'ont que les droits que l'intérêt bien entendu des seigneurs

[1] « Cum multitudine *virorum laicorum honestissimorum,* quorum unus fuit E. Urgellensis comes ... et Petrus-Ferrandi de Casulis... et alii *centuriones et illustres viri* ac *nobiles* quos enumerare longum est. *Cuncti* vero affuere *Narbonenses cives*, scilicet Raymundus-Arnaldi cum filiis suis et B.-P de Regia-porta... et *alii cives ac milites*... voluntate instinctu et precibus prædictorum *seniorum et civium* Narbonensium... » (7 mai 1080, *Hist. du Languedoc*, V, col. 656-657).

[2] « Cum innumeralibi multitudine ejusdem provinciæ. » (*Ibid.*, col. 657).

[3] « Usages, censives, justices. » (*Suprà*, p. 265, note2).

leur laisse ou qu'ils acquièrent à prix d'argent. Beaucoup d'entre eux sont, du reste, des Juifs placés dans un état de dépendance tout spécial. — Néanmoins, dans l'ensemble, leur condition matérielle est bonne, le produit considérable des leudes[1] ou même de l'impôt direct sur les Juifs[2] dispensent les seigneurs de la cité de recourir à cette multiplicité de taxes et de services à l'aide desquels le seigneur féodal a coutume de pressurer, de rançonner les paysans et les bourgeois, et que les premières chartes communales eurent pour objet de réduire et de fixer.

La ville de Carcassonne fut vendue le 2 mars 1067 par Ermengarde, sœur du comte Roger III, et héritière de la plus grande partie de ses domaines, femme de Raimond, vicomte d'Albi. L'acquéreur était Raymond Bérenger le Vieux, comte de Barcelone, le prix, onze cents onces d'or, l'objet précis du contrat : la *cité* et les *bourgs* dont elle était entourée. Cité et bourgs comprenaient leude, monnaie, marchés, justice ordinaire et justice spéciale des marchés[3].

[1] *Hist. du Languedoc*, V, col. 540.

[2] *Suprà*, p. 265, note 2.

[3] « Ego Raymundus Bernardi vicecomes et uxor ejus E... facimus vobis domno Raymundo Barcheonæ comiti et domnæ A. comitissæ hanc diffinitionem, evacuationem et guirpitionem de tota ipsa civitate de Carcassona, et de totos ipsos burgos qui in circuitu jamdictæ civitatis sunt, et de totas ipsas leddas et monetas de ipsa civitate et de ipsos burgos, et totos ipsos mercatos de ipsa civitate et de ipsos burgos, et totas ipsas justitias de ipsa civitate et de ipsos burgos et de ipsos mercatos... et totum ipsum vicecomitatum et quantum ad ipsum vicecomitatum pertinet... » (2 mars 1067, *Hist. du Languedoc*, V, col. 548). — Cf. sur la division de Carcassonne en cité et en bourg : *Chanson des Albigeois*, v. 577 et suiv., éd. P. Meyer, I, p. 27 et II, p. 31 :

« Mais li baron de l'ost se sont tant esforsetz
Que lo borc lor an ars trastot tro la ciptetz ;
Es an los aisi fort entorn revironetz
Que l'aiga lor an touta qu'es Aude apeletz. »

Dans les serments prêtés au seigneur de la ville[1], le château principal, appelé comme à Toulouse château Narbonnais, et de nombreux châtelets défilent devant nous[2].

Les destinées très mouvementées que subit la ville de Carcassonne dans la deuxième moitié du XIe siècle et dans les premières années du XIIe nous font faire connaissance avec sa population.

Raimond Bérenger le Vieux était mort, son fils Raimond Bérenger II avait été tué, laissant un enfant au berceau et le comté de Barcelone troublé. Profitant de ces embarras, le vicomte d'Albi, Bernard Aton IV, fils d'Ermengarde, s'offre comme protecteur aux habitants de Carcassonne, promettant de restituer la ville à leur légitime seigneur, quand il serait parvenu à l'âge d'être armé chevalier[3]. Les habitants (*homines Carcassonæ*) donnent leur consentement, mais le vicomte n'ayant pas, à l'échéance convenue, tenu sa promesse, ils livrent eux-mêmes la ville et engagent leur foi au comte de Barcelone[4]. Assié-

[1] « De ipso castello de Carcassona quod vocant Narbonez, neque de ipsas turres... » (vers 1084, *Hist. du Languedoc*, V, col. 693).

[2] « De ipsos castellos de Carcassona, neque de ipsas fortezas quæ hodie ibi sunt... (*ibid.*, col. 692-693). — Cf. le plan de la cité de Carcassonne dans *Instructions du Comité des travaux historiques*. (X. Charmes, *Le Comité des travaux historiques*, Paris, 1886, t. III, p. 214, p. 224).

[3] « Carcassona vero a militibus circumstantibus impugnabatur. Homines enim capiebant et res eorum auferebant. Et cum nullum haberent defensorem, vix subsistere poterant. Tunc accessit ad eos Bernardus Atto vicecomes, promisit se eorum esse tutorem et defendere eos et res eorum de omnibus. Et cum R. Berengarii avus vester fieret miles, juravit se reddere ipsi jam dictam civitatem et totum comitatum absque omni contradictione et pejoramento » (Enquête faite vers 1170 devant Alphonse II, roi d'Aragon, *Hist. du Languedoc*, V, col. 32. D. Bouquet, XII, p. 374).

[4] « Homines Carcassonæ... communicato consilio reddiderunt se et civitatem domino suo... sicut facere debuerunt... » (*Ibid.*). — Nous avons le serment prêté à Raymond Bérenger : « Juramus nos tui

gés par Bernard Aton qui s'était assuré l'alliance du comte de Toulouse, suzerain de Carcassonne, ils durent capituler et prêter serment de fidélité en échange de la vie et des biens saufs (vers 1107)[1]. Ce fut cette fois le fils aîné du vicomte qui viola la parole jurée. Il fit mutiler atrocement puis chassa avec ignominie un grand nombre d'habitants[2]. Nouveau soulèvement, nouvelle expulsion du vicomte d'Albi, qui ne peut rentrer dans la ville que vers 1125. Il dépouille alors de leurs fiefs ceux qui s'étaient tournés contre lui et les distribue aux hommes qui lui étaient restés fidèles[3].

homines de Carcassona tibi R. Barchinonensi comiti quod ab ista hora in antea fideles adjutores erimus tibi et filiis tuis per fidem regiam, sine engan, de corpore tuo et de membris tuis, et de omni honore quem habes vel in antea. Deo juvante adquisieris... » Suivent environ quatre cents noms. (*Mémoires de la Société des arts et sciences de Carcassonne*, T. I (1849-1851), p. 227 et suiv.).

[1] « Homines ipsius civitatis composuerunt cum sæpe dicto vicecomite ut redderent ei civitatem. Ipse vero juravit eis tactis sacros. evangeliis, quod pro hoc facto nullum malum inferret personis eorum neque rebus eorum. » (*Hist. du Languedoc*, V, col. 32.) — Le serment prêté par les habitants de Carcassonne à Bernard Aton est utile à mettre en regard de celui qu'ils avaient prêté à Raimond-Bérenger : « Nos *noti homines* Carcassonæ, *milites*, *burgenses* et *universus alius populus ejus* et *suburbani*, facimus fidelitatem rectam et firmam tibi nostro seniori B. A... Juramus itaque vobis quod de ista hora in antea non decipiemus vos de vita vestra... neque de civitate vestra Carcassona neque de turribus neque de ipsis forciis quæ ibi hodie sunt, etc... » (vers 1107, *Hist. du Languedoc*, V, col. 804).

[2] « Festinans ad Carcassonam, multos eorum violenter cepit; quos exoculavit et ementulavit, ac nares eorum amputavit, et a civitate turpiter ejecit. » (*Ibid.*, col. 32).

[3] Voyez les chartes 397-398, *Hist. du Languedoc*, V, col. 917 et suiv. — A la prise d'une ville la dépossession des principaux propriétaires fonciers était, semble-il, la règle : « Cum civitatem Turonum comes Gauzfridus cepisset maximâ ex parte et illis potissimum qui aliquid esse videbantur expulsis, antiquæ possessiones novos accipere possessores et alterorum honores... ad alteros migraverunt. » (1044, *Collection D. Housseau*, II, n° 480).

Il semble résulter de ces faits que les habitants de la cité et des bourgs de Carcassonne formaient, dès cette époque, une population libre dans son ensemble et maîtresse de disposer d'elle-même. Et n'est-ce pas, dira-t-on, un autre trait frappant, que dans la vente de la cité et des bourgs, en 1067, il ne soit nulle question de redevance censitaire ou servile, mais seulement de leudes, de monnaie, de marchés, de justice? On peut objecter que l'expression *justiciæ* est singulièrement compréhensive, et surtout que les censitaires et hommes de corps ne relevaient pas nuement du seigneur de la ville. En effet, si je me reporte aux inféodations qui eurent lieu, après forfaiture, en 1125, je vois que les fiefs distribués sont de petites châtellenies. De nombreux castels et tours (une vingtaine au moins dans une seule charte) sont, *avec leurs dépendances,* donnés en fief dans la cité, à charge pour les feudataires d'y tenir garnison, avec hommes d'armes et serviteurs, durant quatre ou huit mois de l'année[1]. Les dépendances, ce sont des hommes et des femmes avec leurs tenures, avec les cens et les services qu'ils doivent[2].

En résumé, le seigneur de la ville lève des impôts de diverse nature, il a la justice sur ses vassaux, il a son château, siège de sa seigneurie; les vassaux ont leurs chevaliers et leurs serviteurs, leurs tours et leurs châte-

[1] Exemple : « Sic donamus tibi ad fevum et propter castellaniam in tali convenientia, ut per quemque annum cum tuis hominibus et tua familia facias stationem in Carcassona per VIII menses et prædictam turrem custodire et gaitare facias omni tempore et ipsam urbem custodias. » (*Ibid.*, col. 920).

[2] « Donamus tibi A. P. ad fevum et propter castelleniam ipsam estagam et ipsum mansum qui fuit P. R. Vacheta in civitate Carc., cum ipsa turre et cum exitibus et redditibus suis; et donamus tibi ad fevum et propter castellaniam totum illum honorem qui fuit præd. P. R. ubicumque sit : hoc sunt homines et fœminas cum suis tenentiis et cum suis usaticis et serviciis, et hoc sunt terras, vineas... » (*Ibid.*, col. 919-920).

lets, noyaux d'autant de domaines minuscules comprenant hommes et biens-fonds [1].

Ce n'est pas tout pourtant. En dehors des châtelains (*castellani*) existent dans la cité et les bourgs des propriétaires qui relèvent directement du comte. Un acte de l'an 1067 mentionne, en termes exprès, la justice sur les hommes et les femmes qui sont établis à Carcassonne *per staticam* [2], et cette locution doit certainement s'entendre, comme à Montpellier, des propriétaires de maisons qui les habitent, qui y tiennent *étage* [3]. Nous avons de nouveau ici des bourgeois, proprement dit, *burgenses*. Aussi voyez, en l'an 1107, l'énumération des personnes qui prêtent serment de fidélité au vicomte Bernard Aton; ce sont les *noti homines* (châtelains), leurs chevaliers (*milites*), les bourgeois (*burgenses*), le surplus du peuple de la cité (*universus alius populus*) (tenanciers, censitaires), enfin les habitants des faubourgs (*suburbani*). Quant à une magistrature municipale, soit de la cité, soit des bourgs, il n'en est pas encore trace; comment douter que s'il en avait existé une, les magistrats ne figurassent dans l'acte de prestation de serment [4]?

[1] Il n'est pas douteux que beaucoup de ces tenures se trouvaient hors des murs et même à une grande distance de la cité.

[2] « Damus vobis de toto comitatu Carcassonensi... medietatem de totas ipsas justitias, *exceptus de ipsos homines et fæminas qui stant vel steterint in prædicta civitate Carc. per staticam vel in ipsos burgos qui in circuitu ejus sunt.* » (2 mars 1067, *Hist. du Languedoc,* V, col. 552).

[3] Voir plus haut, p. 262.

[4] J'aurais pu étendre sans peine ce tableau de l'état matériel des villes. Je me bornerai à dire que si, quittant la région médiane, nous nous portons à l'Orient ou à l'Occident le spectacle ne change pas. A la frontière orientale du Nord, Verdun nous est décrit, en ces termes, par son historien le plus récent : « Il y avait d'abord les deux villes, haute et basse, la première était l'ancien *castrum* romain, dit ensuite Châtel ou Fermeté ; la seconde, formée peu à peu le long de la route de Metz avait aussi ses remparts étendus entre les deux bras de la

Meuse, et deux ponts sur la rivière la joignaient à la ville haute... Aux abords étaient les anciens faubourgs... C'étaient en premier lieu le bourg Saint-Vanne...vers l'ouest le bourg Saint-Maur, etc. » (Clouet, *Histoire de Verdun,* 1867, I, p. 457-458).

De même à Arles : « Vers le commencement du XIIe siècle, dit Anibert, la ville d'Arles était divisée en quatre quartiers, tous séparés les uns des autres, tous enfermés dans une enceinte particulière, et qui formoient comme quatre villes différentes. » (Anibert, *Mémoires historiques et critiques sur l'ancienne république d'Arles*, 1779, I, p. 81). Ces quartiers étaient : 1° la *Cité,* située à l'Est du Rhône « sur la hauteur dont le penchant s'incline vers la rivière. Son plan étoit une espèce de quarré long » (p. 83). 2° le *Vieux bourg* ou bourg d'Arles, au Sud-Ouest de la ville. 3° le *Marché.* 4° le *Bourg neuf* au Nord de la ville, sur les bords du Rhône. (Cf. *ibid.,* p. 83-92).

Les chansons de geste ne nous éclairent pas autant qu'on pourrait l'espérer sur la physionomie des villes du onzième et du commencement du douzième siècle. Voici pourtant quelques traits complémentaires que nous fournit la chanson de Roland :

« D'altre part est Turgis de Turteluse
Cil est uns quens, si est la citet sue »
v. 916-917

Un Sarrazin i out de Sarraguce :
De la citet l'une meitiet est sue.
v. 1483-1484

Tant chevalchierent qu'en Sarraguce sunt.
Passent dis portes, traversent quatre punz,
Tutes les rues ù li burgeis estunt.
Cum il aproisment en la citet amunt,
Vers le palais oïrent grant fremur. «
v. 2689 suiv.

CHAPITRE V.

LE FRACTIONNEMENT DE L'AUTORITÉ DANS LES VILLES.

A la division matérielle de la ville correspond une division, plus grande encore, de l'autorité qui y commande[1]. Non seulement chaque cité, chaque château, chaque bourg, chaque quartier a son seigneur direct; mais, en outre, nul de ces groupes n'est compact et homogène.

Les compétitions dont la seigneurie n'avait cessé d'être l'objet depuis Charlemagne, les concessions partielles qui en avaient été faites par les souverains, l'inféodation des droits composant le *comitatus*, enfin la diversité des juridictions, fondée sur la diversité de condition des personnes, avaient multiplié le nombre des autorités entre lesquelles se divisait le pouvoir.

Le comte, l'évêque, l'immuniste, l'alleutier, ne pouvant s'exclure, entrent en partage. Ils sont obligés en même temps de réserver sa part (divise ou indivise) au prince régional ou au roi.

Par une loi fatale de l'époque, par la nécessité de se créer un concours, une assistance armée, qui leur permettent de maîtriser les sujets et de résister aux ambitieux toujours prêts à fondre sur une proie enviable, tous ces seigneurs inféodent les droits qui leur sont dévolus dans la ville ou sur ses habitants à des vassaux de divers ordres : les évêques à des vidames, les comtes à des vicomtes, les

[1] Pour en citer de suite un exemple, Arles avec ses quatre quartiers eut six seigneurs différents, deux seigneurs dominants : le comte de Provence et l'archevêque, quatre seigneurs inférieurs : le viguier, les vicomtes de Marseille, les seigneurs de Baux, ceux de la maison de Porcellet. (Anibert, *loc. cit.*, p. 92).

immunistes à des avoués, les uns et les autres à des châtelains. Les feudataires exercent, au lieu et place ou aux côtés de leur suzerain, la juridiction féodale sur les vassaux inférieurs, et, pour leur compte propre, tout ou partie de la haute justice si elle leur a été inféodée. Mais une notable partie de la juridiction ordinaire, tant sur les hommes libres qui sont domiciliés ou qui résident temporairement dans la ville que sur les divers censitaires et hommes de corps des coseigneurs, leur échappe.

Cette double juridiction, la justice publique et la justice censuelle, dont il importe de marquer avec grand soin le dualisme, donne naissance à deux nouvelles catégories de vassaux ou d'arrière-vassaux : la justice sur les hommes libres, les manants, les étrangers de passage, les forains qui fréquentent les marchés, aux *viguiers* ou *voyers;* la justice personnelle sur les censitaires et hommes de corps, aux *prévôts, maires,* ou *baillis,* tous officiers féodaux pouvant être assistés d'échevins ou de pairs.

Quelle complexité, on le voit, et que nous sommes loin de l'administration romaine!

Reprenons, pour les mieux définir, les principaux éléments en lesquels l'autorité se décompose. Ils peuvent se rencontrer simultanément dans une même ville, un grand nombre d'entre eux y coexistent nécessairement.

1° *Roi et prince.* — Les rois ou les princes régionaux retenaient la principale autorité sur les villes de leur domaine, tout en les inféodant, comme nous aurons à le dire, à des vicomtes; tel le roi de France à Paris, Orléans, Dreux, Melun, etc. Ils partageaient de plus l'autorité sur certaines villes avec des seigneurs locaux, comtes ou évêques. Ainsi le roi de France, à dater de 1015, est propriétaire de la moitié de la ville de Sens, l'autre moitié appartenant à l'archevêque[1]; le comte de Flandre possède

[1] Le roi Robert, de concert avec l'archevêque de Sens Liétry, s'empara de la ville sur le comte Renaud II, le 22 avril 1015. (Cf. Pfis-

la partie Ouest de la ville de Tournai [1], le comte d'Angoulême le quart de la ville de Blaye [2], le duc de Lorraine et l'évêque de Verdun se disputent la ville [3].

Dans les villes mêmes dont la suzeraineté seule appartenait au roi ou au prince régional, il ne s'était pas dessaisi toujours de tout pouvoir direct sur les habitants. Un palais, un château lui appartenait en propre, un officier y commandait en son nom et en son nom exerçait certains droits, ici sur l'ensemble des bourgeois, là sur le quartier avoisinant le château royal ou princier.

A Amiens, le châtelain du roi de France est un des quatre seigneurs de la ville [4]; à Noyon, à Laon et sans doute à Beauvais [5], le roi a son châtelain. Il possède un palais dans le bourg de Saint-Médard de Soissons [6]. Le comte de Toulouse de même a château et châtelain à Albi. Je m'arrête pour ne pas multiplier les preuves.

ter, *Études sur le règne de Robert le Pieux*, Paris, 1885, p. 261). En vertu de la paix faite plus tard avec Renaud, celui-ci obtint la possession de la ville jusqu'à sa mort, mais à ce moment elle devait faire retour pour moitié au roi pour moitié à l'archevêque : « Reddidit autem ei (Rainardo) rex medietatem civitatis et archiepiscopus suam medietatem, tali tenore, ut post mortem ejus medietas civitatis cum comitatu deveniret in dominium S. Stephani, et medietas in dominium regis. » (*Chron. S. Petri Vivi Senon.* D. Bouquet, X, p. 224, B. Adde *Chron. Turon.*, *ibid.*, p. 283, B). — Quand le comte Renaud mourut en 1055, le partage de la ville ne se fit pas par portions égales; l'archevêque y eut une plus grande part que le roi. (*Cartul. gén. de l'Yonne*, II, p. LXXI).

[1] Wauters, *Les libertés communales*, Bruxelles, 1878, I, p. 362.

[2] « In beneficio tres partes Blaviæ comes (Alduinus) concessit fratri suo Josfredo, quartam sibi retinuit. » (Adémar de Chabannes, III, 67, Migne, t. 141, col. 78).

[3] Voyez Laurent de Liège, *Histoire des évêques de Verdun*, D. Bouquet, XI, p. 249-250.

[4] Aug. Thierry, *Monuments inédits de l'histoire du Tiers-État*, I, p. 14; *Lettres sur l'histoire de France*, lettre 19, p. 273.

[5] Cf. Lefranc, *Histoire de la ville de Noyon* (Paris, 1887), p. 108-109.

[6] D. Bouquet, XI, p. 582, note c.

Le spectacle ne change pas si nous nous transportons le long de la Meuse et du Rhin et dans le Royaume de Bourgogne. Les empereurs d'Allemagne dans les villes qui, sans être cités impériales, relèvent de l'empire, dans les cités épiscopales notamment, conservent une part directe de l'autorité, la rendent visible par leur *Pfalz* (palais)[1], et effective par leur châtelain (*Burggraf*). Ainsi à Dinant, le comte, jusqu'en 1070, est coseigneur avec l'évêque à un double titre; d'une part comme possesseur à titre personnel de diverses parties de la ville, d'autre part, comme représentant, comme officier de l'empereur[2].

Le fonctionnaire qui tient la place du roi ou du prince ne manque jamais d'étendre, à son profit direct et le plus qu'il le peut faire, les pouvoirs dont il est nanti; il s'efforce de s'arroger sa part de seigneurie. Quelle vive image les événements qui se sont déroulés à Noyon, au commencement du XIe siècle, vers l'an 1027, nous présentent de cette politique. Avec quel relief ils font ressortir, en même temps que les entreprises des châtelains, la duplicité et la violence de ceux-là aussi qui s'en disent les victimes.

Un chroniqueur postérieur de cent ans, mais dont la véracité n'est pas suspecte[3], nous raconte ce qui suit.

Le châtelain du roi à Noyon revendiquait comme siens les impôts (*exactiones*) dûs à l'évêque, la présidence de ses plaids, de sa cour de justice, l'approbation préalable des règlements édictés par lui (en vertu de son ban), et il parvenait ainsi à imposer à l'évêque et aux habitants de

[1] Voyez, par exemple, pour Metz, Klipffel, *Un épisode de l'histoire du régime municipal dans des villes romanes de l'empire germanique*, 1866, p. 39; pour Bâle, Stouff, *Le pouvoir temporel et le régime municipal dans un évêché de l'empire germanique* (l'évêché de Bâle), Paris, 1890, p. 37.

[2] H. Pirenne, *Histoire de la constitution de la ville de Dinant au moyen-âge*, Gand, 1889, p. 4 suiv.

[3] Hermann, abbé de Saint-Martin de Tournay en 1127, dans sa *Narratio restaurationis abbatiæ Scti Martini Tornacensis*.

la ville toute sorte d'obligations et de charges[1]. Évêque, clergé et bourgeois convinrent d'une commune résistance, et s'entendirent pour détruire le château, occasion et instrument de l'usurpation[2]. Le stratagème imaginé et mis à exécution par l'évêque n'a rien d'épiscopal; il nous donne une fâcheuse idée de la délicatesse de sa conscience. Un jour qu'il sait au loin le châtelain et ses fidèles, il fait demander audience à la châtelaine, sous prétexte de prendre son avis pour la confection d'une chasuble[3]. La dame toute heureuse de recevoir le saint homme s'empresse au devant de lui, l'introduit au château, le conduit dans son appartement privé. Pendant ce temps le peuple s'assemble, et les dispositions sont prises pour jeter les murs à bas. Quand tout est prêt, l'évêque l'annonce placidement à la dame, qui tombe en pamoison. Le chroniqueur semble presque lui faire un mérite de l'avoir rappelée à elle, et conduite dehors, par la main, pour l'empêcher de périr dans les flammes[4]. Le château fut détruit de fond en

[1] « Ea tempestate habebat idem Robertus Rex turrim Noviomi sitam infra terminos Ecclesiæ beatæ Dei Genitricis Mariæ secus curiam Episcopi, per quam multa mala ejusdem urbis populo intulit. Miles enim, cui a Rege custodienda tradita fuerat, ferocis animi existebat, adeo ut exactiones Episcopales juri suo mancipare vellet; cunctis placitis causisque forensibus, quæ in curia Episcopi determinanda erant, principari volebat; nihilque Episcopum constituere licebat, nisi quod ipse prior disposuisset : sic itaque Episcopum et cives exasperans, nonnulla servitia eis ingerebat. » (D. Bouquet, X, p. 236-237).

[2] « Tandem eis videtur quod si turris eversa fuisset, *quæ materia pertinaciæ ejus erat*, facile pacem obtinerent. »

[3] « Mittit matronæ Episcopus per nuntios verba suasoria, quibus eam deciperet, cum dolo dicens : « Habeo pallium sericum de quo mihi casulam vel planetam facere volo; sed non reperio qui eam sciat tam decenter incidere, et convenienter componere sicut te scire comperi; ideoque deprecor ut castis manibus tuis præparetur : jube ergo fores reserare, ut ad te pergere valeam, et quid operis de serico facere possimus, simul inspiciamus. »

[4] « Videns Episcopus familiam suam congregatam, apparatum ad

comble. Il ne fut pas relevé, car l'évêque, toujours habile, parvint à acheter par des largesses l'intercession du comte de Flandre, à apaiser ainsi la violente colère du roi de France et à se réconcilier avec lui[1].

2° *Comtes et évêques.*— A l'époque carolingienne, je l'ai indiqué plus haut, le comte et l'évêque étaient les seules autorités dans les villes : le premier était le représentant du roi, le second, investi par les capitulaires d'un droit de juridiction et de contrainte, était appelé par la volonté des rois non seulement à concourir avec le comte à la direction de la chose publique, mais à le contrôler. Charlemagne et ses successeurs immédiats s'appuyèrent sur les évêques plus que sur les comtes ; ils firent pencher en leur faveur la balance du pouvoir.

Mais à mesure que l'autorité royale s'affaiblit au profit de la féodalité guerrière, le comte prit sa revanche. Il met l'évêque en échec, le refoule, le réduit à ne posséder plus dans beaucoup de villes qu'un palais fortifié, une porte pour issue, une partie du mur d'enceinte pour point d'appui et pour gage de sécurité, un quartier immune ou un bourg franc pour domaine.

subvertendum habentem, quæ facere disposuerat aperit dicens : « Pro calumniis et injuriis, quas vir tuus et curiæ meæ et civibus crebro intulit, convenerunt isti adversus hanc arcem, ut eam dejiciant, cunctaque ejus propagnacula solo sternant : quamobrem egrediamur illæsi, ne cum ejus ruinis pariter involvamur et pereamus. » Illa his verbis perterrita, et velut exanimis effecta, in terra procubuit ; quam Episcopus blande consolans, verbisque suasoriis tristem demulcens, apprehendit manum ejus, educensque secum servavit illæsam. »

[1] « Quæ (turris) sic eversa usque in hodiernum diem inrestaurata manet... Audito ergo Rex quod acciderat, vehementer iratus est et contra Episcopum *qui fidelitatem ei debebat*, de perditione domus suæ conqueri cœpit, satisfactionem proditionis apertis querelis exigens secundum judicium... Comes (Flandrensis) mercede effusus, Regem socerum filii sui adiit, precem pro Episcopo fudit, veniam facile impetravit... » (D. Bouquet, X, p. 237-238).

Parfois l'équilibre se maintint plus égal; la ville fut véritablement partagée entre le comte et l'évêque, comme il arriva dans le Nord, à Soissons, à Beauvais ou à Chartres[1], dans le Midi, à Béziers, Montpellier ou Narbonne.

Exceptionnellement, ce fut l'évêque qui l'emporta, qui se substitua au comte, ou s'en fit un simple vassal. Ainsi en advint-il, — et la logique des faits le commandait, — dans les régions où le pouvoir royal se conserva plus respecté et plus fort; dans un certain nombre des villes où l'élection de l'évêque resta à la nomination du roi de France, à Langres, Reims, Noyon, Laon, Châlons, Amiens, Tournai, Auxerre[2], le Puy; dans les villes rattachées à l'Empire d'Allemagne, où la féodalité militaire a été plus lente à prévaloir et où les empereurs Ottoniens avaient continué au regard des évêques et des comtes la politique des Carolingiens, en s'appuyant de préférence sur les premiers.

Malgré la disproportion existant au onzième siècle entre la royauté française et la puissance monarchique de l'Allemagne, il serait inexact de dire (pour les pays du moins ayant fait partie de l'ancienne Gaule) que le pouvoir des évêques ici procéda d'une concession directe et formelle du *comitatus*, de l'autorité comtale, octroyée par les em-

[1] « Fuerunt sane priscis illis temporibus alii atque alii Carnutum Pontifices, qui cum Episcopatu comitatum assecuti, rebus bellicis pariter et civilibus gloriose prudenterque præfuerunt. Proinde omnia ab uno gerebantur : sed unus Hardoinus ab Episcopatu comitatum distraxit, Episcopus ab se abdicavit, quem in Odonem consanguineum suum bellicarum rerum peritissimum, data illi bonorum tolerabili portione, transtulit... Item Francorum Regibus intercedentibus, convenit ut de bonis ad principatum intra et extra Carnutum spectantibus, intactis aliquot arcibus, æquas partes æquo jure Episcopus comesque sibi haberent. » (Ducange, *Glossar.*, VI, p. 813, col. 1, ex libro : *Carnotensis Ecclesiæ principium*).

[2] S'il fallait ajouter pleine confiance à un texte du douzième siècle (*Cartul. de l'Yonne*, II, p. 414), l'évêque d'Auxerre aurait été entièrement indépendant aussi bien du roi que de tout autre seigneur.

pereurs; là au contraire d'un empiètement graduel, d'une extension notamment des privilèges d'immunité, opérée de connivence avec la royauté. Le contraste n'est pas si tranché, l'opposition si diamétrale. Il est vrai que dans la France proprement dite, nous ne trouvons pas trace d'une concession de comitat à Reims, Noyon, Laon, Châlons, Amiens, Auxerre; mais les droits comtaux de l'évêque de Langres à Langres et à Dijon[1], ceux des évêques de Tournai[2] et du Puy[3] reposent sur des chartes qui sont

[1] Diplôme de Charles-le-Gros en faveur de l'évêque de Langres (886) : « Decernimus, et decernendo confirmamus, quatenus omnia ex jure fisci nostri ad causam comitis pertinentia infra eandem, Lingonis civitatem, et extra loco qui Campus-bellus dicitur, et ipsum civitatis murum, et XV pedes de intus, et sexaginta de foris ipsa Ligonensis Ecclesia et ipse suique successores legitime ordinant et perpetuo in Dei nomine ordine quieto obtineant. De mercatis vero et monetis, sicuti divæ memoriæ suprascr. Karolus imperator avunculus noster sua auctoritate statuit.... (ut de mercatis annalibus medietas et de ebdomadalibus summa integritas, partibus Lingonensis atque Divionensis Ecclesiæ cederetur; — in Lingonis civitate et in Divione castro monetas fieri concessit) stabilivimus atque æternaliter confirmamus. » (*Cart. Saint-Étienne de Dijon*, f° 4-5, D. Bouquet, IX, p. 347).

Dijon était tenu de l'évêque de Langres par des comtes qui en confiaient la garde à un vicomte ou à un châtelain : « Hugo comes dominium terræ ab Episcopo Lingonensi tenebat, quod præfatis viris nobilioribus tradiderat. » Ces *præfati viri* sont le châtelain Humbert de Mailly et le vicomte Gui le Riche. (*Ex vita domni Garnerii*, D. Bouquet, X, p. 382c). — Mais en 1016 l'évêque de Langres Lambert, qui devait son élection au roi Robert, s'acquitta envers lui en lui cédant Dijon, destiné ainsi à devenir la capitale du duché de Bourgogne. « Brunone namque episcopo superstite, in Divionense potestate Rex nihil habebat : quam successor ejus Lambertus, ut fertur pro adeptione Episcopatûs Regi concessit; sicque ad detrimentum cleri et Ecclesiarum, sicut de Hierusalem dicitur, quæ erat libera, facta est ancilla... Ex eo tempore castrum Divion. ab Episcopis Lingonensibus ante possessum in potestatem et principatum Ducatûs devenit. » (D. Bouquet, X, p. 382, D. p. 382 B).

[2] Le siège épiscopal de Tournai fut réuni à celui de Noyon depuis 532 jusqu'à 1146. C'est donc l'évêque de Noyon qui était seigneur

plus que des chartes d'immunité, et l'acquisition par échange du comté de Beauvais a été confirmée à l'évêque par le roi Robert[1].

de Tournai au onzième siècle. Il obtint vers 901 de Charles le Simple, en 988 du pape Jean XVI, la confirmation de ses droits seigneuriaux. Laissant de côté ce qui a trait à l'immunité, je note les passages suivants. — Dans le diplôme royal : « Deprecatus est etiam quatenus... in prædicta civitate Tornaco firmitatem antiquitus statutam, et nunc destructam denuo ei ædificare liceret; monetam equidem ac rivaticum cum mercato, et omni eorum undique in eadem civitate teloneo sæpedictæ Ecclesiæ concederemus, ac nostro edicto in perpetuum confirmaremus. Cujus petitioni libenter assensum præbuimus... » (D. Bouquet, IX, p. 492-493). — Dans la bulle pontificale : « Decrevimusque ut in Tornaco civitate, nullus comes, vel extraneus judex, se intermittat de districto, aut moneta, vel de rivatico unius partis, nec de teloneo; sed sicut statum est a piæ memoriæ principibus sic fixum et inconvulsum permaneat. » (Migne, t. 137, col. 829).

[3] Ce sont les droits comtaux que sous le nom d'immunité le roi Raoul concède en 924 à l'évêque du Puy, et qu'en 955 Lothaire lui confirme : « Concedentes ei omnibusque successoribus omnem Burgum ipsi Ecclesiæ adjacentem, et universa quæ ibidem ad dominium et potestatem comitis hactenus pertinuisse visa sunt : forum scilicet, teloneum, monetam et omnem districtum, cum terra et mansionibus ipsius Burgi. » (D. Bouquet, IX, p. 564 E, p. 618 D).

[1] En 1015 le comte de Champagne et de Blois Eudes cède à l'évêque Roger son comté de Beauvais et notamment les droits comtaux qu'il possède à Beauvais même, en échange du château de Sancerre : « Rogerus episcopus Belluacensis ab Odone Campaniensi comite acquisivit Comitatum Belleracensem pro castro Sincerio quod erat sui patrimonii in diœcesi Bituricensi. » (*Chronicon. Alberici*, D. Bouquet, X, p. 288 A).

Cette cession fut confirmée la même année par le roi Robert, au profit non seulement de Roger personnellement, mais de tous ses successeurs sur le siège episcopal : « Rogerius Sanctæ Belvacensis sedis venerabilis Pontifex,... imploravit dilectionem Odonis nostri præclari Comitis, quatenus ea, quæ sibi jam dederat in beneficio, *conferret sanctæ suæ Ecclesiæ,* pro remedio animæ ipsius Comitis; id est omnes exactiones ac redditus Comitatus, quem tenebat ex nostro beneficio *in suburbio Belvacensis urbis* et in villis extra ambitum civitatis constitutis, sicut jam ipsi Episcopo concesserat ac diviserat... Insuper ipsam divisionem Comitatûs nobis reddidit, et

D'un autre côté, si nous possédons des diplômes de concession du comitat à l'évêque de Strasbourg[1], à l'évêque de Toul[2], à l'évêque de Cambrai[3], à l'archevêque de Vienne[4], nous ne connaissons de documents semblables ni

hoc regiæ donationis Præceptum obnixe flagitavit nostræ munificentiæ imperio fieri ipsi sanctæ Ecclesiæ Belvacensi, idque super altare B. Petri Apostolorum Principis locavit, ut habeat, teneat atque possideat supradictus Episcopus præfatam divisionem Comitatûs, *cum omnibus suis successoribus...* » (D. Bouquet, X, p. 598 A-C, publié aussi d'après le *Gallia Christiana* par d'Arbois de Jubainville, *Histoire des ducs et comtes de Champagne*, I, p. 464).

M. Lefranc (*Histoire de la ville de Noyon*, 1887, p. 110), a commis, on le voit, une double erreur en considérant la cession comme personnelle à Roger, et en avançant « *qu'il n'est pas question de la ville, en aucune manière*. »

[1] Ce n'est que sous forme d'immunité que cette concession est faite à l'évêque de Strasbourg. Tel est, en effet, le caractère du diplôme tant de fois publié d'Otton II (en dernier lieu dans les *Monum. Germ., Diplomat. reg. et imperat. Germ.*, t. II (1888), p. 310-311) : « Ne... aliquis dux vel comes aut vicarius vel aliqua judiciaria potestas infra præfatam Argentinam civitatem quæ rustice Strazburg vocatur alio nomine, vel in suburbio ipsius civitatis aliquod placitum vel districtum habere præsumat, nisi ille quem ipse ejusdem civitatis episcopus sibi advocatum elegerit. »

[2] L'évêque de Toul obtint de Henri Ier, en 927, l'abandon des revenus comtaux de la ville : « Concessimus... omnem exactionem comitatus ejusdem civitatis, annualis videlicet seu septimanalis thelonei quæstus pariterque vectigal quod vulgo vocatur rotaticum. » (*Monum. Germ., Diplom. reg. et imp. Germ.*, I (1884), p. 52).

[3] Cette concession du comté au profit de l'évêque de Cambrai et la suivante au profit de l'archevêque de Vienne sont les plus expresses que je connaisse pour la France. La première émane de Henri II (1007) : « Chameracensi Ecclesiæ... Comitatum Chameracensem, hac nostræ auctoritatis præceptali pagina, prout firmissime potuimus, in proprium donavimus. Præcipientes igitur, ut prælibatæ sedis venerabilis Eralwinus Episcopus suique successores, liberam dehinc habeant potestatem, eumdem Comitatum in usum Ecclesiæ supradictæ tenendi, comitem eligendi, bannos habendi, seu quidquid sibi libeat, modis omnibus inde faciendi. » (Miraeus, *Opera diplom.*, I, p. 148).

[4] Diplôme de Rodolphe III (1023, D. Bouquet, XI, p. 549) :

pour Metz[1], ni pour Verdun[2], ni pour Besançon[3], Grenoble et Lyon.

Au reste, ce qu'il nous importe surtout de constater en ce moment c'est que dans les villes où l'autorité comtale a passé tout entière aux mains de l'évêque, le comte d'ordinaire ne disparaît pas. Il descend seulement d'un degré, il devient le vassal, le vidame de l'évêque, et son fief consiste dans une part d'autorité directe sur les habitants de la ville.

« dono... S. Mauricio Ecclesiæ Viennensis patrono, et Episcopis eidem Ecclesiæ prætitulatis, atque deinceps in curricula sæculorum præordinandis, Viennensem Comitatum, cum omnibus appendiciis suis infra ipsam civitatem Viennensem et extra civitatem, cum castello quod supereminet ipsi civitati... Et quicquid nostro usui legis censura per manus ministrorum nostrorum nunc usque solvebatur... »

[1] Dès le XVIIe siècle, l'historien de Metz, dom Meurisse, constatait l'absence de tout acte de concession. (*Histoire des évêques de Metz*, p. 318 et suiv.). C'est à l'aide de simples conjectures que des écrivains modernes ont fixé soit à l'an 945 (Klipffel, *Un épisode de l'histoire du régime municipal*, 1866, p. 21), soit à l'an 960 (Sauerland, *Die Immunität von Metz*, 1877, p. 33), l'octroi d'un diplôme que personne n'a jamais vu.

[2] La prétendue donation qui aurait été faite en 997 à l'évêque de Verdun, Haimon, par le comte Frédéric, et ratifiée par Othon III est purement légendaire. Le plus récent historien de Verdun, M. Clouet, a été obligé de le reconnaître. Il admet tout à fait gratuitement que l'investiture régalienne peut être déduite des données générales de l'histoire et notamment du fait que l'évêque avait été chargé de réclamer l'évêché au nom de l'Empire. (Clouet, *Histoire de Verdun*, Verdun, 1867, I, p. 381).

[3] Une légende s'est formée autour de Besançon comme autour de Metz et de Verdun. Tous les historiens ont répété que le comitat avait été concédé à l'évêque Hugues Ier et quelques-uns sont allés jusqu'à fixer l'année et le mois de cet acte imaginaire (mars 1043, suivant les uns, 1044 suivant les autres, etc.). M. Castan a fait justice de cette erreur traditionnelle (*Origines de la commune de Besançon*, Besançon, 1858, p. 15 et suiv.) qui, malgré cela, s'est glissée encore dans l'excellent *Atlas historique de la France* de M. Longnon (3e livraison, Paris, 1889, p. 228).

3° *Immunistes et alleutiers.* — Les immunistes ne réussirent que rarement à devenir seigneurs de toute une ville. Ce ne fut le cas que pour les évêques dans les villes que nous venons de passer en revue, et pour quelques abbayes puissantes placées dans des conditions exceptionnellement heureuses, l'abbaye de Saint-Riquier[1], l'abbaye de Corbie.

L'immunité, par contre, réserve au seigneur ecclésiastique, qui en est pourvu, une partie de la ville (quartier, rue ou bourg) à titre de domaine exclusif et fermé. Il y est maître, il y commande, il y rend ou fait rendre la justice, il y exerce la police; et ses droits peuvent même s'étendre sur d'autres maisons de la ville quand ses hommes propres ou ses serviteurs sont allés s'y fixer. L'immunité est une enclave, une seigneurie dans la seigneurie, et dans une même ville il se rencontre parfois plusieurs enclaves de cette nature.

Dans la ville royale, l'immuniste entre en partage avec le roi : à Paris, la cité et les rues qui bordent la Seine dans le voisinage de l'île relèvent de l'évêque[2]; le roi ou son représentant, le vicomte, n'ont autorité que sur les rues

[1] Cf. Aug. Thierry, *Monuments de l'histoire du Tiers-État*, III, p. 415. — Voyez aussi le diplôme de Charles le Simple de l'an 901 (D. Bouquet, VIII, p. 493).

[2] Diplôme de Louis le Débonnaire du 19 octobre 820 (*Cartul. général de Paris* publié par R. de Lasteyrie, I, p. 44-45) : « et liceat sepenominat. episcopo Inchado ac successoribus suis quiete ipsam insulam secundum propriam voluntatem ordinare atque gubernare, et in ipsa terra sanctæ Mariæ, tam tabernas quam alias suas necessitates sine alicujus reddibitione exercere. Præcipimus etiam atque jubemus ut de regali via ex parte Sancti Germani a Sancto Mederico usque ad locum qui vulgo vocatur Tudella, in ruga Sancti Germani, neque in aliis minoribus viis quæ tendunt ad monasterium ejusdem prenominati Sancti Germani, ullus missus dominicus aliquam judiciariam potestatem ibi exerceat, neque aliquem censum, neque ripaticum, neque foraticum, neque ullum teloneum recipiat; sed missus episcopi secundum propriam voluntatem ordinet et advocatus ejusdem ecclesiæ, tam de ipsa terra Sancti Germani quam de predicta terra

et quartiers situés en dehors des limites de l'immunité épiscopale. —Dans la ville épiscopale un chapitre, une abbaye, jouissent de prérogatives analogues sur une partie de la cité ou de ses dépendances[1]. — Dans la ville comtale il en va de même; je citerai Saint-Omer comme exemple[2].

Sanctæ Mariæ in insula posita, rectam ac legalem rationem reddat, sine aliqua judiciaria potestate inibi vel banno, nisi in mallo legitimo vel regali placito, sicut lex ecclesiarum præcipit... »

[1] Voyez, par exemple, la charte de privilèges accordée en 901 par Charles le Simple au puissant chapitre de Noyon : « Concessimus ergo illis (canonicis) theloneum quod ubique in toto procinctu urbis Noviomagensis regali ditione possidebamus, cum omni videlicet judiciaria potestate excepto annuali mercato usibus Episcoporum deputato... præcipimus atque jubemus ut nullus judex publicus, vel quilibet ex judiciaria potestate in res suprascriptas, etc. » (D. Bouquet, VIII, p. 491).

[2] Les comtes de Flandre s'étaient substitués, par des usurpations graduelles, aux droits de l'abbaye de Saint-Bertin sur la plus grande partie de la ville de Saint-Omer, qui lui devait l'existence. (Voir Giry, *Histoire de la ville de Saint-Omer*, p. 26-29). Une délimitation des droits respectifs eut lieu en 1056. (*Cartul. de Saint-Bertin*, p. 184-187 — texte un peu différent d'après MS. de Boulogne dans Giry, *op. cit.*, p. 28 note). La souveraineté fut reconnue à l'abbaye sur son enclos et la presqu'île que forme l'Aa, jusqu'au milieu de cette rivière : « ut usque ad medium fluvii Agniona, quo circumfluente idem cenobium cingitur, spatium mensure atrii ejusdem sive curtis in circuitu protenditur, et infra manentes ab omni seculari potentia et justicia liberi sedeant, abbati tantum de componenda cujuscunque negotii sui causa vel institutionis eorum rationem reddant et ipsum consulant. »

En outre, les hommes et les serviteurs de l'abbaye qui habitaient dans le reste de la ville y demeuraient libres et exempts de l'autorité du comte et de l'avoué, à moins de flagrant délit et à charge par l'abbé de payer annuellement un muid de blé pour prix de cette franchise : « De submanentibus autem et servientibus abbatis atque monachorum, qui in oppido Sancti Audomari et in comitatu advocati hospitantur, dispositum atque stabilitum est a me ut omni anno in natali Domini modium frumenti ab abbate persolvatur et sic ab omni inquietatione liberi maneant et quieti, nisi aliquis eorum palam inventus fuerit vim faciens vel furti reus, sive quemlibet percutiens, aut similium legum prevaricator » — M. Giry a donné de cette clause

Ailleurs enfin, comme à Arras[1], l'évêque commande dans les faubourgs et la banlieue, tandis que le *castrum* est dans la sujétion d'une abbaye[2].

A côté de l'immuniste ecclésiastique, il convient de placer l'alleutier laïque. L'étendue de sa possession était plus restreinte et son pouvoir plus facilement tenu en bride ou dompté, mais peut-être avait-il pour lui l'avantage du nombre. Il faut se représenter, en effet, l'existence dans les villes de petites forteresses habitées par de simples chevaliers ou même de riches bourgeois, entourées au besoin d'un fossé, flanquées d'une tour et en état de soutenir un siège ou de braver un assaut[3]. L'homme

une interprétation que j'estime erronée : « Les hommes de l'abbé, dit-il, les serviteurs qui habitent la ville ou le territoire de l'avoué doivent *à l'abbé* une redevance fixe annuelle, *sans doute en échange de la juridiction que l'abbé perd sur eux à cause de leur non-résidence* » (p. 29).

[1] Charles le Simple en 916 (923, d'après Le Glay, *Cameracum Christianum*, p. 18) accorde le droit de justice à l'évêque de Cambrai et d'Arras dans la banlieue du castrum d'Arras : « omnem quam Regia Majestas habet potestatem, scilicet legalis justitiæ disciplinam, excepto dumtaxat stipite quo Comitis industria mallo accersito, justitiam Dei et Regis regaliter habet exhibere, in quodam loco juxta ac cis castrum trans fluviolum qui dicitur Criencio (le Crinchon), ad eam scilicet plagam, qua Ecclesia Beatæ Genitricis Mariæ sita est (Sainte-Marie du Château) infra unius leucæ undique spatium » (Miraeus, *Opera dipl.*, I, p. 248). — Miraeus attribue à tort ce diplôme à Charles le Chauve en le datant de 863. Mais, D. Bouquet, de son côté, a dénaturé le texte de Miraeus en le réimprimant. Sa leçon porte : « in quodam loco *juxta Accis castrum*. (D. Bouquet, IX, p. 528).

Dans la cité et le castrum la seigneurie appartenait à l'abbaye de Saint-Vaast laquelle avait été dotée de nombreux privilèges d'immunité et relevait directement du pape. Diplôme du roi Eudes, 890. D. Bouquet, IX, p. 452-453. — *Cartul. de Guimann*, p. 15, p. 51, p. 155, etc.

[2] Je viens d'emprunter mes exemples au Nord, à raison des détails où plus haut déjà je suis entré pour le Midi (p. 248 et suiv.).

[3] Dans la chanson de geste d'Ogier le Danois, Bertrand, le fils du

qui y résidait avec sa famille et ses serviteurs pouvait être aussi maître chez lui que l'immuniste sur son territoire privilégié[1]. Du reste, les évêques eux-mêmes dans les villes où ils ne jouissent ni des droits comtaux, ni de l'immunité, comptent parmi les plus puissants de ces alleutiers. Ils possèdent un *honor*, un petit domaine consistant dans leur palais avec ses dépendances, ils ont des officiers qui forment leur cour et qui ne relèvent que d'eux[2].

duc Naismes, soutient un siège en règle contre la commune de Dijon dans la maison de son hôte le bourgeois Malsené :

« ... Clost les huis et derière e devant.
Armes trovèrent, si s'arment maintenant;
Fort chastel ont de fin marbre luisant,
Pont tornéis, parfont fossé e grant,
Pain e car ont, vin froit e bon formant,
Por aus desfendre dusqu'à un mois passant.
Li borgois vont la grant cloque sonant
E la petite vont issi bondissant.
...
E la comugne est tantost asanllée,
A la maison Malsené est alée;
L'assalt comenchent tot à une huée. »

(Ogier le Danois, v. 3808 suiv., p. 157-158.)

Au commencement du xiiie siècle il y avait à Avignon trois cents maisons fortifiées que le roi de France fit détruire : « Trecentæ domus turrales quæ in villa erant et omnes muri circumquaque solo diruti coæquantur. » (*Gesta Ludov. VIII*, D. Bouquet, XVII, p. 310 A).

[1] Des maisons isolées pouvaient faire l'objet d'une concession de droit de justice : « Dedit Hamelinus (Bottellus) Sctæ Mariæ et Scto Sergio ad portum qui est desuper castellum Widonis unam aream ad domum magnam faciendam et grandem curtem... et totam vicariam de ipsa domo de omnibus forfactis qui facti fuerint ibi. » (1055, *Cartul. de Saint-Serge d'Angers*, Moreau, 25, f° 211 v°). — « Dominus Petrus de Bullio... concessit tres domos in burgo absque ulla consuetudine, ita ut homines qui in illis domibus habitaverint non faciant rectum pro qualicumque injustitia nisi pro monacho. » (*Cartul. de Talmond*, 1074-1127, p. 106).

[2] « Ipsa civitate Carcassona cum ipso comitatu... excepto ipso episcopatu de Carcassone, et excepta ipsa honore de ipso episcopatu...

4° *Avoué et vidame, vicomte et châtelain.* — L'immuniste ecclésiastique avait besoin d'un avoué militaire pour semondre ses vassaux, pour les conduire à l'ost du suzerain, souvent aussi pour prêter main-forte à ses prévôts, dans l'exercice de la justice personnelle. Mais l'avoué est plus. Il est resté le détenteur de la justice publique au sein de l'immunité. Il tient trois plaids annuels (auxquels l'immuniste, du reste, peut se faire représenter), il y juge tous ceux qui ne sont ni censitaires ou hommes propres de l'immuniste ni ses serviteurs ou ses vassaux[1]. La population de la ville renferme ainsi des *hommes d'avouerie*[2] plus ou moins nombreux. Ils doivent à l'avoué des impôts et des corvées, sans préjudice des obligations qu'ils ont envers le seigneur.

Telle est la situation normale; mais les avoués cherchent à élargir leurs attributions aux dépens des droits des immunistes, et ceux-ci à leur tour s'efforcent de restreindre la part d'action de l'avoué, se réservant de l'appeler ou non aux plaids annuels, de faire tenir ces plaids par leurs prévôts et de se faire payer directement les amendes[3]. Ces

et excepta ipsa sua sala de Petrone episcopo, quæ est in civitate Carcassona, cum ipsas cambras, et cum ipsas coquinas et cum ipsas marscalcias et cum appendiciis vel agacenciis suis..., et excepto suo camarario S. et filios suos cum illorum honore, et excepto S. dispensatore suo et filios suos cum illorum honore; et retinet ibi P. episcopus suo senescalio cum suo botlario G., et A... » (vers 1034, *Hist. du Languedoc*, V, col. 405).

[1] L'avoué n'exerce en règle la justice *personnelle* que si l'immuniste l'y convie. *Suprà*, I, p. 263 et suiv.

[2] Ils n'échappent qu'exceptionnellement à cette condition. Nous avons constaté une telle exception pour les hommes libres de l'abbaye de Saint-Vaast d'Arras. *Suprà*, p. 127.

[3] Charte de Godefroy IV, duc de la Basse-Lorraine (1065-1070), en faveur des églises de Verdun : « De leude et de sanguine facto, aliisque injuriis, si Abbas aut Præpositus, sine adjutorio advocati, per se rectum adquirere potuerit, inde nihil advocatus habeat, sed si auxilio indiguerit, non ab alio, nisi a proprio advocato adjutorium quærat, et inde suum tertium habeat. » (Martène et Durand, *Thesaurus*

dernières tentatives furent d'ordinaire moins heureuses que les premières. Toutefois, les unes et les autres eurent pour résultat un enchevêtrement de droits et d'autorités qui compliqua et diversifia la condition des habitants de quartier à quartier, de bourg franc à bourg franc.

L'évêque, en tant qu'immuniste, peut avoir son avoué; comme seigneur il ne peut pas toujours s'en contenter. Quand l'étendue de ses domaines, le grand nombre des vassaux qui le servent, l'importance exceptionnelle du siège qu'il occupe l'empêchent de vaquer par lui-même à tous ses devoirs, il est obligé de s'en remettre, pour le temporel, à une sorte de mandataire général. A plus forte raison la mesure s'impose-t-elle à lui quand, investi du *comitatus* d'une ville, il est le chef d'une puissante seigneurie, quand il est comte en même temps qu'évêque. Ce mandataire général est le vidame (*vicedominus*)[1]. Ses fonctions sont dévolues d'ordinaire aux anciens comtes dans les villes où l'évêque est parvenu à se les subordonner[2]. Ailleurs elles sont confiées par voie d'inféodation à un seigneur laïque assez fort pour que l'évêque puisse

Anecdotorum, I, p. 188. — Brussel, *Usage des fiefs*, p. 793. — Cf. aussi de Saint-Genois, *Histoire des avoueries en Belgique*, 1837, p. 64).

[1] Ducange cite dix évêques ou archevêques ayant eu des vidames (v° *Vicedominus*, VI, p. 815, col. 1) : les évêques d'Amiens, de Beauvais, de Chartres, de Thérouanne, l'archevêque de Rouen, l'évêque de Senlis, l'archevêque de Reims, les évêques du Mans, de Cambrai et de Laon. Brussel (*Usage des fiefs*, II, p. 767) en ajoute trois autres : les évêques de Châlons et de Meaux, et l'archevêque de Sens. La liste n'est pas complète. Il faut l'allonger notamment des évêques de Noyon et de Soissons (Cf. Lefranc, *Histoire de la ville de Noyon*, p. 107 et suiv.), de Metz et de Toul.

[2] L'évêque de Toul, Udon, dut déposer son vidame pour ses excès de pouvoir et faire pour l'avenir un règlement rigoureux (1069) : « Nostro tempore fuerit comes hujus Leuchorum urbis cui Deo auctore præsidemus, Arnulfus nomine, qui suis exigentibus culpis depositus est a comitatus honore, maxime quoniam sua cupiditate plurimum aggravabat pauperes nostræ ecclesiæ... Nam majoribus

trouver en lui un auxiliaire précieux, pas trop grand pour qu'il ait à le redouter comme rival. Si la première condition est aisément remplie, il n'en est pas de même de la seconde, car l'influence et les droits que le vidame tient de son titre sont pour lui une tentation et un moyen d'entrer en conflit avec son seigneur[1].

Comme l'avoué, le vidame commande à tous ceux qui, vassaux ou bourgeois, doivent le service d'armes. Il rend la justice en remplacement de l'évêque, et ainsi ne juge pas seulement ses sujets, mais encore ses vassaux et ses hommes.

La même nécessité qui pousse les évêques à se donner un représentant laïque conduit les seigneurs laïques dont les possessions sont considérables et espacées à se donner un ou plusieurs substituts dans les villes qui relèvent d'eux. A cela s'ajoute l'usage impérieux de recruter des fidèles, des vassaux prêts à accourir quand retentit l'appel aux armes, en leur inféodant l'autorité, la justice, les droits seigneuriaux, au même titre que les biens-fonds. A cela s'ajoutent encore les partages ou les pactes de famille qui tiennent unis une vaste parenté en lui distribuant de petites seigneuries reliées par le lien féodal.

Déjà le comte carolingien, s'il commandait à un spacieux *pagus*, se faisait remplacer pour telle affaire, tel plaid à

nostræ ecclesiæ congregatis, exegi cum sacramento ut veraciter edicerent cujusmodi esset honor comitatus hujus urbis, qualiter tenuerunt illum antiqui comites... ut ea conditione... traderemus successori comitis Arnulphi honorem comitatus... nec amplius... pauperes ecclesiæ nostræ opprimerent. » (Waitz, *Urkunden zur deutschen Verfassungsgeschichte*, 1871, p. 3-4). — Voyez aussi pour Noyon, Lefranc, *op. et loc. cit.*

[1] Charte de Bérenger, évêque de Verdun en faveur de Saint-Vanne de Verdun (952, D. Calmet, *Preuves*, III, col. 791) : « Concessimus justitiam latronum qui in bannum inciderint, vel sanguinis qui effusus fuerit : sive *vice dominarium placitum* et cursum aquæ seu correptionem omnium mensurarum, exceptis alodiis quæ homines tenent, ad placitum generale respicientes, et publicæ viæ transitum. »

présider, tel ordre à exécuter, ou bien d'une façon permanente en un lieu, par un délégué spécial, un *missus comitis* [1]. Ce *missus* prit le titre de vicomte et devint un vassal quand la féodalité prévalut [2]. Les villes surtout, à raison de leur importance stratégique, de leur qualité de centre commercial et de chef-lieu, des ressources qu'elles fournissaient, de la complexité plus grande de leur administration, furent ainsi pourvues de vicomtes. Le roi de France en établit dans les villes de son domaine, à Paris, à Sens, à Dreux, à Melun ; les seigneurs régionaux dans les leurs; le comte de Vermandois à Saint-Quentin, le comte d'Amiens à Amiens, le comte de Chartres à Chartres, le comte de Toulouse et de Limoges à Limoges (IXe-Xe siècles). Les ducs de Guyenne eurent pour vassaux, outre les vicomtes de Limoges, ceux de Turenne, de Thouars, de Châtelleraullt; le comte de Rouergue était suzerain des vicomtes de Nîmes et de Millau, et, en qualité de marquis de Gothie, des vicomtes de Narbonne, d'Agde, de Béziers; le comte de Provence du vicomte de Marseille. Ces vicomtes se multiplièrent à mesure que leurs familles s'agrandirent. Pour en prendre un seul exemple, le vicomte de Limoges fit souche des vicomtes de Rochechouart et de Brosse [3].

Le vicomte avait le gouvernement de la ville au lieu et place de son suzerain; il y rendait la justice publique quand celui-ci était absent, et comme le cas était fréquent cette justice-là, distincte, bien entendu, de la justice personnelle, finit souvent par passer entièrement dans ses mains [4].

[1] Sohm, *Die Fränkische Reichs- und- Gerichtsverfassung*, p. 508 suiv.— R. de Lasteyrie, *Étude sur les comtes et vicomtes de Limoges*, Paris, 1874, p. 45 suiv.

[2] Cf. Brussel, *Usage des fiefs*, II, p. 675 suiv.

[3] Voir R. de Lasteyrie, *op. cit.*, p. 61.

[4] Ainsi les comtes d'Amiens Gui et Ives, tout en cherchant à réprimer les extorsions dont les vicomtes se rendent coupables dans

Le châtelain (*castellanus*), auquel correspond en Allemagne le burgrave (*burggraf, burgravius*) n'est dans le principe qu'un diminutif du vicomte, bien qu'il parvint dans la suite (au nord de la France, du moins) à l'égaler ou même à le surpasser en pouvoir. Qu'un seigneur possédât, au lieu de l'ensemble d'une ville, une portion exiguë, commandée par un château, siège et centre de son autorité, il en confiait la garde à un vassal, comme il confiait à un autre le château isolé de la plaine. Tels étaient la situation et le rôle de ces châtelains du roi et des princes qui se sont déjà offerts à nous. Il arrivait encore tantôt que le principal seigneur d'une ville, craignant ou jugeant inutile de constituer un vicomte ou un vidame, se bornât à nommer un châtelain, tantôt qu'il répartît les fonctions de vidame ou de vicomte entre plusieurs vassaux, dont l'un, le châtelain, était revêtu des attributions militaires. Ainsi voyons-nous à Cambrai un châtelain à côté du vidame[1].

Les châtelains sont nombreux au onzième siècle. Le seigneur leur inféode d'ordinaire une partie de ses droits sur les habitants de la ville. Ils ne s'en contentent pas, ils les étendent vers le haut et vers le bas, aux dépens de leur suzerain comme au préjudice de la fortune et de la liberté des bourgeois[2].

En résumé, on pourrait caractériser ainsi, en tenant

l'exercice de leur droit de justice, reconnaissent la plénitude de ce droit et déclarent ne vouloir y porter aucune atteinte : « Deliberavimus enim et militum nostrorum vicecomitum jus justicie censura nullatenus imminuere.» (1091-1095, *Recueil des monuments du Tiers-État*, I, p. 22).

[1] Cf. Dieckmeyer, *Die Stadt Cambrai* (*Bielefeld*, 1890), p. 32-34.

[2] Le châtelain de Cambrai, Gauthier, est le type de ces usurpateurs. Il est en lutte perpétuelle avec l'évêque, rivalise avec lui de puissance, se soumet de force les habitants de la ville. Autant il prête de serments de fidélité, autant il en viole, et chaque fois il se livre à de nouveaux excès. Baudri de Thérouanne, ou l'auteur de la chronique connue sous son nom, n'en finit pas de raconter ses usur-

compte de leurs origines et des motifs de leur institution, les divers offices féodaux que nous venons d'observer. L'avoué est à la fois un auxiliaire de l'immuniste et un représentant de l'autorité publique. Le vidame est un mandataire général pour les affaires temporelles d'un seigneur ecclésiastique. Le vicomte et le châtelain sont des délégués spéciaux : la délégation du premier embrasse un plus grand nombre d'attributions et rayonne sur l'ensemble ou une notable portion d'une ville, la délégation du second se restreint en principe à la garde d'un château et de son enceinte.

Mais ces distinctions ne furent jamais rigoureuses, et elles s'effacèrent et se brouillèrent d'autant mieux que l'inféodation était la base commune des offices qu'elles visaient. Tout criterium abstrait faudra à l'épreuve; les termes eux-mêmes deviendront trompeurs : ici l'avoué et le vicomte seront appelés vidame, là les titres de vicomte et de châtelain seront pris l'un pour l'autre. C'est qu'au fond la ligne de démarcation des droits se déplace et oscille suivant la force respective du suzerain et du vassal.

Considérons-nous plus spécialement la condition des habitants des villes, nous constatons que l'influence exercée sur elle par ces diverses autorités est à peu près la même. Elle se traduit par une multiplication, une dispersion des

pations et ses méfaits. Retenons quelques traits : « Walterus alios verberabat, alios insuetis exactionibus semper vexabat... Sibi enim totius rei præpotestatem penitus usurpare : episcopo vero solum nomen ac speciem honoris relinquere » (livre III, chap 2, p. 246, p. 248, éd. Le Glay) « ... Walterus mox fide mutata, bona episcopi exteriora vastavit, immo et suburbium civitatis igne consumpsit » (chap. 3, p. 249), « conventiones illas sæpissimas quas D. episcopo, dum reconciliaretur, callide promittebat, ratum, duximus subnectendas, ut lector videlicet pius, patientiam episcopi compatiens admiretur, et immensam tyranni sævitiam cum admiratione deploret » (chap. 34, p. 298).

pouvoirs, par des conflits entre les maîtres, par des vexations infligées aux sujets.

Vidame, vicomte, châtelain, avoué ont dans les villes une résidence fortifiée ou un château, avec un fief comprenant maisons, tenanciers, hommes propres. Ils exercent en outre sur l'ensemble ou sur des portions déterminées de la ville des droits de police et de justice, ils lèvent sur les habitants ou sur certaines catégories d'entre eux des redevances, ils les soumettent à des services de corps. C'est ainsi que le vicomte à Toul, véritable vidame de l'évêque, le comte à Dinant, véritable vicomte de l'empereur, le burgrave à Strasbourg, châtelain de l'évêque, ont la police des rues et des constructions[1], que le burgrave ou le vicomte ont la surveillance des corps de métiers et

[1] A Dinant un acte symbolique préside à l'exercice de ce droit. Le comte, chaque année ou chaque fois qu'il convient, fait parcourir la ville d'une extrémité à l'autre par un de ses serviteurs monté sur un grand cheval (*altus equus*) et portant une lance. Tout ce qui en hauteur et en largueur (la lance tenue droite ou mise en arrêt) fait obstacle à son passage doit être abattu au nom du roi ou racheté à la merci du comte : « Ut hec ei justicia servetur, semel in anno vel prout ei jussum fuerit, super equum altum facit unum de familia sua quem voluerit ferre lanceam ab inicio ville usque ad summum. Cui si aliquid obstiterit in altitudine vel in latitudine, autoritate regia deicitur vel satisfactione ad misericordiam comitis redimitur (vers 1060, en tout cas avant 1070 date de la concession du comté à l'évêque. Notice publiée par M. Wauters d'après le MS. latin 12710, fº 90 vº, 91 (XIIe-XIIIe siècle) de la Bibliothèque nationale, que M. L. Delisle lui avait signalé et sur lequel j'ai collationné le texte. (Wauters, *De l'origine des libertés communales,* Preuves, Bruxelles, 1869, p. 249-251).

Toul : « Stratam publicam et metas debet custodire comes. » (Règlement de 1069, Waitz, *Urkunden*, p. 6).

Strasbourg : « Quicunque muros vel vallum civitatis dissipaverit, componet quadraginta solidos burcgravio. Quicunque super stratam edificaverit similiter dabit ad emendationem burcgravio; nulli vero debet licenciam dare... » (1re constitution de Strasbourg, *Urkundenbuch der Stadt Strasburg*, I, p. 472. — Sur la date voyez ce que j'ai dit, I, p. 185, note 1).

en perçoivent des droits [1], qu'ailleurs le châtelain fait contribuer les bourgeois à la garde et à l'entretien du château [2].

Avec un tel enchevêtrement des pouvoirs s'étonnera-t-on que les luttes intestines dans les villes aient été si fréquentes et les maux qui en résultaient pour les habitants parfois si intolérables? Remarquez, en effet, que ces autorités multiples pouvaient se rencontrer toutes ensemble dans une même ville. Amiens en offre un frappant exemple. Nous y apercevons côte à côte le comte et l'évêque, le vidame et le vicomte, le châtelain et l'avoué. Est-ce tout? non. Nous n'avons pas atteint encore la limite extrême, nous allons voir ces seigneurs, en sous-inféodant leurs droits, s'adjoindre à la fois des subalternes et des copartageants.

5° *Viguiers et prévôts.* — Le roi et le prince, le comte, l'évêque et l'immuniste, pour la part de justice qu'ils ont retenue, les vidames, vicomtes et châtelains pour celle qui leur a été abandonnée ou qu'ils se sont attribuée, recourent à des auxiliaires ou à des agents d'exécution. Les uns et les autres établissent des vicaires ou viguiers et

[1] « Ad officium burcgravii pertinet ponere magistros omnium officiorum fere in urbe, scilicet sellariorum, pellificum, cyrothecariorum, sutorum, fabrorum, molendinariorum et eorum qui faciunt vasa vinaria et picarios et qui purgant gladios et qui vendunt poma, et cauponum, et de eisdem habet potestatem judicandi, si quid deliquerint in officiis suis. » (1re constitution de Strasbourg, *Urkundenbuch*, p. 470).

« Quicumque in villa fornacem super quam cervisia parare velit fecerit, antequam mittat in fornace ignem, dabit ministeriali comitis V solidos. Quos si solvere neglexerit et absque licentia ignem imposuerit, sequenti die dabit X solidos pro temeritate presumptionis sue... Omnium potuum mensure vini, medonis et cervisiæ ipsius sunt. Omnia genera ponderum æris, cupri, stagni, plumbi, et omnium metallorum que ponderantur venalia sua sunt..., etc. » (*Notice sur les droits du comte de Dinant*, Wauters, p. 250).

[2] Cf. Giry, *Histoire de la ville de Saint-Omer*, p. 94-95, p. 101.

des prévôts; des viguiers pour administrer la justice publique, des prévôts pour rendre la justice personnelle[1].

C'est l'exercice de la justice inférieure, ce qu'on appellera plus tard la moyenne et basse justice, c'est la police des rues et des marchés qui sont d'ordinaire remis aux viguiers[2]. Mais il n'existe nulle règle absolue à cet égard et la viguerie très souvent, à notre époque, comprend la haute justice[3]. Voilà donc une nouvelle autorité introduite dans la ville. Or, le morcellement s'accroît chaque fois que la hiérarchie se complique. Le viguier n'est pas un simple officier, agissant au nom et pour le compte de son seigneur, il reçoit en fief des maisons de la ville, il y a son hôtel, sa juridiction personnelle sur un groupe d'habitants[4], ses redevances (*vicaria*)[5] sur l'ensemble de la population à laquelle il a été préposé; il peut avoir, comme arrière-vassaux, des sous-viguiers.

Le viguier, en définitive, est le successeur du vicaire et centenier de l'époque franque, mais un successeur qui a su faire fructifier son héritage.

De son côté, le prévôt est le descendant du *villicus*[6]. Il perçoit les contributions, il veille au service des hommes du seigneur, depuis le serf jusqu'au censitaire libre, il les

[1] Voyez pour cette distinction les documents que j'ai publiés, t. I, p. 262 suiv.

[2] Le viguier prenait alors plus spécialement le nom de voyer ou *viarius*.

[3] « Vicariam illius loci, sanguinis, rapti, furti et quicquid ad vicariam pertinet » (1055-1089, *Cartul. de Bourgueil*, Dom Housseau, II[2], n° 571). — « De vigeria. Consuetudinem etiam illam que vigeria dicitur, scilicet de homicidio, de furto, raptu, incendio, Deo et beate Marie prorsus finimus. » (1047, *Cartul. de N.-D. de Saintes*, Cartul. de la Saintonge, II, p. 4), etc.

[4] Cf. Brussel, *Usage des fiefs*, II, p. 718 suiv.

[5] « Dedit B. Petro in suburbio Belvacensi 12 hospites cum omni justitia excepta vicaria, foragio et teloneo. » (1099, Charte d'Anselle, évêque de Beauvais, Ducange, v° *Vicaria*, V, p. 806, col. 2).

[6] A Toul il en garde même le nom.

juge avec l'assistance de leurs pairs, et cette juridiction personnelle s'étendra même sur les vassaux militaires.

Si la ville est importante et si elle est en majeure partie le domaine d'un seul seigneur, il deviendra nécessaire d'établir plusieurs prévôts qui seront subordonnés hiérarchiquement l'un à l'autre, comme les sous-viguiers au viguier. S'il y a plusieurs co-seigneurs chacun pourra avoir son prévôt et son viguier.

De nouveau, du reste, les cadres ne sont pas rigides. Dans le midi où la souveraineté s'est maintenue plus pure, le viguier ressemble davantage au vicomte du nord[1], dans le nord et le centre où la justice personnelle accapare et absorbe la justice publique, il cède le pas au prévôt et s'efface devant lui. Le viguier méridional contre-balancera le pouvoir du comte de la ville et soulèvera la population contre lui; le prévôt devenu puissant sera d'autant plus tyrannique qu'il sera sorti des rangs inférieurs[2], et les bourgeois n'échapperont à ses exactions qu'à l'aide de chartes de privilèges[3].

[1] Je me borne à rappeler les viguiers de Montpellier dont l'importance politique a été plus haut mise en lumière (*suprà*, p. 258 suiv.).

[2] Nous apprenons, par exemple, les exactions du prévôt laïque de la ville de Saint-Amand par la renonciation qu'il fut obligé d'en faire en justice :

« Sunt autem tortitudines he quas Hermannus (præpositus) judicio fidelium S[ti]-Amandi recognovit se non debere habere in villa S[t]-A[i]. Ad cambas S[i]-A[i] non accipiet cervisiam quam solebat injuste accipere, scilicet dimidium quartarum ; creditionem nullam faciet quæ damno sit hominibus villæ. Violentam precem quam vulgo vocant *tolpri* nullo modo faciet. Herbans et coruvedas non faciet nisi licentia abbatis neque jumenta (de ?) villa violenter mutuabit neque auferet ad ullum opus faciendum. Quercum et fagum et terram neque dabit neque vendet... De justitia pontis se non intermittet neque subtus neque supra, neque de justitia molendini, quandiu cellararius per se rectum habere poterit. De sanguine et ictibus et .... et manumissura nullo modo se intermittet et nichil habebit quandiu custos per se justitiam habere poterit. » (Moreau, t. 33, f° 114 v°).

[3] De pareils privilèges furent accordés par les rois du douzième

Ainsi, un réseau inextricable de seigneurs et d'officiers féodaux enlace les habitants d'une ville, non pas *in globo*, mais pareil à une ramification diffuse qui circule et serpente à travers la population urbaine et dont les interstices forment autant de petits groupes séparés. Ces groupes pourtant participent à la vie commune, ils sont l'objet de rapprochements organiques, si bien que l'affinité l'emporte un jour en eux sur la force répulsive. Les mailles se distendent ou se rompent. L'unité pointe ou naît. Elle trouve sa réalisation partielle dans l'octroi de chartes de privilèges, sa réalisation complète dans la commune jurée. Il en va de la sorte pour les villes antiques, comme pour les villes nées au moyen-âge. Celles-ci toutefois présentent des éléments particuliers d'unification que le moment est venu de rechercher.

siècle à Orléans, à Bourges, à Etampes, à Lorris. (Luchaire, *Histoire des institutions monarchiques*, I, p. 230). Le livre de M. Luchaire, je me plais à le dire une fois pour toutes, est un monument de science profonde et lumineuse.

CHAPITRE VI.

LA NAISSANCE DE VILLES AU MOYEN-AGE. — I. VILLES NÉES AUTOUR DE CHATEAUX-FORTS.

La régénération et la refonte que les villes antiques ont subies au moyen-âge se sont accomplies au sein et autour d'un noyau central : la cité. La plupart des villes nouvelles qui sont nées alors ont eu de même leur noyau : le château-fort ou le couvent. D'autres sont issues de villages agglomérés ou transformés : un plus petit nombre a été l'objet d'une véritable fondation. Nous allons parcourir ces modalités diverses de la genèse des villes. La difficulté est de les catégoriser, tant elles s'entrecroisent et se pénètrent mutuellement.

I. *Villes nées autour de châteaux-forts.* — Les châteaux, nous le savons, sont les uns des *castella* romains transformés ou d'anciennes *villæ* converties en places fortes, les autres des forteresses élevées pour résister aux invasions [1], pour exercer le brigandage et pour soutenir les guerres féodales [2]. J'ai montré déjà, en partie, leur importance sociale; comment ils se sont substitués à la *villa*, comment ils sont devenus le centre d'une circonscription à la fois domaniale et politique, d'une châtellenie, comment enfin des groupes de marchands, d'artisans et de

[1] Aux exemples déjà cités j'ajoute celui-ci : « Anno DCCCCXXVI,.... depopulantibus Agarenis pene totum Regnum Bellicæ Galliæ, studuit unusquisque diligenter tuta loca perquirere, ubi aliquid firmitatis fieri potuisset contra prædictorum insidias perfidorum. Invento igitur quondam castro... vallatus undique precisis rupibus... » (D. Calmet, *Hist. de Lorraine*, II, col. 173).

[2] Voir t. I, p. 318 suiv., p. 445 suiv., t. II, p. 81 suiv.

paysans, de chevaliers même avec leurs serviteurs, s'y sont installés à demeure, ici dans leurs *basses-cours*, là dans les bourgs-neufs ou les bourgs-francs créés sous la protection de leurs remparts [1]. J'ajoute que le château-fort parfois se construisait en plein village [2] et qu'il pouvait, à un autre titre que la sauveté mais parfois aussi sûrement qu'elle, servir d'asile à des fugitifs [3].

D'autres éléments de concentration sont aisés à démêler : il sont d'ordre religieux et d'ordre commercial. L'église du château devient le centre d'une paroisse ; la population circonvoisine s'y rattache [4]. L'intérêt du châtelain et de

[1] C'est un avantage recherché et qui fait l'objet de stipulations formelles : « Ego Galterius et ego Bertrandus fratres de Scto Amancio... Si vos vel successores vestri in podio Gobii castrum construere quandocumque volueritis, tam vobis quam illis concedimus et laudamus, ita tamen ut mihi Galterio et hominibus meis propriis debetis ibi dare loca in quibus domos edificare possimus et ipsa quoque loca de vobis ad feudum habebimus... » (1152. *Livre noir de l'archev. d'Arles*, f° 34 v°. Arch. des Bouches-du-Rhône).

[2] Voir plus bas la note 2, p. 308.

[3] Le château de Gerberoi, par exemple, qui a donné naissance à la petite ville de ce nom (Oise) était un vrai lieu d'asile. Tenu en pariage par deux vidames de l'évêque de Beauvais, placé sur les confins du Beauvoisis et de la Normandie, il formait comme un îlot au milieu de grandes possessions féodales. Orderic Vital, sous l'année 1078, nous le dépeint en ces termes : « Illud quippe castrum (Gerberracum) in pago Belvacensi situm est et Neustriæ collimitaneum, positione vero loci et muris ac propugnaculis fortissimum. Helias quoque vicedominus cum compari suo gratanter exulem regium (Robert Courte Heuse) suscepit, illique suisque complicibus auxilium in omnibus spopondit. *Moris enim est illius castri, ut ibidem duo pares domini sint, et omnes ibidem fugitivi suscipiantur, undecumque advenerint.* » (Orderic Vital, II, p. 386).

La sécurité que procurent les châteaux les fait appeler *sauvetés* par les poëtes de nos chansons de gestes :

« Droit à Viane est li Bers retornés;
Car ce estoit sa millor sauveté. »
(Girard de Viane, p. 71.)

[4] Une curieuse sentence fut rendue dans ce sens au profit du comte d'Anjou : « Comes Gaufridus... affirmavit ex antiquo esse consuetu-

ses hommes d'avoir les denrées en abondance et à bon compte[1] fait instituer dans le château un marché hebdomadaire et des foires périodiques, qui, en attirant gens de métiers et gens de négoce, augmentent le nombre de ceux qui s'y fixent[2]. Observez encore qu'à raison de la moindre importance du *castrum* le seigneur a moins de compéti-

dinem in Andecavensi regione ut si comes Andecavensis fecerit castellum in medio quarumlibet parrochiarum terræ suæ, Ecclesia ipsius castelli tantum de circumjacentibus parrochiis optineat quantum palus vel fossatum aut alia firmitas illius castelli in circuitu occupaverit... » Ainsi fut jugé. (Avant 1081. *Cartul. de Saint-Aubin d'Angers*, fol. 96. Dom Housseau, III, n° 816).

Parfois il y avait plusieurs églises dans le château.

«... Castrum quod vocatur Escart cum eremis et cultis, petris, silvis, pasquis, garricis, etc... Cum censibus et curialibus rebus atque p... (lacune) .. unde consuetum est ponere cavallos, vel in arca publica functionem persolvere tam comiti quam vicario et omne quod consuetum est haberi tam de dominicis quam de fevalibus. *Ipsas quippe ecclesias quæ sunt fundatæ in ipsum castrum*, scilicet S[i] Martini confessoris, atque alia ecclesia Sctæ Dei genitricis Mariæ quæ sunt fundatæ in terminum de prælibato castro, cum suis decimis et suis primitiis et suis oblationibus ab integrum. » (1081. Moreau, t. 33, f° 36).

[1] Loin de craindre pour ses hommes la concurrence produisant le bon marché le seigneur du moyen-âge la recherche. Ce n'est pas l'avilissement des prix qu'il redoute c'est leur renchérissement et la pénurie des denrées usuelles. Voyez *infrà*, p. 306 note, les stipulations que contient sur ce point la charte relative à Donges et comme indice de préoccupations semblables la charte suivante d'un seigneur du Puiset : « Si burgensis meus causa diffugii in terra eorum panem vel vinum aut carnem conportaverit dicet serviens meus monachis vel servienti eorum ut auferat de terrâ suâ necessaria illa si(n ?) autem libere accipiet serviens meus. Vel si forte accidit quod serviens meus in terra mea non inveniat ad emendum panem vel vinum aut carnem et in terrâ eorum invenerit, dabit vadimonium quod eque valeat... » (*Cartul. de Saint-Martin des Champs*, MS., f° 25 v°-26 r°).

[2] « Ego Briencius seculari militie mancipatus .... fratribus his qui in Turonensi cenobio quod Majus monast. dicitur omnipotenti Deo sub Alberto Abbate famulantur, quemdam locum hereditario jure mihi contingentem qui vocatur Bairiacus in honore S[i] Salvatoris constructum haut longe a castro Briencii situm cum omnibus sibi subjectis

teurs de son autorité que dans les vieilles cités, et qu'à raison de sa moindre étendue il parvient plus aisément à en exclure ou le vassal inférieur ou même le seigneur régional[1].

Beaucoup de châteaux ont de la sorte donné naissance à des cités. Il serait loisible, mais fastidieux, d'en accumuler les exemples. Je me bornerai à rappeler le grand nombre de nos villes dans la désignation desquelles entrent les noms de *château, châtel, châtillon, ferté, roche,* etc., et à citer, un peu au hasard de la pensée, quelques types de villes qui ont tiré leur origine, au dixième et au onzième siècles, de châteaux féodaux : Châteauroux né du château que construisit avant 952 le sire de Déols, Raoul le Large (*castrum Radulphi,* château Raoul[2]), Niort groupé autour du château de ce nom dont au dixième siècle les mentions

rebus quas contuli... annuo... additur etiam his decima omnium rerum que videntur exire de consuetudinibus que pertinent ad pred. castrum *tam de mercatis quam de feriis* cum daima molendinorum qui sunt in ipso castro et redhibitiones ferie cum omni integritate que est constituta uno quoque anno ad festivitatem Sancti Hilarii, que omnia libera ab omni consuetudine exactionis vel vicariæ seu ceterorum vectigalium facio... » (1060. *Cartul. de Marmoutier,* Moreau, 26, f° 127 r°-128 r°).

1 Les scènes qui se passent dans les châteaux de Normandie à la mort de Guillaume le Conquérant nous en donnent une assez juste et saisissante idée : « Rodbertus de Bellisma... Allencionem venit et improvisos regis satellites statim de prætorio ejecit. Hoc quoque fecit Bellismæ, et omnibus aliis castellis suis, et non solum suis, sed et in vicinorum suorum, quos sibi pares dedignabatur habere, municipiis, quæ aut intromissis clientibus suis sibi subjugavit, aut penitus, ne sibi aliquando resistere possent, destruxit. Guillelmus etiam, comes Ebroicensis, de dangione regios expulit excubitores; et G. de Britolio, ac R. de Conchis, aliique omnes in sua ditione redegerunt munitiones; ut unusquisque libere posset contra vicinum suum et collimitaneum exercere inimicitias damnabiles. Sic proceres Neustriæ de munitionibus suis omnes regis custodes expulerunt... » (Orderic Vital, III, p. 261-262).

2 Chronique de Déols : « Anno DCCCCLII. Obiit Radulphus Largus, secundus Dominus Dolensis qui ædificavit castrum Radulphi et

sont fréquentes [1], Alençon qui procède d'un château fondé au commencement du XIe siècle par Guillaume de Bellesme [2], Beaucaire et Mirepoix créés dans le même siècle, l'un autour du château d'*Ugernum* [3], l'autre autour du château de *Mirapixum* qui apparaît pour la première fois en 1062 [4], Aubusson dans la Marche, Bellac dans le Limousin, Loches en Touraine, etc.

Gardons-nous seulement de ne pas nous exagérer l'homogénéité de ces formations urbaines. Elles n'échappent pas à la loi de dispersion. Comme à l'intérieur et sur le pourtour de la cité antique, les bourgs se multiplient dans le rayon de défense du château-fort. Très souvent ce sont des corps religieux qui, en vertu d'une concession du châtelain et de concert avec lui, font l'entreprise de ces créations[5] et deviennent seigneurs du bourg créé. Bien

dedit nobis castrum Dolense et quidquid juris habebat. » (*Chron. Dolensis Cenobii*, Labbe, *Nova Bibl. MSS.*, I, p. 315. — Raynal, *Histoire du Berry*, I, p. 338).

[1] « In villa quæ dicitur Ad Fontem, media leuga a *Castro Niorto* distante » (946 ou 947, *Cartul. de Saint-Cyprien de Poitiers*, ch. 553). — « Unum junctum de vinea *prope castro Niorto* » (968 ou 969, *ibid.*, ch. 555). — « Prope castro Niorto unum mansum » (973 ou 974, *ibid.*, ch. 544). — « *In castello Niorto* unam mansionem in solario » (988-1031, *ibid.*, ch. 557), etc.

[2] « Habent quidem fortissima castella : Bellismum... Alencionem... et alia plura, quæ Guillelmus Bellesmensis et Rodbertus, Ivo et Guarinus, aliique successores eorum superbe construxerunt. » (Orderic Vital, III, p. 294-295).

[3] *Histoire du Languedoc*, nouv. éd., III, p. 358, IV, col. 185 suiv.

[4] *Histoire du Languedoc*, III, p. 340-341, V, col. 517-518.

[5] Voyez la charte de Saint-Vincent du Mans, reproduite plus haut (p. 167, note) et ajoutez les chartes suivantes :

« Notum sit quod ego Robertus de Vitriaco do fratribus Majoris Monasterii terram quamdam cum omnibus consuetudinibus quas in ea habebam *ad burgum ædificandum*, et ad cellam construendam, videlicet illam terram quæ est *juxta castellum meum* Vitriacum in qua fuit olim vetus castellum... Homines autem qui in burgo eorum manserint nullam consuetudinem reddant nisi monachis, neque de forfactura neque de ulla emptione sive venditione, sed ubicumque

plus, des couvents, des prieurés surtout, sont fondés dans le voisinage de châteaux et font naître ainsi des bourgs francs ecclésiastiques contigus au bourg seigneu-

emerint vel vendiderint in tota terra mea, etiam si in castello meo sive in mercatis meis sive in feriis, monachis reddant totam consuetudinem. Similiter ubicumque forfecerint prius apud monachos fiat inde clamor. Quod si monachus non poterit hominem suum distringere, per quemcumque distringatur, emendationem forfacti.... monachus habeat. De extraneis vero ubicumque negotientur vel forfaciant totam michi retineo consuetudinem, excepto si quis in burgum eorum ad habitandum venerit. Ille etiam quamdiu domum non habuerit tanquam burgensis eorum reputetur et de illo omnia habeant. Consuetudinarios meos monachi non recipient in suo burgo nisi per licentiam meam. » (1065, *Mémoires pour servir de preuves à l'histoire de Bretagne*, par D. Morice, I, col. 424).

« Frioldus vicecomes dedit... Sancto Martino et nobis *juxta castellum suum* Dongium locum ad ecclesiam faciendam, scilicet ad cellam et *ad burgum faciendum, quietum et liberum ab omnibus consuetudinibus*, auctorante comite Namnet. Hœl...

Venditiones et quæcumque consuetudines exeunt de burgo nullus habebit nisi nos. In die mercati sui quod est IV feria, habebit ipse venditiones de extraneis mercatoribus ubicumque mercentur. Pro illis tamen venditionibus nunquam intrabit ministerialis suus in burgum nostrum; sed per legatum suum eas requiret, vel quo alio modo poterit. Aliis autem diebus non habebimus venditiones, si in terra nostra mercantur. Nostri autem homines, ubicumque vendant vel emant, semper nos habebimus venditiones. Duarum feriarum, unius que pertinet ad Ecclesiam burgi nostri et est in Purificatione Sancte Marie, et alterius que pertinet ad castellum suum et est in transitu S. Martini, communes eorum consuetudines.

In burgo nostro nichil prendat homo ejus unquam, nisi dederit precium aut vadimonium valens. Et est convenientia... ut nulla res carius vendatur in burgo nostro quam in suo, sed ad precium et ad mensuram quibus vendentur in suo vendentur in nostro, nisi forte ad levius pretium...

Si aliquis fecerit clamorem de quolibet hominum nostrorum apud Vicecomitem vel ministerialem ejus, veniet ministerialis ejus vel ipse vicecomes, si tam grande fuerit forisfactum, in burgum nostrum, et ante monachum nostrum causa dijudicabitur. Extra burgum autem nostrum non compelletur homo noster pro qualicumque forisfacto subire judicium. Sed nec ad bannum neque ad corveam ullam homines nostros ire quisquam exiget... Obtinuit etiam ipse Fr. Vicecomes ab

rial[1]. A Cognac le prieuré de Saint-Léger est fondé et provoque la naissance d'un bourg conventuel, longtemps après qu'un château et son bourg existaient au même lieu[2]. Les

Episcopo Namn. nomine Quiriaco, ut ipse hanc donationem concederet ; ita ut neque ipse, neque successores ejus, ullam exactionem vel consuetudinem vel subjectionem de loco illo vel habitantibus in eo exigerent... » (1083. *Mémoires pour servir de preuves à l'histoire de Bretagne*, I, col. 435-436).

[1] « Ego Droaloius, filius Fredorii, Migueronis castri possessor et dominus... dono et concedo et in perpetuam elemosinam trado monasterium Beate et gloriose semper Virginis Mariæ, apud Frociacum... cum toto cimiterio quod usque ad parietem ecclesiæ B. Petri pertingit, et quod ab oriente veniens a castello publica via, ab occasu vero vetus fossatum terminat...

« Ad hec dono et concedo... IIII^or de his qui modo ibi sunt burgenses quos potius elegerent *in burgo S. Mariæ*, immunes et liberos ab omni servitio et consuetudine domini castellani ; et *ut eadem libertate potiantur omnes illi quos de aliis parrochiis et locis monachi in suum burgum adduxerint,* statuo quoque... quatinus ipsa pars... eandem nunc et in futurum libertatis dominationis et potestatis, quam habet castellum et reliqua terra mea, obtineat dignitatem; et ut... eorum homines de quocumque servicio, consuetudine vel redditu, domino castelli mei non habeantur obnoxii nec aliqua teneantur occasione subjecti, id quoque... statuto... ut quicquid ad partem et elemosinam istam de quocumque majorum dominorum spectabit servicio, totum amodo relique terre mee suppleat magnitudo. » (Avant 1050. *Cartul. de Redon,* p. 341-343).

[2] « Quidam nobilissimus episcopus Petragoricæ urbis nomine Arnaldus unà cum nepotibus suis Ithario nomine et Arnaldo... statuerunt... ut ædificarent ecclesiam in foro castri quod vulgariter nuncupatur Cogniacus... Fecerunt autem donationes Deo et S° Leodegario... ut quicunque homines habuissent servitium ex ipsis et hunc dare vellent pro redemptione suæ animæ ut isdem fevus postmodum ecclesiæ allodus perpetuo jure foret... Dederunt autem insulam quandam ad facienda prata jumentorum alendorum et quidem anguillare ad capiendos pisces et aquam ad piscationem et decimas molendinorum et sepulturam omnium hominum in eodem castro degentium et clibanum et *burgum* et omnes vicarias cunctasque consuetudines dimiserunt ita ut nullus hominum servire cogatur nec pecora aut jumenta eorum nisi solummodo monachis quibus servire debent. » (1031. *Collection dom Estiennot*, MS. lat. 12754, p. 108-110).

deux bourgs eurent pendant des siècles consécutifs des destinées séparées. Le bourg laïque fut doté au XIIIe siècle d'une charte de commune tandis que le bourg ecclésiastique resta dans la dépendance rigoureuse du prieur.

Il ne faut pas non plus perdre de vue les inféodations et les partages qui multipliaient les seigneurs d'un même château [1], ni les constructions à frais communs, en vertu d'actes d'association ou de pariage [2], par lesquels chacun des associés se réservait souvent son bourg.

Malgré tout, le morcellement fut moindre, la cohésion

[1] « Ego Willelmus de Agulla vendo tibi Attoni Arelatensi archiepiscopo... *sextam partem quam habeo in castro S. Amantii*, tam in militibus quam in aliis hominibus et in edificiis et in omnibus aliis rebus cultis et incultis, quicquid alii homines quoquo modo habent a me in castro S. Amancii aut in territorio ejus pro CCCC solidis Melgor. monete. » (1120. *Livre noir de l'Archev. d'Arles*, f° 33 v°, Arch. des Bouches-du-Rhône).

[2] « ... Hec carta est rememorationis de acorderio quod fecerunt inter se Petrus de Bessens et Armandus de Verduno, quod acorderium est tale.

Scilicet P. de B. propria ac gratuita voluntate sua, *in villa sua que dicebatur Bosavilla* et in hominibus et feminis qui ibi sunt vel ibi pertinent vel ibi advene de aliis locis advenerunt et in omnibus honoribus cultis et incultis qui ad predictam villam pertinebant, in quocumque loco sint, terre scilicet hereme vel culte, nemora, prata, pascua, vinee, aque, exitus et introitus vel quicquid honoris sit, ex hoc toto dedit P. de B. medietatem A° de V° et ejus ordinio, exceptis suis hominibus propriis Petri de B. si de aliis locis ibi manere venerunt quos retinet P. ad faciendam totam suam voluntatem, sine parte Armandi, præter oblias illorum hominum quas dare debuerint illi homines pro suis casalibus sive aliis honoribus quos ibi acceperint et justicias in quibus rebus A. habeat medietatem.

Et Arm. ob hoc dono predicto *debuit facere castellum* in supradicto loco de Bosavilla *cum obtimo vallo et cum palenco* donec castellum illud sit exercitum tenendum videlicet tenendum contra exercitum et postquam castrum illud fuerit instructum et edificatum sicut prædictum est, deinde si missio operum fuerit necessaria castello vel pro gaitis castelli illam missionem faciant pro medietate P. de B. et A. vel eorum ordinium secundum suum posse unusquisque ad bonum et fidem... » (*Cartul. de Grandselve*, MS., f° 183 v°-184 r°, 1155).

plus grande que dans les villes anciennes. La prépondérance d'un seigneur principal dans le château même et ses dépendances immédiates était d'ordinaire absolue, et lui-même s'attachait à grouper les éléments suburbains, soit en cédant, par exemple, ses bourgs naissants[1] ou même déjà formés[2] à un corps religieux, soit en les groupant en une seule paroisse[3].

[1] « Oliverius prior filius G. domini Dinanensis cum teneret ex hereditate a dono patris sui castrum quod vulgari lingua appellatur Jugon... dedit Deo et B. Marie Majoris Monasterii... terram quæ est apud Jugon, a magna porta, cum hospitibus qui jam erant in eadem terra... ad faciendam ecclesiam et burgum, ita solutum et quictum ut hospites ejusdem burgi, nec ipsi Oliverio, nec alicui homini unquam reddant aliquam consuetudinem, nisi monachis tantum... Promisit eciam se eis adquictaturum hospites ipsius Oi *de vico qui est subtus castrum*... et a magna porta usque ad burgum monachorum erunt parrochiani ecclesie monachorum, reddentes ibi totum jus parrochiale sicut et hospites eorum... » (1110. Geslin de Bourgogne et A. de Barthélemy, *Anciens évêchés de Bretagne*, IV, p. 431).

[2] Tel fut le cas pour Parthenay et pour Morlaix :

« Ad memoriam præsentium vel futurorum litteris commendamus qualiter in jus vel ditionem S. Pauli apostoli Cormaricensis cœnobii... ecclesia... apud Parthenacum castrum constructa, cum omnibus ad illam pertinentibus venerit... Igitur terram in qua ecclesia vel burgus sita sunt emit S. Paulus ab Herberto filio Maingaredi... ita vero libere et solide... ut nichil debiti vel consuetudinis seu servitii, ulliusve saltem recognitionis deinceps exigat. Simon vero de Parthenaco dedit Deo et S. Paulo... omnes consuetudines de burgo S. Pauli ut nec ipse nec quicumque Parthenacum tenuerit, ullam consuetudinem nec in burgo nec in terra S. Pauli (exigat)... Nullus homo habitans in terra S. Pauli, veniens ad mercatum vel rediens a mercato, dabit ullam consuetudinem, nisi juxta mendam in mercato domini Parthenaci... » (1070-1110. *Cartul. de Cormery*, p. 91-92).

« Ego Herveus Leonensis vicecomes dedi Deo et S. Martino... juxta castrum meum quod vocatur Mons Relaxus, terram ad construendum monasterium, cimiterium etiam et burgum, a loco illo ubi separatur burgus cujusdam Rehalardi a meo burgo, idem meum burgum do ego cum meis hominibus qui ibi sunt... » (1128. *Mémoires pour servir de preuves à l'histoire de Bretagne*, par D. Morice, I, col. 558).

[3] Voir la note 1.

CHAPITRE VII.

II. VILLES NÉES AUTOUR DE MONASTÈRES.

Plus encore que le château-fort, le monastère a été une semence de ville. Centre religieux, centre domanial, centre commerçant et industriel, il le cédait à peine au château comme centre militaire. Beaucoup d'abbayes étaient fortifiées, et entretenaient dans leur enceinte des hommes d'armes pour les défendre; d'autres, malgré leur répugnance, firent construire des castels qui leur servaient de boulevard[1].

[1] Diplôme du roi Eudes en faveur de l'abbaye d'Arras (890) : « Castrum propter munimen loci, Karolo imperatore, petentibus monachis, consentiente et permittente, in ipso monasterio ab eis constructum est, ideo de antiqua clausura reticemus... Denique sub occasione castelli, nolumus nomen monasterii deperire, nec ordo monasticus in eo a sæcularibus perturbetur, sed pristinus honor eis servetur ac potestas in omnibus, atque loci immunitas... » (D. Bouquet, IX, p. 453, B.-C.).

Diplôme de Charles le Simple en faveur de l'abbaye de Corbie (901) : « Ut nullus judex publicus in castello propriis sumptibus ac juribus infrà ipsa monasterii mœnia constructo, nullam ibi quasi potestative licentiam habeat discutiendi aut ordinandi aliquid aut disponendi, sed sicut reliquæ res ejusdem monasterii absque ullius judiciaria persona, immunitate... sancitæ noscuntur... præfatum consistat castellum. » (D. Bouquet, IX, p. 494, D.-E.).

Privilège en faveur de l'abbaye de Saint-Julien de Brioude : « Cum ecclesia S. Juliani, sive cum ædificiis quæ sunt juxta ecclesiam et in antea facta fuerint, seu cum castello quod est in circuitu ecclesiæ vel cum adjacenti burgo... in mansionibus quæ sunt infrà muros castelli bastimentum non faciam per castellum ut suprà muros appareat... » (*Cartul. de Brioude*, p. 42-43).

« Ego Gauffridus Andegavensium divinâ gratiâ comes... Avus

A la protection matérielle qui couvrait ainsi les abords du couvent, venait se joindre, pour paysans ou bourgeois, la protection religieuse dont j'ai traité en parlant des sauvetés[1]. S'agissait-il d'une sauveté proprement dite, le bourg tout entier jouissant de l'asile, l'accroissement de sa population était d'autant plus rapide, sa transformation en ville d'autant plus aisée. Mais, par contre, l'abornement hiératique faisait obstacle à l'extension du territoire urbain. Une grande ville ne pouvait naître que

meus et avunculus castellum terræque cumulo ac lignis magnæ altitudinis asilum circa monasterium B[i] Florentii quod vetus dicitur construxerunt, annuente... abbate Frederico et... monachis, eo tamen tenore ut eis eorumque successoribus non noceret, sed potius prodesset... Licet ab ejus principio castellum et per quinque lustra monachorum milites et famuli conservassent asylum, tamen dicebant quidam ex nostris quod meum erat eum sive tenere seu cui vellem tradere, contradicentibus autem hoc monachis...

Concedo abbati et monachis... præfatam fortitudinem castelli et prædictæ munitionis eo tenus ut eam nec mihi nec alicui comiti liceat unquam cuilibet tribuere, neque nesciant milites quod eam non debeant dari sibi petere quia hoc esset fidem suo domino promissam violare. Igitur *munitio semper custodiatur ab hominibus monachorum* nec absque eorum voluntate quisquam in ea aliquando habitet, similiter quoque castellum... tantum liceat Andegavensium comiti si necessitas expetit, ceu in aliis firmitatibus quas in beneficium habent ab eo principes comitatus sui, in eo ponere milites qui *patriam deffendant* et non super monachorum homines potestatem exerceant... » (*Cartul. noir de Saint-Florent de Saumur*, f°s 57-58. Dom Housseau, II[2], n° 635). — Voyez aussi plus haut, p. 85-86.

[1] Avant que l'abbaye de Saint-Trond et la ville qui s'était formée autour d'elle ne fussent munis de ces remparts et de ces tours dont l'aspect nous est dépeint si formidable à la fin du XIe siècle (Rodulphi *Gesta abbat. Trudon.* Pertz, *Scriptores*, X, p. 242), l'asile religieux les protégeait plus efficacement que ces fortifications plus tard ne le purent faire. L'auteur de la Chronique de Saint-Trond, l'abbé Rodolphe (1108-1138) expose avec grande force, en un langage vif et imagé, les bienfaits de cet asile lors de l'élévation au siège abbatial de son prédécesseur Adelard II (1055) :

« Quantacunque esset werra in patria, quantacunque discordia in regno, securus ambulabat, securus terram suam inhabitabat quicun-

par la juxtaposition d'autres bourgs dotés d'une moindre franchise.

Plus ordinairement l'asile se restreignait à l'aître du monastère. Tout réduit qu'il était alors, il avait assez de prix pour attirer des habitants. La preuve en est dans les confirmations de cet asile que les abbayes ne manquent pas dans l'intérêt de leur ville de demander aux seigneurs laïques[1], et dans l'empressement avec lequel la population recherche le droit d'occuper cette enceinte

que Sancti Trudonis sive servum sive ancillam se esse dicebat. Milites vero, qui de circumadjacentibus villis ob infestationem inimicorum suorum oppidum nostrum incolebant, cum adhuc esset sine omni vallo et munitione, tanta tamen pacis securitate in eo manebant, ut si forte contigisset aliquando eos super hostes suos longius processisse et fugientes, ut plerumque assolet, redire, hanc prestantis beneficii gratiam ex meritis et reverentia beati Trudonis haberent, quatenus *ex eo loco cessarent eos inimici eorum insequi, quo primum poterat altior pars turris monasterii nostri videri.* » (*Gesta abb. Trudonensium,* Pertz, *Scriptores,* X, p. 234).

[1] Vers l'an 1050, la comtesse d'Anjou Agnès, veuve du duc d'Aquitaine Guillaume le Grand, et ses deux fils, dont l'un était Guillaume V d'Aquitaine, dans la charte si précieuse aujourd'hui pour nous qu'ils accordent à l'abbaye de Saint-Jean-d'Angely (T. I, p. 299-301), lui confirment notamment l'asile dont jouissait son enceinte, sa cour : « Curtem S. Joannis et cuncta quæ in ea fuerint, et omnes qui ad eam confugerint, cujuscumque criminis rei sint, securos ab omnibus et tutos esse præcipimus, et nullus his quicumque intra ambitum ejus fuerint, aliquam violentiam inferre præsumat. »

En l'an 1131, confirmation nouvelle par le duc d'Angoulême Guillaume VIII :

« Ego Willelmus Aquitanorum dux... dono et concedo... cameras meas, et domum et plateas et fossatum, quæ omnia in aspectu ipsius monasterii habuerant et possederant antecessores mei... Consuetudines etiam quas ecclesia S. Johannis antiquitus solebat habere in burgo illo concedo, et volo ut libere et integre ecclesia illa deinceps et quiete possideat. Et quicunque obnoxius in aliquibus infrà curiam S. Joannis confugiens se miserit, nemo inde illum extrahere audeat qualicunque culpa reus teneatur, sed securus in illa immunitate, *sicut in ecclesia* ab omni invasione permaneat. » (1131. *Cartul. S.-Jean-d'Angely,* f° 98 r°-v°; *Gallia Christiana*, II, Instr. col. 469).

privilégiée [1]. Ceux-là mêmes qui habitaient en dehors pouvaient y trouver un refuge temporaire. Ils participaient en outre à l'immunité dont le territoire était armé contre les exactions justicières [2].

N'oublions pas non plus que l'intérêt des moines les poussait à prendre, en toute circonstance, fait et cause pour leurs sujets et à mettre ainsi à leur service leur redoutable prestige.

Grâce à ce prestige, le monastère ne tient pas seulement lieu du château-fort considéré comme élément protecteur. Il lui fait front, il l'évince, comme instrument de domination ou de tyrannie. Obtenir qu'aucun castel seigneurial ne soit établi dans un rayon déterminé de la ville, c'est une *liberté* au sens du moyen-âge (*libertas civitatis*), une liberté qu'abbés et évêques s'efforcent d'obtenir pour celles qui relèvent de leur autorité [3].

[1] « ... Descripsimus conventionem quam fecimus cum Parrochianis villæ Talannaci, de atrio Ecclesiæ Scti Valerii. Timentes enim hostiles impetus, ad nos venere unanimes, poscentes ipsum atrium sibi dari in auxilium ad construenda domicilia, et condenda propria. Horum itaque evicti importunitate, atrium in commune censûs sub ratiocinio indulsimus; eo videlicet conditionis ordine, ut qui senûm pedum vel VII mensuram usurparet in dominio, duorum; qui vero aut duodecim, aut tredecim, quatuor denariorum censum die festivitatis Scti Benigni solveret. Qui vero statutum transiret terminum, jam sciret cum usurâ secundum legem reddendum. » (XIe siècle. *Cartul. de Bèze,* Dachery, II, p. 416. — *Analecta Divionensia*, p. 300).

[2] Le bourg de Saint-Jean-d'Angely, qui peut passer pour un type des villes nées sous l'aile d'un monastère, bénéficiait déjà de l'immunité accordée à l'abbaye par Louis d'Outremer en 942. (D. Bouquet, IX, p. 596). Cette immunité fut reconnue et proclamée explicitement par la charte d'Agnès et de ses fils. (T. I, p. 300-301).

[3] Diplôme du roi Arnoul en faveur de l'église de Toul (vers 894) : « Arnaldus S. Tullensis Ecclesiæ Episcopus... conquestus est quod comes Stephanus et Gerardus frater suus et Matfridus..... munitiones castelli infrà quatuor leucas ab urbe contra statutum Dagoberti regis ædificaverant, per quas ex toto perierat *antiqua libertas civitatis,* quam cum banno regali ex integro omnes Tullenses Episcopos a regno nostro jure perpetuo manifestum est possidere... *antiquam libertatem*

La puissance et la richesse d'un monastère étaient en raison directe du rang qu'occupait dans la hiérarchie céleste le saint auquel il était consacré, du nombre, de la qualité, et de la vertu miraculeuse des reliques que renfermaient ses châsses. De là ces opulentes donations en biens-fonds et en droits seigneuriaux, de là ce concours

a glorioso Rege Dagoberto nos corroborando perpetuo observare præcepimus, scilicet ut infrà quatuor leucas ab urbe Tullensi nulla munitio castellaris ædificata maneat, *excepta immunitate Liberduni,* quod proprium tutamen civitatis est, et *locus pacis* in quo Sanctus Eucharius Martyr veneratur, et obsessus a Vandalis remansit indestructus. » (D. Bouquet, IX, p. 367-368).

Charte du comte de Champagne Eudes II, en faveur de Roger II, évêque de Châlons-sur-Marne (1048-1063). « Vir venerabilis Rotgerus, Cathalaunensis ecclesie episcopus, culminis nostri adiens sublimitatem (videbat enim circumquaque inexplebilis avaricie causa quorumdam Francorum inter se dissidentium malitiam paulatim sic crescere, et *in construendis castellis ad dampnationem populi* et ad direptionem potius S. Dei ecclesie, quam ad defensionem ejus, passim bacchante insania, unumquemque eorum animum inflammare) timens ne Cath. ecclesia... hujuscemodi malum contingeret, humiliter peciit, ut infrà spacium octo leugarum a muris ejusdem civitatis Catalaunis in circuitu, nec ego neque successores mei per succedentia tempora aliquid municipium firmari permitteremus... assensum sibi præbuisse cunctis notum esse volumus... » (D'Arbois de Jubainville, *Histoire des ducs et des comtes de Champagne*, I, p. 486).

Diplôme du roi Philippe I en faveur de l'abbaye de Compiègne : « Philippus Dei providentia Francorum rex piissimus... Ante tempora nostra fuere perversi homines quorum violentia ad id vesanie prorupit ut Sctam predictam ecclesiam (Saint-Corneille de Compiègne) insurgerent, predia diriperent ad ultimum vero... etiam munitionem et turrim quamdam ante ipsam ecclesiam construerunt... Fecimus predictam turrim fundotenus suffodere, post hoc vero ne in aliquo tempore... inciperet radix preteriti mali pululare, transtulimus jus regie potestatis et dominationis in jus ecclesie post excessum nostrum... et ne aliquis possit aut presumat construere turrim aut munitionem sive domum defensabilem in toto territorio et convicinio Compendii seu infrà pontem sive extra pontem nec in aqua aut in insulis nec infra villam aut extra villam, nec in toto, ut diximus, convicinio vel territorio Compendii... » (1092. Moreau, 37, f° 5).

de pèlerins[1] qui viennent chercher un remède aux maux du corps et aux troubles de l'âme, et qui s'en retournent, qu'ils soient ou non consolés et guéris, l'escarcelle légère ou vide. Regardez ces millions qui se déversent de nos jours sur une petite ville des Pyrénées devenu un lieu de pèlerinage fameux, ces somptueuses basiliques que des milliers de bras édifient, ces hôtels, ces comptoirs, ces bazars, ces usines même qui sortent de terre et pullulent, vous comprendrez sans effort que les monastères aient pu s'enrichir au moyen-âge et se transformer, pour les laïques, en un foyer d'activité commerçante et industrielle. Ne voyons-nous pas, en l'an 1008, la ville de Sens parvenir à un état de prospérité dont s'émerveillent les contemporains, grâce à la foule de pèlerins qui accourt de toutes les provinces de la France, de l'Italie, des régions transmarines, à la nouvelle qu'on vient d'y découvrir des reliques extraordinaires, un fragment entre autres de la verge de Moïse[2]?

Les reliques attirent les pèlerins, les pèlerins attirent les marchands[3]. L'argent circule, les maisons s'élèvent, les

[1] « Cum Vizeliacensis Ecclesia ex dono fundatoris et ex dignitate Romanæ auctoritatis prerogativa libertatis polleret, et oraculo beatæ dilectricis atque famulatricis Dei Mariæ Magdalenæ, quæ ibidem condita toto orbe prædicatur et adoratur, fortissima emineret, multis ex partibus ad eam plures convolaverunt et tam sui copia quam rerum affluentia illud oppidum illustre conspicuumque reddiderunt. » (*Histoire de l'abbaye de Vezelay,* rédigée par Hugues de Poitiers, dans les années 1156 et suivantes, Dachery, *Spicilegium,* II, p. 523, col. 2).

[2] *Infrà,* p. 333, note 2.

[3] Récit de la fondation de l'abbaye de la Charité-sur-Loire : « Anno 1056... religionis fama multis in locis audita, adibant Dei locum qui et de tota provincia et de regione conveniebant longinqua. Unde et mercatores, ementium et vendentium, fama percepta, intuentes quia longe esset oppidum quod prætetigimus, id est Marcha, et multum se lucraturos sperantes, si sua illuc comportarent commercia, veniebant afferentes quæ videbant peregrinis esse necessaria. » (*Notitia*

boutiques s'ouvrent. La ville se construit d'autant mieux et plus vite que beaucoup de couvents ont été fondés sur l'emplacement ou à proximité de villes romaines détruites[1] dont les ruines formaient d'admirables carrières[2].

Le monastère a trop d'intérêt, par les revenus qu'il en tire et par les produits qu'il peut y écouler, à la tenue des marchés et des foires pour ne pas les favoriser de toutes ses forces. Le marché est déclaré franc, il se tient près de l'église[3], il participe à son asile. Des saufs-conduits sont

de fundatione Monasterii de Caritate ad Ligerim, D. Bouquet, XIV, p. 42 C).

Chronique de Saint-Trond : « Accedebat quoque ad augendam illi (abbati Adelardo secundo, an. 1055 seq.) divitiarum magnitudinem sepulchrum beati Trudonis frequentissimis cotidie mirabilibusque choruscans miraculis, quæ tanta toto orbe terrarum fama resperserat, ut multitudinem peregrinorum non solum templi ambitus sed et ipse quoque totus oppidi nostri locus ferre minime posset.

Namque ab oppido nostro pæne usque ad dimidium miliare per omnes in circuitu populares vias ad nos se dirigentes, necnon et per campos atque per prata *tantus peregrinorum cœtus*, nobilium videlicet liberorumque atque popularium sexus utriusque pene cotidie, maxime vero diebus solempnibus confluebat, *ut in papilionibus tabernaculisque frondeis cortinatisque habitantes, totum ipsum oppidum circumsedisse obsidionis specie viderentur*, quos præ multitudine ipsæ oppidanorum domus aliis refertæ capere non poterant; *tum mercatorum copia, qui vix in equis et curribus, plaustris et animalibus tanta poterant advehere quæ sufficerent multitudini peregrinæ.* » (Rodulfi, *Gesta abb. Trudonensium*, I, Pertz, *Scriptores*, X, p. 234).

1 L'abbaye de Watten, par exemple, près d'une antique cité batave « antiquissimum oppidum Menaporum. » (Chronique d'Eberhard (XIe-XIIe s.). Migne, T. 149, p. 1513 suiv. D. Bouquet, XI, p. 104), l'abbaye de Loc Maria de Quimper sur l'emplacement de l'ancienne ville romaine d'*Aquilonia* (A. de la Borderie, *Recueil d'actes inédits des ducs de Bretagne*, p. 20).

2 Voyez *infrà*, p. 331, note 1. — *Adde*, D. Bouquet, XI, p. 150 D.-E. (1066. Agrandissement de l'abbaye de Saint-Hubert en Ardennes).

3 Marché tenu dans l'aître de l'abbaye de Saint-Ouen de Rouen : « Notum esse volumus... quod dominus noster Guilielmus Normannorum dux et filius ejus Robertus macellum penitus donant et reddunt, pro abolitione delictorum suorum ac vitæ æternæ merito, quod

procurés aux marchands qui s'y rendent, comme des privilèges considérables sont obtenus au profit de ceux qui

in atrio Sancti Audoeni habetur... » (Vers 1060. *Archives de l'abb. de Saint-Ouen*, Moreau, 26, f° 102).

Marché tenu près de l'église de Danjeau : « Herlebaldum de Domniolo ad mortem vulneratum devenisse monachum nostrum atque donasse S° Martino... dimidiam ecclesiam de eodem castro... ita ut quamvis alii ex illa sint *fevali*, noster sit tamen totus in eadem ecclesia senioratus (suzeraineté) sicut erat Herlebaldi. Nostre etiam sint reliquie et libri. Annuit huic donationi Odo frater ipsius H. adeo ut monachum nostrum... gratia reservande nobis a se super hac re fidei oscularetur... Post hæc idem Odo abiit et eidem monacho Ecclesiam ipsam per cordam signi tradidit monachusque suscipiens cordam traxit et signum insonuit quod parochia omnis audivit et vidit... Odo autem... unum a nobis pellitionem grisum accepit. Qui tamen abstulit postea nobis presentem que nos contingebat de *foro quod apud eandem ecclesiam agitur ad festum Scti Georgii.* Sed pro hoc quoque 60 solidos accipiens... reddidit... » (1064. Moreau, 28, f°s 77-78. — *Cartul. de Marmoutier pour le Dunois*, ch. 25, p. 26-27).

Marché tenu près de la cathédrale de Saint-Pierre de Poitiers : (Remise faite de la leude par le duc d'Aquitaine Gui Geffroi, 10 juillet 1081.)

« Ipse dux G. vendam totius et solius diei cœnæ Domini, quam sui servientes capiebant de mercatoribus vendentibus illa die ante portam S. Petri et ad arcum et circum circa penes Scti Petri monasterium... dimisit. (Moreau, 32, f° 32 v°).

Marché de Saint-Arnould de Metz : « Herimannus gratia Dei Sctæ Mettensis presul Ecclesiæ... Walo abbas cenobii Scti Arnulfi... conquestus est quod ab improbis hominibus multa pateretur dispendia pred. locus, addens annale mercatum quorumdam factione... in presentiarum male sublatum temporibus predecessoris Scte memorie Adelberonis jam quadriennio habitum in dedicatione ipsius Ecclesiæ... Restituimus et reddidimus ipsum forum in solempnitate ipsius dedicat. perpetualiter habendum... quicquid nostri juris in ipso foro haberi comperimus, deputatis X solidis inter primicerium thesaurarium atque canonicos Scti Stephani et *advocatum civitatis*... Jam dictus advocatus accipit X solidos et tres decani atque scabinio ternos solidos singuli in mercedem sui officii quatinus neque inferri a quolibet neque sinant injustitiam vel injuriam pati quemlibet... Si qua vero injustitia, ut in talibus assolet, vel injuria contigerit, summa pretii quam lex pro vindicta culpe exigerit, nullo renitente, abbas

fréquentent les foires périodiques. Qui n'a présent à la mémoire la célèbre foire du *Lendit* et la prospérité qu'elle a valu à l'abbaye de Saint-Denis?

A mesure que s'accroît la richesse du monastère, les artisans, les ouvriers, les artistes, accourent plus nombreux. Parfois la seule nouvelle de la fondation d'un couvent suffit pour les appeler [1]. C'est qu'ils sont assurés de trouver l'emploi de leurs bras et de leur talent : architectes, charpentiers et maçons, peintres, orfèvres et sculpteurs pour les constructions monastiques; peaussiers et parcheminiers, cordonniers, selliers, foulons, tous les corps de métier en un mot, pour les besoins quotidiens des religieux et de leurs serviteurs.

Voyez leur importance et leur nombre dès le neuvième siècle tout autour du monastère de Saint-Riquier, comme ils s'y assemblent et s'y fixent, comme ils s'y groupent par quartiers et par rues, tels qu'ils continueront à le faire durant tout le moyen-âge; rue des marchands, rue des ouvriers en métaux, rue des cordonniers, rue des selliers, etc. [2]. A côté de ce commun peuple (*populus vulga-*

accipere debebit... Sign. Burchardi advocati — S. Johannis scabinionis...» (Vers 1075. *Arch. de Saint-Arnould de Metz*, Moreau, t. 31, f°s 76-77).

[1] Fondation dans une forêt de l'abbaye de Tiron par Bernard (février 1114) : « ... In loco silvestri qui Tiron dicitur, cœnobium in honore Sancti Salvatoris construxit. Illuc multitudo fidelium utriusque ordinis abunde confluxit, et prædictus pater omnes ad conversionem properantes, charitativo amplexu suscepit, et singulis artes, quas noverant, legitimas in monasterio exercere præcepit. Unde libenter convenerunt ad eum fabri, tam lignarii, quam ferrarii, sculptores et aurifabri, pictores et cæmentarii, vinitores et agricolæ, multorum que officiorum artifices peritissimi. » (Orderic Vital, III, p. 448).

[2] « Item ibidem vicus negotiantium omni anno pallium unum valens C. solidos. Vicus fabrorum cuncta persolvit ferramenta, valet per annum libras tres. Vicus scutariorum omnia voluminum indumenta tribuit, conficit, consuit, valet XXX solidos. Vicus sellariorum cunctas abbati et fratribus ibi degentibus obsoniat sellas. Vicus

ris) qui a ses quatre chapelles, les nobles ont leur chapelle et leur quartier[1], et tous ensemble forment une agglomération de deux mille cinq cents maisons[2].

Les artisans, il est vrai, doivent des services gratuits au monastère : la prestation pour eux est une des formes de l'impôt, de même que le service militaire en est une autre pour les hommes d'armes[3]. Mais ces obligations n'absorbent qu'une faible partie de leur activité et elles les affranchissent, en revanche, des charges communes au reste de la population[4].

pistorum C. panes per hebdomadam. *Vicus servientium per omnia liber est.* Vicus sutorum cuncta famulorum et coquorum calceamenta tribuit. Vicus lanistarum omni anno XV sextarios sagiminis persolvit. Vicus fullonum cuncta fratribus filtra administrat. Vicus pellificum cunctas fratribus pelles conficit et consuit. Vicus vinitorum XVI sextarios vini unumque olei persolvit per hebdomadam. Vicus cauponum unaquaque die XXX sextarios cerviciæ. » (Dénombrement (*descriptio*) fait par l'abbé Héric en l'an 831, par ordre de Louis le Débonnaire, *Acta SS. Bened. Saec.*, IV, I, p. 104).

[1] « Vicus militum CX, unusquisque semper equum, scutum, gladium, lanceam, ceteraque arma exhibet. Capella nobilium solvit omni anno libras XII thuris et thymiamatis. Capellæ populi vulgaris quatuor, unaquæque solvit C libras ceræ, incensi tres. Oblatio ad sepulcrum Scti Richarii valet omni hebd. marcas CC aut CCC libras præter alia donaria » (*Ibid.*).

[2] « Pro vero valore oppidi Centulensis quod nunc dicitur vulgariter villa S. Richarii, descripsit ipse dominus abbas Hericus quod in ambitu erant 2500 domus sæcularium, et unusquisque tenebatur reddere annuatim huic ecclesiæ 12 denarios 4 cappones aut pullos per æquales portiones et triginta ova cum subjectione omni necessaria et famulatu fratribus in necessitate. » (Jean de la Chapelle, *Chronique abrégée de Saint-Riquier*, publiée par Prarond (Abbeville, 1856), p. 40).

[3] Voyez la note 1.

[4] Ainsi, dans l'ancienne constitution de Strasbourg, il y a une correspondance parfaite entre l'immunité de corvée dont jouissent les corps de métiers et les services ou prestations qu'ils doivent à l'évêque :

Immunité de corvées. Art. 93. « Debent etiam singuli burgenses in singulis annis quinquies operari numero dierum in dominico

Souvent même il s'écoule un long intervalle avant qu'on les astreigne à des services non rétribués. A Redon, par exemple, nous savons que jusque vers l'an 1062 les artisans s'en trouvaient affranchis, en même temps que les marchands établis à demeure étaient dispensés du tonlieu ou de la leude de marché. C'était évidemment là une condition privilégiée, car au dixième siècle elle est étendue comme une faveur à trois autres localités bretonnes[1] et

opere, exceptis monetariis omnibus, qui sunt de familia ecclesie, et exceptis *duodecim inter pellifices,* et exceptis *sellariis omnibus* et *quatuor inter cyrothecarios* et *quatuor inter panifices* et *octo inter sutores* et *fabris omnibus* et *carpentariis omnibus* et *carnificibus* et *cupariis vinariorum vasorum.* »

Services. Art. 102 : « *Inter pellifices duodecim sunt*, qui cum expensis episcopi facere debent pelles et pellicia, quantum episcopus habuerit necesse. »

Art. 110. « *Sellarii* episcopo eunti ad curiam duas sellas soumarias dabunt... etc.

Art. 109. « *Quatuor inter cyrothecarios* eunti episcopo ad curiam vel expeditionem dabunt quantumcunque fuerit necessarium de albo coreo. »

Art. 108. « *Inter sutores octo sunt*, qui episcopo eunti... dabunt thecas candelabrorum... etc. » (*Urkundenbuch der Stadt Strasburg*, I, p. 473-475).

Cf. *Coutumes de la Réole* (après 977), art. 8 (Giraud, *Essai sur l'histoire du droit français*, II, p. 512. — Sur le caractère de ces coutumes *infrà*, chap. XII *in fine*) : « Statutum est quod omnes *sutores* unoquoque anno in festo S. Martini reddant optimos solutares; similiter omnes *pelliparii* debent priori bonam pelliciam unoquoque anno in ramis palmarum, et in festivitate apostolorum Petri et Pauli, et in Vincula B. Petri : nec miles nec burgensis, vel aliquis hominum erit *liber* in his tribus diebus quin persolvant de his quæ vendiderint, vel emerint, tributa priori et monachis. »

[1] « Dedit... Conan Britannorum princeps... villas tres quas Main nepos archiepiscopi tenebat de eo en pheun eo tempore... et sic date sunt he ville Scto Michaeli a supradicto domino cum territorio de ipsis villis... De servitio Redonis civitatis erunt, taillam auxilium reservata reddent et insuper *ipsa lege et ipso servitio quo serviunt Redones habitatores* sub ratione servient hii qui in his villis habitaverint, excepto quod nominatim hic legitur... » (990. *Cartul. du Mont Saint-Michel*, MS., f°s 49-50 v°).

quand, par contre, le duc de Bretagne Conan II intervient, sur la demande des moines de Redon, pour soumettre artisans et marchands à des impôts, il déclare les faire rentrer sous la loi commune, sous la loi qui régit un grand nombre d'autres villes : « *redderent debita sicut et nonnullæ aliæ villæ totius patriæ.* » Désormais, toute marchandise, pain, viande ou denrée quelconque, vendue à l'intérieur du bourg, sera sujette au tonlieu. Sur le vin et l'hydromel, la cervoise et le claret (vin épicé), l'abbaye prélèvera une bouteille par muid. Les drapiers lui devront diverses fournitures au cours de l'année, et à Noël une tunique à l'abbé; les cordouanniers douze deniers et des souliers à Noël et à Pâques, les fabricants de chaussures en peau d'agneau et de mouton (*sueurs*) seront tenus de plus d'exécuter à ces deux époques de l'année tous les travaux de leur métier que leur commanderont les moines; les selliers, enfin, auront à fournir une selle à Pâques et une autre à Noël[1].

[1] « Census hujus villæ quam S. Salvatoris monachi debent habere, non ante ex toto illis reddebatur, quousque Conanus comes gubernacula Britanniæ sumpsit... Tunc monachi... indignati sunt super hac re... quos contra instabat vulgus totius ville, repugnans ne fieret sub tributo. Comes autem tunc omnes optimates qui cum eo venerant (Roton) convocans, præcepit ut hæc animadverterent et rectum inde judicium tenerent. Optimates vero... judicaverunt, comite præsente, ut amplius villa hæc et ejus habitatores S. Salvatori et monachis ejus redderent debita, sicut et nonnullæ aliæ villæ totius patriæ.

Itaque, sedata contentione, statuerunt quæ debita amplius hæc villa redderet, et insuper ob memoriam jussit sæpedictus comes ut hæc cartula illa contineret debita in se scripta, quæ *ab officialibus cunctis hujus villæ* amplius exigerentur.

Imprimis ergo... quidquid negotii intra burgum fuerit, hoc est de pane, de carne et de aliis rebus omnibus venalibus, monachorum telonarius suum jus S. Salvatori recipiat; vinum si venale fuerit, ibi de modio uno lagena una S° recipiatur Salvatori. Similiter de medone, de selegia et de pigmento, si fuerit; de illis etiam qui pannos vendunt ante Natale Domini, tunica una cum aliis redditibus

Les serviteurs et les censitaires du couvent bénéficiaient, ai-je dit, d'exemptions d'impôts, de remises de droits seigneuriaux[1]. Ainsi à Arras, comme nous l'apprennent de précieux tarifs de tonlieu de l'onzième siècle, les censitaires quand ils habitaient la ville ou la banlieue étaient affranchis des droits de marché que payaient tous autres commerçants, qu'ils fussent clercs ou laïques[2]. Il en sortait une double conséquence : les censitaires de l'abbaye affluaient vers le centre, et les étrangers se présentaient en si grand nombre pour se réduire volontairement à la condition de censitaires résidant, qu'il fallut limiter la dispense aux censitaires de naissance, ne l'accorder qu'aux enfants des oblats nés postérieurement à l'oblation[3].

per annum. De cordonibus vero duodecim nummi et subtalares in Natale Domini et in Pascha. De sutoribus vervecum vel agnorum similiter et uterque illorum ante Natale Domini et Pascha, si forte opus in monasterio fuerit et abbas jusserit, operentur ea quæ sibi injuncta fuerint a fratribus. De sellariis et lora facientibus sellam unam in Pascha et altera in Natalibus Domini. » (Vers 1062, *Cartul. de Redon*, p. 383-384).

Cf. la charte de Saint-Jean-d'Angely : « Concedimus etiam ut omnes... sutores et pelletarii et molendinarii et hortulani et omnes famuli proprii... quieti et liberi sint ad servitium eorum..... Venda et nummularium et tabulæ ejus abbatis sunt propriæ, quicumque habere voluerit ab ipso habebit et ipse cuicumque voluerit dabit. Tabulus nummulariorum ubicumque et quomodo voluerit, ipse disponet et ubi eas esse præceperit, ibi erunt. » (*Cartul. de Saint-Jean-d'Angely*, f° 1 et suiv., *Gallia Christ.*, II, col. 467-468).

[1] La description de Saint-Riquier par l'abbé Heric porte : « Vicus servientium per omnia liber est. » Voyez aussi Anc. Constit. de Strasbourg, etc.

[2] « Omnes illi debent theloneum qui manent extra terminos istos, sive sint de censu S. Vedasti sive non, scilicet ultra pontem de R... Et omnes illi qui manent infra hos terminos, tam clerici quam laici qui sunt mercatores, debent theloneum S° Vedasto nisi sint de censu S[i] Vedasti, vel S[e] Marie de civitate, tam qui vendit quam qui emit. » (*Cartul. de Saint-Vaast d'Arras*, p. 165 suiv.).

[3] « Ingelberti feodale ministerium est, censum capitalem a familia S[i] Vedasti servis et ancillis annuatim cum monacho colligere..., quo

L'organisation religieuse agrège, coordonne et agglutine les pièces juxtaposées du corps de ville en formation. Les églises qui s'élèvent, les paroisses qui naissent autour du monastère sont rattachées à lui [1]. Elles sont desservies par des frères qui, dans ce but, reçoivent la prêtrise. Faut-il rappeler, en effet, que les *paroisses monastiques* ou *incorporées* ont joué un rôle capital dans l'histoire ecclésiastique de la France, à l'époque que nous étudions, et qu'elles ont prévalu dans beaucoup de régions sur les cures confiées au clergé séculier [2].

Une poussée plus énergique encore était imprimée au développement de la ville monastique quand, par son importance déjà acquise ou par la faveur de sa position, elle était érigée en siège d'un évêché [3].

censu omnes liberi sunt a theloneo tam viri quam femine. Qua de causa multi concurrentes ad Ing. alterius legis, quovis modo hoc egerunt, ut eos annumeraret in hac servili conditione et protestaretur esse, et sic ut a theloneo liberarentur innumerabiles se obligaverunt hac adulterina servitute... » (*Cartul. de Saint-Vaast d'Arras*, p. 182).

« Quod si thelonearius vel minister abbatis super aliquem de civitate clamorem fecerit quod theloneum suum injuste retinuerit, si se debere negaverit *per originem* suam derationabit. Homo ex qualibet potestate qui se sponte S[o] Vedasto sive S[e] Marie dederit omni vita sua theloneum dabit. Mulier, ancilla vel libera, si se sponte dederit, tunc heredem habens cum se dederit, ambo theloneum omni vita sua dabunt. Heres autem qui post dationem illam ex ea nascetur liber erit. » (1036. *Ibid.*, p. 171).

[1] « Notet diligens lector et... certissime teneat quod *universa civitas Attrebatensis in fundo S[i] Vedasti sit*, nihil que in toto civitatis ambitu absque abbatis et ecclesie consensu construi possit, nisi tantum in vico strate in ea videlicet parte que episcopi est. Quamobrem satis mirandum est, quasdam in hac civitate ecclesias S[i] Vedasti non esse, cum diligenter perscrutanti dubium non sit *omnes hujus civitatis ecclesias vel ipsius debere esse, vel ab ipso teneri debere.* » (*Cartul. d'Arras*, p. 239).

[2] Consultez, par exemple, Benoît, *Histoire de l'abbaye et de la terre de Saint-Claude* (Montreuil-sur-Mer, 1890, I, p. 322 suiv.).

[3] Ces érections de villes monastiques en villes épiscopales sont surtout nombreuses au XIVe siècle, mais elles se rencontrent dès le neuvième. En Bretagne, Saint-Brieuc, Dol, Tréguier en fournissent

Après ce regard d'ensemble il serait aisé, en pénétrant dans le détail, de dresser une longue liste des bourgades ou des villes auxquelles les circonstances que je viens d'esquisser ont donné naissance. Un tel relevé appartient à la géographie historique plus qu'il ne s'accorde avec le plan de cet ouvrage. Il me suffira, comme pour les châteaux-forts, d'énumérer quelques exemples. Je les grouperai cette fois par province ou par pays et je m'attacherai de préférence aux villes qui procèdent des monastères les plus anciens :

En *Alsace* je signale Saint-Hippolyte, Massevaux, Munster, Wissembourg; dans l'*Angoumois,* Cellefrouin; dans l'*Armagnac,* Saramon; en *Artois,* Saint-Omer; en *Auvergne,* Aurillac, Saint-Flour, Sauxillanges; en *Berry,* Massay; en *Bourbonnais,* Cusset; en *Bourgogne,* Charlieu, Cluny, Flavigny, Nantua, Paray-le-Monial, Tournus; en *Bretagne,* Saint-Brieuc, Dol, Quimperlé, Redon, Tréguier; en *Champagne,* Avenay, Bray-sur-Seine, Hautvillers, Montier-en-der, Orbais et Rebais; en *Dauphiné,* Romans; en *Flandre,* Cysoing, Marchiennes; dans le pays de *Foix,* Pamiers; en *Franche-Comté,* Baume-les-Dames, Saint-Claude, Favernay, Lure, Luxeuil; dans le *Gâtinais,* Ferrières (Loiret); en *Guyenne,* Condom; dans le *Hainaut,*

la preuve. — L'influence exercée par la présence d'un évêque sur l'activité prospère du commerce local est attestée par le texte suivant, relatif aux démêlés du comte et de l'évêque du Mans (1090) : « Huc accedebat quod ipsi etiam stabularii, caupones, macellarii atque pistores, sed et mulierculæ quæ vilioribus mercibus insidebant, aliique quamplurimi, *quibus comprovincialium concursus lucrum maximum conferre consueverat,* adversus eos (adversarios Episcopi) intolerabiliter murmurabant, pro eo quod ipsorum causa negotiationis suæ quæstu sese conspicerent esse fraudatos. Quos dum ipse comes adversum se quoque eàdem causà fremere cognovisset; cernens sibi periculosum esse, si contra omnium vota civitatem pateretur diutius Pastoris sui præsentia desolari, inito cum optimatibus consilio, sibi Episcopum pacificare, eumque quantocius cum suis omnibus ad Ecclesiam revocare curavit. » (*Gesta Pontific. cenomannensium.* D. Bouquet, XII, p. 544 C-D).

Denain, Maubeuge; dans l'*Ile-de-France*, Chelles, Chevreuse, Saint-Denis, Lagny-sur-Marne; dans le *Languedoc*, Alet, Aniane, Castres, Gaillac, Saint-Gilles, Moissac, Montolieu, Saint-Pons; en *Limousin*, Beaulieu, Tulle; en *Lorraine*, Saint-Dié, Saint-Mihiel, Remiremont; en *Nivernais*, Corbigny, Vezelay; en *Normandie*, Caudebec, Fécamp, Jumièges; dans le *Périgord*, Sarlat; en *Picardie*, Chézy, Corbie, Montreuil-sur-Mer, Saint-Riquier, Saint-Valéry-sur-Somme; dans le *Poitou*, Charroux, Maillezais, Saint-Maixent; dans le *Quercy*, Souillac; dans le *Rouergue*, Conques, Vabres; en *Saintonge*, Saint-Jean-d'Angely; en *Touraine*, Cormery, Luynes.

Tous ces exemples ne sont pas également *purs*, par la simple raison que toutes les origines sont complexes : prétendre les ramener à une source unique est la plus téméraire des entreprises. Je l'ai dit, je ne prétends pas établir des catégories rigoureuses et tranchées. Je m'attache seulement à la cause qui me semble avoir été ou déterminante ou décisive. Si comme à Pamiers et à Saint-Omer, à Saint-Claude et à Montolieu, un château s'élève plus tard à côté du monastère [1], si un bourg seigneurial comme à Charroux [2] se groupe à proximité du bourg monastique, si enfin des évêchés viennent apporter leur contingent de force attractive et de puissance d'expansion, il n'en demeure pas moins que le point initial [3] et les principales coordonnées

[1] Pour Pamiers voyez : *Histoire du Languedoc*, III, p. 596 et 784 et Eug. de Rozière, *Le pariage de Pamiers* (Bibl. de l'École des Chartes, 1871, p. 1 suiv.); pour Saint-Omer, Giry, *Histoire de la ville de Saint-Omer*, p. 8 suiv.; pour Saint-Claude, Benoît, *Histoire de l'abbaye et de la terre de Saint-Claude*, I, p. 419 suiv.; pour Montolieu, Mahul, *Cartulaire et archives de l'ancien diocèse de Carcassonne*, I, p. 124).

[2] Cf. de la Fontenelle de Vaudoré, *Les Coutumes de Charroux* (Poitiers, 1843), p. 8 suiv.

[3] Je parle — qu'on veuille bien ne pas l'oublier — de la formation urbaine. Il est presque indifférent, à ce point de vue, que très anciennement il ait existé en un lieu, soit une *villa* comme à Cluny, soit

c'est dans l'établissement religieux qu'il faut les chercher. Ils impriment à la ville la physionomie qu'elle gardera à travers les siècles. Les éléments subsidiaires pourront la compléter, la diversifier; ils ne l'altéreront pas dans ses traits essentiels.

un *palatium* comme à Remiremont ou ailleurs. Jamais, ou presque jamais, une telle localité réduite à elle-même n'aurait pu, sans la fondation du monastère, devenir une ville.

CHAPITRE VIII.

III. TRANSFORMATION DE VILLAGES EN VILLES.

Des villages placés dans des conditions favorables comme site agricole ou commercial ont pu s'accroître, parfois même aux dépens des cités voisines. Mais cet accroissement ne suffisait pas à les transformer en villes. Il fallait pour cela toute une réunion de circonstances propices.

Trois éléments principaux distinguent, à mes yeux, les villes des villages : une protection matérielle résultant de travaux de fortification importants (murs, fossés, tours, donjon); une protection religieuse amenée par la résidence d'un évêque, l'existence d'une église où se conservent des reliques vénérées, ou la présence d'un monastère rattaché à un ordre puissant; une activité commerciale et une circulation de richesses qui se manifestent par la tenue d'un marché hebdomadaire et souvent aussi de foires périodiques.

La puissance créatrice de ces éléments combinés nous est apparue déjà dans la naissance des villes autour de châteaux-forts et de monastères : la nécessité de leur alliance est attestée par la disparition ou l'avortement des groupes de population qui les possédaient les uns ou les autres à l'état isolé, sans les réunir tous. Je citerai comme exemple Substantion ruiné, quoiqu'il fût une place forte et un centre commercial, quand l'évêché fut transféré à Maguelone, et la ville des Baux, malgré sa position formidable, devenue une ville morte parce qu'elle n'était pas un centre religieux et commerçant. J'ajouterai que les châsses des saints comme les comptoirs des marchands fuyaient les lieux ouverts, et que les sièges épiscopaux, à leur tour, s'abritaient derrière des forteresses.

Que le concours des circonstances dont je parle fût à la fois nécessaire et suffisant, et que notamment il ne faille pas mettre à sa place, comme élément substantiel de la formation des villes, leur franchise [1], la persistance des villes antiques qui ne jouirent pas de cette franchise, et l'immobilisation au rang de simple village de localités qui en étaient dotées en fournissent une preuve surabondante. Nous allons voir, en outre, des villages transformés en villes sans qu'une telle franchise leur soit accordée. Il est vrai seulement qu'associée aux éléments que je considère comme organiques la franchise stimulait et hâtait l'épanouissement de la ville. Celle-ci alors était dite privilégiée ou libre, *oppidum liberum, liberrimum,* et je ne doute pas que ces villes-là n'aient été les plus propres à servir de modèle aux communes urbaines.

Les plus anciennes transformations de villages en villes remontent à ces invasions du neuvième et du dixième siècle dont j'ai retracé les effets perturbateurs [2]. Des villes opulentes sont anéanties; des villages se cerclent de murailles. Quand ceux-ci sont à proximité de celles-là, il s'opère comme une transfusion de vie. Maisons, tours et remparts s'édifient avec les ruines de la cité détruite et le village transfiguré hérite de tous les avantages que valait à la ville son heureux emplacement et son existence sécu-

[1] Ainsi je tiens pour inexactes, au regard de la France du dixième et de l'onzième siècle, les deux propositions suivantes du récent ouvrage de Karl Hegel (*Städte und Gilden*, Leipzig, 1891, II, p. 505-506) : « Die aeussere Umschliessung und Befestigung der Stadt durch Wall und Graben, später durch Mauern, gehörte weder zu ihrem Wesen, noch zu den Bedingungen ihrer Existenz. » — « Est ist ein wesentliches Merkmal der Städte dass sie ein eximiertes Stadtgericht besitzen, sowie ein wesentliches Recht der Bürger allein vor diesem zu Recht zu stehen. »

[2] *Suprà*, p. 70 et suiv.

laire. C'est ainsi que dans le Nord-Est, en Flandre, Bruges se construit, au neuvième siècle, avec les débris de la vieille et florissante cité d'Oudenbourg[1]; c'est ainsi qu'au Sud-Est, dans le Roussillon, Perpignan, simple village au neuvième siècle, s'étend et se fortifie à l'aide des matériaux que lui fournit et de la succession que lui offre la destruction (par les Normands, en 859) de la ville romaine de Ruscino[2].

Une fois pourvu de solides remparts, le village agrandi peut, comme la place forte ancienne, servir de refuge aux clercs qui veulent mettre leurs reliques en sûreté[3] et aux

[1] « Hec civitas (Oudenbourg) quondam ab Athalo rege diu obsessa et tandem devicta, decorem et fortitudinem, atque urbanam frequentiam, hostili gladio intercepta amisit, et de sibi relictis vix parvum opidum restauravit. Hy ergo qui cedem evaserant, casas in opido illo erigere ceperunt, ob monumentum prisce glorie locum suum Aldenborgh appellaverunt...

Murus vero tam fortis ac firmissimus extitit ut arietibus destrui non posset, nisi prius lapides fundamenti extracti penitus auferrentur... Ipse qui istum tractatum composui et primitus scripsi, murum destruere oculis meis vidi et supradictum Scti Petri apostoli templum ex ipsis lapidibus edificare procul dubio cernere merui. Verum columpne et parietes Tornacensibus lapidibus sunt constructe, capita quoque columpnarum Bononiensibus lapidibus adornata interseruntur. Nam antea, Balduini Insulani temporibus... edificentia Brugensis urbis magna ex parte ex lapidibus istis constructa dignoscuntur. Quia postquam comes Ernaldus barbatus (lege : Balduinus calvus) (879-918) Bruggiam edificare cepit, muros hujus destruere et lapides Bruggensibus tribuere in urbis edificium fecit, quatenus hac destructa, augmentaretur illa constructa. » (Petite chronique anonyme d'Oudenbourg, 1083, *Chronicon monast. Aldenburgensis*, éd. J.-B. Malou, Bruges, 1840, p. 34-36).

Gr. chron. MS. (1458) année 881 : « Balduinus calvus comes Flandrie oppidum de Brugis in Flandria construit et tollens lapides de Oudemborg villa, quam quondam Athila... destruxit, inde oppidum Brugis munivit. » (*Ibid.*, p. 36, note).

[2] *Hist. du Languedoc*, I, p. 112, note.

[3] Les récits abondent, dans les chroniqueurs, de moines fuyant devant les invasions normandes, magyares ou sarrazines et transportant les corps saints dans les villes fortifiées. Cf. D. Bouquet, IX, p. 61 D, p. 106 B, p. 122 A, p. 150-151 et note, etc.

gens de tout ordre, commerçants, artisans, argentiers, hommes d'armes qui cherchent à gagner leur vie, à la défendre, à augmenter ou à sauver leur avoir mobilier[1].

Les guerres privées produisent plus tard des résultats analogues. Des villages sont convertis en places fortes dans un but de défense et de protection. En 1076, l'évêque d'Auxerre, Robert, pour arrêter les déprédations et déjouer les entreprises que les Senonais dirigent contre la ville d'Auxerre et contre le village d'Appoigny, fortifie ce dernier, en fait un *oppidum*[2]. Le village avait déjà une importance religieuse. Il possédait une église où reposaient les corps de Rustique et de Germanille, les deux parents de Saint-Germain l'Auxerrois[3]. Par contre il est certain

[1] C'est ainsi que dans le N.-E., vers 901 et 902, Bergues, Bruges, Ypres et d'autres villages de la Flandre sont mis en état de défense : « Balduimus cognomento calvus... villam Bergas, antequam esset Abbas noster, præsidio munierat in illius patriæ tuitionem... villam Brugis, cujus castrum Balduinus Ferreus pater ejus firmaverat, hic Abbas noster muro cinxit... Sic et villam Ipram munivit et fortalitio firmavit, ac etiam quasdam alias propter suae patriæ Flandrensis assecurationem. » (*Chronique de Saint-Bertin* (*Chronicon Sithiense*), par Jean d'Ypres, D. Bouquet, IX, p. 74-75).

[2] « Igitur contra dolosos Senonenses, hujus hostes ecclesiæ et urbis perpetuos, Apogniacum, quamcito factus est episcopus, *in oppidum erigens, firmiter munivit.* Solebant enim nos antea per hanc villam ad muros usque civitatis irruentes furtivis conatibus frequenter et impune predari; ipsum quoque Apogniacum omnimodis aggravantes doloribus in tantum eo tempore afflixerant, ut ibi pauci, qui fugere nequibant, mendicitate et miseria repleti, sic et sic illorum servituti quantum jubebant addicti, solas animas vix tuerentur. At *ex quo castellum illud affixum est, et oppidani illi quasi de morte suscitati revixerunt,* et nostri cives soluti formidine vagantur nunc quocunque volunt. » (*Vie de l'évêque Robert,* par Frodon, chanoine d'Auxerre, mort vers 1087. Duru, *Bibliothèque historique de l'Yonne*, I, p. 398-399).

[3] « Horum (prædiorum) in uno, cui Epponiacus ex vetustate nomen est, venerabilis genitor ejus (Germani) cum genitrice Germanillia, in ecclesia, apostolorum principis nomine dedicata, decenter conditi requiescunt. » (*Gesta pontificum Autossiodorensium,* par Heric, Alogus et Rainogala (IXe siècle). Duru, *op. cit.*, p. 317).

que, tout en étant élevé au rang d'*oppidum,* Appoigny ne fut pas doté de franchises. Au XIIIe siècle encore, ses habitants sont assujettis à la mainmorte, à la taille haute et basse, à d'autres servitudes[1].

La croissance d'une ville a pu être entravée par une telle circonstance, mais elle ne l'était pas longtemps si sa célébrité religieuse s'étendait au loin, si ses habitants déployaient une grande activité commerçante. Ne voyons-nous pas, en effet, l'indépendance municipale se faire jour et s'affirmer par la seule vertu de la prospérité qu'y amène un flot pressé de marchands ou de pèlerins[2]?

Quand des seigneurs, pour imprimer une plus rapide

[1] « Item apud Appoigniacum, castrum sue et predecessorum suorum ditioni subjectum, licet incole dicti loci servituti manus mortue, tallie, alto et basso, ad voluntatem domini et pluribus essent servitutibus subjugati, rectam tamen decimam bladi, vini et aliorum fructuum... usque ad illa tempora semper solvere renuerunt. » (Vie de l'évêque Erard de Lesines (1270-1278) dans les *Gesta pontif. Autossiod.*, Duru, *op. cit.*, p. 507).

[2] A Sens, par exemple, où de 1008 à 1015 les bourgeois font cause commune avec le comte pour résister à l'évêque (D. Bouquet, X, p. 32-33, p. 223-224, p. 262 A), Raoul Glaber attribue leur esprit d'insubordination à la découverte des reliques qui les ont enrichis par l'affluence d'étrangers accourus de toute part dans leur ville :

« Anno octavo infra predictum millesimum (1008)... revelata sunt diversorum argumentorum indiciis quorsum diu latuerant plurimorum sanctorum pignora... Hæc enim revelatio primitus in Senonica Galliarum urbe, apud ecclesiam beati martyris Stephani dignoscitur cepisse. Cui etiam preerat archipresul Leotericus, a quo scilicet admiranda relatu reperta sunt ibi antiquorum sacrorum insignia : quippe inter cetera perplura, quæ latebant, dicitur virgæ Moysi invenisse partem. Ad cujus rei famam convenerunt fideles quique, non solum ex Gallicanis provintiis, verum etiam ex universa pene Italia ac de transmarinis regionibus : simulque egrotantes non pauci sanctorum interventu exinde redierunt incolumes. Sed ut sepissime contigit, quoniam unde humana utilitas sumit exordium, cupiditatis vicio impellente, exinde solet incurrere casum. Nam *predicta urbs conventu populorum, ut diximus, gratia pietatis effecta opulentissima, conceperunt illius habitatores nimiam pro tanto beneficio insolentiam.* » (Raoul Glaber, III, cap. 6, § 19, éd. Prou (Paris 1886), p. 68-69).

expansion à un village dont ils veulent faire une ville, lui octroient des privilèges et des libertés propres en soi à attirer des habitants, c'est un véritable changement à vue qui s'opère sous nos yeux. Sans doute, ce spectacle ne peut nous être offert que par des relations contemporaines ou proches des événements, et ces relations sont rares. Il s'en rencontre pourtant, et j'en retiendrai une d'une éclatante fraîcheur de coloris et d'une merveilleuse précision de contours.

L'emplacement qu'occupe la ville d'Ardres faisait partie au dixième siècle d'une lande, d'un pâturage qui lui a, dit-on, laissé son nom (*ardea*)[1]. Un brasseur s'y était installé, les pâtres s'y réunissaient pour boire et jouer, un groupe de maisons se forma, s'agrandit, devint village[2]. Plus tard des nouveaux venus, originaires d'Hénin, de Douai, de l'Ecluse, grossirent le nombre des habitants. Herbert ou Herred de Furnes, seigneur de la région, vassal du comte de Guines, avait eu dès lors le projet d'abandonner son château de Selnesse pour transférer sa résidence à Ardres. Ce projet, son beau-fils Arnoul, grand tournoyeur, contemporain de Guillaume le Conquérant, le mit à exécution. Il construisit près d'Ardres, une motte, un donjon très élevé, il y relia le terrain environnant par un rempart et un fossé de solide défense[3]. Selnesse,

[1] « Locus qui nunc Ardensium populoso frequentatur accessu, pascuus erat et raro cultus habitatore... denominative a pastura (ut aiunt incolæ), in vulgali dicebatur *Arda*. » (*Chronique de Lambert d'Ardres*, éd. Godefroy Menilglaise, Paris, 1855, p. 227-229). — Je remarque qu'en Alsace le mot *hardt* a gardé le sens de lande et de communal.

[2] « Mansit in medio agri pascui, in loco ubi nunc Ardeæ forum rerum frequentatur venalium, quidam cervisiæ brasiator, vel cambarius; ubi rustici homines et incompositi ad bibendum vel ad cheolandum vel etiam herkandum propter agri pascui largam et latam planitiem convenire solebant... Crescentibus autem ibi populis, indigenis simul et advenis, *locum habitationis in villam tandem contraxerunt.* » (*Ibid.*, p. 227-229).

[3] « Arnoldus... motam altissimam sive dunionem eminentem in mu-

station antique[1], fut abandonnée; ses édifices transférés à Ardres. Son nom tomba dans l'oubli : c'est seigneur d'Ardres qu'Arnoul s'appela désormais[2].

Malgré son château et ses remparts, Ardres n'était pas encore une ville. Elle n'avait ni église importante ni marché. Ce complément indispensable ne tarda pas à lui échoir[3].

L'enceinte fut élargie; une place de marché y fut créée, un marché institué à perpétuité le jeudi de chaque semaine[4].

Jusque-là il n'existait qu'une petite église consacrée à saint Omer. Elle fut, par un accord passé avec l'évêque de Térouane Drogon[5], agrandie en église collégiale riche-

nitionis signum firmavit et in aggerem coacervavit... Exterioris vero spatium valli, incluso interius molendino, fossato cinxit firmissimo. » (*Ibid.*, p. 247).

[1] Lambert d'Ardres raconte que de son temps (XIIe siècle) on découvrait en ce lieu des tuiles et des poteries rouges, des fragments de petits vases de verre, et qu'en labourant le sol on mettait à nu une voie pavée. (*Ibid.*, p. 227).

[2] « Convulsis atque dirutis omnibus apud Selnessam ædificiis, Ardensem dunionem pontibus, portis et necessariis communivit ædificiis... Deleta est cum castello memoria etiam Selnessensium : adeo ut ab Ardea etiam ubique prædicaretur (Arnoldus) et nominaretur *Ardensium protector et dominus* » (p. 247).

[3] Ce qui marque bien l'importance juridique de cette transformation c'est la nécessité de l'agrément du comte de Guines. Arnoul l'achète moyennant un boisseau de deniers : « Arnoldus... *Ardeam* quantocumque *nomine et honorem extollere* posset prudenter examinans... petiit a Balduino Ghisnensium tunc comite..., quod et impetravit, ut *scilicet de villa sua Ardea liberum immo liberrimum facere* castellionis, licet exiguum, *posset oppidulum*. Quo concesso, et plenissimo denariis modio comiti jam dicto liberaliter oblato... » (*Ibid.*, p. 249).

[4] « Fossato extra vallum in circuitu quasi corona firmissimo præparato, *rerum venalium forum in medio collocavit, et in quinta feria in perpetuum servandum et frequentandum juravit.* » (*Ibid.*, p. 251).

[5] Nous possédons la charte octroyée à cet effet par Drogon. Lambert d'Ardres nous l'a conservée (p. 267 suiv.), Miraeus l'a recueillie dans ses *Diplomata belgica* (Opera diplom., I, p. 158). Elle est datée de l'an 1069 et nous fournit par là un précieux point de repère historique.

ment dotée de dix prébendes de chanoines[1]. Bientôt même la collégiale fut pourvue d'un nouvel et plus somptueux monument, élevé sur la place du marché[2]. Le principal lustre que cette fondation religieuse devait jeter sur la ville naissante Arnoul l'attendait, comme de juste, de la présence de reliques. Il s'était empressé d'en acquérir, des meilleures et des plus précieuses qu'il avait pu se procurer : une dent de saint Omer, des cheveux de la Vierge Marie, des poils de la barbe de l'apôtre saint Pierre, des grains de la manne céleste, etc.[3]. Enchâssées dans l'or et les pierreries, ces reliques ne pouvaient manquer d'attirer les pèlerins et de retenir les habitants.

Arnoul voulut de plus que la ville fût libre, très libre[4], que ses citadins, en d'autres termes, jouissent et de la liberté personnelle[5] et de la sécurité que donnait une orga-

[1] « Ut cognovit episcopus quod *in Ardea conventualem facere disponeret* (Arnoldus) *ecclesiam*, ad hoc ipsum faciendum ei facilem et propitium præbens assensum... Arnoldus... intrans ecclesiolam... coram Deo et S. Audomaro in cujus nomine ab initio illa fundata erat ecclesiola..., in substentationem decem clericorum sive canonicorum sæcularium, Deo et S. Audomaro in eodem loco in perpetuum servire destinatorum, super ejusdem ecclesiolæ altare *pervirentis olivæ ramum in vexillo sanctæ crucis appensum obtulit...* » (p. 261-263).

[2] « Novam ibi (in Ardea) in medio fori, ante portam interioris valli, in honore B. Mariæ Virg. et S. Audomari... necnon et *Sctorum quorum perquisierat reliquias, magnam ædificavit basilicam...* et in nova basilica... Deo in perpetuum servire constituit » (p. 273).

[3] « Arnoldus *multas circuivit ecclesias, et multorum perquirens et acquirens reliquias Sctorum, quotquot habere potuit, in Ardensi ecclesia collocavit...* Audomarenses itaque canonici, de capite B. Audomari... dentem extrahentes ei dederunt; quem in auro pretiosissimo et lapidibus pretiosis obtexit, et in sua summa cum reverentia collocavit ecclesia : abbas autem S. Bertini... cruciculam unam in qua reconditæ erant quædam abscissiuncula capillorum et vestimentorum B. M. Virginis, et de barbâ S. Petri apostoli, et de mannâ Domini, et de pulvere S. Joannis Baptistæ... » (p. 271).

[4] *Liberum, immo liberrimum oppidulum* (*suprà*, p. 335, note 3).

[5] Lambert d'Ardres le suppose quand il s'attache à expliquer comment il pouvait se faire qu'il y eût de son temps des serfs à Ardres.

nisation régulière de la justice des pairs. Pour les vassaux douze pairs furent institués, pour les bourgeois des échevins, selon l'ordonnance et institution des échevins et bourgeois de Saint-Omer, que le seigneur d'une part, de l'autre les douze pairs, les vassaux et les chevaliers, les bourgeois et le peuple jurèrent, sur les Évangiles, dans l'église de Saint-Omer d'Ardres, d'observer à perpétuité[1]. Et, de fait, Saint-Omer dès cette époque avait sa justice des échevins et même son administration bourgeoise[2]. Le trait final confirme donc la vérité du tableau tracé par le vieux chroniqueur, tableau qui nous représente au vif et la naissance d'un village, et sa transformation en ville, et son acheminement vers le régime communal.

Je ne connais pas pour le Midi de récit aussi circonstancié, mais il s'y rencontre des chartes qui peuvent, jusqu'à un certain point, en tenir lieu. Une des plus remarquables est la charte de *poblacion* de Villefranche-de-Conflent[3]. On la prendrait facilement pour une charte de fondation si elle ne visait elle-même une population préexistante et si des documents plus anciens ne mention-

C'étaient, à l'en croire, des habitants originaires d'Hénin, de Douai, de l'Ecluse, à qui la population indigène avait appliqué cette qualification à titre d'injure (p. 245) et que le successeur d'Arnoul réduisit réellement à la condition servile par vengeance contre leurs anciens seigneurs (p. 277).

[1] « Duodecim pares vel barones castro Ardeæ appenditios instituit... *Et scabinos eidem loco ordinavit*, et *eorum judicia secundum jurisdictionem et institutionem Audomarensium scabinorum et burgensium* tenenda et in perpetuum servanda, cum duodecim Ardensis oppidi paribus, vavassoribus, militibus, burgensibus et plebe, tactis sacrosanctis in ecclesia S. Audomari Ardensis Evangeliis, juravit et confirmavit » (p. 251).

[2] Voir Giry, *Histoire de St-Omer*, p. 34 suiv.

[3] « Ego Guillelmus Raymundi nutu divino Ceritaniæ comes, episcopi Artalli consilio monitus.. edifico villam liberam... Igitur.... dono prænominatæ ville libere et vobis J. R. et G. et E. et U. et aliis hominibus eidem ville famulantibus et famulandis et ibidem morantibus et morandis et qui in eadem venere venturi que sunt, cujuscum-

naient déjà en ce lieu un hameau qui s'appelait Campelles[1]. En réalité, c'est un village ou un hameau que le comte de Cerdagne, Guillaume-Raymond, veut ériger en ville, en ville libre, en ville franche, suivant le nom qui lui restera.

Pour cela, il ne se contente pas d'assurer la pleine liberté à ceux qui viendront s'y fixer, et de borner ses prétentions seigneuriales à des aides purement bénévoles. Il institue un marché auquel il garantit durée et monopole. Tant qu'il demeurera un habitant dans la ville[2] le marché s'y tiendra, et il ne s'en tiendra qu'un seul autre (à Hix) dans tout le territoire qui relève du comte de Cerdagne, « depuis Sant-Marti dels Castells situé au fond du Barida, à l'ouest, jusqu'au *volo* de Sant-Féliu-d'Avall, sur la limite du Roussillon, à l'est[3]. » Le marché de Villefranche sera l'entrepôt du Conflent, le marché d'Hix celui de la Cerdagne.

A côté du marché l'église. Le comte obtint de l'évêque d'Elne qu'une église serait fondée et placée sous la dépendance du prieuré de Cornella qui la desservirait. Enfin une

que sint ordinis, ut jure libertatis, omni careant servitute, postquam ibi adstabunt, et vice duorum triumve annorum, si mihi vel alicui successorum meorum opus fuerit, auxilium secundum vestram voluntatem faciatis quantum vobis placuerit.

Et dono prælibate ville libere atque ibi adstantibus et standis forum ut fiat in ea nunc et semper dum aliquis homo in villa permanserit. Et insuper... dono... pred. ville et omnibus in ea venientibus atque venturis... quatinus in meo honore de S. Martini castro usque ad volonem S. Felicis, excepto foro Exii, nec modo nec in antea aliquo loco habeatur mercatus de fine in finem nisi in dicta villa. Concedit namque preterea Artallus, Dei gratia Episcopus, me rogante *Ville franche* (ut) Ecclesia ibi fiat sub jussione alme Dei genetricis Marie Corneliani in perpetuum... » (1095. Alart, *Privilèges et titres de Roussillon et de Cerdagne* (Perpignan, 1878), p. 36. Publié, avec la date erronée de 1075, dans *Marca hispanica,* col. 1163-1164).

[1] Alart, *op. cit.*, p. 35.

[2] Le texte publié par Marca portait même *semi homo*.

[3] Alart, *op. cit.*, p. 36, note 1.

enceinte fortifiée vint protéger la ville naissante. N'était-ce pas, en effet, dans un but stratégique[1] qu'on lui avait choisi pour berceau un lieu abrupte et sauvage, un défilé si étroit que les rayons du soleil ont peine à s'y glisser.

Encore une fois j'aperçois cette conjonction de circonstances qui caractérise, à mes yeux, la formation des villes. C'est quand elle s'est accomplie qu'un acte solennel de l'autorité publique proclame l'existence d'une cité nouvelle. Aux exemples que j'ai donnés je veux encore en joindre un.

La chronique de Balderic raconte que Robert, avoué d'Arras, et l'évêque de Cambrai, Gérard I, établirent vers 1040 un chapitre de douze chanoines dans le village (*vicus*) de Hénin-Lietard[2].

Mentionnant cette fondation, les auteurs du *Gallia Christiana* ajoutent que le village alors se développa et que vers l'an 1074, par l'autorité du comte de Flandre Robert le Frison, il devint *ville*[3].

[1] « Trois montagnes abruptes, au milieu desquelles les deux rivières de Vernet et de la Tet s'ouvrent un passage dangereux, forment en ce lieu un défilé étroit traversé depuis les temps les plus reculés pour les communications entre la Cerdagne et le Roussillon, et très important pour la défense militaire du pays. » (Alart, *Les stils de Villefranche-de-Conflent*, Revue historique de droit, t. VIII (1862), p. 209).

[2] « In vico etiam, quem dicunt Henim, est basilica in honore S. Martini, antehac unius tantum presbyteri regimine acta. Nuper vero Rotbertus Atrebatensis, de remedio animæ tractans, consilio Gerardi episcopi, expensis propriis rebus, XII canonicos inibi deputavit. » (*Chronique dite de Baldéric*, éd. Le Glay, p. 223).

[3] « Henniacum Lietardi, *vicus olim nunc oppidum*, in finibus Artesiæ... St.-Auberti prædicationibus ad fidem Christi conversum est; qui quidem præsul ecclesiam illic in honore S. Martini episcopi Turonensis primitus consecravit. Sed cum a clade Normannorum in suis sepulta cineribus diu jacuisset, eam Gerardus I episcopus Cameracensis et Atrebatensis una cum vico restauravit... *Vicus* lapsu temporis coevit et *evasit in urbem* anno circiter 1074, *auctoritate Roberti Frisii Flandriæ Comitis.* » (*Gallia Christiana*, III, col. 438-439).

Ferry de Locres s'exprime dans des termes presque identiques, en se basant sur des documents manuscrits, conservés de son temps à l'abbaye de Hénin, mais qu'il ne cite pas autrement[1]. Enfin, Miraeus nous représente Hénin en possession du droit et du privilège de ville après qu'il eut été clos de murs et doté d'un marché hebdomadaire[2].

Un érudit contemporain, M. Champollion-Figeac, est plus affirmatif encore. Robert le Frison, dit-il, érigea Hénin en ville par un acte de son autorité suzeraine (1074), et cet acte M. Champollion semble l'avoir vu, du moins en analyse, puisqu'il renvoie à la *Collection de copies et chartes* (boîte 17) de la Bibliothèque nationale[3]. Toutes les recherches que j'ai faites dans la collection visée (collection Moreau) sont demeurées stériles. Les documents jadis conservés dans des boîtes ont été réunis en volumes, et la pièce ne figure ni à sa date ni dans les compléments. — Les archives du Pas-de-Calais, consultées par l'intermédiaire de leur archiviste m'ont donné le même résultat négatif; mais aux archives du Nord j'ai été plus heureux. M. Jules Finot a pu me retrouver un document qui, s'il ne répondait pas entièrement à mon attente, la dépassait sur d'autres points.

Philippe Auguste confirme par cet acte, daté de Paris l'an 1190, les privilèges octroyés à Hénin-Lietard par le comte Robert, du consentement de ses barons, et ce comte Robert ne peut être que Robert le Frison[4]. C'est de lui,

[1] *Chronicon Belgicum*... a Ferreolo Locrio (Arras, 1616).

[2] « Henniacum... olim oppidum fossis clausum, hodie municipium Artesiæ, muris et fossis nudatum, gaudet titulo et privilegio oppidi, ac jure fori publici seu nundinarum, quæ singulis ibi septimanis celebrantur. » (*Opera diplom.*, p. 380, note 1).

[3] A. Champollion-Figeac, *Droits et usages concernant les travaux de construction* (987-1380). Paris, 1860, p. 40.

[4] « Noverint universi pariter et futuri quod constitutiones et libertates ville que vocatur Hennin, quas comes Robertus communi assensu baronum suorum constituit, constitutas laudavit, comes autem Theodoricus postea dominus et advocatus prefate ville existens, constitutiones et libertates ejusdem quas antecessor suus

en effet, que Thierry d'Alsace qui promet, en 1144, de respecter les privilèges *de son aïeul le comte Robert,* était le petit-fils par sa mère Gertrude.

L'acte original ne nous est parvenu malheureusement qu'à travers une double confirmation et sous la forme d'un vidimus du XIIIe siècle, émané du roi de France Philippe (probablement Philippe III)[1]. De là un état d'incorrection qui en rend certains passages presque inintelligibles, de là sans doute aussi des remaniements postérieurs. Mais les dispositions essentielles sont sauves et portent le cachet du temps.

Quant au fond du document, il montre en action les divers éléments que nous considérons comme organiques (élément religieux[2], commercial[3], militaire[4]) et, à défaut d'une érection solennelle de Hénin au rang de ville, il constitue une vraie charte de coutumes reposant, ainsi que nous l'avons constaté tant de fois pour les actes innovateurs du XIe siècle, sur la sauvegarde, sur la sécurité garantie à la personne et aux biens.

Toutes les personnes qui habitent la ville ou qui y possèdent des maisons sont libres, affranchies de toute domination extérieure (comté, avouerie, etc.) et placées sous la protection du corps de ville[5].

videlicet comes Robertus constituit pejorare vel infirmare noluit sed sigilli sui impressione anno dominice incarnationis M° C° XLIIII° Attrebati has confirmare fecit scilicet... »

[1] Chambre des comptes de Lille, art. B. 1593, 1er *Cartul. d'Artois*, pièce 274, f° 102 r° (*Archives du Nord*).

[2] Cet élément nous est connu déjà par la relation de Balderic (*suprà*, p. 339). Notre charte fixe les droits de Saint-Martin.

[3] « De uno quolibet statu ubi panis seu caro vel plures merces vendun-tur solventur tantum modo IIII denarium in festivitate Scti Remigii. »

[4] « Sciatis pro certo et valli munitionem et firmitationem totius ville. Et hec omnia supradicta burgenses et domini et coheredes sui absque pro jurio (perjurio) nequeunt pejorare. Si autem aliquis burgensis vel propria manu se (seu) per pecudem suam eadem munitione fregerit, forefactum in manu burgenses et non dominorum ad restaurationem munitionis remanebit. »

[5] « Quicumque in villa manserit vel mansionem habuerit a the-

Les habitants peuvent transmettre librement leurs biens. Ils paient un droit de mutation fixe par décès et par acte de transmission entre-vifs [1]. Ce dernier droit n'est dû que pour les maisons et les courtils; les jardins et les herbages en sont exempts [2].

Les contestations immobilières sont jugées, suivant la coutume de la ville, par les échevins et les détenteurs d'immeubles (*hospites*) [3]. La justice sur la personne s'exerce de même. Le seigneur ne peut juger sommairement ni arrêter l'habitant qui refuse de se présenter devant lui. Il doit le déférer aux échevins et à ses pairs [4].

La charte dont je viens de relever les points saillants est surtout précieuse parce qu'elle place dans son vrai jour la connexité entre le progrès des libertés communales et le désir des seigneurs de développer les groupes de population en les élevant au rang et à la dignité de ville.

loneo et avocatione comite et a dominis liber factus est et in tutela et ajutorio ville remanere debet et hoc nemo debet contradicere. »

[1] « Si hospes moritur vidua dabit IV denarios. Mortuo patre et matre, filius dabit II solidos domino cujus est hospes.

Qui voluerit curticulum et domum suam vendere vendat qui (cui) vult et quatuor denarios debet pro exitu, qui emit duos solidos de introitu. Si vero sub hospes moritur vel curticulum vendit, hec eadem debeatur hospiti et non domino. »

[2] « Quicumque ortum suum vel herbarium suum tenet qui (cui) vult vendat, et de exitu et introitu nichil dabitur, nec aliqui alicui servicium debet. »

[3] « Si autem aliquid hospiti vel subhospiti curticulum vel mansionem de qua solverit redditum vel successoribus eorum denegaverit, *secundum usum ville et statum judicio scabinorum vel hospitum* debet causa tractari. »

[4] « Si forte super aliquem dominus placitare voluerit homo ville de occasione et a volatione (advocatione?) domino non respondebit, quia domini ville et *col* et *pri* (faut-il lire les deux mots français *col* et *pris* ou *prise*, coup et emprisonnement?) nequeant super homines facere. Si vero dominus hominem mandaverit et non venerit, non potest convinci sine scabinis et comparibus suis. »

CHAPITRE IX.

IV. FONDATION DE VILLES.

Il semble que la naissance d'une agglomération urbaine ait pu être très rapide si l'on considère les commencements de villes telles que Dieppe. Au mois de décembre 1067, alors que Guillaume le Conquérant retourne en Angleterre, Orderic Vital ne mentionne pas encore l'existence de Dieppe à l'embouchure de la rivière qui porte ce nom et où le Conquérant s'embarque [1]. Douze ans plus tard, en 1079, un seigneur normand, Baudri de Guitri, donne déjà à l'abbaye de Saint-Evroul un bourgeois de Dieppe [2]. L'éclosion aurait donc été instantanée, grâce sans doute aux immenses richesses que la conquête de l'Angleterre déversa en Normandie et à l'activité prodigieuse des échanges qu'elle fit naître entre les deux pays [3].

Néanmoins, aux villes maritimes qui surgirent de la sorte le terme de fondation ne peut guère s'appliquer. Elles doivent plus à la nature qu'à la volonté d'un seigneur. Dans l'intérieur des terres, au contraire, c'est de propos délibéré que de petites villes sont fondées.

Le même chroniqueur rapporte que vers 1050 Richard d'Heugleville fonda un bourg au lieu appelé *Isnellivilla*, lui donna le nom d'*Alfagium* (Auffay) et le dota d'une charte de coutumes, en concédant aux habitants (*coloni*) les lois de Cormeilles *leges Cormeliensium* [4]. Que sont

[1] Orderic Vital, II, p. 178.

[2] Orderic Vital, III, p. 38.

[3] Voyez notamment Ord. Vital, II, p. 214 et suiv.

[4] « Hic super Sedam, in vico qui olim Isnellivilla vocabatur, bur-

ces lois? Nous en sommes réduits aux conjectures et nous manquerions même de tout point de repère s'il s'agissait, comme le veulent les éditeurs d'Orderic Vital, de Cormeilles dans l'Eure. Mais je remarque que le monastère dont ce village tira sans aucun doute son importance n'a été fondé que vers 1060 [1], et je suis frappé surtout du fait qu'un autre Cormeilles, en Normandie, situé près de Caen, jouissait encore au XIVe siècle de franchises exceptionnelles (dispenses d'ost, de chevauchée, de taille, etc.), qu'il les faisait remonter à un temps immémorial [2] et qu'elles lui avaient valu le nom de Cormeilles-le-Royal [3]. Ces franchises ne seraient-elles pas les *leges Cormeliensium* accordées à Auffay? En ce cas, elles nous ménageraient une nouvelle échappée sur le régime communal de l'onzième siècle.

Le plus curieux exemple de fondation de ville que les textes nous aient conservé se place sur les confins de la Flandre et du Hainaut.

Un comte de Flandre, qui ne saurait être que Baudoin VI [4] (1067-1070), achète un alleu que possédait dans la pa-

gum constituit, et pro imminenti monte altis fagis obsito Alfagium nuncupavit. *Leges etiam Cormeliensium colonis intulit.* » (Orderic Vital, III, p. 42).

[1] Orderic Vital, II, p. 14.

[2] « Et lesdictes genz et habitanz de ladicte ville de Cormeilles eussent dit et maintenu et encore disoient et maintenoient estre franz, quittes et exemps de toutes Coustumes, païages, tailles, aydes, d'ost de ban et d'arrière ban, de subsides et autres subvencions, d'*ancienneté et de si longtemps que il n'estoit memoire du contraire.* » Cette prétention fut admise par un jugement du bailli de Caen confirmé en mai 1381 par le roi Charles VI. (*Ordonnances des rois de France,* VI, p. 586-588).

[3] Hippeau, *Dictionnaire topogr. du Calvados* (Paris, 1883), v° Cormeilles.

[4] Nous possédons, en effet, une charte de Manassès, évêque de Cambrai, qui confirme dès 1096 la translation faite à Grammont de l'abbaye de Saint-Pierre jusque-là établie à Dickelvenne. Grammont était donc fondé, et le diplôme signale expressément l'intercession

roisse rurale d'Hunneghem un homme puissant *vir magnæ auctoritatis* nommé Gérard, et décide d'y fonder une ville fortifiée (*oppidum*) qui prendra le nom de *Geraldi mons* (Grammont). Baudoin s'assure le concours d'un seigneur voisin, le sire de Boulare. Il lui donne partie de l'alleu en fief et obtient en échange, au profit des futurs habitants, des pâturages, une forêt et l'usage des eaux. L'appât eût été faible si le comte de Flandre n'y avait ajouté la franchise la plus étendue pour les personnes et pour les biens « *nisi maxima libertatis ope* (*oppidum*) *tutaretur*[1]. »

La liberté est assurée à la personne — de quelque condition qu'elle soit (*cujuscunque conditionis fuerit*) — pourvu qu'elle acquière un bien fonds (*hereditas*) dans la ville[2].

du comte de Flandre, Robert le Jeune, du seigneur de Boulare, Étienne, et de Winnibold, châtelain de Grammont. Il nous apprend aussi que l'église d'Huneghem était désormais comprise dans l'enceinte fortifiée de Grammont : « In loco qui Geraldi-Mons nuncupatur, Ecclesiam dedicavi... precibus ac petitione Roberti Junioris catholici comitis Flandrie, dominique Stephani de Boulario, Winniboldique ejusdem loci castellani... Altare de Huneghem cum omnibus appenditiis, in eodem videlicet Geraldimonte et Boulario... omnino liberum tradidi. » (Miraeus et Foppens, *Opera diplomatica*, I, p. 165).

1 « Prædecessor noster Balduinus tam Flandriæ quam Hainoniæ comes, allodium quoddam in parochia de Hunneghem, a quodam Geraldo magnæ auctoritatis viro emptum, sibi vindicavit, in quo oppidum construendum elegit, quod a Geraldo Geraldimons nuncupari placuit. Viso autem, quod præd. allodium pro parvitate et brevitate sui minime sufficeret ad ea quæ oppido construendo forent necessaria, de parte præd. allodii Dominum de Boulare feodavit, ea videlicet conditione, quatenus Dom. de B. in aquis et pascuis quæ ad usus Geraldimontensium essent necessaria provideret. Dedit igitur Dom. de B... His ita ordinatis, B. comes considerans, quod prædictum oppidum, quod situm erat in marchis Flandriæ, Hainoniæ et Brabantiæ, ad inhabitationem sui minime invitaret, nisi maxima libertatis ope tutaretur, convocatis Flandriæ, Hain. et Brab. Baronibus... hæc libertatis jura constituit... »

2 « Ex quo aliquis in oppido G. hereditatem acquisierit, si oppidi instituta secundum judicium scabinorum tenuerit, liber erit, cujuscum que conditionis fuerit » (art. 1).

Toute justice autre que la justice locale est exclue, sauf en matière religieuse[1]. La justice locale est rendue par des francs hommes et échevins que, sans nul doute, le seigneur choisit et le *villicus* préside[2]. En même temps la sécurité est assurée aux bourgeois par le droit antique, qui leur est reconnu, de tirer vengeance des crimes commis en appliquant la peine du talion[3], droit que nous retrouverons dans les premières chartes de commune.

Les faits sont relatés et les franchises primitives sont consignées dans des lettres de confirmation accordées en l'an 1190 aux habitants de Grammont par le comte de Flandre, Philippe d'Alsace. Ces lettres n'ont été connues qu'indirectement jusqu'ici par une confirmation nouvelle émanée de Baudoin IX (1200). C'est celle-ci que Waesberghe, Sanderus[4], Miraeus[5] et en dernier lieu Warnkœnig[6] ont publiée. Il m'a paru utile de rechercher l'acte même de Philippe d'Alsace. Il se trouve aux Archives du Nord dans un *vidimus* du 16 juin 1415 (côté B. 9).

Le *vidimus*, donné par Guillaume, abbé de Saint-Adrien de Grammont, reproduit les renouvellements successifs de Philippe d'Alsace (1190), de Baudoin IX (1200), de Gui de Dampierre (1274), de Jean sans Peur (1410).

Les lettres inédites de Philippe d'Alsace diffèrent des lettres publiées de Baudoin IX sur deux points : elles ne

[1] « De his que pertinent ad jus ecclesiasticum, sicut de fide vel matrimonio et de cæteris hujusmodi respondere debet ecclesiæ » (art. 4).

[2] Voyez, en effet, article 13 : « Si quis aliquem scabinorum vel villicum *in servitio comitis existentem* convitiatus fuerit. »

[3] « Si quis aliquem occiderit, vel membris truncaverit, caput pro capite, membrum pro membro, nisi se defendendo hoc fecerit » (art. 11).

[4] Sanderus, *Flandria illustrata*, Cologne (Amsterdam), 1641-1644, t. II, p. 517.

[5] Miraeus et Foppens, *Opera diplom.*, I, p. 291-292.

[6] Warnkœnig, *Fländrische Staats. u. Rechtsgeschichte*, II, 2e partie Preuves, p. 163-165.

font naturellement pas mention de l'abandon par les bourgeois de Grammont à Baudoin VIII du lieu de Respalia en échange de la jouissance de la moitié de la halle [1]; elles n'ont pas encore les articles 8 et 9, l'un relatif à la prise de gage par les bourgeois, l'autre à l'assistance que le comte doit leur prêter contre leurs débiteurs récalcitrants [2].

Peut-être y a-t-il eu quelque intercalation analogue du fait de Philippe d'Alsace, mais le peu de profondeur même des remaniements opérés plus tard parle en faveur de l'authenticité de la relation historique qui précède la charte et des privilèges dont elle attribue la concession à Baudoin VI.

On peut rapprocher de la charte de fondation de Grammont les coutumes accordées par Henri Ier d'Angleterre aux habitants des villes de Verneuil (Eure) et de Pont-Orson (Manche), qu'il a fondées dans le premier tiers du douzième siècle [3]. Là aussi le droit de bourgeoisie (*burgen-*

[1] La charte de Baudoin IX porte : « Præterea præd. comes Raspaliam acquitavit Geraldimontensibus, qui postea communi consilio et assensu totius villæ, domino et patri meo, Balduino comiti Flandriæ et Hainoniæ et Marchioni, Namurcensi libere contulerunt. In cujus restitutionem præd. comes dedit Ger. medietatem hallæ in omni jure suo in perpetuum possidendam. » L'ordre et la succession des faits historiques sont donc rigoureusement observés.

[2] Art. 8. « Item si burgensis allodium alicujus in oppido coram francis hominibus et scabinis invadiaverit, vadimonium suum ibidem judicio scabinorum obtinebit. »

Art. 9. « Item si quis burgensi debitum suum solvere noluerit, quod scabinis notum fuerit, auxilio comitis et potestate compellatur ei satisfacere. » (Warnkœnig, *loc. cit.*, p. 164).

[3] Guillaume de Jumièges mentionne cette fondation : « Fecit Rex Henricus plurima castella tam in regno quam in ducatu suo. Cætera vero ab antecessoribus suis constructa, non solum municipia, sed etiam antiquissimas urbes pene omnes melioravit. Illorum autem quæ in Normannia construxit in margine sui Ducatus et confinium provinciarum, ista sunt nomina : ... Vernoilum... Pons-Ursonis... » (*Hist. de la France,* XII, p. 580 A-B). — Dès 1134 la ville fut brûlée. (Ord. Vital, V, p. 41).

cia), avec tous les avantages de liberté personnelle et de for privilégié qui en découlent, est attaché à la possession d'une maison [1]. Le roi est propriétaire du sol, il en attribue trois acres et un jardin à tout homme qui veut devenir bourgeois et qui le devient par là, à charge de payer une redevance annuelle de douze deniers [2], et avec la faculté de créer à son tour des bourgeois en leur cédant une partie de son terrain [3].

La préoccupation semble partout la même, du Nord au Midi. Comme but, former des centres de population permanente sur un territoire qui se trouvera ainsi mis en valeur, qui, transformé en ville, fera entrer dans les coffres du seigneur, à côté d'un impôt minime, payé directement par les bourgeois, des impôts indirects considérables payés par les marchands du dehors, et constituera pour lui une place forte plus difficile à investir qu'un simple château, par suite du développement de son enceinte, moins coûteuse à entretenir et à garder, parce que les bourgeois en seront les défenseurs naturels [4]. Comme

[1] « Reddat quisque pro platea (terrain à bâtir) sua vel domo, per annum duodecim nummos; et hoc solum reddendo, vendat et emat omnia libere in castello ; faciat in sua platea, si libuerit, plures domos, nec ideo redditus crescet. » (Coutumes de Pont-Orson, art. 27. *Ordonnances des rois de France*, IV, p. 640). — « Quando aliquis recipit plateam vel domum, *ut inde fiat Burgensis* , dat sex nummos pretori et unum ejus famulo » (art. 34, p. 641). — Quilibet Burgensis de Vernolio, dat de sua *Burgencia* tantummodo XII Turonenses... (Coutumes de Verneuil, art. 1, *Ordonnances*, *ibid.*, p. 643).

[2] « Cuique Burgensi dantur a Rege tres acre terre et unus ortus. » (Cout. de Pont-Orson, art. 43, p. 642).

[3] « Si ex una platea divisa, *plures fiant Burgenses*, quisque per annum duodecim nummos debet. » (*Ibid.*, art. 28, p. 640). « Si aliquis burgensis vendit aliquam partem burgencie sue... » (Cout. de Verneuil, art. 1, p. 643).

[4] Voyez comme la ville de Troyes est défendue par ses bourgeois dans la chanson de geste de *Renaus de Montauban :*

moyen, attirer les habitants par l'asile qu'on leur offre, asile contre la tyrannie et les exactions seigneuriales[1], contre les rapines des aventuriers et des brigands, contre les dévastations quotidiennes des guerres privées.

« La vile ont asegie par mi la praerie,
Li citéain s'esmaicnt de la cité garnie;
Vasaument se desfendent contre la baronie;
Jeitent pieres et baus et pois chaude et bolie
Et ruerent les fus dont la vile iert garnie.
Tant en vont ociant, n'est qui le nombre en die. »
(p. 30, vers 2-7.)

De même Cologne dans la *Chanson des Saisnes :*

« Qui donc veist le duc sor un cheval gascon
Poindre parmi les rues, à sa main un baston,
Ses borjois fait armer chascun à sa maison;
. . . .
Saisne assaillent la ville...
Cil dedanz se deffendent com nobile baron
Espessement lor gietent maint fust et maint baston
Cel jor firent des Saisnes molt grant occision. »
(I, p. 17.)

[1] La franchise des droits de leude, source de tant de vexations, est accordée aux bourgeois comme une conséquence de cet asile. (Voyez par exemple, *suprà*, p. 341, note 5 et *infrà*, p. 362 et suiv.). Aussi est-elle subordonnée à la résidence dans la ville. Cf. art. 38 des Coutumes de Pont-Orson, etc.

CHAPITRE X.

COUP D'ŒIL SUR LA CONDITION DE LA POPULATION URBAINE[1].

Il ne faut pas que les chartes de franchise que nous avons croisées sur notre route — artificieux appâts semés par des seigneurs qui convoitent des sujets et des villes — nous fassent illusion sur la condition moyenne, normale, de la population urbaine.

Les châteaux dressés dans les villes antiques où souvent ils n'étaient qu'une transformation de la citadelle romaine ou d'une partie de la cité, et dans les villes plus modernes qui s'étaient assises autour d'eux, ces châteaux eurent sur le sort et la condition des bourgeois un effet analogue à celui que le donjon, planté au-dessus du pays ouvert, avait sur le sort des paysans. Ils servaient à la défense commune ; ils offraient aux citadins un abri relatif sous leurs murs, et à quelques-uns d'entre eux, en cas de guerre, un refuge dans leur enceinte ; mais ils étaient en même temps de terribles engins de despotisme. Grâce à eux, le seigneur tient les bourgeois à sa pleine merci[2]; il peut brûler leurs maisons ou les mettre à sac sans péril pour ses gens ni pour lui[3].

[1] Les détails circonstanciés trouveront leur place dans le livre VI de cet ouvrage.

[2] « Paganus de Montedublelli, Normannis olim familiaris, amicitiam cum rege firmavit, et *fortissimam* quam apud Balaonem possidebat *motam* regi tradidit, *per quam totum oppidum, adversariis subactum paruit.* » (Orderic Vital, IV, p. 47).

[3] C'est ainsi qu'au mois de juin 1099, les chevaliers qui gardaient pour le roi Guillaume le Roux le château du Mans brûlent la ville entière en faisant lancer sur elle par les balistes des charbons ar-

Toute résistance à l'arbitraire était vaine, toute tentative d'émancipation chimérique à moins qu'un conflit entre les divers seigneurs de la ville, leur besoin d'argent ou leur absence les empêchassent de tirer parti de la supériorité écrasante dont ils étaient armés. Même alors les bourgeois sont exposés au massacre et à la ruine sans espoir de liberté.

Observez les événements qui se déroulent à Amboise dans la seconde moitié du XIe siècle, après 1060. Trois seigneurs se partagent la ville, sous la suzeraineté du comte d'Anjou : Sulpice I d'Amboise, Foulque de Torigny, Ernould, fils de Léon de Meung. Tous trois ont un château à l'intérieur des murs, le premier, la *Tour de pierre* avec ses dépendances[1]; le second, la Motte Fulcran; le dernier, le château ou palais (*domicilium*) du comte, avec la majeure partie de la ville[2]. A la mort de Geoffroy Martel,

dents, sans crainte des assauts que le comte du Maine Hélie de la Flèche et les bourgeois tentent de leur livrer : « Helias a gaudentibus urbanis in civitate susceptus est; sed omnibus illis grave detrimentum inde protinus exortum est. Gualterius enim, Ansgerii filius, custos arcis, jussit fabris, quos secum habebat, operari, scoriam quoque candentem super tecta domorum a balistariis impetuose jactari... Sic nimius ignis accensus est; quo nimium prævalente, tota civitas combusta est. C. de Lusoriis et Gualterius, aliique satellites munimenta diligenter servaverunt. Helias vero et sui frustra machinis et assultibus valde laboraverunt; sed contra inexpugnabiles munitiones nihil prævaluerunt. » (Orderic Vital, IV, p. 57).

[1] « Archembauldus B. et Supplicius B. Martini thesaurarius, ambo pernimium consuli fideles, qui partem Ambaziaci oppidi jure hereditario possidebant. Isti domum defensibilem Ambazio habebant in loco ubi, post obitum fratris suis, thesaurarius arcem lapideam composuit. » (*Chron. de gestis consulum Andegav.*, Chroniques des comtes d'Anjou, p. 88-89). « Supplicius Ambaziaco, in loco ubi domus præd. fratris lignea erat, arcem lapideam... construxit... Cum turre Ambaziæ lapidea... et cum omnibus quæ jure turri appendebant... » (*Gesta Ambaz. domin.*, Chroniques des comtes d'Anjou, p. 169).

[2] « Erant autem tunc Ambaziæ tres optimates, quorum nullus alii credebat fore secundus nec erat, et quorum nullum servitium alter

Foulque de Torigny prend parti pour le comte Foulque Rechin, Ernould pour son compétiteur Geoffroi le Barbu, et Sulpice reste neutre. Foulque Rechin, ayant eu le dessus, dépossède Ernould de son château et cherche à s'emparer de la Tour de pierre. La ville se trouve partagée ainsi en deux camps ennemis appuyés sur deux forteresses rivales. C'était la guerre féodale dans toute sa sauvagerie, et les bourgeois ne pouvaient y jouer que le rôle de victimes. Ce rôle leur échut, en effet. La ville entière fut brûlée par les deux partis en présence[1].

Est-il étonnant dès lors que le principal effort des communes naissantes se soit tourné contre le château? Le détruire est le premier but à atteindre, c'est la condition préalable de l'affranchissement collectif.

Chacun sait la grande place que le *Castillon* tient dans l'histoire de la commune d'Amiens[2], et dans l'histoire de

alteri debebat, habentes singuli domos defensibiles : Supplicius dominus turris lapideæ; et Fulcoius de Torinneio, quem comes Martellus primus ibi hereditaverat, qui dominus domus quæ mota Fulcoii dicebatur erat; tertius erat Ernulfus filius Leonii de Magduno, custos domus consulis quæ vocatur Domicilium, ad cujus jus pars major Ambaziensis castri pertinebat. Fulco comes, pater Martelli, Leonio de M. in feodo custodiam Domicilii... olim donaverat. » (*Gesta Ambaz. Domin.*, Chroniques des comtes d'Anjou, p. 175).

[1] « Munierant (Supplicius Lisoiusque) Ambaziaco arcem suam et sic sæpe in ipso oppido inter utriusque partis homines vulneratioque et occisio nimia erat. » (*Ibid.*, p. 177).

« Fulco Richin, exercitu suo congregato, arcem Ambazii expugnare adorsus est. Intravit autem comes juxta Domicilium suum in oppido, inde balistarii et sagitarii spicula illis de arce dirigebant; ab arce vero pila et sagittas immensosque lapides jactabant... Major pars exercitus, quæ in foro juxta ecclesiam S. Dionisii relicta erat, impetuose in burgum ruebant... ignemque copiosum jacientes omnia incendebant. Illi de turre omnimodis eos impugnabant... ignem non cessant jacere, *donec ab utrisque totum oppidum succensum, ipsaque ecclesia S. Mariæ cremata est.* » (*Gesta Ambaz. domin.*, Chroniques des comtes d'Anjou, p. 178).

[2] Cf. Aug. Thierry, *Lettres sur l'histoire de France*, lettre 19.

la commune du Mans le château où Geoffroi de Mayenne s'était retranché[1]. Dans les deux cas, sitôt pris, le château fut détruit ou démantelé par les bourgeois exaspérés du mal qu'ils avaient souffert et anxieux d'en prévenir le retour[2].

Individuellement, les bourgeois, à mesure qu'ils s'enrichissent et s'élèvent, imitent les seigneurs, petits et grands, en construisant des maisons fortes qui leur permettent de braver la colère ou de se garer des exactions de leur maître[3]. Le fait se généralise quand la commune triomphe[4]; il persiste même quand elle succombe. A Vezelay, au XIIe siècle, les principaux conjurés s'empresse-

[1] « Gaufridus in quamdam arcem civitatis, quæ juxta matrem Ecclesiam sita erat, cum octoginta fere militibus ingressus, cœpit hostiliter agere et in perniciem civium totis nisibus anhelare... de munitione egressi, vicum qui S. Vincentii vel S. Audoeni dicitur nocturno incendio concremarunt. Cumque duas turriculas eidem arci proximas et quasdam domos illis adhærentes ad suum præsidium occupassent, etc... » (*Gesta Pontif. Cenoman.*, D. Bouquet, XII, p. 540 E).

[2] « Tandem necessitate coacti, sese et munitionem Fulconi Comiti tradiderunt. Cives autem irâ commoti, ac sibi in futurum præcaventes, interiorem partem ejusdem munitionis muro civitatis coæquaverunt, exteriores parietes ad urbis præsidium integros relinquentes. » (*Op. cit.*, D. Bouquet, XII, p. 541 A).

[3] Cf. *suprà*, p. 288-289.

Dans une lettre écrite l'an 1179, l'archevêque de Reims, Guillaume *aux blanches mains*, reproche aux bourgeois de Gand de s'être rebellés contre leur seigneur le comte de Flandre et d'avoir usurpé sur ses droits, grâce à leurs grandes richesses et à leurs maisons fortifiées équivalant à des châteaux ou à des tours : « Multitudo civium propter arridentem sibi divitiarum abundantiam *et arces domorum cum turribus æquipollere videbantur,* ultimum modum superbiens Domino suo rebellis, contumax et insolens facta est, ut non solum in regimine scholarum transferendo, verum etiam in aliis plerisque jurisdictionem sibi et dominium comitis usuparet. » (Miraeus, *Opera diplom.*, II, p. 974).

[4] « *Keure* de Gand de 1192, art. 4 : « Spectat etiam ad libertatem eorum, oppidum suum muris, vallis et quacumque voluerint munitione, ad libitum suum firmare, *sic et proprias domos.* » (Warnkœnig, *Fländr. Staats. u. Rechtsg.* II, 1, *Cartul. de Gand*, p. 13-14).

ront de convertir leurs maisons en petites forteresses, et l'un d'eux, le changeur Simon, fera élever une tour contiguë à la sienne. Malgré la défaite de la commune et la sentence du roi ordonnant de démolir ces châtelets bourgeois, il faudra recourir à la vive force pour les jeter à bas[1].

Le monastère est trop souvent, comme le châtelain, un maître tyrannique parce qu'il est omnipotent. Habitants du bourg, à plus forte raison habitants de l'*atrium*[2], paient cher la sécurité qui leur est promise et les avantages pécuniaires que l'établissement d'un marché et le concours d'étrangers leur procurent. Ils les paient de leur liberté. Ils sont obligés de subir toutes les conventions qu'on leur

[1] « Dictum est ex sententia regis ut conspirationem et mutuam confœderationem quam fecerant, quoquo pacto fecissent penitus abjurarent... *munitiones et antemuralia domorum* dato termino ad festum usque S. Andreæ diruerent.

« Peractis autem Dom. nativ. Kalendis vocavit eos abbas, monuitque ut juxta compositionem pacis quod necdum fecerant perficerent, de *diruendis munitionibus domorum*... Mittebantur autem frequenter abbati epistolæ precatoriæ a principibus regionis, maximè pro Simone... parceret domui illius, quæ utique causa erat et initium malorum. Unde et ipse impius Simon... suadentem abbatem ut præcipitaret quod malè ædificaverat contemsit addiditque contumeliam contemptui et *ædificavit propugnacula et munitionem incœptæ turris :* » (Adde p. 533, col. 2 : « egressi sunt quidam de fratribus armatæ cum pueris juventutis et fregerunt tabulam impii Simonis et vestibulum domûs ipsius quæ contra jus ob contumeliam contradicentium Fratrum ædificaverat, et de conspiratione factionis confisus hactenus contrà votum Ecclesiæ obtinuerat).

Abbas .. accersivit agrestem multitudinem de possessionibus monasterii et misit eos et quosdam de fratribus in domum impii Simonis, præcipitaveruntque funditus antemuralia ipsius, propugnacula et turrim, sedente ipso Simone ad ignem in ipsa domo, cum uxore et liberis suis. Quod videntes cæteri timuerunt valde, ... dederuntque obsides pro evertendis munitionibus infra constitutum tempus. » (Hugues de Poitiers *Hist. de Vézelay*, Dachery, *Spicilegium*, II, p. 534, col. 2; 535, col. 1).

[2] Voici un règlement pour les hommes établis à demeure dans un *atrium :*

dicte, de payer tous les droits qu'on exige d'eux. Le couvent ne dispose-t-il pas d'une arme offensive et défensive aussi redoutable, plus redoutable encore que le château, l'excommunication appuyée sur la puissance spirituelle et temporelle de l'Eglise tout entière?

Un fait demeure donc constant : L'arbitraire était à la base des relations entre la population urbaine et les seigneurs tant ecclésiastiques que laïques. Leur toute-puissance l'engendrait. Et voilà, en effet, ce que confirme la définition tant citée de la *commune* par Guibert de Nogent[1].

La résistance collective des habitants d'une ville et leur organisation corporative était plus faible à propor-

« Ego frater Hugo... assensu et consilio fratrum nostrorum, intra ambitum atrii quod a meridiana plaga ecclesiam B[i] Amandi cingit quibusdam hominibus nostris mansiones XL pedum spatio porrectas habere concessimus, sub ea conditione ut manentes in eis censum sibi assignatum atque prescriptum singulis annis in festivitate Sancti Remigii custodi ecclesie persolvant.

Porro quando quovis manentium decedente redimenda erit decedentis mansio, singulis denariis qui pro censu solvuntur XII denarii ad redenptionem supputabuntur, et ita nec quisque addetur nec minuetur.

Investituras quæ fieri solent in redenptione aut venditione sive emptione nichilominus emendationes pro forisfactis intra atrium commissis solus ecclesie custos habebit; prepositus vero monasterii sive ministerialis ville nichil inde sibi vendicabit.

Statutum est etiam et firma ratione sancitum ut in ea mansionum parte que ecclesiam respicit et muro conjungitur nec appenditia muro inherentia faciant, neque egressum vel exitum aut quanlibet fenestram faciant, nisi forte ad hoc ut si necessitas ingruerit utensilia domus versus ecclesiam intra atrium ultra murum proiciant. Sordes vero sive quisquilias domorum nequaquam aliquociens ibidem proicient. » (*Cartul. de Saint-Amand*, MS. I, f°s 97-98, XI-XIIe s.).

1 « Sic se habet ut capite censi omnes *solitum* servitutis debitum dominis *semel in anno* solvant, et si quid contra jura deliquerint, *pensione legali* emendent. Cæteræ censuum exactiones, *quæ servis infligi* solent, omnimodis vacent. » (*De vitâ suâ*, III, cap. 7; Migne, t. 156, col. 922).

tion de leur état de dispersion. Dépendant de seigneurs différents, leur condition, leurs intérêts se trouvaient séparés ou divergents, leurs points de contact rares ou plus propres à provoquer la division qu'à cimenter l'entente. Vassaux, bourgeois ou hommes de corps, du comte, du viguier, du châtelain, de l'évêque, de l'abbé, de tel seigneur particulier, se solidarisent avec leur maître plus facilement qu'avec leurs voisins, sujets d'un autre seigneur.

Chacune de ces classes d'hommes, au sein de chaque seigneurie, avait, elle aussi, sa condition, ses intérêts, et, à certains égards, sa représentation distincte. Prenez tel bourg, le bourg franc d'un immuniste, par exemple, vous y trouverez des chevaliers, des clercs, des hommes libres, des artisans, des hommes de corps, des serfs proprement dits. Non seulement chaque catégorie de ces habitants est soumise à des obligations personnelles ou réelles qui lui sont propres, mais en outre, suivant l'usage du moyen âge et dans l'intérêt même de son pouvoir, le seigneur la juge ou la consulte à part. Les chevaliers sont jugés par des chevaliers présidés par le seigneur ou son *locum tenens,* les clercs par leur supérieur ecclésiastique assisté de clercs, les hommes libres par des échevins ou des juges pris parmi eux ou traditionnellement dans les mêmes familles et présidés par le viguier; de même le *villicus* ou maire rend la justice aux tenanciers et aux hôtes avec l'assistance de leurs pairs. S'agit-il d'une opération militaire ou d'une mesure de défense, le seigneur appellera au conseil les chevaliers, d'intérêts temporels ou spirituels de l'Église les clercs; de questions de viabilité, d'impôts, de marché, de travaux de fortification, il prendra l'avis des bourgeois libres ou des échevins; naît-il des difficultés sur le mode de perception ou l'assiette de redevances coutumières, il consultera les principaux habitants qui y sont assujettis[1].

Les divers groupes de population relevant d'un même

[1] Tel est l'un des objets des trois plaids périodiques.

seigneur sont, du reste, loin d'être compacts. La personnalité l'emporte sur la territorialité. Dans tel quartier ou tel bourg de l'évêque habitent des hommes nombreux appartenant au comte, au vicomte, au châtelain. Parfois le bourgeois a trois ou quatre maîtres auxquels il doit des services, d'autres fois il est affranchi de toute obligation envers le seigneur du lieu; il est cédé, donné ou vendu à un seigneur étranger[1].

Fixez les yeux sur cette disparité et cette incohérence, vous jugerez d'un seul coup d'œil à quel point les partisans d'une prétendue persistance du régime municipal romain ont peu connu les conditions vraies où vivaient les habitants des bourgs et des villes du moyen âge.

[1] A la fin du XIe siècle, le seigneur de Breteuil, Guillaume, fils de Guillaume Fitz Osberne, donne à l'abbaye de Saint-Evroul un de ses bourgeois de Breteuil (1071-1103). (Orderic Vital, II, p. 406).

En 1050, Guillaume Giroie, fils de Guillaume, donne à la même abbaye un bourgeois à Montreuil l'Argillé (*op. cit.*, II, p. 37); en 1079, Baudri de Guitri lui en donne un autre de Dieppe. (*Ibid.*, III, p. 38).

De 1087 à 1106, le petit-fils de Richard, fondateur d'Auffay, cède six bourgeois de cette ville à l'abbé de Saint-Evroul, en retenant sur eux la semonce du service général dû au duc de Normandie. (*Ibid.*, III, p. 39-40).

Quatre bourgeois sont cédés libres de droits à l'abbaye de Redon par Payen, fils de Droaloi. L'abbaye les choisira à son gré dans le bourg de Sainte-Marie-de-Frossay, et elle possédera de même en pleine franchise les hommes qu'elle pourra y amener du dehors : « Ut ipsi monachi habeant burgenses quatuor, quos potius elegerent in burgo S. Mariæ, immunes tocius servicii et debiti. Eadem libertate fruantur in burgo prædicto omnes illi quos monachi non de illa sed de extranea parrochia poterint ibi adducere. » (Vers 1070, *Cartul. de Redon*, p. 270).

L'an 1121, le vicomte de Nîmes et de Béziers, Bernard Aton, donne en dot à sa fille Ermessinde un bourgeois et un juif de Béziers, tous deux avec leurs possessions : « I judeum et I burgensem in Biterris, burgensem Raimundum Duranti, judeum Benjamin, ambos cum tenezonibus eorum et successores eorum in eisdem et cum eisdem tenezonibus. » (*Hist. du Languedoc*, V, col. 895).

Ces exemples doivent suffire.

CHAPITRE XI.

LA FORMATION DU LIEN CORPORATIF.

Si l'unité politique de la ville était rompue, les groupes particuliers que nous avons passés en revue constituaient autant de cellules qui allaient se rejoindre autour de la plus vivace d'entre elles : ici le groupe des chevaliers ou des *ministeriales* de haut rang, là d'anciennes familles privilégiées ou la classe des hommes libres sous ses aspects multiples, ailleurs encore la *familia* des tenanciers, des artisans, des serviteurs, même des serfs.

Sa vitalité, sa puissance d'expansion, comme aussi sa force de cohésion, le noyau principal les puise dans des affinités et des habitudes corporatives, les unes transmises à travers les siècles, les autres nées des conditions sociales du moyen âge. Ce sont des racines profondément implantées dans le sol, d'où vont jaillir des cépées de rejetons imprévus.

Que la ville soit d'antique origine ou éclose au moyen âge, un lien traditionnel reposant sur la communauté des intérêts matériels se laisse discerner au sein de la population urbaine.

La ville antique s'est successivement concentrée, repliée sur elle-même, puis élargie, agrandie à nouveau par une sorte de cristallisation opérée sur ses flancs. Le *castrum* ou *cité* hérite des ruines monumentales de l'ancienne ville; il peut hériter de même de quelques lambeaux de ses propriétés communales. Les bourgeois libres de la *cité*, les *cives*, ayant alors un patrimoine collectif auquel ne participent pas les habitants des faubourgs, se trouvent par cela même à l'état de communauté, d'*universitas*[1]. C'est une *universitas* de cette espèce que Raynouard a pris bien à tort, à Marseille, d'après une information dont l'authenticité, du reste, est infiniment suspecte[2], pour un *corps municipal*, de même qu'il a conclu avec une témérité singulière de l'existence à Arles de propriétés communes et de la mention apocryphe d'une communauté arlésienne à l'existence d'un *gouvernement municipal* dans cette ville[3].

Quand un village se transforme en ville, il possède le plus souvent d'anciens droits communaux[4], et il en acquiert de nouveaux : droits, propriétés, qui se transmettront de préférence dans les familles primitives. Ainsi

[1] Cf. sur ces propriétés en Italie, P. de Haulleville, *Histoire de communes lombardes*, I, p. 214.

En 1092, les habitants du bourg fortifié de Saorge (*de castro vel burgo Saurgio*) (arrondissement de Nice) donnent à l'abbaye de Lérins l'église de Sainte-Marie avec ses dépendances qui était leur propriété commune. La charte de donation porte en tête les noms d'environ 300 habitants, hommes et femmes, suivis de la mention *et reliquorum abitatoribus*. Tous déclarent vivre d'après la loi romaine, et signent la charte écrite par un scribe (*notarius*). (*Cartul. de Lérins*, ms. f° 73, copie p. 163-164, édit. de Flammare, p. 211 et suiv.).

[2] Raynouard, *Hist. du droit municipal*, II, p. 191. — Il s'agit du passage des Annales de Guesnay dont j'ai parlé plus haut, p. 227, note.

[3] Raynouard, II, p. 196. Voyez *suprà*, p. 228, note. — Anibert, quoiqu'il ignorât la corruption du texte invoqué depuis par Raynouard, avait très sagement limité la conclusion qu'il en tirait : « Dès le temps où la ville d'Arles étoit soumise aux comtes de Provence, de la première race, nous trouvons quelques vestiges de communauté parmi ses habitants. Ils sont, à la vérité, bien légers, mais je ne dois point les omettre. » — « La faculté d'avoir des communaux et surtout le nom de communauté donné au district de la ville semblent supposer l'existence d'une *société civile* entre les habitants. » — (Anibert, *op. cit.*, p. 112). — A plus forte raison, ne pouvons-nous pas aller au delà maintenant que le mot *communitas* s'est évanoui et qu'il ne subsiste que la mention d'un *feudum communale*.

[4] Que le lecteur veuille bien se reporter aux chapitres que j'ai consacrés à l'étude des villages.

avons-nous vu à Ardres les indigènes revendiquer une situation privilégiée à l'encontre des immigrants[1].

Le fondateur d'une ville la dote de biens, de droits collectifs, si bien que dès le XIIe siècle les habitants de Grammont, récemment fondé, échangent, en corps, des biens fonds avec le comte de Flandre[2].

Même spectacle dans les sauvetés, les villes neuves, les bourgs formés autour des châteaux et des monastères, qui ont donné naissance à des villes. Le bourg originaire a obtenu à la fois des privilèges et des concessions de communaux[3]. Les uns et les autres, ses habitants et leur descendance auront à les défendre en commun, soit contre les voisins qui voudraient entrer en partage de leurs monopoles, de leurs droits d'usage ou de copropriété, soit contre les seigneurs qui tenteraient de violer ou de restreindre les concessions primitives.

La cohésion du groupe de population s'accroît ainsi à proportion des avantages particuliers dont il jouit.

Un des avantages les plus énergiques à ce point de vue est le droit d'asile. Il peut dériver de diverses causes. Il peut être une extension à la ville, dont le seigneur régional a fait sa résidence habituelle, de l'asile du palais que nous avons signalé déjà et qui se retrouve chez beaucoup de nations du moyen âge, en Allemagne, chez les Anglo-Saxons[4], en France aussi où il a donné naissance à la

[1] *Suprà*, p. 337, note.

[2] *Suprà*, p. 347, note 1.

[3] D'autres fois aussi il en a acquis. Ainsi les bourgeois de Saint-Omer semblent bien avoir eu des propriétés communes en 1056. (*Cartul. de Saint-Bertin*, p. 185). En 1077, ils acquirent une pâture communale. (*Ibid.*, p. 197).

[4] « Tam longe debet esse pax regis a porta sua ubi residens est erit, a IIII partibus, hoc est tribus miliaribus et tribus quarentenis et tribus acris in latum, et IX pedibus et IX granis ordei. » (Disposition législative tirée du *Textus Roffensis*, ms. antérieur à 1124). (Schmidt, *Gesetze der Angelsachsen*, p. 411). Adde Leges Henrici I, cap. 16, *De pace curiæ regis*. (*Ibid.*, p. 446).

juridiction du grand prévôt de l'hôtel[1]. Mais ce n'était là, en somme, que des cas exceptionnels. L'assimilation au palais n'était pas une fiction légale[2]. Elle avait besoin d'être édictée, décrétée expressément[3], si le roi n'était pas présent.

La véritable source de l'asile des villes est la sauveté, telle que nous l'avons décrite. Elle s'applique, en effet, aux bourgs nés dans le rayon de cités antiques[4] aussi bien

[1] Cette juridiction embrassa un périmètre de dix lieues. (Miraulmont, *Le Prévôt de l'Hôtel*, Paris, 1610, p. 239). — Il ne serait pas impossible d'apercevoir un rapport entre la sauvegarde née du voisinage du roi et la franchise de cinq lieues qu'une charte de Louis VI accorde à Compiègne en relevant son caractère de résidence royale : « Quum predecessoribus nostris Francorum regibus *sedem suam* villam scilicet Compendium... caram fuisse cognovimus; ideo, nos quoque consideratione simili nostris eam temporibus disposuimus diligendam. Statuimus igitur... ut tam clerici quam laici pauperes seu divites omnes ejus accolæ tanta in perpetuum securitate donentur... Firmamus... ut nullus qui eam inhabitet per regem aut per ministeriales suos... alicubi infra quinque leugas... capiatur. » (1108-1126. Tardif, *Monuments historiques*, n° 398; Peigné-Delacourt, *Fac-simile de quatre chartes du XIIe siècle*, Paris, 1864, p. 3).

[2] Je n'en vois trace nulle part, et je vois, au contraire, des lieux qualifiés résidence royale habités par une population servile. Je citerai, à titre d'exemple, la curieuse charte de *sponsalitium* émanée de Rodolphe IV, roi de la Bourgogne transjurane, qui contient donation de divers sièges royaux parmi lesquels le siège très royal de Neuchâtel (Suisse) : « Dono dilectissimæ sponsæ meæ Ymengardi Aquis villam sedem regalem cum colonis ejusdem ville, nostræ proprietatis sicut ab eis inhabitatur... et dono ei novum castellum regalissimam sedem cum servis et ancillis et omnibus appendiciis... Habeat ergo supranominatas res sub potestate habendi donandi, vendendi, vel quicquid ipsi placeat inde faciendi. » (1011, *Arch. de Chambéry*. Je cite ce texte d'après une photographie du document original).

[3] Voyez-en un exemple, *suprà*, p. 205, note 1. C'est par une supposition purement gratuite que M. Sohm considère la pose d'une croix comme équivalant à une pareille concession. (Sohm, *Die Entstehung des deutschen Städtewesens*, p. 30).

[4] Charte du duc d'Aquitaine, Gui Geoffroi, en faveur d'un faubourg neuf de Poitiers (1076) : « Statui mihi construere monasterium in suburbio Pictavis... Quod monasterium tam illud quam ea quæ ad se

qu'à tous autres; elle peut être étendue à une ville entière comme cela eut lieu pour Strasbourg et pour Bayonne.

Le trait distinctif de la sauveté réside, nous le savons, dans le concours de l'autorité religieuse et de l'autorité civile[1]. L'une ne se sépare pas de l'autre. L'asile religieux est à la base, mais la sanction civile est indispensable pour qu'il y ait sauveté. Cette étroite et nécessaire alliance se manifeste clairement dans les cérémonies à l'aide desquelles il est procédé à la délimitation des bourgs francs. Ici un arbalestrier monte sur le haut du clocher et lance des flèches vers les quatre points cardinaux; des croix sont plantées à l'endroit où les flèches tombent[2]. Là on se

pertinere videntur, constituo et confirmo *liberum et francum*, cum omnibus quæ ad se pertinere videntur, quæsitis et acquirendis; videlicet *Burgum novum quod ultra fluvium est situm, burgum quod circa illud monasterium in terra et possessione ipsius monasterii construitur*. In tanta enim libertate et quiete volo et jubeo esse illud monasterium, ut *si aliquis* pro aliquo forisfacto, vel etiam me irato timore aliquo pressus *ad prædictum burgum fugerit, liber et quietus sine aliquo timore* VELUT IN ECCLESIA MANEAT; donec aut placitum faciat aut in pace discedat. Ceteri vero illic commorantes, vel sua illic afferentes, sive reponentes, homines scilicet extranei, cum suis omnibus, absque ulla injuria a meis hominibus ibi facta, permaneant... Concedo quoque eidem monasterio ea quæ usque ad muros civitatis acquirere poterit, nullam omnino in his consuetudinem mihi retinens. » (Moreau, t. 31, f° 191 suiv. — Besly, *Histoire des comtes de Poictou*, p. 366-367). — Cf. la confirmation par le roi de France, Philippe Ier, de la franchise de l'église de Saint-Symphorien, construite dans un faubourg d'Autun, *in Æduensi suburbio*. (Moreau, t. 31, f° 195).

[1] Ce concours est facile dans des villes épiscopales telles que Strasbourg.

[2] « Conventum tale fecerunt Tedbadus et frater suus Odo, et mater sua Adda cum abbate S. Sulpitii Odone et monachis ejus de ecclesia que dicitur de Molnet... Inter se ad hoc pervenerunt placitum ut adsisteret aliquis ex parte S. Sulpicii cum forti balista a capite ejusdem ecclesie et infra et a latere dextro et sinistro, et mitteret sagittam; et ubi devineret sagitta, *ibi figeretur crux*, OB SIGNUM ILLIUS ECCLESIE SALVATIONIS; et quisquis mansurus esset in antea a terminis presi-

borne à faire le tour de la ville ou du bourg et à poser solennellement des croix[1]. Ailleurs, quand cette opération est impraticable, quand la franchise doit s'arrêter au milieu d'une rivière, les reliques du saint qui protège la sauveté sont promenées en grande pompe dans une barque qui suit la ligne frontière, et d'où un évêque lance de l'eau bénite dans la direction de l'*atrium*, noyau de l'asile[2].

Toujours donc les deux autorités civiles et religieuses procèdent en commun. L'élément laïque vient renforcer l'élément religieux, celui-ci vient garantir les franchises laïques. Les croix sont le symbole visible de cette alliance. C'est à bon droit qu'au XIIIe siècle on les appellera *croix de*

gnatis usque ad corpus ecclesie, liber et salvus fieret ab omni servicio istorum servorum (sic); et omnino a querelis et oppressionibus suorum et etiam extraneorum... omnia salva et quieta permaneant. Quod si aliquis hoc infregerit bannum seniori componat LX solidos, et monacho preposito dabit suam legem, et malefactum emendabit cui intulerit. » (*Cartul. A. de Saint-Sulpice de Bourges*, fo 73; Raynal, *Hist. du Berry*, I, p. 478-479).

[1] « Ego Pontius comes Albiæ... dono illum meum vicum Viancii totum ad alodem et *quicquid infra muros visus sum habere*...

« ... Illum meum vicum de Viancio... salvum fore constituo imposterum. Ita ut si aliquis *infra cruces et signa quæ ego defixi* aliquid mali fecerit... (rem) suam amittat et alienam in quadruplum restituat; et hoc edictum transgressus, odium meum et meæ posteritatis ita incurrat, ut eum in comitatu meo remanere non liceat, et sit maledictus et devetatus a divino officio. » (987. *Hist. du Languedoc*, V, col. 304, 306).

[2] « Spatium mensure atrii et curtis S. Bertini taliter divisimus : scilicet ut usque ad medium fluvii qui dicitur Agniona, quo circumfluente idem cenobium protenditur, et infra manentes ab omni potentia et justicia liberi maneant et quieti et tantum abbati de componenda cujuscunque negotii causa vel institutionis eorum rationem reddant, et ipsum consulant. Que divisio et institutio, ut majori auctoritate fulciretur, *corpora Sanctorum Audomari et Bertini navi imposita predictum per fluvium in nostra potentia circumduci fecimus, episcopo Drogone ab ipsa navi aquam benedictam VERSUS ATRIUM projiciente, et hoc modo quantum est spatium in liberam potestatem Sancti Bertini vindicante.* » (6 janvier 1056. *Cartul. de Saint-Bertin*, p. 186).

franchise et qu'elles deviendront alors l'emblème de franchises exceptionnelles concédées par des chartes, comme celle de Beaumont. Au XIe et au XIIe siècle, c'est vraiment la croix qui affranchit. A mesure que la sauveté d'un bourg s'étend au bourg voisin et finit par embrasser une ville entière avec sa banlieue, les croix se reportent plus loin. Ainsi à Nevers la sauveté du bourg de Saint-Étienne paraît s'être étendue à la ville vers la fin du XIIe siècle. Celle-ci est alors délimitée par des croix posées aux quatre points cardinaux d'une banlieue ayant plus d'une lieue de territoire[1].

La sauveté assure de la sorte et garantit à la population soit d'un quartier, soit de toute une ville, une communauté de privilèges et une protection commune contre les exactions et les violences. D'ordinaire il suffit de la résidence d'an et jour pour en devenir participant.

En résumé, les croix ne sont pas le signe de l'immunité, mais de l'asile et de la sauveté; elles ne sont pas un emblème purement religieux, mais un emblème mixte.

Si les auteurs récents, Schrœder, Sohm, Schulte, s'étaient placés à ce point de vue, le seul conforme aux textes du dixième et du onzième siècle, ils n'auraient pas tenté de rattacher la croix de franchise au droit de marché. Celui-ci n'est, comme nous l'avons vu précédemment[2], qu'une dépendance de la sauveté. Ce n'est pas lui qui assure à la ville l'asile et la franchise, c'est au contraire l'asile et la franchise (sauveté) qui font la principale sécurité

[1] « Quos, jumenta, asinos vel quadrigas burgensium quacunque necessitate urgente a ministris nostris in villa vel infra cruces capi nullatenus permittemus... Spatium autem crucium durat usque ad crucem de Monteth et exinde directè usque ad pontem mali campi, et exinde usque ad portum de Conflent et exinde usque ad ulmum pediculosam. » (Crouzet, *Droits et privilèges de la commune de Nevers*, p. 122. — *Adde*, la note *dd* de la *Collection des Ordonnances*, III, p. 119). — Cf. aussi la charte de Preuilly (1177). La Thaumassière, *Anciennes coutumes* du Berry, p. 72-73.

[2] *Suprà*, p. 182-196, etc.

du marché [1]. Pour qu'il en fût autrement, il faudrait admettre de nouveau l'existence d'une fiction légale que rien ne justifie. L'asile que procure le marché ne dure, en effet, qu'aussi longtemps que dure le marché lui-même [2]. A quel titre donc cette franchise temporaire se serait-elle transformée en une franchise permanente? Où trouve-t-on trace dans les chartes d'une pareille extension? Elle est d'autant moins imaginable que la sécurité offerte directement par le marché était très précaire [3], et que la plupart des marchés se tenaient, précisément pour jouir d'une protection efficace, dans le voisinage immédiat des églises [4].

[1] Cela ressort avec la dernière évidence de la charte de paix de Valenciennes (1114) : « In quocunque loco nundine aut forum ville collocentur infra villam aut extra, omnes quotquot ibidem intererunt, erunt assecurati et *in pace villæ,* ipsi et omnia eorum bona; et quicunque ibidem percusserit, aut interfecerit alium, inculpabitur de fractione pacis, sive fuerit extra. sive fuerit intra, nundinis et foro durantibus, *ac si in medio ville factum perpetrasset.* » (*Monum. Germ. Script.*, XXI, p. 609, col. 1).

[2] Cf. *Leges Burgorum* (XIe-XIIe siècle), art. 3 : « Quilibet burgensis potest namare foris habitantes infra forum suum et extra sine licencia prepositi sui *nisi commercia vel nundine teneantur in burgo.* » (*Ancient Laws and customs of the Burghs of Scotland,* Edimbourg, 1868, p. 5). Ajoutez la note précédente.

[3] « Dodo et Guigo frater ejus... omnem rapinam et violentiam quam habebant in mercato (Gratianopolitanæ civitatis) facere solebant... dimiserunt. » (1101. *Gallia Christ.*, XVI, Instr. col. 82).

[4] Les témoignages sont innombrables. Qu'on veuille seulement se reporter aux documents cités plus haut, p. 317-319. J'en ajoute un à raison des clauses particulières qu'il renferme : « Ego Fulco junior Andecavorum comes... concessi (canonicis Scti Mauricii)... et concessionis mei donum coram testibus super altare posui per cultellum ut ex hoc in reliquum in urbe vel in omnibus suburbiis Andecavis nullus audeat cambiare monetam vel pigmentarias species venundare nisi *in area canonicorum juxta ecclesiam*, in eorum stationibus quæ eis liberas concessi ab omni potestate vel vexatione præpositorum vel vicariorum vel quorumlibet aliorum, nisi forte falsa moneta apud cambitores inventa fuerit, cujus rei justicia ad præpositum meum pertinebit, ita tamen ut decanus vel aliquis de majoribus canonicis cum præp. nostro præsens sit, et ejus jussu præposito moneta tradatur. Quod si quis

C'est sans doute dans le même but de protection religieuse que des croix spéciales furent dressées sur les places de marché[1]. Plus tard ces croix purent tenir lieu des croix de la sauveté, constater son existence sur la principale place publique, à l'endroit même où elle avait le plus d'importance pour les étrangers[2]. On en arriva d'autant plus facilement au XIIIe siècle à se contenter d'une croix de franchise unique que le côté religieux passa du premier rang au second. Ce ne fut plus la sanctification

cambitor post hæc invenitur alibi quam in ipsa area cambiare, vel supradictas species vendere, præp. meus ei omnia tollat. » (1094. *Cartul. noir du chap. de Saint-Maurice d'Angers*, Dom Housseau, III, n° 957).

[1] Elle servait à marquer en même temps l'endroit précis où le marché pouvait se tenir : « Accessu vero feminarum prohibito, figitur crux in signum longiusculè a forinseca monasterii porta quousque uterque sexus admitti debeat, causa scilicet negotii, quia ibidem nundinæ exercentur. » (*Translatio S. Filiberti*, *Acta S.S. Bened.*, IV, 1, p. 551).

Le caractère religieux de la paix de marché se laisse entrevoir aussi dans les *Leges Burgorum* d'Ecosse, art. 86 : « Hec est constitucio pacis nundinarum in burgo domini regis citra Forth, scilicet postquam pax nundinarum proclamata fuerit nullus capietur nec attachiabitur in illis nundinis nisi infregerit pacem nundinarum... vel nisi utlagus domini regis fuerit vel proditor regis aut talis malefactor quem *pax ecclesie* defendere non debeat. » (*Ancient laws and customs of the Burghs of Scotland*, p. 41-42).

[2] Très anciennement déjà on se contentait de deux croix ou même d'une croix unique : « Priscam defensionem duarum ecclesiarum cymiterium ambientem quod, *ritu veteri, crux ad orientem et alia ad occidentem sita propter infractiones præmonstrabat.* » (XIe siècle. *Histor. Scti Flori Salmurensis mon.* Chroniques des Eglises d'Anjou, p. 282). — « Usque *ad crucem quæ supereminet terræ monachorum.* » (XIe siècle. Cartul. de *Saint-Serge d'Angers*, latin 5446, f° 268. Moreau, t. 38, f° 23 r°). — Une double croix se rencontre à Basècles dont le *comitatus* est cédé en 1040 à l'abbaye de Saint-Ghislain par l'empereur Henri III : « De cruce quæ est in via Platonis usque ad aliam crucem quæ est in fine allodii ejusdem villæ, cum districtu et mercato, et cum omni publica functione et utilitate, etc. » (Miraeus, *Diplom.*, III, p. 302).

d'une enceinte, solennellement reconnue et consacrée par l'autorité laïque, mais l'octroi par celle-ci d'une charte de privilèges qui devint la source des libertés et de la sécurité assurés aux habitants d'une ville et aux étrangers de passage.

Des liens plus étroits que la sauveté rattachèrent entre elles les diverses fractions en lesquelles se décomposait l'agglomération urbaine. J'en aperçois trois principaux : le lien de caste, le lien religieux et le lien industriel, ces deux derniers soudés d'ordinaire intimement.

A la tête de la population sédentaire, immédiatement au-dessous des seigneurs qui commandent dans la ville ou marchant même de pair avec eux, sont les chevaliers, les hommes de guerre : les uns vassaux, les autres indépendants de ces seigneurs, possesseurs dans l'enceinte d'une cour fortifiée ou d'un châtelet, et au dehors de domaines dont l'importance peut être grande[1].

La classe des hommes libres, des bourgeois proprement dits, s'oppose à la classe des chevaliers et des hommes de guerre. Ce qui la caractérise c'est avant tout que pour elle la justice publique n'est pas morte, que les bourgeois sont jugés en matière personnelle comme en matière réelle par de véritables fonctionnaires pris dans leur sein, parfois désignés par eux au choix du seigneur : les échevins. Le fait n'est pas spécial au Nord, comme trop d'historiens l'ont admis. Le nom seul a disparu en partie dans le Midi : les échevins s'y appellent de préférence *judices*.

Le nombre de ces bourgeois libres étant susceptible de s'augmenter par des affranchissements et des privilèges collectifs, il semblerait que l'échevinage dût être un centre de groupement pour toute la population roturière des villes

[1] « Multi nobiles oppidani erant, qui, magnorum possessores fundorum, in præcipuis baronibus nativæ regionis pollebant, et multis magnæ strenuitatis militibus, hereditario jure, præeminebant. » (1098. Orderic Vital, IV, p. 49).

et un moyen pour elle de refouler les seigneurs, les chevaliers, le haut clergé, à mesure que la bourgeoisie s'enrichissait et que les classes inférieures y versaient leur contingent numérique. Cette marche des événements peut s'observer, en effet; mais elle est exceptionnelle. Le plus souvent, c'est entre les chevaliers et les bourgeois que le rapprochement et la fusion s'opèrent, ce n'est pas entre ceux-ci et les classes populaires. Les bourgeois s'élèvent par le commerce[1], la banque[2], les arts mécaniques[3], et même les professions que nous appelons libérales[4]; ils s'allient aux familles seigneuriales[5]; ils font des chevaliers

[1] Dans toute la Normandie, par exemple, le commerce prend un grand essor après la conquête de l'Angleterre, et les bourgeois s'enrichissent rapidement. (Orderic Vital, II, p. 215, III, p. 355, etc.). — En 1090, un bourgeois de Rouen, Guillaume, fils d'Anger, paie une rançon de trois mille livres (*ibid.*, III, p. 356).

[2] Hagenel, boucher d'Orléans, et sa femme Hersent se sont, au dire d'un trouvère, si fort enrichis par le prêt sur gage et à intérêt qu'une grande partie des maisons de la ville leur est engagée et qu'ils achètent aux nobles fours, moulins et châteaux :

« A monte et a usure si vont prestant
Un si très grant avoir vont amassant
Que les .II. pars d'Orliens vont engagant,
Fours, molins et rechès vont acatant
Et vont tous les frans homes desiretant. »

(*Aiol*, v. 2656 suiv.)

[3] « Erat autem Vizeliaco quidam qui dicebatur Hugo de S. Petro, advena, genere et moribus ignobilis, quem natura inopem protulerat, sed manus arte docta mechanica locupletem effecerat. » (*Hist. Vizeliac. monast.*, III; Dachery, *Spicilegium*, II, p. 526, col. 1).

[4] « Goisbertus civis Carnotensis ... optimam domum quam in urbe habuerat XXX libris Carnotensium vendidit, totumque pretium Uticensibus ovanter retulit. Hic erat statura procerus et exilis, moribus benignus et tractabilis, magnanimus et dapsilis. Et quia medicinæ artis erat peritissimus, multis erat notus et necessarius ac familiaris amicus. » (Vers 1075. Orderic Vital, II, p. 423).

[5] A Montpellier, nous avons vu le fils d'un viguier épouser la fille d'un bourgeois (*suprà*, p. 260-263). Dans Aiol, c'est un bourgeois enrichi de Romorantin qui épouse la fille d'un chevalier :

de leurs fils[1]; ils mènent un grand train de maison[2] et disposent de richesses et d'une influence[3] qui les mettent au pre-

« Mes peres fu frans hom et de grant parenté :
Pui kei en malage et en graut poverté,
Et engaga ses terres, petit l'en fu remés.
Cis hom ert par usure en grant avoir montés :
A mon pere fist toute se tere racater;
Puis m'i dona a feme... »
(*Aiol*, v. 7065 suiv., 7111 suiv.)

Le fait n'est pas spécial au midi. Il a pu être aussi fréquent dans les grandes cités du Nord telles que Rouen, Metz ou Strasbourg que dans celles de la Provence ou du Languedoc.

[1] *Aiol*, v. 7130 suiv. — De même, dans la chanson d'Ogier, Bertrand, fils du duc Naisme, a pour hôte à Pavie un riche bourgeois qui se fait moine, et dont le fils devient chevalier :

« La se heberge ciés son oste Garnier,
Uns borgois rice, asasés de deniers;
Mais il iert moines, si ot le siècle laissié
Passé avoit un an trestot entier.
Un fil avoit mult vaillant chevalier;
Non ot Obessis, si venoit de cachier... »
(*Ogier le Danois*, v. 4013 suiv.)

[2] « Li hostes les fist bien servir et honorer :
Sieges orent et coutes et boins tapis ovrés,
De rose et de mentastre font tout joncier l'ostel.
.....
Li vallet furent bien vestu et acesmé :
Le vin lor veissiés par noblece porter
As grans coupes d'argent dont li ourt sont doré. »
(*Aiol*, v. 7083 suiv.)

[3] En 1090, Conan, riche bourgeois de Rouen, partisan du roi d'Angleterre Guillaume le Roux, soulève la ville contre Robert Courte Heuse. Orderic Vital en trace ce portrait : « Hujus nimirum factionis incentor Conanus, Gisleberti Pilati filius, erat, *qui inter cives, utpote ditissimus eorum præcellebat.* Is cum rege de tradenda civitate pactum fecerat, et immensis opibus ditatus in urbe vigebat, ingentemque militum et satellitum familiam contra ducem turgidus jugiter pascebat. Maxima pars urbanorum eidem adquiescebant. » (Orderic Vital, III, p. 351-352). — Dans la *Vita Burchardi* écrite en 1058, Eudes moine de Saint-Maur-des-Fossés nous apprend que l'abbé de ce monastère était le fils d'un *riche parisien*, ce qui lui constituait une *noble extraction* « nobilis progenie erat, ex sanguinitate enim Ansoaldi divitis Parisiacæ civitatis existerat » (D. Bouquet, X, p. 352 *c*).

mier rang. Rien ne s'oppose à ce rapprochement puisque la noblesse loin d'être fermée se trouve à l'état flottant et en voie de formation, et, d'autre part, il est favorisé par l'existence d'une zone intermédiaire et mixte, la classe des fonctionnaires. Les seigneurs prennent leurs serviteurs et leurs officiers dans tous les rangs, à tous les degrés de l'échelle sociale, depuis le serf qui devient bouvier ou cuisinier jusqu'au noble qui devient chambellan ou maréchal. Mais la tendance des fonctions à devenir héréditaires, le prestige, l'influence, la richesse que procurent les grands offices, les privilèges et les immunités d'impôts dont jouissent les plus infimes et les plus vils donnent naissance à une classe spéciale, celle des *ministeriales*. Elle se subdivise, elle se ramifie suivant l'importance des fonctions. Les plus humbles parmi les *ministeriales* se groupent, nous le verrons, en *confréries*, les plus grands en corporations ou en ordres, tels, par exemple, que ces puissantes associations (*fraternitates, universitates, Hausgenossenschaften*) de monnayeurs (*monetarii*) qui tiennent une si grande place dans l'histoire municipale du Nord et du Nord-Est, à Strasbourg, à Metz, dès le XIe et le XIIe siècle[1].

Les *ministeriales* fournissent ainsi le terrain mitoyen où les chevaliers et les bourgeois se rencontrent. Les premiers recherchent avec ardeur les fonctions de vidame, de viguier, de chambrier (*camerarius*), de sénéchal (*senescalcus*), de grand écuyer et tant d'autres, les seconds y atteignent grâce à leur activité, leur intelligence et leur richesse. Ne voyons-nous pas à Chaumont, au XIe siècle, un prévôt (*prætor*), devenir l'ami du seigneur d'Amboise, — quoiqu'homme nouveau, né dans la bourgeoisie *municipaliter*, s'étant élevé de lui-même, n'étant rien par ses aïeux, — combattre aux côtés de son maître, et soulever la foule d'où il est sorti pour faire échec au noble qui

[1] Cf. Eheberg, *Ueber das ältere deutsche Münzwesen und die Hausgenossenschaften* (Leipzig, 1879), surtout p. 114 suiv.

tient le premier rang en puissance après le seigneur d'Amboise [1].

Ainsi se mêlent les rangs, ainsi naît un patriciat urbain que consolident graduellement la résidence dans les mêmes quartiers, les associations familiales et les alliances politiques. L'échevinage se monopolise entre ses mains. Le petit bourgeois libre est refoulé vers les classes inférieures dans lesquelles il se confond. Il ne peut plus considérer l'échevin comme son pair. Celui-ci n'est choisi désormais que dans des familles ou des quartiers aristocratiques [2]; il est le représentant des chevaliers et de la haute bourgeoisie, et son rôle politique croît à proportion [3]. Quand s'inaugurera le mouvement communal, c'est l'aristocratie qui en prendra d'ordinaire la tête et qui le fera tourner à son profit [4].

[1] « Gosbertus prætor Calvi Montis, vir prudens, ad Gosfridum de Calvo Monte in Angliam misit... Quod comperiens Mauricius Escarpellus exarsit in iram, et quasi alter Catilina..., qui Gosbertum prætorem *quasi novum hominem provocans, quod genus unde domo si quis requisisset, municipaliter natum, claritatis initia non ab avo et patre sed a se ipso habuisse fatebatur,* et quod Gosbertus *per fas et nefas crescere affectabatur.* Sed quia familiaris Supplicio Gosbertus pernimium fuerat, Hugonem filium suum utpote dominum suum valde diligebat, *quasi popularis persona levis turbæ facilitatem qua voluit contraxit,* et tribunitiis flatibus in Mauricium crebro seditionem populi impellebat, eique resistebat. » (*Gesta Ambaz. Domin.,* Chroniques des comtes d'Anjou, p. 183-184).

[2] C'est ainsi que jusqu'au XIIIe siècle, les échevins à Saint-Quentin n'étaient choisis que dans le vieux bourg. (Giry, *Etude sur les origines de la commune de Saint-Quentin*, p. 36).

[3] De là, par exemple, la puissance dont se trouva investi le premier échevin (*primus scabinus, magister scabinorum*) de Metz. (Cf. Klipffel, *Un épisode de l'histoire du régime municipal*, p. 59). — Trois doyens et l'échevin (*scabinio*) figurent à côté de l'avoué de la ville dans une charte de 1075 (*circa*), reproduite plus haut (p. 318-319, note).

[4] Klipffel a fait cette remarque très juste, qui peut se généraliser : « La révolution communale dans les cités épiscopales romanes eut un caractère plus aristocratique qu'on ne l'a montré jusqu'ici. Ce furent

En définitive, la population urbaine se scinde en deux, le patriciat et la plèbe : les *nobiles, meliores, divites, optimates, senatores,* etc., et les *minores, mediocres, humiliores, plebs* ou *vulgus*[1].

Dans le bas comme dans le haut un travail d'unification s'accomplit : les classes inférieures se rapprochent et s'amalgament comme les classes supérieures. Le trait d'union primordial est pour elles l'église paroissiale, baptismale, dont la circonscription peut s'étendre sur des seigneuries différentes, sur plusieurs *vici,* quartiers, ou sur des habitants appartenant à divers seigneurs. L'église à cette époque, n'est-elle pas le centre de la vie civile? Ne pourvoit-elle pas à une infinité de services publics? Actes de l'état civil, contrats de toute nature sont dressés et conservés par elle. Actes solennels, affranchissements par cojurateurs, élections s'accomplissent dans le temple. Des spectacles s'y donnent, des banquets ou agapes s'y tiennent, des danses même s'y organisent. Guérard l'a dit fort justement : « Le temple était à la fois pour le peuple son théâtre, son forum et son hôtel-de-ville[2]. »

Des rapports répétés, continus, étroits, s'établissaient par là entre tous les habitants d'une paroisse, de quelque seigneur qu'ils relevassent, rapports d'autant plus intimes que la condition de ces habitants était plus voisine et que des groupes spéciaux formés au sein de la paroisse venaient les renforcer.

les villes où l'aristocratie l'emporta le plus complètement qui réussirent à conquérir la plus grande somme d'indépendance. » (*Etude sur l'origine et les caractères de la révolution communale dans les cités épiscopales romanes de l'empire germanique,* Strasbourg, 1869, p. 153).

[1] La terminologie varie à l'infini. Elle est simple et assez rigoureuse dans ce passage de Jean de Marmoutiers, parlant des habitants de Pont-Orson : « Municipes igitur, oppidani, viri nobiles et matronæ, vulgusque promiscuum. » (*Historia Gaufredi comitis Andeg.,* liv. II, *Chron. des comtes d'Anjou,* p. 296. D. Bouquet, XII, p. 532 c).

[2] Guérard, Préface du *Cartulaire de N.-D. de Paris,* I, p. XXVI.

A une époque où l'isolement de l'individu constituait le plus grand péril, les membres et les branches d'une même famille se pressaient les uns contre les autres dans un même quartier[1]. Tous les rejetons d'une souche avaient une organisation corporative, une justice familiale, rappelant par certains traits la *gens* primitive des Romains : ils se prêtaient une assistance mutuelle dans les contestations judiciaires, dans les conflits violents, dans les calamités publiques ou les malheurs privés[2].

Ces groupes familiaux s'élargirent par le cours naturel des choses, comme par la pratique de traditions anciennes que le christianisme avait renouvelées et rajeunies. Les relations de voisinage ou de quartier[3], le lien paroissial, la communauté fréquente des périls faisaient sentir aux hommes la nécessité d'un rapprochement et les bienfaits de la solidarité. La tradition peut-être ininterrompue d'associations charitables et fraternelles telles que les collèges funéraires des Romains[4], de sociétés chrétiennes d'assis-

[1] La division ancienne de beaucoup de villes en *quartiers*, c'est-à-dire en *quatre régions*, doit tirer sa source du plan primitif de la cité ou castrum dont les quatre portes orientées vers les points cardinaux étaient reliées par deux rues principales se coupant à angle droit (*suprà*, p. 239).

[2] Nous le ferons ressortir au livre suivant en étudiant l'organisation de la famille. Dès à présent, voyez les articles 4 et 8 de la *charte d'amitié d'Aire* (Ordonn., XII, p. 563 suiv.) : « Si quis qui non est de amicitia, *turbâ parentum fretus*, homini de amicitia injuriam in verbo vel in facto fecerit... » (art. 8). — « Nisi infra quadraginta dies secundum judicium selectorum judicum mortem amici emendaverit, et nisi *parentibus satisfecerit* » (art. 4).

[3] Le quartier formant comme une petite cité (*suprà*, note 3) pouvait être mis en état de défense de jour, fermé la nuit, gardé par des veilleurs, parcouru par des rondes, etc., pour assurer la sécurité de ses habitants.

[4] Comme les confréries charitables du moyen âge, les *collegia tenuiorum* de l'Empire romain assuraient à leurs membres (*sodales*, *corporati*, *socii*) une cérémonie funèbre et une sépulture décente. Ils avaient leur caisse commune (*arca*) et leurs cotisations mensuelles (*stips menstrua*), leur lieu de réunion (*schola*), leurs repas anniver-

tance mutuelle, en cas de pauvreté, de maladie, de mort, de naufrage ou d'autres calamités[1], d'agapes chrétiennes (*caritates*), symboles d'une *communion* (*communio*) si parfaite qu'elle pouvait aller jusqu'à cette communauté de biens que le christianisme avait instituée entre les fidèles de la primitive église, fournissait les cadres et les éléments d'organisation. Les mœurs germaniques vinrent ajouter leur contingent aux usages romains et chrétiens. Les Germains aussi avaient eu, dès les temps reculés, des associations dont les membres étaient assimilés à des frères, à des descendants fictifs d'une même famille, s'asseyaient à une même table, partageaient la même coupe, rompaient le même pain, et se soutenaient dans la bonne et la mauvaise fortune, après s'être liés pour la vie et pour la mort[2] par

saire (*cenæ*) et leurs assemblées (*conventus*) où les querelles se pacifiaient à l'amiable, leurs règlements (*lex collegii*), leurs amendes (*multæ*) et leurs chefs, administrateurs ou agents (*quinquennales, præpositi, magistri cenarum*, etc.). Ils étaient placés sous la protection de divinités dont ils portaient le nom et dont ils célébraient les fêtes. Les affiliés s'appelaient entre eux *frères* (*fabri fratres, fratres, sorores, fratres carissimi*, etc.), et ils appelaient *patres* leurs patrons. Voir les statuts du *Collegium funeraticium Lanuvinum* (133 ap. J.-C.) (Bruns, *Fontes juris romani antiqui*). — Mommsen, *De collegiis et sodaliciis Romanorum* (Kiel, 1843). — De Rossi, *I collegii funeraticii famigliarii e privati* (Berlin, 1877). — F. Baudry et G. Humbert, v° *Collegium*, dans le Dictionnaire des Antiquités de *Saglio et Daremberg*, t. I, 2e part., 1887, et surtout le travail très complet de M. Liebenam, *Zur Geschichte und Organisation des römischen Vereinswesens* (Leipzig, 1890), qui remarque fort justement que les corporations romaines constituaient des familles fictives (*Die Mitglieder sollen sich als eine grosse Familie fühlen, wie auch die zahlreichen Beweise ihrer Opferfreudigkeit bekunden*, p. 185).

[1] Cf. l'*Apologeticus* de Tertullien, cap. 39 (Migne, *Patrologie*, I, 533) : « Modicam unusquisque stipem, menstrua die vel cum velit et si modo possit, apponit. Nam nemo compellitur sed sponte confert. Hæc quasi deposita pietatis sunt. Nam inde non epulis nec potaculis nec ingratis voratrinis dispensatur, sed egenis alendis humandisque et pueris ac puellis rei ac parentibus destitutis, ætateque domitis senibus, item naufragis. »

[2] Voyez *infrà*, 2e partie.

des rites solennels, dans lesquels le serment religieux intervenait[1].

La combinaison de ces éléments d'origine disparate, mais d'une convergence évidente, engloba des familles voisines, les réunit en associations de quartiers[2], *viciniæ*, en confréries placées sous l'invocation d'un saint[3]. De telles associations ou confréries peuvent s'appeler indifférement *gilde*, *fraternité*, ou *charité*[4], car le trait com-

[1] Ce serment réciproque, la *conjuratio*, voilà par excellence l'apport germanique. Son énergie, son efficacité est démontrée par le fait que c'est lui que visèrent les prohibitions des capitulaires et non la simple association d'assistance mutuelle. — Capit. Haristal, 779, cap. 16 : « *De sacramentis* per gildonia *invicem conjurantibus*, ut nemo facere præsumat. Alio vero modo de illorum elemosinis aut de incendio aut de naufragio, quamvis convenentias faciant, nemo in hoc *jurare* præsumat. » (Boretius, p. 51). — Capit. 789, cap. 26 (*ibid.*, p. 64) : « *Istas conjurationes* quas faciunt per Sanctum Stephanum aut per nos aut per filios nostros prohibemus. » — C'est lui qui reparaîtra au premier rang dans le mouvement communal.

[2] Le quartier restera, aux siècles suivants, un des facteurs essentiels de l'organisation municipale, du Nord au Sud de la France, et de l'Ouest à l'Est.

[3] Cf. Piot, Introduction au *Cart. de Saint-Trond*, t. II, p. LXV. La confrérie de Notre-Dame à Saint-Trond, qui apparaît dans une charte de 1171 (*Cartul. de Saint-Trond*, I, p. 117), était bien plus ancienne. On peut en rapprocher la confrérie de Notre-Dame de Mantes, dont les origines sont reportées par la tradition au XIe siècle et qui a joui d'une influence considérable au XIIe (Cf. Luchaire, *Les communes françaises*, p. 34). — Le moine Aimoin, dans le troisième livre des miracles de saint Benoît (fin du Xe à commencement du XIe siècle), relate un exemple d'une résolution concertée au milieu des libations en l'honneur d'un saint : « Suis, *inter pocula in amore patris Benedicti sumpta, condixerat.* » (*Miracles de saint Benoît*, p. 139).

[4] « Fraternitati beate Marie, que vulgo *gulde* vocatur. » (*Cartul. de Saint-Trond*, p. 117). — Le sens originaire le plus probable du mot *gild*, *geld*, me paraît être association très étroite, communion. Dans la formule saxonne d'abjuration du paganisme (772-777), que nous a conservé un manuscrit de Fulde, l'interlocution suivante s'établit : « Forsachistu diabolæ? — Ec forsacho diabolæ. — End allum diobolgelde? — End ec forsacho allum diobolgeldæ. — « Renonces-tu

mun, le trait essentiel est la solidarité familiale qui existe entre leurs membres, l'assistance mutuelle qu'ils doivent se prêter pour se venger des tiers ou pour échapper à leur vengeance, l'arbitrage amiable qui prévient ou termine les conflits entre eux[1]. Elles finissent par se donner des juges attitrés pour leurs affaires intérieures et des représentants de leurs intérêts au dehors. Ce sont, par exemple, les comtes de paroisse que nous voyons apparaître à Metz au XIIe siècle[2] et les jurats qui, dans les com-

au diable? — Je renonce au diable. — Et à toute communion avec le diable? — Et je renonce à toute communion avec le diable. »

Je n'ignore pas que les érudits allemands interprètent *diobolgelde* par sacrifice fait au diable. Je citerai, pour être bref, un fac-simile et une traduction publiés tout récemment par Könnecke, *Bilderatlas zur Geschichte der deutschen Nationallitteratur,* Marbourg, 1887, p. 8; mais la traduction *societas* donnée au XVIIIe siècle par Eccard (*Incerti monachi Weissenburg. Cathechesis theotisca,* Hannovre, 1713, p. 78, 175 suiv.), ce savant si familier avec les antiquités germaniques, me paraît plus satisfaisante. On peut en rapprocher une expression analogue des instructions de Saint-Eloi (Dachery, *Spicilegium,* II, p. 76 suiv.) : « Discedere a societate (diaboli). »

[1] Les statuts célèbres de Hincmar de Reims (852) sont, à cet égard, une vraie source de lumière. — Cap. 16 : « *Ut de collectis, quas geldonias vel confratrias vulgo vocant,* sicut jam verbis monuimus et nunc scriptis expresse præcipimus, tantum fiat quantum ad auctoritatem et utilitatem atque rationem pertinet. Ultra autem nemo... in nostra parrochia progredi audeat. Id est in omni obsequio religionis conjungantur : videlicet in oblatione, in luminaribus, *in oblationibus mutuis, in exequiis defunctorum,* in eleemosynis, et ceteris pietatis officiis : ita ut qui *candelam* offerre voluerint, ... ad altare deferant. Oblationem autem... pro se *suisque omnibus conjunctis* et *familiaribus* offerat... *Conventus autem talium confratrum* si necesse fuerit ut simul conveniant, *ut si forte aliquis contra parem suum discordiam habuerit, quem reconciliari necesse sit, et sine conventu presbyteri et ceterorum esse non possit...* qui voluerint eulogias a presbytero accipiant, et panem tantum frangentes singuli singulos biberes accipiant... » (Labbe, *Concilia,* VIII, col. 572).

[2] Klipffel, *Un épisode de l'histoire du régime municipal,* p. 54-55. — Cf. les échevins du commun peuple à Bruges par opposition aux échevins des bourgeois (*Poorter*). (Warnkœnig, *Fländrische Staats- u. Rechtsg.,* I, p. 367-368).

munes de Picardie, deviendront par opposition aux échevins judiciaires les vrais ancêtres du magistrat[1].

Le groupement que je viens d'esquisser n'est pas le seul. Il en est un autre qui, par des voies différentes, aboutit à d'analogues résultats. De même que les membres naturels ou fictifs d'une même famille, les artisans d'un même métier, les marchands d'une même profession se massent, se fixent côte à côte. Ils forment ainsi, comme nous l'avons constaté dès le IXe siècle à Saint-Riquier[2], des quartiers ou des rues homogènes, où ils se sentent chez eux et maîtres, et qu'ils mettent, au besoin, en état de défense[3].

Ils ne s'en tiennent pas à ce rapprochement tout matériel. Là aussi, la solidarité et l'assistance mutuelle se font jour et engendrent le lien corporatif.

Les artisans et les marchands du temps de Rome étaient répartis, chacun le sait, en corporations, et il est vraisemblable que la tradition indispensable du métier ne laissa jamais disparaître entièrement ces cadres primitifs[4]. En tout cas, ils se reformèrent et se solidifièrent, au moyen âge, par le lien religieux, le seul qui offrît une

[1] Le phénomène si singulier en apparence constaté par M. Giry à Saint-Quentin et dans une dizaine de villes du Nord, surtout de la Picardie, à Laon, Noyon, Chauny, Corbie, etc. (Giry, *Etude sur les origines de la commune de Saint-Quentin*, p. 28-32, 48 suiv., 61 suiv.) de l'existence d'un échevinage judiciaire distinct de la commune, trouve à nos yeux son explication toute naturelle. L'échevin représente le patriciat et la seigneurie, en exerçant la justice publique au nom de celle-ci, tandis que le peuple des paroisses (*plebs*) est représenté par des jurés qui veillent à ses intérêts matériels, font office d'arbitres volontaires et, au besoin, exercent la vieille justice populaire de la vengeance.

[2] *Suprà*, p. 319-320.

[3] Richer décrit en ces termes le quartier des marchands à Verdun : « Negotiatorum claustrum, muro instar oppidi exstructum, ab urbe quidem Mosa interfluente sejunctum, sed pontibus duobus interstratis ei annexum... » (*Histor.*, III, cap. 103, ed. Guadet, II, p. 126-128).

[4] La preuve positive d'une pareille filiation peut être difficilement rapportée. Elle vient pourtant d'être tentée avec un certain succès

sécurité relative. Le collège devint confrérie pour participer à la protection de l'Église et il paya cette protection d'une certaine subordination et d'oblations périodiques. Autant de métiers différents, autant parfois de confréries[1].

De nouveau, l'élément germanique exerça son action. Les vieilles fraternités germaines pouvaient s'adapter aux objets les plus divers, et elles recélaient dans leur sein un principe d'une singulière énergie, la conjuration[2].

Les confréries de métier et de profession sortirent donc, elles aussi, d'un triple élément, romain, chrétien, germanique. Comme les confréries de quartiers, elles eurent leur

pour une corporation de jardiniers qui existait à Rome au XIe siècle. (M. Hartmann, *Urkunde einer rœmischen Gaertnergenossenschaft vom Jahr 1030,* Fribourg-en-Brisgau, 1892).

[1] Guimann nous donne les détails les plus précieux sur les confréries qui existaient de son temps à Arras (XIIe siècle) et dont le nombre, dit-il, avait été jadis bien plus considérable encore : « Sunt quedam in ecclesiis beneficia et consuetudines que proprie ac specialiter caritatis nomen retinent, ut sunt ille que dicuntur ministerialium quibus de sua devotione obligant caritates, quia singulis debent annis sancto Vedasto de sua *caritate et fraternitate : Parmentarii* IV solidos, *sutores* X, qui utrique suum debitum solempniter ad altare S. Vedasti deferunt. Porro *guilda mercatorum* debet XXIV solidos qui dicuntur de *candela* quos scabini solvunt. Quando mercatores ad suam consident caritatem, si cellerarius vel thesaurarius illuc mittunt, uterque ex consuetudine debet habere dimidium vini sextarium. In *caritate vero monetariorum* thesaurarius dimidium vini sextarium.

« *Multe fuerunt hujusmodi caritates;* sed quod in aliis refrixit in his viget. » (*Cartul. de Saint-Vaast d'Arras*, p. 191).

[2] *Suprà*, p. 375, note 5. Dans les gildes du Nord, le serment est prêté sur la chandelle : « Omnes qui intrant gildam, jurent *super candelam* prout lex dictaverit... » (Pappenheim, *Die altdänischen Schutzgilden*, p. 488). Or chacun sait le rôle que la sainte chandelle a joué dans les confréries de métier. (Voir, par exemple, *Cartul. d'Arras,* p. 191, à la note précédente).

Les statuts récemment publiés d'une confrérie de jardiniers à Rome (10 avril 1030) sont consacrés par un serment solennel : « Hec namque prescripta omnia conservamus et adimplemus ; de qua et juratus dicimus per deum omnipotentem sanctæque sedis apostolice domini nostri Johanni nonidecimi papæ atque Chonradi imperatoris au-

fonds commun et leurs représentants. Empruntant plus qu'elles aux gildes proprement dites, poursuivant un but plus immédiat de richesse et de bien-être, s'efforçant surtout de s'assurer un monopole au regard des tiers, leur organisation devint plus forte[1].

Leur extension aussi fut plus rapide. Elle suivit les progrès de l'industrie et du commerce. Dans le principe, l'organisation du travail avait influé, à ce point de vue, sur elles. Les artisans d'une même *familia* s'étaient groupés quel que fût leur métier[2]. Plus tard, quand une branche de commerce (notamment le commerce extérieur) se développa, elle irradia autour d'elle et finit par absorber

gusti. Si... contra agere presumerimns... perjurii reatum incurramus... » (Hartmann, *op. cit.*, p. 14).

Il est à noter aussi que les procès entre affiliés sont vidés par leur chef élu (*prior*), sauf recours possible à une assemblée des chefs de toutes les confréries appartenant au même corps de métier : « Convenit igitur inter nos, ut, quacumque ex nobis unum ad alium in culpam sibe in damnum ceciderit, veniat ille qui culpatum fuerit ad te et quantum tu juste cognoverit et estimaverit, tantum ille emendet; quod si autem eam litem non potueris finire, veniat simul tecum ad aliis prioribus ortulanis et quantum ipsis juste cognoverit et estimaverit, tantum fiat emendatum. » (*Ibid.*, p. 13).

[1] Ainsi à Saint-Trond, dans les premières années du XIIe siècle, trois corporations de métier, les boulangers, les fabricants de cervoise, les *sutarii* (il faut probablement lire *suarii*, bouchers ou charcutiers) tiennent tête à l'abbaye qui ne peut en venir à bout, et est obligée de composer avec eux : « In hac contentione duos et amplius annos fecimus, quod neque per dominos nostros, neque legibus superare eos potuimus. » (*Cartul. de Saint-Trond*, I, p. 38).

[2] La confrérie de Saint-Euchère, fondée à Saint-Trond de 1034 à 1055, s'il faut en croire les statuts dont la rédaction est de l'an 1192, peut servir de type. Elle ne devait comprendre à l'origine que les serviteurs de l'abbaye; des étrangers purent ensuite y être admis du consentement de ceux-ci, mais ils restèrent inéligibles aux fonctions de chef de l'association (*decanus*). C'était une fraternité, avec ses cotisations, ses propriétés communes, ses contributions payées à l'église, son administration, etc. (*Cartul. de Saint-Trond*, charte de 1192, I, p. 154-155).

les marchands et les artisans qui s'y rattachaient, quel que fût le quartier de la ville qu'ils habitassent, ou même par englober d'autres genres de négoce ou d'industrie. Telles nous apparaissent les deux associations si curieuses et qui devinrent si puissantes, de la Halle basse de Valenciennes et de la gilde de Saint-Omer.

La première de ces associations est de grande valeur pour l'historien, car ses statuts laissent suivre à la trace les phases par lesquelles ont passé les corporations, de l'onzième au douzième siècle. Ce n'est pas que j'adhère à l'opinion émise par le plus récent éditeur, M. Caffiaux, qui distingue trois rédactions consécutives faisant corps; une toute archaïque comprenant les vingt premiers articles, une seconde datant du XIe siècle (antérieure à 1070) et embrassant les vingt articles suivants (art. 21-41); une dernière, enfin, qu'après la confirmation des deux précédentes par le comte Baudouin, la confrérie aurait ajoutée au cours du XIIe siècle, après les années 1118 à 1120[1]. Une seule rédaction me paraît se détacher nettement comme rédaction primitive, sans qu'il soit possible d'en fixer la date précise, c'est l'ensemble des articles 1 à 20. Tous les articles suivants ont dû être ajoutés successivement, à mesure que la confrérie s'étendait, fonctionnait, se transformait. Ce n'est qu'à l'un d'eux que s'applique l'approbation infiniment problématique du comte de Flandre Baudouin et de la comtesse Richilde[2].

[1] Caffiaux, *Mémoire sur la charte de la Frairie de la Halle basse de Valenciennes*, dans *Mémoires de la Société des Antiquaires de France*, t. XXXVIII (1877), p. 1 suiv.

[2] M. Caffiaux n'a pu prêter à cette attribution un caractère général qu'en coupant très arbitrairement en deux fragments une disposition des statuts. (Cf. les articles 41 et 42 de son texte avec l'article unique du texte publié par Wauters, *De l'origine des libertés communales*, Preuves, p. 256 et par Cellier, *Mémoires historiques sur l'arrondissement de Valenciennes*, Valenciennes, 1873, p. 285 et suiv.). Et quelle est cette disposition? Celle qui autorise les sociétaires à s'emparer violemment du bien des autres marchands (*infrà*, p. 383,

D'une part donc nous possédons les statuts de fondation[1], de l'autre les dispositions nées du fonctionnement de la corporation et en reflétant l'image.

L'association primitive est une confrérie, une *charité*, placée sous le patronage de deux saints, saint Pierre et saint Nicolas[2]. Les sentiments de fraternité chrétienne qui lui servent de base trouvent leur expression noble et forte dans le préambule des statuts et dans l'invocation finale[3]. Ils se traduisent en pratique par les pieux devoirs que les confrères survivants doivent rendre aux morts[4], et par

note 5). On comprend qu'ils aient éprouvé le besoin d'abriter une pareille clause derrière une approbation comtale, mais du même coup aussi combien il est invraisemblable que cette approbation ait jamais été accordée.

[1] L'original latin de la charte est perdu; mais nous possédons une traduction en roman faite l'an 1275, d'ordre du magistrat de Valenciennes, par maistre Hugues Cabes et Alexandre du Pont. C'est elle que M. Wauters avait publiée d'après Cocquéau, et que M. Caffiaux a rééditée d'après les manuscrits (p. 25-41). Je citerai d'après cette dernière édition qui est en général bien plus correcte.

[2] « Nous mettrons à le fieste Sainte Pière devant sen autel VI chirons et VI candelers, et lendemain, quant li messe sera célébrée, nous les mettrons sur l'autel et les raccatterons de XII deniers. Et icellui offisce meisme de caritet nous ferons à le fieste Sainte Nicolay » (§ 2).

[3] « Cose bien affréant est, mi frère, que ensi que nous avons voet à Dieu entre nous au moins tenions dilection; lequelle dilection, ad chou qu'elle soit wardée entre nous sans violence, no frère ont imposet aucunes lois... » (Préambule *in fine*).

« Tous chiaus quy sont en ceste caritet, Dieus tout poissans les deffendèche et wardèche de tout péril en mer, en auwes et en terre, et wardèche de tout damage chou que a iaus appertient et leur linage en perménauletet, et ait mierchit de iaus et leur pardonist tous leurs péchiés présens et à venir, et les délivrèche de tout mal, conservèche et confremèche en toute boine œvre, et les parmanèche à le vie éternèle; amen » (§ 20).

[4] Tous les frères doivent veiller le mort, assister à son service funèbre et le conduire même à trois nuits (on compte encore par nuits) de distance, s'il a demandé à être enterré au dehors. Les mêmes honneurs sont rendus aux femmes de sociétaires qui meurent avant leurs maris (§ 3).

l'aide mutuelle qu'ils doivent se prêter en se protégeant de leurs armes sur le marché, et en se soutenant, en se secourant au dehors dans leurs voyages d'affaires[1].

L'harmonie est maintenue ou rétablie entre les associés par un tribunal arbitral formé à l'élection. Des fonctionnaires élus — le prévôt et à son défaut le maire — le président[2]. Il est composé de douze jurés choisis par les confrères et qui peuvent s'adjoindre douze assesseurs assermentés[3]. On se réunit tous les jours avant vêpres pour boire et à certains jours pour régler les affaires communes[4].

Telle est dans ses traits saillants la corporation originaire; mais en fonctionnant ses rouages se multiplient, sa physionomie s'altère. L'assistance fraternelle et protectrice devient une ligue égoïste et militante dirigée contre les non-associés. Elle s'attaque à eux, elle veut les éliminer ou les absorber, elle s'empare de leurs biens et convertit le produit en libations[5].

[1] « Quiconques ira au markiet sans armures, chest assavoir sans cotte de fier, u sans arch à XII sayettes et piles, li autres prendront de li le valeur de XII deniers » (§ 8).

« Après che que li frère seront issut ensamble de cheste ville, li uns demeurèche avoecq l'autre tout partout ù besoins sera et adiès li uns admonestèche l'autre, en non de caritet, et par avant promettèche se foi qu'il a besoing de li. » (§ 10).

[2] « Li prouvos fera justiche et se li prouvos n'est en le ville, li maire le feront pour luy car chil le doient secourir de sen ofisce. » (§ 19) — Cfr. § 40 : « En quelconques jour li prouvos vora tenir audienche, tout viengnent a l'audienche, u il l'amenderont. »

[3] « XII boin frère seront esleut en le caritet et chou que chil jugeront de toutes coses sera fait et nus ne les contrediechent, et se aucuns les contredisoit, u il diche mieulx, u il l'amendèche de IIII deniers. Et chil XII prenderont aucunes fois avoecq iaus XII autres boins confrères sairementés par leur fois. Quelconques cose qu'il jugeront, li jugement sera fermes et estables. » (§ 12).

[4] « Uns cascuns frères, u ses varlés rechoipvèche cascun jour se boire al heure ordennée, chest anchois que viespres sonnèchent... » (§ 16). — « En quel jour li frère buvront ou plaideront ensamble... » (§ 4).

[5] « Et à chou que nus ne cuidèche chou que fait est estre folle-

En même temps l'esprit aristocratique naît au sein de la corporation et présage l'avènement d'un patriciat urbain. Dans l'association primitive, les marchands proprement dits avaient eu le privilège d'être seuls éligibles à la dignité de prévôt[1], privilège que justifiait sans doute leur degré supérieur de culture ou d'expérience. Maintenant une hiérarchie s'établit entre les professions et les fortunes. Pour avoir accès à la corporation, l'artisan doit renoncer à son métier ou payer un droit d'entrée considérable de vingt-deux muids de vin[2], véritable cens qui sert à le classer sur l'échelle sociale.

Si nous comparons à cette association la gilde des marchands de Saint-Omer nous aboutissons à des résultats similaires. A l'origine, sans nul doute, elle fut une charité; mais dans les statuts qui nous restent d'elle et qui certainement ne remontent pas plus haut que le douzième siècle[3],

ment ordonnet, nous volons que tout li confrere sachent que chest fait et ottroyet dou consentement dou conte Bauduin et de le contesse Richeldis et de Anselin et de tous les signeurs de cheste ville, chest assavoir que nous prenderons tous les marchands de cheste ville et de le pourçainte de cheste ville qui point ne sont en nostre caritet, et, se boin nous semble, nous buverons quelconques cose il aront sur iaus. » (§§ 41-42).

[1] « Discernet est ossy que nus ne soit prouvos, s'il n'est marchans. » (§ 13).

[2] « S'aucuns qui soiche boulengiers, cabbareteurs, couseres, foullons u au vitupere de autre offisce soit imposet, vœllèche entrer en nostre caritet, il donra XXII muis de vin u il fourjiura se mestier. » (§ 50).

[3] M. Pagart d'Hermansart qui les a mis au jour, d'après un registre du XIVe siècle, en place la rédaction de 1072 à 1083, par le motif qu'une des clauses s'annonce comme ayant été édictée au temps du châtelain Guluric Rabel qui vivait à cette époque. (*Mémoires de la Société des Antiquaires de la Morinie,* t. XVII (1880-1881), p. 5 suiv.). Mais rien ne prouve que les autres dispositions soient aussi anciennes, et que la rédaction même de celle-là le soit. — M. Gross, en rééditant le texte, dans son ouvrage sur les gildes (*The Gild Merchant,* Oxford, 1890, I, p. 290-292), lui assigne avec plus de vraisemblance la date du XIIe siècle.

elle apparaît déjà agressive et violente [1]. La mutualité, la fraternité sont laissées totalement dans l'ombre; elle n'a plus de patron spécial. Par contre, un esprit envahissant semble l'animer. Elle s'étend sur toute la ville, ses membres sont répartis entre les diverses paroisses, elle paie des contributions volontaires au desservant de chacune d'elles [2]. Les associés s'appellent *burgenses*, et ils emploient leurs fonds disponibles à des objets d'utilité publique, à l'entretien des places, des portes, des remparts de la ville [3].

Nous touchons le point de suture du lien corporatif et du lien communal.

[1] Voyez les articles 1 et 2.

[2] « Sacerdotes vero omnes ad vesperas existentes quisque (habebit) singulis noctibus unum lotum ; ideo omnes quorum diversorum parrochiani sumus. » (art. 16, p. 9).

[3] « Finita potacione et persolutis expensis omnibus si quid remanserit communi detur utilitati, vel ad plateas, vel ad portas, vel ad ville municionem. » (p. 10).

CHAPITRE XII.

LA FORMATION DU LIEN COMMUNAL.

J'ai comparé la corporation la plus vivace d'une ville à une cellule organique autour de laquelle les groupes secondaires se sont agglutinés. Associations familiales du patriciat, groupes de quartier, paroisses et associations religieuses du peuple, corporations de négoce et de métier, — formes anciennes rajeunies par le besoin de vivre et de se défendre, produits indirects de l'anarchie seigneuriale, — remplissent tantôt l'une, tantôt l'autre cette fonction. Leur mode d'action varie comme son intensité.

Le lien corporatif s'élargit jusqu'à englober la ville entière quand celle-ci est assimilée à une paroisse ou à une sauveté, à un lieu de franchise et de paix; il se resserre au contraire pour donner naissance à une oligarchie quand l'unité se réalise au profit du patriciat. Parfois deux fractions se font équilibre jusqu'à ce que l'une d'elles finisse par l'emporter et imprime alors sa marque à la constitution urbaine. Enfin, spectacle qui a le plus vivement frappé les yeux de l'historien, l'élément prépondérant, corporation patricienne ou association de la plèbe, fait l'office d'un ferment. Tout autour de lui et sous son impulsion, la masse s'agite et se lève: le moment venu, elle lui empruntera son moule, la conjuration, la *commune jurée* [1].

Deux points essentiels sont à observer : les circonstances sous l'empire desquelles a pu s'opérer le passage du lien corporatif au lien communal, le signe extérieur qui le rend manifeste. Ce signe je le caractériserai de suite d'un mot,

[1] Sur le véritable sens de l'expression, voyez *infrà*, p. 413-414.

c'est l'octroi d'une charte. Quant aux circonstances, l'évolution logique du régime seigneurial, les grands événements politiques du XIe et du XIIe siècle, enfin l'influence de la race me paraissent les plus décisives.

La guerre de seigneur à seigneur affaiblit les maîtres en les divisant; elle permit par là aux sujets de relever leur condition, de rendre la domination moins étroite, la sujétion plus lâche. La multiplicité d'autorités, de puissances, existant dans les villes fut une source intarissable de conflits et de luttes dont les habitants, bien avisés et bien conduits, pouvaient tirer parti. De fait, le patriciat urbain qui s'est formé du clergé local, des chevaliers établis à demeure, des bourgeois que le commerce a enrichis aux quatre coins de la France, en Normandie comme en Flandre, à Bordeaux comme à Montpellier ou à Narbonne[1], ne tarde pas à jouer un rôle victorieux. Ses intérêts personnels le poussent à profiter des mêlées féodales, et son influence comme ses richesses le met en position de le faire avec succès. Il s'appuie sur la masse inférieure dont il épouse, — en apparence souvent plus qu'en réalité — la cause.

Les résultats de cette entrée en campagne dépendent des forces respectives. Dans la plupart des cas, le patriciat ne peut pas entrer en lutte ouverte avec la seigneurie dont la puissance militaire l'emporte trop sur la sienne. Mais il peut nouer des alliances et arracher par ce moyen des concessions à un ancien seigneur auquel il fait payer son appui, à un seigneur nouveau dont il facilite l'avènement. Il peut surtout mettre à profit les embarras d'argent où les seigneurs sont acculés par leurs guerres continuelles, pour acheter d'eux à beaux deniers comptants des franchises ou des fixations de droits coutumiers[2],

[1] *Suprà*, p. 369-370.

[2] Ainsi la ville d'Huy ayant été détruite en 1053 dans les guerres féodales soutenues par l'évêque de Liège Théoduin (Cf. Cauche, *La*

des garanties contre les abus de la justice seigneuriale[1].

L'octroi de ces avantages, de ces concessions opère la transformation du lien corporatif en lien communal. Ils sont stipulés au profit de tous les habitants d'un lieu, encore que des privilèges exceptionnels puissent être re-

querelle des investitures dans les diocèses de Liège et de Cambrai, Louvain, 1890, p. xix), les bourgeois abandonnent à celui-ci le tiers puis la moitié de leur avoir mobilier pour le mettre en mesure de faire reconstruire la cathédrale. Ils obtiennent en échange une charte de liberté, *libertas* (1066). Les fragments qui nous en restent ont été publiés par M. Wauters, *De l'origine des libertés communales*, Preuves, p. 2-3.

[1] La concession d'un échevinage avait essentiellement ce caractère, alors même que les échevins étaient désignés par le seigneur. Elle ressemblait par certains côtés à une immunité. Cela devient manifeste quand on rapproche des chartes communales les chartes d'échevinage octroyées à des monastères. Je citerai l'une de celles-ci, car elles semblent avoir échappé aux historiens du droit :

En l'an 1100, Eustache, comte de Boulogne, confirme les donations faites par sa mère à l'abbaye de N.-D. de Capelle à Burchain, puis il ajoute : « Porro ne Ecclesia forinsecus ad aliena jura discurrere et formidolosa judicia sustinere opus habeat, *liberum ei scabinatum concedo* et abbas quos voluerit de hiis scabinos constituat, qui omnium censualium Ecclesiæ, tam infra comitatum suum quam extra in terra mea manentium, jura tractent et judicia dicant.

Sed infra comitatum Ecclesiæ de causis omnibus forisfactum erit totum abbatis, de extra comitatum existentibus censualibus tamen id solum et tractent et dicant quod ad jus censuale pertinere dinoscitur, scilicet de petitione terrarum Ecclesiæ, de venditione, de invadiatione, et de invasione censualium alterius in alterum de terris quas tenent de Ecclesia. In hiis autem tractandis si quod forisfactum evenerit, munus erit et abbati cedet.

Volo etiam et sub pœna forisfacti jubeo, ne quis censualium terram unde censualis est præsumat vendere, emere vel invadere nisi per manum abbatis in curia sua; quod si quis fecerit pœnam abbati solvat : si quis vero non censualium terram Ecclesiæ non per abbatem intraverit, Domino terræ forisfacti reus sit.

Postremo si *quam legem in curia sua abbas consilio suo, fratrum suorum et hominum posuerit* ad cautelam, ne domus sua in detrimentum ruat, per principem terræ inviolabiter observetur... » (1100. 1er Cart. d'Artois, pièce 273, Miraeus, II, p. 1312).

connus à certaines classes. Et il n'est pas nécessaire pour cela de créer de toute pièce une organisation nouvelle. L'ancienne organisation des quartiers et des paroisses, des sauvetés et des immunités, était assez élastique pour fournir des cadres à une ville entière. N'est-ce pas au XIIe siècle la simple paroisse qui servira de base, de *substratum,* à la charte type de Lorris[1]? Les communautés paroissiales avaient, du reste, été solidifiées en devenant les groupes secondaires de ces associations diocésaines de la paix nées sur toute la surface de la France depuis la fin du dixième siècle. Chaque paroisse devait fournir son contingent à la milice diocésaine (*commune, communia*), et ce contingent était conduit par le prêtre et précédé de la bannière de la paroisse. Ce sont là ces *communitates,* ces *communia parrochiarum* qu'on voit apparaître au XIe et au XIIe siècle[2] et que des érudits modernes ont si légèrement pris pour des communes[3].

[1] Cf. M. Prou, *Nouv. Rev. historique de droit*, 1884, p. 156-158.

[2] « Ludovicus in primis, ad comprimendam tyrannidem prædonum et seditiosorum, *auxilium* totam per Galliam deposcere coactus est *episcoporum.* Tunc ergo *communitas* in Francia popularis *statuta est a præsulibus,* ut presbyteri comiterentur regi ad obsidionem vel pugnam cum vexillis et parochianis omnibus. » (1104-1108. Orderic Vital, IV, p. 285). Cf. *ibid.*, III, p. 415 : « Rex Franciæ et duc Normanniæ Brehervallum obsederunt... Illuc *presbyteri cum parochianis suis vexilla tulerunt,* et abbates cum hominibus suis coacti convenerunt. » (1094).

Ajoutez la relation par Suger du siège de Puiset : « Cum *communitates patriæ parrochiarum* adessent... » (D. Bouquet, XII, p. 34, C.-Ed. Lecoy de la Marche, p. 73) et le texte relatif au Mans, *infrà*, p 412, note 2.

[3] Raynouard (*Droit municipal*, II, p. 314) et après lui Sémichon (*La paix et la trêve de Dieu*, p. 411) ont, par cette lourde méprise, attribué à l'évêque d'Autun l'intention d'introduire en 1098 à Flavigny une commune jurée sur le modèle de celles qui auraient existé dès ce temps-là à Autun et à Châlons, alors que le chroniqueur, l'abbé Hugues, raconte qu'au cours de la lutte engagée entre lui et l'évêque Norgaud, l'évêque a voulu conduire contre l'abbaye les milices parois-

Toutefois dans les villes qui ne jouissaient pas de longue date de droits d'immunité et d'asile, et pour lesquelles le développement de la richesse et du commerce rendaient indispensable une protection souveraine contre l'anarchie et les violences locales, les *institutions de paix* et les *amitiés* empruntèrent les premières à la sauveté, les secondes à la confrérie le principe d'un groupement communal.

L'*institution de paix* offrait, comme la sauveté, un asile ; mais cet asile avait changé de caractère par suite de l'extension des paix et trèves de Dieu dont la sauveté n'était qu'une application [1]. Les nombreuses associations qui, sous l'autorité de l'église et des seigneurs laïques, et par un serment solennel prêté sur les reliques (*juramentum pacis*)[2] s'étaient constituées pour procurer la paix et la sécurité aux habitants d'une région, d'un diocèse[3], avaient familiarisé les esprits avec un asile différent de l'asile religieux, résultant d'une sorte de convention passée

siales de ces deux villes : « Quantum pro hujusmodi placito gravaverit Ecclesiam hinc colligi potest quod... *communiam* Eduensis et Cabilonensis *parœchiæ super nos* postea Flaviniacum juratam adducere voluit, quod tamen infectum remansit. » (Labbe, *Nova Bibl. MSS.*, I, p. 244). Le sens est clair. Yves de Chartres s'est servi d'expressions anologues pour exprimer une idée identique : « Inducias detis prætaxato Arnulfo, non de minoranda justitia ecclesiastica, sed tantummodo de non *ducenda super eum communia.* » (1108. D. Bouquet, XV, p. 142, C.).

[1] Je traiterai en détail des paix et trèves de Dieu au cours de cet ouvrage. En attendant je me borne à renvoyer à l'exposé très sage que M. Pfister en a fait dans ses excellentes et belles *Etudes sur le règne de Robert le Pieux*, p. 165 suiv. — Il faut y ajouter l'ouvrage très approfondi de M. L. Huberti, dont le premier volume, qui vient de paraître (*Gottesfrieden und Landfrieden. T. I. Die Friedensordnungen in Frankreich*, Ansbach, 1892), est consacré à notre pays.

[2] Voyez le texte d'un de ces serments (an 1023) édité par M. Pfister, p. LX-LXI.

[3] L'alliance entre Corbie et Amiens à la fin de l'onzième siècle, prise à tort pour une gilde par Augustin Thierry, n'est autre chose qu'une telle association.

entre ceux qui voulaient s'en assurer le bienfait et approuvée, garantie, par leurs seigneurs[1].

D'autre part, à la différence des anciennes sauvetés qui étaient placées sous la dépendance étroite d'un seigneur, régies par des officiers seigneuriaux, l'institution de paix a ses représentants chargés de maintenir l'ordre et la sécurité générale, et de faire respecter ses franchises. Ce second avantage, elle peut le devoir à la préexistence d'une confrérie, d'une charité.

Dans la charte de paix que les habitants de Valenciennes se firent octroyer, à prix d'argent, en l'an 1114 par le comte de Hainaut, Baudoin III[2], la combinaison de l'association de paix avec la confrérie, dans des conditions telles que la première prédomine, se laisse démêler. C'est la *paix* qu'il s'agit d'établir et le préambule en fait le plus magnifique éloge[3]. Elle est consacrée par serment[4] et son observation est assurée par un tribunal de la paix[5]. En

[1] Cela est si vrai que nous voyons au XIe siècle les membres d'un chapitre se lier réciproquement par une semblable convention, *infrà*, p. 414-415.

[2] *Charta pacis Valencenensis*, publiée dans les *Monum. Germ. Script.*, XXI, p. 605 suiv. — Le texte roman qu'a édité M. Cellier (*Mémoires historiques sur l'arrondissement de Valenciennes*, Valenciennes, 1873, p. 294 suiv.), contient un préambule et une postface qui manquent à l'original latin tel qu'il nous a été conservé. La postface porte (p. 304) : « ... li homs de Valenchiennes ont dou leur propre raccatées et rendues au conte Bauduin ses rentes qu'il avoit enwagiées pour trop grant argent qu'il avoit despendut à pau de pourfit et ce ont il fait pour chou qu'il ne pooient soufrir kil qui leur sires estoit eust nulle disette, ains vesquit entre iaus honneréement. Et pour cou li cuens leur a proumis et fermet par foy et par sairement ke ne il ne ses hoirs ne venderoient jamais à nulle jour ne ne mettroit à cense ne en wage nulle rente de cheste ville. »

[3] Voyez ce préambule, t. I, p. 141, note.

[4] Serment du comte Baudoin et de tous les hommes de la ville. — *Scriptores*, XXI, p. 610, col. 1-2.

[5] Quodcunque judicium sexdecim jurati pacis fecerint erit firmum atque stabile. » (p. 607, col. 1).

« Qualiacunque precepta a juratis pacis emanaverint, aut de do-

outre, les hommes de la paix sont formés en milice. Ils ont des connétables à leur tête[1]; ils doivent se réunir à l'appel de la cloche (bancloque), et enfin sortir en armes, précédés des bannières des diverses paroisses[2]. De la paix de la ville (*pax villæ*) découle la paix du marché[3], l'asile

morum destructione aut de quacunque alia justicia fienda, nullus inculpari debet, nec pro eadem debent nasci guerre aut odia aut insidie, quia factum est justicie atque principis. » (p. 608, col. 2).

« Si aliquis de villa aut extraneus infregerit pacem et per duos viros pacis ammonitus fuerit, quod coram juratis pacis compareat, debet comparere ad diem sibi a juratis assignatum ad audiendum judicium pro se aut contra se; et si non comparuerit, inculpabitur de violatione pacis et ille qui conquerebatur de eodem habebit requestam sibi omnino adjudicatam una cum legibus ad hec ordinatis et una cum hoc domus sua publicabitur atque funditus destruetur. » (p. 609, col. 1).

[1] « Quandocunque homines pacis facient pulsari *ambas campanas communitatis* simul, connestabularii debent congregari ante capellam Sancti Petri et ibidem expectare, quid precipietur aut dicetur eis. » (p. 608, col. 1).

« Quando viri pacis et tota *communitas pacis* cum armis villam exierint congregati, si aliqui de qualibet connestabularia pro serviciis ville remaneant... » (p. 609, col. 2).

[2] « Si clamor magnus succreverit in villa in tantum quod ignitegium cum campana banni pulsentur, quicunque ad arma non fugerit, et ad locum clamoris statim non pervenerit, solvet 5 solidos ad servicium comitis et cancellarii pacis, demptis solum illis qui in hora illa occupati fuerint de facto in extractione panis de furno aut brassent potus de frumento... Ex quo viri pacis simul villam exierint cum sonitu et ignitegii et campana banni, quicunque sine licentia illorum ad quos licentiare spectabit, se pre ceteris festinabit aut post ceteros tardabit, aut revertatur, aut *sub alio vexillo* quam proprio sibi assignato se transmiserit, ipse emendabit de 5 solidis ad servicium comitis et cancellarii pacis. » (p. 607, col. 2).

[3] « In quocunque loco nundine aut forum ville collocentur infra villam aut extra, omnes quotquot ibidem intererunt, erunt assecurati et *in pace ville*, ipsi et omnia eorum bona, et quicunque ibidem percusserit aut interfecerit alium, inculpabitur de fractione pacis, sive fuerit extra, sive fuerit intra, nundinis et foro durantibus, ac si in medio ville factum perpetrasset. » (p. 609, col. 1; *Adde*, p. 605).

accordé aux forains, aux hommes d'avouerie[1], la sauvegarde des clercs et des femmes[2].

Toutefois, la confrérie de la Halle-Basse peut revendiquer aussi sa part d'influence. Les seize jurés ou échevins élus de la paix semblent correspondre assez exactement aux douze frères jurés. Leur compétence est spéciale; ils jugent les *bourgeois*[3] et les étrangers[4], tandis que les chevaliers sont jugés en règle par la cour du seigneur[5], les serviteurs par leur maître[6], et que la justice du comte est réservée[7]. Nous voyons une sorte de paix *personnelle* établie entre les membres de l'association en quelque lieu qu'ils se rencontrent, je veux dire même en dehors

[1] « Ab ortu solis feria quinta usque ad ortum solis ferie secunde sequentis, si aliquis de advocatia venerit ad forum Valenc. aut recesserit ab eodem, dominus ejus proprius non poterit ipsum capere, nisi in casu in quo voluerit ipsum ad comitis justiciam protrahere. » (p. 606, col. 1).

[2] « Omnes clerici, monachi, ac moniales et omnes mulieres, cujuscunque status aut gradus extiterint, omni tempore in sua pace ac pace ville pacifice remanebunt. » (p. 610, col. 1).

[3] « Burgenses per scabinos pacis judicari tenebuntur. » (p. 608, col. 2).

[4] « Si extraneus quicunque fuerit ille, transiens aut existens infra limites ville, percusserit atrociter aut vulneraverit aliquem existentem in pace ville, aut ipsum occiderit; si possit convinci per duos testes pacis ipso facto, suspendetur ad sonitum campanarum pacis. » (p. 610, col. 1).

[5] « Milites debent tractari per dominum suum et per leges curie superioris. » (p. 608, col. 2).

[6] « Dominus, quicunque fuerit, potest infra villam clientem suum aut servum flagellare aut verberare absque hoc, quod inculpetur de violatione pacis; et si servi in eadem domo sub eodem domino simul commorantes se invicem [percussiant], querimonia et emenda ad dominum eorum, videlicet dominum hospicii pertinere debet, nec jurati pacis de hoc nullo modo se intromittere debent, nisi mors inde sequatur. » (p. 609, col. 2).

[7] « Pro justicia hujus pacis per judicium scabinorum aut pacis juratorum nullo modo comes debet perdere jus suum aut juridicionem qualemcunque ad ipsum de jure pertinentem. » (p. 609, col. 2).

du territoire de la paix (banlieue)[1]. Il n'est pas jusqu'aux officiers de l'ancienne confrérie, les prévôts[2], le chancelier[3], et jusqu'à son patron saint Pierre[4], qui ne se retrouvent dans la charte urbaine.

La confrérie ou charité quand, ne se limitant pas à tel métier ou à tel quartier, elle se généralisait, quand aussi ses attributions judiciaires et administratives étaient reconnues et sanctionnées par l'autorité seigneuriale, revêtait par elle-même tous les caractères fondamentaux d'une organisation municipale. Telle est l'*amitié* que constituèrent les bourgeois d'Aire vers la fin du XIe siècle, et dont la charte, octroyée de 1093 à 1111 par le comte de Flandre, Robert II, fut confirmée par le comte Philippe en l'an 1188[5].

L'association s'ouvre à tous les habitants de la ville, non seulement aux bourgeois mais aussi aux chevaliers et aux clercs, sauf que les obligations de ceux-ci sont limitées[6] et les obligations des autres garanties par des sanctions exceptionnelles[7]. Le serment qui lie les associés et en fait

[1] « Si in posterum contingat quod viri pacis villam exeant ad faciendum hastiludia, tornamenta aut consimilia aut in suis negociis aut mercimoniis processerint, nullus tenetur se conservare de inimico suo mortali et *non plus extra quam intra villam.* Et caveat sibi quicunque percusserit aut vulneraverit aut occiderit inimicum suum mortalem extra villam, *reus erit violatæ pacis acsi in villa commisisset;* et intelligendum est *de hominibus pacis.* » (p. 608, col. 1).

[2] « Prepositi debent fieri, stabiliri et institui de consilio comitis ac pacis juratorum; et si comes juratis pacis noluerit assentire, dicti jurati cum hominibus pacis ville sine quocunque forefacto prepositum possunt stabilire et instituere. » (p. 609, col. 1).

[3] *Suprà,* p. 383 et § 21 *des statuts.*

[4] *Suprà,* p. 382.

[5] *Ordonnances des rois de France,* XII, p. 563 suiv.

[6] « Clerici non cogentur inferre ultionem nisi de debitis. » (art. 12).

[7] « Milites autem et vavassores de amicitia existentes, qui tallias et exactiones villæ per suggestionem praefecti amicitiæ solvere voluerint, si amico suo aliquid abstulerint tanquam extranei eidem sub-

des conjurés (*conjurati*) en fait du même coup des *amis*, des *frères*[1]. Ils se doivent une aide fraternelle, à l'intérieur de la ville et au dehors[2], en tout ce qui est utile et honnête[3]. Les amis se protègent ainsi les uns les autres, et préviennent ou arrêtent tout conflit. Douze jurés sont élus plus spécialement dans ce but[4]. Ils empêchent les vengeances privées au sein de l'amitié, en faisant office d'arbitres et d'amiables compositeurs aux côtés d'un officier (préfet) institué par le seigneur[5]. S'ils ne réussissent pas à pacifier, ils prennent la vengeance en main après avoir expulsé le coupable de l'amitié[6]. Au regard des tiers,

jacebunt damno, quod res venalis villæ eis interdicetur. » (art. 7).— La peine consiste donc, comme pour les étrangers, en une sorte d'excommunication civile, de privation du *commercium*.

1 Art. 2, art. 4, etc.

2 « Quod si aliquis de amicitia res suas perdiderit, vel per rapinam, et ipse certa vestigia de re perdita invenerit, ad amicitiæ præfectum querimoniam faciet, qui convocatis villæ amicis, rem perditam investigabit, *itinere unius diei in eundo et redeundo.* » (art. 5). — On remarquera dans cette disposition des traits qui rappellent la *vestigii minatio* du droit germanique.

3 « Omnes ad amicitiam pertinentes villæ, per fidem et sacramentum firmaverunt quod unus subveniet alteri tanquam fratri suo in utili et honesto. » (art. 2). — Est-ce par une rencontre fortuite que les expressions, *utile, honestum* sont précisément celles que Fulbert de Chartres avait employées dans sa définition célèbre de la foi féodale (D. Bouquet, X, p, 463, en les interprétant ainsi : « *utile,* ne sit ei in damnum de suis possessionibus »; « *honestum* ne sit ei in damnum de sua justitia, vel de aliis causis quæ ad honestatem ejus pertinere videntur ».

4 « Duodecim selecti judices. » (art. 1).

5 « Quod si unus in alium admiserit aliquid verbo vel facto, sua illius qui læditur culpa, non accipiet ultionem per se vel per suos qui laesus est, sed apud præfectum domini comitis (appelé plus loin : *præfectus amicitiæ, præfectus communitatis*) conqueretur... et reus arbitrio XII judicum selectorum admissum emendabit... » (art. 2).

6 « Ab amicitia pelletur reus et perjurus, et de rebus illius tres libras habebit amicitia communiter, et totum quod remanet comes et castellanus; et si XII judicaverint, per comitem et castellanum domus illius diruetur. » (art. 4).

ils procèdent par une véritable excommunication, interdisant le commerce avec ceux qui se sont rendus coupables de vol ou d'injure à l'encontre d'un bourgeois[1], et ils exercent, forts du concours de tous les membres, la vengeance contre les auteurs de violences graves, de blessures ou de meurtre[2].

En somme, la protection, la sécurité, base essentielle du régime communal, résultent davantage ici de l'assistance mutuelle, de la solidarité fraternelle cimentée par une conjuration, que de la franchise proprement dite ou de l'association de paix, bien que le mot d'*immunité* se rencontre dans le préambule de la charte, et qu'une certaine sauvegarde soit promise aux forains[3].

L'assistance jurée, dont je viens de parler, passe entièrement au premier plan alors que la population d'une ville s'efforce de réduire la seigneurie dont jusque-là elle était sujette à n'être plus qu'une suzeraineté et de s'ériger elle-même en puissance seigneuriale[4]. Pour que ce résultat exceptionnel pût être atteint, il fallait plus que le cours

[1] « Res venalis villæ ei interdicetur. » (art. 6).

[2] « Ipsis (amicis) graviter conquerentibus et una voce deprecantibus ut secundum arbitrium XII judicum selectorum ultionem (præfectus communitatis) de illo faciat; et si forte eum occiderint nullum forefactum ab eis comes exigere poterit. » (art. 10).

Nous retrouverons dans le *compagnonnage* féodal une obligation analogue d'exercer la vengeance en commun.

[3] « Omnis qui ad forum villæ venerit, nisi sit homicida de amicis villæ, *pro honore communitatis et pro utilitate villæ*, salvus sit eundo et redeundo in dictum forum, si inducias postulaverit præfecto amicitiæ. » (art. 11).

[4] Mais la commune jurée empruntera partie de ses éléments constitutifs à l'institution de paix, de même que celle-ci fera plus tard, à son tour, des emprunts à la commune jurée. Par exemple, la commune de Laon de 1128 (*Ordonn. des rois de France*, XI, p. 185) se double d'une institution de paix; la charte de paix de Saint-Amand de 1164 (Wauters, *Preuves*, p. 26-27) se distingue de la charte de paix plus ancienne de Valenciennes par l'influence que les chartes de commune ont exercée sur elle.

normal des événements locaux, il fallait l'influence propice des grands courants qui traversaient la société ou des commotions profondes qui l'ébranlaient.

L'affaiblissement, au temporel, du pouvoir ecclésiastique, par l'insubordination que soulève dans le peuple le relâchement du clergé et l'opposition que provoquent au sein du clergé lui-même les tentatives de réforme des évêques, fait éclater, dans les villes épiscopales, des divisions irrémédiables et des luttes ardentes que la querelle des investitures viendra exaspérer et pousser au paroxysme. C'est en face et à l'encontre de la seigneurie ecclésiastique que les premières communes jurées réussiront à s'ériger.

Les guerres dynastiques, les conflits armés s'étendant à des régions entières ouvrent de même dans le réseau féodal des interstices au travers desquels l'insurrection passera. Ne voit-on pas dès 988, dans la lutte suprême entre les Carolingiens et les Capétiens, les bourgeois de Laon livrer leur ville à Charles de Lorraine pour échapper au gouvernement arbitraire de l'évêque Ascelin et obtenir, avec la restitution des biens dont celui-ci les avait dépouillés, des garanties pour l'avenir[1]. Au siècle suivant, si la Flandre et le Hainaut, la Normandie et ses dépendances

[1] « Cum quibusdam tamen civibus secretum contulere, qui effectum negotio quererent. Quo tempore Adalbero, ejusdem urbis episcopus, suis civibus plus justo injurias *de lege agraria* irrogabat. Unde quidam ab eo latenter animo discedentes, benivolentiamque simulantes, exploratoribus Karolum sese in urbem recepturos promittunt. » (Richer, liv. IV, 15, t. II, p. 162, éd. Guadet). — L'expression *de lege agraria* est très remarquable, mais très énigmatique aussi. M. Guadet y voit l'agrier ou champart (p. 163, note), M. Sepet (*Rev. des quest. historiques*, VIII (1870), p. 136), les dîmes. M. Lot (*Les derniers Carolingiens*, 1891, p. 221, note 1) n'ose pas se prononcer. A mon sens, l'interprétation vraie est fournie par le début du chapitre suivant : « Mox etiam urbis proditionem, si Karolus veniat pollicentur, et *si eis sua dimittat, et insuper augeat.* » C'était donc de confiscations de biens que se plaignaient les bourgeois de Laon, et l'on s'explique très bien ainsi l'emprunt à la terminologie romaine de la locution *lex agraria*.

voient éclore les premières libertés communales, cela tient pour une large part, en Flandre aux guerres dynastiques engagées par Robert le Frison et soutenues par son fils, en Normandie, aux expéditions lointaines de Guillaume le Conquérant et aux rivalités qui mettent ses descendants aux prises. N'est-ce pas à la faveur de ces rivalités que la ville de Rouen se révolte l'an 1090 contre le duc Robert Courte-Heuse, appuyé par son frère Henri[1], et qu'elle se fait confirmer par ce dernier, devenu roi d'Angleterre et adversaire de son ancien allié Robert, les privilèges qu'elle prétendait tenir de Guillaume le Conquérant[2]? Au milieu des mêmes troubles, Domfront, en se donnant à Henri, obtient la concession de coutumes dès 1092, et leur confirmation neuf ans plus tard[3].

Il y aurait encore à placer ici l'influence des croisades qui, par le pressant besoin de numéraire des croisés[4], comme par le vide qu'elles firent dans les rangs de la féodalité guerrière, facilitèrent les voies aux communes. Mais cette influence appartient à l'époque postérieure et je n'ai

[1] Orderic Vital, III, p. 351.

[2] « Rex (Henricus) siquidem cum duce Rotomagum adiit, et a civibus favorabiliter exceptus, paternas leges renovavit, pristinasque urbis dignitates restituit. » (Orderic Vital, IV, p. 233).

[3] Anno... MXCII°... Henricus, Guillelmi regis filius, Danfrontem oppidum auxilio Dei suffragioque amicorum obtinuit.... Danfrontani... excusso Rodberti de Belesmo a quo diu graviter oppressi fuerant, dominio, Henricum *sibi principem constituerunt.* » (Orderic Vital, III, p. 384-385).

« Solum Danfrontem castrum sibi retinuit, quia Danfrontanis, quando illum intromiserunt, jurejurando pepigerat, quod nunquam eos de manu sua projiceret, *nec leges eorum vel consuetudines mutaret.* » (Orderic Vital, IV, p. 114).

[4] C'est grâce à cette circonstance que Philippe Ier put en l'an 1101 acheter la ville de Bourges du vicomte Harpin : « Harpinus Bituricam urbem Philippo, regi Francorum, vendidit, et ... iter Ierusalem iniit. » (Orderic Vital, IV, p. 119. — Adde, D. Bouquet, XI, p. 394, XII, p. 135).

pas à m'y arrêter en ce moment[1]. Par contre, je voudrais étudier à nouveau, en la serrant de plus près qu'Augustin Thierry ne l'a fait, l'histoire des deux plus anciennes communes de France, celle de Cambrai et celle du Mans, à la fois pour montrer en action les diverses influences que je viens d'esquisser et pour mettre en relief les traits vraiment distinctifs de la commune jurée primitive.

Commune de Cambrai. — Trois événements espacés sur le cours d'un siècle et demi, marqués par deux dates précises, 956, 1077, et une période de cinq ans, 1101 à 1106, nous permettent de suivre à Cambrai les phases génératrices de la *commune* proprement dite.

En 956, la population est foulée par son évêque Bérenger. Fier et sûr de sa parenté avec l'empereur d'Allemagne, adonné à la vie mondaine plus qu'aux devoirs de son ministère, étranger de langue et de mœurs à son peuple, il le vexe, il l'opprime[2], quand une occasion propice se présente de secouer son joug. L'évêque a quitté la ville pour se rendre à la cour impériale. Un complot aussitôt

[1] Je dirai pourtant qu'avant les croisades les tournois ruinaient les seigneurs féodaux. Cf. *Chevalerie Ogier* :

> Li vavasor qui provertés arguë,
> Cascuns avoit sa grant tiere vendue,
> As grans tornois les orent despendues.
> (v. 10212 et suiv.)
>
> Et si lor face lor teres desgagier
> K'il ont vendues por aler tornoier. »
> (v. 10609 et suiv.)

[2] « Qui quoniam magis secularibus quam aecclesiasticis negotiis implicatus, per excellentis prosapiæ sublimitatem animum quodam pulsu jactantiæ attollebat, morum et vitæ obpugnationibus, sumpto officio contraibat. Hic etiam tantæ feritatis extitisse dicitur, ut non modo lingua et natione, sed etiam moribus populo suo barbarus esse videretur. Quanto etenim regii generis ei aspirabat auctoritas, tanto ferocior populum saepe vexabat. » (*Gesta Episcop. Cameracensium*, I, cap. 80. Pertz, *Scriptores*, VII, p. 431).

est ourdi; les bourgeois prennent par serment l'engagement réciproque de s'opposer au retour de leur seigneur[1]. Il l'apprend, il invoque l'aide de l'empire et du comte de Flandre et ne revient qu'accompagné d'une nombreuse armée. Les bourgeois alors ne tentent aucune résistance. On les voit faire bon visage à mauvais jeu et recevoir l'évêque comme s'ils n'avaient rien entrepris contre lui. Si prompte qu'elle fût, leur soumission ne les préserva pas d'épouvantables représailles. Ils furent décimés, massacrés, suppliciés.

Au fond, l'épisode se ramène à un complot, à une conspiration bourgeoise (*conspiratio civilis*)[2], dont le but est de se débarrasser d'un seigneur odieux, sauf à s'en donner un autre. Aucune organisation solide, aucun moyen ni aucune chance de succès. L'émeute capitule sans combat,

[1] « Quodam vero tempore, cum in Germaniam propter obsequium Caesaris profectus aliquandiu moraretur, interim *cives, una eademque voluntate collecti, factaque unanimiter conspiratione, adeo sunt inter se constricti* ut pontificem reversurum negato ingressu ab urbe excluderent. » (*Ibid.*, cap. 81).

Ces conjurations, source première des communes jurées, étaient d'un usage fréquent dans la société féodale. Dans la *chevalerie Ogier*, trois cents écuyers se conjurent pour réclamer à haute voix le rappel d'Ogier dont Charlemagne, sous peine de mort, a défendu de prononcer le nom. Ils exécutent leur pacte en se tenant par la main :

« En l'ost avoit ben trois cens esquiers,
Tos fix as contes, as dux et as princiers,
Qui entre aus ont et parlé et plaidié,
Par sairement juré et fianchié
Devaut le roi iront nomer Ogier.
As main se prisent li damoisel proisié;
Au tref le roi s'en vinrent sans targier,
Grans fu la rote, si prisent a hucier
Trestot ensanlle : Ogier! Ogier! Ogier! »

Voilà Charlemagne fort embarassé. Il s'écrie avec dépit :

« Coment porroie tant home détranchier. »

(*Ogier*, v. 10141 et suiv.)

[2] « In ipso quidem reditu ei innotuit *civilis conspiratio.* » (*Gesta Ep. Cam.*, cap. 81).

et quand tout est rentré dans l'ordre, l'évêque abuse atrocement de sa facile victoire en faisant massacrer et mutiler les bourgeois.

Le souvenir de ces faits ne s'effaça plus. Il entretint une sourde hostilité entre les évêques et leurs sujets [1], et s'il fallait en croire l'historien de Cambrai, Le Carpentier, auquel Augustin Thierry a accordé bien plus de créance qu'il n'en mérite, des mouvements populaires auraient éclaté en 1024 et 1064 [2]. En tout cas, l'évêque Gérard I put écrire à Henri III en 1042, qu'il avait vécu depuis trente ans « au milieu des glaives menaçants des habitants de la ville [3]. »

Les bourgeois ne s'en tinrent pas à des menaces. Ils s'organisèrent secrètement et quand leur *commune* apparut au grand jour, le chroniqueur qui en raconte les péripéties ne manque pas de nous apprendre qu'elle avait été préparée de longue main [4].

Nous voici, en effet, en 1077. L'évêque est de nouveau hors des murs, et une conjuration des citoyens doit l'empêcher d'y rentrer. Mais cette fois il y a plus. La conspiration se double d'une association jurée, d'une *commune* [5]. En même temps elle n'est que conditionnelle. L'évêque sera reçu dans la ville s'il veut reconnaître l'association jurée. Nous n'avons aucun détail sur cette association, mais dirigée contre l'évêque et formée par serment entre les habitants, elle devait sans nul doute opposer, par

[1] « Quos (cives) semper, pre ferocitate, inobedientes omnibus suis episcopis audivimus atque rebelles existere. » (*Ibid*, cap. 80).

[2] A dire vrai, les chroniques ne font mention, à ces deux époques, que de démêlés entre l'évêque et le châtelain.

[3] « Triginta annos ducimus quo *in nostra urbe inter pagensium nostrorum gladios vivimus.* » (Gesta episcop. Camer., III, cap. 60, *Scriptores*, VII, p. 488).

[4] « Cives Cameraci... conspirationem *multo tempore susurratam et diu desideratam juraverunt communiam.* » (*Ibid.*, VII, p. 498).

[5] « Conspirationem... et diu desideratam juraverunt communiam. Adeo sunt inter se sacramento conjuncti, *quod nisi factam concederet conjurationem*, denegarent universi introitum Cameraci reversuro pontifici. » (*Ibid.*).

l'assistance mutuelle et fraternelle des bourgeois, une digue à l'autorité arbitraire et tyrannique du seigneur. Elle avait des ressources pécuniaires, des chefs et des alliés. La ville nous est décrite comme florissante et prospère [1], et quand la commune succombe, nous assistons au pillage des objets précieux qui composent l'avoir mobilier des conjurés [2]. Des négociants, riches, connus et estimés au loin, font partie de la commune, sont à sa tête [3]. Les alliés ne lui manquent pas davantage. Le châtelain Hugues d'Oisy que l'évêque venait de faire expulser de Cambrai et du Cambrésis, en l'obligeant de chercher un refuge en Angleterre, laissait des amis et des vassaux derrière lui. Le clergé était en lutte ouverte avec Gérard II qui s'efforçait d'introduire à Cambrai et de lui imposer les réformes de Grégoire VII. Voilà certainement les *mauvais conseillers* et les *auxiliaires* des bourgeois auxquels le vieux chroniqueur fait allusion [4].

Comme son lointain prédécesseur Bérenger, Gérard II appelle à son secours un prince régional; il se fait assister par le comte du Hainaut, Baudoin II. Mais les Cambrésiens ne cèdent pas comme jadis. Leurs adversaires n'en viennent

[1] « Terræ quæ incultæ erant negotiantur, rerum abundantia citius reformatur quod inopia retrohabita, tota obliviscitur. » (*Ibid.*). Civitatem... quam episcopus factus (Lietbertus) pro werrarum seditione desertam invenit, *populosam et opulentam* moriens dereliquit (1076). » (*Ibid.*, p. 497, 17).

[2] « Expoliatur itaque civitas, cives amittunt pecunias, etc. » (*Ibid.*, p. 498).

« Domus invadunt, cellaria diripiunt, scrinia confringunt... aurum, argentum, vasa, vestes et quicquid delectabile erat auferentes, certatim multimodis onerati spoliis. » (*Chronicon S. Andreæ*, *Scriptores*, VII, p. 540).

[3] « Quidam civis venerabilis nomine Wibertus et mercator per multas terras cognitus, in prefata communia quendam fratrem suum Fulbertum concivem et commercatorem prudentissimum inter occisos interfectum perdiderat. » (*Ibid.*, p. 498).

[4] « Cives *male consulti.* » — « pactionem habuit (Wibertus) cum *inimicis episcopi* quod eis traderet civitatem Cameraci. » (*Ibid.*).

à bout que par le dol ou le manque de foi. L'évêque s'engage à ouvrir un débat contradictoire dans sa cour sur la conjuration qu'ils ont formée [1]. C'était en admettre le principe. Aussi les bourgeois désarment-ils. Mal leur en prit. Que ce fût un stratagème de l'évêque, comme le dit nettement le chroniqueur de Saint-André [2], ou bien que la parole donnée sincèrement par lui fût violée par ses alliés, comme le prétend le chroniqueur des évêques [3], les bourgeois sont assaillis à l'improviste, massacrés, leurs biens pillés, leur commune anéantie [4].

Encore une fois la tentative des citoyens de Cambrai a échoué, mais de nouveau aussi l'expérience ne sera pas perdue pour leurs successeurs. L'organisation se complétera, se perfectionnera; elle deviendra viable et, appelée à l'existence, elle vivra pendant cinq ans de 1101 à 1106. C'est la troisième phase que j'ai annoncée. Elle est beaucoup plus complexe que les précédentes et exige, pour être comprise, un examen très attentif [5].

Après la mort de Gérard II, qui avait ménagé à la fois l'empereur et Grégoire VII, la querelle des investitures fait rage à Cambrai, encore bien que le diocèse de Reims auquel Cambrai se rattachait fît partie de la France. Les Cambrésiens s'empressent de mettre à profit les em-

[1] « Episcopus... optulit illis fidem facere, *quod in curia sua tractaret* aliquando *de facta contra eum conspiratione*. Data itaque fiducia, cives domum leti reversi sunt. » (*Ibid.*).

[2] « Appropinquantes portis et illis ad resistendum paratis, *dolo simulant*, jurantes se cum pace venire, et sic permissi intrare, citius fidem rumpunt. » (*Chronicon S. Andreæ; Scriptores*, VII, p. 540).

[3] « Inscio presule... a militibus pecuniam civium superborum rapere desiderantibus, in suis domibus subito invaduntur. » (*Gesta Episc. Camerac.; Script.* VII, p. 498).

[4] « Destituitur tota conjuratio, facta iterum fidelitas juratur episcopo. » (*Ibid.*).

[5] J'ai utilisé pour l'exposé des faits historiques qui suivent l'ouvrage très érudit de M. Alfred Cauche, *La querelle des Investitures dans les diocèses de Liège et de Cambrai* (Louvain, 1890-1891).

barras où l'épiscopat se débat, le schisme dont il souffre, pour s'affranchir de sa domination temporelle, en jetant dans la balance, tantôt à droite, tantôt à gauche, le poids de leur alliance. C'est à travers d'interminables alternatives et de brusques oscillations qu'ils atteignent le but.

Manassès est élu par le peuple et le clergé comme successeur de Gérard II (1092); mais le peuple a *juré* que l'évêque de la ville devait recevoir l'investiture de l'empereur et l'empereur la refuse. Tandis donc que le pape confirme l'élection de Manassès et jette l'interdit sur la ville si elle persiste dans sa conjuration, peuple et clergé élisent un nouvel évêque, Gaucher, auquel l'empereur donne l'investiture, le 30 novembre 1093.

Les premiers qui tirent avantage de ce schisme sont les seigneurs locaux. En l'absence de l'évêque, ils se font bâtir des châteaux-forts, ils s'affranchissent de sa suzeraineté, s'emparent de ses biens, et vont porter leur hommage au comte de Flandre, Robert II. Les officiers épiscopaux sont au premier rang de ces révoltés; tel notamment le vidame qui a remplacé le châtelain Hugues d'Oisy. Ce châtelain lui-même s'empresse d'accourir de son exil pour se remettre en possession de ses domaines. Forts de l'appui du comte de Flandre, appuyés sur une partie du clergé quand, après une réconciliation temporaire avec le pape, Gaucher a été solennellement déposé par lui le 30 novembre 1095, ils soutiennent, comme le moins redoutable pour eux, l'évêque du pape, Manassès, contre l'évêque de l'empereur, Gaucher. La bourgeoisie finit par se joindre à eux, et Gaucher se voit obligé devant une telle coalition de quitter la ville, où Manassès vient le remplacer (1097). Il réussit bien à y rentrer vers 1101, grâce à l'appui de l'empereur Henri IV et de la comtesse du Hainaut, mais presque aussitôt le comte de Flandre Robert II entre en campagne contre lui.

La situation est critique pour l'évêque et pour la ville. L'empereur n'envoie qu'un faible secours, tandis que Robert ravage le Cambrésis, enveloppe la ville de forts qui coupent ses communications.

L'évêque Gaucher se trouve ainsi également impuissant à défendre les bourgeois et à leur résister. A eux d'agir. Ils se lient par une conjuration, une commune, une association de défense mutuelle, pour repousser les ennemis qui menacent leurs remparts et pour sauvegarder à l'encontre de l'évêque leurs personnes et leurs biens; ils la font reconnaître, approuver par lui. Comment refuserait-il son consentement[1]?

Une charte est dressée qui constate ces accords respectifs. Les bourgeois s'engagent par serment à rester fidèles à Gaucher, à défendre la cité, à ne pas y laisser rentrer les clercs exilés, à respecter les lois et les usages établis au profit de l'évêque, en d'autres termes, à lui payer les redevances coutumières[2]. L'auteur des *Gesta Galcherii,* panégyriste de son héros, avoue qu'il a volontairement

[1] « Presul videns periculum
Super hoc dolet nimium;
Laudat tamen conjurium
Propter urbis suffragium. »

(*Gesta Galcheri*, str. 372. Gestes des évêques de Cambrai, éd. de Smedt, p. 65.)

[2] « Nos omnes cives insimul,
Per sanctos Dei juramus
Et per fidem promittimus
Et per cartam confirmamus.
Quod Galcherum fidelius
Episcopum servabimus
De vita, de membris ejus,
De honore presulatus.
.....
Et de *presulis legibus*
De consuetudinibus
Ut fuerunt antiquitus
Suis predecessoribus.
Nec quicquam supercrescere
Nec ad minus descendere
Juramus eo vivente
Et successorum tempore. »

(*Gesta Galcherii,* str. 374-383, p. 65-66.)

passé sous silence les autres clauses de l'acte[1]. Elles devaient donc former la contre-partie des précédentes, en regard des engagements des bourgeois, relater les engagements du seigneur, en regard des droits qu'il gardait, les droits qu'il perdait, j'entends les droits que les bourgeois acquéraient et se garantissaient mutuellement.

Quels étaient ces droits? Toute conjecture est hasardeuse; néanmoins, il faut remarquer que depuis 1065 il n'y avait plus de châtelain à Cambrai et que la juridiction exercée par lui avait passé en partie à un prévôt, en partie à un vidame[2]. Or, nous verrons en 1103 la commune, qui comprenait peut-être des nobles[3] et qui avait certainement à sa tête, comme en 1077, la bourgeoisie la plus voisine de la noblesse, choisir pour chef, pour défenseur de la cité, le *ministerialis* Godefroi de Ribemont[4], et celui-ci

1 « Preter jura episcopi
Quia jurat cetus populi
Hic necesse non affuit
Singulatim interseri;
Sed quod jurant episcopo
Hic interscripsi... »
(Str. 384-385, p. 66-67.)

2 Cf. Dieckmeyer, *Die Stadt Cambrai* (Bielefeld, 1890), p. 31-33.

3 « Fecit ergo rex edictum
Per Galcheri consilium
Ut veniat grex ad eum
Casatorum et civium. »
(Str. 536, p. 94.)

« Rex itaque vix credulus
.....
Pro plebis levitatibus
.....
Monet *cives et milites*
Ut ei donent obsides. »
(Str. 552-553, p. 96.)

4 « Sumunt enim Godefridum
Illum Anselli filium,
Quem sublimant in *dominum*
Ac civile presidium
.....

rétablir dans ses fonctions, au nom de la commune, le châtelain Hugues d'Oisy[1]. Ne sommes-nous pas autorisés à en conclure que l'administration de la justice sur les hommes libres avait passé des mains des officiers de l'évêque aux chefs élus de la bourgeoisie?

Ceux-ci avaient à veiller en outre aux intérêts généraux de la cité puisque la défense militaire incombait désormais à la commune. Enfin, il semble évident qu'une barrière avait été dressée contre l'arbitraire seigneurial, par une fixation des impôts[2].

La bourgeoisie organisée en *commune* ne se contente pas de ces conquêtes. Elle tend, d'accord avec les seigneurs particuliers, les *ministeriales*, le clergé, à détacher, en le supprimant, le pouvoir temporel de l'évêque de son pouvoir spirituel, sauf à se donner, s'il le faut, des maîtres laïques. Elle va jusqu'à conclure un traité avec le comte de Flandre, aux termes duquel elle lui livrera la ville si elle n'est pas définitivement secourue par l'empereur avant le 8 septembre 1103.

La paix ayant été faite dans l'intervalle (29 juin 1103) entre Henri IV et Robert II, et étendue à l'évêque et aux

Concedunt sibi protinus
Ut suis trahat usibus
Episcopales redditus. »

(Str. 449-450, p. 77.)

1 « Hugo de Incih....
Castellaniam petiit,
Godefridusque reddidit
Quam in secundi Gerardi
Temporibus jam perdidit. »

(Str. 452-453, p. 77-78.)

2 Remarquez dans le serment de la commune la formule :

« De consuetudinibus
.....
Nec quicquam supercrescere. »

bourgeois de Cambrai[1], ces derniers durent considérer leur traité comme caduc. Il ne s'agissait donc plus pour eux que de se débarrasser de Gaucher, et ils estimaient pouvoir le faire d'autant plus impunément que le comte Robert n'avait pas rompu avec le Saint-Siège et qu'il n'oserait pas prendre ouvertement en main la cause de l'évêque schismatique qu'il avait jusqu'alors combattu.

Gaucher est donc expulsé par la *commune*[2]. Maîtresse désormais d'elle-même, elle se donne pour chef ce noble Godefroy de Ribemont dont j'ai parlé, et lui transfère le droit aux revenus épiscopaux[3]. Un pareil chef lui était nécessaire pour se régir et se défendre au sein de la société féodale. Malheureusement, celui qu'elle s'était choisi n'était ni assez énergique ni assez puissant.

Henri IV n'avait pas abandonné son protégé Gaucher et surtout ne se souciait pas de voir Cambrai lui échapper. Il menaça donc la ville. Aussitôt Godefroy de Ribemont, sans se laisser arrêter par les protestations du peuple et du clergé, rétablit Gaucher sur le siège épiscopal.

De son côté, le pouvoir pontifical ne resta pas inactif. Le compétiteur de Gaucher, Manassès, ayant été promu à l'évêché de Soissons, l'archevêque de Reims enjoignit au clergé de Cambrai d'élire un nouvel évêque. Eudes, abbé de Saint-Martin de Tours, fut élu. S'il ne put prendre possession de sa ville épiscopale, son autorité sur le reste du diocèse s'exerça sans obstacle et suscita à Cambrai même les plus grandes difficultés à Gaucher.

Les choses en étaient là quand le comte de Flandre vint

1 « Utrinque pax extenditur
Et juvamen in omnibus
A comite promittitur
Viris Cameracensibus. »
(Str. 427, p. 73.)

2 De iterata expulsione Galcherii a Cameraco. (*Gesta Galcherii*, str. 428 suiv., p. 74.)

3 *Suprà*, p. 408, note.

jouer le rôle de troisième larron, en face de la commune qui se maintenait toujours. Henri IV ayant eu besoin du concours de Robert II, dans ses luttes contre son fils, lui céda en l'an 1106, entre autres fiefs, la seigneurie de Cambrai. Il fallait maintenant rendre cette autorité effective. Très habilement, Robert se délivra de Gaucher en installant Eudes à sa place, et empêcha celui-ci de lui porter ombrage en le réduisant au pouvoir spirituel. Il reprenait ainsi son rôle d'allié du Saint-Siège et d'allié de la commune sans plus rien craindre de l'empereur. A la mort d'Henri IV, il est vrai, son successeur, Henri V, marcha contre lui; mais le sort des armes fut favorable au comte et lui valut la confirmation de la seigneurie de Cambrai jusqu'à ce qu'un évêque agréé par l'empereur eût été installé. La renonciation de Gaucher, en laissant la place libre à Eudes, devait changer ce provisoire en définitif.

Restait la commune. Henri V ne voulut pas la tolérer. Par là il servit dans le présent les intérêts de Robert et dans l'avenir les intérêts des évêques. L'abolition eut lieu solennellement par ses ordres et en sa présence. Le cérémonial avec lequel il y fut procédé nous fournit une preuve nouvelle que la charte de privilège et la conjuration étaient les conditions essentielles de l'existence de la commune. La charte de privilège fut détruite, le serment fut abjuré[1].

[1] « Rex nimis dure loquitur
 Dicens : ....
Cur agitis res tam turpes
Inauditas, horribiles ?
 Qui omnium dissimules
Instruitis novas leges
Atque conjurationes
Duces novos et comites.
.....
Jubet cives verumtamen
Ut afferant compositam
Communionis cartulam
Ante suam presentiam.

Commune du Mans. — Vers l'année 1069, Guillaume le Conquérant est en Angleterre. Les Manceaux, nobles et peuple, en profitent pour se donner comme chef Azzon (Albert II), seigneur d'Este, gendre du comte Herbert I, Éveille-Chien. Azzon ne reste que peu de temps dans le Maine; il retourne en Italie, confiant sa femme Gersende, son fils Hugues et sa seigneurie à Geoffroi de Mayenne. Le mari fut trompé, les intérêts des sujets furent trahis, jusqu'au jour où les bourgeois opposèrent au gouvernement despotique de ce vicaire infidèle la ferme résolution de ne plus se laisser opprimer ni par lui ni par quiconque[1].

Ils forment une conjuration, une *commune,* comme ils l'appellent ; ils se lient par des serments mutuels; ils obligent les principaux chefs de la région à adhérer à leur pacte[2]. Geoffroi de Mayenne lui-même se voit contraint de le faire, et l'évêque du Mans sans nul doute aussi, car il ne tarde pas à accompagner la commune au siège du château de Sillé.

Affertur privilegium :
Quod per regis imperium
Dejurant in perpetuum
In aspectu tot principum.
Sic disjuncta communio
Ab iniquo conjurio,
Fecit regi Heinrico
Fiduciam sacramento. »

(*Gesta Galcherii,* str. 538 suiv., 548 suiv., p. 94-96.)

[1] « Cum adversum cives quasdam occasiones quæreret, et novis quibusdam exactionibus eos moliretur opprimere ; *consilium inierunt qualiter* ejus pravis conatibus obsisterent *nec se ab eo vel quolibet alio injuste opprimi paterentur.* » (*Gesta pontif. Cenomann.*, D. Bouquet, XII, p. 540 A).

[2] « *Facta conspiratione, quam communionem vocant*, sese omnes pariter sacramentis astringunt, et ipsum Gaufridum et *cæteros ejusdem regionis Proceres, quamvis invitos, sacramentis suæ conspirationis obligari compellunt.* » (*Ibid.*, p. 540 A-B).

Pour réussir à ce point, une entente des chevaliers, des clercs et des bourgeois était indispensable. Remarquez aussi que l'adhésion des seigneurs du pays fit de la commune une vaste confédération qui avait autorité et pouvoir au dehors de la ville comme au dedans[1].

C'est ainsi qu'elle convoque les paysans à une entreprise guerrière contre le châtelain de Sillé qui lui avait fait tort, et que ceux-ci arrivent conduits par leur prêtres et précédés de leurs croix et de leurs bannières[2].

C'est ainsi qu'elle semonce tous les chefs de la région pour avoir raison de Geoffroi de Mayenne qui avait violé son serment, et qu'elle détruit avec leur concours la forteresse où il s'était réfugié[3]. N'est-ce pas ainsi encore qu'au dire du chroniqueur la commune, à l'exemple de toute seigneurie d'alors, abuse de son pouvoir et se rend coupable de violence et d'arbitraire[4]?

Ce caractère de confédération jurée, comprenant des éléments sociaux très divers et pouvant s'étendre sur tout un pays, me paraît le trait vraiment original de la commune. C'est sous cette forme qu'elle s'est présentée à nous en 956 à Cambrai, sous cette forme qu'elle apparaît à la

[1] Orderic Vital, du point de vue normand, s'exprime ainsi : « Regio tota perturbatur, et ibidem Normannica vis offuscatur, ac pene ab omnibus quasi generalis lues passim impugnatur. Goisfredus Meduanensis aliique optimates Cenomannorum *pari conspiratione* contra Normannos insurgunt... » (Orderic Vital, II, p. 254).

[2] « Per totius regionis populos legatos miserunt, contra præfatum Hugonem... tumultuosæ multitudinis agmina concitantes; congregatoque exercitu, *Episcopo et singularum Ecclesiarum Presbyteris præeuntibus cum crucibus et vexillis*, ad castrum Silliacum furibundo impetu diriguntur. » (D. Bouquet, XII, p. 540 B-C).

[3] « Quibus cives compertis, totius regionis Proceres... convocarunt, et Gaufridum cum suis omnibus infra munitionem repentina obsidione concludunt. » (D. Bouquet, XII, p. 540 E).

[4] « Cujus conspirationis audacia innumera scelera commiserunt, *passim plurimos sine aliquo judicio condemnantes*, etc. » (*Ibid.*, p. 540 B).

fin du même siècle quand les paysans normands s'insurgent[1]. C'est elle qui s'accorde le mieux avec la définition de Guibert de Nogent qui vise, en termes généraux, une conspiration de serfs, et avec la circonstance que, simple conjuration, la commune put, dans le principe, aussi bien être réalisée par les habitants d'un ou de plusieurs villages que par les bourgeois d'une même ville[2]. C'est par une survivance enfin de la forme primitive qu'au XIIe siècle encore une conspiration, un complot sont appelés *commune*[3].

1 « Alium nus par serement;
Nos aveirs e nus defendum,
Et tuit ensemble nus tenum.....
Asez tost oi Richard dire,
Ke vilein *cumune faseient*
Et ses dreitures li toldreient,
A lui e as autres seinurs,
Ki vilains unt e vavasurs.....
La *cumune* remest a tant :
N'en firent puis vilain semblant. »

(Wace, *Roman de Rou*, 3e partie, v. 872 suiv., 910 suiv., 947 suiv., éd. Andresen II, p. 64 suiv.)

2 Voyez par exemple la commune ou conjuration du village de Chelle (Seine-et-Marne) confirmée en ces termes par Louis VI : « *sacramenta et confœderationes, quibus homines Kalæ inter se invicem confœderati sunt et ligati*..... auctoritate regia confirmanus. Omnes præterea consuetudines bonas, quas præd. homines et prædecessores sui tempore vener. patris nostri Philippi habuerunt et tenuerunt in perpetuum illis concedimus... Statuimus etiam quod nunquam in præd. villa aliquis, nisi ratione et judicio capiatur. » (1128. Martène et Durand, *Amplissima collectio*, I, col. 690-691).

3 « Querunt (cives) sibi auxilium,
A comite Montensium,
Atque Cameracensium,
Sibi casatos attrahunt,
In firmam amicitiam,
Et bonam sustinentiam,
Ligatos per communiam,
Et per fidem exhibitam. »

(*Gesta Nicolai*, str. 258-260 (Gestes des évêques de Cambrai, ed. Smedt, p. 210.)

Le mot, en effet, a eu la même destinée que l'institution. Il a évolué avec elle.

Au dixième et au onzième siècle, « *commune*[1] » *communia*[2] », ont le sens de conjuration, conspiration, asso-

[1] C'est le singulier neutre, qui peut bien avoir été emprunté par les associations diocésaines de la paix à la vieille terminologie romaine et grecque, où *commune*, κοινόν, désignait un district, une circonscription religieuse. (Voir mon article dans la *Revue critique d'histoire et de littérature*, 14 avril 1890, p. 295).

[2] *Communia* a peut-être été dans le principe le pluriel de « *commune*, » le « *commune* » du diocèse correspondant à l'ensemble des *communitates* ou *communia* des paroisses, de même que gilde est devenu sous la forme, *gelde*, *gelda*, *geldon*, *geldos*, synonyme de milices bourgeoises et finalement de fantassins. (Voir sur ce dernier point, *Girart de Roussillon*, trad. P. Meyer, p. 268, note 2). Au onzième siècle, le terme est singulier féminin.

L'influence du langage ecclésiastique qui appelait *communia* (au singulier) la propriété commune, telle notamment qu'une mense de chapitre, a pu ne pas être étrangère à la genèse du mot. Je suis frappé, en tout cas, de ce fait que ces propriétés faisaient l'objet, elles aussi, de véritables *conjurations*. Il y avait donc là un principe qui pénétrait la société de part en part et dont les associations diocésaines de la paix et les communes jurées — j'ajoute, de suite, le compagnonnage féodal — se trouvaient être les manifestations les plus éclatantes.

Un document original que j'ai copié aux archives du Puy-de-Dôme me semble éclairer d'un jour spécial ce nouvel aspect de la question. Le voici dans ses parties essentielles :

« Hæc est convenientia quam canonici sedis Arvernæ fecerunt inter se per jussionem domni Stephani ipsius sedis episcopi. Terram Sctæ Mariæ, quæ hodie est incommunia inhoc loco et inantea acciderit, ego non tollam, nec homo, nec fæmina per meum consilium me sciente nisi per consilium XX canonicorum qui per salutem hujus loci hoc auctorizare putaverunt sine alia contrarietate se sciente cum consilio episcopi vel decani vel abbatis vel prepositi.

Et si forfacturam fecero de rebus quæ in communia fuerunt infra XL dies quibus me admonuerunt duo canonici hujus loci per mandatum XX canonicorum hujus loci cum consilio... (*ut suprà*) de admonitione non me vetabo et in capitulo me presentabo aut tale placitum cum eis faciam aut per capitale aut per mercedem quale cum eis invenero. Si occupatio me non tenet et illa occupatio non erit per occasionem

ciation jurée du *commun*, c'est-à-dire de l'*ensemble* des habitants d'un lieu ou d'une région. Au douzième siècle, le mot de *communia* a pris le dessus et s'est spécialisé pour désigner une forme d'organisation municipale, parce que la plupart des conjurations se restreignirent à tout ou partie de la population d'une ville et qu'elles prirent un caractère corporatif et seigneurial qui les rendirent désormais inapplicables au plat pays.

Revenons à la commune ou confédération du Mans. Guillaume le Conquérant la dispersa et l'anéantit en accourant pour soumettre le Maine; mais la ville du Mans a dû retenir tout au moins les droits anciens que l'un des buts de la commune avait été de sauvegarder. Quand le duc approcha, les principaux de la cité *proceres civitatis* allèrent au-devant de lui et négocièrent un traité aux termes duquel les antiques coutumes et droits de justice *justitie* de la ville étaient confirmés par serment [1]. Ces

stius convenientie et infra septem dies quibus de occupatione illa evasero per ipsam convenientiam in antea adtendam...

Si episcopus aut prepositus aut abbas aut decanus aut caput scole aut canonicus obierit et alius in loco suo esse voluerit, non laudabo illum donec istam convenientiam juret. Et siquis perjuraverit se dehoc sacramento et duo illum admonuerint per mandatum XX canonicorum... de forfactura pro qua perjuraverit et eam emendare noluerit... transactis XIV diebus cum illo non stabo in coro nec in refectorio nec in dormitorio ad ministerium et ad convivium per dampnum hujus loci me sciente donec ad satisfactionem veniat. Ita adtendam nisi canonicam meam michi tulerint et postquam ablata michi fuerit *infra XL dies vindictam non faciam*. Sed si eam recuperavero post illam recuperationem in ipsi convenientia stabo quamdiu vixero... » (Vers 1060, *Archives de la cathédrale de Clermont-Ferrand*, Arm. 18, sac A, cote 28. *Arch. du Puy-de-Dôme*).

[1] « Proceres civitatis egressi, cum eodem Rege de pace colloquium habuerunt; et acceptis ab eo sacramentis, tam de impunitate perfidiæ, quam *de conservandis antiquis ejusdem civitatis consuetudinibus atque justitiis*, in ipsius ditionem atque imperium sese et sua omnia dediderunt. » (*Gesta Pontif. Cenomann.*, D. Bouquet, XII, p. 541 B-C). — Orderic Vital, qui s'intéresse plus aux gestes des Normands

droits, sans nul doute, profitèrent en majeure partie aux seigneurs et à la haute bourgeoisie. Pourtant les corps de métiers étaient une puissance avec laquelle il fallait compter. Ils servirent plus tard de médiateurs entre le comte Hugues et l'évêque [1], et ils avaient certainement été une des forces vives de la commune [2]. Je ne connais guère de cartulaires où les mentions d'artisans du onzième siècle soient aussi fréquentes que dans le cartulaire de Saint-Vincent du Mans [3], et ces artisans trouvaient ici comme à Cambrai des auxiliaires dans les rangs du clergé dont une partie était en conflit avec l'évêque [4].

qu'aux droits des Manceaux, est plus bref : « Cives egressi sunt, et supplices regi claves civitatis detulerunt, seseque dedentes, a rege *benigniter suscepti sunt.* » (Orderic Vital, II, p. 255).

[1] « Stabularii, caupones, macellarii, atque pistores... intolerabiliter murmurabant... Quos dum ipse Comes adversum se... fremere cognovisset; cernens sibi periculosum esse, si contra omnium vota civitatem pateretur diutiùs Pastoris sui præsentia desolari... sibi Episcopum pacificare... curavit. » (*Gesta Episc. Cenom.*, D. Bouquet, XII, p. 544, C-D).

[2] Dans la chanson d'Ogier le Danois les éléments actifs de la commune de Dijon sont ainsi énumérés :

« Car trop i ot borgois e carpentiers,
Et lancéor et folon e télier,
Et en après revenoient boucher
Et li serjant e li arbalestrier. »

(v. 3895 suiv., p. 161.)

[3] Bibl. nat. MS. lat. 5444. — Voici des exemples : *mercator*, 1067-1076, p. 18, — *carpentarius*, p. 19, p. 43, etc., — *textor*, p. 23, p. 127, — *argenti et auri adornator*, p. 28, — *aurifex*, p. 31, — *aurifaber*, p. 41, — *sartor*, p. 28, — *sartarius*, p. 285, — *sutor*, p. 29, — *carnifex*, p. 301, etc., — *pistor*, p. 23, etc., — *cerarius*, p. 34, — *faber*, p. 34, — *draperius*, p. 34, p. 41, — *pelliparius*, p. 39, — *pelliciarius*, p. 43, — *tanator*, p. 41, — *monetarius*, p. 41, — *salinarius*, p. 41, — *caprarius*, p. 42, — *corduanarius*, p. 49, — *buccarius*, p. 149, — *vitrarius*, p. 47, etc.

[4] Cf. D. Bouquet, XII, p. 543.

Dans l'histoire des deux communes que je viens d'étudier, j'ai passé sous silence un élément dont je veux traiter à part, la race. La race avec ses qualités d'énergie et de faiblesse, son impatience du joug ou sa passiveté en face d'une autorité despotique, a de toute évidence activé ou ralenti la formation du lien communal. Elle doit être considérée à un double point de vue; au point de vue des seigneurs, au point de vue des sujets.

Dans le Midi, en Languedoc, en Provence, le régime seigneurial fut moins âpre, moins brutal que dans le Nord. La douceur relative des mœurs, le mélange des peuples, les débris et les traditions d'une civilisation brillante et d'une culture raffinée, la plus grande facilité de la vie, la plus grande abondance des biens, peut-être même, nous le verrons, l'influence arabe, faisaient les seigneurs plus cléments, les sujets plus libres, plus heureux et partant moins rebelles. La condition des habitants des villes, — le lecteur a pu déjà s'en convaincre plus haut, — était non seulement supportable, mais susceptible d'un progrès régulier. Les classes diverses de la société urbaine, noblesse, clergé, bourgeoisie, peuple même, étaient suffisamment rapprochées et assez bien groupées pour qu'il ne fût besoin d'aucune conspiration pour atteindre aux libertés communales. Celles-ci se développèrent d'elles-mêmes, lentement, tardivement[1], empruntant à l'Italie les dénominations pompeuses de *consuls* et de *consulat,* mais puisant dans le tréfonds de la société française, dans l'échevinage tradi-

[1] Il n'est fait aucune mention de consuls dans les chartes méridionales du XIe siècle. Pour le Languedoc leur première apparition ne remonte pas au delà de 1131 (*suprà*, p. 254, note 3). — Je sais bien qu'une prétendue lettre de Raymond IV, comte de Toulouse, aurait été adressée aux Consuls de Saint-Gilles « *dilectis suis consulibus et probis hominibus St Egidii* » dès l'an 1096 (Teulet, *Layettes du Trésor des chartes*, I, n° 32, p. 34); mais ce document ne nous est parvenu que dans une copie du XIIIe siècle, tout synchronisme fait défaut pour le dater, et c'est par voie de simple conjecture qu'on l'a attribué à Raymond de Saint-Gilles.

tionnel, représenté au Midi par les *judices*, dans les confréries plus nombreuses peut-être qu'au Nord, enfin dans la pratique si générale du serment, les éléments essentiels de leur organisation.

Dans le Nord, au contraire, où le régime seigneurial était plus tyrannique, l'impatience fut plus prompte et plus ardente. Si les seigneurs Normands, par exemple, se faisaient un point d'honneur de protéger leurs sujets, ils s'en faisaient un autre de les vexer et de les molester [1]. Mais à seigneurs farouches, sujets indomptés. Ces Manceaux, ces habitants de la Flandre et du Hainaut, ces Cambrésiens surtout qui se révoltent au dixième et au onzième siècle, sont, au dire des chroniqueurs, des races indociles que le despotisme seigneurial est impuissant à courber [2].

Dans les régions intermédiaires, dans le Nivernais et le Bourbonnais, dans l'Auvergne, dans le Limousin, dans l'Anjou, la résistance est moindre à une domination aussi

[1] « Paribus invidere, superiores prætergredi velle, subjectos ipsi vellicantes, ab alienis tutari. » (Guillaume de Malmesbury, D. Bouquet, XI, p. 185 B). Cf. Orderic Vital, III, p. 230 : « Normanni..... rebelliones cupiunt, seditiones appetunt, et ad omne nefas prompti sunt. »

[2] Orderic Vital met dans la bouche de Guillaume le Conquérant ce jugement sur les Manceaux : « Cenomannis a canina rabie dicta, urbs est antiqua, et plebs ejus finitimis est procax et sanguinolenta, dominisque suis semper contumax et rebellionis avida. » (Orderic Vital, II, p. 249). Un indice curieux de leur esprit turbulent nous est fourni aussi par la stipulation suivante d'une charte du Cartulaire de Saint-Vincent du Mans qui vise Hugues, le camérier, et qui tombe précisément dans la période où le premier mouvement communal a éclaté au Mans : « Si quando in urbe Cenomannensi turbatio seu mutatio forte fuerit orta, ut ipsum Hugonem aut vis aut alia quelibet causa abscedere compellat, statis abbes S[t] V[i] et monachi ejus pred. domum et terram cum vinea accipiant et habeant. » (*Cartul. de Saint-Vincent du Mans*, MS. f° 27). — Sur le caractère indompté des Cambrésiens (*gens indomita*) voir *Gesta Episc. Camerac.* Pertz, *Scriptores*, VII, p. 431 (35), 438 (30), 443 (25), 508, etc. — Il faut ajouter que la population de la Flandre était très dense : « *Flandriæ terram valde populosam* » dit Suger. (D. Bouquet, XII, p. 54 C).

oppressive. La race moins mêlée y semble plus indolente.

Mais si nous redescendons vers le Sud-Ouest, nous rencontrons de nouveau une population d'une trempe singulière, rebelle au joug, résolue à défendre, à tout prix, sa liberté personnelle.

Les Vascons venus d'Espagne dans la première moitié du VIIe siècle ont occupé une partie de l'Aquitaine. Ils ont résisté aux conquêtes des Francs et des Sarrazins, ils se sont mélangés avec la population romaine; ils ont assuré ainsi aux villes antiques, à Bordeaux, à Bazas, à Lectoure, etc., cette merveilleuse franchise des personnes et des biens que nous révèlent les enquêtes du XIIIe siècle. A côté d'eux les Basques autochtones ne laissent pas plus entamer leurs institutions traditionnelles que leur langue, leurs usages ou leurs mœurs.

L'attachement inébranlable des Béarnais et des Basques à leurs fors, attachement qui a permis à ces antiques constitutions de traverser les siècles, est l'indice le plus clair de l'influence exercée ici par la race. Dans les campagnes, comme dans les villes, le même esprit d'indépendance se fait jour[1]. C'est lui qui a provoqué en partie ces chartes de franchise et de sauveté que nous avons étudiées, qui a permis la transformation de villages en villes libres, et amené la fondation de villes dans des conditions exceptionnelles de liberté; c'est lui, enfin, qui a fait rejeter violemment dans le Sud-Ouest un état de sujétion qui était accepté, docilement, dans le centre. L'exemple de la Réole est saisissant.

Gombaud, archevêque de Bordeaux, et Guillaume Sanche, duc de Gascogne, avaient, en 977, placé le monastère de Squirs, désormais appelé *Regula,* sous la dépendance de l'abbaye de Fleury (Saint-Benoît-sur-Loire). L'abbaye s'empressa de consigner dans une charte, approuvée

[1] Qu'on lise, pour se convaincre, les vieilles coutumes de Bigorre (1097) publiées par Giraud. (*Essai sur l'histoire du droit français*, I, p. 19 suiv.).

par les deux seigneurs, ses droits sur les habitants et de la Réole et des domaines ou baillies qui en dépendaient[1]. Cette charte que les historiens du droit citent d'ordinaire comme une des premières chartes de franchise n'a aucunement ce caractère. L'intérêt des habitants n'est entré pour rien dans sa rédaction. Il n'y est question que de leurs devoirs, et ces devoirs, corvées, cens, impôts de toute sorte, sont d'une extrême rigueur.

Tel était le régime auquel l'abbaye de Fleury avait coutume de soumettre ses possessions françaises du Nivernais ou de l'Orléanais, sans qu'elle rencontrât de résistance. Mais les Gascons n'étaient pas de si bonne composition. Ils conspirent, ils se révoltent. Abbon, le célèbre Abbon, abbé de Fleury, parvient une première fois à comprimer leur rébellion : à un second voyage, l'insurrection éclate plus terrible, Abbon est massacré[2]. Si les rebelles furent punis[3], l'abbaye dut se relâcher de sa dureté, et la ville de la Réole ne tarda pas à participer à tous les privilèges dont jouissait la Gascogne[4].

[1] Cf. art. 23 suiv. La charte de la Réole se trouve dans Giraud, *op. cit.*, II, p. 510 suiv.

[2] Les historiens ont voulu voir à tort dans cette insurrection une simple révolte de moines. Au fond, c'était une lutte de races, dans laquelle le clergé mécontent a joué son rôle ordinaire, en s'alliant et en conspirant, tout comme à Cambrai ou au Mans, avec les bourgeois. Le témoignage d'Aimoin, témoin oculaire, est aussi formel que possible : « (Abbo) ad sua rediit, *quibusdam suorum* quasi ob tutelam loci relectis. Verum hi quos relinquebat, *perfidiam Guasconum* veriti.... postmodum multis a *Guasconibus perpessis injuriis*... (*Vita Abbonis*, D. Bouquet, X, p. 336 B-C). — « Denique malignorum factio, qui illis, quos ipse sanctus pater ad eundem miserat locum, irrogaverant injurias, *in id jam conspiraverat*........ Monachum qui hos esse dicebatur machinatus dolos... Causa ortæ seditionis haec erat. *Tam Francis quam Guasconibus se alterutrum conviciis lacessentibus*... (*ibid.*, p. 338 C-E).

[3] Adémar de Chabannes, D. Bouquet, X, p. 148 D.

[4] Enquête de 1273 (MS. Wolfenbüttel) (*Notices et extraits des MSS.*, t. XIV, 2e part., p. 297 et suiv.). — *Ordonnances des rois de France*, XII, p. 316.

CHAPITRE XIII.

LES MODALITÉS DU LIEN COMMUNAL.

A la période dont traite ce volume appartient la lente et mystérieuse élaboration des formes communales, à la période suivante leur épanouissement. Elles s'incorporeront alors en des types qu'on verra irradier, par infiltration, dans toutes les parties de la France; chartes de commune, d'institution de paix, d'amitié, chartes de coutumes paroissiales comme celle de Lorris, chartes de franchise sorties médiatement des sauvetés, comme la loi de Beaumont, chartes de consulat et d'échevinage, d'autres encore. Ces types, à leur tour, ne resteront pas immuables; ils se feront des emprunts réciproques[1]; mais un œil exercé saura toujours discerner sous l'enveloppe bigarrée et accidentelle les formes simples et permanentes que j'ai décrites. Ce serait empiéter sur l'étude du douzième siècle que d'entrer à leur sujet dans plus de détail.

Il nous importe, au contraire, de mettre à nu les fibres essentielles qui rattachent, dès leur naissance, ces corpuscules nouveaux à l'organisme politique de l'onzième siècle, et que réunit en autant de faisceaux la charte communale.

Pas plus que les institutions de paix ou les simples communautés paroissiales, les communes jurées n'affectent un caractère exclusif. Les divers modes d'association urbaine ne supplantent rien; ils s'intercalent dans les institutions existantes; ils prennent place à côté de la seigneurie, de la justice publique, de la justice personnelle ou familiale[2],

[1] Cf. *suprà*, p. 397, note 4.

[2] Voyez charte de Valenciennes, *suprà*. Charte de Laon (1128), (Ordonn., XI, p. 185 suiv.), art. 2, art. 6. Charte de Mantes (Ord., XI,

des corporations particulières. S'ils s'étendent ensuite et deviennent envahissants, c'est par les avantages qu'ils procurent et par la soif de domination des hommes qui les composent ou les dirigent.

Leur variété n'est pas en moindre harmonie avec le monde ambiant. Elle correspond aussi exactement que possible aux modalités qu'affecte l'inféodation, dans son sens le plus large. Tout s'y retrouve, depuis le traité exprès ou tacite, libre ou imposé, qui lie le tenancier au maître jusqu'au pacte qui unit le vassal militaire à son suzerain; depuis le lien personnel se traduisant en haut par le serment, par la foi, en bas par la sujétion étroite du serf, jusqu'au lien réel qui vient renforcer le lien personnel et, au besoin en tient lieu; depuis la fiction de parenté jusqu'à la réciprocité de plus en plus effective, à mesure que l'on monte, des devoirs et des droits. Ainsi la charte communale n'est au fond qu'un élargissement du contrat de vasselage ou d'inféodation. Au lieu d'un individu c'est un ensemble de population qui entre dans un rapport déterminé envers un seigneur féodal.

Le phénomène n'avait rien d'insolite puisque les communautés de tenanciers d'une part, de l'autre le compagnonnage fondé sur une foi commune due à un seigneur, plaçaient déjà en face d'un contractant unique une pluralité de co-contractants. Ceux-ci formaient un groupe plus ou moins compact à proportion que l'on s'élevait sur l'échelle des contrats. Tandis que les serfs ou les tenanciers d'un même domaine étaient surtout unis entre eux par un lien traditionnel, les compagnons ou les co-vassaux étaient liés par un serment commun, par une véritable conjuration qui en faisait une grande famille.

Le même fait se reproduit dans l'organisation commu-

p. 197 (suiv.), art. 2, art. 6, etc., etc. — Il résulte de ces textes et de beaucoup d'autres que la fonction primitive de la commune était d'exercer la *vindicte*, la vengeance en commun, à défaut de la justice ordinaire.

nale. Ici le lien héréditaire ou instinctif, le lien paroissial ou le lien du sang prédomine, là au contraire c'est un serment qui rive l'un à l'autre en même temps qu'à un commun seigneur les habitants d'une ville, comme les compagnons d'un même chef, et qui en fait des *pairs* de la commune. Dans les deux cas une petite société, une sorte de clan urbain est appelé officiellement à l'existence. Son essence est la même que celle du clan féodal[1] d'où elle dérive en partie et auquel elle demeure plus ou moins étroitement rattachée. La parenté naturelle élargie fictivement par la confrérie, la foi jurée, la cohabitation (voisinage), lui sert de *substratum*, le patriciat lui fournit des chefs ou protecteurs, et à leur défaut le patron religieux la conduit sous sa bannière, comme le clan féodal marche derrière le gonfanon de son seigneur.

La nécessité d'une charte ressort de ce qui précède, ainsi que son double objet. C'est par elle en effet que le seigneur reconnaît au préalable et sanctionne les rapports établis entre les membres de l'association urbaine; c'est par elle qu'il consacre solennellement ensuite le contrat qu'il a passé avec l'association désormais reconnue. Dans les *communes jurées*, où le lien personnel du serment joue un rôle capital, le premier de ces objets l'emporte sur le second; dans les chartes de coutumes, bien plus nombreuses, basées sur un lien archaïque, le règlement des droits et des devoirs à l'égard du seigneur passe si bien au premier plan qu'il ne s'y trouve souvent aucune trace d'organisation municipale[2]; enfin dans les chartes de franchise procédant indirectement des sauvetés, directement des institutions de paix et des confréries, l'organisation municipale ne se sépare pas de la fixation des

[1] Voy. *infrà*, 2e partie du présent livre.

[2] Cela ne signifie en aucune façon que cette organisation n'existe pas. Elle est seulement subordonnée à l'autorité du seigneur; ce sont des fonctionnaires nommés ou agréés par lui qui font office de magistrats municipaux.

redevances et des services coutumiers, parce que l'institution de paix et la confrérie avaient procuré, dès le principe, avec la liberté individuelle une certaine autonomie collective au regard du pouvoir seigneurial[1].

Parmi les organisations urbaines ainsi empruntées à la féodalité, il est clair que c'est la commune jurée qui occupe le plus haut degré de l'échelle politique et qui ressemble le plus, dans son ensemble, à un clan féodal vassal d'un suzerain. Si elle avait triomphé, elle eût constitué un ordre, comme l'ordre militaire ou l'ordre du clergé[2].

Par cela même la *commune jurée* était de tous les types de régime municipal le moins susceptible de progrès. Elle était une institution du passé, plus qu'une institution de l'avenir. Elle était animée vers le dehors d'un esprit tout aussi égoïste et tyrannique que la seigneurie qu'elle voulait combattre. Néanmoins, comme les institutions de paix, les sauvetés, les franchises, elle réalisait un progrès immédiat, elle opposait l'ordre à la violence, à l'arbitraire le droit; de plus, elle contribuait pour sa part au développement de ces sentiments de solidarité, d'indépendance et de dignité personnelle, qui sont le ciment des nations. Ces sentiments, les villes à coutumes auraient pu, avec un moindre danger et une intensité égale, leur servir de foyer, si la royauté française avait eu la clairvoyance et la sagesse de distinguer entre elles et les communes jurées, au lieu de les envelopper, à partir du XIVe siècle, dans une même proscription. La monarchie se serait fondée alors

1 Ces trois modalités du lien communal se laissent suivre dans toute la France, du douzième au quatorzième siècle. Elles doivent servir, à mes yeux, de principale base à la classification des chartes communales.

2 La clause suivante d'une charte d'affranchissement de serfs du pays laonnais par Louis VI (1129) me paraît tout à fait digne d'attention : « licenter ad *clericatum*, sive *miliciam*, et ad *communionem*, sine contradictione possunt assumi. » (Charte publiée par M. Luchaire, *Louis VI le Gros, Annales de sa vie et de son règne*, Paris, 1890, p. 338).

sur les ruines de la seigneurie féodale sans aboutir à l'absolutisme. Les libertés communales en auraient sauvé la France, comme elles en ont préservé l'Angleterre.

N'est-ce pas en tenant rigide la balance entre le besoin d'unité et la libre expansion de la vie locale qu'un pays poursuit le développement régulier d'institutions vraiment populaires et fonde le plus sûrement sa grandeur ?

DEUXIÈME PARTIE.

LA FÉODALITÉ.

CHAPITRE PREMIER.

LA BASE DE LA SOCIÉTÉ FÉODALE.

Guérard, dans ses savants Prolégomènes du Cartulaire de Saint-Père de Chartres, définit en ces termes le caractère fondamental de la féodalité : « *Ce qui forme la base de la société féodale, c'est la terre*, et quiconque la possède, prêtre ou gentilhomme ou villain, est dépositaire d'une portion plus ou moins grande de la puissance temporelle ; la condition d'un individu se détermine bien moins par l'éducation, par le mérite, par la naissance même que par la propriété (foncière)... On était attaché à sa place et lié à ses devoirs chacun d'une manière particulière, et lorsqu'en apparence tout était dans le désordre, *il suffisait de redescendre à la terre pour retrouver la raison et la loi de tout*[1]. »

Malgré sa science si profonde et si sûre, malgré son grand sens historique, Guérard a payé son tribut à ce besoin de simplification auquel l'esprit humain a tant de peine à se soustraire, et à cette sorte d'illusion d'optique

[1] Guérard, *Cartulaire de Saint-Père de Chartres*, I, Prolégomènes, p. 113-114.

qui nous fait confondre en un seul et recouvrir par le dernier les plans successifs qu'une institution a occupés dans l'histoire. Donner à la société féodale pour unique assise la terre, la propriété ou la possession du sol, c'est une de ces conceptions qui substitue au développement graduel, organique, complexe, du corps social, un mécanisme artificiel imaginé tout d'une pièce. Elle doit être mise sur la même ligne que ces systèmes, aujourd'hui condamnés, qui faisaient éclore la féodalité du capitulaire de Kiersy ou de la double opération, accomplie comme par un ressort magique, par laquelle les grands officiers se seraient transformés en grands propriétaires, et les grands propriétaires en détenteurs du pouvoir public.

Certes, il arriva un moment où la hiérarchie féodale se trouva étagée sur la terre, eut la terre comme principal support, mais à ce moment-là, — j'entends au XIIIe et au XIVe siècle, — le fief n'était déjà plus la *base de la société.* Des États s'étaient reconstitués, la monarchie féodale et les grandes seigneuries, qui formaient les vrais centres de groupement des hommes, les véritables régulateurs de l'activité sociale. C'est en transposant dans le passé, en transposant au XIe siècle, où cette réorganisation de l'État faisait encore défaut, la hiérarchie foncière du XIIIe, que Guérard a pu formuler sa thèse qui est devenue de nos jours un lieu commun.

Je ne saurais l'admettre.

Que la propriété foncière et le contrat ayant la terre pour objet aient tenu une grande place dans le fonctionnement des institutions du dixième et de l'onzième siècle, je suis très loin d'y contredire ; mais que ce rôle ait été exclusif ou prépondérant, voilà ce que l'étude minutieuse des sources condamne. A côté de la propriété foncière, la propriété mobilière; à côté et au-dessus du lien réel, le lien personnel a une importance capitale. Le contrat de fief qui porte sur ces infinités de redevances personnelles ou de prestations si bien détachées de la propriété foncière qu'elles n'ont plus aucun rapport direct avec le sol et circulent comme des valeurs, comme des créances mobilières, ce contrat est plus fréquent peut-être que celui dont la terre est l'objet, et, d'un autre côté, le contrat purement personnel, où les services sont engagés en échange de la protection, traverse la société d'outre en outre.

Il y a plus. Ces divers contrats ne sauraient se suffire à eux-mêmes, ni séparés ni réunis ils ne peuvent être considérés comme la base de la société féodale. Où se trouverait, en effet, leur sanction? Où rencontrer cet accord, ce *consensus,* cette sorte de contrat général tacite qui incarné en une autorité reconnue de tous maintient l'ordre dans la société et assure le respect des conventions particulières? Si nous sommes ramenés en dernière analyse à la force où à l'intérêt bien ou mal entendu, nous retombons dans l'anarchie seigneuriale, nous voyons s'évanouir tout principe efficace de réorganisation! Or, ce principe ne pouvait manquer. Il existe dans les sociétés rudimentaires ou sauvages; il avait continué à vivre sous les deux premières races, pour suppléer à l'insuffisance de l'autorité royale qui était sortie de ses entrailles, il devait reprendre toute son énergie à mesure que cette autorité s'affaiblissait jusqu'à s'éteindre. J'ai trop insisté sur son action dans le premier livre de cet ouvrage pour qu'on ait peine à le reconnaître; c'est le principe de la *protection familiale*[1].

La famille réelle ou fictive prend la place de l'État. Sa constitution se combine seulement, en se les assimilant, avec les éléments divers que les régimes antérieurs ont introduits dans l'organisme social, avec les prééminences acquises, avec les traditions juridiques. Elle utilise pour son recrutement les rites anciens de la recommandation gallo-romaine et du compagnonnage germanique;

[1] Voy. t. I, livre I. *De la protection et de son rôle, spécialement dans la société franque.*

elle se sert pour mettre en valeur ses biens et augmenter sa force de résistance, des contrats que la jurisprudence romaine avait fournis déjà à la pratique franque, avant tout de ce contrat de précaire que les rois francs et l'église avaient utilisé à qui mieux mieux, les premiers pour retenir plus solidement leurs fidèles par des bénéfices, la seconde pour augmenter à la fois ses possessions et ses sujets; — ce contrat si élastique qui se prêtait à toutes les combinaisons et qui pouvait être employé également et pour s'attacher un puissant guerrier et pour acquérir les services d'un manant ou d'un serf.

Si donc je devais opposer une formule à celle de Guérard, je lui opposerai celle-ci : *Ce qui forme la base de la société féodale des XIe et XIIe siècles, c'est le clan.* A mes yeux, la relation foncière est encore, à cette époque, subordonnée à la relation personnelle, le *lien réel* au *lien personnel.*

Je me propose d'étudier d'abord ce dernier élément dans le compagnonnage féodal. J'essaierai de déterminer ensuite la fonction respective du lien personnel et du lien réel dans le contrat de fief entendu au sens le plus large, aussi bien dans le fief militaire que dans les diverses formes que l'inféodation du sol revêt depuis le vassal jusqu'au tenancier servile.

CHAPITRE II.

COMPAGNONNAGE, FÉODALITÉ ET CHEVALERIE[1].

Le compagnonnage est une institution célèbre. Tacite, en le décrivant dans sa *Germanie*, en a fait le point de mire des investigateurs de nos lointaines origines. Quel historien n'eût été frappé de la similitude profonde entre cette forme archaïque d'association et les types plus jeunes, plus complexes, plus brillants qui se sont épanouis au moyen âge? Pouvait-on ne pas rapprocher le compagnon et le vassal, l'émancipation par les armes et l'adoubement du chevalier?

Mais à la réflexion les objections jaillissent. La féodalité et la chevalerie ne sont-elles pas des institutions distinctes, trop dissemblables pour dériver d'une même source? Et quelle source? Une organisation rudimentaire, barbare, séparée par sept siècles de l'établissement féodal, par neuf siècles de l'apparition de la chevalerie. Qu'une cérémonie tout extérieure soit commune à la chevalerie et au compagnonnage, est-on autorisé à en conclure que les deux institutions procèdent l'une de l'autre? Si la féodalité est sortie du compagnonnage germain, pourquoi a-t-elle mis une si longue durée de temps à s'établir? La prépondérance de l'aristocratie à l'époque mérovingienne ne fut-elle pas aussi forte que sous les successeurs de Charlema-

[1] Une partie des chapitres qui suivent a paru, dès 1890, sous le titre *Le compagnonnage dans les chansons de geste*, dans les *Études romanes* dédiées à M. Gaston Paris à l'occasion du vingt-cinquième anniversaire de sa réception au doctorat (p. 141 suiv.). Ils reprennent ici leur place dans leur cadre, avec une plus grande ampleur de développement.

gne; pourquoi donc le fief n'a-t-il pas apparu dès alors?

Montesquieu a donc été logique en reportant sous les Mérovingiens la première naissance de la féodalité[1]. L'école allemande contemporaine, dont Roth fut l'initiateur, ne l'a pas été moins en soutenant que le compagnonnage privé s'était éclipsé, avait disparu sous les Mérovingiens; que les rois seuls, à ce moment, pouvaient s'entourer de compagnons, d'antrustions, mais qu'il y a eu, au IXe siècle, sur le modèle de l'antrustionnat, une résurrection du compagnonnage ancien d'où est sorti, à très brève échéance, le régime des fiefs[2].

Je rechercherai dans la partie suivante les rapports de filiation qui peuvent exister entre la chevalerie et le compagnonnage. Quant à la féodalité, s'il était vrai que le compagnonnage eût subi une transformation si spontanée et si complète, il n'y aurait guère qu'à opter entre l'opinion de Montesquieu et celle de Roth. Mais cela est-il vrai, et ne faut-il pas, au contraire, les rejeter toutes deux? Toutes deux se ramènent, en effet, à cet exposé fort simple. D'après Tacite, les Germains se choisissaient librement un chef auquel ils s'attachaient, auquel ils engagaient leurs services et leur dévouement, et de qui ils recevaient, en échange, des libéralités de toute nature, l'entretien, des armes, un cheval. Plus tard (dès le VIe siècle suivant Montesquieu, au IXe siècle suivant Roth), ces libéralités sont devenues des terres et elles ont été faites à charge de service : le fief était créé et le compagnonnage avait disparu.

Avait-il disparu? — Évidemment oui, si suivant l'opinion commune, la *relation personnelle* qui est sa caractéristique a fait place presque subitement, dès que les conditions se trouvèrent favorables, à la *relation réelle*, foncière. Évidemment non, si, comme je l'ai indiqué au précédent cha-

[1] *Esprit des lois*, livre XXX, chap. 16, 17, etc.

[2] Roth, *Geschichte des Beneficialwesens* (Erlangen, 1850), p. 146 suiv.

pitre, le lien personnel est resté un facteur essentiel, prépondérant, de la société féodale, si le lien réel n'a pris que lentement le dessus à mesure que l'inféodation se multiplia et se compliqua, sous la haute main de chefs d'État.

Les chartes sont insuffisantes pour nous éclairer à cet égard. Elles peuvent bien nous faire connaître le mécanisme de la concession de fief, nous permettre d'en démonter les rouages, mais elles ne nous laissent que rarement apercevoir le moteur. Pour l'atteindre, il faut que nous prenions contact avec la vie même des hommes d'alors, que nous sentions battre leur cœur et vibrer leur âme, que nous pénétrions dans leurs demeures, observions leur mode d'existence, leurs mœurs, leur état mental, les amitiés qui les unissent et les haines qui les divisent. Le pouvons-nous? Je le crois, grâce surtout aux chansons de geste. Elles vont nous montrer le compagnonnage survivant à l'époque que l'on considère comme le triomphe de la féodalité, survivant avec ses formes et ses effets anciens, non pas comme une institution stérile et surannée, mais en pleine sève et en pleine vigueur, et, pour tout dire, comme un organe de vie du régime seigneurial.

Esquissons d'abord à grands traits, avec toute la précision possible, le premier terme du parallèle, le compagnonnage primitif.

CHAPITRE III.

LE COMPAGNONNAGE PRIMITIF ET LE COMPAGNONNAGE DE L'ÉPOQUE FRANQUE.

§ I. — *Le comitat germain.*

Les historiens n'ont pas, en général, attribué à la remise des armes, chez les Germains, son vrai sens, sa pleine portée. Ils n'ont envisagé qu'une de ses faces, la cessation de l'étroite dépendance où l'enfant se trouvait au regard du père de famille, l'émancipation en un mot. L'autre face, la naissance de rapports nouveaux, de rapports de compagnonnage, entre le père et l'enfant, leur a presque entièrement échappé[1]. Il faut partir de ce fait historique que les Germains étaient des peuplades guerrières chez lesquelles l'organisation militaire déterminait, en la recouvrant, l'organisation sociale. Chaque chef de famille était un chef militaire *faraman;* quand il commandait à divers groupes unis par le sang, il devenait un chef de clan. « Non casus nec fortuita conglobatio turmam aut cuneum facit, sed *familiæ et propinquitates*[2]. »

Quels étaient les guerriers que le chef de famille avait sous ces ordres? Certainement ses fils, ses petits-fils, ses collatéraux immédiats, sans doute aussi ses affranchis. L'autorité qui lui appartenait sur toutes ces personnes découlait de sa puissance paternelle. Mais, sauf pour les

[1] Je me reproche à moi-même d'avoir laissé ce côté dans l'ombre au t. I, p. 67.

[2] Tacite, *Germania*, cap. 7.

affranchis qui restaient dans un *mundium* plus rigoureux, elle ne pouvait être la même que la puissance sur les enfants, les esclaves et les femmes. Les parents valides étaient des compagnons de guerre, ils étaient forcément aussi des compagnons de table. Partageant les périls, ils partageaient les joies, aidant à conquérir le butin, ils avaient leur part du profit.

Quand donc le chef de famille admettait un de ses fils au nombre de ses hommes, il changeait sa condition, il transformait l'autorité despotique qu'il avait sur lui en une autorité mitigée. C'était le *mundium* encore, mais un *mundium* affaibli.

Le père ne pouvait procéder seul à cette transformation. Il s'agissait en somme de faire entrer un jeune homme dans l'armée et de plus dans les assemblées de la nation, puisque tous les guerriers et les guerriers seuls les composaient. Il fallait donc, au préalable, que le jeune homme eût fait ses preuves, qu'il fût jugé par ses contribules apte à porter les armes. Voilà pourquoi la remise des armes par le père est un acte solennel fait en plein *mallum*. En élevant le fils au rang de compagnon de guerre et de table du père, elle en fait un membre de l'armée et de l'État. Néanmoins elle le laisse toujours placé sous l'autorité du chef de famille considéré comme chef militaire.

Un tel chef s'est-il signalé par sa bravoure, a-t-il acquis un abondant butin à la guerre, dispose-t-il de grandes ressources, est-il investi enfin de fonctions électives? Ce n'est plus seulement parmi ses descendants directs ou ses collatéraux les plus rapprochés qu'il recrute ses guerriers. Il s'adjoint, au moment où ils sont jugés propres à la guerre, des jeunes hommes choisis dans sa parenté étendue (*propinquitas*) ou dans d'autres familles illustres[1]. C'est lui qui se substitue au père. La remise des armes, c'est

[1] « Vel principum aliquis vel pater vel propinqui scuto frameaque juvenem ornant. » (Tacite, *Germania*, cap. 13).

lui qui l'accomplit, et, ce faisant, il opère une véritable adoption, il acquiert le même *mundium* que le père aurait eu. L'adoption par les armes était très répandue chez les Germains, même après qu'ils furent établis en Italie et en Gaule[1]. Cassiodore nous en a conservé la formule[2].

A côté de ces jeunes recrues se présentent des guerriers déjà éprouvés. Ils veulent s'attacher à un autre chef que leur chef de famille, — que celui-ci soit mort ou qu'il les ait autorisés à le quitter. Pour eux, il ne peut plus être question de l'acte public de remise des armes, accompli depuis longtemps, mais ils entrent dans le *mundium*, dans la famille du chef, en plaçant leurs mains jointes dans les siennes, en recevant de lui une framée, un cheval, un bâton (*festuca*) qui symbolise cette remise, et en lui promettant par serment l'affection et le dévouement qu'un fils doit à son père, comme le promettait le jeune homme qui était adopté par les armes[3], comme nous verrons se lier par un serment réciproque ceux qui contractent une fraternité fictive.

Tous les guerriers ainsi groupés constituent donc une même famille. Ils forment une *maison*, un clan, *fara*[4], ils marchent derrière la même enseigne, effigie grossière de quelque bête sauvage, fixée au bout d'une perche[5] et ornée parfois d'une banderolle (*fano*, *gundfano*, *bandva*); ils sont nourris, équipés, entretenus par le chef; ils sont ses

[1] Voyez les textes cités par Ducange dans sa XXIIe dissertation sur Joinville : « Des adoptions d'honneur en fils. »

[2] « Et ideo more gentium, et conditione virili, filium te præsenti munere procreamus et competenter per arma nascaris filius, qui bellicosus esse dignosceris. Damus quidem tibi equos, enses, clypeos et reliqua instrumenta bellorum... »

[3] Etre adopté c'est, suivant l'expression significative de l'Épitome de St-Gall, « *ad alium patrem se commendare*. » (Haenel, *Lex Romana Wisigoth.*, p. 321, col. 6).

[4] Sur le sens originaire du mot *fara*, voyez plus haut, p. 57, note 3.

[5] Tacite, *Germania*, cap. 7 : « Effigiesque et signa quædam detracta lucis in prœlium ferunt. » *Hist.*, IV, cap. 22 : « Depromptæ silvis lucisque ferarum imagines, ut cuique genti inire prœlium mos est. »

enfants (*Degen*)[1]; il est leur ancien, l'*ealdor pegna*, le *senior puerorum*[2]. Le serment de fidélité qu'ils prêtent isolément, en les plaçant sous le *mundium* d'un même chef de famille, crée déjà entre eux le lien de fraternité. Ils fortifient ce lien et le resserrent, aux yeux de tous, lorsque, dans les occasions graves ou périlleuses, ils renouvellent leur serment d'un commun accord, en entrechoquant leurs armes[3].

Là ne se bornent pas les attaches qui peuvent se nouer, soit entre le chef et les compagnons, soit entre les compagnons eux-mêmes. Tacite nous dit expressément qu'il y a des degrés, *gradus*, dans le compagnonnage[4], que les compagnons peuvent être plus ou moins rapprochés du chef, donc plus ou moins étroitement liés avec lui, plus ou moins ses égaux. Les Saga du Nord, avec lesquels concordent sur ce point les traditions de presque tous les peuples anciens, nous fournissent une illustration précieuse du passage de l'écrivain latin. Précieuse, elle l'est d'autant plus que nous retrouvons dans nos chansons de geste les traits essentiels de l'institution qui nous est décrite par les Saga.

[1] Dans Heliand et dans Beovulf, cités par Schröder, *Lehrbuch der deutschen Rechtsgeschichte*, 1889, p. 26, note 42.

[2] Beovulf, v. 1645.

[3] C'est le *vapnatak*. Le rite subsiste dans toute sa pureté, au xe siècle, en Normandie, comme en témoigne ce passage de Dudon : « Reperti sunt trecenti viri, *parati cum Willelmo* (Guillaume Longue-Epée) *præliari et mori*. Qui *unanimes* ante illum venerunt, *judiciumque fœderis fideique et adjutorium*, more Dacorum, *facientes, tela, mutuæ voluntati spacto, una concusserunt.* » (*De moribus et actis primorum Norman. ducum*, I, cap. 45, éd. Lair, p. 190). Au xie siècle encore, chez les Anglo-Saxons et les Normands, le *vapnatak* engendre une fraternité, il fait des *fratres conjurati* de tous les sujets d'un même roi. (Voyez les textes cités par Ducange dans sa XXIe dissertation sur Joinville, à la suite du Glossaire, t. VII, p. 81, col. 2).

[4] *Germania*, cap. 13 : « Gradus quin etiam ipse comitatus habet judicio ejus quem sectantur; magnaque et comitum æmulatio, quibus primus apud principem suum locus. »

§ II. — *La fraternité scandinave.*

Quand deux ou plusieurs hommes, quelquefois un grand nombre, voulaient s'unir avec force, mettre en commun leur existence présente et leur destinée future, leurs biens et leurs maux, leurs gains et leurs pertes, s'assurer l'assistance pendant la vie, la vengeance après la mort, ils recouraient à des rites symboliques qui créaient entre eux une fraternité fictive.

Voici en quels termes ces rites sont décrits dans la *Gisla Saga*[1] :

« Ils coupent dans la terre une bande de gazon de telle manière que les deux extrémités restent fortement attachées au sol et ils la lèvent sur une lance dont un homme puisse avec la main atteindre le fer. Les quatre hommes se placent sous la bande de gazon, ils font couler simultanément leur sang dans la terre entr'ouverte et mélangent sang et terre. Après quoi ils tombent à genoux, promettent par serment que chacun vengera l'autre comme son frère, et en prennent tous les dieux à témoin. »

Ces rites se ramènent, comme M. Pappenheim l'a très justement remarqué, à trois actes successifs : 1° le passage sous la voûte de gazon (*ganga undir jardarmen*) ; 2° le mélange dans la terre du sang répandu en commun ; 3° un serment, sous l'invocation des dieux, de se venger mutuellement en frères. Tous trois concourent à créer une fiction de parenté. La terre est la mère commune[2]; se réunir dans son sein[3] et y confondre son sang[4] c'est devenir

[1] Le texte est reproduit par Pappenheim, *Die altdänischen Schutz gilden* (Breslau, 1885), p. 21-22.

[2] Tacite, *Germania*, cap. 40.

[3] Remarquez, en effet, que la bande de gazon doit continuer à faire corps avec la terre. Cela est dit tout aussi expressément dans une autre saga. — J'adopte l'interprétation donnée de cet acte par M. Pappenheim. Elle me paraît de beaucoup la plus plausible.

[4] Ce symbole est clair. Nous le retrouvons plus expressif encore

frères, — c'est même devenir jumeaux, — prendre les dieux à témoin qu'on exercera le premier devoir de la fraternité, la vengeance, c'est mettre le sceau à l'alliance contractée.

La fiction ne se borne pas à imiter la réalité, elle la dépasse. Les devoirs sont plus stricts, l'union est plus intime, en principe elle est indissoluble.

Comme les parents dans les familles primitives, les *frères par le sang* ont tout en commun. Il s'établit entre eux une communauté universelle de biens présents et futurs, un *félag*[1]. — Je cite une saga : « Là se rendirent Porir et les neuf frères nourriciers, et tous se jurèrent une fraternité de sang. Chacun devait venger l'autre ; ils devaient avoir en commun bien acquis et bien à acquérir, sitôt qu'ils l'auraient acquis et conquis[2]. » — Ils se doivent une fidélité, un dévouement qui, en cas de conflit, l'emporte souvent sur l'assistance due aux vrais parents par le sang. Enfin, ils sont associés dans la mort, comme ils le sont dans la vie. Le compagnon-frère ne doit pas survivre à son compagnon, ils doivent mourir ensemble, comme ensemble ils ont vécu[3].

Ce n'est qu'avec l'adoucissement des mœurs primitives

chez d'autres peuples. On ne se contente pas de mêler le sang extérieurement, on le boit. Ducange en a réuni de nombreux exemples dans sa XXIe dissertation sur Joinville. Michelet en ajoute d'autres dans ses *Origines du droit français*, p. 197 et suiv.

[1] Pappenheim, *op. cit.*, p. 41, 46, 84. — Le mot *félag* se survit dans le mot anglais *fellow*. D'après Skeat il est formé de *fé*, propriété, et de *lag* = *law*, il signifie donc ou propriété légale ou droit dans la propriété. (Voyez W. W. Skeat, *An Etymological Dictionary of the English Language* (Oxford, 1882), v° *Fellow*, v° *Law*). Ainsi le terme qui est devenu technique pour désigner le fief se retrouve dans la qualification primitive de la communauté née du compagnonnage. Cela mérite attention.

[2] Gull-Poris Saga. Texte dans Pappenheim, p. 46.

[3] Saxo Grammaticus, *Hist. Dan.*, p. 243, 244 (éd. Muller et Welschow, cité par Pappenheim, p. 43, note 1) : « Convictu paulisper

que ce dernier devoir se restreignit. Il en subsiste dans les légendes poétiques l'obligation d'ensevelir le frère mort avec une partie de ses richesses et de rester assis auprès de son corps dans le tombeau, l'espace de trois nuits[1].

La *fraternité par le sang* se juxtapose à la famille naturelle, elle ne la supplante pas.

L'obligation des frères-compagnons de poursuivre la vengeance, leur droit de réclamer la composition légale ne s'exercent qu'à défaut d'un parent plus rapproché, un père ou un fils[2]. Communs en biens, ils n'héritent pas nécessairement pour cela les uns des autres[3]. Quand l'un d'eux vient à mourir, sa part dans la communauté revient à ses héritiers les plus proches, parents réels ou fictifs.

Si je retourne à Tacite, tout me porte à croire que le premier des degrés qu'il mentionne correspondait à la fraternité que je viens de décrire, que le chef avait des compagnons dont il faisait ses pairs, ses égaux, ses frères. Il ne se dessaisissait pas de toute autorité sur eux, mais la subordination était d'autant moins rigoureuse que la fidélité réciproque l'était davantage, les devoirs réciproques plus étendus.

Je résume et je conclus. Le compagnonnage repose tout entier sur la parenté naturelle ou sur une parenté fictive

habito ad confirmandum inter se amicitiæ cultum omnibus conjurare votis, quemcumque eorum vita prolixior excepisset, mortuo contumulandum fore. Tantus enim societatis eorum atque amicitiæ vigor extabat, ut neuter, altero fatis absumpto, lucem prorogare statueret. » — Rapprochez de ce passage Tacite, *Germania*, cap. 14 : « Jam vero infame in omnem vitam ac probrosum superstitem principi suo ex acie recessisse... » et César parlant des *devoti, soldurii*, gaulois : « Quorum hæc est condicio, uti omnibus in vita commodis una cum iis fruantur, quorum se amicitiæ dediderint, si quid his per vim accidat, *aut eundem casum una ferant, aut sibi mortem consciscant.* » (*De bello Gall.*, III, 22).

[1] Cf. Pappenheim, p. 42-43.

[2] Voyez le texte cité par Pappenheim, p. 86-87.

[3] Cf. Pappenheim, p. 84.

qui a ses degrés comme la première, qui est, comme elle, collatérale ou directe. C'est la famille naturelle qui est le noyau, le centre autour duquel les compagnons se groupent pour participer à ses avantages et à ses charges.

§ III. — *Le compagnonnage sous les rois francs.*

Le compagnonnage s'est certainement maintenu à l'époque mérovingienne. La recommandation gallo-romaine n'était pas de nature à l'éliminer, elle ne pouvait que s'y fondre en le renforçant. Ne procédait-elle pas en partie elle-même, suivant toute vraisemblance, d'un compagnonnage identique, de la clientèle gauloise[1]? Sans doute les rois mérovingiens s'évertuèrent à faire tourner à leur profit les forces que le compagnonnage pouvait fournir. Ils n'eurent pas seulement leurs *antrustions*, qui étaient les véritables compagnons étroitement liés, les *frères* fictifs, ils voulurent de plus que tous leurs sujets fussent considérés comme des compagnons ordinaires, des fidèles, et astreints au serment. Cette assimilation n'a rien d'anormal : le pouvoir du roi n'était, en effet, qu'une extension, un prolongement du *mundium* familial[2]. Mais le serment de fidélité, ainsi exigé de tous les sujets, ne faisait nul obstacle à ce qu'ils fussent engagés dans des liens plus étroits avec d'autres personnes, placés sous le *mundium*, dans le compagnonnage d'un autre chef, pas plus qu'il ne faisait disparaître l'autorité du chef de famille sur les siens[3]. N'est-

[1] Voyez sur cette clientèle et ses divers degrés, t. I, p. 55 suiv.

[2] Je l'ai montré, t. I, p. 79 suiv.

[3] Roth a fait de vains efforts pour écarter les textes invoqués par Pardessus en faveur de l'existence du compagnonnage à l'époque mérovingienne. Mon savant ami M. Viollet l'estime comme moi (*Hist. des institutions politiques*, I, p. 422, note 2). Ecarter ces textes n'aurait pas même suffi. Il eût fallu prouver que le compagnonnage est inconciliable avec les autres documents de l'époque. Cette preuve n'a pas été tentée, par l'excellente raison qu'elle ne pouvait aboutir.

ce pas précisément le compagnonnage privé qui a fait la force de l'aristocratie mérovingienne, qui lui a permis de réduire la royauté à l'impuissance?

Dans la première période de la dynastie carolingienne, nul ne conteste plus l'existence du compagnonnage. Nous le retrouvons avec ses traits originaux. Le chef est un véritable chef de famille ou de clan, un ancien, un *senior,* auquel affection, dévouement et assistance, d'un mot la *fides,* sont dus, les compagnons sont les membres d'une même famille, des *pairs,* des égaux, qui se doivent protection, aide et conseil[1]. Mais ne fut-ce là qu'une apparition éphémère? Le compagnonnage s'est-il évanoui devant le régime féodal, comme une vapeur légère au soleil levant? J'arrive ainsi à la question soulevée au précédent chapitre.

[1] Voyez les textes que j'ai cités, t. I, p. 231, et aussi les p. 224 et suiv. du bon livre de M. Emile Bourgeois, *Le Capitulaire de Kiersy-sur-Oise* (1885).

CHAPITRE IV.

LES ÉLÉMENTS CONSTITUTIFS DE LA PUISSANCE SEIGNEURIALE EN DEHORS DU FIEF. — LA PARENTÉ.

Je veux rechercher si le lien personnel, le lien familial, dont je viens de retracer l'histoire, cessa d'être la base principale des relations politiques, s'il fit place ou non dès le IXe siècle au lien fondé sur la concession d'une terre; concession par laquelle le seigneur se serait acquitté, une fois pour toutes et par avance, de ses obligations et dont le retrait toujours possible aurait retenu le fidèle dans le devoir.

Précédemment déjà je crois avoir fourni la preuve du rôle immense que, contrairement à l'opinion reçue, le lien personnel a joué dans la constitution de la justice aux dixième et onzième siècles[1]. Le moment est venu d'interroger les documents, surtout les chansons de geste, pour apprendre si un rôle analogue n'a pas continué à lui appartenir dans l'ensemble des relations sociales.

La parenté. — Si l'on veut éprouver la véritable nature des rapports féodaux, il faut se demander ce qui constitue à notre époque la force, la puissance du seigneur féodal. Seraient-ce les fiefs qu'il a concédés? Nullement. C'est sa parenté. C'est dans elle, dans le *parage* ou *lignage*, dans une parenté nombreuse, robuste et vaillante, qu'elle réside. Le fief n'offrait, par lui-même, ni au seigneur ni au vassal

[1] T. I, liv. II, chap. 7-13.

sécurité suffisante. Le premier pouvait être abandonné de ses vassaux sous prétexte d'un service excessif, le second dépossédé de son vivant, son fils après sa mort, sous prétexte d'un service insuffisant. Des rapports plus fixes, plus stables, naissaient de la parenté.

Le baron est, avant tout, un chef de famille ou de clan. Il a comme alliés naturels, comme « *charnels* ou *naturals amis*[1] » les autres seigneurs de sa parenté, il a sous son autorité directe ses fils et ses petits-fils[2], des collatéraux, frères, neveux, parents plus éloignés[3].

Une solidarité étroite unit tous les membres d'une même famille. Dans Ogier le Danois, la nombreuse parenté d'Ogier s'interpose entre Charlemagne et lui[4]. Dans la chanson de Roland, tous les parents de Ganelon prennent sa défense,

[1] Renaus de Montauban, p. 367, v. 24, *ibidem*, p. 372, v. 26 :

« Il n'est pas sans amis, maint en a natural. »

[2] Dans les *Usages de Barcelone* le père est assimilé expressément à un seigneur, le fils à un recommandé ou un vassal lige : « Si parentes cum filiis vel filii cum parentibus contencionem vel placitum habuerint, parentes sint judicati ut seniores, et filii velut homines manibus propriis commendati. » (*Usatici Barchin.*, art. 126, éd. Giraud, *Essai sur l'hist. du droit français*, II, p. 492).

[3] Orderic Vital, pour tracer le portrait d'un puissant baron, s'exprime ainsi : « Hic nimirum in sæculo miles fuerat magnæ sublimitatis, hostibus terribilis et amicis fidelis. *Filios et fratres multosque nepotes in armis potentes habuit, hostibusque vicinis seu longe positis valde feroces.* » (II, p. 15).

Ce qui rendit le normand Rioulf si redoutable et lui permit de se soulever, vers 935, contre Guillaume longue épée, le voici d'après Wace :

« Riulf fu vielz e cuintes e *de grant parente,*
D'aveir e de parenz e d'humes out plente »

(Wace, *Roman de Rou*, éd. Andresen, I, p. 88, v. 1386-1387.)

[4] *Chevalerie Ogier*, v. 9530 suiv., 9560 suiv., 9586, 9590 suiv., 9680, etc.

et trente d'entre eux partagent sa mort quand Pinabel est vaincu[1].

Il y a quelque chose de noble et de fier en même temps que de terrible dans cette solidarité familiale. Elle se traduit avec éclat dans ces longues luttes qui sont soutenues par les familles féodales et que nos vieux poëtes épiques ont chantées sous le nom de *gestes* (familles).

La fortune, la vie, l'honneur sont un patrimoine commun que tous les parents doivent contribuer à défendre. C'est leur premier, leur plus impérieux devoir, celui qui l'emporte sur la fidélité due à tout seigneur étranger [2], sauf peut-être au compagnon ou frère fictif[3], une sorte d'*hommage lige naturel*[4] auquel tout autre vasselage doit

[1] T. I, p. 242 suiv.

[2] Les hommes liges de Charlemagne refusent de mettre à mort l'un des fils Aimon, Richard, en invoquant la parenté :

« Charles en apela le baivier Ydelon :
Baiviers, dist l'empereres, *tu ies mes liges hom;*
Vos me deves servir a X. M. compaignons,
Or me pandes Richart, le fil au viel Aymon.....
Ne me deves faillir, quant ce vient au besoing.
— Sire, dist li Baiviers *en moie foi je non.*
Cousin somes germain, près nos apartenom,
Jà n'aura Richars mal dont garder le puison. »

(*Renaus de Montauban,* p. 262, v. 16 suiv.)

Quelquefois pour ne pas rompre en visière à leur seigneur les parents recourent à un stratagème, comme Turpin pour sauver Ogier (*Chevalerie Ogier,* p. 388 suiv.) ou à un simulacre comme celui que les parents de Renaut pressent Roland d'employer dans sa lutte contre ce dernier :

« Si le fiere. I. seul cop por sa foi aquiter. »

(*Renaus de Montauban,* p. 239, v. 30.)

[3] Voyez *infrà,* p. 475-476.

[4] « Mes cousins deves estre, preis nos apartenom ;
Envers trestot le monde deüssies estre o nos. »

(*Ren. de Mont.*, p. 207, v. 8-9.)

céder[1] et dont la violation constitue la pire des trahisons, la plus odieuse des forfaitures[2].

Si une atteinte est portée à la fortune d'un parent, si profitant, par exemple, de la minorité d'un enfant, le suzerain ou un rival s'empare de ses domaines, tous doivent se lever et combattre pour faire triompher le bon droit[3]. Ne le font-ils pas, des parents guerroient-ils dans des camps ennemis, le trouvère tirera de cette situation ses effets les plus dramatiques, précisément parce qu'elle met en conflit les sentiments les plus familiers à ses auditeurs.

Un chroniqueur de l'onzième siècle, Raoul Glaber, nous parle d'une de ces luttes à main armée, engagée entre deux familles, deux clans, pour la défense ou la revendication des biens de leurs membres, et nous apprend qu'elle a duré plus de trente ans[4]. Les chartes

1 « Ja est mes oncles Oedes et mes amis,
Et si dui fil sont mi germain cousin,
Ne me faudront por home qui soit vis. »

(*Aubery le Bourgoing*, éd. Tarbé, p. 17.)

2 « S'il est de mon linage, il a vers moi forfait. »

(*Ren. de Montauban*, p. 384, v. 25.)

« *Car je has plus le mien, s'il me fait traïson*
Que je ne fas. I. autre, par Deu et par son nom. »

(*Ibid.*, p. 197, v. 22.)

3 Considérez l'ardeur, le dévouement, la ténacité avec lesquels Guerri d'Arras prend en main, dans la chanson de *Raoul de Cambrai*, la cause de son neveu Raoul et de son petit-neveu Gauthier.

4 « Contigit in Burgundia .. valde mirum et memorabile presagium in domo cujusdam nobilis, nomine Arlebaudi... Quod etiam futuræ pestis illius *domûs familiæ* fuisse indicium rei probavit eventus. Nam extiterat vir supradictus cum uxore sua de generosis admodum parentibus : iccirco increverant ejus filiis ac nepotibus paternorum fundorum cum circumjectis vicinis non parva litigia.

« Contigit ergo non longo post spatio temporis, ut villam quandam Allanto cognomine... juri illorum pervenerat; sed *milites* Autisiodori commanentes, *ipsam eis diripiendo abstulerant; ipsi tamen toto nisu*

mêmes, malgré leur habituelle sécheresse, laissent entrevoir la vivacité de l'affection mutuelle qui unit les parents, dans la vie et dans la mort. Hildebert, surnommé Payen, fonde une prébende dans l'abbaye de Saint-Vincent du Mans afin qu'un moine prie nuit et jour pour l'âme de son cousin Herluin, qui a sacrifié sa vie à son service[1].

L'antique vengeance familiale n'a rien perdu de son âpreté ni de sa fonction sociale. Elle est à la fois une satisfaction sauvage de la conscience et du cœur, et une garantie de sécurité individuelle. Très souvent, la composition offerte n'est pas acceptée[2]; pour apaiser, pour éteindre la *faide*, on réclame l'application de la loi du talion,

illam sibi redintegrari pararent. Cum vero jam plures de hac altercatum annos fuisset, uno vindemiarum die *bellum inierunt in eadem villa partes utraeque:* in quo etiam bello multi ex ambabus partibus sunt interempti. *Ex supradicta quoque domo* inter filios et nepotes *undecim ceciderunt.* In processu namque temporis imminente jurgio, crescentibusque discordiis, perduravere *caedes innumeræ illius familiæ*, illorumque homicidia hostium usque in *tricesimum et eo amplius annum.* » (Rod. Glaber, II, cap. 10, D. Bouquet, X, p. 22-23; ed. Prou, p. 48).

[1] « Ego Hildebertus cognomine Paganus in quantum possum *amorem* quem erga Herluinum *consobrinum meum habebam* et *servitium quod mihi exhibuerat* respondere cupiens, *quin etiam pro me mortem non timuit pati,* quia sibi vitam corporalem nequeo reddere vitam sine fine mansuram illi cupio pro posse adquirere, etc. » (XIe siècle, *Cartul. Saint-Vincent du Mans*, MS. p. 290-291).

[2] Même quand le coupable s'en remet à la famille de la victime pour le taux de la composition :

« S'ai mort ton fil, *ferai toi amendage*
Com jugeront la gent de ton lignage. »

(*Chevalerie Ogier,* v. 8753-8754, p. 354.)

« Ut mors abstergat mortem, sanguis quoque sanguem,
Soleturqne necem sociorum plaga necantis. »

(*Waltharius manu fortis*, v. 952-953, p. 357, éd. Edel. du Méril, *Poésies popul. latines,* Paris, 1843, p. 357.)

Voyez sur ce poème *infrà*, p. 456, note 2

œil pour œil, dent pour dent[1]. Les hostilités alors éclatent entre les deux familles et souvent s'éternisent en guet-apens et en meurtres, en pillages et en combats, comme de nos jours encore dans les *vendetta* corses.

« Le lignage des Talvas, nous dira Orderic Vital, et le clan des Giroie (Geroienses) ont été divisés par une haine sans fin[2], » et il nous racontera qu'un jour l'un des Giroie invité par un Talvas à ses noces s'y rend sans méfiance, et, pris en traître, subit ces atroces mutilations où les hommes à demi barbares du XIe siècle semblent assouvir leur férocité[3].

La *faide* ne prenait fin que par un véritable traité de paix négocié entre les deux familles[4], où l'on stipulait, semble-t-il, au nom des vivants et des morts. Les vivants

[1] C'est le pivot autour duquel roule l'action de la chanson d'Ogier. Voyez aussi Ren. de Montauban, p. 58, v. 33 suiv. :

> « Qu'il vos rende Guichart, son frère qu'il a chier,
> Qui vostre fil ocist à l'espée d'acier;
> Puis le faites ardoir u ocirre u noier,
> Par itant se porra de le faide apaier. »

[2] « Quippe *contra Geroienses* pater ejus (W. Talavacius) et ipsa, *omnisque illius progenies* diu perdurans odium habuerunt. » (Orderic Vital, II, p. 52).

[3] « Hunc (W. filium Geroii) W. cognomento Talavacius... ad nuptias suas invitavit, eumque nil mali suspicantem sine reatu oculis privavit, amputatisque genitalibus auriumque summitatibus crudeliter deturpavit. » (*Ibid.*, p. 15).

[4] Charlemagne sert de médiateur entre le lignage Aymon et le lignage Guanelon, et grâce à son entremise la paix est conclue :

> Charles a apelés les parens Guenelon;
> .....
> « Vees vous ci Renaut, le fil au viel Aymon,
> Et ses .II. filz aveuc, Aymonnet et Yvon,
> Et Alart et Guichart et Richart qui est blons;
> Si vous pric Renaus et nous le commandons
> *Que lor ami soiez...*
> *Et pardonnez la mort* à *.II. enfans Foucon*
> .....
> Il vous donra son or por avoir vostre amour. »

étaient réconciliés et la *faide* des morts était pardonnée :

E la faide de mort fan perdonar[1].

C'est une question d'honneur de venger ainsi la mort ou la blessure d'un des siens[2], comme de lui faire restituer les biens dont il a été dépouillé. A plus forte raison, chacun est-il solidaire de l'affront direct que subit l'un des parents ou de l'infamie qu'il a encourue. L'honneur familial brille comme un joyau qu'il ne faut à aucun prix laisser souiller ni ternir.

Quand Olivier demande à Roland de sonner de l'olifant pour rappeler Charlemagne, Roland s'y refuse de peur que ses parents en soient déshonorés :

« ... Ne placet Damne Deu
Que mi parent pur mei seient blasmet[3]. »

Et cil ont respondu : « Son avoir ne volons,
Ne jamais à nul jour, ne le courroucerons. »
Charles a *fait la pais,* si sont entrebaisié.
(*Ren. de Montauban*, p. 441, v. 19 suiv.)

1 *Girard de Roussillon*, éd. Francisque Michel, p. 79. — Trad. Paul Meyer, p. 104.

2 « Hæc me præ cunctis huc respicit actio rerum,
Nunc aut commoriar vel carum ulsciscar amicum. »

s'écrie dans le *Waltharius* un guerrier dont l'oncle vient d'être tué (éd. Edélestand du Méril, *Poésies populaires latines antérieures au XIIe siècle* (Paris, 1843), p. 347. (Cf. les textes de Tacite, Grégoire de Tours et Aimoin, cités en note par l'éditeur).

Renaud de Montauban, quand on emmène son frère Guichard, craint le déshonneur que sa mort pourra faire rejaillir sur lui :

Se Karles pent mon frère, *jamais n'averai onor.*
Je ne voldroie jà en bone cort nul jor,
Au doi ne me montrassent et Normant et Breton.
« Ves là Renaut le duc, le fil au viel Aymon.
Karles pendi son frère au puis de Montfaucon. »
(*Ren. de Montauban*, p. 187, v. 23 et suiv.)

3 *Chanson de Roland*, éd. L. Gautier, v. 1062-1063.

Et cette pensée revient plusieurs fois au cours du poëme. Olivier même la reprend à son compte :

> Dist Oliviers : « Verguigne sereit grant
> E reprover a trestuz vos parenz :
> Iceste hunte durreit à l'lur vivant[1]. »

Dans Girard de Viane, la reine a outragé, humilié Girard à son insu, en lui faisant baiser son pied alors qu'il croyait faire hommage à l'empereur. Un de ses neveux, Aimeri l'apprend. Il entre dans une effroyable fureur; il veut tuer la reine, il lui lance son couteau, mais elle parvient à esquiver le coup et ne tarde pas à être entourée et défendue, Aussitôt il saute à cheval et, bride abattue, court à Viane annoncer à son oncle le déshonneur qui pèse sur lui et sur les siens :

> « Molt vos a fait la Roïne avillier,
> Nostre lignage honnir et abaissier[2]. »

Nous assistons dès lors à la prise d'armes de tout un vaste lignage pour venger l'honneur commun. Girard convoque ses deux frères Mille de Pouille, Renaud de Biaulande, avec tous leurs hommes; il se rend lui-même auprès du troisième, Renier, pour requérir son aide. Les quatre frères se trouvent bientôt réunis à Viane avec une nombreuse armée[3], et dès que leur père Garin de Montglane est accouru de son côté, il se tient un conseil, une cour.

[1] *Ibid.*, v. 1705 suiv.

[2] *Girard de Viane*, p. 53.

[3] *Girard de Viane*, p. 105.

> « Quant ensamble iert la riches parentés
> XL. M. seront tuit adoubé. »

Cf. *Chanson des Saisnes*, II, p. 49-50 :

> « Se je et mes lignages et mes granz parentez
> Estoient avec moi et cil c'ont amenez,
> Plus de L. M. seriens d'adobez. »

Girard qui réclame *aïe*[1] (*auxilium*) doit exposer ses griefs; la résolution d'agir ne peut être prise que d'un commun accord. Avis motivés, violences de langage, au besoin même voies de fait ne manquent pas plus à cette assemblée qu'aux cours féodales proprement dites. Ce que j'y relève surtout c'est le caractère martial de ces parents qui délibèrent. Le vieux Garin fait une profession de foi où l'on entend résonner le fracas des batailles :

> « S'avois or pais par le mien esciant,
> Sempres seroie malaides por itant,
> .....
> Mais quant oï braire ces destriers auferrans,
> Ces chevaliers en fors estors pesans
> Férir de lance et d'espée tranchant,
> *Ce aime je plus que rien qui soit vivant*[2]. »

Avec un tel esprit, la famille ne pouvait être qu'une fédération guerrière. Aussi son chef ne doit-il pas seulement son autorité à la naissance; il peut la devoir à sa seule valeur personnelle, à son courage, à son audace, à sa force musculaire. Guillaume d'Orange s'impose comme chef à ses frères, quoiqu'il ne soit pas l'aîné et que leur père vive encore : « Par mon chef, dit-il, fussiez-vous cent chevaliers, tous fils d'Aimeri, je serai partout votre chef : c'est moi qui vous guiderai et qui vous donnerai châteaux et villes et riches fiefs[3]. »

Il se forme ainsi au sein du clan des groupes naturels

[1] *Girard de Viane*, p. 56 :

> « Dites, biau frère, ferés me vos aïe?
> — Oil, fait-il, par Deu qui fist la nue! »

[2] *Ibid.*, p. 58.

[3] *Premières armes de Guillaume* (Jonckbloet, *Guillaume d'Orange*, t. III, p. 30). — Orderic Vital nous apprend de même que Guillaume, le second fils de Giroie, fut le chef de ses six frères : « Willermus in ordine nativitatis secundus diu vixit, omnique vita sua cunctis fratribus suis imperavit. » (t. II, p. 26).

que nous pouvons comparer au compagnonnage primitif des Germains. Les quatre fils Aymon en sont le type parfait. Ils se soutiennent, ils s'appartiennent à la vie et à la mort :

« Ançois somes tuit frère, près nos apertenon,
. . . . mult nos entr'amion[1]. »

Quand l'un d'eux est blessé, en apparence mortellement, par Girard de Valcormont, son adversaire s'écrie :

« Or sont *descompaignié* li IIII fil Aymon[2]. »

Ils reconnaissent l'un d'entre eux pour chef. Ce n'est pas l'aîné, Alart, c'est Renaud, le plus brave. Il devient leur seigneur, leur sire :

« Vos estes nostre sire et nostre confanon[3]. »

Ils s'offrent à mourir pour lui :

« N'ert mie grant damage, se nos III i moron,
Et vos en ires, sire, broçant a esporon[4]. »

Mais le dévouement, la foi, est réciproque. Renaud répond :

« U nos i garrons tuit, u nos tuit i morron.
Jà nus ne faudra l'autre, tant comme nos vivons[5]. »

On comprend ainsi sans peine que la famille ait pu comme encadrer la féodalité. On le comprendra mieux encore en observant les groupes qui en sont directement sortis et dont elle est restée l'élément fondamental.

[1] *Ren. de Montauban*, p. 179-180.

[2] *Ibid.*, p. 189, v. 14.

[3] *Ibid.*, p. 180, v. 2. Ajoutez, p. 184, v. 28-29 :

« Tant com Renaus vivra, tant gariromes nos,
Mais puisqu'il sera mors, jà n'en eschaperon. »

[4] P. 193, v. 29-30.

[5] P. 194, v. 4-5.

CHAPITRE V.

LA MAISNIE.

Les parents groupés autour de leur chef forment le noyau d'un compagnonnage bien plus étendu, dont l'importance ne me semble pas avoir été mise en suffisant relief par les historiens, la *maisnie*[1], la maison du seigneur, son corps d'élite, le centre de résistance de son

[1] C'est la *familia*, la *clientela*, le *comitatus* des textes latins. Elle est nettement distinguée de la grande parenté, du compagnonnage proprement dit et de la vassalité féodale dans ce vivant passage des miracles de saint Benoît :

« Quidam nobilium, G. nomine, præpotens vir, dominus castri quod Sinemurus vocatur, nimia capitis infirmitate oppressus... totam funditus perdidit memoriam. Unde *omnis ejus clientela, quæ in obsequio illius non pauca deserviebat*, mente consternata super suo dominio, questibus et lamentis, expers consilii, omnem suam impendebat operam. Quique etiam viri illustres, qui seu *affinitate seu amicitia, seu beneficio sibi adjuncti* videbantur, super hoc ipsius infortunio valde afflicti, non minima detinebantur cordis angustia. *Communi igitur consilio inito*, statuerunt debere eum invisere præcipuorum memorias sanctorum. » (*Miracles de saint Benoît*, livre VIII, par Raoul Tortaire, fin XIe siècle, p. 346-347). — Dans les textes méridionaux la maisnie est aussi appelée *companha :* Voyez le For d'Oloron, art. 7 : « Et si augun de sa companha aura feyt a d'augun tort. » (*Fors de Béarn*, p. 213). Cf. art. 21 : « Si augun recep segrament *de tot son paa* et de sa companhe que aya ab augun » (p. 217). Le texte roman de l'an 1080 publié par l'abbé Bidache (*La poblation d'Oloron*, Pau, 1881) porte : « Si augu de tot son pa arceb segrament, o de companhie que aia ab augu. » (f° 18 v°).

armée, son meilleur conseil, son entourage de chaque jour.

La *maisnie* se complète, en dehors de la famille naturelle, par les fils et les proches des vassaux ou des alliés les plus fidèles et même par des étrangers. Ils sont nourris, élevés, instruits au métier des armes, avec les descendants, les neveux, les autres parents. Arrivés à l'âge d'homme ils sont, comme eux, armés chevaliers par le seigneur.

Le comte Bouchard, rejeton d'une noble souche, est envoyé tout enfant — suivant l'usage des barons français — à la cour du roi Hugues Capet, où il est formé à toutes bonnes sciences divines et guerrières; plus tard, il sera comblé de biens et de dignités[1].

Dans le poème, beaucoup trop négligé jusqu'ici, de Gauthier d'Aquitaine (*Waltharius manu fortis*), — une des plus vieilles chansons de geste, puisque, sous sa forme latine même, elle nous transporte au xe siècle[2], — le franc Haganon et l'aquitain Gauthier donnés en otage à Attila sont *nourris* avec sa maisnie et, sous sa propre direction,

[1] « Inclytus Burchardus nobili stirpe progenitus... *pueritiæ* tempora dum transigeret, curiæ regali, *more Francorum procerum*, a parentibus traditus est... In aula... cunctis tam cœlestibus quam militaribus imbuebatur institutis. Dum vero *adolescentiæ* atque juventutis appulit annos, Domini providente gratia, qui fidelem militem sibi eum providebat futurum, magno dilectionis amore a rege amplectitur... Honoratur quoque ab inclyto rege auroque et argento, castris quoque ac possessionibus multis ditatur, ipsiusque consiliarius fidelissimus efficitur. » (*Vita Burchardi*, D. Bouquet, X, p. 350 C-D.)

[2] Ecrite originairement en langage tudesque, cette chanson a été traduite en hexamètres latins par un moine de Saint-Gall, Eckehard I, de 958 à 972, puis remaniée en cette forme par un de ses successeurs, Eckehard IV (1021-1031). (Voyez *Casus Sancti Galli*, cap. 9. Pertz, *Scriptores*, II, p. 118). Sur le fond primitif, qui retrace des scènes de l'époque franque, se trouvent ainsi brochés les mœurs, les sentiments, les institutions du xe et du commencement du xie siècle. — Je cite l'édition publiée par Edélestand du Méril dans le premier volume de ses *Poésies populaires latines antérieures au* xiie *siècle*. Paris, 1843, p. 313-377.

exercés aux jeux de la guerre[1]. Ils deviendront ainsi les amis, *amici*, du roi[2].

Raoul de Cambrai, bien que privé encore de l'héritage paternel, attire autour de lui une maisnie nombreuse, au grand dépit de ses ennemis[3]. Les jeunes gens qui la composent sont nourris et équipés par lui[4], ils lui servent de varlets[5], jusqu'à ce qu'ils les arment chevaliers.

« Tant l'as norri qe l'as fait chevalier[6]. »

Comment ne pas reconnaître l'ancienne adoption germanique, l'entrée dans la famille, l'entrée dans le compagnonnage? Il naît, en effet, une sorte de parenté entre le *nourri* et le seigneur qui l'a élevé, entre l'*adoubé* et le seigneur qui lui a donné les armes[7]. Elever un enfant c'est

1 « Exulibus *pueris* magnam exhibuit pietatem
Ac veluti proprios *nutrire* jubebat *alumnos*
.....
Ast *adolescentes* propriis conspectibus ambos
Semper adesse jubet; sed et artibus imbuit illos
Præsertimque jocis belli sub tempore habendis. »
(*Waltharius*, v. 97 suiv., p. 321-322.)

2 *Ibid.*, v. 127, 134, etc.

3 « Or n'a baron de ci qe en Ponti
Ne li envoit son fil ou son nourri,
Ou son neveu ou son germain cousin...
Dolant en furent trestuit si anemi. »
(*Raoul de Cambraî*, v. 525 suiv.)

4 « Il fu preudon : ces ama et goï,
Bien les retint et bien les revesti;
Si lor donna maint destrier arabi. »
(*Ibid.*, v. 527 suiv.)

5 « Avoit l'enfant nourri de jone aé
Il l'en mena a Paris la cité
.....
R. servi del vin et del claré. »
(*Ibid.*, v. 385 suiv.)

6 *Ibid.*, v. 1078, p. 35.

7 Ceci n'a pas échappé à Lacurne de Sainte-Palaye. « Je crois avoir entrevu, dit-il, que ceux qui avoient conféré la chevalerie

prendre la place du père[1], l'armer chevalier c'est se porter garant, pour la vie, de sa bravoure et de son aptitude à manier la lance et à diriger un cheval.

Il n'est plus d'autorité publique pour juger de cette aptitude : le seigneur nourricier d'ordinaire en décide. Au nouvel adoubé de se montrer digne de la confiance mise en lui, capable de se servir de l'armement qu'il a reçu : il lance son cheval au galop, il frappe la quintaine, ou, si l'on est devant l'ennemi, il provoque un adversaire. L'approbation publique suit, elle ne précède plus :

> Dist l'uns à l'autre : « Ci a boin chevalier ![2] »

Nourriture et *adoubement* engendrent ainsi une affection et une fidélité toutes familiales :

> « Si seront à ma cort ses II enfans nourri ;
> Chevaliers les ferai, si seront mi ami[3]. »
>
> « Chevalier les fera, seront de sa maisnie[4]. »

Parents adoptifs comme parents naturels d'un même

étoient regardés comme autant de *pères de famille;* les conseillers ou assistants comme les parrains des nouveaux chevaliers et ceux-ci comme les *enfants d'un même père.* » (*Mémoires sur l'ancienne chevalerie,* 3e partie, p. 226, Paris, 1759). — C'est là, à mes yeux, un point de vue capital pour l'intelligence de la chevalerie. Voyez *infrà,* 3e partie du présent livre.

[1] M. Sumner Maine a fort bien montré comment le *fosterage* produisait en Irlande une parenté fictive entre l'enfant et le père nourricier (*Institutions primitives*, p. 298). — Dans les *Saga*, les frères nourriciers furent assimilés aux frères jurés par le sang (*svarabródir*), et finirent même par leur donner leur nom (*fóstbródir*). Cf. Pappenheim, *op. cit.*, p. 36, note 3.

[2] *Girard de Viane*, p. 22. De même *Raoul de Cambrai :*

> Dient François : « Ci a molt bel enfant ! »
> (v. 515.)
>
> Dist l'uns a l'autre : « Cis est molt bel armez ; »
> (v. 591.)

[3] *Renaus de Montauban*, p. 383, v. 13-14.

[4] *Ibid.*, p. 384, v. 7.

chef ont une même *enseigne;* ils portent fixés à la lance le même gonfanon[1], ils poussent le même cri de guerre[2]; ils ont aussi un même nom[3]; ils s'appellent la *maisnie un tel.*

Les *nourris* reviennent sans cesse dans nos chansons. Ce sont les fidèles sur qui le seigneur compte avant tout et toujours :

« Sa mesnie apela où mielz se pot fier[4]. »

« O lui troi cent de chevaliers hardis
Nés de sa terre que il avoit norris[5] »

« En courant vienent cil que il ot norris,
Lor droit seignor ne volent pas guerpir[6]. »

« C'est du côté de Girart que se trouvaient les plus hardis : C'était sa mesnie, ceux qu'il avait nourris[7]. »

[1] Avant qu'il y eût des armoiries proprement dites, les gonfanons des diverses maisnies se distinguaient par leur couleur et par leur forme.

Une allusion plaisante à cet usage se trouve dans Aiol où la femme d'un boucher enrichi d'Orléans dit au héros du poëme, pour le gaber :

« Soéis de ma maisnie d'ore en avant,
Donrai vous une offrande molt avenant :
Ch'ert une longe andoile grose et pendant,
Fermee ert en vo lanche al fer trenchant :
A donc saront trestout petit et grant
Qu'estrés de ma maisnie d'ore en avant. »

(*Aiol*, v. 2691 suiv.)

[2] Chaque chef de maisnie, comme il avait son gonfanon, avait son cri de guerre. Les deux se disaient *enseigne*.

[3] Cf. *Renaus de Montauban*, p. 264, v. 36-38 :

« Li nons le duc Rollant sera mis en obli;
S'aurai a nom Richars et lor charnex amis;
Mult lor aiderai bien lor guerre à maintenir. »

[4] *Ren. de Montauban*, p. 356, v. 30.

[5] *Garin le Loherain*, éd. Paulin Paris, I, p. 38.

[6] *Ibid.*, p. 39.

[7] *Girard de Roussillon*, tr. Paul Meyer, § 320, p. 159.

« Quel deuil pour les mesnies de Charles et de Girart, qui s'étaient engagées par serment à combattre jusqu'à la mort[1]. »

L'affection, ici aussi, est réciproque. Si la dernière pensée de Roland est pour son seigneur qui l'a nourri :

« De plusurs choses à remembrer li prist :
De dulce France, des humes de sun lign,
De Carlemagne, sun seignur, ki l'nurrit[2]. »

Charlemagne, à son tour, voudrait ne pas survivre à sa maisnie :

« Si grant doel ai que ne vuldreie vivre,
De ma maisniée ki pur mei est ocise[3]. »

Des libéralités incessantes entretiennent, avivent le dévouement de la maisnie. Être libéral est, en effet, la maîtresse vertu du seigneur féodal[4].

Le seigneur nourrit sa maisnie, il l'équipe, lui distribue armes, vêtements et fourrures, palefrois et destriers, or et

[1] *Ibid.*, § 390, p. 191. — Ajoutez :

« V[c] danziaus a a lui apelé,
Qui tuit estoient si dru et si privé,
Et si ami et de son paranté,
...
Et cil responent : « A vostre volenté
Ne vos faudrons por estre desmenbré »

(*Aymeri de Narbonne*, v. 842-844, 855-856.)

« ... se conbat à petit de maisnié,
N'avoit od lui que cinq cens chevaliers;
Cil sont si home, ne l'oserent laissier. »

(*Chevalier Ogier*, v. 5375 suiv.)

[2] *Chanson de Roland*, éd. Gauthier, v. 2377 suiv.

[3] *Ibid.*, v. 2936-2937.

[4] « Donez l'or et l'argent et le vair et le gris,
Qar doner est la rien qi plus monte à haut pris. »

(*Ch. des Saisnes*, éd. Fr. Michel, I, p. 86.)

argent[1]. Ce n'est souvent qu'après de très longs services que le fidèle de la maisnie est pourvu d'un fief. Tels, d'après Dudon, les vassaux de Louis d'Outremer qui l'avaient accompagné en Normandie. Ils n'étaient qu'entretenus par le roi, ils ne tenaient de lui aucune terre en bénéfice ou en fief; aussi réclament-ils à leur seigneur les terres des Normands et leurs femmes[2].

Guillaume d'Orange a vieilli au service de l'empereur Louis, comme son compagnon le plus dévoué :

« Tant t'ai servi que j'ai chenu le chief[3], »

lui dit-il, et Louis le reconnaît :

« Gardé m'avez et servi par amor
Plus que nus homs qui soit dedenz ma cort[4]. »

Pourtant il n'a obtenu encore nulle concession de terre. Il s'en plaint :

« De cel servise ne vos membre-il prou,
Quant vos sanz moi des terres fètes don[5]. »

L'empereur lui répond qu'il est loin d'être le seul :

« Encore ai-ge LX de vos pers
A qui ge n'ai né promis né doné[6]. »

Pour prendre part aux largesses en servant un seigneur

[1] Voyez, par exemple, *Ch. des Saisnes*, II, p. 37. Ogier, v. 10601 suiv., v. 10615. *Aiol*, p. 108. *Couronn. Louis*, p. 103 et le passage d'*Aspremont* cité *infrà*, p. 469.

[2] « Venerunt ad regem dicentes : « Domine rex, *tibi incessanter semper servimus*, *et nullius rei sufficientia nisi cibi potusque ditamur*. Hos advenas Northmannos expelle abhinc et extermina, precamur, et largire nobis illorum beneficia, concessis uxoribus. » (Dudon, *De moribus et actis Norm. ducum*, éd. Lair, p. 238.)

[3] *Charroi de Nîmes*, éd. Jonckblœt, v. 254.

[4] *Ibid.*, v. 307-308.

[5] *Ibid.*, v. 202-203.

[6] *Ibid.*, v. 281-282.

généreux et puissant, pour obtenir, en guise de récompense finale, des terres, se présentent sans cesse des recrues nouvelles Le seigneur lui-même en sollicite et en attire quand il a besoin d'hommes; il leur offre deniers et chevaux :

> « Tuit cil qui servent as povres seignorez
> Viegnent a mei : ge lor dorrai assez,
> Or et argent et deniers moneez,
> Destriers d'Espaigne et granz muls sejornez[1]. »

Il leur offre surtout de les armer chevaliers[2], et défend même à ses vassaux de lui faire concurrence en cela[3].

Les nouveaux venus commencent par faire hommage. C'est l'ancien *mundium* qui sous la forme affaiblie de l'*obsequium*[4] vit toujours, c'est la primitive recommandation qui les fait entrer dans la famille, dans la maison du seigneur, en fait des *famuli, familiares, domestici, obsequentes*, etc. Ils doivent désormais fidélité et services en échange de leur participation à la vie commune. Remarquez, en effet, qu'il n'y a pas ombre de concession de fief.

Gauthier d'Aquitaine est le compagnon le plus fidèle et

1 *Cour. Louis*, éd. Langlois, p. 103.

2 « Et ki armes vora, je l'en donrai asses. »
(*Ren. de Montauban*, p. 138, v. 25.)

« S'o moi s'en vienent...
... si seront adoubé. »
(*Charroi de Nîmes*, v. 652, 657.)

« Ne se penst jà nus hons itel penséo
Que chevalier i face en sa contrée;
Veigne à la cort quant ele iert asenblée
Chascuns aura et cheval et espée
Et bon haubert et ventaille fermée
Et bonne robe de soie gironnée;
Se il tant fait qu'il viengne à l'asenblée
Chevaliers iert tantost, se lui agrée. »
(*Aspremont*, éd. Gauthier et Guessard, p. 13, v. 19 suiv.)

4 Voyez t. I, p. 67-68, avec les correctifs que j'ai apportés plus haut à cet exposé (p. 435 suiv.).

le plus cher du roi, bien qu'il n'ait encore reçu de lui aucune libéralité en terre[1]. Il refuse même d'accepter de sa main ni terre ni femme, pour pouvoir mieux le servir, pour rester plus parfaitement dans son *obsequium,* pour être prêt nuit et jour à accourir à son appel[2].

Girard de Viane et son frère Renier arrivent à la cour de Charlemagne. Ils veulent s'engager à son service :

« Vos servirons volentiers bonemant,
I an ou II. ferons vostre commant,
Et s'il vous plait III. ou IIII. en avant,
Por conquester onor et garnemant[3]. »

Charlemagne, sur le conseil de Gautier l'Alemant, consent à les retenir auprès de lui, et aussitôt ils lui font hommage :

« Et dist li Rois : — « Or viegnent donc avant,
Et deviegnent mi home! »
Li damoisel firent molt à prisier :
Devant le Roi se vont enjenoilier
Font li homaige voiant maint chevalier[4]. »

1 « ... gratia nostra
Præ cunctis temet nimium dilexit amicis,
Quod volo plus factis te quam cognoscere dictis.
...
Amplificabo quidem pariter te rure domique. »
(*Waltharius*, v. 133 suiv.)

2 « Sed precor ut *servi* capiatis verba *fidelis*
Si nuptam accipiam domini præcepta secundum,
Vinciar in primis curis et amore puellæ,
Atque a servitio regis plerumque retardor.
Aedificare domos, cultumque intendere ruris
Cogar...
Nil tam dulce mihi quam *semper inesse fidelis*
Obsequio domini...
Si sero aut medio noctis mihi tempore mandas,
Ad quæcunque jubes securus et ibo paratus,
In bellis nullæ persuadent cedere curæ »
(*Ibid.*, v. 149 suiv.)

3 *Girard de Viane*, p. 19.

4 *Ibid.*, p. 20.

L'adoubement suit pour l'un, est ajourné pour l'autre :

« Premierement adouberai Rainier :
Et de Girars ferai mon escuier,
Armes aura, s'il me sert volentiers. »
Chemise et braies on aporte à Rainier, etc.[1]. »

Quelquefois l'inverse se produit. Un fils de roi, au moment où il a été adoubé, demande à un vassal éprouvé de son père d'entrer dans sa maisnie. Tel Louis s'adressant au duc Naismes :

« De ma maisnie soiés, je vous em pri[2]. »

Il y a donc dans la maisnie des classes, des catégories nombreuses de personnes. Il y a des degrés comme dans le comitat ancien. Au premier rang les parents les plus proches et les compagnons les plus fidèles, puis les *nourris,* les adoubés, les serviteurs qui attendent l'adoubement. Suivant leur importance sociale, ils sont hommes de haut parage, chevaliers, bacheliers, damoiseaux, écuyers. La rémunération varie à proportion du rang[3] :

« Les dras de soie de paile Alexandrin,
Les bons henas et les copes d'or fin,
Les biax ostors, les faucons montardin,
Tel avoir done Karles li fix Pepin
As gentis homes qui sunt de riche lin.
Les palefroiz, les chevax, les deniers,
Ce done Karle as *poures chevaliers ;*

[1] *Ibid.*, p. 21.

[2] *Ogier*, v. 7325.

[3] Comme chez les Germains, c'est souvent le partage du butin : « Girart et les siens prennent le butin. Il en donna à ses hommes autant qu'il le devait, de telle sorte que depuis lors aucun d'eux ne lui manqua au moment critique. » (*Gir. de Roussillon*, § 91, p. 44). « Seigneurs je vous ai toujours nourris. Je vous ai enrichis de tout mon bien. Vous avez pris pour moi maint palais dont je vous ai distribué les richesses. » (*Ibid.*, p. 159-160).

Le vair, le gris et les corans destriers,
Les sors faucons, les muez esperviers,
Ce done Karle as *bacheliers legiers*,
As damoisiaus, as vilains sodoiers[1]. »

La maisnie s'étend même, on le voit, jusqu'aux *soudoyers*, jusqu'aux mercenaires, troupes souvent nombreuses que les seigneurs féodaux entretenaient et qu'ils faisaient venir de pays étrangers[2] :

« Si mandes par la vile les vallans chevaliers
Et des estranges tieres mandes les sodoiers[3]. »

Cette circonstance ne doit pas trop surprendre, car chevaliers et damoiseaux s'engageaient, eux aussi, comme soudoyers :

« Fouque s'est renforcé de mille chevaliers, et Fouchier de quatre cents damoiseaux légers, pris les uns et les autres comme soudoyers[4]. »

Et, de plus, les soudoyers étaient liés par le serment de fidélité et par l'hommage :

« Li saudoier Aiol l'ont esgardé
Cui il avoit l'avoir abandoné,
Et dist li uns à l'autre : ...
« Et ja li somes nous sor sains juré
Que ja ne li faurons en notre aé[5]. »

Quand Aubri le Bourgoing s'offre comme soudoyer au comte de Flandre Baudoin, il se déclare prêt à devenir son homme, à se recommander à lui :

[1] *Ch. d'Aspremont*, p. 2, v. 71 suiv.

[2] « Girart a une mesnie bonne et nombreuse de soudoyers bavarois et allemands. » (*Girard de Roussillon*, trad. P. Meyer, § 470, p. 219-220).

[3] *Ren. de Montauban*, p. 141, v. 6-7.

[4] *Gir. de Roussillon*, § 127, p. 69.

[5] *Aiol*, éd. Normand et Raynaud, p. 129-130.

« Or sui venus ci a vos por garant
Je et mes nies serons en vo comant[1]. »

A vrai dire, la solde, plus ou moins déguisée, se retrouve à chaque pas. Elle est plus fréquente que la concession de terre, elle la remplace ou s'y joint; parfois elle lui est préférée.

Telle que je l'ai décrite, et même abstraction faite des mercenaires proprement dits, la maisnie pouvait comprendre des milliers d'hommes[2].

C'étaient des combattants toujours prêts à marcher, qu'il n'était pas besoin de semondre au loin par brefs et messagers[3], dont le service en campagne pouvait se prolonger, sans récrimination, durant des saisons et des mois, alors que les vassaux pourvus de fiefs réclamaient, à grands cris, un prompt retour dans leur château et leurs domaines. Ils formaient l'armée permanente du baron féodal.

C'étaient, en outre, des conseillers toujours présents. Le seigneur tenait avec les plus importants d'entre eux, « les meilleurs de ses hommes[4], » son conseil et ses plaids ordinaires. Dans les affaires seulement d'une gravité extrême ou à certaines époques déterminées de l'an-

1 *Auberi*, éd. Tobler, p. 23, v. 31-32.

2 « Je verrai la mesnie qu'aura Fouchier : il peut, dit-il, mener contre moi mille chevaliers, et sa terre n'a pas mille pas. »

(*Girard de Roussillon*, trad. P. Meyer, § 127, p. 68.)

« Vous me devez servir en France a. IIII. rois,
Chascun doit de mainie. M. chevaliers avoir. »

(*Ren. de Montauban*, p. 262.)

3 « Ne la grant guerre ne m'estoit or mandée;
Ne n'ai o moi fors mesnie privée! »

(*Auberi le Bourgoing*, éd. Tarbé, p. 9.)

« Charles se rendait à Roussillon avec sa mesnie privée. Il n'avait pas convoqué son ost, et pourtant sa chevauchée n'était pas si petite. » (*Gir. de Roussillon*, § 448, p. 210).

4 *Girard de Roussillon*, §§ 259, 261, 265, etc.

née, à Pâques ou à la Pentecôte[1], ce conseil s'accroissait, en cour plénière ou proclamée, des vassaux résidant sur les fiefs.

C'étaient des servants de tout ordre, sénéchaux, échan sons, porte-mets : Rainier, quoique chevalier et *conseiller de la chambre* de Charlemagne, et son frère Girard de Viane s'acquittent de pareils offices[2].

Ils maintenaient l'ordre dans le palais. Charlemagne s'adresse en ces termes à sa maisnie :

> « Prenés le moi (un délinquant), ma mainie privée.
> Sé vos ne l'faites, vos fois avés faussée !
> Mar s'en ira par nule trestornée,
> Qui ma cort a honie[3] ! »

Ils publiaient les ordres du seigneur :

> « Par sa maisnie a fait un ban huchier[4]. »

Ils étaient enfin ses compagnons de chasse, de chevauchée, de plaisir :

« Girart gorge son faucon ; autour de lui un millier d'hommes de sa mesnie, vêtus de hoquetons bordés d'orfroie et de jupons de soie vermeille[5]. »

Entre eux, ils se devaient une assistance et une affection fraternelles :

> « Damoiseaux de ma mesnie, aimez-vous mutuellement[6]. »

Le terme ancien de compagnon[7] s'est conservé.

[1] *Ibid.*, §§ 35, 231.

[2] *Girard de Viane*, p. 25.

[3] *Girard de Viane*, p. 63.

[4] *Cour. Louis*, p. 70, v. 1503.

[5] *Girard de Rouss.*, § 48. — Adde, *ibid.*, § 268, etc.

[6] *Girard de Rouss.*, § 307.

[7] Cf. *Lex Salica*, LXIII (Cod. 6 et 5, édit. Hessels) : « Si quis in hoste in conpanio de conpagenses suos hominem occiderit... in tri-

« Bien sont d'une maisnie jusqu'à, M. compaignon[1]. »

« Ses veront mes maisnies et mes compainges[2]. »

Il a seulement, par l'usage, perdu de sa rigueur. Il est remplacé souvent par les mots équivalents ou plus vagues de pair[3], privé, dru[4], ami *juré et plevi,* accidentellement[5] par un terme déformé (*abbaich*) paraissant venir du mot *ambactus* dont César se sert pour désigner les clients et les compagnons gaulois.

La maisnie est loin d'être la seule forme de compagnonnage qui subsiste vivace à côté du fief. Il en est de plus larges, il en est de plus étroites, de plus éphémères et de plus durables.

plo conponat. » Cod. 10 : « Si quis hominem ingenuum qui lege salica vivit in hoste, in companio, de companiei suorum occiderit... in triplo conponat. »

[1] *Ch. des Saisnes*, I, p. 141.

[2] *Aiol*, p. 189, v. 6504.

[3] D'où l'expression fréquente : « pair et compagnon. »

[4] A rapprocher de *trustis*.

[5] *Girard de Roussillon*, p. 138.

CHAPITRE VI.

LE COMPAGNONNAGE D'AVENTURE.

Un guerrier audacieux qui veut entreprendre une expédition, une conquête, groupe autour de lui des milliers de compagnons qui lui engagent leur foi et leurs services. Ainsi fait Guillaume d'Orange quand il veut conquérir l'Espagne que l'empereur Louis lui a donnée en fief. La scène est pleine de mouvement et de vie [1].

« Seur une table est Guillaumes montez,
A sa voiz clère commença à crier :
« Entendez-moi de France li barnez...,
Ce vueil-ge dire as poures bachelers,
As escuiers qui ont dras dépanez,
S'o moi s'en vienent Espaigne conquester
Et le païs m'aident à aquiter...
Tant lor dorrai deniers et argent cler,
Chasteaus et marches, donjons et fermetez,
Destriers d'Espaigne, si seront adoubé. »

Trente mille hommes répondent à cet appel :

« Quant cil l'oirent si sont joiant et lié,
A haute voiz commencent à huichier :
« Sire Guillaume, por Deu ne vos targiez!
Qui n'a cheval o vos ira a pié. »
Qui donc véist les poures escuiers,
Ensemble o els les poures chevaliers!
Vont à Guillaume le marchis au vis fier,
En petit d'eure en ot trente milliers,
A lor pooirs d'armes apareilliez,
Qui tuit en ont juré et afichié
Ne li faudront por les membres tranchier. »

[1] *Charroi de Nîmes*, v. 636 suiv.

D'autres fois c'est la bravoure dont un chevalier a fait preuve, le renom dont il jouit qui le fait reconnaître spontanément comme chef par de nombreux compagnons. Auberi le Bourgoing trouve à la cour de Baudoin de Flandre cent chevaliers français qui vont à lui et lui demandent à devenir ses hommes. Comme il allègue qu'il est pauvre, et n'a rien à leur donner, ils répondent :

« Ne prendons pas garde à la poureté,
Mais au grant sens et à la grant bonté,
A la prouece et a la loiauté,
S'estes haus home et de grant parenté...
Recheves nos en droite loiauté,
Et nos serons vostre home et vo(i) juré
Ne vos faurons por home qui soit né(s). »

Auberi consent. Le serment est prêté :

« Auberis a si saiiement parlé
Qu'il li ont tuit et plevi et juré,
Ne li faudront ; ensi l'ont creanté[1]. »

Dans Macaire, le bûcheron Varocher, armé chevalier pour ses exploits, voit accourir mille compagnons prêts à le servir en lui engageant leur foi :

« Tel mil d'entre eus qui vuelent gaaingnier
En sa compaigne vont à lui s'ajoster
Et si li jurent l'aideront sans fauser.
Et Varochers les a pris volentiers.
Dist Varochers : « Ne le vos quier celer,
Cil qui venront o moi à guerroier
Ja del gaaing ne lor quier un denier ;
Mais vos estuet estre vaillant et fier,
Que en tel lieu vos vorrai je mener
Où troverons tante arme et tant destrier
Et tant avoir, que d'or que d'argent cler,
Plus en aurés n'en saurés demander[2]. »

[1] *Chanson d'Auberi*, éd. Tobler, p. 27-28.

[2] *Macaire*, éd. Guessard, v. 2541 suiv.

CHAPITRE VII.

LA FRATERNITÉ FICTIVE.

Les liens créés par la parenté, par la *maisnie,* par le compagnonnage que j'ai appelé « d'aventure » se renforcent, soit entre chef et compagnon, soit entre compagnons d'un même chef, par des pactes d'une énergie croissante. Les mêmes pactes font naître des rapports individuels d'une rare étroitesse entre des hommes jusque-là étrangers l'un à l'autre. C'est la fraternité fictive par le sang qui survit, comme a survécu le comitatus dans son ensemble.

§ I. — *Formes et stipulations.*

Dans le Roman de Lancelot du Lac, trois chevaliers se font saigner en commun et mêlent leur sang pour contracter une fraternité[1]. Je retrouve la même cérémonie dans le *Waltharius.* Gauthier et Haganon avaient été compagnons. Sous la forme où le poème nous est parvenu, il n'est même que l'histoire de leur compagnonnage[2]. Ils s'étaient voués leur foi par un pacte solennel plusieurs fois confirmé[3]. Ce pacte, Haganon ne le rompit qu'à la der-

[1] Lacurne de Sainte-Palaye, *Mémoires sur l'ancienne chevalerie,* 3e partie, p. 227.

[2] Aussi le manuscrit de Bruxelles contient-il cet *explicit :*

« Terminat liber duorum sodalium Waltharii et Haganonis. »
(De Reiffenberg, *Annuaire de la Bibliothèque royale de Bruxelles,* 5e année, 1844, p. 72.)

[3] « Nunquid mente fidem abradis sæpissime pactam. »
(*Waltharius,* v. 1259.)

« Sitque inconvulsum nobis per tempora fœdus. »
(v. 1261.)

nière extrémité et il ne tarda pas à le renouer. Quand les deux champions eurent mesuré leur valeur dans un combat sans issue où l'un perdit cette dextre prodigieuse (*dextera fortis*) qui avait jeté tant d'effroi dans le monde et accompli tant d'exploits fameux[1], l'autre un œil, ils renouvelèrent leur fraternité dans le sang :

« Pactum renovant iterato cruentum[2]. »

Un tel rite, toutefois, n'était plus que l'exception. Avec la douceur plus grande des mœurs et sous l'influence du Christianisme, le serment s'était presque seul conservé.

La description la plus complète de la cérémonie nous est fournie, je crois, par la chanson de Girard de Viane. Il s'agit du compagnonnage fameux de Roland et d'Olivier, lesquels se trouvaient, au moment où ils le contractèrent, dans deux camps ennemis. Ils parlent à tour de rôle. Chacun énumère les engagements qu'il prend, en les plaçant sous l'invocation divine :

Rollant parlat au corage aduré :
« — Sire Olivier, ja ne vos iert celé,
« *Je vos plevis la moie loialté*
Que plus vos aim que home qui soit né,
Fors Karlemain li fort Roi coroné.
Puisque Deus veut que soions acordé,
Jamais n'arai ne chastel, ne cité,
Ne bosc, ne ville, ne tor, ne fermeté,
Que ni partiez, *foi que je doi à Dé!*
Aude panrai, sé il vos vient en gré ;
Et sé je puis, ains IIII. jors passé,
Aurez au Roi et pais et amisté.
Et s'il ne l'fait tot à ma volanté,
Qu'il ne le voille otroier ne graer,
O vos irai léans en la cité,
Ne li faut guerre en trestot son aé. »
Olivier l'ot ; si l'en a mercié.
Andous ses mains en tent vers Dame Dé,

[1] *Ibid.*, v. 1383 suiv.
[2] *Ibid.*, v. 1443.

« — *Glorious Sire, vos soiés aoré!*
Que vers cest home m'avès hué acordé. » —
Sire Rollant, ne vos soit pas celé,
Je vos aim plus que home qui soit né.
Ma suer vos doing volantiers et de gré
Par tel covant, com je vos ai conté
Que vers Karlon soiens bien acordé[1]. »

Ces engagements, principaux et accessoires, sont ratifiés solennellement par une accolade et un serment :

« Tot maintenant ont lor chief désarmé ;
Si s'entrebaisent par bone volenté;
Puis sont assis sur la verde erbe ou pré[2].
Lors fois plevissent en bone volenté,
Et compaignie en trestot lor aé[3]. »

Si Roland et Olivier n'eussent été en rase campagne, ils auraient prêté leur serment sur des reliques ou sur les livres saints. Dans Aiol, le roi Louis propose au héros de la chanson deux compagnons[4] :

« Or serés compaignon, vous et Jobert,
Ylaires ert li tiers, de saint Lambert :
L'autre jor m'enproierent a Saint-Marcel[5]. »

Et voici comment le pacte est conclu :

[1] *Girard de Viane*, éd. Tarbé, p. 155.

[2] Même attitude d'Ami et d'Amile :

« Or sont li conte andui assiz sor l'erbe
Ils s'entrafient compaingnie nouvelle. »
(*Amis et Amiles*, éd. Hoffmann, v. 199-200.)

N'y aurait-il pas quelque vague et lointaine réminiscence de la bande de gazon soulevée du sol? Je n'ose insister.

[3] *Ibid.*, p. 155-156.

[4] Les récents éditeurs de *Aiol* les ont pris à tort pour des écuyers (*Introd.*, p. VII). Chacun des compagnons avait son écuyer. (*Aiol*, v. 4685-4686).

[5] *Aiol*, v. 4512 suiv.

« Si se sont compaignié devant le roi ;
Sor sainz se sont juré, plevi par foi,
Que l'uns ne faura l'autre por riens qui soit[1]. »

Dans la chanson de Daurel et Beton, le serment est prêté sur l'Évangile :

« So respont lo duc Boves : « Lo sagrament farom »
Fai aportar .j. libre on lhi evangeli son,
Juran si companhia, lhi bauzo sus el mento[2]. »

§ II. — *Effets quant à la personne.*

D'une façon générale, les effets du pacte de compagnonnage, conclu comme nous venons de le voir, sont les mêmes que produisait la fraternité scandinave. En premier lieu, une affection, une assistance, un dévouement jusqu'à la mort.

Ce sont deux compagnons que Berron et Ogier. La conséquence en est clairement déduite :

« Conpains estoit Ogier le conbatant,
Par foi plévie, par itel convenant
Ne se falront dusqu'as menbres perdant[3]. »

Berron dit à Ogier :

« Ne vus faurrai por morir à viltage[4]. »

Le dévouement, l'affection, peuvent s'accroître encore ; le compagnon peut devenir plus complètement un *frère*[5]. Au fort de l'effroyable mêlée de Roncevaux, Roland voit son compagnon Olivier frapper de si merveilleux

[1] *Ibid.*, v. 4519 suiv.

[2] *Daurel et Beton*, éd. P. Meyer, v. 26 suiv.

[3] *Ogier*, v. 5422 suiv.

[4] *Ibid.*, v. 4990.

[5] « *Simus fratres adoptivi*, » disent le roi anglo-saxon Edmond et le roi danois Knut, en concluant une alliance. (Voyez les textes cités par Augustin Thierry, *Conquête de l'Angleterre*, I, p. 147, note).

coups qu'il resserre les liens qui les attachent, qu'il l'adopte en frère :

« Ço dist Rollanz : « *Or vus receif jo frère*[1]. »

Dorénavant c'est le nom qu'il lui donne ou qu'il ajoute à son titre de compagnon :

« Oliviers frère. »
(v. 1395.)

« Olivier, cumpainz, frère. »
(v. 1456.)

Dorénavant si étroite est la solidarité entre eux que l'un ne pourra plus survivre à l'autre :

« Ensemble od vus ci murrai, cumpainz frère. »
(laisse CLXIII.)

« Quant tu ies morz, dulur est que jo vif. »
(v. 2030.)

La foi des compagnons est naturellement exclusive :

« Je vos aim plus que home qui soit né[2], »

répètent Olivier et Roland. Roland excepte, il est vrai, son seigneur Charlemagne, mais il ajoute qu'il l'abandonnera pour suivre Olivier s'il ne consent pas à faire la paix.

Cette foi ne l'emporte pas seulement sur la fidélité due au seigneur, elle fait même échec à la parenté naturelle.

Haganon assiste en spectateur impassible au combat où son neveu périt de la main de Gauthier. Et quand son seigneur le roi Gunther, après que ses onze compagnons ont été successivement tués par leur formidable adversaire, implore en grâce Haganon de combattre à son tour, il hésite encore en se rappelant la foi qu'il a engagée à

[1] *Ch. de Roland*, v. 1376.

[2] *Girard de Viane*, p. 155.

Gauthier[1]. Il déclare au roi que la fidélité qu'il lui doit et le devoir même de venger son neveu ne lui feraient pas violer sa fidélité envers son compagnon[2]. S'il s'y décide finalement, c'est que son honneur personnel est en cause, c'est qu'il redoute la flétrissure qui l'atteindrait s'il ne cherchait pas à venger la honte infligée à tout un pays[3]. Il est vrai qu'il allègue ensuite la mort de son neveu comme ayant rompu le pacte de compagnonnage[4]. Mais ce n'est là qu'une excuse que Gauthier repousse.

En tout cas la foi jurée au frère fictif et la foi due au parent par le sang, étant de même nature, devaient se contrebalancer.

Aucun des compagnons ne devait s'engager dans le lien d'un compagnonnage nouveau, sans le consentement de l'autre. Dans la Chanson d'Amis et Amiles, le traître Hardré propose sa *compagnie* à Amile :

« Compaing serons, sire, se l'otroiez. »
(v. 596.)

1 « ... pectore sponsam
Walthario plerumque fidem volvebat... »
(v. 1089-1090.)

2 « Nam propter carum, fateor tibi, Domne, nepotem
Promissam fidei normam corrumpere nollem. »
(v. 1112-1113.)

3 « Dedecus at tantum superabit Francia nunquam. »
(v. 1085.)

« replicavit honorem
Virtutis propriæ, qui fors vilesceret inde,
Si quocunque modo in rebus sibi parceret istis. »
(v. 1094 suiv.)

4 « Cætera fors tulerim, si vel dolor unus abesset;
Unice enim carum, rutilum, blandum, pretiosum,
Carpsisti florem mucronis falce tenellum.
Hæc res est, pactum quæ destruxit prior almum;
.....
Deque tuis manibus cædem perquiro nepotis. »
(v. 1272 suiv.)

Amile répond :

« ... de folie plaidiez.
Mon compaingnon le plevi je l'autrier
Qu'a compaingnie n'aurai home soz ciel. »
(v. 597 suiv.)

En réalité, Ami lui avait seulement fait promettre de ne pas prendre Hardré pour compagnon :

« Mais une chose voz voil je bien monstrer,
Que ne preingniez compaingnie a Hardre »
(v. 561-562.)

Une règle analogue s'appliquait au mariage. Je montrerai plus tard les rapports de terminologie et de forme juridique qui existent entre le compagnonnage et l'union conjugale. Je dois me borner à remarquer ici que le lien créé par l'un était de nature à nuire à l'autre. Le compagnon avait donc besoin du consentement de son compagnon pour se marier. Quand le pseudo-Amile doit épouser Bellissant, la fille de Charlemagne, un chevalier énonce ainsi les termes du serment de fiançailles de Bellissant :

« Vos jurrerez...
Que vos panrez Amile le baron
Au loement d'Ami son conpaignon
Ne antr'euls douz ne meterez tanson. »
(v. 1831 suiv.)

Par contre, le compagnon assure à son compagnon le concours, l'assistance de ses parents. Berron dit à Ogier qu'il lui amènera de ce chef vingt mille hommes :

« Conpains, ne vos cremés :
Od vos irai et *mes grans parentés,*
A vingt milliers seromes bien nonbrés;
Ne vos falroie, que je sui vos jurés[1]. »

[1] *Ogier*, v. 4931 suiv.

Le frère de Berron doit, à ses côtés, soutenir Ogier[1]. Et, en effet, ils meurent tous deux en le défendant[2]. C'est un acte de *loyauté*[3].

Un pacte entre deux personnes devient ainsi le point de départ d'une vaste association.

Du reste, le devoir d'assistance mutuelle entraînait l'obligation de ne pas s'exposer à la légère et sans un accord préalable. Ainsi le compagnon ne pouvait accepter un combat singulier sans l'autorisation de son compagnon. Celui-ci avait le droit, s'il lui plaisait, de prendre sa place. Renaud de Montauban ayant provoqué Roland, reçoit de lui cette réponse :

> « G'irai à Olivier *le congié demander*,
> Car il est mes compains plevis et afiés.
> *Ne puis prendre bataille vers home qui soit nés*,
> *Que li quens ne la face, se il li vient à gré*[4]. »

Et Roland lui-même interpelle Olivier :

> « Dites, sire Oliviers, se por nos la feres,
> U mon cors u le vostre i covendra aler[5] ? »

§ III. — *Violation de la foi.*

En règle, la compagnie était nouée pour l'existence entière :

> « Lors fois plevissent...
> Et compaignie en trestot lor aé[6]. »

Pour la faire cesser plus tôt, une rupture de foi, un *défi*, était nécessaire. Nos chansons nous en présentent divers exemples.

[1] Voyez Ogier, v. 5460 suiv.
[2] *Ibid.*, v. 5650 suiv.
[3] *Ibid*, v. 5711-5712.
[4] *Ren. de Montauban*, p. 237, v. 4 suiv.
[5] *Ibid.*, v. 22-23.
[6] *Girard de Viane*, p. 155-156.

Garnier, fils de Doon, et le duc Bérenger sont devenus compagnons à la cour de Charlemagne :

« Et furent compaignon entre lui et Garnier[1]. »

Leur compagnie avait duré quatre ans sans trouble. Mais Charlemagne donne à Garnier la main d'Aye d'Avignon déjà promise à Bérenger. Aussitôt Bérenger met son compagnon en demeure de renoncer à ce mariage sous peine de rupture de leur association et sous menace de mort :

« Nel pensés, fet il, ja, sire compains Garniers,
Que vous prenez la fame ne la terre bailliez,
Car hui departiront les nostres amistiez.
Ja ne vivrez o li demi an ne entier
Que je ne vos en fiere de m'espée ens el chief[2]. »

C'est un *défi* conditionnel, dans le sens primitif du mot[3], Garnier répond par une mise en demeure contradictoire :

« Vos estez mes compains passé IIII ans entier ;
Je vous semons as noces qu'o moi venez mengier[4]. »

La foi est rompue, la compagnie a pris fin.

Dans Garin le Loherain, les deux fils d'Hervis, Garin et Bègue de Belin, sont présentés à la cour de Pépin par leur oncle et tuteur Henri, évêque de Châlons, lequel demande à Pépin de les retenir auprès de lui. Pépin prend le conseil d'Hardré, et Hardré, en même temps qu'il approuve, décide que les deux jeunes gens deviendront compagnons de ses deux fils, Fromont et Guillaume de Monclin.

« Compains seront à ambedeux mes fils »

[1] *Aye d'Avignon*, éd. Guessard et P. Meyer, v. 24.

[2] *Aye*, v. 112 suiv.

[3] Cf. *Renaus de Montauban*, p. 264, v. 33 :

« Mais ki Richard pandra de m'amor le desfi. »

[4] *Aye*, v. 125-126.

Le poète ajoute :

« Compains Guillaume fu Begons li petis,
Fromons ses freres refu compains Garin [1]. »

Les mêmes jeunes hommes sont appelés plus loin *compagnons jurés :*

« Li dux Garins est el palais montés :
Joste-lui Begues, de qui il fut amés,
Fromons, Guillaumes, leur compaignon juré [2]. »

Voici en quelles circonstances cette compagnie fut rompue. La conduite d'une expédition contre les Sarrazins avait été confiée par Pépin à Garin le Loherain, et l'enseigne de Saint-Denis remise à la garde des quatre compagnons. Une fois en présence de l'ennemi, Fromont et son frère Guillaume sont détournés par leur oncle Bernard de Naisil de prendre part à l'attaque. Garin le leur reproche comme une violation du pacte de compagnonnage :

« Mes compains estes et pleivis et jurés.
Vos sairement, vos fiance acquitez,
Et el non Dieu avec moi en venez [3]. »

Et comme ils persistent dans leur défection, Garin dénonce à son tour le pacte en déclarant à Fromont qu'il ne lui donnera pas sa part du butin qu'il conquerra :

« Se je conquiers avoir, jà ni penrez [4]. »

part qui sans cela, nous le verrons, eût été de moitié.

Il semble résulter de là que l'inexécution des clauses du contrat en entraîne de plein droit la résolution. L'un des compagnons a rompu la foi, l'autre est dégagé [5]. C'est ce

[1] *Garin le Loherain*, éd. P. Paris, I, p. 63.
[2] *Ibid.*, I, p. 80.
[3] *Ibid.*, I, p. 102.
[4] *Ibid.*, I, p. 103.
[5] Gauthier voyant venir sur lui son ancien compagnon Haganon, s'écrie :

que dit clairement aussi Garin en s'adressant plus tard à Fromont :

> « Sire Fromons de Bordelle la grant,
> *Compaignons d'armes avons esté lons tens,*
> Amé vous ai de fin cuer léaument ;
> Bien me montrastes a l'encommencement :
> Puis en l'estour ou j'entrai fierement
> *Vous me guerpites et li votre parant*[1]. »

D'ordinaire pourtant le *défi* était exprès. Qui ne se souvient de cette sublime scène où Olivier frappe Roland sans le reconnaître, et où le héros blessé regarde son compagnon puis, doucement, tendrement, lui demande : « Sire compagnon, le fites-vous exprès? Je suis Roland, qui tant vous aime. Vous ne m'aviez point défié que je sache[2]? »

§ IV. — *Effets quant aux biens.*

Les effets du compagnonnage quant aux biens ne se sont pas conservés moins intacts que ses effets sur la personne. Comme chez les Scandinaves, une communauté universelle naît entre les compagnons. Le pacte conclu entre Roland et Olivier le stipule expressément[3], mais

> « Quid, rogo, tam fidum subito mutavit amicum,
> Ut...
> Nullis nempe malis læsus, nos appetat armis? »
>
> (*Waltharius*, v. 1240 suiv.)

Haganon invoque la rupture du pacte :

> « Hæc res est, pactum quæ destruxit prior almum. »
>
> (v. 1275.)

[1] *Ibid.*, I, p. 124.

[2] « Sire cumpainz, faites le vus de gret ?
Ja est c' Rollanz, ki tant vus soelt amer ;
Par nule guise ne m'avez desfiet. »
(*Chanson de Roland*, v. 2000 suiv.)

[3] Voyez *suprà*, p. 472.

c'est surtout dans la chanson de Daurel et Beton que ce point est mis en pleine lumière.

Le duc Beuve d'Antone est un puissant et riche seigneur, « un riche duc de Fransa ; » son vassal le comte Gui ne possède pour tout bien qu'un castel, le castel d'Aspremont.

« Cel que non na vila ne valor
Mas que sol hun castel c'um apela Aspremont[1]. »

Malgré cette inégalité de fortune et de condition, le duc Beuve propose à Gui de former un pacte de compagnonnage, et voici sur quelles bases :

« Lo meu alue vos solvi, e aujo lolh baro,
Et seret vos en gaun segner de ma mayzo.
Jurat mi companhia a totz jorns que vivo ab nos.
Mas s'ieu prengui molher e nom venh enfanto,
S'ieu mori denan vos, companh, ieu la vos do,
Mos castels e mas vilas, ma tera e maio
Vos solvi, bels companh, eus meti a bando[2]. »

Le comte Gui accepte; il stipule à son tour :

« Et jeu pren lo, si vos plas, ab aital gaserdo
Guidaray vostras ostz em metray a bando
Pertot on vos volres e lai on vos er bo. »
(v. 23 suiv.)

La conjuration est faite ensuite dans le palais, devant une nombreuse assistance de barons :

« Ad Antona el palais si c'o viro. v^c. »
(v. 32.)

[1] *Daurel et Beton*, éd. P. Meyer, v. 9-10.

[2] *Ibid.*, v. 15 suiv. — Je traduis : « Je vous cède mon alleu, que les barons l'entendent — Et vous serez seigneur de ma maison — Jurez-moi compagnie pour tous les jours de notre vie. — Si je prends femme dont je n'aie pas d'enfant — Et que je meure avant vous, compagnon, ma femme je vous la donne — Mes castels, mes villas, ma terre et ma maison — Je vous les cède, je vous les abandonne, beau compagnon. »

Il ressort des clauses de ce pacte que, du vivant des deux compagnons, leurs droits sont égaux sur les biens l'un de l'autre, quoique les apports soient inégaux. Le duc Beuve déclare que Gui sera le seigneur de sa maison (*chef de mez, caput mansi,* comme le disent de l'*aîné parager* anciennes coutumes et cartulaires), le seigneur de son alleu. Le comte Gui, à défaut d'autres biens que le castel d'Aspremont, promet des services exceptionnels; il se chargera de la direction de l'ost. Cette ost devient *commune* comme les biens. L'accord, dit le poète, dura dix ans pendant lesquels ils mêlèrent, ils confondirent leurs terres et leurs ost.

> « E mesclero lor teras e lor ost assimen[1]. »
> (v. 35.)

Que deviendra cette communauté à la mort de l'un des compagnons? Sera-t-elle partagée également entre le survivant et les héritiers du mort, ou bien reprendra-t-on de part et d'autre la propriété des biens mis en commun? En d'autres termes, est-ce la pleine propriété ou le simple usufruit qui sont entrés dans la communauté? Celle-ci est-elle vraiment une communauté de tous biens, ou seulement une communauté d'acquêts?

Remarquez d'abord le règlement fait par le duc Beuve pour le cas où il viendrait à se marier et à mourir sans enfants. Son compagnon doit avoir et la veuve et les biens. C'est l'application de la règle ancienne[2] que le compagnon n'exclut pas un parent plus proche, mais qu'il succède à son rang comme frère. Il peut avoir ainsi l'intégralité de la fortune et alors la question soulevée ne se pose pas. Elle se pose au contraire quand il y a un héritier plus proche. Or il ne semble pas douteux qu'en pareil cas la

[1] On retrouve la même expression dans Beaumanoir : « puisque li mueble de l'un et de l'autre sont mellé ensanlle. » *Coutumes de Beauvoisis,* éd. Beugnot, I, p. 305.

[2] Voyez *suprà*, p. 441.

communauté se partage également entre l'héritier et le compagnon. Cela résulte déjà de l'identité des termes dont se sert le duc Beuve pour la mise en communauté et pour le règlement de sa succession :

« Lo meu alue *vos solvi*
S'ieu mori denan vos...
Mos castels et mas vilas, ma tera e maio
Vos solvi... »

Cela ressort surtout des événements postérieurs. Le duc Beuve se marie : il a un fils. Puis il est indignement trahi par son compagnon, il est assassiné par lui. Celui-ci convoitait la femme de Beuve et ses grandes richesses. Frappé à mort, le duc Beuve le supplie de ne pas faire de mal à son fils, de ne le tuer ni le déposséder, et de se contenter de la moitié de ses biens :

« De tot cant a la meitat vulh aiatz. »
(v. 417.)

Comme cet entretien se passait sans témoins, il est impossible d'y chercher un acte de dernière disposition. Il faut donc admettre que la moitié était acquise de droit au compagnon : c'était le résultat du partage égal de la communauté.

CHAPITRE VIII.

LE COMPAGNONNAGE PARFAIT.

Je voudrais montrer encore le compagnonnage porté à sa suprême puissance, en analysant le type le plus complet dans lequel il s'est incarné, le type d'Ami et Amile[1].

Ami et Amile ne sont pas parents, mais ils sont prédestinés à l'être fictivement. C'est par la volonté divine qu'ils le seront. De même que l'homme ne choisit pas ses parents naturels, de même ici le compagnon ne choisit pas son compagnon :

« Huimais orrez de II bons compaingnons,
Ce est d'Amile et d'Amis le baron...
Ansoiz qu'Amiles et Amis fussent ne,
Si ot uns angres de par deu devise
La compaingnie par moult grant loiauté. »
(v. 11 suiv.)

Ils sont plus que des frères fictifs, ils sont des jumeaux fictifs, et par la coïncidence exacte de leur naissance et de leur baptême, et par leur ressemblance si parfaite qu'il est impossible de les distinguer, même les voyant côte à côte.

« En une nuit furent il engendre »
(v. 22.)

« Et en un jor furent ne li baron »
(v. 14.)

« Et en un jor baptizie et leve »
(v. 23.)

[1] *Amis et Amiles,* éd. Konrad Hofmann (Erlangen, 1882).

« Il s'entresamblent de venir de l'aler
Et de la bouche et dou vis et dou nes, etc. »
(v. 39-40.)

« Tant s'entresamblent de vis et de menton
Dou contenir del nes de la raison,
Que les douz contes ne desseverroit hom,
Qui est Amiles ne Amis li baron. »
(v. 3103-3106.)

Le père d'Ami est seigneur de Clermont en Auvergne, le père d'Amile réside en Berry, à Bourges. C'est à grande distance que les deux enfants sont ainsi élevés, mais dès qu'ils arrivent à l'âge d'être armés chevaliers, ils éprouvent un besoin irrésistible de se rejoindre. Ami part et se rend à Bourges, mais Amile est parti de son côté pour chercher Ami. Ils parcourent, en quête l'un de l'autre, l'Italie et la France, et ce n'est qu'après une pérégrination de sept ans qu'ils finissent par se rencontrer.

Aussitôt se conclut, se noue, ou plutôt se consacre et se renouvelle la *compagnie* à laquelle ils étaient prédestinés. Ils échangent leur foi, ils se lient à jamais.

« Il s'entrafient compaingnie nouvelle. »
(v. 200.)

Voici les deux jeunes gens à la cour de Charlemagne. Ils y ont fait des actions d'éclat, ils se sont acquis l'affection de l'empereur et ses bonnes grâces. Par là ils ont excité la jalousie du traître légendaire Hardré, de la lignée de Ganelon. Hardré veut les séparer et en même temps les attirer à lui pour mieux les perdre. Il offre une somme d'argent considérable, mille onces, à l'un d'eux, à Amile, et il fait épouser sa sœur Lubias à Ami, qui devient ainsi seigneur de Blaive.

Au moment où les deux amis doivent se quitter nous voyons le compagnon intervenir dans tous les actes de la vie de son compagnon, le conseiller, le guider, lui dicter sa conduite.

Ami fait promettre à Amile qu'il ne liera pas compagnie avec Hardré. Il lui donne des conseils d'ordre plus délicat : il le met en garde contre les séductions de Belissant, la fille de Charlemagne. Ses craintes n'étaient pas chimériques, car Belissant s'introduit de nuit dans la chambre d'Amile, à son insu. Hardré guettait l'occasion. Il dénonce Amile à Charlemagne comme ayant déshonoré sa fille. Un combat judiciaire est décidé. Amile obtient seulement un délai dont il profite pour se rendre auprès d'Ami lui confier son malheur. Il n'ose pas, en effet, affronter lui-même le combat judiciaire, il craint de commettre un parjure en affirmant sous serment que Belissant n'a pas été de nuit dans sa chambre, et par suite d'être vaincu. Ami le console puis décide de prendre sa place. On ne le reconnaîtra pas, et il ne prêtera pas de faux serment. Amile, de son côté, ira le remplacer auprès de sa femme Lubias qui ne le reconnaîtra pas davantage. La loyauté de l'un égalera le dévouement de l'autre. Amile mettra une épée nue entre Lubias et lui, quand il partagera son lit.

Cependant Ami se rend à la cour de Charlemagne où l'on croit voir revenir Amile. Il combat, il vainc Hardré. Charlemagne ravi donne au vainqueur sa fille Belissant dont il a sauvé l'honneur. O cruel embarras! Ami n'est qu'un pseudo-Amile, et un pseudo-célibataire. Comment pourra-t-il se marier une seconde fois sans encourir les foudres de l'Église, ou prêter le serment de fiançailles sans se rendre parjure? Le preux espère s'en tirer par une restriction mentale, en jurant, dans son for intérieur, au nom de son compagnon. Mais, sa subtilité ne trouve pas grâce devant Dieu. Un ange lui annonce qu'il n'en a pas moins commis un parjure et qu'il en sera puni. A peine, en effet, a-t-il repris sa place auprès de sa femme qu'il est frappé de la lèpre.

Lubias, épouse indigne, digne sœur de Hardré, l'abandonne, veut être séparée de lui, le relègue dans une cellule où il mourrait de faim si son fils n'allait en cachette lui porter de la nourriture. Elle finit par le chasser hors de son domaine et l'oblige à errer à l'aventure. La famille naturelle du malheureux lépreux ne le traite pas mieux. Ses frères auxquels il va demander asile le repoussent sans pitié. Mais il arrive à Riviers dont Amile est le seigneur. Si défiguré qu'il soit par la hideuse maladie, si redoutable que soit la contagion, Amile le reconnaît, l'accueille, l'embrasse, l'entoure des soins les plus délicats, les plus tendres.

Il se désespère seulement de ne pouvoir le guérir, car le mal ne cesse d'empirer. Enfin, un nouvel ange apparaît au lépreux; il lui indique un remède : que son compagnon consente à le baigner dans le sang de ses deux fils, et il sera guéri. — N'est-ce pas un emblème barbare de cette communauté du sang que le compagnonnage devait établir et qui se manifestait dans les rites primitifs par le sang versé et bu?

Le moyen est si atroce qu'Ami garde le silence. Un jour pourtant que son compagnon le voyant pleurer se déclare prêt à tout lui sacrifier, jusqu'à sa femme et ses enfants :

« Se riens savoie en cest siecle vivant,
Qui voz poist faire assouaigement,
Se g'en devoie, quanques a moi apant,
Vendre engaigier ou livrer a torment
Nes mes douz fiz certez ou Belissant,
Si le feroiie, gel voz di et creant. »
(v. 2837 suiv.)

il lui laisse entrevoir qu'il y aurait un remède, tout en se refusant à le faire connaître. Amile le *conjure* par la foi qu'il lui doit de le lui révéler et Ami enfin s'y décide.

L'épreuve est terrible. Amile s'y soumet jusqu'au bout. Heureusement qu'un miracle rend à la vie les deux fils qu'il a sacrifiés pour sauver son compagnon.

Ami guéri rentre dans son domaine et pardonne à sa femme, puis les deux compagnons vont en pèlerinage à Jérusalem et, au retour, meurent ensemble à Mortain. La chanson d'Ogier nous les montre succombant d'un même coup, d'un coup de l'implacable Ogier. On enterre leurs corps à un arpent de distance : ils se rejoignent miraculeusement[1].

Voilà le compagnonnage idéal dans toute son énergie et dans toute sa pureté. Les compagnons ne font qu'un corps et une âme. Type parfait que la fiction poétique a animé et personnifié, mais qu'elle n'a pas créé.

La réalité, sans doute, était souvent loin de l'idéal. Elle s'en éloigna de plus en plus à mesure que la féodalité proprement dite prit le dessus par la formation des grandes seigneuries et l'enchevêtrement des petites, à mesure aussi que la chevalerie s'en détacha comme une institution distincte. Le compagnonnage ne survécut guère que comme un moyen offert à des chevaliers d'associer leur fortune et de se soutenir mutuellement. Il devint la fraternité d'armes. Pourtant, fait bien digne d'attention, bien propre à montrer toute la vitalité qu'il recelait dans son sein, même alors, il retint les traits caractéristiques des âges primitifs. Lisez, au XIVe siècle, le pacte de fraternité conclu entre deux vaillants hommes de guerre, qui furent l'un et l'autre connétables de France, entre Duguesclin et Olivier Clisson[2], et vous entendrez l'écho à peine affaibli de ce compagnon-

[1] *Chevalerie Ogier*, v. 5943 suiv.:

« Tot premerain ont enfoy Amile,
En sus de lui conte Amis enfoïrent
Près d'un arpent, l'estore le devise;
Mais tes vertus i fist Dex nostre Sire,
Que tot ensanlle assanlèrent et revinrent. »

[2] « Sçavoir faisons que pour nourrir bonne paix et amour *perpétuellement entre nous et nos hoirs*,... voulons estre alliez et nous alions *à tousjours* à vous... contre tous ceulx qui pevent vivre et mourir, exceptez le roi de France, etc... et vous promettons aidier et conforter de tout nostre povoir... Item voulons et consentons que de tous et quelconques proufitz et droitz qui nous pourront venir et echoir dore en avant... vous aiez la moitié entierement... Item garderons vostre corps à nostre pooir, comme nostre *frère*... Toutes lesquelles

nage, aux origines si anciennes, aux manifestations si multiples, dont j'ai demandé à nos chansons de geste la vivante et fidèle image.

choses... jurons sur les saintz Évangiles de Dieu corporellement touchiez par nous et chacun de nous, et par les foys et sermens de nos corps bailliez l'un à l'autre... » (Voyez le texte entier dans Ducange, XXIe Dissertat. sur Joinville.)

CHAPITRE IX.

LA NAISSANCE DE LA FÉODALITÉ.

La féodalité, ai-je dit dans l'introduction de cet ouvrage, a mis plus de deux siècles à s'établir. Elle n'a atteint sa constitution définitive qu'au moment où elle allait être battue en brèche par la royauté[1], et je me suis engagé à décrire les phases nombreuses par lesquelles ce régime a passé avant d'atteindre sa forme définitive[2].

Assister à cette lente élaboration, distinguer clairement ses périodes successives, montrer qu'elle s'achève quand la constitution de grandes seigneuries prépare la restauration de l'État, c'est ce que je voudrais tenter à larges traits, en réservant pour le livre suivant l'étude détaillée des divers rouages juridiques qui composent le mécanisme féodal.

Cette méthode, je le remarque, rompt en visière à l'idée que l'on s'est faite jusqu'ici de la féodalité. Pour tous les historiens, en effet, le contrat de fief tel que je l'ai déjà défini sommairement, — la concession de terre en échange de service militaire et d'autres obligations précises, — était tout constitué et répandu partout dès le neuvième ou au plus tard dès le dixième siècle[3]. La con-

[1] T. I, p. 11.

[2] T. I, p. 127.

[3] J'ai moi-même été entraîné par cette opinion quand j'ai écrit qu'à partir de la fin du IXe siècle la recommandation et le bénéfice sont indissolublement unis (T. I, p. 129). Il est vrai que je n'entendais pas seulement par bénéfice une concession de terre, mais une libéralité quelconque. Néanmoins j'ai eu le tort de ne pas insister sur ce fait capital que dans le cas si fréquent où la libéralité consistait

troverse roule alors tout entière autour de ce point : comment cette prédominance du lien foncier sur le lien personnel s'est-elle accomplie? Aux yeux de la plupart c'est par une évolution graduelle et logique du compagnonnage germain ; aux yeux de quelques-uns, c'est par l'adaptation des institutions romaines à un état de choses nouveau. La dernière opinion a été soutenue récemment avec une grande vigueur par M. Fustel de Coulanges[1]. Comme elle nie tout rapport de filiation entre le fief et le compagnonnage, elle met d'autant plus crûment en lumière le contraste qu'on croit avoir existé entre celui-ci et la féodalité des xe et xie siècles et elle sera dès lors pour nous le meilleur repoussoir.

Voici les différences fondamentales que M. Fustel relève[2]. Je me servirai, en général, de ses propres expressions :

1° Pour le vassal le don du fief (l'investiture) précède l'hommage. Pour le compagnon les « présents » ne viennent qu'après, longtemps après, quand le chef peut et veut en faire et dans la mesure où il le veut et le peut.

2° La concession du *sol* en bénéfice ou en fief est l'élément essentiel, principal, nécessaire, de toute féodalité. La concession bénéficiale de la terre était inconnue en Germanie.

3° Le fief ou bénéfice est une concession temporaire, conditionnelle, et qui ne porte que sur un usufruit. Il n'est plus un *don*. Le compagnon acquiert la toute propriété des « présents ». Ceux-ci constituent un don.

4° Le serment féodal n'entraîne pas un dévouement com-

dans l'entretien, la solde, la part du butin, etc., la recommandation ou clientèle primitive subsistait dans son plein, et que, d'autre part, si le bénéfice suppose la recommandation, l'inverse n'est pas vrai.

[1] *Les origines du système féodal. Le bénéfice et le patronat*. Paris, 1890.

[2] *Op. cit.*, p. 25-27.

plet et jusqu'à la mort. Il est l'expression d'un contrat et impose aux deux parties des obligations réciproques. Le serment du compagnon est un serment d'abnégation, d'abandon de la personne, de « dévouement » dans le sens religieux du mot.

5° Le service militaire exigé des compagnons n'était pas de même nature que celui qui a été exigé des vassaux.

6° Le vassal a d'autres obligations que le service militaire. Le compagnon ne doit que ce service.

Le contraste est complet. Mais M. Fustel aurait dû au préalable se rendre un compte plus exact des institutions qu'il compare. Il met en regard le compagnonnage du temps de Tacite et le fief, non pas du dixième et de l'onzième siècle, mais du treizième. S'il s'était enquis de ce qu'était encore le compagnonnage au IXe siècle, puis de ce qu'était le fief aux deux siècles suivants, l'opposition aurait disparu, et il n'eût pas cherché la naissance de la féodalité, dès l'époque mérovingienne, dans une combinaison de la clientèle romaine avec le précaire, sur lesquels par une nécessité des temps le service militaire se serait greffé; car telle est, en dernière analyse, la solution qu'il nous offre.

En y regardant de plus près, il aurait vu, comme je l'ai montré dans les chapitres qui précèdent, qu'une chaîne ininterrompue relie le compagnonnage des anciens Germains au compagnonnage qui survit au sein de la féodalité, et que la clientèle romaine loin de se substituer à cette institution l'a consolidée et fortifiée. Il aurait vu ensuite que le compagnonnage est demeuré si vivace que c'est lui qui forme la base essentielle des rapports entre le seigneur et le vassal et que dès lors les antithèses qui viennent d'être alignées s'évanouissent.

Si je reprends les propositions de M. Fustel dans leur ordre, je leur opposerai les suivantes pour le Xe et le XIe siècle, tout en avertissant qu'au même moment des déviations, des déformations se produisent qui conduiront insensiblement au système féodal pur.

1° L'hommage précède le don du fief et il en est indépendant.

2° La concession du sol n'est ni l'élément principal ni l'élément essentiel de la féodalité. Elle doit être mise sur la même ligne que les libéralités en nature, en objets mobiliers, en droits lucratifs. Toutes sont subordonnées à la foi qui fait entrer le vassal dans le clan, dans la parenté fictive du chef.

3° Le fief continue à être un *don*, une récompense, comme l'étaient les « présents » faits au compagnon. Il est conditionnel au même titre qu'eux. Sa conservation ne dépend pas de l'exécution d'un contrat spécial, mais de la persistance de la *foi*, de la clientèle. Quand celle-ci cesse le fief est rendu, comme l'étaient le cheval, les armes, la moitié du butin, la terre, par le compagnon wisigoth (*buccellarius*[1]). La commise, considérée comme une clause résolutoire, appartient à la féodalité régulièrement constituée du douzième siècle.

4° Le serment féodal est aussi absolu que le serment de l'ancien compagnon; il oblige à une fidélité, à un dévouement jusqu'à la mort, il provoque de la part du seigneur une protection et une affection toute familiale. — Tout hommage est lige.

5° Le service militaire du vassal est aussi étendu que celui du compagnon franc.

6° Toutes les obligations que doit le vassal, jusqu'au jour où l'hommage se séparera de la foi pour donner naissance au contrat de fief définitif, procèdent de la foi. Elles sont les devoirs d'aide et de conseil que comportait l'organisation de la famille primitive.

Si ces propositions sont exactes et j'espère qu'elles se vérifieront à l'épreuve, il en ressort l'existence d'une période intermédiaire, d'une période d'incubation du régime féodal, dont les limites rigoureuses sont impossibles

[1] *Lex Wisigoth.*, V, 3.

à fixer mais qui s'étend très approximativement depuis la décadence de la dynastie carolingienne (fin du IXe siècle) jusqu'aux temps de la première croisade. Dans cette période l'ancien compagnonnage persiste en se transformant insensiblement et en faisant naître à côté de lui un contrat nouveau, le contrat de fief, une hiérarchie nouvelle, la hiérarchie féodale, qui ne se constitueront organiquement qu'aux deux siècles suivants (XIIe-XIIIe siècles).

Tous les éléments fondamentaux de ce contrat et de cette hiérarchie se rencontrent déjà, aussi bien que les noms pour les désigner, *beneficium* et *feodum*, *capud senior*[1], *senior* et *fidelis*, *hominagium* et *vassalus*, etc.; mais ils ne sont encore ni combinés ni étroitement soudés; ils ont chacun leur vie propre, ils ne se mêlent que dans des proportions variables et des conditions exceptionnelles. Au fond, ils se réduisent à deux principaux : le contrat élastique et flottant de précaire, s'appliquant aussi bien à des valeurs mobilières et à des offices qu'à des biens fonds, la parenté fictive, compagnonnage ou clientèle, formée de pratiques et d'usages à la fois germaniques et romains.

Ces deux institutions courent presque parallèlement dans le haut; elles ne s'infléchissent et ne se rejoignent que vers le bas. A l'inverse de ce que l'on a toujours enseigné, c'est dans les couches inférieures et non dans les hautes zones que le contrat de fief s'élabore, se pratique et se généralise en premier. C'est là que les terres sont vraiment concédées en échange de services, encore bien qu'on pût être homme (recommandé) ou serf de corps sans avoir de tenure. Dans les classes élevées, au contraire, la parenté fictive ou clientèle se suffit à elle-même. Si le précaire vient s'y joindre, loin d'être la base de la relation féodale, il n'en est que l'accessoire ou la conséquence parfois lointaine. Longtemps encore le principe des devoirs

[1] Cf. *Cartul. Saint-Nicolas d'Angers* (Dom Housseau, III, n° 829, *circa* 1080).

du vassal et du seigneur réside dans la recommandation, non dans la concession d'un fief ou précaire. Celle-ci engendre seulement un lien et une garantie supplémentaires. Leur sanction ne se trouve pas davantage dans la commise; elle est dans la justice familiale ou de clan qui, tenant lieu de la justice publique, prête son appui et son assistance au chef contre le fidèle récalcitrant, au fidèle contre le chef qui méfait. C'est seulement le jour où le régime du clan finit par se désagréger que la féodalité militaire, imitant l'exemple que lui donnaient depuis longtemps les corps religieux — la seule puissance qui était restée en dehors de cette organisation et la plus intéressée à la rompre — s'approprie, pour tenir lieu de la clientèle, le contrat qui gouvernait jusque-là les rapports du seigneur avec ses tenanciers et ses manants. L'hommage alors se séparera profondément de la foi, il représentera des services définis, il s'incorporera à la terre. Le fief militaire sera né.

Essayons d'embrasser du regard ce vaste horizon.

CHAPITRE X.

LA SOCIÉTÉ FÉODALE.

Considérez le seigneur entouré de ses parents, de sa maisnie, de ses compagnons, tel que je l'ai dépeint[1]. Voyez-le réduit à cette clientèle étroite, vous le trouverez néanmoins en état de faire face à tout, au point de vue social. Retranché dans un solide donjon qu'une petite garnison d'hommes d'armes suffit à défendre contre une armée, il bravera le plus puissant. Il pourra y abriter les siens et, à la tête d'hommes résolus, il sera en mesure de les faire respecter ou de les venger. Avec les rançons qu'il arrache aux pèlerins et aux marchands il paie ses mercenaires, ses soudoyers; avec le butin qu'il conquiert dans les petites guerres et les razzias, avec les redevances qu'il perçoit des habitants de ses terres, avec les contributions qu'il lève sur les voisins qui recherchent sa protection et veulent se prémunir contre ses pillages, il pourvoit à l'entretien de sa famille, de sa maisnie. S'il a des domaines assez vastes, il pourra répartir un certain nombre de terres entre ses parents les plus proches ou ses compagnons les plus chers, qui percevront alors pour leur propre compte les produits qu'elles donnent. Mais cette attribution ne modifie pas d'ordinaire la nature du lien qui les unit au chef. Ils ne cessent pas de faire partie de sa maisnie.

Le cercle peut s'élargir à l'infini. C'est sa plus grande ou sa moindre étendue qui fait le haut baron ou le simple chef de clan.

[1] *Suprà,* chap. IV et suiv.

§ I. *Le petit chef de clan.*

Si vous voulez vous représenter par une analogie saisissante l'image du petit seigneur du dixième et du onzième siècle fixez les yeux sur le tableau que Walter Scott a tracé d'un clan écossais [1]. La plupart des traits concordent.

Quels étaient, en effet, la composition, le mode de recrutement, le régime du clan écossais? Le clan comprenait : 1° les parents et les serviteurs héréditaires; 2° des aventuriers originaires de la tribu dont le clan s'était détaché, accourus sous la bannière d'un chef plus belliqueux; 3° des étrangers rompus au métier des armes, enrôlés par le chef et qui prenaient son nom.

Le chef tenait table ouverte. Il subvenait aux dépenses de cette large hospitalité avec l'argent de protection (*black mail,* commande) qu'il levait sur les habitants de la plaine pour les assurer contre tout brigandage. Considéré comme administrateur d'une propriété commune, il exploitait directement une partie des terres et répartissait le surplus entre ses plus proches parents ou les principaux hommes du clan, qui les détenaient à titre précaire (avec terme fixe ou à vie). Les précaristes subdivisaient leurs possessions entre des tenanciers, les tenanciers les mettaient en culture à l'aide d'arrière-tenanciers auxquels ils concédaient une hutte et un champ. Vassaux, tenanciers, sous-tenanciers étaient membres du clan. Ils devaient tous des services personnels (le service militaire et d'autres) au chef. Ils formaient avec leurs familles et les officiers du chef une hiérarchie qui se manifeste extérieurement par le rang que chacun d'eux occupait à la table seigneuriale.

Le régime du clan n'excluait pas, on le voit, l'existence d'une organisation foncière, d'un lien réel venant se greffer sur le lien personnel, tout en lui restant subordonné [2]. Il

[1] Walter Scott, *Waverley*, trad. Defauconpret, p. 126-135.

[2] Cf. le texte de Raoul Glaber cité plus haut (p. 448-449) et les exemples innombrables de fiefs répartis entre les parents du suzerain.

en résultait une unité de domaine, de petits groupes territoriaux compacts[1].

Sans doute, il ne faut pas pousser l'analogie trop loin et ne pas assimiler les landes d'Écosse aux terres cultivées de France ; mais il ne faut pas non plus s'exagérer le morcellement du sol et l'isolement des groupes familiaux aux degrés inférieurs du régime féodal.

Ne perdons jamais de vue cette considération essentielle que nous ne connaissons directement cette époque que par des documents fragmentaires, par des chartes surtout, documents qui représentent souvent l'exception et ne nous laissent qu'entrevoir la règle. Ils ont trait à des procès, à des conventions spéciales, etc. La succession normale d'un chef à un autre, à la tête d'un petit territoire, le fonctionnement d'un État familial minuscule

[1] Si nous descendions d'un degré, nous trouverions au-dessous du petit chef de clan le simple chef de famille qui, aidé des siens et par son énergie, sauvegarde son indépendance. C'est un petit gentilhomme campagnard, un vavasseur, comme la chanson de Gaydon en met un en scène. Celui-ci, chassé d'Angers pour avoir tué un bourgeois, s'est taillé un petit domaine dans les bois où il avait cherché refuge. Quand un jour sa ferme est envahie par des chevaliers, lui et ses sept fils se battent comme des lions pour défendre leur bien :

« Vaches et bues en la cort assez a,
C'uns vavassors i ot norri piesa.
VII. fiuls avoit que durement ama.
.....
VII ans toz plains en bois conversé a,
Gentiz hom fu; sa fame i amena.
Cel mes ot fait et en cel bois ouvra,
N'avoit de terre fors que ce que sarta ;
Souventes fois ses anfans en aisa.
.....
Prent sa masue, sor. I. jument monta,
Chascuns des fiz une hache prinse a...
Li vavassors les gloutons escria :
« Fil à putain, mes bestes lairez sà;
Car je sui cil qui les chalongera. » etc.

(*Gaydon*, v. 2371 suiv.)

qui reste uni, ne donnent pas lieu à la rédaction d'une charte et passent dès lors inaperçus pour nous. C'est quand il s'agit de possessions détachées ou lointaines, d'acquisitions nouvelles, de conflits de limites, etc., que le document apparaît; mais alors il nous donne l'illusion d'un état de dispersion qui n'est pas l'état vrai.

Ajoutez que la plupart des chartes concernent soit des moyens et des grands seigneurs, soit des corps religieux. Or, en dehors de leur domaine propre, les premiers étaient ou bien des suzerains ou bien des vassaux intermédiaires dont les mouvances se trouvaient disséminées au loin. Quant aux corps religieux, ils ont acquis leurs biens de toute main, et ils ont contribué précisément par là à la désorganisation du clan féodal. Toutefois leur action dissolvante s'est exercée davantage sur les classes moyennes que sur les moindres domaines. La formation de grandes seigneuries s'en est trouvée facilitée. Tandis que la cohésion des groupes féodaux intermédiaires s'affaiblissait, les hauts barons purent s'attacher directement les vassaux inférieurs, et ceux-ci apportèrent leurs possessions compactes, leurs petits groupes domaniaux tout constitués, à l'État féodal naissant.

§ II. *Le haut baron.*

Prenons maintenant le haut baron féodal. Les sources de sa prééminence sont multiples.

C'est d'abord l'hérédité — de fait sinon de droit — des dignités et des fonctions, des dignités de comte, de duc[1], des fonctions d'avoué, de vidame, de châtelain, etc., avec l'autorité et les revenus traditionnels qui s'y attachent, avec les alliances qu'elles procurent, avec les dévouements qu'elles provoquent. Et peu importe au fond que cette hérédité soit lointaine ou ne remonte qu'à quelques géné-

[1] Les ducs et comtes pourraient, dans une certaine mesure, être considérés, au xe siècle, comme des chefs de tribus. (Cf. *suprà*, p. 23, et t. I, p. 167-168).

rations, qu'elle soit le résultat d'une appropriation graduelle ou d'une usurpation de parvenu.

C'est ensuite la richesse foncière ou mobilière. Dès l'époque gallo-romaine, dès le Bas-Empire, le grand propriétaire était, je l'ai montré[1], le seigneur d'une vaste clientèle. Le caractère militaire de cette organisation, l'existence d'un corps de troupe permanente autour du grand propriétaire, et même la réunion possible en sa personne de la double qualité de général d'armée et de seigneur foncier, ne sauraient faire doute[2]. La troupe était formée de la *familia* (οἰκία, maisnie), c'est-à-dire d'esclaves, de colons, de clients libres, et s'élevait jusqu'à des milliers d'hommes[3]. Les esclaves et les colons, comme la pratique s'en continuera à l'époque féodale, servaient à pied, les clients libres à cheval et armés de lances[4]. Les premiers étaient obligés en vertu de leur condition même, les autres étaient liés par un serment qui les faisait entrer dans la *familia*, ils protégeaient leur maître dans les combats, ils devenaient ses *amici*, ils recevaient l'entretien et une solde[5].

Une telle organisation s'accordait trop bien avec le compagnonnage germain que j'ai décrit pour qu'elle ne se soit pas fondue avec lui, quand le propriétaire franc investi d'une immunité de plein droit[6], puis le grand alleutier du dixième et du onzième siècle succédèrent au grand pro-

[1] Voyez t. I, p. 70 suiv.

[2] Cette vérité n'avait pas été aperçue par M. Fustel de Coulanges quand il soutenait que « le patronage romain n'était pas un patronage guerrier, » que « le client n'était pas le soldat du patron, » que « l'autorité impériale avait réservé pour soi toute la force militaire. » (*Les origines du système féodal*, p. 247). Elle vient d'être mise en parfaite évidence dans un excellent article de M. Charles Lécrivain : *Les soldats privés au Bas-Empire*. (*Mélanges de l'École de Rome*, t. X, (1890), p. 267 suiv.).

[3] Lécrivain, *loc. cit.*, p. 273.

[4] *Ibid.*, p. 279.

[5] *Ibid.*, p. 281-282.

[6] T. I, p. 91 suiv.

priétaire gallo-romain. Maître chez lui[1], entendant ne relever que de Dieu[2], le grand alleutier profitait de l'étendue de ses domaines pour entretenir en permanence une troupe armée de cavaliers et pour lever parmi ses tenanciers les nombreux gens de pied qu'ils pouvaient fournir.

Toutefois la richesse mobilière joue un grand rôle à côté de la propriété foncière. Dès alors l'argent était le nerf de la guerre :

« Princes sans deniers n'iert jà bons guerroiere »

dit une chanson de geste[3]. Les guerres féodales entraînent de lourdes dépenses pour la solde des soudoyers[4], l'équipement, le ravitaillement[5], la construction de machines de guerre, les rançons[6]; elles nécessitent en outre des libéra-

[1] T. I, p. 187 suiv.

[2] Écoutez la réponse du vieux Girard de Fraite dans la chanson d'Aspremont :

« Dist l'arcevesques : « Girrars, à moi entent :
De cui vuez tu tenir ton chasement? »
Et dist Girart : « De Deu omnipotant!
« A nul autre home ne vueil faire present. »
(*Ch. d'Aspremont,* p. 14, v. 64 suiv.)

[3] *Chanson des Saisnes,* I, p. 84.

[4] « Girart sortit, s'assit sous un laurier et ayant mandé son conseiller Fouque, il se fit apporter de l'or et des deniers, et amener des mulets, des palefrois, des destriers pour payer les soudoyers... Il rassemble des soudoyers, leur faisant savoir qu'ils seraient bien payés en argent et en or... A qui voulut de l'argent Girart en donna. » (*Gir. de Roussillon,* §§ 470-472, trad. P. Meyer, p. 218).

[5] D'après la chanson d'Ogier, l'entretien d'une armée féodale pendant six mois aurait exigé l'argent que pouvaient porter cent mules et trois sommiers (v. 10601-10602, v. 10617).

[6] Un comte offre pour sa rançon :

« .IIII. sommiers chargié d'or esmeré,
Et .c. haubers, et .c. heaumes gemmés,
.C. palefrois, .c. destriers séjornés. »
(*Girard de Viane,* p. 94).

Dans la convention entre Guillaume IV d'Aquitaine et Hugues IV de Lusignan, la rançon de 40 chevaliers est estimée 40,000 sols (vers 1030, D. Bouquet, XI, p. 535 A).

lités exceptionnelles pour enflammer le zèle et ranimer l'ardeur des vassaux, qu'ils fassent ou non partie de la maisnie[1]. C'est pour se procurer l'argent comptant dont il a un incessant besoin que tout seigneur féodal se fait détrousseur de marchands, écume les routes et les rivières, rançonne les voyageurs, établit des péages qui sont eux-mêmes de véritables rançons[2]. De là aussi la fréquence extrême des *engagements* (mort gage et vif gage).

Ces ressources, auxquelles le butin venait s'ajouter, étaient trop aléatoires pour que l'ambition du haut baron ne dût être de se constituer une réserve de richesses mobilières, de capitaux, un trésor, en d'autres termes. Dès la première race, le trésor est un des instruments les plus efficaces de domination; il le reste au xe et au xie siècle partout où le seigneur féodal a la bonne fortune de se le procurer[3].

[1] « ... Nos vos aiderons de bones volentés...
— Et Karles respondi : « Dex vos en sache grés.
Or et argent et pailes vos donrai je asses. »
(*Ren. de Montauban*, p. 26, v. 30 suiv.)

[2] Dame Ameline le reproche à son mari le vieux Girard de Fraite :

« Bien a .c. anz a moiller m'espousas,
Ainz pus ne fus de mal faire toz las,
Tu as toz jors robé, tolu et ars. »
(*Ch. d'Aspremont*, p. 18, v. 7 suiv.)

On fait un grand mérite à un baron de ne s'en prendre qu'à ses égaux : « Ce n'est pas lui qui ferait tort à aucun voyageur, bourgeois, vilain ou marchand, mais là où il sait qu'il y a un baron cupide ayant quatre ou cinq châteaux, c'est l'avoir dont il se montre large et généreux. » (*Girard de Roussillon*, § 127, trad. P. Meyer, p. 69).

[3] « J'ai pour moi la fleur du conseil de la cour de l'empereur. Je leur ai donné tant de richesses et d'argent, que les meilleurs d'entre eux me sont tous dévoués. » — « La reine faisait envoyer de son argent, de l'or vermeil à tous les vaillants damoiseaux qu'elle connaissait. *Donner voilà ses tours et ses créneaux.* » (*Gir. de Roussillon*, § 542, p. 249; § 560, p. 260).

Acelin offre à Guillaume, s'il veut le reconnaître roi :

« Dis muls chargiez entre or fin et mangons. »
(*Couronn. Louis*, v. 1824.)

L'histoire en témoigne[1] et la poésie épique illustre son témoignage, depuis les poèmes légendaires qui roulent sur la recherche ou la conquête d'un trésor[2] jusqu'aux chansons de geste qui en racontent la trouvaille merveilleuse[3] et en célèbrent la splendeur ou l'emploi[4]. C'est grâce au trésor, c'est grâce aux incessantes largesses pécuniaires qu'il peut distribuer, que le seigneur conserve l'affection et le dévouement de ses vassaux — de ceux qui ont reçu de lui des fiefs comme des autres — et les retient dans sa fidélité[5].

[1] Voyez, par exemple, Orderic Vital, IV, p. 90 : « De ingenti ærario, ubi plures nummorum acervi de laboribus miserorum congesti sunt... »

[2] Le poème de *Waltharius* appartient à ce cycle.

[3] « Un des serviteurs de Girart rêva de grandes richesses, mais ce comte se refusa à l'en croire, jusqu'à tant que lui-même eût, en dormant, la même vision, au mois de mai, un jeudi, comme il faisait la sieste de midi; il y avait quinze cent mille marcs d'or et tant d'argent qu'on n'en savait pas le compte. Tous les chevaliers de Girart en devinrent riches et opulents.

« Le comte Girard trouva cette fortune si merveilleusement grande qu'il n'y eut jamais pareille. Il la tira de la terre en plein jour, non pas au clair de la lune, des vieilles arènes, sous Autun... Il en fit le départ, d'accord avec la commune (*sa gen comuna*, ed. Fr. Michel, p. 253). C'était un trésor amassé par les Sarrasins... Girart distribua les deniers au boisseau. » (*Gir. de Roussillon,* trad. P. Meyer, p. 287-288).

[4] « La duçoise lor a ses tresors defrémés,
D'or et d'argent lor mostre mervellose planté. »
(*Ren. de Montauban,* p. 96, v. 15-16.)

« En la cité d'Orliens ai un tresor emblés;
Karles nostre emperere li avoit asamblés.
Quatre somiers amaine d'or et d'argent torsés.
Icil vos seront jà a estrine donés. »
(*Ibid.*, p. 97, v. 10 suiv.)

« Au siege a Monbandel fu Karles li menbrés.
Son argent et son or a fait laiens porter :
Plus de .XXX. somiers en i a fait mener. »
(*Ibid.*, p. 150, v. 35 suiv.)

[5] Orderic Vital, IV, p. 92 : « Optimates benigniter honoravit, opes

Un facteur non moins essentiel est la force physique et le courage individuel. En un temps où la guerre se déroulait en une série de combats singuliers, dont quelques-uns, tels que le *premier coup*[1] ou la lutte (sorte de duel judiciaire) entre les champions de deux armées en présence, avaient une influence décisive sur l'issue de la bataille, il n'est pas surprenant que la force ait été exaltée jusqu'au prodige, et que les grands coups de Roland ou d'Olivier aient résumé leur gloire. Mais ce n'est là qu'une conception très générale qu'exprimait le dicton familier : « *Moult vaut uns hons*[2]. »

Au point de vue qui nous occupe, la force individuelle avait une influence plus directe. Pour qu'il soit digne d'être le chef de nombreux vassaux, pour qu'il en soit capable, il faut que le baron s'affirme personnellement à titre de puissance sociale. De nos jours l'individu est considéré comme élément social par le seul effet de la protection des lois; au moyen âge il ne l'était que grâce à son énergie propre et à sa vigueur. Cette énergie, cette vigueur deviennent ainsi le centre de gravité de l'édifice tout entier. Si *aimer et servir* est la quintessence des obligations féodales, être redouté est la première condition d'être aimé et servi. — N'est-ce pas le fond éternel de la nature humaine? — Par sa force et sa bravoure le seigneur protège ses vassaux; il se les attache par un mélange d'admiration, de confiance et de crainte révérentielle.

La vigueur athlétique est mise au premier plan dans les

et honores illis auxit, et sic eos leniendo fidos sibi effecit. » — *Girard de Roussillon*, p. 136 : « Mande tes hommes et tes parents, donne leur des châteaux, des fiefs, des hauberts, des chevaux, des équipements. »

1 « Ferez i, Franc. Nostre est li premiers colps.
Nus avum dreit, mais cist glutun unt tort. »
(*Ch. de Roland*, v. 1211-1212.)

2 « Moult vaut uns hons, maintes fois l'a-on dit. »
(*Garin le Loherain*, II, p. 205.)

portraits légendaires de Charlemagne, comme dans les figures types des autres suzerains. Charlemagne, au dire de la pseudo-chronique de Turpin, était d'une force herculéenne, fendant, de la tête au pied, d'un seul coup de son épée, un chevalier tout équipé et sa monture, étirant sans effort, d'un même mouvement, quatre fers à cheval, levant de terre jusqu'à la hauteur de son visage un chevalier tout armé debout sur sa paume étendue[1].

Dans la chanson des Saisnes quand Baudoin refuse d'obéir à Charlemagne son seigneur, et lui remontre que, seul, abandonné de ses vassaux, il n'est rien et ne peut rien[2], que fait le preux empereur pour ressaisir son autorité méconnue et menacée? Un acte de bravoure, d'audace et de force. Il s'arme lui-même, il va aux écuries, il y choisit un cheval, il le selle, — il se passe de tout aide, de toute assistance, — et puis, son enseigne déployée, il

[1] « Erat rex Carolus ... omnibus artubus fortissimus, certamine doctissimus, miles acerrimus ... Statim perterritus erat, quem ipse ira commotus apertis oculis respiciebat, cingulum namque quo ipse cingebatur octo palmis extensum habebatur, præter id quod dependebat.

« Tantæ fortitudinis erat, quod militem armatum sedentem super equum, a vertice capitis usque ad bases simul cum equo uno ictu, propria spata secabat, quatuor ferraturas equorum simul facile extendebat, militem armatum rectum stantem super palmam suam a terra usque ad caput suum sua manu velociter elevabat. » (*Turpini historia*, cap. 20, ed. Schard, *Germ. rer. quatuor celebr. vetustioresque chronographi,* Francfort, 1566, f° 8 v°). — S'il mangeait peu de pain et buvait peu, quel mangeur de viande! « Parum panis comedebat, sed quartam partem arietis, aut gallinas duas, anserem, aut spatulam porcinam, aut pavonem, aut gruem, aut leporem integrum edebat, modicum vinum et aquæ limpham sobriè bibebat. » (*Ibid.*).

[2] « Vos n'estes c'uns sox hom à vos armes baillier,
.....
S'or avenoit que tuit vos vossissiens laissier,
Guiteclins auroit pais à vos, au mien cuidier,
Sox hom toz sox chemine, ce dit an recovrier. »

(*Ch. des Saisnes*, I, p. 251.)

se précipite dans le Rhin, il combat contre tous les rois Sarrasins qu'il rencontre, il tue ou met sept d'entre eux en fuite. Après de tels exploits, accomplis sous les yeux de son armée, il peut parler haut et clair à Baudoin. Il prend sa revanche, il le somme d'accomplir à son tour une action d'éclat sous peine de rupture du lien de vassalité[1].

Ogier le Danois, trahi par ses vassaux, en tire lui-même une éclatante vengeance. Il en tue trente de sa main, puis dresse sur la maîtresse tour de son donjon un gibet où il les pend[2]; cela fait, il défend à lui seul contre toute une armée son château de Castelfort. Il suffit à tous les offices[3]. Bien plus, comme il lui faut des soldats aux créneaux, pour conjurer l'assaut, et que les hommes en chair et en os lui manquent, il les remplace par des man-

[1] « Ainz dist li rois de France par molt grande fierté
Que jamais an sa vie ne sera ses privez
Tant qu'il aura de Rune le regort trespassé,
Toz sox, sanz compaignie... »
(*Ibid.*, I, p. 261.)

Cf. Tacite, *Germanie*, cap. 14 : « Cum ventum in aciem, turpe principi virtute vinci, turpe comitatui virtutem principis non adæquare. »

[2] « Tos les ocist...
Et puis corut unes forques drechier
Desus la tor qui sist sort le rochier;
Trestos armés, vestus haubers dobliers,
Les a pendus les vers elmes laciés.
Issi doit hon traïtors justicier. »
(*Ogier*, v. 8314 suiv.)

[3] *Ibid.*, v. 8331 suiv. :

« Quant veut de l'eue, du puch le va sacier,
Et sa farine va li dux tamisier,
Pestrir sa paste...
Li bers l'enforne, n'i a autre fornier,
A la foie est li bers quisiniers,
.....
Sa table met, n'a autre despensier, etc. »

nequins qu'il fabrique et qu'il revêt des armures de ses chevaliers morts[1].

Par contre le même Ogier est l'égide tutélaire des fidèles qui le servent. Dans une déroute ils se réfugient à couvert de son bras comme les enfants sous l'aile maternelle :

> « Droit au Danois se traient à garant
> Com à la mère font li petit enfant[2]. »

§ III. *Le clan du haut baron.*

Le seigneur qui possède tout ou partie des avantages et des qualités que j'ai esquissés, devient le chef d'un lignage, d'un parage, il a une maisnie plus étendue et plus dévouée, il a en outre des vassaux proprement dits et des sujets.

Ses domaines patrimoniaux, et les terres qu'il conquiert les armes à la main, les droits lucratifs qu'il peut devoir à sa dignité héréditaire ou à l'emploi de la force, il en distribue une partie, comme récompense de leurs loyaux services[3], à des fidèles de sa maisnie. Ceux-là sortent alors de son entourage immédiat, quittent la vie commune de la cour baroniale[4], pour devenir à leur tour suzerain, chef de

[1] *Ibid.*, v. 8385.

> « Il se porpense homes fera de fust, » etc.

Cet artifice donne lieu à une scène fort plaisante :

> « Dex, dist li rois...
> De quelx diables sont or ces gens venus?
> Jà disoit hom c'Ogiers est *seus* lasus,
> Et qu'il avoit tos ses homes perdus, » etc.

[2] *Ibid.*, v. 7999-8000.

[3] Le descendant même qui est investi du fief du père ne l'est, en règle, qu'après avoir servi un temps plus ou moins long dans la maisnie du suzerain.

[4] Que cette cour est la vraie source toujours renouvelée du vasselage, c'est ce que démontre l'obligation pour le vassal fixé au loin de s'y rendre à intervalles périodiques, de s'y mêler de nouveau, d'y retremper en quelque sorte sa foi. Néglige-t-il de le faire, le seigneur l'y convie par un message exprès :

maisnie, grâce aux compagnons que leur cède leur seigneur et aux richesses mobilières qu'ils ont conquises à son service[1].

Je définirai tout à l'heure la nature des rapports qui désormais les lient à leur baron, mais je remarque dès à présent que les hommes qui composeront leur propre clan ou vasselage ne seront rattachés au haut suzerain que par un lien tout indirect et très lâche, à moins qu'ils ne lui aient engagé expressément leur foi. Les arrière-vassaux ne doivent, à l'origine, de service que s'il plaît à leur chef immédiat de les conduire à l'ost du suzerain. Leur seigneur direct seul a puissance sur eux, aussi s'appellent-ils son *pooir*[2]. Établir un trait d'union de l'arrière-vassal au suzerain sera le but des fondateurs d'États féodaux, mais ce but atteint, la terre devenue le lien, le glas de la féodalité anarchique des xe et xie siècles aura sonné.

La puissance dont dispose un baron fait rechercher son alliance, sa protection, par d'autres moins puissants. Ils entrent dans sa foi, ils promettent leur alliance en échange de la sienne[3], souvent ils lui *recommandent* leurs terres

« Enfant, Girars, que te mande Karlon.
Bien a. V. ans et plus, si com créon,
.....
Que te donast Viane et le donjon...
Vien le droit faire et sans arestison...
Et dist Girars : — Par mon chief, nos iron.
XX. chevaliers aveckes nos moinrons.....
Pour le jugement dire.

(*Gir. de Viane*, p. 59-60.)

« Riche mainie li a li Rois livrée :
Et grant richesce en a o lui portée,
Qu'entor le Roi de France ot conquestée. »

(*Gir. de Viane*, p. 42.)

2 « Chascuns de sa partie son pooir li amaine,
De totes parz li vienent si duc et si domaine. »

(*Ch. des Saisnes*, I, p. 80.)

3 « Rogerius de Salam et Hosmundus frater ejus vendiderunt unam terram Radulfo filio Anseredi et heredi suo, eo conventu, quod

après lui avoir recommandé leur personne, et ils en reçoivent de plus abondantes de lui, pour prix du concours, de l'aide, qu'ils lui prêtent[1]. Voici donc une nouvelle catégorie de vassaux.

Il en est d'autres dont l'affiliation est moins libre, sur lesquels l'autorité s'acquiert comme s'acquérait la *manus* ou le *mundium* sur le serf antique. De gré ou de force, réduit par les armes ou à bout de ressources, un seigneur cède ses vassaux, avec les terres qu'ils peuvent tenir de lui. Il renonce ainsi à la foi qu'ils lui devaient, ne la retenant qu'assez longtemps pour les obliger à la transporter à un étranger[2]. Lui-même peut être contraint à entrer dans le vasselage de son vainqueur s'il est battu ou fait prisonnier[3], de quelque redoutable parent

si in plaga qua ipse moraret adjuvaret eum in placitis suis, si ab illo requireretur, et ubicunque eum residentem inveniret, illud idem auxilium ab eo haberet si requireret ... Nunc autem Radulfus de hac terra hereditat S. Trinitatem et abbatissam facturam illud idem auxilium Rogero post obitum Radulfi quod ipse faciebat illi... » (*Cart. de la Trinité de Caen*, MS. f° 31 r°-v°).

[1] Cf. *Usages de Barcelone*, art. 120; Giraud, II, p. 490.

[2] Voyez, par exemple, *Hist. du Languedoc*, II, col. 421 (an. 954).

[3] « Widonem comitem Bajocis, quandiu placuit, in carcere habui (c'est Guillaume le Conquérant qui parle), et post duos annos hominium ab eo tali tenore recepi, ut exinde mihi semper fidelis existeret, et militare servitium, ubi jussissem, cum centum militibus mihi singulis annis exiberet. Deinde muneribus illum magnis donavi, et honoratum cum pace dimisi. » (Orderic Vital, III, p. 237-238).

« Mainte terre ai conquise et mainte region
Dont li segnor me servent, u il vollent u non. »
(*Ren. de Montauban*, p. 136, v. 26-27)

« En tot le raigne n'avoit baron ne per,
Qui ne conviegne par force à lui aler,
Houmaige faire et féauté jurer.
Qui le refuse, ce l' fait deshériter. »
(*Gir. de Viane*, p. 33.)

Cf. aussi les dix-sept serments de Thibaut, comte de Champagne, vaincu et fait prisonnier par Geoffroi Martel. (*Chroniques des comtes d'Anjou*, p. 123).

de sa victime s'il veut échapper, par une sorte d'abandon noxal de sa personne, à la vengeance dont le menace un crime qu'il a commis[1].

§ IV. *Les vassaux roturiers.*

Dans les rangs inférieurs de la société, le rayonnement du pouvoir s'exerce de même, le cercle du clan de même s'élargit. Les petits alleutiers se placent sous la sauvegarde du haut baron le plus proche et lui engagent leur terre; des officiers, des agents, des préposés nombreux sont employés par lui et reçoivent comme paiement des droits lucratifs créés à leur profit ou prélevés sur les revenus qu'ils administrent; enfin des colons sont attirés sur ses domaines par la sécurité plus grande qu'ils y trouvent. Il a d'ancienneté des sujets de toute catégorie qui lui doivent des redevances et des services de corps à raison de l'occupation du sol. Ces diverses classes de personnes, si elles sont ses *hommes*, tenus à des obligations définies, sont aussi ses *fidèles*, c'est-à-dire des membres, à des titres divers, de sa *familia*, de sa famille étendue, placés dans sa foi. Tous ils lui doivent un serment de fidélité qui les lie *personnellement* à lui. Quand, dans nos chansons de geste, un seigneur prend possession d'un domaine, il reçoit

[1] « S'ocis ton fil, je le fis par folage : ...
Ber, prent ent droit ançois quel mal nos faces :
.....
Et avoec che je vos ferai homage :
Se sus cest offre m'ocies, c'est outrage. »
(*Ogier*, v. 8841 suiv.)

« Si solummodo captus et custoditus, et nullam aliam calumpniam vel contumeliam passus, nec longo tempore retentus, emendetur per alischaran, vel per hominiaticum, vel per talionem si videtur sibi esse similis. Et si major est ille qui ceperit quam qui captus fuit, liberet ei militem de suo valore qui faciat ei alischaram vel hominiaticum, aut recipiat talionem. » (*Usages de Barcelone*, art. 6; Giraud, II, p. 467). — « Guayta et encalz de cavallerio et assalt de castello emendet per hominiaticum et per alischaram... « (*Ibid.*, art. 8).

le serment de fidélité de tous les hommes qui l'habitent ou en dépendent, des paysans et des bourgeois comme des chevaliers[1].

Toutefois, pour ces catégories inférieures, le principe de leurs devoirs réside avant tout, soit dans les conventions ou les actes arbitraires qui donnent naissance aux *droits seigneuriaux*, soit dans les usages et les contrats qui engendrent les *droits fonciers*. J'ai, dans le précédent volume[2], traité des premiers; ici j'ai à m'arrêter aux seconds, puisque j'y vois le prototype du contrat de fief militaire.

Insistons d'abord sur la circonstance que les tenanciers sont des fidèles, qu'ils engagent leur foi. Le nom de *fidèles* leur est donné couramment dans les textes du XIe siècle[3]; nous les voyons se *recommander* au seigneur avant qu'il leur octroie un précaire[4], et au douzième siècle encore les termes du serment qu'ils prêtent sont relatés avec soin[5]. Nous avons la preuve aussi que la fidélité

[1] « Si li ont fait homaige et féauté
Cil dou païs volentiers et de gré :
Et haut et bas devindrent si privé. »
(*Gir. de Viane*, p. 43.)

[2] T. I, p. 389 suiv.

[3] Voyez, par exemple, le *Cartul. de St.-Étienne de Dijon* où cette désignation est courante pour les précaristes, les censitaires, les métayers, etc.

[4] « Ego Pontius pro istis decimis *commendavi* me Episcopo qui tunc præerat, Alfanto. Et per unumquemque annum in mense Maio arietem cum agno optimo donabo Episcopo pred. sedis Aptensis et ad festivitatem S. Castoris modium unum inter panem et vinum et porcum valentem solidos duos. » (1053. *Cartul. d'Apt*, MS. f° 24 v°).

[5] *Cartul. de Grandselve*, MS. f° 235 v° : « Donamus et concedimus... homines et feminas cum omnibus pertinentiis suis ut vobis faciant et reddant ex integro quicquid nobis nomine domini aut aliquo jure facere aut reddere debebant... » Suit le serment de fidélité des censitaires ainsi cédés : « Ego B. de P. et ego P., etc..., nos insimul tibi W. abbati Grandissilve per fidem nostram promittimus et sacrosanctis evangeliis tactis juramus quod omnia jura, scensus et usaticos quos faciebamus G..., vobis faciemus, reddemus et fideliter persolvemus... » (1180).

générale qu'ils promettent n'est pas un vain mot, quand un chroniqueur nous apprend qu'en l'année 1010 des paysans s'emparent d'un château-fort et le détruisent pour délivrer leur seigneur que ses ennemis y ont emprisonné[1].

Cela dit, il n'est pas difficile de se convaincre que la foi ainsi engagée ne vient qu'en sous-ordre. Ce n'est pas pour s'assurer la fidélité jusqu'à la mort, l'affection, l'*amor,* de son tenancier que le seigneur lui concède des terres ou des offices, c'est pour qu'il les mette en valeur, c'est en vue de produits en nature, d'argent comptant, du travail personnel dont il a besoin pour l'entretien de sa maison, le service de sa personne et l'exploitation des possessions qu'il s'est réservées. Les services, en effet, varient à l'infini, depuis les plus bas et les plus vils jusqu'aux offices qui exigent un talent ou des aptitudes professionnels, comme de tonsurer et de saigner les habitants d'un couvent.

Le tenancier, de son côté, recherche avant tout la terre qui le nourrit, le toit où il peut s'abriter et abriter les siens, le revenu en argent ou en nature que le seigneur lui abandonne et qui l'aidera à vivre : droit lucratif, reliefs de la table seigneuriale, quantité fixe de denrées alimentaires, pain, blé, vin, etc.[2].

De part et d'autre, des avantages matériels définis sont donc la base fondamentale de la relation qui se noue entre le tenancier et le seigneur. Si la fidélité vient s'y joindre, c'est par une survivance du système patriarcal : c'est que

[1] « Tunc Gauzbertus, princeps castis Malamortensis, captus ab Eblo vicecomite Combornis, retrusus in castro fortissimo Melurensi, Deo volente, a suis rusticis, castro expugnato et mox capto, ereptus est, et castrum destructum est. » (Adémar de Chabannes, III, 48; Migne, t. 141, col. 61).

[2] Brussel a déjà fait la remarque pour la Champagne (*Usage des fiefs*, I, p. 41), Guérard à propos du Cartulaire de Saint-Père de Chartres (Prolégomènes, p. xxv suiv.), A. Molinier pour le Languedoc (*Étude sur l'admin. féodale*, Toulouse, 1879, p. 14 suiv.) que les choses les plus diverses se donnaient ainsi en fief. J'aurai moi-même d'abondantes preuves à en fournir au cours de cet ouvrage.

le tenancier continue à faire partie, comme à l'époque franque, de la *familia*, du clan de son seigneur, et qu'un intérêt réciproque les pousse à observer cette tradition. Elle donne autorité à l'un et protection à l'autre. Le maître peut requérir, au besoin, ses tenanciers de s'armer pour sa défense, et le tenancier se retrancher derrière la justice personnelle pour échapper aux exactions des justiciers et même à la responsabilité légitime de ses actes. Du reste, le serment de fidélité que prête le tenancier et la parole que le seigneur lui engage implicitement, en le recevant dans sa foi, sont une garantie de l'exacte exécution du contrat.

§ V. *Le fief.*

Le fief roturier que je viens de décrire est entièrement constitué et infiniment répandu aux xe et xie siècles. Il est concédé à des serfs[1] comme à des tenanciers libres, à des femmes[2] comme à des clercs, à des prêtres même à charge de desservir une cure[3]. Pour ne pas le voir il fallait

[1] « Ego Cluniensis abbas... Hugonem quendam juvenem qui dono et concessu Achardi et Odonis in servitutem nobis venerat... a servitute absolvi et pro eo Walterium fratrem ejus in servum recepi. Preposituram autem nostram quam idem Hugo et feodum et quicquid juste vel injuste de nostro tenere videbatur ex toto dimisit... » (*Cartul. de Cluny*, Cartul. A. MS. f° 231 r°).

[2] « Feodum cujusdam domine de P. quod pro censu debet, in uno quoque anno, unum quartale mellis. » (Vers 1100, *Cartul. Grenoble*, p. 240). — « Dederunt ei (Ermengardis) omnem fevum... et ipsum alodium... sub tali tenore, ut ipsa teneat hoc et possideat in servicio et sub dicione prædicto cenobio... » (1065. *Hist. du Languedoc*, V, col. 530).

[3] Je me borne, en ce moment, à un seul exemple : « Notam fieri volumus... conventionem quam invicem nos et Gosfridus sacerdos definita ratione... inivimus. Dedimus si quidem illi presbyteratum ecclesiæ Maziaci temendum sicut prius habuerat et in vitâ suâ, omni tempore, dum tamen, sicut spopondit, ordoque sacerdotalis exigit, caste et continenter vixerit, possidendum, frumenti scilicet VIII sextarios, sigule VIII, inter avenam et ordeum sext. VIII, medietatem panis totius anni, festis pariter et privatis diebus, nummorum

que nos anciens feudistes et historiens — dont l'opinion n'a cessé d'avoir cours — fussent aveuglés par la préoccupation du système politique qui les enveloppait et leur faisait croire que noblesse et féodalité, fief et noblesse avaient toujours marché de front. Ils n'en croyaient pas alors leurs yeux en voyant des fiefs chargés des services les plus vils, et ils expliquaient ces anomalies monstrueuses par la contagion de l'exemple, par l'extension au bas peuple, dans des siècles plus récents, du fief réservé primitivement aux nobles[1]. A vrai dire la proposition, comme je l'ai fait pressentir, doit être renversée. Le fief a eu les plus humbles commencements.

Quand le mot *feudum* apparaît au neuvième siècle, il a le sens de valeur, prix[2]. Appliqué à la propriété immobilière, il signifie le prix, le revenu fixe, le cens, qui représente le bien fonds, et par suite ce bien fonds lui-même[3]. Cette dernière signification correspond alors à *terra censalis, censale* ou *censuale*, et il la gardera au XIe siècle[4]

etiam offerende medietatem, etc. Ipse igitur domni abbatis Oderici *homo devenit, fidelitatem* que illi ac loco S. Trinitatis cenobii Vindocinensis *juravit...* » (*Cartul. Trinité de Vendôme*, MS. f° 155-157).

[1] Voyez, par exemple, Ducange, v° *Feudum* (note des Bénédictins, p. 258, col. 3).

[2] « Vendimus, et accepimus precio, sicut inter nos convenit, in argento vel *in feos compreciato*, valentes solidos II. » (*Chartes de Cluny*, éd. Bruel, I, p. 29, juin 881). — Cf. dans les lois lombardes : « fader*fio*, » trousseau et dot constitués à la fille par les parents, « met*fio*, » prix de la femme.

[3] « Totum manerium meum et villam de Langtoft, et in campis ejusdem villæ sex carucatas terræ arabilis, ... et XL acras prati *de eodem feodo* in campo de Deping. » (25 juillet 819. *Cartul. Saxonicum*, I, p. 504. Adde, *ibid.*, p. 570). Cf. Zœpfl, *Alterthümer des deutschen Reichs und Rechts*. I. Leipzig, 1860, p. 227 suiv.).

[4] « Ingelbaldus butarius unum molendinum, jussu canonicorum, inter se et eos fecit in una porta quam in dominio habebant in communi exclusa. Monachi autem hoc audientes viriliter contradixerunt, veneruntque ad placitum in curia comitis Heliæ, judicatumque est aliquod edificium in ipsa exclusa non posse fieri nisi commune, dederunt que monachi suprad. Ingelbaudo illius molendini medietatem in

quand *feudum* sera opposé à *indominicatum* [1]. Donner à fief, *in feo dare*, *donare*, était, d'autre part, synonyme de donner à cens [2]. Or le précaire, nous l'avons indiqué, se rapprocha de bonne heure de la censive. Toute intention de libéralité en disparut; il cessa d'être une donation révocable *ad nutum* pour devenir un contrat synallagmatique, une location moyennant des services et des redevances. *Feudum* désigna ainsi toute tenure ou toute concession d'office, viagère ou héréditaire, à charge de cens ou de prestation, de même que le mot *servitium* désignait indifféremment le service de corps et la redevance en nature ou en argent [3].

S'agissait-il, au contraire, de terres et de droits lucratifs distribués par le seigneur à ses vassaux militaires, à ses compagnons, le bénéfice ou précaire retenait son caractère primitif de libéralité, de largesse, de récompense, de don. Prenant sa source dans des sentiments d'affection réciproque, il continua durant tout le xe et le

fevo et hominatione et sub censu duorum solidorum in solempnitate Sancti Joh. Baptiste solvendorum. » (XIe S., *Cartul. de la Couture du Mans*, p. 36).

« Petrus de Vultazac obtinuit pro fevo mansum de Columbis de Domno Petro abbato et fuit homo ejus et fecit fiducias ejus tali conventu, ut omnibus annis redderet ipse Petrus in eodem manso IIIIor sextarios frumenti et IIIIor segulæ et dimidium modium vini usque ad festivitatem Sancti Martini, et fecit donum de vinea de Prunol ut post mortem ejus esset Sancti Petri Vosiensis. » (*Cartul. de Saint-Pierre-de-Vigeois*, MS. fo 56).

[1] « De ipsa villa... et de ipsa parrochia et de ipsum fevum, ipsa modiata sive alium servicium quod a comite debent facere vel a vicario ipsi fevales, et ipsa parrochia, tam de fevo, quam de dominico, sive de fevum discaptum (tenure retraite). » (1037. *Hist. du Languedoc*, V, col. 429).

[2] Cf. *Cart. de Conques*, ch. 262, p. 217 : « Licentiam ... non habeant... nec vindere nec concambiare nec beneficiare nec in feo donare ... » (Février 916).

[3] *Servitium censuale* (*Hist. du Languedoc*, V, col. 290, mai 979), *servitium usuale*, consistant en un repas. (1093. *Gallia Christ.*, VI, col. 432). — Voyez, du reste, Ducange, vo *Servitium*.

XIe siècle à s'appeler de préférence *beneficium* ou *honor*. Ce dernier terme surtout est expressif, car, il semble choisi à dessein dans la terminologie juridique de Rome pour exclure toute idée de location[1]. Ce n'est que par corruption, par un emprunt au parler vulgaire[2], que le mot *feudum* s'est, au cours du XIe siècle, étendu à la concession bénéficiaire du seigneur, à mesure que de contrat purement unilatéral elle devenait une donation avec charges, et finalement un contrat synallagmatique. Jusque-là, jusqu'à ce que cette transformation fût complète, la cause de l'obligation du vassal ne gisait pas dans la concession du fief — acte purement bénévole et souvent très postérieur — mais dans sa libre soumission à l'autorité familiale d'un chef. C'est un pacte d'amitié, ce n'est pas un pacte d'intérêt qui était conclu. Un trouvère l'a exprimé en termes magnifiques :

« N'est pas richoise né de vair né de gris,
Né de deniers, de murs né de roncins,
Mais est richoise de parens et d'amins :
Li cuers d'un homme vaut tout l'or d'un païs[3]. »

[1] « Si remunerandi gratia *honor* intervenit, erit mandati actio. » (L. 6 pr., *Mandati vel contra*, 17, 1). — « Non crediderunt veteres inter tales personas locationem esse, sed magis operam *beneficii causa* præstari, et id quod datur, ad remunerandum dari, et inde honorarium appellari. » (L. 1 pr., *Si mensor falsum modum*, 11, 6).

[2] « Quod abbas vel successor suus pro molendino suo unoquoque anno solvat militibus, quibus contingit *beneficium, quod vulgo dicitur feodum,* quinque modios annonæ... » (1087. *Miraeus et Foppens*, I, p. 515, col. 2).

[3] *Garin le Loherain*, II, p. 218. — Le duc Bègues parle ainsi en réponse à sa femme Béatrice qui lui avait vanté sa fortune et le nombre des vassaux qu'il s'était soumis de force :

« Hé, riches dus! por quoi pensez vos si?
Or et argent avez en vos escrins,
Faucons sor perches assez, et vair et gris,
Et murs et mules, palefrois et roncins,
Et bien avez foulé vos anemins;
De six jornées n'avez si fort voisin,
Sé le mandez, ne vous vengne servir. »

§ VI. *La foi et l'hommage des vassaux militaires.*

S'attacher les cœurs était le point essentiel dans cette époque de violences déchaînées. C'était le plus sûr moyen — à vrai dire, c'était le seul — d'être assisté, secouru ou protégé. La foi et l'hommage le réalisaient. Si les anciens feudistes et les érudits modernes ont fait assaut d'ingéniosité pour découvrir des distinctions subtiles entre l'hommage et la foi, notions apparemment fort simples et fort claires dans l'esprit des hommes du premier moyen âge, c'est qu'ils ont mêlé les temps et brouillé les institutions.

Il suffisait presque pour la période primitive que nous étudions de s'en tenir à la fameuse lettre, plus souvent citée que comprise, de Fulbert de Chartres. Quel est, en l'an 1020, d'après ce document, le principe de la relation vassalique? Est-ce comme plus tard la promesse de services en échange de l'investiture du fief? Mais, en aucune manière, c'est la *foi*, la foi pure et simple. Pesez en effet les termes[1].

Le vassal, en jurant fidélité, contracte deux ordres d'obligations, des obligations négatives et des obligations positives. Fulbert les condense en six mots : ***incolume, tutum, honestum, utile, facile et possibile*** (salut, sécurité, prérogative, intérêt, facilité et liberté d'action) qui épuisent tous les devoirs imaginables.

1° *Obligations négatives*[2].

Incolume : ne faire aucune nuisance à la personne du seigneur. — *Tutum :* ne compromettre en rien la sûreté

[1] D. Bouquet, X, p. 463 C.-E.

[2] « Qui domino suo fidelitatem jurat, ista sex in memoria semper habere debet : incolume, tutum, honestum, utile, facile, possibile. Incolume, videlicet ne sit domino in damnum de corpore suo. Tutum ne sit ei in damnum de secreto suo, vel de munitionibus per quas tutus esse potest. Honestum ne sit ei in damnum de sua justitia, vel de aliis causis, quæ ad honestatem ejus pertinere videntur. Utile ne sit ei in damnum de suis possessionibus. Facile vel

de ses lieux secrets (le *secretarium* surtout où il garde son trésor)[1] ni de ses places fortes. — *Honestum :* ne pas entraver sa justice ni rien de ce qui touche à son rang et à sa prérogative. — *Utile :* ne lui causer aucun préjudice dans ses domaines. — *Facile et possibile :* ne pas traverser ni faire manquer ses entreprises.

2° *Obligations positives*[2]. Par aide et conseil (*consilium et auxilium*), protéger la personne du seigneur, — garder sa cour et ses châteaux, — assurer l'exercice de sa justice et de ses autres prérogatives — préserver ses domaines de tout dommage, — lui faciliter ses entreprises et les lui rendre possibles.

Toutes ces obligations sont réciproques[3]. Quand le vassal ne les remplit pas, il devient parjure et félon : quand le seigneur y manque il devient déloyal[4]. Au contraire, en

possibile, ne id bonum quod dominus suus leviter facere poterat, faciat ei difficile, neve id quod possibile erat, reddat ei impossibile. »

Ce sont ces obligations négatives qui ont fait l'objet des premières stipulations expresses sous serment, que les éditeurs de l'Histoire du Languedoc ont appelées improprement des *hommages*. (Vers 1020, *Hist. du Languedoc*, V, col. 372; vers 1034, *ibid.*, col. 408; vers 1035, col. 412, etc.). — L'hommage ne se conçoit pas sous la forme *négative*. Il importait, au contraire, de garantir un démembrement essentiel de la foi par un serment spécial. (Cf. serment analogue en cas d'alliance, 1036, *ibid.*, col. 425-426).

[1] L'interprétation donnée par les Bénédictins (D. Bouquet, XI, p. CLXXVI) : « ne point révéler son secret, » me paraît erronée. Voyez Ducange, v[is] *Secreta, Secretarium, Secretum.*

[2] « Non enim sufficit abstinere a malo, nisi fiat quod bonum est. Restat ergo ut in eisdem sex supradictis consilium et auxilium domino suo fideliter præstet, si beneficio dignus videri velit, et salvus esse de fidelitate quam juravit. »

[3] « Dominus quoque fideli suo in his omnibus vicem reddere debet. »

[4] « Quod si non fecerit (dominus) meritò censebitur malefidus : sicut ille, si in eorum prævaricatione vel faciendo vel consentiendo deprehensus fuerit, perfidus et perjurus. »

Le seigneur est traître et maudit s'il n'aide pas son vassal :

s'en acquittant, le vassal se rend digne d'un bénéfice, de récompenses, il peut mériter un fief (*mereri*)[1].

La fidélité ainsi décrite est manifestement toute familiale, elle est la même qui unit le compagnon au compagnon, le frère fictif au frère fictif. Aussi le seigneur et le vassal ne cesseront-ils d'être regardés comme des *pairs,* et de s'appeler l'un et l'autre de ce nom[2]. Mais les compagnons, comme tous les autres parents, ont besoin d'un chef, d'un *primus inter pares.* La qualité de compagnon se double donc chez l'un d'eux de la qualité de chef. En même temps qu'il est le *pair,* il est le *senior,* l'ancien. Au fond, il y a identité d'essence entre cette autorité et la *foi.* Elle est une extension à des étrangers de la puissance, *mundium* ou *mainbournie*[3], du père de famille, avec le

« Ah! fals rois, Dame Dieu te maldie!
Traï l'avés par vo grant coardie,
Come traïtres li as ta foi mentie. »
(*Ogier,* v. 5442.)

[1] « Ut autem fidelis hæc nocumenta caveat justum est; sed non ideo casamentum meretur. » — *Mereri casamentum* est manifestement synonyme de « beneficio *dignus videri* » qui se rencontre deux lignes plus loin et qui se retrouve dans la lettre d'Eudes II (*infrà*, p. 534). Tel est, du reste, l'emploi habituel du mot dans la terminologie romaine, comme le prouvent les locutions : *beneficium mereri* (L. 1, § 14, *De successorio edicto*, 38, 9); *favorem mereri* (L. 42, *De admin. et peric. tutorum*, 26, 7; L. 38, § 1, *Quibus ad libertatem*, 40, 12). Le fief nous apparaît donc bien clairement comme une libéralité, une faveur, qu'il faut savoir mériter et dont il faut sans cesse se montrer digne.

[2] « Charlles oï ses homes...
Il lor donna congié de ci à l'aube clere
Qu'il revendront à lui, issi com à lor per. »
(*Ren. de Montauban,* p. 386, v. 35 suiv.)

Il est remarquable que le mot *paragium, parage,* désignait à la fois le compagnonnage et la famille naturelle, la condition de pair et la parenté.

[3] Cf. *Ren. de Montauban,* p. 143, v. 3-4 :

« IIII. M. chevalier ot en sa mainburnie,
Qu'amena Karlemaine à Paris, en s'aïe. »

caractère qu'elle revêt sur les fils émancipés (*obsequium*).

Mais comment naîtront et la foi et l'autorité? Pour les parents naturels elles sont inhérentes à l'organisation familiale, pour les étrangers elles exigent des actes symboliques.

L'autorité, au profit du seigneur, avec le patronage ou la protection qu'elle implique au profit du vassal, s'établit suivant des rites qui remontent aux mœurs primitives des peuplades germaniques, la mise des mains dans les mains du chef de famille auquel on se soumet. Par là on devient, suivant l'expression empruntée aux Romains, son *recommandé*, son *ami*, son *client*[1], suivant l'expression barbare, son *homme*[2], et la cérémonie elle-même

[1] La terminologie romaine a été d'un grand secours aux écrivains du moyen âge pour rendre les divers aspects de la vassalité. Elle leur fournissait les expressions : *se commendare, in fide esse, in fidem recipere*, *comites*, *amici*, etc., qui toutes se rencontrent couramment avec un sens technique dans la latinité classique. La symétrie est si parfaite entre ces termes anciens et les institutions nouvelles que M. Fustel de Coulanges en a conclu une filiation des institutions mêmes. Le vasselage serait sorti, suivant lui, de la clientèle romaine. (*Hist. des inst. politiques. Le bénéfice et le patronat*, ch. IX). Mais le subtil historien n'a pas sondé toute la profondeur des transformations que cette clientèle avait subies dès les derniers siècles de la République et sous l'Empire. D'institution politique, elle était tombée au rang de simple usage de la vie civile. Elle ne reprit une apparence légale que dans la haute noblesse de cour dont les empereurs s'entourèrent et une vitalité effective que dans le patronage (*patrocinium*) que les grands propriétaires exercèrent sur les classes inférieures du peuple. Elle submergea même dans la Gaule la clientèle celtique qui constituait, elle, une véritable institution. De cette double clientèle, il n'a donc pu survivre, — abstraction faite du patronage qui a donné naissance à la seigneurie territoriale, et d'une prédisposition favorable des mœurs, — qu'une terminologie merveilleusement propre à servir de vêtement au compagnonnage germain, puisqu'elle était l'enveloppe, depuis longtemps vide de son contenu, d'une institution analogue.

[2] *Leude* en tudesque, en celtique *gwas*, qui a donné *vassus* (homme). (Cf. t. I, p. 80, note 1.

s'appellera par suite *recommandation* ou ***hommage***[1].

Mais l'autorité ainsi créée sur un homme ne l'est qu'en vue de son entrée dans la famille qui s'incarne dans le seigneur, de son affiliation au corps familial, avec les droits et les devoirs qu'elle emporte. Or, cette affiliation s'opère par l'acte le plus grave, le plus solennel, que connussent les hommes dans les sociétés naissantes, par un serment religieux. Au temps du paganisme, l'affilié devenait participant du culte domestique; il se livrait, il se *dévouait* corps et âme à une famille nouvelle et s'il manquait à sa foi il attirait sur sa tête la vengeance des dieux. A l'époque chrétienne qui nous occupe, le serment par lequel le vassal engage sa personne est le plus redoutable; il fait des martyrs de ceux qui sacrifient leur vie pour y rester fidèles, des maudits de ceux qui le violent[2].

De son côté, le seigneur en qui se personnifie la famille ou le clan reçoit le nouveau fidèle, l'adopte en lui donnant des armes, ou un symbole (*festuca, fustis, baculus*) qui les représente comme la *festuca* de l'adoption (*adfatimus*) salique[3]. *Donner des armes* est resté au moyen âge, ainsi qu'aux temps primitifs de la Germanie, à la fois une *adoption* et une *émancipation*. Par cette remise le chef reconnaît le vassal pour un des siens, et en même temps il proclame que l'autorité qu'il a acquise par la recommandation n'est

[1] *Homenaticum* équivaut à *commendare se in manibus*. (Voyez, par exemple, *Marca Hispanica*, p. 1150).

[2] « Crois font sor aus, qu'il erent droit martir,
Por lor seignor orent esté ocis. »
(*Garin le Loherain*, II, p. 88.)

« Et se je mens ma foi, dont sui je Antecris. »
(*Ren. de Montauban*, p. 264, v. 27.)

« La théologie et les auteurs nous montrent dans la loi du Rédempteur quelle justice on doit faire d'un traitre. On doit l'écarteler avec des chevaux, le brûler sur le bûcher, et là où sa cendre tombe, il ne croît plus d'herbe, et le labour reste inutile; les arbres, la verdure y dépérissent. » (*Gir. de Rouss.*, p. 238).

[3] *Lex Salica*, tit. 46.

pas le *mundium* pur et simple qui pèse sur les serfs ou les tenanciers, mais l'*obsequium* que doit le fils émancipé.

La foi est de la sorte le pivot autour duquel roule le système tout entier. L'hommage suppose la foi et il l'entraîne, mais il ne la constitue pas. La foi au contraire peut se passer de l'hommage. Et elle s'en passe, en effet, quand les compagnons restent sur un pied d'égalité, comme Olivier et Rolland, comme les douze pairs. Leurs obligations réciproques d'aide et de conseil sont, en pareil cas, tout aussi étendues. La seule différence est que, si chacun d'eux peut *conjurer*[1] l'autre de les remplir, aucun d'eux ne peut commander, ne peut *semondre* son pair.

[1] C'est faire appel à la foi jurée, c'est placer une prière sous l'invocation du serment prêté en commun.

La conjuration au nom de Dieu et des saints reposait sur la même conception. Dieu était le seigneur commun des chrétiens. Les chrétiens étaient les vassaux, les hommes de Dieu :

« Li *hume Deu*, hoi recevrez grant dun ;
El pareïs gerrez en seintes flurs, »

dit l'archevêque Turpin aux chevaliers français qui vont combattre (*Chanson de Roland*, laisse CXXVII) ; et sous une autre forme :

« Bon chevalier, de Deu estes *ami*. »
(*Ibid.*, laisse CXXVIII.)

Le duc Milon meurt en fidèle vassal de Dieu :

« Qui donc véist le duc Nostre Seignor prier
Qu'il ait merci de s'arme, *com de son chevalier*
Qui meurt à son servise por sa loi assaucier. »
(*Ch. de Saisnes*, I, p. 21.)

Ogier s'offre à Dieu comme vassal :

« Vos chevaliers serai tot mon vivant. »
(*Ogier*, v. 6437.)

Chaque chrétien pouvait donc conjurer l'autre au nom de la foi commune due à Dieu :

« Or te conjur de Diu qui fist le monde
.....
Et foi que dois le saintisme corone, etc. »

C'est donc bien de la foi que dérivent tous les devoirs et tous les services du vassal[1]; c'est sur son *amor,* sur son affection réelle ou présumée qu'ils reposent. Servir pour un prix, pour un *loyer* en argent ou en nature, est le fait des *soudoyers* qui, pour cette raison même, sont mésestimés. Servir pour l'*amour de son seigneur* est le fait du véritable vassal, du véritable compagnon[2].

Le *conjuré* répond :

« ..... *foi que doi tot le monde,*
Et que jou doi mon pere et sa coroune, etc. »
(*Ogier*, v. 8796 suiv.)

Autre exemple :

« Or vos conjur de Dieu nobile chevalier
Par le foi que devés le père droiturier. »
(*Aiol*, v. 7033.)

Le témoignage des chartes concorde avec celui des chansons de geste : « Illi (Isoardus et archiepiscopus) constrixerunt eum *per fidelitatem Dei et S. Marie et S. Marcellini et S. Victoris et per fidem quam eis debebat,* ut verum diceret et juraret. » (*Circa* 1080. *Cartul. de Saint-Victor de Marseille,* II, ch. 1089, p. 563).

Cette transposition singulière de la foi féodale dans les rapports de Dieu et des hommes démontre à quel point elle était la souveraine régulatrice de la société. Les croisades et la chevalerie semi-religieuse du douzième siècle jaillirent de là comme d'une source vive.

[1] Aussi le vassal d'un couvent fait-il *hommage* à l'abbé et promet-il *fidélité* au chapitre : « Michi (abbati) hominium et toti capitulo nostro fidelitatem legitimam fecit. » (1101-1129. *Cartul. S.-Père de Chartres,* II, p. 485). « Ipse domini abbatis homo devenit, fidelitatemque illi ac loco S. Trin. cœnobii Vindocinensis juravit. » (1044-1082. *Cartul. de la Trinité de Vendôme,* MS. f° 239). La foi et les services sont dûs à l'ensemble de la corporation, mais l'abbé seul a le droit de donner des ordres.

[2] « Si j'y retourne (dit chacun d'eux) pour l'amour de mon seigneur ou pour loyer, que je puisse ne jamais revoir ma femme ni mes enfants. » (*Gir. de Roussillon,* p. 281).

« *Par droit* (*foi*), *par amour,* par ses libéralités, le duc réunit trente mille combattants. » (*Ibid.,* p. 289).

Pour le vassal, servir c'est *par droite foi aidier.* (Cf. *Ch. des Saisnes,* I, p. 13).

La *foi* ou fidélité devient par cela même une *loi*. Qui l'observe est *legalis*, dans le sens actif et passif du mot : il jouit de tous ses droits et il demeure dans la légalité[1]. Qui la viole se rend *exlex, utlagus* : pour avoir violé la loi, il est hors la loi[2]. Et comme la fidélité est libre, volontaire, comme elle échappe à toute contrainte directe, elle procède en dernière analyse d'un sentiment noble et généreux et elle engendre la notion de *loyauté* (*legalitas*). Celle-ci n'est autre que la soumission à la loi de la fidélité[3]. *Probitas* ayant le même sens, s'étonnera-t-on qu'il ait, à son tour, donné naissance aux mots *preux* et *prouesse*[4]?

Et qu'on ne s'étonne pas davantage de voir un si grand rôle social dévolu au sentiment. La passion dirigeait les hommes bien avant la réflexion et le calcul.

[1] « Ille vero, credulus fidei eorum, quos probissimos et *legales* noverat... » (Orderic Vidal, IV, p. 99-100). « Multi alii *legales* providique barones domino suo fideliter connectebantur. » (*Ibid.*, p. 106). *Adde* Ducange, v° *Legalis*, et cf. déjà la vieille formule de serment : « Sacramentale qualiter repromitto ego, quod ab isto die inantea fidelis sum... sicut *per drictum* debet esse homo domino suo. » (802. *Capit. miss. spec.*, Boretius, I, p. 101).

[2] « Absit a me ut credam quod probus miles violet fidem suam! Quod si fecerit, omni tempore, velut exlex, despicabilis erit. » (Orderic Vital, IV, 49).

[3] « Omnis probus et æquitate pollens, dum videt amicum pressuris impeti, si *legalitate* vult probabilis haberi, indigenti dilecto debet totis nisibus suffragari. In hujusmodi studio non tantum futuræ mercedis emolumentum debet pensari, quantum de indigentis amici subventione cogitari. » (*Ibid.*, IV, p. 112).

« Aideres me vos donc en foi, en loiautés? »
(*Ren. de Montauban*, p. 25, v. 21.)

[4] « Milites ad H. convolabant, eique totis nisibus auxiliari, suamque probitatem ostentare ferventer optabant. » (*Ibid.*, III, p. 196). — « Et quia H. nec probitate, nec felicitate superare valebant... » (*Ibid.*, III, p. 200), etc. — « Qui propter probitates suas a præd. consule T. in tantum dilectus est ut ei magnam terram donaret..., cum villis, feodis et casamentis. » (*Chron. des comtes d'Anjou*, p. 125).

Ils se livraient, ils s'abandonnaient à son cours. Sur leurs âmes frustes et neuves elle seule avait prise, avec la fraîcheur et la véhémence qui se retrouvent chez l'enfant et chez la femme. Ces guerriers, que rien n'arrête dans la frénésie de l'action, ne pleurent-ils pas comme des enfants, ne se pâment-ils pas comme des femmes quand leurs affections sont brisées[1]? Je pousserai le parallèle plus loin. S'ils ont la vivacité d'impression de l'enfant et de la femme, ils en ont la mobilité. C'est cette mobilité (ce n'est ni la soif du lucre, ni l'abus de la force matérielle, desquels souffrent surtout les classes inférieures), qui constitue la principale cause des divisions, des déchirements, de l'instabilité, en un mot, de la haute société féodale.

§ VII. *Le service.*

Procédant de la foi, les devoirs et les services du vassal échappent dans le principe à toute limitation[2]. Ils sont aussi absolus, aussi complets que peut l'être le dévouement d'un homme qui donne son cœur[3]. Ils comprennent, par suite, l'obligation pour le vassal de mettre aussi bien au service de son seigneur le clan ou la famille sur lesquels il a lui-même autorité que la fortune dont il dispose.

La lettre de Fulbert de Chartres que j'ai analysée met ce double aspect en complète évidence. Elle fait découler tous les devoirs de la *foi;* elle ne les limite par aucune restriction.

Feuilletez ensuite les chansons de geste; elles en sont

[1] C'est le spectacle qu'ils offrent dans tous nos vieux poèmes.

[2] M. A. Molinier a été frappé de cette circonstance en étudiant les chartes du Languedoc. (*Étude sur l'admin. féodale du Languedoc*, p. 32). Elle n'a rien d'exceptionnel.

[3] « ... A mon signor ai tot mon cuer torné »

dit le duc Naisme dans la *Chanson d'Aspremont*. (MS. fr. 2495, f° 100, v°).

le vivant commentaire. L'obligation essentielle du vassal c'est d'*aimer* son seigneur[1]. De cet *amor* découle le service, service de toute heure, service que ne rebute ni sacrifice ni péril[2]. Ceux-là seuls servent bien qui aiment bien[3], *Aimer et servir* forment un tout inséparable[4]. Chaque vassal est vassal lige[5].

1 « Serai sis hum par amur et par feid. »
(*Ch. de Roland*, v. 86.)

« Sur sains jurent au conte...
Que il li aideront en amour et en foi,
Et si le garderont en caple et en tornoi.
Feauté ont juré à Renaut le courtois. »
(*Ren. de Montauban*, p. 412-413.)

« Je vos commant, si chier com vos m'avés
.....
Sé j'ai besoing, que vos me secourés. »
(*Gir. de Viane*, p. 111.)

2 « Pur sun seigneur deit hum suffrir destreiz,
E endurer e granz calz e granz freiz;
Si'n deit hum perdre e de l'quir et de l'peil. »
(*Ch. de Roland*, v. 1010 suiv.).
(Voyez variante, v. 1117 suiv.)

« Ad fideles se talem præbuit
Quod nullius amore caruit. »
(*Chant sur la mort de Guillaume le Conquérant*. Poésies pop. latines, éd. E. du Méril, I, p. 296.)

3 « Li baron qui l'amerent, cil ne sunt demorés. »
(*Ren. de Montauban*, p. 26, v. 3.)

4 « Jamais le duc Girart ne fut ingrat, jamais il ne laissa homme qui l'aima et le servit sans le récompenser selon son mérite. » (*Gir. de Rouss.*, p. 278).

5 Il n'est pas vrai, comme Brussel l'a prétendu (*Usage des fiefs*, I, p. 109), que l'*hommage lige* n'apparaît dans les chartes et dans les institutions qu'à partir du XIIe siècle. Il est vrai seulement que la distinction entre l'hommage lige et l'hommage plain (*planus*) est rarement faite. Mais pourquoi? Ce n'est pas parce que l'*hommage lige* était rare, c'est au contraire, parce qu'en règle, tout hommage était lige. Le caractère de la recommandation d'où dérivait l'hommage et de la foi à laquelle il se soudait le voulait ainsi.

On était l'homme et le fidèle d'un seul seigneur, on ne pouvait

A cet *amor* du vassal, qui se manifeste surtout par le

avoir qu'un patron, on se donnait entièrement à lui, *lediglich*, librement et pleinement (sur cette étymologie, voyez les textes cités par Ducange, v° *Ledighman;* sur le caractère exclusif du vasselage à l'époque carolingienne, ceux qu'a cités Roth, *Feudalität und Unterthanverband*, p. 203). Dans nos chansons de gestes les plus anciennes, la forme de l'hommage est toujours la recommandation *mains jointes et à genoux*, homme lige et vassal militaire sont des termes synonymes et je ne me souviens pas d'exemple où un véritable vassal apparaît comme ayant à servir deux seigneurs différents.

Ce n'est qu'avec la complication des relations que la recommandation et la fidélité perdirent leur caractère primitif. Ils se restreignirent en se multipliant. Ils devinrent souvent relatifs d'absolus qu'ils avaient été. La distinction de l'hommage *lige* et de l'hommage *plain* s'introduisit ainsi en même temps que se créait le véritable système féodal. La ligité ne fut pas un renforcement de l'hommage simple : celui-ci, au contraire, fut un démembrement de l'hommage lige, démembrement qui se manifesta au dehors par un cérémonial moins compliqué, moins humble (hommage debout et non à genoux, l'épée au côté et non désarmé) et qui se traduisit dans les faits par une moindre solidité de la foi, une moindre étendue des services.

Jusque-là, c'est-à-dire dans le cours du xe et du xie siècle, la distinction n'existait vraiment que pour les vassaux roturiers dont la foi le plus souvent était restreinte et non pas pleine, de même que leurs services étaient fixes. Aussi est-ce là de nouveau que les expressions *homo legius*, *femina legia*, opposées à *homo planus* se rencontrent tout d'abord. Voyez, par exemple, les *hommages liges* et *plains* faits à l'abbaye de Saint-Maixent par ses tenanciers et ses serviteurs, vers 1075 : « Notum fieri volumus quod ego Benedictus abbas S^i M^i habui hæc hominia : ... P. de V. homo *liggius* XX sol. de placito. G. D. *homo planus* IV solid. Andeg. de placito. H. Sirvenz *homo planus* V solid. de placito. Mangarens *homo ligges* VII libr. et unum leporarium de placito... Judex de Pampro *homo ligges* palafredum, unciam unam auri, unum leporarium, accipitrem unum de placito. » (*Cartul. de l'abbaye de Saint-Maixent,* Moreau, t. 31, f° 121). — Notez aussi cette clause imposée à un précariste « plus est fidelis a S. Saturninum quam a nullum hominem. » (1010-1025. *Cartul. de Saint-Sernin,* ch. 217, p. 154-155). — Dans *Ren. de Montauban*, je relève cette expression :

« Vos homes seroie liges, acatés à deniers. »
(p. 141, v. 25.)

service, correspond l'*amor* du seigneur[1], qui se manifeste surtout par les libéralités[2].

Si l'hommage intervient, si le vassal s'engage tout ensemble par les mains et par le serment[3], c'est, je l'ai dit, parce qu'il faut une unité de direction et de commandement. Grâce à l'hommage, la subordination est créée. Il en est un qui commande, un autre qui obéit; moyennant quoi, le vassal a droit à la protection du chef, protection distincte de l'aide que celui-ci lui doit en qualité

[1] « Servirai vos au fer et à l'achier
En tel maniere que m'en arés plus chier. »
(*Ogier*, v. 3395-6.)

« Pur iters colps nus aimet l'Emperere. »
(*Ch. de Roland*, v. 1377. *Adde*, v. 1517.)

« Ne véez vos que il (Charlemagne) nos aime en foi? »
(*Gir. de Viane*, p. 169.)

Faut-il rappeler l'affection de Charlemagne pour Roland et l'explosion de sa douleur quand il retrouve le corps de son fidèle compagnon :

« Carles le pleint *par feid et par amur :*
Amis Rollanz, Deus metet l'anme en flurs,
En pareïs, entre les glorius!
.....
Jamais n'iert jurz de tei n'aie dulur.
.....
Suz ciel ne quid aveir ami un sul.
Se j'ai parenz, nen i ad nul si prud. »
(*Ch. de Roland*, v. 2897 suiv.)

[2] « Comte Girart, prenez le tout, et le distribuez à ceux de vos hommes que vous aimez le mieux. » (*Gir. de Rouss.*, p. 109).

[3] L'hommage, en effet, ne se sépare pas à cette époque de la foi dont elle est une dépendance : « Juramento sacræ fidei illi se colligaverunt, manusque suas manibus illius vice cordis dederunt. » (Dudon, p. 182). « Fidelem militiam per jusjurandum coram omnibus spondent. » (Richer, III, 13). « Cumque vos mihi manibus et sacramento addictos, fidem quoque inviolabilem servaturos non dubitem. » (*Ibid.*, III, 82). « Fecit abbati Otbranno *hominagium sicut mos erat per fidem*. » (Vers 1081. *Cartul. de Saint-Aubin d'Angers*, MS. f° 21; d'Espinay, *Cartul. angevins*, p. 124, note 2).

de pair. Mais comme le droit pour l'un d'ordonner et le droit de l'autre au patronage supposent pour devenir effectifs la foi, l'*amor* réciproque, et que l'affection est à elle-même sa propre loi, les rapports du seigneur et du vassal sont un composé bizarre d'obéissance passive et de liberté individuelle, de condescendance et de devoir. Le commandement du seigneur est toujours doublé d'une prière. C'est sur l'adjuration qu'il compte plus que sur l'ordre. De même, le vassal, bien qu'il ait droit à la protection du seigneur, à son aide, à son conseil, ne requiert pas, il prie ou supplie.

Je cite, à titre de preuve, le *memorandum* dressé vers 1030 au sujet des conflits entre le duc d'Aquitaine Guillaume IV et son vassal Hugues IV de Lusignan [1]. Voici quelques faits que j'y relève.

Guillaume prie *humblement,* un jour, son vassal Hugues, de ne pas contracter un mariage qui lui déplaît, et il lui promet, en échange, des biens et un redoublement d'affection [2]. Ailleurs « il lui commande, avec amour, prière, et en le conjurant [3]. » Pourtant il entend que chacun sache que Hugues, étant son *homme,* son recommandé, « doit faire sa volonté, dût-il lui enjoindre de faire d'un paysan un seigneur [4]. »

[1] Ce n'est pas une *convention* comme l'appellent ses éditeurs successifs, Besly, D. Bouquet, mais un mémoire justificatif en faveur de Hugues de Lusignan. Il est rédigé en un latin barbare, et doit être l'œuvre de quelque scribe des cours de justice. Nous y surprenons sur le vif la pratique féodale.

[2] « Properavit ad Hugonem *cum humilitate* et dixit ei : « Noli accipere R[i] filiam in uxorem; ego dabo tibi quodcumque petieris mihi, meusque eris amicus super omnes præter filio meo » (D. Bouquet, XI, p. 534 B).

[3] « *Distringens* eum cum suo *amore* et *deprecatione* vel *conjuratio* (*ibid.*, p. 537 D). Cf. *Ch. des Saisnes,* I, p. 28 :

« Por Deu et por proiere aïe vos reqier. »

[4] « Per hoc quod meus tu es ad facere meam voluntatem, et ut omnes sciant » (p. 535 A.). — « Tantum ex me tu es, ut si dixerim tibi rusticum facere in seniore, facere debueras » (p. 535 D).

A son tour, le vassal réclame aide et conseil au nom de la fidélité que son seigneur lui doit[1]. Ne l'obtenant pas, il recourt à la mesure extrême du *défi*, puis finalement s'abandonne à la miséricorde de Dieu et à la merci de son seigneur[2].

Délié de la fidélité par le défi, Hugues n'en devait pas moins conserver le fief qu'il avait obtenu de Guillaume, et cela à titre de gage qu'on ne lui réclamerait plus aucun service[3]. Une telle stipulation n'exclut-elle pas l'idée d'un fief concédé *à charge de service?*

Et, en effet, toutes les relations qui viennent de passer sous nos yeux sont indépendantes de la concession de fief. Elles n'en sont que l'occasion. Le seigneur témoigne son affection et reconnaît, entretient ou avive celle du vassal par des libéralités, par des fiefs. Le fief, — suivant le sens originaire du mot[4] — est une valeur quelconque qui fait l'objet d'un présent, d'un abandon, d'une récompense. Il garde cette signification à travers nos vieux poèmes[5].

[1] « Precor te et amoneo *per fidem* quem senior adjuvare debet homini suo, aut placitum bonum, aut fiscum meum fac mihi habere » (p. 536 B). — « Requisivit H. consilium comiti » (p. 537 B).

[2] « Ivit ad curtim comiti, et misit eum in ratione de sua rectitudine, et nihil ei profuit. Contristavit se H. et *defedavit comitem de se*, nisi de civitate et de corpore suo, *audientibus cunctis* » (p. 538 A). — « Tu es meus senior, non accipiam de te fiduciam, sed tantum mitto in misericordiam Domini et in tua mercede » (p. 538 C).

[3] « *Jam non ero tibi fidelis neque serviam tibi, et fidelitatem te non portem;* sed propterea quod ero separatus a te, et fiducias non vales mihi dare, *volo ut det* (*des*) *fevum meum in hostaticum, quod jam tibi non serviam;* et *absolve mihi de illa sacramenta quam tibi habeo facta* » (p. 537 D). — « Accepit H. fevum suum in hostaticum, deditque ei comes per talem conventum, quod si ei maledicebat de istum conventum de Gentiaco, nihil fecisset (nec) servisset ei jam amplius » (p. 537 E).

[4] *Suprà*, p. 515.

[5] Le neveu de Marsile demande comme récompense de ses services le droit de frapper Roland. C'est un fief :

En le recevant, le vassal ne devient, en général, et sauf certaines fonctions personnelles qui peuvent lui être imposées[1], l'*obligé* du seigneur que dans l'acception moderne du mot. Il lui doit de la reconnaissance, un redoublement d'affection, de dévouement, d'amour féodal, et, suivant les règles de la courtoisie, il le lui exprime par des remerciements publics que les textes appellent *hommage* comme la recommandation, mais qui ne constituent

« Bels sire reis, jo vus ai servit tant,
Si'n ai oüt e peines e ahans,
Faites batailles e vencues en camp;
Dunez m'un fieu : c'est le colp de Rollant.....
Li reis Marsilies l'en ad dunet le guant. »

(*Ch. de Roland*, v. 863 suiv.)

Cf. *Ren. de Montauban :*

« Jà ne seroiz à lui paié ne acordé,
Se Maugis, vo cosin, en fief ne li rendez. »

(p. 329, v. 2-3.)

Voyez aussi cette charte très caractéristique du Languedoc : « Hic est brevis rememorationis de *donum* quem fecit R. ad P. comite avunculo suo... de suo alode. Ego R. dono ad P. ista omnia *pro fevo* in vita sua... Et *istum alodem...* donat R. ad P. per tale convenientia post mortem P. revertat ad R. aut ad infantes suos ipso fevo suprascripto. » (Vers 1050. *Hist. gén. du Languedoc*, V, col. 459).

Dans les passages suivants, l'idée se retrouve sans le mot :

« Bien le conois que guerredum vus dei
E de mun cors, de teres et d'aveir. »

(*Ch. de Roland*, v. 3409-10.)

« Le roi servi au bon bran acerin;
De pluisors gueres li fist maint orfenin;
Molt servi bien nostre roi de franc lin
Et richement, a loi de palazin.
De son service vieut le don enterin.
Cil li loerent d'outre laigue del Rin
Que li donnast l'onnor de Cambrezin. »

(*Raoul de Cambrai*, v. 101 suiv.)

[1] *Infrà*, p. 557-558.

qu'un acte d'humilité et de gratitude. Vous le verrez embrasser ainsi le pied ou le bras du seigneur[1].

Les libéralités qu'il reçoit sont de nature diverse; objets précieux, droits lucratifs, domaines. S'agit-il de valeurs permanentes, de valeurs qui ne se consomment pas par l'usage (terres, parts d'impôts, etc.), ce n'est que l'usu-

1 « Li Emperères li otroia li don
De Genevois, del païs environ.
A vois escrient Alemant et Friçon :
— Rainier biau frère, por Deu et por son non,
Car en alès à pié le roi Karlon. »

(*Girard de Viane*, p. 32.)

« Sire Rainier, alés l'en mercier. »

(*Ibid.*)

« Li doing Viane et l'onor à bailier...
Lors s'escrièrent Aleman et Bavier :
— Vai l'en à pié, Girars li frans guerrier!
.....
Devant le roi vait Girars le guerrier
Et s'agenoile por sa jambe à baisier. »

(*Ibid.*, p. 41.

« Le gant l'en done, cil l'en vet mercier,
De ci au pié li baisa le soler. »

(*Raoul de Cambrai*, v. 118-9.

« Osculavit brachium comiti. » (D. Bouquet, XI, p. 534 B).

Il apparaît tout aussi clairement que cette cérémonie n'est pas une recommandation, un hommage proprement dit, quand on voit le seigneur en dispenser l'homme qu'il gratifie :

« Ogier, dist-il,...
Tote ma terre vos baile a justichier...
De Castel-Fort vos otroi le dangier...
Ogiers l'entent, *le pié li volt baisier;*
Mais Desiers l'en fist amont drécier. »

(*Ogier*, v. 3416 suiv.)

Le même acte sert, du reste, pour demander une grâce :

« Li jambe li ambrace, si a merci crié. »

(*Ch. des Saisnes*, II, p. 34.)

« L'en ala (la reine) cortoisement baisier
Le sien sollier et soi agenoillier. »

(*Ogier*, v. 3114-5.)

fruit qui en est concédé[1]. Pourquoi? Parce que ces biens appartiennent au clan féodal, que le chef n'en est que l'administrateur, et que, s'il ne les exploite pas dans l'intérêt commun, la jouissance et l'exploitation en sont attribuées aux divers chefs de maisnie et à eux seuls. Observez, en effet, l'intervention constante, nécessaire, obligatoire des parents et des vassaux chaque fois qu'il s'agit d'aliéner un bien ou seulement d'en accorder l'usufruit[2]. Observez aussi les conditions exigées pour qu'un vassal soit *digne*, pour qu'il soit capable d'obtenir un honneur, un fief. Nous en avons une énumération aussi nette que lumineuse dans la lettre où Eudes II, comte de Blois, s'adressant au roi Robert, réfute l'accusation dirigée contre lui de n'être pas *digne* de tenir aucun bénéfice du roi : « *quod non essem dignus ullum beneficium tenere de te*[3]. »

Les conditions qui rendent digne de recevoir un bénéfice et de le conserver sont les suivantes :

1° Être *hereditabilis*, c'est-à-dire d'assez bonne extraction pour être admis au nombre des pairs et devenir participant du patrimoine sur lequel le seigneur a la haute main. Ai-je besoin de rendre attentif à la circonstance que l'ancienne adoption salique (*adfatimus*) était faite précisément en vue de la transmission des biens[4]?

2° Être appelé par succession et investi par la grâce du

[1] Fontanieu déjà avait été frappé de la circonstance qu'au XIe siècle « les possesseurs de fiefs n'ont été regardés que comme les usufruitiers des fiefs dont ils jouissaient. » (Fontanieu, *Portef.* 5, MS. Bibl. nat.).

[2] *Infrà*, p. 539.

[3] « Non erat tibi cordi aliam justificationem sive concordiam recipere, nisi hoc tantum est faceres mihi defendere, quod non essem dignus ullum beneficum tenere de te. » (D. Bouquet, X, p. 501 D).

[4] « Sed de te, Domine mi, valde miror qui me tam præproperè, causa indiscussa, tuo beneficio judicabas indignum. Nam si respiciatur ad conditionem generis, daret Dei gratia quod hereditabilis sim. » (*Ibid.*).

seigneur[1]. Il faut bien entendre cette clause. Elle signifie qu'entre les divers membres qui composent la *familia* du seigneur, l'héritier du vassal doit être préféré. Pour être digne du fief, il faut donc n'être pas primé par un tel héritier. C'est en vertu de ce principe que le père d'Eudes II, Eudes Ier avait revendiqué déjà le château de Melun à l'encontre du comte Bouchard auquel Hugues Capet l'avait donné[2]. Mais le droit de la collectivité demeure entier. Le chef reste toujours maître de retraire dans l'intérêt commun — c'est-à-dire sans en concéder l'usufruit à personne — le bien jusque-là possédé par l'un des pairs[3].

3° Avoir toujours servi et continuer à servir fidèlement, à la cour, à la guerre, à l'étranger[4].

Il résulte nécessairement de là que si le vassal sort de la foi, s'il la viole, s'il est exclu de la *familia*, son usufruit doit cesser, son fief doit faire retour au seigneur. Ce

[1] « Si ad qualitatem beneficii quod mihi dedisti, constat quia *non est de tuo fisco*, sed de his quæ mihi per tuam gratiam ex majoribus meis hereditario jure contingunt. » (p. 501-502).

[2] Richer rapporte ce dialogue entre le messager d'Eudes Ier et le commandant du château : « Putas ne ipsam Divinitatem non offendi, cum mortuo patre pupillus absque re patrimonio frustratur? » — Et ille : « Ita, inquit, et non solum id sed et bonorum desperatio fit. Quis enim inter primates Odone potentior? Quis omni *honore dignior?* » (Richer, IV, 75, ed. Guadet, II, p. 254).

[3] De là l'expression : « Quæ mihi *per tuam gratiam, hereditario jure* contingunt. » — Dans un fragment d'une ancienne translation à Saint-Médard de Soissons du corps de saint Sébastien, publié par Duchesne (*Scriptores,* IV, p. 155 suiv.), nous voyons le roi Henri Ier reprendre précisément à la mort d'Eudes II, comte de Blois et de Chartres, pour les réunir de nouveau à son domaine, des biens que le comte avait détenus en fief : « Regnante Henrico ... contigit obire Palacii sui primum consulum Odonem. Cujus filii Teutboldus (Thibaut IV, 1037) et Stephanus cum paterni honoris dignitatem ad integrum possidere cuperent et discordantibus animis, arma corripere ... nullo modo formidaverunt. Rex autem eis quæ pater in pace posséderat *suo dominio multa vendicans...* » (p. 156 B).

[4] « Si ad servitii meritum, ipse profecto nosti, donec tuam gratiam habui, quomodo tibi servierim domi, et militiæ, et peregre » (p. 502 A).

n'est point l'effet de la commise, telle qu'elle s'est constituée plus tard (j'entends l'exécution d'une clause commissoire tacite inhérente au contrat par lequel un fief est donné à charge de services définis), mais la conséquence de la rupture de la foi. La preuve irréfutable se tire du fait que le fief n'est pas seul réuni au *fisc* seigneurial. Les alleux du vassal félon sont de même confisqués[1]. Ces alleux constituent à certains égards, eux aussi, des biens familiaux; le vassal, comme nous le verrons, ne peut les acquérir qu'avec l'autorisation du seigneur ou de ses pairs; ils sont défendus en commun; le seigneur y succède en tout ou en partie suivant les circonstances[2]. La foi venant à cesser, ils lui reviennent à titre de peine.

La confiscation doit être précédée d'un *défi*. De même que la foi a été engagée par des actes mutuels, elle a besoin d'être rompue de part et d'autre. Le seigneur *jette*

[1] « Rogerius ... ad curiam regis vocatus venit, et inquisitus manifestam toti mundo proditionem negare non potuit. Igitur secundum leges Normannorum judicatus est, et amissa omni hæreditate terrena in carcere regis perpetuo damnatus est. » (Orderic Vital, II, p. 264).

Cf. Girard de Roussillon, p. 144 (trad. P. Meyer) : « Qui n'observe pas la fidélité envers son seigneur perd ses droits sur son fief et sur sa terre, et s'il vient en cour, il y est honni. »

« Qui fieltat no porta a son senhor,
Non a dreh *en sa terra ni en sa honor.* »
(ed. Fr. Michel, p. 120.)

Ren. de Montauban :

« Et se je mens ma foi...
Jamais honor n'auroie nul jor en nul païs,
Ains seroie honis, dolereus et mendis. »
(p. 264, v. 27 suiv.)

[2] Voyez *Usages de Barcelone*, art. 138 (Giraud, II, p. 494). Cette disposition concorde parfaitement avec ce que nous savons du droit de succéder du compagnon (*suprà*, p. 483), sauf qu'un douaire est réservé à la veuve.

le vassal infidèle *hors de sa foi*[1]; il brise par une déclaration formelle, une sorte d'abjuration, le lien de fidélité qui les unissait, exactement comme l'un des compagnons proprement dits *défie* l'autre de son *amor*[2]. Le vassal, de son côté, si le seigneur méfait personnellement envers lui, s'il ne le protège et ne l'assiste pas contre des étrangers, s'il ne fait pas redresser les torts que des pairs lui causent, peut dégager sa foi par un *défi*[3]. Il avait été adopté par la remise des armes ou du bâton qui la symbolise, il se dégagera en rendant le symbole[4]. C'est

1 « De fieltat me geta. »
(*Gir. de Rouss.*, ed. Fr. Michel, p. 90.)

« De fealtat me geta mi e Boso. »
(*Ibid.*, p. 114.)

« Semones vos homes...
Et cil qui n'i venra, de vos soit desfiés. »
(*Ren. de Montauban*, p. 25, v. 33 suiv.)

2 *Suprà*, p. 478 suiv. — Ajoutez *Ren. de Montauban*, p. 264, v. 30-32.

3 C'est ainsi que Hugues de Lusignan défia son seigneur. (*Suprà*, p. 531).

« Trop sambleroit estre orgoil et desverie.
Danvaïr son seignor se ancois ne l'desfie. »
(*Ch. des Saisnes*, I, p. 55.)

« Chascuns l'ot desfié et rendu son homage. »
(*Ibid.*, p. 64.)

4 « Son homage li randent sanz point de demorer,
Plus de mil et v. c. l'en corent deffier;
Et cil *l'omage prant*, que n'i est arestez,
Or est *li festuz roz* que ne puet renoer :
Dès ici en avant puent sor lui chapler. »
(*Ibid.*, II, p. 184-185.)

Autres formes :

« Vers le palais a tornee sa teste,
Et *prist un guant, sel mist en son poing destre*,
Puis s'escria a sa vois halte et bele :
« *Ge te desfi*, Richarz, tei et ta terre :
En ton service ne vueil ore plus estre. »
(*Couronn. Louis*, p. 75, v. 1601 suiv.)

l'*exfestucatio*[1]. Cette cérémonie accomplie, l'hommage disparaît du même coup. La foi, plus vivace, subsiste en partie. Image de la parenté naturelle, sa rupture ne peut être totale. L'ancien vassal, en portant la main sur son ancien seigneur, commettrait un parricide[2].

§ VIII. *Le conseil.*

Il me reste à montrer avec plus de détail comment l'obligation de « conseil » que se doivent le seigneur et le vassal découle de la foi et se soude intimement au régime familial.

Les parents, la maisnie, les vassaux, comme, à un moindre degré, les sujets, forment la *familia commissa*[3]

« Dist à Girbert, mult me tenez por vil.
Il prit deux pens del peliçon hermin,
Envers Girbert les rua et jali,
Puis li a dit : Girbert, je vos deffi. »
(*Garin le Loherain,* Ducange, v° *Diffidare.*)

[1] Une telle *exfestucatio* est relatée par Galbert de Bruges en 1128. (*Hist. du meurtre de Charles le Bon,* ed. Pirenne, p. 140).

[2] La personne du seigneur doit donc rester inviolable pour le vassal malgré le défi. Hugues de Lusignan déclare formellement, en défiant le comte de Poitiers, qu'il n'aura rien à craindre pour son corps et pour sa ville : « defedavit comitem de se, *nisi de civitate et de corpore suo* » (D. Bouquet, XI, p. 538 A).

« Jà est çou Karlesmaisnes à cui je ai josté,
Ki norri mon linage et tot mon parenté.
Je ne parlai à lui bien a. XX .ans passés.
J'ai forfait le poing dextre dont je l'ai adesé. »
.....
Il a jointes ses mains vers Karlon l'aduré :
« Merci, frans empereres...
Je suis Renaus vostre hom k'avez descrité
Et chacié de la terre, bien a. XX ans passés. »
(*Ren. de Mont.,* p. 287.)

Adde *Girard de Viane,* p. 115-116, 118, 167 suiv., etc.

[3] « Susceptoque honore temporali, gubernabat sibi *commissam familiam* secundum Domini voluntatem. » (*Vita Burchardi,* D. Bouquet, X, p. 350 E).

du seigneur, l'ensemble des gens qu'il a dans sa *baillie*[1], dans sa *mainburnie*[2].

Le vassal ne peut rien faire sans le consentement de son sire, assisté, pour les actes graves, de ses autres vassaux, ni céder de ses biens, ni en acquérir d'autres, fiefs ou alleux[3], ni marier ses enfants, ni se marier lui-même, ni s'éloigner[4], ni accepter un combat judiciaire ou aller à la guerre[5]. Quand il meurt, la tutelle, la *garde* de ses enfants passe tout naturellement au chef de la famille ou du clan. Le seigneur perçoit, en cette qualité, les revenus, et pourvoit à l'entretien et à l'éducation des enfants. Il pourvoit ensuite à leur établissement en armant chevaliers les fils, et en mariant les filles, à sa volonté.

Ce droit de *garde* s'étend sur la veuve du vassal, mais avec une intensité moindre puisqu'elle n'a été qu'indirectement rattachée au clan féodal : du vivant de son mari, par sa personne; après sa mort, par le droit que son douaire lui donne dans les biens qu'il a laissés, dans les fiefs comme dans les alleux, le seigneur étant intervenu en règle dans la constitution du douaire. Se remarie-t-elle à un autre vassal — ce qu'elle ne pourra faire sans l'autorisation du seigneur — elle restera avec ses biens dans le même clan féodal. Épouse-t-elle un étranger, elle peut se passer du consentement du seigneur, car elle sort par là de sa *familia;* mais en même temps elle est obligée de renoncer aux biens qu'elle tenait de son premier mari[6].

[1] » Sont donc ça gent de vostre bailie? »
(*Gir. de Viane*, p. 61.)

[2] Ren. de Montauban, p. 143, v. 3.

[3] « Tu qui meus es quomodo teneas hoc quod ego non dedi tibi extra meo gratu. » (Mémoire pour Hugues de Lusignan, D. Bouquet, XI, p. 537 B).

[4] D. Bouquet, X, p. 352 A, Orderic Vital, III, p. 248, etc.

[5] Cf. sur ces divers points, les obligations de *conseil* existant entre compagnons, *suprà*, p. 476 suiv.

[6] Cette règle qui se retrouve dans les textes du XIIe et du XIIIe siècle existe déjà pour les filles dans la loi des Wisigoths. D'après cette loi le patron ne peut pas, d'une façon absolue, imposer un mari à la

Ainsi s'explique sans effort ce droit de garde et de mariage dont on a jusqu'ici cherché l'origine dans une politique habile du baron féodal. L'intérêt du seigneur a pu, en effet, maintenir ce droit; il ne l'a pas introduit. Les institutions ne naissent pas de propos délibéré, par la volonté directe et réfléchie des hommes. Elles plongent leurs racines dans le passé inconscient de l'humanité. Plus tard seulement, elles sont régularisées, adaptées à de nouvelles mœurs et des besoins nouveaux, coordonnées, systématisées, par le législateur, le juge, l'exégète. Cette élaboration progressive donne le change sur leur origine. Elle entraîne le jurisconsulte et l'historien à prendre pour une intention créatrice la base rationnelle qu'ils assignent à l'institution dans son dernier état.

Si le *conseil* du seigneur est nécessaire au vassal, le conseil du vassal n'est pas moins indispensable au seigneur, dont la figure de chef de clan achève de se dessiner par là. Le seigneur ne peut prendre aucune résolution, — de paix, de guerre, d'alliance, etc., — accomplir aucun acte important, — d'aliénation, d'engagement, d'inféodation, d'admission de nouveaux fidèles[1], de mariage[2], d'établisse-

fille du vassal. Il est tenu de la marier à un autre de ses compagnons, à un pair (*æqualis*). Si elle s'y refuse, elle perd tous les biens que son père avait reçus du patron ou de la famille du patron et qui font ainsi retour à cette famille : « Quod si buccellarius filiam tantummodo reliquerit et filium non reliquerit, ipsam *in potestate patroni manere jubemus :* sic tamen ut ipse patronus *æqualem* ei provideat, qui eam sibi possit in matrimonio sociare, et quidquid patri vel matri fuerit datum ad eam pertineat. Quod si ipsa sibi contra voluntatem patroni inferiorem forte maritum elegerit; quidquid patri ejus a patrono fuerat donatum, vel a parentibus patroni, patrono vel heredibus ejus restituat. » (Lex Wisigoth., V, 3, 1, *antiqua*).

[1] « Promisit ei comes sicut debet senior promittere suo homini rationem vel finem vel societatem cum A. non habere... sine suo consilio. » (D. Bouquet, XI, p. 535 L). Comparez de nouveau ici les obligations des compagnons, *suprà*, p. 476-477.

[2] « Ceste prendrai, sé l'volés otroier. »

(*Gir. de Viane*, p. 40.)

ment de ses enfants, etc. — sans le concours du clan (parents par le sang et vassaux) ou de ceux qui le représentent autour de lui, sans le concours de ses hommes[1] ou des meilleurs d'entre eux. Il n'a pas non plus par lui-même de droit de justice proprement dit, mais un simple droit de police, de coercition et de discipline (*districtio, bannum*). La justice appartient à la famille, au clan, qui l'exerce sous la présidence du chef, sans que celui-ci, d'ordinaire, opine. Telle est la *cour des pairs* primitive. Tribunal domestique qui n'a rien de commun avec le fief. Ce n'est qu'à mesure que le lien réel se constitue à côté du lien personnel qu'une cour des pairs, composée spécialement de feudataires, se forme à côté de la cour primitive des fidèles, pour finalement l'emporter sur elle et l'absorber, quand le lien réel absorbera le lien personnel[2].

Le conseil tenu par les vassaux, par les pairs, ressemble essentiellement à un conseil de famille, et nous avons vu plus haut que la réciproque est vraie[3]. Comme dans les familles primitives ou dans les institutions qui en sont sorties, le *mir* russe, le *vestry* anglais, les décisions se prennent à l'unanimité[4]. Cette coutume, jointe à la circonstance que chacun devait être prêt à affirmer son avis les armes à la main, nous permet de comprendre pourquoi la responsabilité de toute décision prise retombait sur celui-là

[1] Il n'est presque pas de charte du xe et du xie siècle qui ne relate expressément ce concours, ce consentement, ce conseil. Seule la formule varie : « *Cum consilio hominum, per consilium meorum militum, annuentibus hominibus meis, audientibus et firmantibus, communi assensu baronum*, etc. »

[2] T. I, p. 227 suiv.

[3] *Suprà*, p. 453.

[4]
« Jà desdis n'en sera, car nos tot le loon. »
(*R. de Mont.*, p. 11, v. 7.)

Dans le conseil tenu par Charlemagne au début de la chanson de Roland, quand Roland a parlé *tous* se taisent, quand a parlé Naismes *tous* approuvent. (v. 217, v. 243). — Je pourrais facilement multiplier les preuves. Voyez p. 542, note 2.

seul qui l'avait proposée[1]. Un avis unique était-il émis, il s'imposait. S'en produisait-il plusieurs de contradictoires, l'un d'eux finissait par prévaloir par le retrait ou l'abandon des autres. De sorte qu'en dernière analyse c'était le pair qui l'avait proposé et fait accepter par tous qui en portait la responsabilité[2].

Outre le plaid général convoqué dans les circonstances graves, et le plaid ordinaire que composait la maisnie[3], une cour plénière se réunissait chaque année à époque fixe, à la Pentecôte ou à Pâques, à Noël ou à l'Ascension. Il y avait grande fête, grand repas, et puis tenue d'un conseil où tous les vassaux, se retrouvant au foyer commun, devaient délibérer sur les affaires communes[4].

[1] C'est ainsi que Ganelon rend Roland seul responsable de sa désignation comme ambassadeur :

« ..... Jo ne vus aime nient ;
Sur mei avez turnez fals jugement. »
(*Ch. de Rol.*, v. 306-307.)

Même reproche de Roland à Ganelon :

« Sire parastre, mult vus dei aveir chier ;
La rere-guarde avez sur mei jugiet. »
(v. 753-754.)

[2] « Ce fut Tibert de Vaubeton, le vieillard gris, qui parlait bien et sagement. Il avait jugé selon le droit en mille causes, sans avoir été contredit ni démenti une seule fois. » (*Gir. de Rouss.*, p. 97).

« A cest consoil se sont tuit li prince tenu. »
(*Ch. des Saisnes*, I, p. 50.)

« A cest consoil se tindrent e li fol e li sage. »
(*Ibid.*, p. 63.)

[3] Quelquefois est tenu un conseil secret composé par le seigneur des meilleurs de ses hommes « dels miels de son barné. » (*Ren. de Montauban*, p. 154).

[4] « Ce fut à l'issue du temps de Pâques, à l'entrée de mai. Charles était à Paris, en son palais : il avait convoqué sa cour et tenait ses plaids. Ses barons l'interrogent et il leur expose l'état de ses

Ce n'est pas seulement un droit pour les pairs d'assister au conseil et à la cour, c'est un devoir, et ce devoir c'est la foi qu'ils ont engagée qui le leur impose, ce n'est pas l'*hommage*. De la foi dérive le droit et le devoir de juger des pairs, de l'hommage le droit de contrainte du seigneur. Comme chef de la famille vassalique, investi du commandement, le baron est le pouvoir exécutif; mais le pouvoir judiciaire réside dans l'association tout entière. Du haut du fauteuil élevé où il siège, soit en plein air sous un arbre[1], soit dans la grande salle voûtée et peinte[2], il

affaires. » (*Gir. de Rouss.*, p. 206). La même chanson débute par la tenue d'une cour plénière à Reims, à la Pentecôte (p. 1 suiv.).

« A Paris fu li rois à une Paske
Cort tint plénière mirabillose et large,...
La cors fu grans ens el palais de marbre,
Mult ricement les fist servir rois Kalles :
Dix més pléniers i ot le jor à table.
Quant mangié ont, si font oster les napes. »
(*Ogier*, v. 3482 suiv.)

Et le conseil commence.

« Chascune Paske à tot cent chevaliers
Venoit à lui por sa corte essauchier,
Et si servoit le roi del més premier. »
(*Ibid.*, v. 4119-4120.)

« Par itel covenant...
Qu'il l'iroient servir tot à l'Ascension
.....
Vos me venres servir à Paris, ma maison,
Si que bien le verront mi prince et mi baron. »
(*Ren. de Mont.*, p. 38-39.)

« Al Noel et as Pasques, quant on doit cortoier. »
(*Ibid.*, p. 132.)

« Desuz un pin, delez un eglentier,
Un faldestœl i out, fait tut d'or mier :
Là siet li reis... »
(*Ch. de Roland*, v. 115 suiv.)

2 « ... en sa cambre voltice
Tante culur i ad peinte e escrite. »
(*Ch. de Roland*, v. 2593-4.)

« Dans la chambre voûtée et encourtinée de pailes de Phrygie, au

domine les vassaux groupés par terre sur des tapis[1] ou sur la jonchée[2]. Il a la police de l'assemblée et la direction des débats[3], il adjure ses hommes, au nom de la foi et de l'amour féodal[4], de le « conseiller; » mais leur conseil le liera, il ne pourra pas s'en écarter. Il devra s'en faire l'interprète et l'agent.

Est-ce une contestation judiciaire qui s'élève ou un crime qui est commis? les mesures d'instruction, les mesures préventives et de police, les actes d'exécution appartiendront au seigneur. Il fera faire les enquêtes par son sénéchal, il fera arrêter et enchaîner les coupables, il adjurera les pairs de juger, enfin, il prononcera la sentence en leur nom et la fera expédier, exécuter; mais ce n'est pas lui qui jugera[5]. Tout au plus confirmera-t-il la sentence par son approbation[6]. Voilà qui ôte toute étrangeté au spectacle sans cela si paradoxal d'une cour baroniale jugeant les procès où le baron lui-même est partie.

chef du dais, est assis en un fauteuil le roi Charles, demandant conseil au sujet de Boson. » (*Gir. de Rouss.*, p. 122).

1 « Sur palies blancs siéent cil chevalier. »
(*Ch. de Roland*, v. 110.)

2 « Autour de lui les chevaliers sont assis par terre, sur la jonchée. » (*Gir. de Rouss.*, p. 146-147).

3 « Il ouvre la séance : « Que celui qui sait juger le droit commence. » (*Ibid.*, p. 55).

« Alez seeir desur cel palie blanc;
N'en parlez mais, se jo ne l'vus cumant »
(*Ch. de Roland*, v. 272-3.)

4 « Seigneurs, conseillez-moi, *au nom de la foi que vous me devez.* » (*Gir. de Rouss.*, p. 213). « *Par la foi, par l'amour que vous me devez,* donnez aujourd'hui à votre seigneur un conseil. » (*Ibid.*, p. 103).

5 « Oït l'avez, sur vus le jugent Franc. »
(*Ch. de Roland*, v. 321.)

6 Le rôle du seigneur dans la cour de justice se dessine très nettement dans une série de chartes du Cartulaire de Saint-Vaast :.

Se produit-il au contraire une infraction aux règlements édictés en vertu du ban seigneurial, un manquement à la discipline, un acte de désordre, de désobéissance ou de lâcheté, le baron est armé du droit, qui appartient à tout chef, et plus encore à tout chef militaire, de le réprimer séance tenante. Une large porte s'ouvre ainsi à son arbitraire et à son caprice.

La distinction que je viens de faire entre la justice des pairs, qui procède de la foi, et le droit coercitif du seigneur, qui prend sa source dans l'hommage, est capitale à mes yeux. Elle apparaît en maint passage de nos chansons de geste[1]. Dans la chanson de Roland, Charlemagne livre Ganelon à ses valets de cuisine pour qu'ils le maltraitent et l'enchaînent[2], mais il reste désarmé, impuissant, quand ses pairs absolvent le coupable[3]. Dans la chanson d'Ogier un vassal de Charlemagne, Aloris, qui portait l'oriflamme, a donné le signal de la fuite. Quand ses pairs veulent le juger, il leur répond, sans réplique, que l'acte dont on l'accuse

« Baronibus meis circa me positis,... querimoniam... hoc modo finivi... Vertens me ad eos qui de talibus judicaturi erant, subjeci : « Domini *obtestor vos per fidem quam mihi debetis,* ite in partem, et judicio irrefragabili decernite, quid Ingelberto, quid monachis conveniat responderi. » Qui euntes communicato consilio redeuntes, per Rob. advocatum responderunt... Quo approbato supposui dicens : « Igitur ego Carolus Deo annuente comes Flandrie, hoc judicium... confirmo. » (1122. *Cartul. Saint-Vaast,* p. 183-184). — « Ego Sibilla... *adjuratis Baronibus meis*... ... precepi ut... judicarent. Communicato itaque consilio omnes *unanimiter* per A. de H. nobilem virum et dapiferum nostrum judicaverunt... Ego igitur... hoc judicium confirmavi et cum scripto... mee sigillum imaginis pro presentia apponi precepi... » (*Ibid.,* p. 187).

1 « Un ban voel qu'on i face, sans nule demorée,
Et cil ki le fraindra, par l'ame le mien pére,
Jà ne n'iert taut haut home que il ne le conpere;
C'on ne le face pendre, sans nule demorée. »
(*Ren. de Mont.,* p. 144, v. 14 suiv.)

2 *Ch. de Roland,* v. 1816 suiv.; v. 3735 suiv.

3 T. I, p. 242-244.

ne relève pas d'eux, qu'il relève du seigneur seul, n'étant pas une trahison, mais une faute contre la discipline[1].

1 « La félonie en volrai-je oster,
Deffendrai m'ent par bataille canpel;
Mais de la fuie vos dirai vérité :
.....
Face mes sires de moi sa volenté,
Car envers li ne quis en plait entrer. »
(*Ogier*, v. 879 suiv.)

CHAPITRE XI.

L'INSTABILITÉ FÉODALE ET SES REMÈDES.

Je me suis attaché dans ce qui précède à exposer, dans toute leur virtualité, les qualités vivaces et les facultés régulatrices du monde féodal. Je me suis tu sur les vices du système, sur les désordres endémiques auxquels la société était en proie. Ces désordres, je les ai dépeints en partie déjà dans le précédent volume, et j'aurai à en compléter le tableau dans un livre suivant, en traitant des guerres privées. Mais à quoi tiennent ces vices? Il nous importe de le connaître. C'est en s'efforçant d'instinct d'y porter un remède que la féodalité primitive s'est transformée, qu'elle est devenue cette hiérarchie solidement et même, grâce aux légistes, subtilement fixée au sol, qui se laisse admirer au XIIIe siècle.

La cause profonde des maux dont souffrait, à son aurore, la société féodale doit être cherchée dans la mobilité des sentiments et la violence des passions auxquelles déjà j'ai rendu attentif, dans le caractère farouche, mystique et sombre, de la vengeance, qui éternisait les haines, enfin dans la rivalité des clans innombrables qui se partageaient le territoire sans reconnaître d'autorité commune. Dans tous les pays où le système du clan a fonctionné, il a produit ces mêmes difformités sociales. Qu'il me suffise de rappeler l'anarchie de l'ancienne Irlande et de l'Écosse, quand elles étaient soumises à un tel régime. Ces maux ne céderont que devant la renaissance d'une souveraineté territoriale.

Au sein de chaque tribu ou de chaque clan une autre cause agissait : l'incertitude des transmissions successorales. Tant que vit le prince ou le baron, la foi et l'hommage lui sont, en général, gardés; mais qu'il vienne à mourir et aussitôt tout l'édifice est ébranlé. La foi engagée à la famille vassalique subsiste bien, encore que le chef qui la représentait ait disparu; mais l'hommage qui lui a été fait personnellement tombe. Entre les mains de qui le renouvellera-t-on? Qui lui succédera dans son droit de commander? L'incertitude est complète parce que la loi de transmission n'est pas fixe, parce qu'elle flotte entre l'élection ou le choix par les pairs, la désignation ou l'exhérédation faite par le chef, les traditions vagues et incertaines de masculinité, de droit d'aînesse, de partage égal, d'autres encore[1]. Les seigneurs essayèrent de remédier au mal en faisant reconnaître et acclamer leur héritier préféré, de leur vivant. Mais ils n'y réussirent pas toujours ou ne prévinrent pas toutes les compétitions. Pour atteindre à la stabilité, il leur fallut s'en tenir avec rigueur à l'exclusion des filles et au droit d'aînesse. Or, ces principes ne purent prévaloir que le jour où les vassaux furent assurés à leur tour d'être maintenus par le nouveau chef dans la possession des bénéfices qu'ils tenaient de l'ancien.

L'instabilité, en effet, n'est pas moindre si l'on considère, du point de vue du vassal, la rupture de l'hommage, soit par la mort du suzerain, soit par la mort du vassal lui-même. Le nouveau chef peut user librement du droit de retraire les fiefs qui ont été concédés aux vassaux par un autre que par lui, tandis que le seigneur qui a donné l'investiture ne peut le faire *honorablement* que pour des motifs graves. D'autre part, quand le vassal meurt, le seigneur reprend la libre disposition de son fief. L'hérédité des bénéfices et des fiefs n'est nullement établie encore au XIe siècle : elle n'est qu'en voie de s'établir. Elle

[1] Voyez Orderic Vital, III, p. 242-244; IV, p. 88, 111, 113, 114. — D. Bouquet, X, p. 504 B; XI, p. 85 D; p. 139 D, etc.

l'est dans les mœurs, dans l'opinion[1]; elle ne l'est ni en principe[2] ni en pratique[3]. L'héritier, nous l'avons vu, n'a qu'un droit de préférence qui, lui non plus, n'est pas toujours reconnu et observé.

Il y avait donc pour le suzerain et pour le vassal un égal intérêt à s'arrêter à des règles plus fixes. Assurer à son héritier désigné la foi et les services de ses vassaux était le but de l'un; garder le fief à la mort du suzerain et le transmettre à un successeur de son choix, le but de

[1] Dans *Raoul de Cambrai*, le roi Louis d'Outremer donne le fief du Cambrésis au manceau Gibouin, bien que Raoul Taillefer, qui le possédait de son vivant, ait laissé un fils. Le droit que s'arroge le roi soulève surtout l'indignation comme un abus, un « *summum jus, summa injuria,* » et comme une faute. C'est de sa part une grande folie (v. 135, *Adde,* v. 178), c'est une mauvaise action (v. 182). Plus tard, voulant donner une compensation à Raoul de Cambrai, il lui promet le premier fief qui vaquera par décès. Or le comte de Vermandois meurt un an après, laissant quatre fils. Le roi tient sa promesse, quoiqu'il ait commencé par dire qu'il s'attirerait par là le blâme de tous les gentilshommes :

> « S'or vos aloie lor terre abandonner
> Tuit gentill home m'en devroient blasmer. »
>
> (v. 848-849.)

Toutefois il ne s'engage pas à garantir la possession du fief concédé :

> « Par tel covent vos en doing ci le gant,
> Je ne mi home ne te seront garant. »
>
> (v. 907-908.)

D'autres chansons nous offrent des faits analogues.

[2] Voyez plus haut la lettre d'Eudes II, et ce que j'ai dit à son sujet. Une charte du cartulaire de la Chapelle Aude déclare expressément aussi que le fief n'est pas considéré comme un bien héréditaire : « Volo autem scire omnes homines hæc omnia... me hereditario jure non possedisse, sed patrem meum Geraldum probitate suâ a domino A. acquisisse... » (1058-1059, p. 22).

[3] J'ai donné, à diverses reprises, des exemples de fiefs viagers aux xe et xie siècles (T. I, p. 127, note, *suprà*, p. 532 (Languedoc). Adde, *infrà*, p. 552, note). Pour ne pas multiplier à cette place les exem-

l'autre. L'entente sur cette base se fit en quelque sorte de soi-même. Des conventions intervinrent et finirent par se généraliser.

Le vassal s'engagea à payer un droit d'investiture, il s'obligea en outre pour lui et ses successeurs, au profit du seigneur et des siens, à des services personnels en corrélation directe avec le bien concédé. En échange, le seigneur garantit au vassal et à ses héritiers la continuité de possession du fief[1].

ples, je cite une charte où le même fief est repris chaque fois par le seigneur à la mort du feudataire ou même quand il quitte le pays : « Curtis S. Saturninis fevum fuit Odrici Silvatici de Cantoxiaco qui forfecit contra Fulconem comitem et perdidit totum fevum suum et tunc dedit illam curtem comes Rainaldo fratri P. qui tenuit eam quandiu vixit; post mortem ejus dedit eam F. comes Gosleni Mansello. Post cujus mortem donavit eam Eudoni cuidam Brintannico qui venerat ad eum de Britannia per factionem et ille tenuit eam per multos annos. Postea cum ille redisset pacificatus in Brintanniam reddidit eam F. comes Hebranno Cenomannensi cujus frater Goslenus illam dudum tenuerat. Hic H. tenuit eam a F. comite quandiu F. vixit. Illo quoque mortuo habuit eam de Gosfrido comite filio ejus donec ille in ostagium intravit pro comite Cenomannico. » (1050. *Cartul. de la Trinité de Vendôme*, f° 22 v°, D. Housseau, II, n° 530).

[1] Comme nous allons le voir pour les autres clauses du contrat de fief, l'Église fournit le type de celle-là. En voici un des exemples les plus anciens que je connaisse : « Ego A. abbas... notificare volo omni etati venture pariter et presenti de quodam milite nomine Hunbaudo qui nuper ad nos venit de Belesma castro qui maximis periculis se objecit pro nobis contra inimicos ecclesie nostre... cotidie enim augmentans servitia sua et benignitatem sui animi erga nos omnimodis ostendens usquequaque ad suam amicitiam nos et monachos nostros incitavit. Unde *pro servitiis ab eo nobis illatis* rogatu ejus... concessimus ei aliquid de rebus ecclesie nostre. Hoc est terram adjacentem ecclesie B. M. ubi domum construeret et insuper hoc vallo eam munitam redderet... *Pro hoc autem beneficio nostro ei a nobis concesso*, isdem H. vocabulo Tortus *homenatum legitimum fecit nobis consacramenti fidelitate ut hoc quod ipse fecerat nobis posteri ejus eadem facerent abbatibus nobis successaris...* » (Vers 994. *Cartul. de Viezon*, MS. f° 10 r°, col. 2 v°, col. 1).

CHAPITRE XII.

LA TRANSFORMATION DE LA FÉODALITÉ PRIMITIVE ET L'AVÈNEMENT DE LA FÉODALITÉ CLASSIQUE.

Le développement du droit successoral entraînait, on vient de le voir, par une progression parallèle, la prédominance du lien réel sur le lien personnel.

D'autres causes concoururent au même résultat. Parmi elles je placerai en première ligne l'influence de l'Église comme possesseur foncier. Les corps religieux, abbayes et chapitres, étendaient journellement leur fortune territoriale. Ils s'infiltraient, s'intercalaient, se faufilaient, si je puis dire, dans toutes les seigneuries féodales. Pour défendre leurs biens, ils avaient besoin du bras séculier, de vassaux militaires; pour les administrer, d'officiers de tout rang. Et puis, ils n'acquéraient pas seulement des alleux. Ils acquéraient aussi des fiefs; ils s'en faisaient céder par des vassaux, du consentement de leur suzerain. Qu'advenait-il ici de la *foi?* Comment une corporation avait-elle chance de s'attacher par des liens d'affection, par l'amour féodal, un vassal militaire? Comment pouvait-elle, de son côté, remplir la condition préalable de la possession du fief, l'entrée dans la foi vassalique?

La voie pour sortir de la difficulté était toute tracée. L'Église avait pratiqué de tout temps et avec un plein succès le système du précaire romain : elle était habituée aux contrats écrits, aux stipulations précises et rigoureuses. Elle n'attribua donc de terre ou d'office, sur une ou plusieurs vies, qu'en échange d'un engagement formel de service et avec des clauses résolutoires expresses[1].

D'autre part, quand elle recevait un fief, il était convenu qu'un cens, une redevance, des services définis ren-

[1] « Hujus igitur terræ indulto servitio militari, nichil aliud a me exigitur, nisi continua defensio contra prædatores et fraudatores ejusdem Ecclesiæ. Sed ne in hoc videret gravari, non contra potentiores, sed contra æquales michi genere, et potestate, et contra inferiores mihi in utroque; in qua defensione si negligens comprobatur, iterum perdendi terram conditione constringor. » Dans cette charte, le bénéficier exclut le droit de succession de ses descendants : « Omnes posteros meos alieno, et in omnibus bonis, quæ ex parte S. P. pro beneficio tenui, ne jus hereditarium requirant, exheredo. » (1017. *Cartul. de Bèze*, Dachery, II, p. 417, *Analecta Div.*, p. 306-307).

« Quidam miles, G. cum fratre suo H., nos adierit deprecans ut eis aliquid daremus de terra St Petri in beneficio, promittentes se omnimodis in servitio S[i] P[i] et nostro fideliter permansuros. Quod cum diu peterent, victi eorum precibus dedimus eis... *indicentes eis annuatim in festivitate S. P. censum duorum solidorum* : eo scilicet tenore ut tempore vitæ suæ idipsum, quod dedimus tenerent, post decessum vero eorum, ad jus S. P... rediret; ita ut nullus posterum eorum ullo modo ex eo se intermitteret, ni spontanea voluntate, vel amicabili abbatis aut monachorum concessione. Si autem unus ex eis prior mortuus fuerit, ejus pars statimad nos revertatur; nisi forte nostra spontanea voluntate iterum ei (alteri) concessum fuerit. (Voyez de même, dans *Cartul. de Saint-Jean d'Angely*, MS. f° 19 v°, un fief concédé sur trois vies, mari, femme, fils aîné, avec retour successif du tiers à chaque décès). Ut autem hæ convenientiæ firmiores permanerent, hanc kartam manu sua firmaverunt... » (*Cartul. de Bèze*, Dachery, II, p. 427, col. 1. *Analecta*, p. 348).

« Non solum prædia et possessiones concesserant sæcularibus... sed etiam de oblatione ecclesiæ vel altaris quosdam sibi nobiles conciliaverant *ut sui forent*. Unde quidam nobilis vir de vicino castro quod dicitur Bolziol, nomine Guigo, qui habebat omni anno de monasterio solidos L, tali tenore ut pro hoc fidelitatem tenere abbati pro hoc juraret... cujusdam militis sui subita morte compunctus, cui quamdam partem illius muneri dederat et divino timore præventus, reliquit quod accipere solebat, ita tamen ut similiter abbati monasterii eamdem fidelitatem jurando faceret et filii ejus post illum, sicut patres sui antea faciebant. » (25 avril 1076. *Cartul. de Saint-Chaffre du Monestier en Velay*, MS. f° 68-69, éd. U. Chevalier, p. 85). Le corps religieux arrivait indirectement ainsi au même résultat que le seigneur laïque di-

dus par ses hommes, tiendraient lieu, comme pour les précaristes roturiers, des obligations positives de la foi[1].

L'Église, en d'autres termes, transposa dans les sphères

rectement : il s'assurait une fidélité et un service indépendant de toute concession de fief.

Fief de deux arpents de vigne augmenté de six arpents de pré : « Homo ipsius (abbatis) devenit ei que et nobis fidelitatem juravit et propter reliqua cujuscunque modi si opus fuerit quo tidiana, hæc nominatim sese spopondit annis singulis redditurum esse servitia. Equum videlicet ejus habebit ter in anno domnus abbas noster, in longinquiora itinera, ut puta Normanniam, vel in Britanniam, sive in Franciam aut Burgundiam. Porro usque ad propinquiora loca ipse etiam G. si ab eo summonitus fuerit, ire cum ipso non denegabit. » (*Cartul. de Marmoutier en Touraine,* MS. 1067, D. Housseau, II *bis*, n. 704).

« Coram generali conventu donum de ipsa terra ab abbate A. et cæteris omnibus fratribus accepit devenit que homo ejus et in ejus persona omnium monachorum, juravit que fidelitatem tam ipsis quam posteris eorum denique præter alia servitia quæ reddet S° M° hæc nominatim persolvet, duo itinera majora scilicet vel in Franciam vel in Britanniam..., unoquoque anno aut de se aut de suo homine aut de suo equo solvet ei. Et si de uno itinere seu etiam ambobus summonitus infra annum minime reddiderit, altero anno ipsa itinera duplicabit... De mediocribus vero itineribus videlicet vel usque in pagum Pictavinum, aut in Andecavinum, seu Carnotinum tot exsolvet quod expostulatus fuerit. » (Vers 1060. *Cartul. de Marmoutier*, MS. D. Housseau, II *bis*, n. 607).

[1] « Quando Arnulfus de Montebarbato ad ordinem monachicum venit dedit S° V°... quicquid in terris et in silvis et pratis possidebat. Jam namque W. de T. nobis annuerat terram et silvam quam de ipso predictus A. tenebat. Pro qua re sibi dedimus ut nobis fevum mutaret in censivam 40 sol. tali tenore ut omni tempore ipse et heredes sui deserviant contra dominum suum de Miletia et contra omnes homines, quietos inde nos et securos reddant. Pro servicio autem reddimus sibi in crastina die Festiv. S[i] V[i] unoquoque anno V. solidos. *Nullum vero aliud servicium vel auxilium omnino faciemus...* » (*Cartul. Saint-Vincent du Mans*, f° 326).

« Joh Blodus dicebat quod monachi S[i] V[i] debebant ei cibi procurationes unoquoque anno quas caritates nominabat. Dicebat etiam quod auferebant ei 8 den. censuales de quibusdam decimis quas habebant de *fevo suo*... tandem omnes querelas dimisit hoc pacto sci-

supérieures ce contrat de fief roturier qui pour elle — le plus grand propriétaire foncier et le meilleur économe du moyen âge — était d'un usage quotidien.

Les seigneurs laïques, comme suzerains ou comme vassaux des corps religieux, se trouvèrent engagés de la sorte dans des relations d'une nature différente, plus régulières, que celles qui les liaient entre eux. Ils en comprirent mieux la nécessité et les avantages à mesure que la foi féodale, dégénérant de caractère, se montrait insuffisante.

Les rapports, en effet, se multipliaient, se compliquaient par le seul jeu des institutions. Le vassal fréquemment avait plusieurs seigneurs. Sa foi en devenait moins sûre, moins complète, moins étendue. Dû à plusieurs, son service personnel se réduisait pour chacun. Puis, comment faire fond désormais sur sa bonne volonté d'amener avec lui le plus grand nombre possible de ses hommes, de contribuer, dans la mesure de ses ressources, aux charges exceptionnelles de multiples seigneurs, de leur offrir une généreuse hospitalité? Et pourtant ce concours était plus nécessaire que jamais. Les guerres, en devenant régionales, les expéditions, en devenant lointaines, exigeaient une plus forte levée de combattants et de deniers; le luxe, en s'étendant, transformait en faste ruineux les mariages, les tournois, la chevalerie. C'était donc le service d'un nombre d'hommes et la contribution de sommes d'argent en rapport avec le fief qu'il importait au seigneur de s'assurer[1].

licet quod monachi redderent ei unoq. anno 4 den. in die Pentec. *Iste den. non sunt censuales sed pro omni servicio redderentur...* » (*Ibid.*, f° 288, xi^e s.).

« Wauterius Hait concessit nobis mon. S^i V^i quicquid *in elemosina* de fevo ejus habebamus et nominatim hoc quod de Wauterio filio Marie habemus qui de eo tenet, tali tenore ut si idem Wauterius fil. Me Gauterio Hait *servitium debitum veluti de eo tenens non reddiderit nos omnino immunes* simus ob omni servitio *excepto censu*. Ob hanc concessionem dedimus W^o Hai V solidos. » (*Ibid.*, f° 288).

[1] « Charles tint le conseil de Fouques pour bon : « Je vous le dis à

L'*amor* du vassal diminuant, l'*amor* du seigneur qui se manifestait par des largesses faiblissait à proportion. Ce n'était plus l'usufruit pur et simple, gratuit, qu'il pouvait abandonner; c'était un *usufruit avec charges*, comme celui du précariste ou du tenancier. Le rôle d'administrateur du seigneur prenait le dessus. Il réclamait, comme prix de l'investiture, un cens féodal[1], un droit de relief ou de lods et ventes, des aides aux divers cas, véritable taille ou impôt foncier[2], des droits de gîte et de procura-

tous, riches barons, préférez les chevaliers à l'or et à l'argent et tenez en chacun selon le chasement que vous aurez de moi : qui vingt, qui cent, qui plus, qui moins selon que vous tiendrez... Et amenez-les tous à la montre, chacun ayant cheval et équipement, afin que les païens ne nous trouvent pas au dépourvu, car un royaume qui ne sait se défendre est perdu. Et qui se montrera négligent je lui enlèverai son fief par jugement, et le donnerai, d'accord avec mes fidèles, à un plus vaillant. » (*Gir. de Roussillon*, trad. P. Meyer, p. 302).

[1] Ce *cens* s'appelle souvent *sporla* et dans le sud-ouest de la France ce nom est synonyme de *fief*, circonstance qui vient à l'appui de ce que je dis plus haut du caractère primitif (roturier) du fief, surtout si l'on ajoute que le mot *sporles* apparaît déjà dans le Polyptyque d'Irminon, et qu'il y désigne un service de vilains ou paysans (villani) (éd. Guérard, p. 130, éd. Longnon, p. 174).

[2] Les aides féodales ne sont autre chose qu'une forme de la taille qui pesait sur les censitaires ou même sur les serfs. Elle en porte du reste le nom dans les textes du XIe siècle : « *Rectam talleiam* ad filiam maritandum, aut filium militem faciendum. » (*Cart. de Saint-Serge*, f° 89) (Cf. *infrà*, *equam talliam*). La seule différence est que cette taille était arbitraire pour les serfs, tandis que pour les censitaires et les vassaux elle fut fixée à des cas plus ou moins nombreux, deux, trois, quatre jusqu'à six ou davantage. — Comme pour les autres services du vassal, c'est l'Église qui nous offre les premières conventions formelles et précisément pour tenir lieu d'une fidélité générale et absolue. L'une des chartes dont j'ai reproduit plus haut le début continue ainsi : « Nullum vero aliud servicium vel auxilium omnino faciemus nisi si aut dominus Miletiæ de cujus casamento predicta est terra captus fuerit et se redemerit, tunc sibi dupplicabimus censum, aut si isdem W. aut se aut filium suum primogenitum redemerit aut filiam suam primogenitam marito dederit, tunc similiter censum dup-

tion, toutes charges réelles qui finirent, en dehors même de la stipulation expresse, par constituer, avec l'obligation de fournir un chiffre déterminé de soldats, le service type ou coutumier du fief[1].

De son côté, le vassal s'isolant davantage, cherchant davantage à être maître de sa personne et des siens, préférait s'acquitter de devoirs assis sur le bien que d'être tenu à des services personnels illimités, substituer, en d'autres termes, à une sujétion d'un caractère vague et arbitraire des obligations fixes et connues.

Suzerain et vassal étaient ainsi poussés insensiblement à remplacer l'ancien pacte de compagnonnage par un contrat formel, dont l'Église donnait l'exemple, qui leur était familier sous la figure de fief roturier, et qu'enfin les conversions de plus en plus nombreuses des alleux en fiefs rendaient indispensable. Ce contrat se greffa tout naturellement sur l'*hommage*. Toutes les charges imposées à la terre étaient, en effet, très indirectement dépendantes de la foi. Elles se rattachaient, au contraire, directement à

plicabimus. » (*Cart. Saint-Vincent du Mans*, MS. XIe siècle, f° 326).

Autre exemple : « T. T. concessit R. abbati...totum fevum et dominicum quod tenebat G. M... Iterum firmata est hec pactio inter eos quod si forte T. captus fuerit aut filium primogenitum militem fecerit, sive filiam primogenitam marito dederit, inde monachi *equam talliam* ei fecerint. » (*Ibid.*, f° 302).

[1] Ce service-type est stipulé par les corps religieux dès le XIe siècle : « ... Hæc omnia... abbas reddidit ei (Rannulfo præposito de Curcellis) et filio ejus Girberto in fœdio ita ut libere possideant et nullam diffinitam consuetudinem pro his omnibus reddant excepto illo communi et assueto servitio quod semper debet serviens hujusmodi seniori suo. Verum tamen hoc perpetrato ipsi ambo pater et filius promiserunt propria fide data in manu Rodberti Garnæ sese fideliter et utiliter acturos erga ipsum abbatem et fratres et omnia sua ita uti nunquam scienter res ecclesiæ lædant *usque ad pretium duorum solidorum*. Postea vero in eodem loco Girebertus filius ejus factus est ex more homo abbatis et capitulum egredientes fidelitatem juravit ei et omni congregationi super altare et reliquias S. Johannis. » (*Cartul. de Saint-Jean d'Angély*, MS. f° 36 v°).

l'hommage puisque le seigneur en les stipulant, agissait en qualité d'administrateur, de chef, exactement comme il traitait avec le tenancier.

Seul le service *personnel* du vassal continuait à dériver de la foi; mais restreint d'ordinaire à quarante jours, il apparut à son tour comme une charge du fief concédé, il alla rejoindre les autres obligations foncières. L'hommage par suite devint l'engagement principal, la foi se trouva réduite à une promesse vague de fidélité.

Au cours de l'onzième siècle, cette transformation ne se montrerait encore qu'à l'état embryonnaire et naissant si l'on pouvait faire abstraction de l'Église comme possesseur foncier. Mais ses possessions, je l'ai dit, enveloppaient dans leur réseau le territoire entier. Chacun sait aussi que la grande majorité des chartes qui nous initient aux institutions du moyen âge émanent d'elle, se rapportent à la gestion de ses intérêts temporels. Les historiens, pour ce double motif, n'ont vu partout que contrat de fief, services calqués sur la concession foncière, clauses résolutoires, etc., et cette vue de surface les a empêchés de pousser jusqu'au cœur même de la féodalité laïque. Je ne doute pas, en effet, que l'essence de celle-ci résidait encore dans les rapports personnels, familiaux, établis entre le seigneur et le vassal, dans ces rapports que la foi résume d'un mot, qui sont indépendants, en principe, de la concession du fief, et qui peuvent survivre au retrait d'une pareille concession.

Sans doute, il y a là, aussi, des degrés. De très bonne heure certains services spéciaux, tels que les services de garde de châteaux (estage, guet), d'escorte (*conductus*) et d'autres analogues, de même que l'exercice d'offices militaires ou civils, avaient été attachés à la possession d'une terre ou d'un droit lucratif. C'était là le côté administratif de la féodalité, très distinct de l'organisation militaire et politique qui sera basée sur le fief foncier. Grâce à lui, les *ministeriales*, qui représentent le fonctionnarisme féodal, ont fourni le trait d'union (dans les provinces de l'Est surtout) entre le fief roturier et le fief militaire, comme ils ont servi d'intermédiaires dans les villes entre la noblesse militaire et la bourgeoisie[1].

En second lieu, la transformation est plus avancée dans certaines régions, au nord, en Flandre, dans la Normandie et dans ses dépendances, où les deux systèmes sont déjà en présence[2]; au midi, dans la région pyrénéenne, dans le comté de Barcelone, par exemple, où la féodalité hiérarchisée a été sous des influences étrangères, singulièrement précoce. J'aurai à déterminer plus tard la portée exacte de cette avance. Je signalerai, dès à présent, une de ses principales causes, l'existence dès le XIe siècle, dans ces régions, d'un État organisé.

La substitution du lien réel au lien personnel, la prédominance de l'hommage sur la foi, ne pouvait s'accomplir, en effet, qu'à la condition qu'une autorité supérieure fût créée, que la suzeraineté devînt effective et assurât au contrat de fief une sanction au moins égale à celle que l'Église avait trouvée jusque-là dans les peines canoniques.

[1] *Suprà*, p. 371.

[2] Dans le Maine notamment, la féodalité est toute constituée dès le XIe siècle; c'est pourquoi la censive s'y oppose déjà nettement au fief. Néanmoins, on y rencontre encore la distinction entre la tenure qui ne suppose que l'*amor* et celle qui exige une promesse de services définis, l'*hominium* des temps nouveaux :

« ... Dicebat... Hugo quod Hamelinus debebat *in hominium* tenere de eo fevum et terram de A... Unde venerunt ad placitum in domum Fulberti de Rivellione qui erat avunculus Hugonis. In quo placito prolocutus est concordiam eorum F. de R. et facta est talis concordia inter eos ut Hamelinus *in amore teneret* de Hugone et omnes heredes ejus. Quod si Hamelinus moreretur sine herede, Guinebaudus et heredes ejus similiter de Hugone *in amore tenerent*. Si autem hereditas verteretur ad filias Benedicti, ex tunc viri earum *in hominium* tenerent de Hugone. De hac concordia in perpetuum tenenda Hugo dedit *fidem suam* Hamelino et sub fide promisit quod nunquam amplius hominium ab eo requireret vel ab heredibus suis aut a Guinebaudo fratre ejus sive ab heredibus suis... » (*Cartul. de Saint-Vincent du Mans*, MS. fo 294, XIe s.).

Suzeraineté, après laquelle soupirait la foule, la sentant nécessaire pour mettre fin aux rivalités de clans, et restaurer, en rétablissant la sécurité et la paix, un véritable ordre social.

Pour la constituer, l'organisation familiale du groupe vassalique servit encore l'ambition des maisons seigneuriales ou souveraines.

La cour du seigneur supérieur attire de plus en plus nombreux les nourris et les aspirants chevaliers[1]. L'armée féodale du haut baron se recrute ainsi, par dessus la tête des vassaux intermédiaires, dans les rangs des arrière-vassaux.

Les petits clans sont restés compacts. Ils ont résisté à la désagrégation opérée sur les fortunes moyennes par l'Église[2]. Leurs chefs recherchent la soumission à un prince régional de préférence à la dépendance plus étroite du suzerain plus proche, et loin de contrarier ce rapprochement, l'Église, favorable à la création d'États féodaux, y travaille de son mieux.

A un point de vue voisin, le serment de fidélité que doivent tous les habitants d'un territoire, et qui fait, à certains égards, du chef régional un chef de tribu, servit de même au grand suzerain à absorber les moindres seigneuries.

Enfin, le régime communal, en créant des groupes ana-

[1] Les usages de Barcelone relatent l'institution d'une cour princière et décrivent son organisation : « Alium namque supradicti principes nobilem et honestum et utilem miserunt usaticum quem illi tenuerunt et successoribus suis tenere in perpetuum mandaverunt; scilicet ut *tenerent curiam et magnam familiam*... .et quando vellent edere, *facerent cornare ut nobiles et innobiles venirent prandere*, et ibi *distribuerent pallas* quas haberent in magnatibus et in eorum familia, et ibi mandarent hostes (ost) cum quibus irent ad destruendam yspaniam et *facerent novellos milites*. » (*Usatici Barchin.*, art. 124, éd. Giraud, II, p. 491).

[2] *Suprà*, p. 449-500.

logues aux petits clans féodaux, profita aux princes, rois, ducs ou comtes, à l'encontre des seigneurs locaux.

A part les saillantes exceptions qu'offraient la Normandie, la Flandre ou les régions pyrénéennes, les États féodaux s'ébauchent à peine au XIe siècle. De même que l'autorité du roi de France est presque nominale et que sa véritable puissance, il la tire de son domaine, de même les seigneurs régionaux tirent leur puissance de leurs possessions immédiates et de leur mouvance directe, non de leur suzeraineté. L'axiome : *Vassallus vassalli mei non est meus vassallus* est une réalité. Il l'est si bien, que le haut suzerain prendra le titre de son principal comté ou domaine, de préférence à celui de sa province ou de sa région.

Ce n'est qu'à partir du XIIe siècle que, parallèlement et chacun pour son compte, le roi et les grands vassaux poursuivent avec un succès rapide le travail d'unification politique.

Au XIIIe siècle, l'œuvre sera accomplie, de grandes seigneuries seront créées partout, sauf en Bretagne où le clan celtique résistera victorieusement bien plus longtemps. Le terrain de la lutte alors se déplacera; il ne sera plus entre les seigneurs intermédiaires et les grands vassaux, il sera entre les grands vassaux et le roi. Mais en même temps, la féodalité primitive que je viens de décrire aura cessé d'exister. L'historien assistera au triomphe de la féodalité classique.

TROISIÈME PARTIE.

LA CHEVALERIE.

Nous avons reconnu trois vivantes assises à la seigneurie féodale : la parenté, la maisnie, la vassalité proprement dite. Rappelons-nous les éléments qui sont entrés dans la formation de chacune d'elles et nous les verrons converger vers un centre de gravité. Ce centre de gravité est la chevalerie.

Les parents, les hommes de la maisnie, les vassaux servent les uns à cheval, les autres à pied. Les uns, les *fervestus*, sont couverts de la lourde armure de guerre (*garnement*) : la brogne ou le haubert sur le corps, le haume en tête, les jambes protégées par des heuses et des hauts-de-chausses de fer, au bras gauche l'écu oblong à grosse boucle de métal, dans la main droite la longue lance de frêne ornée du gonfanon ou l'épieu carré, plus redoutable, et quand a été brisée la lance, jeté l'épieu, le glaive large et court à deux tranchants, le *branc*. Ils montent pour la bataille de grands chevaux de main, des destriers. Les autres sont armés, à la légère, du petit bouclier rond ou ovale (*targe*), de l'épée longue et étroite, de piques et de haches, d'arcs et de frondes. De simples plastrons de cuir protègent leur poitrine, des bonnets leur tête. S'ils ont des montures, ce sont des chevaux de moindre taille ou même des mules.

A la grosse cavalerie appartenait sans conteste le premier rang. Ceux qui la composaient s'appelaient par excellence *soldats, milites,* plus tard *cavaliers* ou *chevaliers,* pour les distinguer soit des fantassins (*pedites*)[1], soit des écuyers et des damoiseaux, soit des cavaliers ordinaires (*equites*)[2]. Tour à tour rempart d'airain ou bélier irrésistible, ils constituaient le noyau de l'armée féodale.

Pour être *miles,* chevalier, de nombreuses qualités étaient requises. Il fallait être fort, robuste, athlétique, pour supporter le poids de l'armure, il fallait être rompu à l'équitation et au maniement de la lance et de l'épieu, il fallait de plus appartenir à une famille riche, ou avoir, dans les rangs inférieurs de l'armée, soit conquis cheval et armes sur le champ de bataille, soit obtenu d'un seigneur, par d'éclatants services, d'en être pourvu et équipé.

Le chevalier faisait donc partie d'une élite; il était un guerrier de choix et, par suite, un homme d'une condition supérieure. Ayant le pas sur les autres membres de la parenté, de la maisnie, du vasselage, il était investi d'une sorte de suprématie sociale. Dans tous les pays où le militarisme occupe une place prépondérante, les chefs de l'armée sont hors de pair. Mesurez la distance qu'il pouvait y avoir entre le vassal roturier et le vassal chevalier à la distance qui sépare de nos jours encore, chez certains peuples, un officier noble d'un paysan ou d'un bourgeois. La chevalerie tendait ainsi à devenir, comme chez les Ro-

[1] « Illic fuit mortua maxima pars nostrorum equitum, propter quod multi ex nostris militibus remanserint pedites. » (Tudebod, *De Hierosolym. itinere,* IV, 1, *Rec. des hist. des croisades,* Aut. Occid., III, p. 29). — « Constituerunt autem de bello sic... ut pedites præirent militibus... et milites sequerentur eos atque a tergo custodirent. » (Raymond d'Agiles, *Historia Francorum,* XII, *R. des hist. des croisades*, III, p. 259). — « Omnes homines, tam milites quam pedites qui habeant etatem et posse pugnandi. » (*Usages de Barcelone,* art. 68. Giraud, II, p. 478).

[2] « Milites nostri erant quingenti, exceptis illis qui militari nomine non censebantur, tamen equitantes. » (Foucher de Chartres, *Histor. Hierosol.,* lib. 2, cap. 32, *ibid.,* p. 413).

mains et chez les Gaulois, une caste militaire. C'est dans ce sens que Richer parle de l'*ordo militaris, equestris* [1].

De même que les diverses catégories de personnes composant le clan féodal se distinguaient au point de vue du service militaire, elles se différenciaient par les degrés plus ou moins proches où elles se trouvaient placées par rapport au chef. Les plus considérés, comme aussi les plus fidèles, étaient naturellement les descendants directs et les parents fictifs qui leur étaient assimilés. Or, la véritable adoption *filii loco* s'opérait précisément d'après les usages germaniques par la remise d'un armement complet [2]. Cette remise étant faite, en règle, par le père, quand le fils arrive à l'âge de porter les armes, l'étranger qui l'accomplit prend la place du père [3]. L'homme ainsi armé

[1] « Hic patrem habuit *ex equestri ordine.* » (Richer, I, 5, t. I, p. 17). — « Qui in *militari ordine* potentiores erant. » (IV, 28, t. II, p. 180). — Ajoutez liv. IV, 11 : « Uxorem de *militari ordine.* » (II, p. 156).

[2] « Per arma fieri posse filium, grande inter gentes constat esse præconium... Et ideo more gentium et conditione virili, filium te præsenti munere procreamus : ut competenter per arma nascaris, qui bellicosus esse dignosceris. Damus quidem tibi equos, enses, clypeos, et reliqua instrumenta bellorum. » (Adoption du roi des Hérules par Théodoric. — Cassiodore, *Variar.*, lib. IV, ep. 2. *Opera omnia* (Paris, 1600), I, p. 97). — *Suprà*, p. 435 suiv.

[3] L'adoption par les armes produit même une parenté fictive entre l'adoptant et les descendants de l'adopté, entre l'adopté et les héritiers de l'adoptant. Sur le premier point voyez la lettre d'Alaric à Justinien : « Factus est (genitor meus) per arma filius... In parentelæ locum noster jam transire debet affectus. Nam ex filio vestro genitus, naturæ legibus vobis non habetur extraneus... mihi dedistis gratiam nepotis, quando meo parenti adoptionis gaudia præstitistis. » (Cassiodore, *Variar.*, VIII, 1, t. I, p. 203). — Sur le second point voir le passage suivant, relatif à Gensimund, qui, adopté par un membre de la famille des Amales, fit passer dans cette famille le droit de régner sur les Ostrogoths : « Solum armis filius factus, tanta se Amalis devotione conjunxit, ut heredibus eorum curiosum exhibuerit famulatum, quamvis ipse peteretur ad regnum. » (Cassiodore, *Variar.*, VIII, 9, t. I, p. 209 v°).

de la main d'un seigneur a ses armes communes avec lui, tous deux ne forment qu'une seule épée, qu'un seul bouclier [1]. Il est assimilé au fils par le sang et placé par là dans une relation plus étroite, — en fait et en droit, — que l'affinité qui résulte de la vie commune des *nourris* et de la simple remise d'un symbole au vassal proprement dit.

Le chevalier nous apparaît de la sorte sous un double aspect; à la fois comme le meilleur soldat et comme le meilleur vassal. La chevalerie est l'élite de l'armée et l'élite de la féodalité.

Ce double aspect se révèle dans tous nos vieux poëmes. La *chevalerie* y représente l'art militaire, avec son instruction professionnelle [2], ses ruses de guerre [3], sa discipline,

[1] Gontran, pour faire de Childebert son successeur au trône, lui met sa lance dans la main : « Rex Gunthramnus, data in manu regis Childeberthi hasta, ait : « Hoc est indicium, quod tibi omne regnum meum tradedi. » (Grégoire de Tours, *Histor. Franc.*, VII, 33; *Mon. Germ.*, 1885, p. 313). — Quelle est la portée, quel est le sens de cet acte? Grégoire de Tours l'indique : « Cohortabatur G. rex omnem exercitum, dicens: *Videte*, o viri, quia *filius meus* Childeberthus *jam vir magnus effectus est.* » (*Ibid.*, p. 313-314). « Cunctum ei regnum tradedit, dicens : « *Una nos parma protegat, unaque asta defendat.* Quod si filios habuero, te nihilhominus tanquam unum ex his reputabo. » (Liv. V, 17, p. 208). — Le roi des Hérules dit de même à Théodoric: « *Sume itaque arma, mihi tibique profutura.* » (Cassiodore, *Variar.*, IV, 2, t. I, p. 97). — De nos jours encore, on trouve un usage semblable chez les Arabes du désert. Le général Daumas raconte que les membres d'une caravane s'associent comme frères par ce serment solennel : « Chacun est le frère de tous; *tous nous ne faisons qu'un seul et même fusil, si nous mourons, nous mourrons tous du même sabre.* » (Daumas, *Le grand désert*, 1857, p. 72).

[2] « Les guierunt tut par chevalerie. »
(*Ch. de Roland*, v. 3074.)

[3] Quand Ganelon propose au roi Marsile de surprendre Roland en traître dans les défilés de Roncevaux et de l'écraser sous le nombre, il appelle ce bel exploit un acte de *gente chevalerie :*

« Dunc avrez faite gente chevalerie,
N'avrez mais guere en tute vostre vie. »
(*Ch. de Roland*, v. 594-5.)

son équipement perfectionné[1], puis la bravoure[2], la résistance à la fatigue, la force physique qu'il exige[3]. Le vrai chevalier est le guerrier modèle. Etre brave c'est *défendre ses armes*[4].

En même temps la *chevalerie* est la parfaite fidélité[5], le dévouement, jusqu'à la mort, au chef qui vous a initié au métier des armes, revêtu de l'armure, ceint de l'épée, monté d'un destrier, au chef qui a droit à une reconnais-

1 « Pois, sunt muntet sur leur curanz destriers;
Adubet sunt à lei de chevaliers,
E de bataille sunt tuit apareilliet. »

(*Ibid.*, v. 1142 suiv.)

2 « De vasselage fut asez chevaliers. »

(*Ibid.*, v. 25.)

Cf. *Ren. de Montauban*, p. 211, v. 20 suiv.

3 « Li Arcevesques est mult *bons chevaliers* :
N'en a meillur en tere desuz ciel,
Bien set ferir et de lance e d'espiet. »

(*Ch. de Roland*, v. 1673 suiv.)

« Itel valur deit aveir chevaliers
Ki armes portet e en bon cheval siet;
Deit en bataille tels estre forz e fiers,
O altrement ne valt quatre deniers. »

(*Ibid.*, v. 1877 suiv.)

Faire du butin est la grande vertu du chevalier :

« Bien doit on chevalier et loer et prisier,
De quel part que il voise, qu'il sache gaaigner. »

(*Ren. de Montauban*, p. 56, v. 25-26.)

4 « Vassals est bons pur ses armes defendre. »

(*Ch. de Roland*, v. 3785.)

Le chevalier abattu était dépouillé de ses armes et de son cheval, pratique qui s'est conservée dans le combat judiciaire. Du reste, le seigneur sous les ordres duquel il combattait devait l'équiper à nouveau. (Voy. *Ren. de Montauban*, p. 141).

5 « Li queus Rollanz unkes n'amat cuard,
Ne orguoillus n'hume de male part,
Ne chevalier, s'il ne fust bons vassals. »

(*Ch. de Rol.*, v. 2134 suiv.)

sance éternelle pour les armes qu'il a données, pour les cadeaux qui s'y joignent, pour la dot souvent qu'il constitue au nouvel adoubé [1].

La cérémonie de l'adoubement met en scène tout aussi clairement le caractère biparti de la chevalerie primitive.

L'éphèbe qu'on arme chevalier doit être solide, habile aux armes, excellent cavalier : il doit en faire ses preuves publiques, en lançant son cheval au galop et frappant la quintaine[2]. Voilà le premier aspect. Voici le second. L'adoubé devient le filleul, le fils adoptif du seigneur qui

[1] Un adoubement fait par le comte d'Anjou Geoffroi Martel nous en présente un frappant exemple. Le fils puîné du seigneur de Château-Gontier sert le comte puis, armé chevalier par lui, obtient un don de terre, à titre de fils adoptif : « Comiti serviens, cupidus gloriæ, aggressus est consulem, precibus suorum, ut eum militem constitueret, et *causa filiolationis* modicum terræ ei largiretur quo posset eum gratiosius et aculantius servire... » (*Chronique des comtes d'Anjou*, p. 124).

Bernier, dès qu'il a été armé par Raoul de Cambrai, se reconnaît son homme lige :

« Devant Raoul s'asiet a genoillons.
« Sire, dit-il, biax est li gueredons;
Vostre hom sui liges, si m'ait S. Symon. »
(*R. de Cambrai*, v. 627 suiv.)

[2] « Fait .1. eslais a loi dome saichant. »
(*Ibid.*, v. 512.)

« — Sire B, dist R. li senez
En la quintaine por moie amor ferrez,
Si qe le voie Loeys l'adurez. »
(*Ibid.*, v. 600 suiv.)

Je juge inutile de multiplier les citations. M. Léon Gautier, dans son beau livre *La chevalerie* (Paris, 1884), basé sur les chansons de geste, a très bien reconnu que l'adoubement au XIe siècle était une cérémonie purement militaire sans intervention d'aucun symbole religieux (p. 269-271). On peut voir les dix-huit exemples d'adoubement qu'il a réunis (p. 285, note 3) et y ajouter notamment celui du *Couronnement Louis*, v. 1651 suiv.

l'adoube. C'est donc ce seigneur lui-même qui, comme un père, présidera à son armement et attachera tout au moins à son flanc la pièce capitale, l'épée[1]; c'est lui qui le fera revêtir d'habits seyant à sa qualité nouvelle, du bliaud de soie, du manteau garni de fourrures, de vair et de gris ou de peaux de martre[2]. Par les armes qu'il reçoit le nouveau chevalier est associé à la fortune militaire de son père adoptif; par les étoffes précieuses et les pelleteries dont on le couvre il prend son rang à la cour féodale. Tels sont vêtus ceux qui *courtoient* et siègent au conseil[3].

Les exhortations faites à l'adoubé ont de même un dou-

[1] Le ceinturon était chez les Romains l'insigne militaire par excellence. Prendre le ceinturon (*sumere cingulum, cingulo insigniri*), quitter le ceinturon (*deponere cingulum*), était synonyme de devenir soldat et cesser de l'être. (Voy. Daremberg et Saglio, *Dictionn. des Antiquités*, v° *Cingulum*, II, p. 1178, col. 2). Sous le Bas-Empire, il fut, en outre, le signe distinctif du fonctionnaire civil. (*Ibid.*, p. 1181, col. 2). Les expressions romaines s'adaptaient donc parfaitement à l'adoubement du chevalier et devinrent typiques. Elles purent contribuer ainsi à mettre au premier plan l'acte de ceindre l'épée; mais, au XIe siècle, le rôle de l'adoubant ne s'y borne pas. Il pose le heaume sur la tête, comme il ceint l'épée au flanc :

« L'erme li done...
Desor la coife de l'auber doublentin
Li a assis... »

(*R. de Cambrai*, v. 472 suiv.)

[2] « Vous me déistes, plus l'oïrent de mil,
Que je seroie chevaliers, sans respit. »
— « Vous le serez, li Loherens a dit,
Or vous alez baigner un seul petit,
Et vous arez et le vair et le gris. »

(*Garin le Loherain*, II, p. 179.)

[3] Dans le conseil tenu par Charlemagne, Ganelon qui y siège :

« De sun col getet, ses grandes pels de martre
E est remés en un sun blialt de palie. »

(*Ch. de Roland*, v. 281-2.)

ble objet. Etre brave, est l'une[1], être fidèle est l'autre[2]. « Sois *preux*[3] » les résume toutes[4].

Ainsi encore de la *colée* ou *paumée*, du coup donné dans la nuque avec la paume de la main. Elle doit, selon un vieil usage germain qui se laisse suivre jusque dans la loi des Ripuaires[5], graver dans la mémoire d'une

1 « Chevaliers soies, dist li pères, biaus fix,
Et corageus envers tes anemis. »
(*Ogier*, v. 7315-6.)

« Que damedieus qui en la crois fu mis
Te doinst pooir contre tes anemis. »
(*Auberi*, éd. Keller. *Romvart*, p. 223.)

2 « Garde envers ton seignor, ne weilles meserrer. »
(*Ren. de Mont.*, p. 48, v. 34.)

3 « Soiés proudom. »
(*Gir. de Viane*, p. 21.)

« Soies preus. »
(*Ibid.*, p. 65; cf. *Garin le Loherain*, II, p. 182.)

4 J'ai dit plus haut la double signification du mot *preux*.

5 « *Lex Ribuaria*, cap. 60 : « Cum testibus (2, 6 ou 12)... ad locum tradicionis cum totidem numero pueros accedat et sic eis præsentibus prætium tradat et possessionem accipiat, et unicuique de parvolis *alapes donet* et torquat auriculas, ut ei in postmodum testimonium præbeant. »

Le soufflet seul paraît s'être conservé après l'époque carolingienne, comme moyen mnémotechnique. Il se retrouve dans la charte suivante :

« Illo anno quo perrexit Robertus comes Jerusalem, dedit S. Petro ad Pratellum, ex suo dominio, unam villam quæ vulgo Turstinivilla vocatur, pro qua structor ejusdem ecclesiæ Hunfridus XII libras auri et duo pallia et duos maximi pretii caballos dedit... Huic rei interfuerunt vetulus N. T. qui unum de suprad. caballis a comite Roberto dono suscepit... Hunfridus constructor ejusdem loci cum filiis suis Rogerio, Roberto, Willelmo, *qui etiam a patre ob causam memoriæ colaphum suscepit*. Suscepit etiam *aliud colaphum* R. de L. qui hosam vini comitis Roberti ferebat; qui cum requireret cur sibi Hunfridus *permaximum colaphum* dedisset, respondit, quia tu junior me es, et forte multo vives tempore erisque testis hujus rationis cum res poposcerit. Suscepit etiam *tertium colaphum* H. filius W. comitis. » (Vers 1034. *Gallia Christ.*, XI, Instr., col. 201 A).

manière ineffaçable le souvenir de la cérémonie d'adoubement et du seigneur qui l'a accomplie[1]. Elle a besoin d'être énergique pour remplir cet objet : son énergie témoigne en même temps et de l'endurance morale du nouvel adoubé et de sa force de résistance corporelle[2].

Telle est la chevalerie des xe et xie siècles. Elle n'est pas encore une institution distincte, et elle n'a rien à faire avec les sentiments généreux qu'on lui prête si libéralement ou qu'elle a pratiqués plus tard. Les devoirs du chevalier sont tout relatifs. Ce sont les devoirs du soldat, du vassal et, par une réciprocité légale, ceux du suzerain. S'il est question de l'assistance des *pauvres,* c'est de chevaliers

[1] Dans Girard de Viane l'adoubant le dit expressément :

« Et de sa palme .i. grant cop li feri :
— De moi te mambre ! soies preus, Aymeri. »
(P. 65.)

« El col li fiert .i. molt grant cop plainier :
— De moi te membre : soyez boins chevalier. »
(P. 79.)

Malgré sa rédaction tardive (xiiie siècle) et son inspiration si manifestement religieuse et symbolique, l'*Ordene de chevalerie* donne encore à la colée sa signification originaire :

« Chest li colée...
Et dite la senefianche?
Sire, chou est li remembranche
De celui qui l'a adoubé
A chevalier et ordené. »
(*L'Ordene de chevalerie,* Paris, 1759, pp 124-125.)

[2] « Une paumée ens el col li assist,
Por un petit que il ne l'abatist.
Voit le R. à pou n'enrage vis. »
(*Garin le Loherain,* II, p. 181.)

« Il a hauciet le paume, se li done .i. cop tel
Por .i. poi ne l'abat et nel fist enverser.
Et quant le voit li enfes, le sens quida derver ;
Il dist entre ses dens coiement a chelé : ...
Se l'eust fait, .i. autre, ja l'eust compéré. »
(*Élie de Saint-Gille,* v. 105 suiv.)

peu fortunés, de vassaux dans la gêne qu'il s'agit uniquement[1].

En fait, d'après les chartes comme d'après les chansons de geste, les chevaliers, loin d'être les défenseurs des faibles et des femmes, sont leurs oppresseurs, leurs despotes ou leurs bourreaux. Prenez les types primitifs de Raoul de Cambrai et d'Ogier : types de chevaliers et types de peaux-rouges, lions et tigres. Rien ne les retient dans leurs emportements sauvages ou dans leur froide férocité; ni égard pour la faiblesse, ni crainte religieuse. Ils tuent sans merci l'homme désarmé; ils brûlent les nonnes avec leur couvent. Prenez la grande épopée du XIe siècle, notre sublime chanson de Roland. Quels sont les sentiments qu'elle exalte? La fidélité à Dieu, au seigneur, au compagnon, à la patrie commune, la bravoure et l'honneur familial; rien au delà.

La faiblesse s'efface devant la force. Les femmes sont disputées, enlevées, comme la proie légitime du plus vaillant. Si le chevalier prend leur défense c'est pour les conquérir. Elles le savent et s'y résignent[2]. S'il protège le marchand ou le pèlerin, le paysan ou le bourgeois, c'est à charge de rançon.

La chevalerie, à cette époque, n'est pas davantage un ordre proprement dit, un corps dont les chevaliers seraient les membres, et qui auraient des règles et des statuts. On n'est pas chevalier dans un sens absolu; on est

1 « Or vous convient des esperons férir,
Et honorer les chevaliers gentis;
Donner aux pauvres et le vair et le gris. »
(*Garin*, II, p. 148.)

De même, Ogier, v. 7331 suiv.

2 Une jeune fille délivrée par Ogier des mains des Sarrazins lui dit aussitôt :

« Conquis m'avés, or sui en vo comant...
Si porrés faire de moi tot vo talant. »
(*Ogier*, v. 12066, 12091.)

le chevalier de quelqu'un[1], du seigneur qui vous a adoubé ou à qui l'on engage plus tard ses services.

D'où nous est donc venue la chevalerie des siècles postérieurs? Est-elle une importation étrangère? sarrazine ou scandinave? est-elle une infiltration des mœurs celtiques ou bretonnes? Je ne le crois pas. Elle s'est développée progressivement sous la double face que je viens de lui attribuer, grâce aux transformations sociales qui s'opéraient autour d'elle.

L'homme de guerre, brutal, violent, sans cesse sous les armes, estima la bravoure dans les autres comme il s'en glorifiait lui-même. De là naquirent certaines lois de la guerre, la générosité, la loyauté entre adversaires[2], que vint renforcer ce mysticisme guerrier qui se manifeste par la vertu superstitieuse attachée au premier coup, comme indice du bon droit et de la protection divine, par la personnification de l'épée et du cheval.

1 « La bone espée a çainte Ogier au flanc;
Chevaliers fu Ogiers d'or en avant
Du millor roi qui unques fust vivant. »
(*Ogier*, v. 747-9.)

2 Olivier, en combattant contre Roland, avant qu'ils fussent compagnons, l'avertit de se tenir sur ses gardes :

« Ne dites mie que vos aïe traï
Gardés vos bien. »
(*Girard de Viane*, p. 135.)

A son tour, Roland se refuse à frapper son adversaire désarmé :

« A toz jors mais me seroit reprové
Qu'occis auroie .I. home desarmé.
Quier une espée tot à ta volonté. »
(*Ibid.*, p. 142.)

Voyez aussi l'épisode de Brahier et Ogier (Ogier, v. 11570 suiv.) et le passage suivant du même poëme :

« N'est pas *droiture* a vaillant chevalier
Que par lor langues se doient laidoier,
Mais par lor armes se doivent desraisnier. »
(*Ogier*, v. 4572 suiv.)

Si le chevalier est en même temps seigneur, s'il a des compagnons de tout rang sous ses ordres, il doit, sous peine d'être abandonné par eux et honni de ses pairs comme lâche, les protéger et les défendre. Son devoir est un point d'honneur[1]. A son tour, ce point d'honneur s'étend par la grosse jactance qu'à l'égal des guerriers d'Homère les héros de nos chansons de geste étalent en rodomontades et en coups d'audace et de témérité. Faire tort à un protégé c'est faire outrage au protecteur. Se faire le champion de tous les faibles, c'est donc donner la preuve la plus éclatante qu'on ne craint nul rival, puisqu'il faudra lutter à chaque instant contre tout venant. La magnanimité put sortir ainsi d'un enivrement d'orgueil, d'une exubérance de force et de personnalité[2].

Mais ce fut surtout la fidélité due au seigneur et les devoirs à remplir auprès de sa personne qui aidèrent à la naissance d'un idéal chevaleresque. Le dévouement, l'abnégation, la loyauté sortirent par un élargissement graduel de la vassalité; une certaine sociabilité, une certaine délicatesse de sentiments, la *courtoisie* en un mot, du séjour périodique à la cour du seigneur. Mériter l'approbation

[1] Le même fait se retrouve chez les Arabes. Chez eux aussi la protection des faibles repose sur la foi jurée, sur une *sorte d'adoption* (Quatremère, *Mémoire sur les asiles chez les Arabes*, *Mémoires de l'Acad. des inscriptions*, t. XV, 2e partie (1845), p. 326, 328) et constitue un point d'honneur fondamental. « Tout homme, dit M. Quatremère, qui, par lâcheté ou par tout autre motif, aurait abandonné son client et ne l'aurait pas défendu, se serait couvert de honte aux yeux des Arabes. » (*Ibid.*, p. 329). Pour se placer sous la protection d'un Arabe, pour devenir son client, il suffisait d'attacher ses habits à la corde qui retenait sa tente. (*Ibid.*, p. 319, 335). — « Un guerrier arabe tenait à grand honneur de se voir entouré de nombreux clients. Lorsqu'un homme quelconque implorait à haute voix son appui, il se hâtait de monter à cheval et de prendre l'inconnu sous sa protection, sans lui demander ni son nom, ni le motif qui l'amenait. » (*Ibid.*, p. 321).

[2] N'a-t-on pas vu, par bravade, des chefs arabes se faire protecteurs des *oiseaux* et des *sautcrelles?* (Quatremère, *loc. cit.*, p. 339).

des femmes qui faisaient le charme de cette cour devint une ambition du plus rude guerrier[1]; mériter les éloges des trouvères, hôtes familiers du festin, échapper du moins aux traits mordants de leur satire était une autre.

Les cantilènes et les chants guerriers récités aux repas remontent à une époque immémoriale, les chansons de geste au moins au IXe siècle, et leur succès alla grandissant aux trois siècles suivants. Les trouvères furent les vrais dispensateurs de la gloire. Le nom qu'ils célébraient vivait dans la mémoire des hommes, le nom qu'ils flétrissaient était voué à un indélébile opprobre[2].

Un idéal poétique se créa, et de la poésie descendit dans la réalité journalière. Idéal en rapport sans doute avec des mœurs farouches, mais en progrès aussi sur eux, assignant à la lutte de plus nobles mobiles que l'intérêt, le butin, l'assouvissement de passions sensuelles et sanguinaires. Le culte de l'honneur, la fidélité inviolable à la famille et au

1 « Ne à muillier n'à dame qu'as veüt
N'en vanteras el' regne dunt tu fus
Qu'à Carlun aies un sul denier tolut,
Ne fait damage ne de mei ne d'altrui. »
(*Ch. de Roland*, v. 1960 suiv.)

A la bataille de Bouvines, Buridan de Furnes s'écriera : « Que chacun se souvienne de sa dame. »

Clamabat : « Nunc quisque sue memor esto puelle. »
(Guillaume le Breton, *Philippide*, XI, v. 143, éd. Delaborde (1885), p. 323)

2 « ..... mult est pruz.
En plusurs gestes de lui sunt granz honurs. »
(*Ch. de Roland*, v. 3180-1.)

« Et desfendons nos cors à nostre brans,
Que nus prodom vilainement n'en cant. »
(*Ogier*, v. 7949-50.)

« Or guart cascuns que granz colps i empleit,
Male cançun ja cantée n'en seit. »
(*Ch. de Roland*, v. 1013-4.)
(*Ibid.*, v. 1465.)

compagnon, au seigneur et au roi, à la patrie et à Dieu, la protection de la femme, du petit et de l'humble, la libéralité, l'exacte justice, devinrent, célébrés par les trouvères, le point de mire de tous ceux qui ambitionnaient la louange publique.

C'est par cette voie qu'a dû s'exercer l'action profonde des traditions germaniques ou normandes, celtiques même peut-être, incrustées en d'anciens chants que chaque génération adaptait à son milieu; c'est par elle aussi que les Arabes ont pu influer sur le développement de la chevalerie dès avant les croisades. Les rapports entre Francs et Sarrazins étaient trop fréquents, les invasions sarrazines trop étendues et dans le midi trop prolongées, trop grand le nombre des hommes retenus prisonniers en Espagne pendant d'interminables années[1], pour que les vieux chants arabes qui, glorifiant l'indépendance et le courage individuels, le respect de la foi jurée, le cavalier et le cheval, la lance et l'épée, correspondaient si bien aux côtés saillants de la société féodale[2] ne fussent pas mis à contribution,

[1] Aux nombreux témoignages des chansons de geste et des chroniques, on peut joindre cet émouvant récit d'une charte du xe siècle : « Habuimus olim unum hæredem masculini generis nomine Sisinnium. Ipsum per manus paganorum perdidimus qui ductus est ad Ispanias, ibidem commoratus est per VII annorum tempora. Nos vero ejus genitores interim non cessavimus orare in jejuniis et elemosinis pro filio nostro et omni ebdomada revoluta in sabbato vigilantes ante altare S. Mariæ et S. Castoris eramus. Apparuit autem Domini virtus et misericordia quia post finem annorum præd. eramus vigilantes...., et ecce de repente in prima noctis vigilia venit filius..... ferens qua vinculatus fuerat tot annorum tempora, dicens, recognosce pater filium tuum quem genuisti et tu mater quem triennio ablactasti, ecce adsum cum sanitate mentis et corporis. Quo viso fit gaudium magnum genitoribus et omni populo et civibus et omnes unanimes effecti Deo reddebant gratias. » (925-965, *Cart. d'Apt*, MS. fos 4 vo-5 ro.)

[2] Dans le grand roman arabe d'*Antar*, dont l'action se passe au vie siècle de notre ère, et dont les principaux matériaux sont au moins contemporains de Charlemagne, la concordance que je signale est frappante. Voyez par exemple cet adoubement de cavalier : « De

pour qu'il ne passât pas dans l'idéal poétique de nos trouvères un souffle de la générosité des libres enfants du désert arabique.

L'élévation, l'épuration des mœurs et des sentiments par la poésie héroïque n'était toutefois qu'une ébauche. Elle ne pouvait faire de la chevalerie une institution. Il fallut plus, il fallut la grande poussée religieuse qui fit des guerriers français des *chevaliers de Dieu*[1], qui amena ou accomplit, suivant l'heureuse expression d'un brillant érudit, la formation du *mode chrétien* de la chevalerie[2]. Il fallut surtout aussi que la chevalerie se détachât de la féodalité. Cette séparation s'effectua le jour où l'organisation du clan eut fait place à l'organisation foncière. Alors l'adoubement ne fut plus une adoption, une entrée dans les liens les plus étroits de la vassalité. Il se réduisit à un parrainage honorifique. Il continua seulement à produire cet esprit de corps, cet esprit de fraternité qui résultait jadis, à la fois, de l'exercice d'une même profession, la plus haute de toutes, et du lien de compagnonnage unissant tous les vassaux d'un même seigneur. Cet esprit de corps et de

retour aux tentes, le roi revêtit Antar d'un khila (tunique ou pelisse) brodé d'or, le ceignit d'un sabre à lame rayée et lui fit amener un de ses plus nobles coursiers. — « Dorénavant, dit-il, qu'il suive nos guerriers dans les rhazzias. » (*Les aventures d'Antar*, trad. par Marcel Devic. Paris, 1878, p. 42). Voyez aussi cette entrée dans le compagnonnage : « A compter de ce jour, je te reconnais pour mon cousin et tu fais partie de ma famille. Vous tous qui connaissez ma noblesse, sachez qu'Antar la partage avec mes fils; il est mon compagnon, mon ami, mon cousin. » (*Ibid.*, p. 129). — L'armure de fer et la cotte de mailles (p. 2, 33, 121, 300), la lance et le gonfanon (p. 2, 3, 241), la personnification du cheval (p. 59) et de l'épée (p. 99-101) s'offrent à nous comme dans les chansons de geste.

[1] *Suprà*, p. 523, note 1. — Dans la chanson d'Antioche les croisés sont appelés « li Jhesu-chevalier. »

« Cil qui Dame Dieu servent de loial cuer entier. »
(*Ch. d'Antioche*, ch. 7, v. 294, v. 311, II, p. 153.)

[2] Léon Gautier, *La chevalerie*, p. 273.

solidarité, les ordres militaires ne le créèrent pas; ils se bornèrent à le fortifier. On était chevalier avant que d'y entrer. Comme les fraternités d'armes, ils solidifièrent l'une des bases historiques de la chevalerie, ils infusèrent un sang nouveau au compagnonnage antique.

CHAPITRE FINAL.

LA FORCE RÉNOVATRICE DE LA COMMUNE, DE LA FÉODALITÉ ET DE LA CHEVALERIE.

Je n'ai pas passé en revue dans les trois parties qui précèdent tous les agents qui concoururent à la reconstitution de la société française aux xe et xie siècles. Il me reste surtout à faire connaître la royauté et l'église dont l'influence ne nous est encore qu'indirectement apparue.

Voulons-nous, dès à présent, remonter jusqu'à la source commune des trois institutions que nous venons d'étudier, nous la trouverons, je crois, dans l'épanouissement de la famille et dans la libre prédominance de sentiments instinctifs.

C'est la famille élargie par la parenté fictive ou la parenté spirituelle qui a enfanté les éléments primordiaux de la commune (*fara* ou *genealogia,* associations de voisinage, corporations, gildes, confréries) et fourni à la commune même son cadre essentiel. C'est elle qui est à la base du régime féodal et de la chevalerie.

Si nous regardons aux idées et aux sentiments qui circulent à travers toutes ces institutions, qui les vivifient ou les corrompent, qui les soutiennent ou les ébranlent, nous apercevons, comme chez tous les peuples neufs, un très petit nombre d'idées fondamentales et de sentiments dominants. Le lien social ne se conçoit guère que sous la forme de la *foi,* et les sentiments qui gouvernent la société sont l'amour et la haine[1].

[1] Écoutez le langage que tient Charlemagne en faisant la paix avec Girard de Viane et lui confiant la garde de la France :

L'amour provoqué par le lien du sang, la communauté de vie et de péril, le besoin de protection en commun sous l'égide d'un chef, engendre la solidarité familiale, les rapports de vassalité, les relations plus étroites de la maisnie et du compagnonnage. Dans les bourgs et dans les villes ce sont des *fraternités*, des *charités*, qui constituent les associations les plus anciennes et les plus fortes.

La haine produit l'état endémique de guerre. Sitôt que le lien d'amour est rompu, l'inimitié s'y substitue. Il n'est point de milieu. Collective, la haine apparaît comme légitime, la vengeance s'érige en devoir. Si l'esprit de clan, violent et jaloux, si l'esprit exclusif des communes en naît, la cohésion des groupes sociaux s'en trouve par contre accrue.

Le principe de gouvernement que la force abandonnée à elle-même ne pouvait créer [1], reparaît ainsi sur la base d'une institution naturelle, la famille, et des sentiments les plus énergiques de l'âme humaine, la haine et l'amour.

L'association communale institue une *loi communale*, organisatrice au-dedans, à la fois protectrice et agressive vers le dehors. La fidélité réciproque du seigneur et du vassal restaure, au sein des déchirements de la société, la notion de loyauté et de droit, le respect de la parole donnée, l'observation des pactes conclus, leur sanction par des cours de justice. Portée dans la chevalerie à sa suprême puissance, elle érige, sous l'influence de la vie des camps et de la vie de cour, l'honneur et la courtoisie en loi, elle fraie les voies à la sociabilité humaine.

Ainsi recule la force devant le droit, ainsi revit la ma-

« De douce France les honors guarderés.
Bien iert de France *qui vos i amerés*,
Qui vos hairés, mar i sera trovés,
Ains s'en irat povres, desarités. »

(*Gir. de Viane*, p. 177.

[1] T. I, p. 471.

jesté de la loi qui semblait anéantie. A la parole farouche et sauvage « *Force passe droit*[1] » s'oppose, comme le verbe radieux d'une civilisation nouvelle, cette maxime invincible en sa sérénité[2] :

> « Force n'est pas drois, pieça l'ai oï dire,
> Il a tort et nos droit, si m'aït Dex li sire. »

[1] « Force passe droit et pait le pré. » (*Girart de Roussillon,* p. 293.) Sur la seconde partie de cette locution, voyez la note de M. Paul Meyer.

[2] *Ren. de Montauban*, p. 355-356.

ADDITIONS ET RECTIFICATIONS.

Page 140. Comme exemple d'assimilation des forêts aux chemins publics et à l'eau courante, voyez les *Usages de Barcelone*, art. 72. (Giraud, II, p. 479).

Pages 254-255. Aux chartes citées et analysées, ajoutez l'acte d'inféodation des bourgs ecclésiastiques de Béziers par l'évêque, vers 1056. (*Hist. gén. du Languedoc*, V, col. 486 suiv.).

Page 302, note 4. Ajoutez le texte suivant :

« Statutum est in constitutione castelli et parœchiæ de Casa ab Aimerico vicecomite, et Isemberto Pictavorum episcopo sua auctoritate id confirmante, ut omnes qui in castellaria Casæ, tam in arabili terra quam in tota foresta vicecomitis propria, tunc habitabant vel habitaturi erant, parœchiani essent ecclesiæ ipsius castelli. » *Coutumes de Saint-Nicolas de la Chaise* établies par Aimeri, vicomte de Thouars, 1099. Marchegay, *Variétés historiques*. (Les Roches-Baritaud, 1884, p. 177).

Page 412. Au lieu de « semonce, » lisez « semond. »

Page 414, note 2. Dans les *Usages de Barcelone* (art. 70), des pactes conclus entre chevaliers et hommes de pied sont appelés « *comunie et convenientie.* »

TABLE DES MATIÈRES.

DEUXIÈME PARTIE.

LA FÉODALITÉ.

BAR-LE-DUC, IMPRIMERIE CONTANT-LAGUERRE.

www.ingramcontent.com/pod-product-compliance
Lightning Source LLC
LaVergne TN
LVHW010520100826
845148LV00001B/52